ECONOMIA BRASILEIRA
CONTEMPORÂNEA

O GEN | Grupo Editorial Nacional – maior plataforma editorial brasileira no segmento científico, técnico e profissional – publica conteúdos nas áreas de ciências sociais aplicadas, exatas, humanas, jurídicas e da saúde, além de prover serviços direcionados à educação continuada e à preparação para concursos.

As editoras que integram o GEN, das mais respeitadas no mercado editorial, construíram catálogos inigualáveis, com obras decisivas para a formação acadêmica e o aperfeiçoamento de várias gerações de profissionais e estudantes, tendo se tornado sinônimo de qualidade e seriedade.

A missão do GEN e dos núcleos de conteúdo que o compõem é prover a melhor informação científica e distribuí-la de maneira flexível e conveniente, a preços justos, gerando benefícios e servindo a autores, docentes, livreiros, funcionários, colaboradores e acionistas.

Nosso comportamento ético incondicional e nossa responsabilidade social e ambiental são reforçados pela natureza educacional de nossa atividade e dão sustentabilidade ao crescimento contínuo e à rentabilidade do grupo.

Amaury Patrick Gremaud
Marco Antonio Sandoval de Vasconcellos
Rudinei Toneto Jr.
Sérgio Naruhiko Sakurai

ECONOMIA BRASILEIRA CONTEMPORÂNEA

9ª edição

gen | atlas

- Os autores deste livro e a editora empenharam seus melhores esforços para assegurar que as informações e os procedimentos apresentados no texto estejam em acordo com os padrões aceitos à época da publicação, *e todos os dados foram atualizados até a data de fechamento do livro*. Entretanto, tendo em conta a evolução das ciências, as atualizações legislativas, as mudanças regulamentares governamentais e o constante fluxo de novas informações sobre os temas que constam do livro, recomendamos enfaticamente que os leitores consultem sempre outras fontes fidedignas, de modo a se certificarem de que as informações contidas no texto estão corretas e de que não houve alterações nas recomendações ou na legislação regulamentadora.

- Data de fechamento do livro: 01/07/2024

- Os autores e a editora se empenharam para citar adequadamente e dar o devido crédito a todos os detentores de direitos autorais de qualquer material utilizado neste livro, dispondo-se a possíveis acertos posteriores caso, inadvertida e involuntariamente, a identificação de algum deles tenha sido omitida.

- **Atendimento ao cliente: (11) 5080-0751 | faleconosco@grupogen.com.br**

- Direitos exclusivos para a língua portuguesa
  Copyright © 2024, 2025 (2ª impressão) *by*
  Editora Atlas Ltda.
  Uma editora integrante do GEN | Grupo Editorial Nacional
  Travessa do Ouvidor, 11
  Rio de Janeiro – RJ – 20040-040
  www.grupogen.com.br

- Reservados todos os direitos. É proibida a duplicação ou reprodução deste volume, no todo ou em parte, em quaisquer formas ou por quaisquer meios (eletrônico, mecânico, gravação, fotocópia, distribuição pela Internet ou outros), sem permissão, por escrito, da Editora Atlas Ltda.

- Capa: Manu | OFÁ Design

- Imagem de capa: ©iStockphoto | Alex Wang

- Editoração eletrônica: LBA Design

- Ficha catalográfica

CIP-BRASIL. CATALOGAÇÃO NA PUBLICAÇÃO
SINDICATO NACIONAL DOS EDITORES DE LIVROS, RJ

E22
9. ed.

Economia brasileira contemporânea / Amaury Patrick Gremaud ... [et al.]. – 9. ed. [2ª Reimp.] – Barueri [SP]: Atlas, 2025.
   il.

   Inclui bibliografia e índice
   glossário
   ISBN 978-65-5977-644-3

   1. Brasil – Condições econômicas. 2. Brasil – Desenvolvimento econômico. I. Gremaud, Amaury Patrick. II. Título.

24-92503   CDD: 338.981
                                                                                     CDU: 338.1(81)

Gabriela Faray Ferreira Lopes – Bibliotecária – CRB-7/6643

Prefácio à 9ª Edição

Este livro tem como objetivo apresentar de maneira clara os principais aspectos da economia brasileira, para ser utilizado por estudantes e profissionais das mais diversas áreas. Nesse sentido, são apresentadas tanto uma análise histórica do desenvolvimento econômico brasileiro como uma parte conceitual, na qual são definidas as principais variáveis macroeconômicas, e analisado seu comportamento no caso brasileiro.

A parte conceitual está mais desenvolvida do que costuma ser apresentado nos textos de economia brasileira, justamente porque este livro tem a intenção de atender também aos leitores não familiarizados com termos e conceitos econômicos. Com esse objetivo, foram introduzidos alguns capítulos que desenvolvem, por exemplo, os conceitos de agregados econômicos e monetários, e uma descrição relativamente pormenorizada do balanço de pagamentos. Os elementos mais específicos foram destacados em *boxes* e apêndices; dependendo da formação e do interesse do leitor, eles podem ser dispensados, sem que com isso haja perda de compreensão acerca das principais características e do processo de evolução da economia brasileira contemporânea.

Inicialmente, cabe registrar que passa a fazer parte desta 9ª edição o Prof. Sérgio Naruhiko Sakurai, também professor da USP, que nos ajudou na revisão e reestruturação do livro e na elaboração dos novos capítulos.

Mantivemos e atualizamos, em todos os capítulos, os "conceitos-chave" e a série de questões para revisão, algumas retiradas do Exame Nacional de Graduação ("Provão" e "Enade") e do Exame Nacional de Pós-graduação (Anpec). Mediante senha, o professor poderá acessar no *site* www.grupogen.com.br um conjunto de transparências, especialmente desenvolvido para auxiliar na utilização do livro.

Nesta 9ª edição, foram introduzidos dois novos capítulos, relativos aos governos Dilma Rousseff (segundo mandato)/Michel Temer, no Capítulo 25, e Jair Messias Bolsonaro, no

Capítulo 26. Além dessa atualização, não só foram incorporadas todas as mudanças ocorridas na base de dados e conceitos dos agregados macroeconômicos que ocorreram nos últimos anos, como os dados das Contas Nacionais e do Balanço de Pagamentos, que sofreram profundas alterações, bem como foram introduzidos os novos dados trazidos pelo Censo Econômico de 2022.

Além da introdução desses dois novos capítulos, fizemos mais duas alterações na estrutura do livro, com relação à edição anterior. Uma primeira alteração foi transferir o anterior Capítulo 17, "Saga dos Planos Heterodoxos: A Economia Brasileira de 1985 a 1994", da Parte III, "Abordagem Histórica da Economia Brasileira", para a Parte V, "Economia Brasileira no Período Recente", passando a ser o Capítulo 21 nesta 9ª edição. Fica, assim, na mesma parte a sequência histórica da economia brasileira desde o governo Sarney até o governo Bolsonaro. Decidimos suprimir o anterior Capítulo 19, "Brasil e Fluxo de Capitais: Dívida Externa, sua Crise e Reinserção nos Anos 1990", por considerá-lo excessivamente datado, e muitas questões tratadas nesse capítulo são discutidas nos conteúdos da Parte V.

Desse modo, o livro é constituído de cinco partes.

Na Parte I, apresentamos alguns aspectos introdutórios da economia brasileira. No Capítulo 1, discutimos os aspectos demográficos; no Capítulo 2, apresentamos as formas de mensuração do produto nacional; no Capítulo 3, discutimos conceitos e questões relativas ao desenvolvimento econômico e distribuição de renda; no Capítulo 4, tratamos do comportamento do mercado de trabalho e o problema do desemprego; e no Capítulo 5, discutimos a questão da inflação.

Na Parte II, analisamos os principais determinantes do comportamento do produto, quais sejam o consumo, os investimentos, o governo e o setor externo. Inicialmente, abordamos o consumo (Capítulo 6), explicando seus determinantes. A seguir, discutimos as decisões de investimentos e os fatores que influenciam o nível de investimento, bem como seus impactos sobre o desenvolvimento econômico (Capítulo 7). No Capítulo 8, analisamos a atuação do Estado por meio da política econômica, destacando os principais instrumentos de política fiscal e, no Capítulo 9, a política monetária. Logo após, discutimos o setor externo (Capítulo 10): os impactos macroeconômicos das relações internacionais, a questão da taxa de câmbio e do balanço de pagamentos. No Capítulo 11, estabelecemos um referencial para a análise do desenvolvimento econômico brasileiro.

Na Parte III, analisamos o desenvolvimento econômico brasileiro em termos históricos, cobrindo desde o início do século XX até o governo militar. Nessa análise, tentamos enfatizar as fontes relevantes de crescimento da economia brasileira e os principais problemas para o desenvolvimento. Após a análise de alguns fatos estilizados e das transformações econômicas e sociais do crescimento brasileiro (Capítulo 12), os capítulos apresentam-se divididos segundo os principais períodos do desenvolvimento do país: o modelo agroexportador (Capítulo 13), o processo de industrialização baseado no modelo de substituição de importações (Capítulo 14), a economia brasileira dos anos 1960 e o regime militar (Capítulos 15 e 16).

Na Parte IV (Capítulos 17 a 20), discutimos as principais transformações econômicas mundiais e as reformas liberais no Brasil. Analisamos nesta parte as modificações no cenário internacional (Capítulo 17), e como o Brasil tem se colocado dentro das mudanças nas relações comerciais com o exterior (Capítulo 18). Destacamos ainda na Parte IV as alterações da presença do Estado na economia brasileira, no Capítulo 19, e fechamos a parte enfatizando seu papel como estado regulador, no Capítulo 20.

Na Parte V, "A Economia Brasileira no Período Recente" (Capítulos 21 a 26), analisamos a *performance* econômica dos últimos governos do país a partir de 1986. No Capítulo 21, apresentamos os governos Sarney e Collor de Mello, vindo em seguida os governos Fernando Henrique Cardoso (Capítulo 22), Lula (23), o primeiro mandato do governo Dilma (Capítulo 24). Decidimos apresentar a análise do segundo mandato do governo Dilma conjuntamente com o período do governo Michel Temer (Capítulo 25), para fecharmos esta parte com o governo Bolsonaro (Capítulo 26).

A realização deste livro, desde suas primeiras edições, contou com o apoio de diversas pessoas a quem gostaríamos de agradecer. Muitos estagiários que são hoje profissionais consagrados colaboraram no levantamento de dados e na organização das tabelas ao longo das diversas edições. Dentre eles, gostaríamos de destacar Marco Antonio Sacconato, Maria Paula Vieira Cicogna, Josiane Palomino, Renata Rosada, Nara Rosetti, Maurício Bárbara, Isabela Galhardo, Paulo Boscoli, Ricardo de Almeida Rennó, Daniel Geraldo Prado Figueiredo, Guilherme Renato Caldo Moreira, José Arídio de Sá Martins, Juliana Bevilaqua, Regiane Lopes, Bruna Goussain, Rodrigo Toneto, Francisco Fernandes Gremaud e Jackson Rosalino, aos quais ficam nossos agradecimentos. Nesta 9ª edição, agradecemos, em especial, à mestranda Ligia Toneto, pela revisão e preciosas sugestões em vários capítulos, e ao estagiário Miguel Alano, da Faculdade de Economia, Administração e Contabilidade da USP de Ribeirão Preto, pela atualização de tabelas, gráficos e material de apoio ao professor (*slides*).

Também queremos agradecer pelos comentários dos vários amigos e professores que contribuíram para a forma final em que o livro se encontra, pelas valiosas sugestões e críticas construtivas, entre outros, que enviaram diversas contribuições ao longo das nove edições. Destacamos especialmente os Profs. Sérgio Ishikawa, André Luiz Sacconato, Gilberto Tadeu Lima (FEA-USP – São Paulo), Elaine Pazello e Renato Marcondes, da FEA-USP – Ribeirão Preto, Paulo Furquim de Azevedo (Insper), Cláudio Shikida, Reinaldo Gonçalves (UFRJ), Gilson Schwartz (ECA-USP), Andrea Ferro (Universidade Federal de São Paulo), Luciana Telles (que também colaborou na elaboração das questões e na redação do Capítulo 20 (Estado Regulador), Cleveland Prates (GV-Law), ex-conselheiro do Conselho Administrativo de Defesa Econômica (Cade), que nos ajudou na atualização do tópico sobre defesa da concorrência, no mesmo Capítulo 20.

Finalmente, agradecemos a todos os alunos que ao longo dos últimos anos assistiram às nossas aulas, que nos permitiram a experiência e a motivação para a elaboração desta tarefa.

Os Autores

Sumário

PARTE I
PANORAMA DESCRITIVO DA ECONOMIA BRASILEIRA E CONCEITOS BÁSICOS

INTRODUÇÃO 1

CAPÍTULO 1 – ASPECTOS DEMOGRÁFICOS 9
    1.1 Crescimento populacional e desenvolvimento econômico 9
    1.2 Demografia: elementos básicos 11
    1.3 Transição demográfica brasileira 14
    1.4 Estrutura etária 21
    1.5 Migrações internas e urbanização 25
    Conceitos-chave 27
    Questões 28
    Tema para debate 28

CAPÍTULO 2 – CONTABILIDADE NACIONAL: AGREGADOS MACROECONÔMICOS 29
    2.1 Definição de produto 30
    2.2 Produto, renda e dispêndio 33
    2.3 Investimento e depreciação 35
    2.4 Governo 37
    2.5 Resto do mundo 40

2.6 Medidas de produto	42
2.7 Produto real e produto nominal	43
2.8 Considerações finais	45
Conceitos-chave	46
Questões	46
Apêndice 2A – O sistema de contas nacionais	47
Apêndice 2B – Comparações internacionais: o conceito de PIB em termos de paridade do poder de compra	51

CAPÍTULO 3 – DESENVOLVIMENTO E DISTRIBUIÇÃO DE RENDA ... 55

3.1 Conceito de desenvolvimento	55
3.2 Produto *per capita*	56
3.3 Indicadores sociais	58
3.4 Distribuição de renda no Brasil	64
3.5 Pobreza	71
3.6 Desenvolvimento: equitativo, sustentado e participativo	74
Conceitos-chave	78
Questões	79
Tema para debate	79

CAPÍTULO 4 – DESEMPREGO E MERCADO DE TRABALHO ... 81

4.1 Produto potencial	81
4.2 Desemprego – Desocupação	82
4.3 Tipos de desemprego e o pleno emprego	87
4.4 Subutilização da força de trabalho e desalento	90
4.5 Posição na ocupação, trabalho informal e trabalho precário	91
Conceitos-chave	94
Questões	95
Temas para debate	95

CAPÍTULO 5 – INFLAÇÃO ... 97

5.1 Inflação e alguns conceitos relacionados	99
5.2 Tipos de inflação	100
5.3 Consequências da inflação	102
5.4 Medidas de inflação no Brasil	103
Conceitos-chave	109
Questões	109
Tema para debate	109
Apêndice 5A – Trabalhando com números-índices	109

Sumário **xi**

PARTE II
DETERMINANTES DO PRODUTO

Apêndice II.1 – As fontes do crescimento econômico de longo prazo: um esquema contábil 118

CAPÍTULO 6 – CONSUMO 123

6.1   Consumo e nível de renda 125

6.2   Consumo e riqueza 126

6.3   Consumo e taxa de juros 129

6.4   Consumo e sistema financeiro 131

6.5   Considerações finais 133

Conceitos-chave 134

Questões 135

Apêndice 6A – Função consumo keynesiana e determinação da renda 135

CAPÍTULO 7 – INVESTIMENTO 139

7.1   Decisão de investir: expectativas e taxa de juros 140

7.2   Investimento e poupança 144

     7.2.1   Modelos de longo prazo 144

     7.2.2   Modelos de curto prazo 147

7.3   Financiamento e investimento 148

7.4   Considerações finais 153

Conceitos-chave 154

Questões 154

Apêndice 7A – O modelo keynesiano de determinação da renda e o multiplicador 155

Apêndice 7B – A curva IS 157

CAPÍTULO 8 – POLÍTICA FISCAL 159

8.1   Funções do governo 160

8.2   Gastos públicos 161

8.3   Arrecadação tributária 162

8.4   Déficit público e dívida pública 171

Conceitos-chave 178

Questões 178

CAPÍTULO 9 – POLÍTICA MONETÁRIA 179

9.1   Funções e tipos de moeda 179

9.2   Demanda por moeda 182

9.3   Oferta de moeda 186

9.4   Funções do Bacen e instrumentos de controle monetário 192

9.5   Taxa de juros 195

9.5.1 Determinação da taxa de juros ... 196
9.5.2 Estrutura da taxa de juros e sistema financeiro ... 201
9.5.3 Taxa de juros real e nominal ... 203

Conceitos-chave ... 206

Questões ... 207

Apêndice 9A – Criação de moeda por parte dos bancos e multiplicador monetário ... 208

CAPÍTULO 10 – SETOR EXTERNO ... 211

10.1 Balanço de pagamentos ... 212

10.2 Mercado cambial ... 221

10.3 Considerações finais ... 226

Conceitos-chave ... 226

Questões ... 227

Apêndice 10A – Determinantes da taxa de câmbio ... 228

Apêndice 10B – Teorias de comércio internacional ... 231

1 Teoria clássica do comércio internacional ... 232

2 A crítica estruturalista ... 233

3 Teoria moderna do comércio internacional ... 234

4 Nova teoria do comércio internacional ... 236

5 Debate sobre as vantagens da liberalização do comércio externo ... 237

CAPÍTULO 11 – REFERENCIAL PARA ANÁLISE DO COMPORTAMENTO DO PRODUTO E DO DESENVOLVIMENTO ECONÔMICO ... 239

11.1 Política econômica ... 239

11.2 Fatores estruturais do desenvolvimento ... 243

Conceitos-chave ... 247

Questões ... 247

Apêndice 11A – Modelo IS-LM: interligação entre o mercado de bens e serviços e o lado monetário ... 248

Apêndice 11B – A curva de Phillips: desemprego e inflação ... 250

PARTE III
ABORDAGEM HISTÓRICA DA ECONOMIA BRASILEIRA

CAPÍTULO 12 – O BRASIL AO LONGO DO SÉCULO XX: ALGUNS FATOS ESTILIZADOS ... 257

12.1 Etapas do crescimento brasileiro ... 257

12.2 Oscilações e transformações no crescimento brasileiro ... 259

12.3 Aspectos externos da economia brasileira ao longo do século XX ... 265

12.4 Aspectos sociais do crescimento econômico brasileiro ... 267

Conceitos-chave 269

Questões 269

Tema para debate 269

CAPÍTULO 13 – ECONOMIA AGROEXPORTADORA 271

13.1 Os ciclos e a economia agroexportadora 271

13.2 Modelo de desenvolvimento voltado para fora 272

13.3 Oscilações de preço na economia cafeeira 275

13.4 Políticas de defesa da economia agroexportadora e seus problemas: super-produção e socialização das perdas 277

    13.4.1 Desvalorização cambial em uma economia agroexportadora 278

    13.4.2 Política de valorização do café 279

13.5 Superprodução e crise da economia cafeeira em 1930 281

13.6 Irradiação do setor exportador e início da industrialização brasileira 281

Conceitos-chave 284

Questões 284

Tema para debate 284

CAPÍTULO 14 – PROCESSO DE SUBSTITUIÇÃO DE IMPORTAÇÕES 285

14.1 A década de 1930 e o deslocamento do centro dinâmico 285

    14.1.1 Manutenção da renda 287

    14.1.2 Deslocamento da demanda 288

14.2 A industrialização por substituição de importações 290

14.3 Mecanismos de proteção à indústria nacional utilizados no PSI 293

14.4 Características da implementação do PSI 294

14.5 Papel da agricultura na industrialização de um país 297

14.6 Plano de metas (1956-1960) 299

Conceitos-chave 303

Questões 303

Tema para debate 304

CAPÍTULO 15 – DA CRISE AO MILAGRE (1960-1973) 305

15.1 A crise dos anos 1960 305

15.2 Os governos militares e o PAEG 308

    15.2.1 Medidas de combate à inflação do PAEG 309

    15.2.2 Reformas institucionais do PAEG 310

15.3 O Milagre econômico 315

15.4 Modernização agrícola 321

Conceitos-chave 323

Questões 324

Tema para debate 324

CAPÍTULO 16 – DO CRESCIMENTO FORÇADO À CRISE DA DÍVIDA 325

16.1 II Plano Nacional de Desenvolvimento 325

16.2 A heterodoxia delfiniana 331

16.3 A crise da dívida externa 333

Conceitos-chave 337

Questões 337

Tema para debate 337

PARTE IV
TRANSFORMAÇÕES ECONÔMICAS MUNDIAIS E AS REFORMAS LIBERAIS NO BRASIL

CAPÍTULO 17 – ECONOMIA MUNDIAL APÓS A SEGUNDA GRANDE GUERRA 345

17.1 Sistema de Bretton Woods.. 345

17.2 Recentes transformações na esfera produtiva e comercial: globalização produtiva... 350

17.3 Globalização financeira: crises cambiais e financeiras 352

Conceitos-chave 358

Questões 359

Tema para debate 359

CAPÍTULO 18 – MUDANÇAS NAS RELAÇÕES COMERCIAIS DO BRASIL COM O EXTERIOR.. 361

18.1 As relações comerciais brasileiras e a abertura comercial da década de 1990.... 361

18.2 Integração econômica: Mercosul.. 365

    18.2.1 Tipos de integração econômica... 365

    18.2.2 Antecedentes e evolução histórica do Mercosul.................... 366

Conceitos-chave 370

Questões 370

Tema para debate 370

CAPÍTULO 19 – ALTERAÇÕES NA PRESENÇA DO ESTADO NO DESENVOLVIMENTO BRASILEIRO 371

19.1 Atuação do Estado ao longo do desenvolvimento econômico brasileiro.......... 371

    19.1.1 Fase agroexportadora 371

    19.1.2 O Estado no processo de industrialização............................. 373

    19.1.3 O Estado nos governos militares... 377

19.2 Alterações ocorridas nas últimas décadas....................................... 377

    19.2.1 Privatização... 379

Conceitos-chave 384

Questões 384

CAPÍTULO 20 – ESTADO REGULADOR: REGULAÇÃO E DEFESA DA CONCORRÊNCIA ... 385

20.1 Mudanças no grau de concentração da economia brasileira ... 386

20.2 Justificativas para a existência de regulação ... 387

20.3 Práticas anticoncorrenciais ... 389

20.4 Leis antitruste ... 390

20.5 Definição do mercado relevante ... 390

20.6 Agências reguladoras de defesa da concorrência ... 391

20.7 Agências reguladoras dos serviços públicos ... 393

20.8 Comentários finais ... 394

Conceitos-chave ... 395

Questões ... 395

Apêndice 20A – Maximização de lucros ... 395

PARTE V
A ECONOMIA BRASILEIRA NO PERÍODO RECENTE

CAPÍTULO 21 – A SAGA DOS PLANOS HETERODOXOS: A ECONOMIA BRASILEIRA DE 1985 A 1994 ... 399

21.1 Governo Sarney: março de 1985 a março de 1990 ... 400

    21.1.1 Plano Cruzado ... 405

    21.1.2 Plano Bresser ... 410

    21.1.3 Plano Verão ... 412

    21.1.4 Uma síntese do governo Sarney ... 413

21.2 Governo Collor ... 415

    21.2.1 Plano Collor ... 415

21.3 Governo Itamar Franco ... 420

21.4 Governos Collor e Itamar – Síntese ... 426

21.5 Um resumo dos planos de estabilização ... 426

Conceitos-chave ... 428

Questões ... 428

Temas para debate ... 429

CAPÍTULO 22 – GOVERNO FERNANDO HENRIQUE CARDOSO ... 431

22.1 O primeiro mandato de Fernando Henrique Cardoso (1995-1998) ... 432

22.2 O segundo mandato de Fernando Henrique Cardoso ... 444

22.3 Uma síntese do governo Fernando Henrique Cardoso ... 461

Conceitos-chave ... 464

Questões ... 465

Temas para debate ... 465

xvi Economia Brasileira Contemporânea • Gremaud / Vasconcellos / Toneto Jr. / Sakurai

CAPÍTULO 23 – GOVERNO LULA 467

23.1 O primeiro mandato de Lula 468

    23.1.1 O choque de credibilidade 469

    23.1.2 A questão fiscal 473

    23.1.3 A questão externa: a redução do passivo externo líquido e a valorização cambial 477

    23.1.4 O crescimento econômico limitado 480

23.2 O segundo mandato de Lula 484

    23.2.1 A busca pelo crescimento econômico 484

    23.2.2 A grande crise internacional 490

    23.2.3 Como o Brasil enfrentou a crise 494

23.3 Em busca de um novo modelo de desenvolvimento 496

23.4 Considerações finais 500

Conceitos-chave 502

Questões 502

Temas para debate 502

CAPÍTULO 24 – GOVERNO DILMA ROUSSEFF – 1º MANDATO 503

24.1 Introdução 503

24.2 A política macroeconômica no primeiro mandato de Dilma Roussef 504

    24.2.1 Interferências no sistema de preços 509

    24.2.2 Redução do desemprego e pressão inflacionária 510

    24.2.3 Finanças públicas 512

    24.2.4 O comportamento do produto e do emprego 513

    24.2.5 Comércio exterior 517

24.3 Primeiro mandato do governo Dilma: conclusões 519

Conceitos-chave 522

Questões 523

Temas para debate 523

CAPÍTULO 25 – OS GOVERNOS DILMA (2º MANDATO) – TEMER 525

25.1 Introdução 525

25.2 A política macroeconômica no segundo mandato do governo Dilma 527

    25.2.1 O desequilíbrio fiscal e a tentativa de ajuste 527

    25.2.2 Produto e emprego no segundo mandato de Dilma 530

    25.2.3 A aceleração inflacionária no segundo mandato de Dilma Roussef 531

25.3 Os anos do vice-presidente Michel Temer como presidente 534

    25.3.1 Produto e emprego no governo Temer 535

    25.3.2 A redução da taxa de inflação 535

    25.3.3 As reformas no governo Temer 536

    25.3.4 Finanças públicas no governo Temer 537

Sumário **xvii**

25.4 Considerações finais... 540

Conceitos-chave 542

Questões 542

Temas para debate.. 542

CAPÍTULO 26 – GOVERNO BOLSONARO 543

26.1 Introdução... 543

26.2 O desempenho econômico do governo Bolsonaro pré-pandemia de Covid-19.... 544

    26.2.1   Produto e emprego no governo Bolsonaro................................. 545

    26.2.2   Comportamento dos preços 546

    26.2.3   Finanças públicas.. 548

    26.2.4   Setor externo 549

26.3 A crise da pandemia em 2020 e 2021 551

    26.3.1   O início da pandemia.. 551

26.4 O desempenho econômico pós-pandemia 555

    26.4.1   A retomada da economia pós-pandemia e o final do governo Bolsonaro 556

26.5 O impacto econômico da invasão da Ucrânia pela Rússia....................... 557

26.6 Reformas institucionais e econômicas sob o governo de Jair Bolsonaro.......... 559

26.7 Considerações finais... 560

Conceitos-chave 562

Questões 562

Temas para debate.. 563

REFERÊNCIAS.. 565

GLOSSÁRIO 573

ÍNDICE ALFABÉTICO.. 585

PARTE I

Panorama Descritivo da Economia Brasileira e Conceitos Básicos

INTRODUÇÃO

Nesta terceira década do século XXI, poderíamos perguntar-nos o que teria ocorrido com a economia brasileira ao longo do tempo. Qual é a situação econômica hoje, se comparada com a de 1900 ou mesmo de 1950? Verificamos, a princípio, que o Brasil cresceu e se modificou. Na verdade, a fisionomia do país, hoje, é substancialmente diferente daquela do início do século passado ou mesmo daquela do pós-Segunda Guerra Mundial.

Mesmo com uma diminuição no ritmo de crescimento nas últimas décadas, a economia brasileira cresceu. Por um lado, a população multiplicou-se quase dez vezes ao longo do século XX. Como se vê na Figura I.1, em 1900 havia pouco mais de 17 milhões de residentes; já em 1950, esse número salta para quase 52 milhões; no ano 2000, a população alcança 173 milhões e atinge cerca de 203 milhões de pessoas em 2022, segundo estimativa do IBGE.

Figura I.1 Brasil: População residente por sexo (1872-2022) anos censitários.

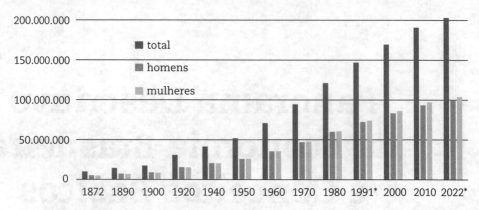

* anos em que os censos foram realizados em anos diferentes da previsão

Fonte: dados do IBGE.

Comparando-se com a população mundial, a brasileira cresceu ao longo do século XX, em média 2,27% a.a., enquanto a taxa anual de crescimento da população mundial foi de 1,4% (de 1,6 bilhão para quase 6,3 bilhões ao longo do século XX). Já no século XXI, o crescimento da população diminui bastante, situando-se abaixo de 1,2% a.a. em linha com a média mundial. Nesse sentido, como pode ser visto pela Tabela I.1, o Brasil, além de territorialmente ser um dos maiores países do mundo, com mais de 8.500 mil km², também é uma das nações mais populosas.

Tabela I.1 Os 10 maiores países do mundo: área e população

\multicolumn{4}{c}{Área geográfica e população – 2021}
País	Área geográfica (1.000 km)	País	População (Milhões de habitantes)
Rússia	17.098	Índia	1.417,2
Canadá	9.880	China	1.412,2
Estados Unidos	9.832	Estados Unidos	333,3
China	9.600	Indonésia	278,5
Brasil	**8.510**	Paquistão	235,8
Austrália	7.741	Nigéria	218,5
Índia	3.287	**Brasil**	203,1
Argentina	2.780	Bangladesh	171,2
Cazaquistão	2.723	Rússia	143,6
Argélia	2.283	México	127,5

Fonte: IBGE e Banco Mundial.

Entretanto, não foi apenas a população que cresceu; a produção e a geração de renda brasileira também passaram por forte expansão, especialmente no século XX, arrefecendo este crescimento nas últimas décadas. Medindo-se essa produção por meio do Produto Interno Bruto (PIB), que, como veremos no Capítulo 2, é o indicador básico na avaliação do crescimento econômico de um país, observa-se (Figura I.2) que, na segunda metade do século XX, a produção brasileira ampliou-se mais de 1.200%. Ou seja, produziu-se no Brasil em 2.000 mais de 12 vezes o que se produzia em 1950. Nesse período, a taxa anual média de crescimento da economia brasileira foi de 5,20%, enquanto a produção mundial cresceu 4,7% a.a.[1] No século XXI, a média de crescimento brasileiro passou para apenas 2,2% a.a., e encontra-se neste patamar desde a década de 1980 com alguns altos (primeira década do século XXI) e baixos (segunda década do século XXI).

Figura I.2   Brasil: Evolução do PIB real (1950-2022).

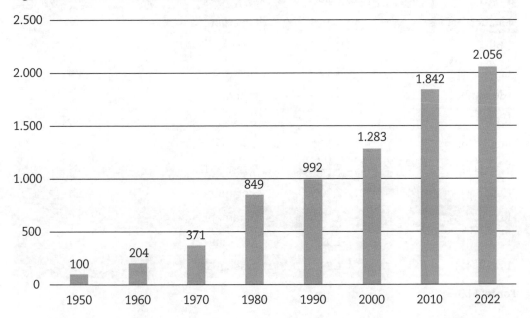

Fonte: dados básicos do IBGE.

Em termos internacionais, a economia brasileira, medida por meio do PIB, está entre as maiores do mundo. Em 2022, ocupávamos a 12ª colocação. Na Tabela I.2, vemos as dez maiores economias do mundo medidas pela sua produção anual.[2] Isso, porém, deve ser examinado com um pouco mais de cuidado. Existem países com dimensões territoriais semelhantes ao Brasil, como os Estados Unidos, que têm um nível de produção muito maior, e países com a população próxima à brasileira, cuja produção também é fortemente superior. Se analisarmos o quanto da produção nacional cabe a cada um dos residentes (isto é, usando o conceito de PIB *per capita*, que será desenvolvido no Capítulo 2), veremos que, apesar

---

[1] FMI World Economic Outlook, 2000.

[2] No Capítulo 2, veremos o conceito de PIB.

de esse índice também se expandir, o Brasil deixa de figurar entre as maiores nações para se situar em um bloco intermediário. Cabe ressaltar que tampouco o conceito de PIB *per capita* é correspondente a uma apropriação igualitária dessa produção. Isso não significa que essa renda seja efetivamente usufruída pela população como um todo. Ainda assim, temos aqui uma evidência de que, apesar do forte crescimento verificado, a economia brasileira ainda deixa a desejar em termos de desenvolvimento. Mesmo que a renda fosse distribuída com maior princípio de igualdade, ainda assim seríamos um país relativamente pobre.[3]

Tabela I.2   Os 10 maiores países e o Brasil – produção e renda por habitante – 2022-2021

PIB – 2022 e PIB *per capita* – 2021			
País	PIB (US$ Bilhões)	País	PNB *per capita* (US$ Mil)
Estados Unidos	25.035	Luxemburgo	135
China	18.321	Suíça	84
Japão	4.301	Noruega	78
Alemanha	4.031	Irlanda	77
Índia	3.469	Qatar	70
Reino Unido	3.198	Islândia	67
França	2.778	Estados Unidos	65
Canadá	2.200	Singapura	64
Rússia	2.133	Dinamarca	60
Itália	1.997	Austrália	54
Brasil (12)	**1.895**	**Brasil (63)**	**9**

Fonte: FMI.

Nesse período, a economia brasileira não somente cresceu, mas também se modificou. Durante o século XX, o Brasil passou por uma transformação estrutural, alterando substancialmente tanto sua base produtiva quanto as condições de vida da população.

Até aproximadamente a década de 1930, o Brasil era considerado um país agroexportador, ou seja, era uma nação eminentemente agrícola, sua população estava concentrada na zona rural e a produção nacional dependia fortemente da agricultura destinada ao mercado externo, sobretudo da produção e das exportações de café. A partir de meados do século XX, reverte-se esse "modelo" econômico por meio **industrialização**.[4] Essa transformação também implicou forte urbanização do país.

---

[3]   A diferença entre crescimento e desenvolvimento será examinada no Capítulo 3.

[4]   O modelo agroexportador e a industrialização por substituição de importações, bem como o restante da análise histórica da economia brasileira ao longo do século XX, estão contidos na Parte III deste livro.

Isso pode ser observado na Tabela I.3. Enquanto em 1940 mais de 2/3 da população brasileira vivia na zona rural, atualmente, apesar de existirem debates e revisões metodológicas para aquilo que se considera urbano ou rural, podemos dizer que menos de 15% da população vive no campo, evidenciando a ocorrência de uma migração do campo para as cidades e de um forte processo de urbanização pelo qual passou a economia brasileira.

Tabela I.3 Brasil: População urbana × rural: 1940-2022

Ano	População total	População urbana	%	População rural	%
1940	41.236.315	12.878.101	31,23	28.358.214	68,77
1950	51.944.397	18.783.094	36,16	33.161.303	63,84
1960	70.992.343	32.003.348	45,08	38.988.995	54,92
1970	94.508.583	52.905.905	55,98	41.602.678	44,02
1980	121.150.573	82.018.938	67,7	39.131.635	32,3
1990	146.917.459	110.878.606	75,47	36.038.853	24,53
2000	169.590.693	137.758.520	81,23	31.832.173	18,77
2010	190.755.799	160.921.592	84,36	29.834.207	15,64
2022*	203.062.512	176.562.854*	86,95*	26.499.658*	13,05*

* estimativa

Fonte: dados básicos do IBGE.

Também podemos verificar, na Figura I.2, o declínio da participação agropecuária na produção nacional, que era de 25% em 1950 e gira em torno dos 10% na década de 1990. Já a indústria, que também representava 25% da produção em 1950, chegou a alcançar mais 40% do PIB nos anos 1980, mas voltou a cerca de 22% em 2020.

Assim, percebemos que a fisionomia do Brasil atual não é mais a mesma daquela de 1900. O Brasil pode ser considerado, hoje, um país razoavelmente urbanizado e também mais industrializado, especialmente quando comparado ao início do século passado. Esse processo de transformação também ocorreu na maioria dos países desenvolvidos, iniciando-se no século XIX. Considerando a participação da agricultura no PIB de alguns países (Figura I.4), ela situa-se em torno de 3% nos países desenvolvidos.

Figura I.3 Brasil: Participação dos setores na produção nacional (1947-2022).

Fonte: dados básicos do IBGE.

Figura I.4 Participação da agricultura no PIB. Países selecionados – 2010.

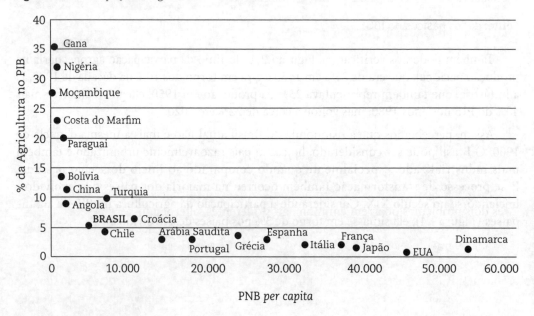

Fonte: Banco Mundial.

Devemos notar que, apesar da diminuição da participação relativa do setor agrícola, isso não quer dizer que ele não seja importante atualmente. Produtos expressivos da economia brasileira são considerados industrializados ou semi-industrializados, porém têm sua origem na agricultura. Esse é o caso, por exemplo, do suco de laranja industrializado e dos derivados da soja (farelo e óleo), que são relevantes, inclusive, na pauta de exportações brasileira. Além disso, o campo e a agricultura tiveram e têm papel importante no processo de industrialização e urbanização nacional, principalmente fornecendo alimentos, matérias-primas e biocombustíveis para a zona urbana. As exportações agrícolas geram divisas que possibilitam importações de equipamentos industriais, e o campo é também um forte mercado consumidor de produtos da cidade.

Mais recentemente, um debate estabeleceu-se na economia brasileira e também pode ser observado já no gráfico da Figura I.2, que é o que está sendo chamado de desindustrialização. Do mesmo modo que percebemos, pela Figura I.3, uma queda da participação da agricultura no PIB dos países à medida que estes se desenvolvem, também ocorre, a partir de um nível mais elevado de desenvolvimento, a queda da participação da indústria no PIB, sendo que o setor de serviços, que sempre foi grande, ganha espaço entre os países de alto desenvolvimento. Recentemente, desde a década de 1980, esse fenômeno pode ser observado também no Brasil. A questão que se coloca é se essa desindustrialização é normal, pois o Brasil atingiu um grau de desenvolvimento em que é natural esta queda da participação da indústria no PIB. Ou seria essa desindustrialização precoce, por estar ocorrendo antes que tenhamos atingido alto grau de desenvolvimento?

Na sequência desta Parte I, analisaremos mais detalhadamente alguns aspectos levantados nesta introdução. Inicialmente, trataremos das questões demográficas, analisando a evolução da população brasileira. Em seguida, procuraremos descrever os conceitos da chamada contabilidade nacional, definindo o produto e o crescimento econômico. No Capítulo 3, procuraremos discutir os importantes aspectos distributivos da economia brasileira, definindo melhor o conceito de desenvolvimento econômico.

Depois de analisadas as ideias de crescimento econômico e de distribuição da renda, nos capítulos seguintes (4 e 5), trataremos de outros dois problemas macroeconômicos fundamentais: o desemprego e a inflação. Esses dois parâmetros são os que mais atraem a atenção dos economistas, mesmo que a questão distributiva talvez seja a que mais devesse interessar a nossa sociedade. Se acompanharmos a evolução recente da economia brasileira, vemos que, até meados da década de 1990, a inflação era o principal foco de atenção dos debates. Já no final da década, o problema do desemprego passa a ser o centro das atenções. Normalmente, esses dois problemas ocorrem em momentos diferentes, alternando-se; por vezes, porém, eles vêm juntos, ocorrendo a chamada **estagflação**, ou seja, um período crítico que combina taxas relativamente elevadas de inflação e desemprego. Nesses capítulos, apresentaremos os principais aspectos conceituais e as formas e diferenças de mensuração relativos aos dois problemas. As explicações sobre o comportamento do crescimento, da inflação, do desemprego e do desenvolvimento econômico de modo mais geral serão também analisadas nas partes seguintes deste livro.

1
Aspectos Demográficos

Muitas vezes, quando se estuda a economia de um país, deixam-se de lado as questões relativas à evolução de sua população. Essas questões, no entanto, são bastante importantes. Por um lado, a população de um país representa seu potencial de consumidores; por outro, parte dessa população, a chamada **população economicamente ativa** ou **população na força de trabalho**,[1] representa os potenciais trabalhadores/produtores do país. Antes de discutirmos os indicadores demográficos, vamos analisar a relação entre crescimento populacional e desenvolvimento econômico.

1.1 CRESCIMENTO POPULACIONAL E DESENVOLVIMENTO ECONÔMICO

As relações entre crescimento populacional e desenvolvimento econômico são bastante controversas dentro da teoria econômica. Por um lado, há a corrente dita neomalthusiana, que tem sua inspiração nas ideias do clérigo inglês Thomas Malthus (1766-1834). Segundo esse autor, a humanidade tem tendência à pobreza e à fome, pois a população tem propensão a crescer muito mais rapidamente que a produção de alimentos.

Assim, segundo os neomalthusianos, quando a população cresce muito, especialmente a população trabalhadora, há tendência de empobrecimento e de piora nas condições de vida dessa população, dado que a produção e a oferta de empregos não são capazes de crescer a taxas muito grandes. Além disso, quando o crescimento se faz em função da expansão da força de trabalho e não de investimentos em capital, há importante limitação no progresso tecnológico dessa sociedade. Por fim, o elevado crescimento populacional também provoca rápido esgotamento dos recursos naturais, o que é extremamente problemático quando esses

---

[1] O conceito de população na força de trabalho é mais bem desenvolvido no Capítulo 4.

recursos não são renováveis. Assim, faz-se necessário, segundo essa corrente, a disseminação de políticas de limitação da natalidade para evitar os problemas mencionados.

Por outro lado, os críticos dessa corrente ressaltam que, quando os neomalthusianos preveem a fome e o empobrecimento, eles não levam em consideração o progresso tecnológico, que faz com que o crescimento da renda e especialmente da oferta de alimentos possa ser feito a taxas bastante elevadas. Além disso, também procuram ressaltar os aspectos positivos, no que tange ao desenvolvimento econômico, quando se tem uma população grande e crescente. As empresas, ao produzirem para um mercado maior, podem utilizar plantas maiores e mais sofisticadas com custos médios de produção relativamente menores, ou seja, têm ganhos de escala ou de tamanho, o que seria extremamente benéfico para a sociedade.

Outro aspecto que liga questões demográficas à economia de um país é sua composição etária. Alterações na composição etária dessa população têm importantes implicações sobre o país. Países com população jovem direcionam parte de suas preocupações para aspectos pediátricos e incorrem em gastos relativamente mais elevados, por exemplo, com a construção de creches e escolas, enquanto países com população mais avançada dedicam parte significativa de suas atenções e de seus recursos à previdência social.

Alterações na distribuição etária da população, componentes maiores ou menores da população em idade mais jovem ou mais avançada, têm efeitos macroeconômicos, pois as pessoas alteram seu comportamento econômico dependendo de sua idade. De acordo com a **teoria do ciclo de vida**, as pessoas consomem ao longo de toda a sua vida, porém não geram renda nos primeiros anos de vida e diminuem muito, em média, a geração de renda em idades mais avançadas. Isso pode ser observado no gráfico da Figura 1.1.

Na fase anterior ao ponto A, mesmo que se gere renda, esta é inferior às necessidades de consumo – o mesmo ocorre depois do ponto B. Entre A e B, produz-se e gera-se mais renda do que consome. Nessa fase da vida, gera-se produção, que é transferida para os indivíduos das outras fases. Assim, dependendo de como a população de um país está distribuída entre as diferentes fases do ciclo de vida, ou ao redor de que idade se situam os pontos A e B de uma população, essa distribuição populacional tem diferentes consequências econômicas, como veremos, em termos, por exemplo, de geração de poupança e de necessidades de transferências de renda intergeracionais.

Geralmente, esses pontos no Brasil tendem a ser relativamente próximos, de modo que a área formada entre as duas curvas e entre os pontos A e B é, quando comparada à de outros países, relativamente pequena no Brasil, trazendo, assim, dificuldades em termos de geração de renda e sustentação de jovens e, principalmente, idosos, dado que também o segmento e a área posterior ao ponto B têm crescido no país.

Figura 1.1 Renda e consumo ao longo do ciclo de vida.

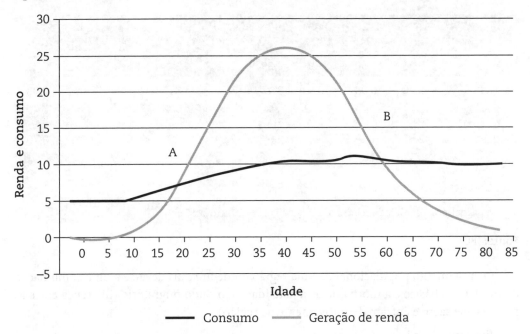

1.2 DEMOGRAFIA: ELEMENTOS BÁSICOS

Em geral, os dados populacionais são obtidos por meio dos chamados Censos Demográficos, realizados no Brasil em 1872, 1890, 1900, 1920 e, desde 1940, realizados de 10 em 10 anos, com exceção daquele realizado em 1991 e não em 1990, e o mais recente de 2022, em vez de 2020.

Como foi visto na introdução desta parte (Figura I.1), o Brasil é um dos países mais populosos do mundo. Durante muitos anos, especialmente nas décadas de 1960 e 1970, viveu-se a expectativa de uma explosão demográfica, afirmando-se que a população brasileira poderia chegar a 220 milhões de habitantes no ano 2000 se as taxas de crescimento da população daquela época (décadas de 1960 e 1970), de quase 3% ao ano, fossem mantidas. Naquele momento, era comum associar-se às previsões de explosão demográfica seus aspectos negativos, como a provável falta de alimentos e a tendência ao empobrecimento.

Apesar de muitas pessoas acreditarem que o Brasil ainda atravessa uma fase de grande expansão populacional, na realidade verifica-se atualmente forte tendência de queda no ritmo de crescimento da população do país, como vemos na Tabela 1.1. A população em 2022, que atingiu 208 milhões de habitantes, está bem longe das estimativas pessimistas dos anos 1970. O crescimento populacional da primeira década do século XXI foi de apenas 0,83% ao ano, afastando, assim, os temores relacionados com a explosão demográfica. Surgiram, porém, novas questões, como veremos adiante.

Tabela 1.1 Taxa média anual de crescimento da população residente no Brasil e regiões – 1900-2022 (%)

	1900/ 1920	1920/ 1940	1940/ 1960	1960/ 1970	1970/ 1980	1980/ 1991	1991/ 2000	2000/ 2010	2010/ 2022
Brasil	2,86	1,50	2,39	2,89	2,48	1,93	1,64	1,17	0,71
Norte*	3,70	0,08	2,29	3,47	5,02	3,85*	2,86	2,09	0,98
Nordeste	2,58	1,26	2,27	2,40	2,16	1,83	1,31	1,07	0,35
Sudeste	2,82	1,49	2,14	2,67	2,64	1,77	1,62	1,05	0,70
Sul	3,45	2,45	3,25	3,45	1,44	1,38	1,43	0,87	0,78
Centro-Oeste	3,61	2,56	3,41	5,60	4,05	3,01	2,39	1,91	1,34

* Passa a incluir o estado de Tocantins, antes na Região Centro-oeste.

Fonte: IBGE.

O crescimento populacional de uma região ou de um país deve-se a uma combinação de três fatores básicos: a mortalidade, a natalidade e o saldo migratório (diferença entre as pessoas que saem e entram definitivamente na região).

Podemos definir:

**Taxa de crescimento populacional =
Taxa de natalidade – Taxa de mortalidade + Taxa de migração**

Em que:
taxa de natalidade = nascimentos/população;
taxa de mortalidade = óbitos/população;
taxa de migração = saldo migratório/população.

Vários são os elementos que podem afetar esses três fatores.[2]

A **taxa de mortalidade**, que, antes da pandemia, vinha diminuindo em todo o mundo, e deve retomar sua tendência, é afetada:

i. pelas condições socioeconômicas que impactam a nutrição, a habitação e a educação da população. A questão da educação, especialmente das mães, é um elemento bastante importante, principalmente quando se analisa a questão da mortalidade infantil;

ii. por questões institucionais, como regras sanitárias, legislação trabalhista etc.;

iii. pelo desenvolvimento da medicina e da saúde pública, sendo extremamente importante para os países o aprimoramento de técnicas de controle e de imunização de doenças epidêmicas. A recente pandemia teve efeitos importantes, alterando a taxa

---

[2] Ver Santos, Levy e Szmrecsányi (1980) e Milone (1991).

de mortalidade da maioria dos países, inclusive do Brasil. Do mesmo modo, a capacidade de reação das autoridades sanitárias para diminuir sua proliferação e da ciência no descobrimento de tratamento e vacinas são, atualmente, pontos fundamentais;

iv. por aspectos culturais que influem na alimentação, na educação etc.

Com relação à **taxa de natalidade**, que também vem diminuindo, as explicações são mais controversas. Normalmente, utiliza-se mais o conceito de fecundidade do que propriamente o de natalidade. Enquanto a taxa de natalidade é a relação entre os nascimentos e a população total, **a taxa de fecundidade é a relação entre os nascimentos e o número de mulheres em idade fértil (dos 15 aos 44 anos)**.

A fertilidade, que não é vista apenas como uma questão biológica, dadas as possibilidades de se evitar a concepção, é afetada:

i. pelas condições socioculturais de cada sociedade, como a religião e os valores morais/filosóficos, as relações familiares, as regras legais e morais associadas ao casamento, à herança etc.;

ii. por aspectos econômicos. Se há algumas décadas ter filhos era uma coisa importante, pois isso garantiria o futuro dos pais (assistência na velhice, crescimento do rendimento total da família no médio prazo), atualmente os filhos também representam custos para os pais, não apenas custos materiais com alimentação, saúde etc., mas também custos em termos de mobilidade social e de oportunidade no mercado de trabalho, especialmente para as mães. Esses custos são levados em consideração quando da decisão de se ter filhos;

iii. por aspectos informacionais relativos ao conhecimento (e ao acesso) das mulheres a métodos contraceptivos.

Por fim, as **migrações** causadas por deslocamentos populacionais de uma região à outra. Essas envolvem, por um lado, as chamadas "**forças de expulsão**", que procuram dar conta dos motivos que levam as pessoas a abandonarem sua região de origem, e, por outro, as "**forças de atração**", que explicam a escolha da região de destino, ou seja, do novo local de residência dos migrantes.

Diversas podem ser as razões para os movimentos migratórios: militares, culturais e socioeconômicas. Estas últimas, em geral, estão associadas a questões relativas à oportunidade de melhores condições de vida, quando as possibilidades de emprego e de rendimentos no local de origem mostrem-se inferiores às condições do local de destino, levando em consideração, nessa avaliação, os custos da própria migração (as despesas da viagem, o abandono dos parentes etc.).

Devem-se separar as migrações internas das migrações externas. As **migrações externas** são as que efetivamente alteram a população de uma região, pois são migrações entre outras regiões e a região em análise. As **migrações internas**, por sua vez, não alteram a população de uma região ou de um país; o que há é um deslocamento da população dentro do país, refletindo-se somente na distribuição localizacional (ou regional) dessa população dentro do país.

Quando o crescimento populacional é fortemente influenciado pela entrada de imigrantes em um país, dizemos que a **população** desse país é **aberta**. Já uma **população** é **fechada** quando seu crescimento depende apenas do chamado **crescimento vegetativo**, isto é, apenas da diferença entre nascimentos e óbitos.

1.3 TRANSIÇÃO DEMOGRÁFICA BRASILEIRA

No Brasil, a evolução da população ao longo do século XX e início do século XXI, levando-se em conta os elementos anteriores, apresentou algumas mudanças importantes. No início do século, o Brasil possuía uma população considerada aberta, isto é, as migrações externas em direção ao Brasil ainda eram significativas, especialmente de italianos e portugueses, mas também de espanhóis e japoneses. Parte do crescimento populacional brasileiro, até a década de 1930, é explicada por essa entrada de estrangeiros no país. Na última década do século XIX, 30% do crescimento da população brasileira se devia à entrada de imigrantes no país.[3] O crescimento vegetativo, isto é, a diferença entre nascimentos e óbitos, explicava o restante do crescimento populacional. Deve-se ressaltar que, nesse período, tanto a taxa de natalidade quanto a taxa de mortalidade eram bastante elevadas, sendo a primeira superior à segunda.

No entanto, a partir da década iniciada em 1930, há um "fechamento" da população brasileira, isto é, as migrações externas com destino ao Brasil diminuem e o crescimento populacional passa a depender apenas do crescimento vegetativo, ou seja, da diferença entre nascimentos e falecimentos. Note-se que as migrações internas continuam existindo dentro do país; estas, porém, não afetam a população total do Brasil, mas apenas sua distribuição regional.

Figura 1.2 Transição demográfica.

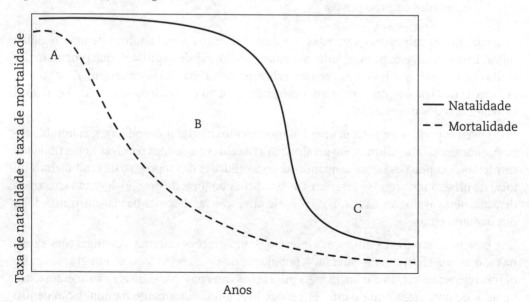

---

[3] Ver dados no Capítulo 12, na Parte III deste livro.

A partir dos anos 1940, o Brasil vive um período considerado de "transição demográfica". Conforme apresentado na Figura 1.2, essa transição faz-se entre uma situação inicial "A", em que há elevadas taxas de natalidade e mortalidade, para outra situação "C", em que essas taxas são mais baixas. O declínio nas taxas, porém, não se faz em conjunto; inicialmente, há a queda das taxas de mortalidade e só depois é que as taxas de natalidade declinam, como pode ser observado no instante "B". Entre a situação inicial e a final, há substancial elevação da taxa de crescimento da população, pois, enquanto o número de óbitos declina, os nascimentos continuam elevados. O crescimento populacional reduz-se apenas quando a taxa de natalidade também entra em declínio.

Como já foi observado, até a década de 1940, os nascimentos e falecimentos no Brasil eram considerados elevados (ou seja, estávamos em uma situação como a de "A" na Figura 1.2). A partir da década de 1940, porém, verifica-se um declínio na taxa de mortalidade brasileira.

Essa queda deve-se especialmente:

i. aos progressos na saúde pública, particularmente no que tange ao controle de doenças epidêmicas;

ii. às melhorias relativas ao saneamento básico, principalmente nas zonas urbanas;

iii. a aspectos educacionais associados aos cuidados das mães com os recém-nascidos, que fizeram diminuir a taxa de mortalidade infantil, especialmente nas décadas de 1960 e 1980.

Um aspecto que também deve ser notado é que a queda da taxa de mortalidade é acompanhada por uma modificação nas principais *causas mortis* da população brasileira, diminuindo as chamadas doenças epidêmicas e aumentando as chamadas doenças crônicas, degenerativas e externas.

A queda nas taxas de mortalidade pode ser vista também pelo aumento da esperança de vida da população brasileira ao nascer e pela diminuição da mortalidade infantil. A **esperança de vida da população ao nascer** é a quantidade média de anos que se vive em determinada região. Na Tabela 1.2, vemos a evolução dessas diferenças entre as regiões brasileiras. Em 2019, antes das informações do censo demográfico realizado em 2022 e precedendo a pandemia que afetou o Brasil e o mundo, esperava-se que uma criança nascida com vida atingisse 76,6 anos (ambos os sexos considerados); depois da Covid-19,[4] este número diminuiu para menos de 75 anos (ver Boxe 1.1).

---

[4] Covid-19 é abreviação de Coronavírus 2019. O vírus denomina-se SARS-CoV-2, a Síndrome Respiratória Aguda Grave (ou Severa), do inglês *Severe Acute Respiratory Syndrome Coronavirus 2*.

Tabela 1.2 Esperança de vida da população brasileira: Brasil e regiões – 1930-2019

	1930	1940	1950	1960	1970	1980	1990	2000	2010	2019
Brasil	42,7	45,9	52,4	52,7	60,1	61,8	65,6	70,4	73,8	76,6
Norte	40,4	44,3	52,6	54,1	64,2	61,3	67,4	69,5	71,2	73,9
Nordeste	38,2	38,7	43,5	44,4	51,2	58,7	64,2	67,2	70,9	74,6
Sudeste	44	48,8	57	56,9	63,6	64,5	67,5	72	75,1	78,4
Sul	50,1	53,3	60,3	60,3	67	65,3	68,7	72,7	75,9	78,7
Centro-oeste	48,3	51	56,4	56	64,7	63,5	67,8	71,8	73,8	76,2

Fonte: IBGE.

Os dados de expectativa de vida compõem as chamadas tábuas de mortalidade, que são instrumentos importantes, especialmente nas questões atuariais. Uma **tábua de mortalidade** indica, para cada ano que uma pessoa viveu, quantos anos espera-se que ela ainda viva. Assim, na Figura 1.3 vemos que, ao nascer, espera-se que um homem viva em média até os 73,6 anos e uma mulher até os 80,5 anos. Mas, quando essa mulher (ou homem) atingir 40 anos com vida, espera-se que ela ainda viva mais 42,5 anos, ou seja, a expectativa de vida dessa mulher passa a ser de 82,5 anos (e o homem, de 77,4 anos). Se essa mulher atingir os 60 anos, espera-se que ela viva até os 84,7 anos (e o homem até os 81 anos). Esses dados são fundamentais, por exemplo, para se estimarem os gastos futuros com a previdência.

Figura 1.3 Brasil: expectativa de vida condicionada à idade.

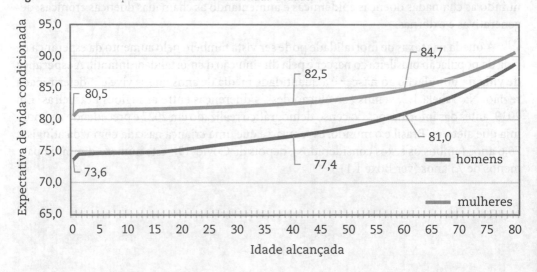

Fonte: dados básicos do IBGE (2021).

Um elemento histórico fundamental no declínio das taxas de mortalidade é a mortalidade infantil ou na infância. A taxa de mortalidade na infância refere-se à quantidade de mortes de crianças até cinco anos a cada grupo de 1.000 nascidas vidas e a **taxa de mortalidade infantil** é a quantidade de crianças falecidas durante o primeiro ano de vida, dentro de um grupo de 1.000 recém-nascidos. Pelo gráfico da Figura 1.4, percebe-se que houve uma queda significativa tanto da mortalidade na infância quanto infantil nos últimos 80 anos, caindo de quase de 140 óbitos de menores de 1 ano para cada 1.000 nascidos vivos, para menos de 20 na primeira década do século XXI. E, se pensarmos nas mais de 212 crianças de até cinco anos que faleceram para cada 1.000 crianças, quase 200 vidas foram salvas a cada 1.000 neste mesmo período de tempo. Não deve ser esquecido, porém, que, apesar da queda, a mortalidade infantil brasileira ainda é considerada elevada em nível internacional. A taxa de mortalidade infantil no Brasil é, atualmente, de 12 a cada mil, ainda acima dos países desenvolvidos, onde essa taxa é inferior a sete a cada mil.[5]

Figura 1.4 Brasil: taxas de mortalidade infantil e na infância – 1940-2019.

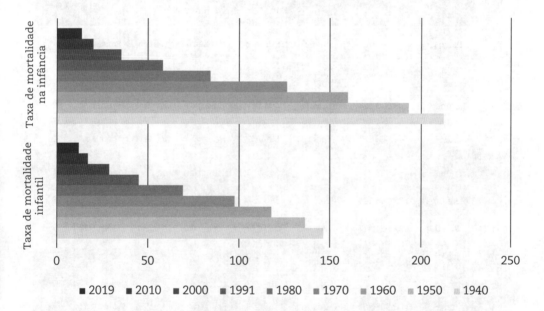

Boxe 1.1 – A pandemia de Covid-19 e a demografia no Brasil

Todo o mundo, e o Brasil em particular, foi fortemente afetado por uma pandemia no início de 2020, a Covid-19. Já ocorreram outras pandemias que afetaram a economia e a demografia nos países, e talvez a que guarde alguma semelhança com a pandemia da Covid-19 tenha sido a chamada gripe espanhola, que atingiu o Brasil no final de 1918 e que também teve dimensões mundiais, com forte letalidade. No caso da Covid-19, os números mundiais são enormes e os do Brasil não ficam atrás. Entre

---

[5] Dados do Banco Mundial para 1995.

janeiro de 2020 e fevereiro de 2023, foram contabilizados praticamente 760 milhões de casos e, principalmente, 6,9 milhões de mortes em todo o mundo. O Brasil, com 689.000 óbitos, representa mais de 10% de todos os óbitos que ocorreram no mundo e, em termos absolutos, como vemos na Tabela 1.3, foi o segundo país com maior número de mortes (e o sexto com maior número de casos). Em termos relativos, os óbitos indicam uma taxa de mais de 3.200 mortes por milhão de habitantes, o que coloca o Brasil na 21ª posição entre os piores, ou os mais afetados, próximo à Itália, na Europa, e ao Chile, na América do Sul. Dada a nítida má gestão da crise epidêmica pelo governo federal no Brasil, esses números poderiam ter sido piores, não fosse a ampla adesão da população à vacinação. Mesmo que tardiamente, mais de 88% da população elegível tinham, no início de 2023, recebido algum tipo de vacinação, e 82%, um protocolo inicial completo de vacinação (duas doses).

Tabela 1.3 Os países mais afetados pela Covid-19 (jan./2020-fev./2023)

	Casos de Covid-19		Mortes por Covid-19		Mortes (Covid-19) por milhões de habitantes		População elegível com protocolo de vacinação inicial completo	
	Países	Número	Países	Número	Países	Número	Países	Porcentagem
1	Estados Unidos	102.019.564	Estados Unidos	1.109.145	Peru	6.444	Qatar	100
2	China	99.030.128	**Brasil**	698.947	Bulgária	5.635	Brunei	99
3	Índia	44.686.371	Índia	530.771	Bósnia e Herzegovina	5.034	Macau	92
4	França	38.513.236	Rússia	396.100	Hungria	4.881	Hong Kong	91
5	Alemanha	38.156.144	México	333.058	Macedônia do Norte	4.615	Cuba	89
6	**Brasil**	37.024.417	Peru	219.429	Geórgia	4.532	Vietnã	87
7	Japão	33.190.564	Reino Unido	207.670	Montenegro	4.467	Camboja	87
8	Coreia do Sul	30.513.721	Itália	188.218	Croácia	4.459	Nicarágua	87
9	Itália	25.589.493	Alemanha	168.499	Eslovênia	4.315	Taiwan	87
10	Reino Unido	24.387.511	França	161.253	Tchéquia	4.045	Portugal	87
					Brasil (21)	3.247	**Brasil (17)**	82

Fonte: https://ourworldindata.org/coronavirus

A pandemia, no Brasil, afetou diversos indicadores demográficos, especialmente os de mortalidade. Assim, se a taxa de mortalidade no Brasil antes da pandemia tinha praticamente se estabilizado em torno de seis mortes por 1.000 habitantes (crescia em torno de 1% a.a.), em 2020 e 2021 estes números foram para 7,4 e 8,5 mortes por mil habitantes, respectivamente, um aumento de 42% entre 2019 e 2021. Esse aumento da mortalidade está diretamente ligado às mortes pela Covid-19 e, também, a outras razões em função da desestruturação dos serviços de saúde.

A pandemia também gerou mudanças nas principais causas de mortes no Brasil. Até 2020, as principais causas de mortes eram as relativas ao aparelho circulatório e a neoplasias. Apenas 5% das mortes no Brasil eram devidas a doenças infecciosas e parasitárias, na qual se inclui a Covid-19. Com a pandemia, esse percentual cresceu para 27% em 2021, e as doenças infecciosas e parasitárias se tornaram a principal causa de mortes no Brasil, afetando especialmente a população com mais de 60 anos. Apesar de a pandemia ter atingido praticamente todos os segmentos da população brasileira, os idosos foram o grupo mais afetado, assim como a população mais carente de grandes regiões metropolitanas.

Seguindo algumas projeções da ONU, a pandemia também deve ter afetado a esperança de vida da população brasileira, estimando-se que seus efeitos tenham reduzido em aproximadamente dois anos a expectativa de vida dos brasileiros, a qual caminhava em direção aos 77 anos e pode ter ficado abaixo dos 75 anos. Esses efeitos são mais claros em algumas regiões do país, como a Norte, e podem ter ampliado as diferenças de esperança de vida ao longo do território nacional.

A esperança é que estes números tenham voltado ao normal partir de 2023.

Retornando à questão da transição demográfica, o declínio da mortalidade entre os anos 1940 e 1960, porém, não foi acompanhado por uma queda nas taxas de natalidade. Desse modo, como já pudemos observar pela Tabela 1.1, há forte elevação da taxa de crescimento populacional nas décadas de 1940 e 1950, permanecendo elevada, próxima aos 3% ao ano, na década de 1960 (nesse período, encontramo-nos na situação "B" da Figura 1.2). Foi nesse momento que surgiram os receios de uma possível explosão demográfica no Brasil.

Entretanto, a partir dos anos 1960, e especialmente das décadas seguintes, a queda da mortalidade passa a ser acompanhada por fortes quedas na taxa de natalidade. Isso fez com que o crescimento da população se reduzisse drasticamente, entrando-se, assim, no período final da transição demográfica brasileira (situação "C") e, em princípio, afastando o perigo da explosão demográfica. Pelo gráfico da Figura 1.5, vemos o declínio das taxas de fecundidade, que é generalizado dentro do país, havendo, inclusive, uma convergência dos indicadores regionais. Outro aspecto interessante que pode ser observado nos gráficos das Figuras 1.5 e 1.6 é que a queda da fecundidade não é apenas generalizada regionalmente, mas também ocorre entre as diferentes faixas socioeconômicas e de educação, mesmo que ainda persistam diferenças importantes. De modo geral, essa queda pode ser explicada por dois aspectos:

i. a entrada da mulher no mercado de trabalho, que fez com que os "custos" de oportunidade de se ter um filho crescessem fortemente;

ii. a grande proliferação de cuidados e métodos contraceptivos e a dissociação entre a sexualidade e a reprodução.

Figura 1.5 Evolução das taxas de fecundidade: Brasil e regiões – 1940-2013.

Fonte: IBGE.

Figura 1.6 Brasil: taxa de fecundidade segundo quintis de renda e anos de estudo – 1992 × 2011.

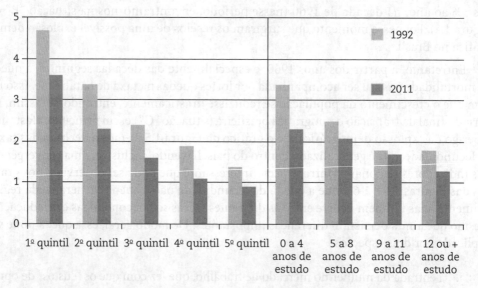

Fonte: IPEA (2012).

A atual taxa de fecundidade, de 1,7 filho por mulher em idade fértil, está abaixo da chamada **taxa de reposição**, ou seja, aquela que garante a reposição das gerações que, no longo prazo, mantêm a população estável (que é de pouco mais de dois filhos por mulher em idade fértil). Com os atuais dados de fecundidade, as novas gerações têm nascido em um número absolutamente inferior ao das gerações anteriores; cada **coorte** é inferior à anterior (uma coorte é a população que nasce em determinado ano).

Apesar de estar nascendo cada vez menos gente, ainda temos uma taxa de crescimento populacional positiva, porém, a queda na taxa de fecundidade e, consequentemente, da natalidade, teve como consequência básica uma forte diminuição no crescimento populacional brasileiro. Este, apesar de algumas diferenças regionais, é atualmente próximo a 0,8% ao ano (Tabela 1.1), tendo convergido para taxas próximas às dos países mais desenvolvidos. Esses países também passaram pelo mesmo processo de transição demográfica. O que chama a atenção no caso brasileiro é que a passagem da situação "A" para "C" (Figura 1.2.) deu-se em meio século, o que é considerado rápido em termos demográficos, especialmente quando comparado com o que ocorreu com os países que fizeram essa transição antes do Brasil.

Se, porém, as taxas atuais de fecundidade forem mantidas abaixo da taxa de reposição, a tendência é que a população brasileira se estabilize e passe a cair em algum momento.

1.4 ESTRUTURA ETÁRIA

Outro efeito importante da queda da fecundidade é sobre a estrutura etária da população. Esse é um efeito que ocorre de modo lento e defasado, atingindo primeiro os grupos etários mais jovens, mas o que se verifica nos últimos anos é um processo de envelhecimento dessa população. Antes da redução da fecundidade, o Brasil era considerado um país essencialmente jovem. Como pode ser observado pela Tabela 1.4, em 1960 mais de 30% de sua população era composta por pessoas com menos de 10 anos, e apenas 1,5% dos residentes no Brasil tinha mais de 70 anos. Nos últimos 30 anos, a situação está se modificando: em 2021, menos de 15% tinham menos de 10 anos (metade da proporção dos anos 40), e mais de 6% da população possui mais de 70 anos (a proporção foi multiplicada por quatro).

Tabela 1.4 Brasil: distribuição da população por grupo de idades – 1940-2021

	1940	1950	1960	1970	1980	1991	1995	2000	2010	2021
0 a 4 anos	15,6	16,1	16	14,8	13,7	11,5	10,2	9,5	7,2	6,9
5 a 9 anos	14	13,5	14,5	14,4	12,4	12	10,8	9,5	7,8	6,9
10 a 14	12,9	12,1	12,2	12,7	12,2	11,6	11	10	9	6,9
15 a 19	10,8	10,6	10,2	11	11,4	10,2	10,3	10,2	8,9	7,3
20 a 24	9,3	9,6	8,9	8,9	9,7	9,2	9,3	9,5	9	8
25 a 29	8,1	8	7,5	7	7,9	8,6	8,8	8,5	9	8
30 a 34	6,3	6,2	6,4	6,1	6,6	7,5	8,3	8,1	8,3	8,1
35 a 39	5,6	5,9	5,6	5,5	5,3	6,5	6,9	7,6	7,4	8
40 a 44	4,7	4,6	4,6	4,9	4,8	5,3	5,7	6,4	6,8	7,5
45 a 49	3,6	3,8	3,9	3,8	3,9	4,2	4,5	5,2	6,2	6,6
50 a 54	3	3	3,1	3,2	3,5	3,6	3,7	4,1	5,3	6
55 a 59	1,9	2,1	2,3	2,5	2,6	2,7	3,2	3,2	4,3	5,4
60 a 64	1,7	1,8	2	1,9	2,1	2,5	2,4	2,7	3,4	4,5
65 a 69	0,9	1	1,1	1,3	1,7	1,9	2	2	2,6	3,6
70 a 74	0,7	0,7	0,8	0,9	1,1	1,3	1,3	1,5	2	2,6
75 a 79	0,4	0,4	0,4	0,4	0,6	0,8	0,9	1,1	1,3	1,8
80 ou mais	0,4	0,4	0,4	0,5	0,5	0,6	0,7	0,9	1,5	1,9
não declarada	0,1	0,2	0,1	0,2	–	–	–	–	–	

Outra maneira de se observar essa evolução é por meio das pirâmides populacionais nos gráficos das Figuras 1.7 a 1.10. Nessas pirâmides, a porcentagem de cada faixa da população é representada pelas barras da pirâmide, dividida em duas partes: de um lado, os homens, e de outro, as mulheres. Pode-se perceber que a pirâmide de 1980 tem uma base larga, indicando uma porcentagem alta da participação dos jovens no total da população. Com o tempo, essa base vai se estreitando: inicialmente, o meio da pirâmide se alarga, passando para um formato de tonel, indicando o crescimento da participação das pessoas em idade intermediária no total da população. Finalmente, na Figura 1.10 (a projeção da população brasileira para 2050) o topo amplifica-se, demonstrando a forte ampliação da população em idade mais avançada e a inversão da pirâmide. Nota-se, ainda, um crescimento maior das mulheres, indicando uma tendência de que ocorra uma "feminilização do envelhecimento".

Figura 1.7   Pirâmide etária brasileira – 1980.

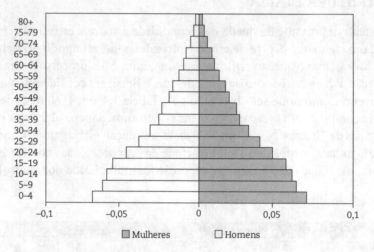

Fonte: IBGE.

Figura 1.8   Pirâmide etária brasileira – 2000.

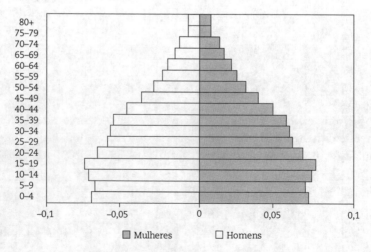

Fonte: IBGE.

Figura 1.9 Pirâmide etária brasileira – 2020.

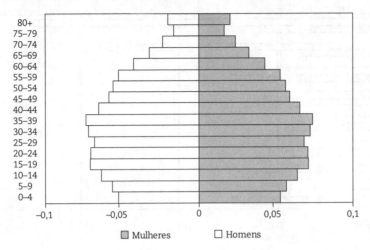

Fonte: IBGE.

Figura 1.10 Pirâmide etária brasileira – 2050.

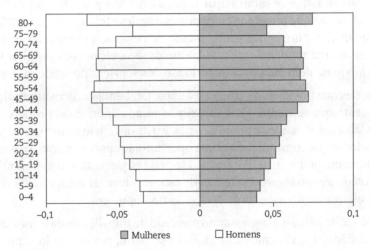

Fonte: IBGE.

Esse processo de envelhecimento também pode ser observado pelo crescimento do **índice de envelhecimento** do IBGE, isto é, a relação entre a população com mais de 65 anos e a população com menos de 15. Essa passa de 6,4% em 1960, para 16,8% em 2000, e já 30,8% em 2010.

Figura 1.11 Dinâmica populacional brasileira.

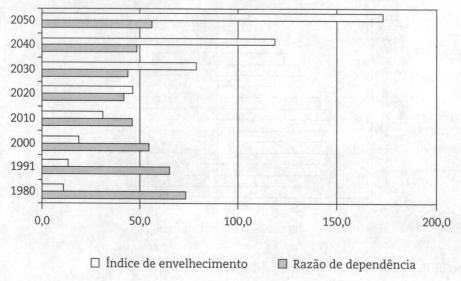

Essas modificações ocorrem com certo vagar, mas têm impactos importantes sobre a economia brasileira, que se farão sentir no decorrer dos próximos anos. Por um lado, espera-se um alívio no que tange aos cuidados que se deve ter em relação à infância e adolescência. Apesar de ser um contingente grande de pessoas, a população entre 0 e quatro anos já apresenta uma tendência de queda que deve se elevar nas próximas décadas, o que significa alívio na demanda pela quantidade dos serviços de saúde materno-infantil.

Entre aqueles que possuem de cinco a 14 anos, também já ocorre diminuição absoluta de seu contingente, que se acentuará nas próximas décadas, porém em proporção um pouco inferior ao da faixa anterior. Desse ponto de vista, existe um alívio na demanda, por exemplo, por ensino básico, o que constitui uma ótima oportunidade para se resolverem os problemas da educação fundamental no país. Porém, não se pode esquecer de que a diminuição do contingente de potenciais usuários do sistema educacional deve ser compensada pelo aumento da taxa de escolarização do país, como será visto no Capítulo 4.

A quantidade de pessoas a ingressar no mercado de trabalho ainda é grande e crescente, porém com tendências declinantes, diminuindo-se assim, por esse lado, a pressão relativa sobre o mercado de trabalho ao longo do tempo. Calcula-se que, para a manutenção do nível de emprego, ainda é necessária a geração de 900.000 empregos novos por ano.[6]

Por outro lado, com o crescimento progressivo da população com idade mais avançada, há uma pressão cada vez maior tanto sobre os sistemas previdenciários (pressões que já começaram a manifestar-se), já que existirão mais beneficiários e com benefícios a serem auferidos por um prazo mais dilatado, como de assistência aos idosos, que exigirão maior atenção e parcela maior dos gastos, e sobre o sistema de saúde pública, que deverá sofrer modificações de modo a atender a um novo perfil de problemas.

---

[6] Ver IPEA (1997).

Por fim, podemos concluir que o conjunto de pessoas que normalmente auferem renda (com idade entre 15 e 65 anos) sofrerá uma carga maior para sustentar os dependentes mais idosos, porém esse crescimento será compensado por uma diminuição dos encargos referentes aos também dependentes com idade inferior a 15 anos. Isso pode ser verificado por meio do gráfico da Figura 1.11, no qual se observa a diminuição da chamada **razão de dependência**.

A razão de dependência é a relação entre os dependentes e a população em idade ativa, sendo dependentes a soma da população com menos de 15 anos e com mais de 65 anos, e população em idade ativa os residentes entre 15 e 65 anos de idade. Atualmente, ela situa-se no seu ponto mais baixo e essa taxa deve subir nos próximos anos, pois o crescimento da população com mais de 65 anos deve mais do que compensar a queda da população com menos de 15 anos, e a própria população entre 15 e 65 anos deixará de crescer. Nesse sentido, vivemos, hoje, o fim do que se considerou uma **janela demográfica**.

A janela demográfica ou **bônus demográfico** é um período quando a proporção de pessoas em idade ativa ainda é alta e permite uma razão de dependência baixa. Esse período é propício ao desenvolvimento econômico, pois existem mais possibilidades de geração de renda, poupança, devendo, portanto, ser aproveitado para a realização de investimento físico e em capital humano, acumulando capital e riqueza para enfrentar uma fase mais à frente, em que a razão de dependência volta a subir, pressionada pelo vigoroso crescimento da população em idade mais avançada, que traz consigo custos significativos e exige políticas públicas mais sofisticadas. No Brasil, esse bônus demográfico, que se encerrou no fim da segunda década do século XXI, aparentemente não foi amplamente aproveitado.

1.5 MIGRAÇÕES INTERNAS E URBANIZAÇÃO

Em termos setoriais e regionais, também se observa um processo de transição demográfica. Os dados apontados anteriormente indicam diminuição tanto da mortalidade como da fecundidade em todas as regiões. Apesar de existirem diferenças regionais importantes, a transição demográfica é global dentro do Brasil.

As variações na distribuição populacional entre regiões, que pode ser observada na Figura 1.12, devem-se, em parte, às diferenças de taxas de natalidade e mortalidade das regiões, mas principalmente às migrações que ocorreram dentro do país. O principal fluxo migratório que caracterizou a economia brasileira durante o século XX foi o chamado **êxodo rural**, isto é, a saída (ou a expulsão) das pessoas do campo em direção às cidades, diminuindo-se, assim, a população rural e crescendo a urbana (Tabela I.3, na introdução desta parte do livro). Entre 1950 e 1990, estima-se que mais de 40 milhões de pessoas deixaram o campo em direção à cidade.

Figura 1.12 Brasil: distribuição da população por regiões – 1940-2022.

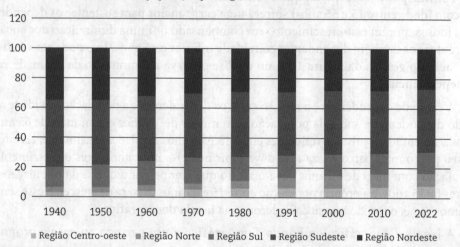

Esse êxodo rural, decorrente do processo de industrialização da economia brasileira, fez-se simultaneamente com um movimento migratório dirigido à Região Centro-sul do país. Essa migração já ocorria nas primeiras décadas do século XX, no chamado período cafeeiro da economia brasileira, mas foi reforçada no processo de industrialização, dado que este se fez de modo bastante concentrado regionalmente.

Assim, o que se assistiu durante a industrialização do país foi o crescimento desmesurado das principais cidades do Sudeste, notadamente das regiões metropolitanas de São Paulo e Rio de Janeiro. Esse movimento migratório diminuiu, em termos de fluxo, a partir dos anos 1980, dado o menor crescimento do setor industrial desde então. Assim, mesmo com taxas de crescimento vegetativo inferiores ao resto do país, a participação relativa do Sudeste na população brasileira declina muito lentamente, em função desse fluxo migratório. No Nordeste, o que se vê é o inverso.

Outro movimento populacional importante que ocorreu no país foi a migração para as fronteiras agrícolas. **Fronteiras agrícolas** são as regiões onde novas terras são incorporadas à produção agropecuária. Essas fronteiras vão-se deslocando ao longo do tempo. Por algumas décadas, a Região Sul do país era considerada uma área de fronteira, sendo, posteriormente (em especial, na década de 1970), substituída pelo Centro-oeste, e, hoje, situando-se na Região Norte, nas franjas da floresta amazônica. A incorporação das novas terras para o cultivo ou para a criação implica a necessidade de que alguma mão de obra seja transferida para a região de fronteira; posteriormente, com o desenvolvimento do local e a abertura de novas oportunidades, mais pessoas deslocam-se para essas regiões. Desse modo, pode-se entender o crescimento recente da participação dos estados do Centro-oeste e da Região Norte no total da população brasileira.

Esse movimento migratório é inferior, em termos de quantidade de pessoas envolvidas, ao movimento em direção às cidades do Centro-sul. Além disso, tem-se modificado, em especial nos últimos anos. Anteriormente, a migração para a fronteira era uma migração de uma zona rural para outra; hoje, boa parte das migrações em direção à fronteira norte faz-se para cidades dessa região, reforçando-se o processo de urbanização do país, mesmo nas chamadas regiões de fronteira agrícola.

A **urbanização** que ocorre por conta desse tipo de migração interna é diferente do forte êxodo rural ocorrido nas décadas anteriores. Enquanto o êxodo se destinava principalmente para grandes cidades – ocorria a **metropolização** da população –, a migração para a fronteira destina-se a núcleos urbanos de pequeno ou médio porte. Até o final da década de 1970, a urbanização do país fez-se sobre grandes metrópoles. Nesse sentido, se tomarmos a população que vive em cidades com mais de 500.000 habitantes, veremos que em 1940 esta representava 10% do total; já em 1980 essa proporção elevava-se a 32%, sendo que grande parte dessa população se concentrava nas nove grandes regiões metropolitanas do país. Em 1990, a população de cidades com mais de 500.000 habitantes representava 35% do total, mas as grandes regiões metropolitanas apresentaram sensíveis quedas nas taxas de crescimento nas últimas décadas, se comparadas com as da década de 1970.

No período recente, porém, esse tipo de urbanização tem diminuído, apontando para uma tendência de desaceleração da concentração nos grandes centros urbanos. Se é verdade que a taxa de crescimento vegetativo da população dessas cidades reduziu-se, também contribuíram para essa tendência de desaceleração o processo de desconcentração regional da industrialização e o de interiorização da atividade produtiva em curso nos últimos anos. Além disso, as crises das décadas de 1980 e 1990 e os problemas que as grandes metrópoles passaram a enfrentar nesse período diminuíram o poder de atração desses grandes centros, dando uma nova configuração ao processo de urbanização, com a ampliação de municípios ao redor das grandes capitais dos estados brasileiros, aumentando as chamadas regiões metropolitanas, algumas delas aparecendo em regiões no interior dos estados. Em 2022, as cidades com mais de 500.000 habitantes são responsáveis por mais de 30% da população, e as 15 cidades que em 2022 possuíam mais de 1 milhão de habitantes concentravam algo como 20% da população brasileira. Entre essas 15 cidades, 13 são capitais, mas duas não são, ambas no estado de São Paulo: Campinas e Guarulhos.

Assim, a tendência é de continuidade do processo de urbanização da economia brasileira, porém com menor intensidade e, provavelmente, ampliando o surgimento de novas regiões metropolitanas ao longo de todo o país.

CONCEITOS-CHAVE

Covid-19	População aberta e fechada
Crescimento demográfico	População economicamente ativa
Crescimento populacional	Razão de dependência
Esperança de vida	Taxa de desemprego
Estrutura etária	Taxa de fecundidade
Êxodo rural	Taxa de migração
Fronteiras agrícolas	Taxa de mortalidade
Índice de envelhecimento	Taxa de mortalidade infantil
Metropolização	Taxa de natalidade
Migração: força de expulsão e atração	Transição demográfica
Migrações internas e externas	Urbanização
Neomalthusianos	

QUESTÕES

Q1. Relacione os aspectos populacionais com alguns aspectos econômicos.

Q2. Descreva o comportamento das pessoas em termos de consumo e geração da renda ao longo dos anos de sua vida.

Q3. Que aspectos influem no crescimento da população de um país?

Q4. Hoje, a população brasileira é aberta ou fechada?

Q5. Descreva o processo brasileiro de transição demográfica.

Q6. O que é uma janela demográfica?

Q7. Como se comportou nas últimas décadas a população brasileira em termos localizacionais?

TEMA PARA DEBATE

T1. Discuta as consequências da seguinte frase: "O Brasil está rapidamente deixando de ser um país jovem".

2
Contabilidade Nacional: Agregados Macroeconômicos

Diferentemente da microeconomia, que trabalha com mercados isolados, a macroeconomia estuda todos os mercados em conjunto. Várias dificuldades colocam-se nesse sentido. Quando se analisa um mercado específico, determina-se, por exemplo, qual foi a quantidade produzida e vendida de sapatos e qual foi o preço. Todavia, se o objeto da macroeconomia é a totalidade dos mercados, como se faz para saber qual foi o total produzido e vendido e a que preço? O problema vem do fato de que uma sociedade produz sapatos, automóveis, café, soja, enfim, milhões de mercadorias. Para avaliar-se a riqueza da sociedade, isto é, a quantidade de bens de que dispõe, dever-se-ia explicitar o quanto foi produzido de cada uma das milhões de mercadorias, o que seria não operacional e não ilustrativo para o analista. Torna-se necessário buscar medidas que permitam de forma simplificada mostrar o quanto a economia produziu, vendeu etc.

Assim, para que as análises macroeconômicas pudessem avançar, foi necessário o desenvolvimento de **um instrumental que permita mensurar a totalidade das atividades econômicas**. Esse instrumento recebeu o nome de **Contabilidade Nacional**, cuja evolução deve-se aos trabalhos do inglês Richard Stone (1913-1991), Prêmio Nobel 1984, e o russo naturalizado norte-americano Simon Kuznets (1901-1985), Prêmio Nobel 1971, ainda antes da Segunda Guerra Mundial.[1] A partir do desenvolvimento dessa técnica de mensuração, baseada no método contábil de partidas dobradas, houve grande avanço da teoria econômica, uma vez que se tornaram possíveis os testes empíricos e uma análise qualitativa mais consubstanciada.

---

[1] Deve ser destacada também a contribuição de Wassily W. Leontief (1905-1989), Prêmio Nobel 1973, russo naturalizado norte-americano, que criou a **Matriz Insumo-Produto ou Matriz de Relações Intersetoriais**, sistema contábil de dupla entrada, no qual são consideradas tanto as vendas como as compras de cada setor para os demais setores. Enquanto o Sistema de Contas Nacionais considera apenas os bens e serviços finais, a Matriz de Leontief mede tanto as transações com bens e serviços finais, como bens e serviços intermediários, que são os insumos que entram na composição dos bens e serviços finais.

Neste capítulo, serão apresentados os principais agregados macroeconômicos e como mensurá-los. Os conceitos básicos trabalhados são os de produto, renda e dispêndio. Espera-se que ao final do capítulo o leitor entenda como se chega a esses valores e os itens que os compõem.

2.1 DEFINIÇÃO DE PRODUTO[2]

A economia estuda a alocação de recursos escassos para fins ilimitados, ou seja, como obter o máximo de satisfação para os indivíduos a partir de um estoque dado de recursos. Para satisfazer suas necessidades, o homem envolve-se em um ato de produção. **Produção** é a atividade social que visa adaptar a natureza para o desenvolvimento de bens e serviços que permitam a satisfação das necessidades humanas. No ato de produção, existe a combinação de uma série de elementos chamados de fatores de produção. **Fatores de produção** são os recursos utilizados na produção de bens e serviços. Normalmente, costuma-se separar os recursos em três grandes áreas: terra, capital e trabalho.

A produção é a principal atividade econômica a ser medida, uma vez que refletirá a capacidade de satisfação das necessidades dos membros da sociedade. Assim, o primeiro passo para avaliar-se o desempenho de um país é medir seu **produto**. Este corresponde à soma daquilo que foi produzido em um país durante determinado período. Trata-se, portanto, de um fluxo, por ser medido em dado período.

Boxe 2.1 – Fluxos e estoques

Na economia, trabalha-se com **variáveis tipo fluxo**, que correspondem àquelas atividades econômicas contínuas, ininterruptas, e como tal devem ser medidas em determinado período, e com **variáveis tipo estoque**, que correspondem a magnitudes medidas em dado instante do tempo. Um exemplo clássico para diferenciar fluxo e estoque é o da caixa-d'água: fluxo corresponde à entrada e saída de água na caixa em determinado período, por exemplo, 10 litros/minuto; estoque corresponde à quantidade disponível de água na caixa em determinado momento, por exemplo, 200 litros. Percebe-se que a relação entre fluxo e estoque é de que todo estoque é alimentado por um fluxo, e, assim, a diferença entre o valor do estoque em dois momentos do tempo fornece o valor do fluxo que alimenta aquele estoque nesse período de tempo.

Alguns exemplos de variáveis fluxos e estoques em economia são:

Fluxos: produto, renda, consumo, poupança, investimento, gastos públicos, arrecadação de impostos, déficit público, exportações, importações, déficit em transações correntes etc.

Estoques: população, capital (K), dívida externa, dívida interna, estoque de moeda, ativos financeiros, riqueza etc.

Exemplos de relação entre fluxos e estoques:

a. $Kt - Kt - 1 = It$ = Investimento agregado no período $(t) - (t - 1)$

b. Dívida Pública (t) – Dívida Pública $(t - 1)$ = Déficit Público em um dado momento (t)

---

[2] Para uma análise mais detalhada das formas de medida e dos conceitos dos agregados macroeconômicos, ver Paulani e Braga (2020).

A partir do produto, podemos avaliar o **crescimento econômico** de um país, que, em determinado período, é definido como o aumento do produto naquele período, ou seja, a elevação na produção de bens e serviços que satisfaçam às necessidades humanas.

A **produção** é a atividade social que visa adaptar a natureza para a criação de bens e serviços que permitam a satisfação das necessidades humanas.

Os **fatores de produção** são os recursos utilizados na produção de bens e serviços.

O **produto** é a soma daquilo que foi produzido em um país durante determinado período.

O **crescimento econômico** de um país em determinado período é definido como o aumento do produto naquele período, ou seja, a elevação na produção de bens e serviços que satisfaçam às necessidades humanas.

Existem, porém, alguns problemas para se fazer essa soma, ou seja, para calcular o produto. Primeiro, como se pode somar a produção de bens completamente diferentes, como laranjas e parafusos?

Uma vez que a sociedade é marcada pela divisão do trabalho, ou seja, a produção se dá em diversas unidades produtivas especializadas, os indivíduos, para obterem o que precisam para sobreviver e satisfazer demais necessidades, devem vender seus produtos (e seu trabalho) no mercado para comprar o que necessitam. A maior parte da produção destina-se ao mercado, sendo trocada por certa quantidade de moeda, ou seja, os produtos têm um preço. Assim, surge a possibilidade de se agregarem os diferentes bens produzidos – por meio de seus valores monetários.

Além disso, a produção é um ato contínuo, ininterrupto; para medi-la, necessita-se estipular determinado período. Define-se com isso **o produto como a expressão monetária da produção de uma sociedade em determinado período, em geral, um ano** (é comum, também, um trimestre).

Nem toda etapa produtiva atende diretamente à necessidade dos indivíduos, pois existem certos produtos que são utilizados como insumos na produção de outros, ou seja, é uma mercadoria intermediária que vai compor um bem final. Por exemplo, o aço por si só não é diretamente consumido, mas, quando é utilizado na produção de automóveis, passa a compor o valor destes automóveis. Assim, a medição do produto não se dá pela soma do valor da produção em todas as etapas do processo produtivo, mas corresponde apenas ao valor da produção de bens e serviços finais, isto é, daqueles que sirvam diretamente para a satisfação das necessidades humanas.

Se for incluído no produto tanto o valor do aço como o valor dos automóveis, incorrerá **problema da dupla contagem**, pois o aço já está incorporado no valor do automóvel e, quando este é contabilizado, automaticamente o primeiro também o é. Assim, devem-se contabilizar apenas os **bens finais** no produto, isto é, os bens diretamente destinados à satisfação das necessidades humanas, e eliminar dessa contabilização os **bens intermediários**, que são os utilizados na produção de outros bens. Note-se que o conceito de "bem final" não decorre de nenhuma natureza intrínseca à mercadoria, pois uma mesma mercadoria pode ser utilizada como bem final e bem intermediário; por exemplo, o carvão que alimenta o forno de uma usina é um bem intermediário; o carvão usado para fazer um churrasco é um bem final.

Entretanto, também é possível contabilizar o produto por meio do chamado **valor adicionado**, considerando em cada etapa da cadeia produtiva aquilo que foi acrescido (adicionado) ao valor dos bens intermediários.

> **Valor adicionado**: valor que foi, em cada etapa da cadeia produtiva, acrescido (adicionado) ao valor das matérias-primas utilizadas.

Pelo exposto, percebe-se que existem **duas maneiras alternativas de medir o produto**: pelo valor dos bens finais, ou pela agregação dos valores adicionados (valor do produto menos valor dos insumos) em cada etapa produtiva.

Veja o seguinte exemplo hipotético: um país onde o único bem consumido por seus habitantes seja o pão. Para produzir o pão, contudo, o país também produz a farinha e o trigo. Supondo também que o custo de produção do trigo seja nulo, a produção é feita de acordo com o seguinte esquema:

	Valor do produto	**Insumos**	**Valor adicionado**
Trigo	10	0	10
Farinha	15	10	5
Pão	20	15	5

O valor do produto de bens finais é 20, correspondente à produção de pães. Produziram-se também 15 em termos de farinha e 10 em termos de trigo. Ao somar toda a produção de cada um dos bens, chega-se a 45, o que se define como **Valor Bruto da Produção (VBP)**.

Entretanto, está-se contando duas vezes a farinha (por ela mesma e pela participação no valor do pão) e três vezes o trigo (por ele mesmo, no valor da farinha e no valor do pão). O produto final é o pão, cujo valor é 20, sendo que esse valor pode ser obtido pela soma dos valores adicionados dos setores de trigo (10), farinha (5) e pelo próprio pão (5). Assim, o valor do produto medido pela produção de bens finais deve igualar a soma do valor adicionado em cada etapa necessária a sua elaboração. A vantagem de medir por meio do valor adicionado é que permite estipular quanto cada ramo de atividade, ou setor, contribuiu para a geração do produto.

Assim, chega-se ao conceito final de Produto. Dentro de um país, este vem a ser o **Produto Interno Bruto a preços de mercado (PIBpm)**, ou seja, o valor monetário de venda dos produtos finais produzidos dentro do país em determinado período.[3] É por meio desse indicador que se avalia o desempenho de uma economia. A soma do valor dos bens finais ou a soma do valor adicionado em cada etapa do processo produtivo necessariamente será a mesma. Essa maneira de medir o valor do produto é chamada de **"ótica do produto"**.

> **PIBpm** é o valor monetário de venda dos produtos finais produzidos dentro de um país em determinado período.

2.2 PRODUTO, RENDA E DISPÊNDIO

Existem duas outras maneiras de medir o produto, além das discutidas na seção anterior. Podem ser denominadas **"ótica do dispêndio"** e **"ótica da renda"**. De acordo com elas, é possível medir o produto, respectivamente:

i. por meio do dispêndio ou da demanda (compras finais);

ii. por meio da renda gerada no processo produtivo.

O conceito de dispêndio refere-se aos possíveis destinos do produto, isto é, por quem e para que são adquiridos. Como será detalhado adiante, os principais destinos do produto são o consumo e o investimento. O primeiro refere-se aos bens e serviços adquiridos pelos indivíduos para a satisfação de suas necessidades. Pode ser dividido em **consumo pessoal** (das famílias), que se refere aos bens e serviços adquiridos voluntariamente no mercado, e **consumo público** (do governo), que se refere aos bens e serviços oferecidos de forma "gratuita"[4] pelo governo para os indivíduos, e são consumidos coletivamente, como a iluminação das ruas, a educação e saúde pública, a segurança nacional, os serviços do Legislativo, o desenvolvimento tecnológico nos órgãos de pesquisa públicos etc. O **investimento**, como detalharemos mais adiante, relaciona-se com a aquisição de mercadorias para ampliar a produção

---

[3] Algumas dificuldades de medição do Produto Interno Bruto (PIB) que se colocam são: (i) o mesmo bem pode ser utilizado como bem intermediário e bem final. O açúcar, por exemplo, utilizado para adoçar o café em casa, é um bem final, já o açúcar utilizado em uma fábrica de refrigerantes no processo produtivo é um bem intermediário; (ii) nem tudo que é produzido se direciona ao mercado; por exemplo, um agricultor leva uma parcela de sua produção ao mercado para obter outros bens de que necessita, mas outra parcela ele pode utilizar para alimentar sua família (produção de subsistência), não sendo medida monetariamente; (iii) alguns serviços devem ser imputados no PIB; por exemplo, um indivíduo que mora de aluguel está pagando um preço pelo serviço de moradia (esse valor entra no PIB), mas o indivíduo que mora em casa própria e não paga aluguel também está consumindo um serviço de moradia e, como tal, o valor deste deve ser imputado no PIB. Há várias outras dificuldades, como diferenciar a atividade da dona de casa e da empregada doméstica; carro adquirido por uma família e por uma empresa etc. Outro ponto, como já foi dito, é que não é uma característica do produto que o define como bem final, mas sua utilização. Uma empresa, por exemplo, adquiriu aço para produzir automóvel, mas chegou o final do ano, o automóvel ainda não havia sido produzido e o aço estava no estoque. No ano seguinte, será considerado produto apenas a diferença entre o valor do automóvel e o do aço (bem intermediário), mas na medida do produto deste ano o aço é um bem final, foi comprado para ficar em estoque, logo entra no cômputo do produto.

[4] Não significa que os bens são gratuitos, já que são financiados por meio de impostos; são os chamados **"bens públicos"**, que os indivíduos não revelam diretamente o quanto estão dispostos a pagar por eles (ver Seção 2.4).

futura, e corresponde ao aumento do estoque de capital físico (máquinas, edifícios etc.) e à variação dos estoques (matérias-primas, produtos acabados etc.).

A soma do consumo (público e privado) e o investimento é definida como **absorção interna**. Essa não corresponde ao produto, por dois motivos: (i) parcela do produto gerado não é adquirida pelas famílias (consumo privado), empresas (investimento) e governo (consumo público), mas é vendida para outros países – **Exportações**; e (ii) parcela dos bens consumidos e investidos não foi produzida no país, mas foram adquiridos do exterior – **Importações**. Assim, para medir o produto pela ótica do dispêndio, deve-se considerar a soma de todos os elementos de dispêndio (consumo, investimento, exportações), subtraindo-se a parcela do dispêndio feita com produtos vindos do exterior (importações). A igualdade entre produto e dispêndio vem, portanto, do próprio conceito de dispêndio, que inclui todos os destinos possíveis do produto.

Já o **conceito de renda refere-se à remuneração dos fatores de produção envolvidos no processo produtivo**. Os tipos de remuneração são: salários pagos ao fator trabalho, juros que remuneram o capital de empréstimo, aluguéis pagos aos proprietários dos bens de capital (edifícios, máquinas etc.), lucros que remuneram o capital produtivo (capital de risco). A igualdade entre produto e renda decorre do fato de que o valor adicionado em cada etapa produtiva corresponde à remuneração dos fatores envolvidos naquela etapa. Lembre-se de que o valor adicionado corresponde à diferença entre o valor de uma mercadoria menos o valor das matérias-primas, com o que essa diferença corresponde à remuneração dos agentes envolvidos nesta etapa. Como o produto corresponde à soma do valor adicionado, logo, corresponde à soma das remunerações. Assim, temos a igualdade entre produto e renda.

Portanto, verificam-se as seguintes identidades:

PRODUTO (Valor agregado) = DEMANDA FINAL (Dispêndio = Consumo + Investimento + Exportações – Importações) = RENDA (salários + lucros + juros + aluguéis).

Para verificar como se compõem esses conceitos, é ilustrado o funcionamento do sistema econômico em diversas situações. Inicialmente, considere-se uma economia que não se relaciona com o exterior e não tem governo, isto é, existem apenas dois agentes na economia: famílias e empresas. Na sequência, incorpora-se o governo e, finalmente, introduz-se o resto do mundo (o exterior).

Novamente partindo de uma economia simples, que só produz bens de consumo, em que só existam as famílias proprietárias dos fatores de produção (trabalho, capital e terra) e que consomem bens e serviços, e as empresas que adquirem fatores de produção das famílias para combiná-los e gerar uma oferta de bens e serviços, ou seja, são responsáveis pela produção.

Percebe-se a existência de dois mercados na economia: o **mercado de bens finais** e o **mercado de fatores de produção**. No mercado de bens e serviços, a compra das famílias corresponde à receita das empresas, e as empresas utilizam essa receita para adquirir os fatores de produção para poderem produzir; por esses fatores de produção, as empresas pagam um preço (uma renda). Ou seja, a venda dos fatores de produção permite às famílias adquirirem uma renda para poderem demandar (comprar) os produtos gerados pelas empresas. Assim, nessa economia simples, o total de compras dos consumidores é igual ao total da renda gerada pela utilização dos fatores no processo produtivo, e é igual ao total da produção (que, em nível setorial, é igual ao valor adicionado naquela etapa).

Esse processo está exemplificado na Figura 2.1.

Figura 2.1   Fluxo circular da renda I.

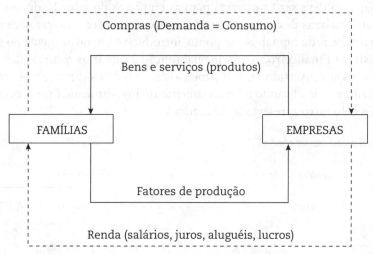

Nesse caso, em que só se produzem bens de consumo, o valor dessa produção (o produto) é igual à renda, que é igual ao valor do consumo, já que este é o único componente da demanda e que todos os bens são consumidos (não há acúmulo de estoques). Assim, tem-se:

$$Y = C = Remuneração\ dos\ Fatores\ (Renda) \qquad (1)$$

Em que:
Y = o produto nacional;
C = o consumo agregado.

2.3   INVESTIMENTO E DEPRECIAÇÃO

Pode-se tornar o sistema cada vez mais complexo. Suponha-se, agora, que nem toda a produção visa atender ao consumo, mas uma parcela direciona-se para investimento (I). Por **investimento**, entende-se **a aquisição de bens de produção, bens de capital ou intermediários, que visam aumentar a oferta de produtos no período seguinte**. Assim, toda compra de máquinas e equipamentos, edifícios ou mesmo o acúmulo de estoques é considerado investimento.

Nesse caso, suponha-se a existência de dois tipos de empresas, uma produtora de bens de consumo (setor II) e uma produtora de bens de capital (setor I), que produz bens para investimento.

Agora, as famílias trabalhando, alugando suas terras e seu capital, obtêm renda de ambas as empresas, porém adquirem apenas bens de consumo, sendo a oferta de bens de capital do setor I adquirida pelas empresas do setor II. Para que o investimento ocorra, nem toda renda da economia pode ser consumida, pois, caso contrário, não haveria recursos para realizar os investimentos. Assim, uma parcela da renda das famílias deve ser poupada, entendendo como **poupança (S)**[5] **a parcela da renda não consumida pelas famílias em dado período**.

$$S = Y - C \qquad (2)$$

Essa poupança deve ser transferida para as empresas do setor II, de modo que estas possam adquirir os bens de capital do setor I. Caso não ocorra essa transferência, não haverá a venda dos bens de capital. Nesse ponto, introduz-se um novo agente no sistema econômico, o **Sistema Financeiro,** cuja principal função é captar os recursos dos poupadores para transferi-los aos investidores. Seu papel, assim, é o de alocar recursos entre tomadores e emprestadores, viabilizando o financiamento do investimento. Esse processo pode ser exemplificado pelo fluxo apresentado na Figura 2.2.

Figura 2.2 Fluxo circular da renda II.

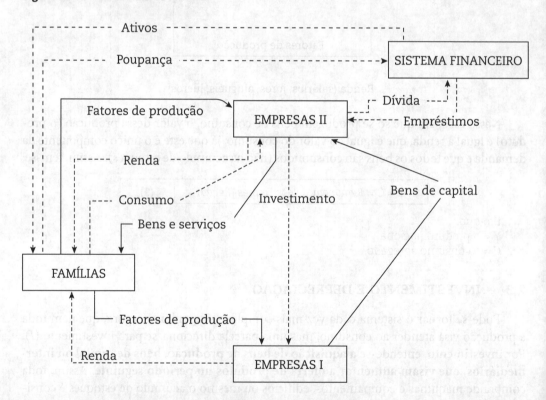

Percebe-se, pelo exposto, que as famílias têm dois destinos para sua renda: consumir ou poupar; assim, substitui-se agora a equação (1) pela (3):

$$Y = C + S \qquad (3)$$

---

[5] S do inglês *saving*.

Por outro lado, existem dois tipos de gastos (compras – demanda) na economia: Consumo e Investimento, ou seja, a demanda agregada (DA) é:

$$DA = C + I \qquad (4)$$

Como se viu que a renda é igual à demanda, isto é, (3) = (4), temos outra identidade em termos macroeconômicos:

$$Investimento = Poupança$$
$$I = S \qquad (5)$$

Ao considerar-se a existência de investimento, cabe introduzir um novo elemento: a depreciação. Os bens de capital (máquinas e equipamentos, edifícios etc.) não são, em geral, consumidos em um único período produtivo, mas ao longo de vários períodos, e são desgastados a cada uso, chegando um determinado momento em que devem ser repostos.

A **depreciação** corresponde à parcela dos bens de capital consumida a cada período produtivo. Assim, nem toda nova produção de bens de capital corresponde a um novo investimento, pois uma parcela do aumento da capacidade produtiva deve repor aquilo que foi depreciado. É preciso, então, diferenciar o **Investimento Bruto (IB)** e o **Investimento Líquido (IL)**, sendo que:

$$IL = IB - Depreciação$$

Com isso, como o produto é igual a $C + I$, quando se considera o IB, está-se medindo o Produto Interno Bruto (PIB) a preços de mercado; se se considerar apenas o IL, medir-se-á o Produto Interno Líquido (PIL) a preços de mercado.

$$PILpm = PIBpm - Depreciação$$

2.4 GOVERNO

Para completar as entidades que participam da atividade econômica de um país, faltam ainda mais dois agentes, além das empresas e das famílias: o governo e o resto do mundo. Por **governo** entendem-se apenas as funções típicas de governo (administração direta, judiciário, legislativo, provisão de segurança nacional etc.). As **empresas estatais** que oferecem bens e serviços no mercado aparecem classificadas na entidade "empresas", não governo. O governo tem por função prover os chamados "bens públicos", o que é feito por meio da arrecadação de impostos.

Por "**bens públicos**" entendem-se os bens que não podem ser providos pelo mecanismo de mercado, como a justiça, a segurança nacional etc. O que caracteriza esse tipo de bem é o fato de seu consumo ser **não rival** e **não excludente**, ou seja, o consumo do bem por uma pessoa não impede o consumo desse mesmo bem por outra pessoa. Em função dessas características, os indivíduos não revelam o quanto estão dispostos a pagar para adquirir esses bens, ou seja, as pessoas ficam esperando outros pagarem para consumirem os bens; com isso, geralmente, ninguém pagaria e não haveria a oferta desses bens. Por essa razão, esses bens ou serviços são mais eficientemente ofertados a partir da provisão pública, e seu financiamento deve dar-se compulsoriamente, por meio dos impostos. No caso dos bens públicos, é difícil determinar seu preço no mercado, e o valor de sua produção, em geral, é medido por meio dos custos de produção do governo.

Não somente bens com tais características específicas são providos pelo governo. Serviços e bens oferecidos pelo governo também partem de escolhas sociais. Por exemplo, por mais que haja pessoas dispostas a pagarem por saúde e educação pública, uma sociedade pode optar por oferecer esses serviços gratuitamente por intermédio do governo, visando promover maior igualdade social, observando a proveniência desses serviços como um direito social. O papel do governo em uma economia é, para além de mero corretor de falhas de mercado, fruto de um pacto social.

Os **impostos** arrecadados pelo governo são de dois tipos:

i. **impostos diretos, que incidem diretamente sobre o agente que os recolhe**: são os impostos sobre a renda (imposto de renda de pessoa física ou jurídica) e sobre a propriedade (IPTU, ITR);

ii. **impostos indiretos, que incidem sobre a mercadoria a ser vendida**: são recolhidos pelas empresas, mas são pagos, em última instância, pelo consumidor, uma vez que são embutidos no preço das mercadorias, como ICMS e o IPI.

Os impostos indiretos fazem com que o preço de mercado seja maior do que o custo de produção de uma mercadoria, ou seja, nem toda a receita com a venda da mercadoria corresponde à remuneração dos envolvidos na produção. Alguns bens não pagam impostos indiretos, e podem, inclusive, receber um subsídio para sua produção. O **subsídio** corresponde ao pagamento pelo governo de parte dos custos de produção, fazendo com que o preço pelo qual o bem é vendido (preço de mercado) seja menor que o custo de produção; nesse caso, o subsídio funciona como um imposto indireto negativo.

Com o governo, pode-se chegar a outra medida de produto, o **Produto Interno Bruto a custos de fatores (PIBcf)**; este corresponde ao PIBpm menos os impostos indiretos mais os subsídios concedidos.

> **PIBcf = PIBpm – impostos indiretos + subsídios concedidos**

Assim, com a introdução do governo, acrescenta-se outro destino para a renda, que é o pagamento de **impostos (T)**, e um novo elemento de demanda, que são os **gastos públicos (G)**. Com relação aos impostos, deve-se notar que o valor dos impostos indiretos está embutido nos elementos de dispêndio (consumo, investimento), pois compõe o preço do produto final. Mas esse valor do imposto recebido pelas empresas incluído no preço de venda das mercadorias não é repassado às famílias (como remuneração dos fatores), mas arrecadado pelo governo. A outra categoria de impostos, os diretos, é uma dedução da renda das famílias e do lucro das empresas; isto é, esses agentes recebem uma renda bruta dada pelos salários, juros, lucros e aluguéis, mas uma parcela desta renda é transferida ao governo na forma de impostos diretos. Note-se, porém, que o governo também realiza transferências de renda para esses agentes. O governo paga aposentadorias, pensões, seguro-desemprego, juros sobre a dívida pública em posse desses agentes etc. Essas **transferências do governo** ampliam a renda desses agentes, podendo ser consideradas um imposto direto negativo, assim como os subsídios no caso dos impostos indiretos, como demonstrado anteriormente.[6]

Outro ponto que deve ser destacado diz respeito aos gastos públicos. Com a definição de governo utilizada, os gastos considerados referem-se ao **consumo do governo**, e os investimentos públicos são computados juntamente com os demais investimentos.

Pode-se definir T como a **renda líquida do setor público**, que corresponde à soma dos impostos diretos (Td) e indiretos (Ti) deduzidos os subsídios (Q) e as transferências (R). Assim:

$$T = (Td - R) + (Ti - Q)$$

Assim, do lado dos indivíduos (famílias), tem-se que a renda familiar (salários + juros + lucros + aluguéis) destina-se ao consumo pessoal (C), ao pagamento de impostos diretos (Td) e à **poupança pessoal (Sp)**. Note-se que na renda dos indivíduos agora se incorporam as transferências feitas pelo governo (R). Para manter-se compatível com a análise do produto e do dispêndio, considerar-se-á como **renda total** a renda familiar mais a soma dos impostos indiretos líquidos (Y = renda familiar mais impostos indiretos menos subsídios) e também serão somados os impostos indiretos líquidos ao lado do destino da renda familiar, de modo a usar-se o conceito de **renda líquida do governo (T)**. Assim, tem-se:[7]

$$Y = C + Sp + T \qquad (6)$$

Do lado do dispêndio, tem-se agora, além do consumo pessoal (C) e do investimento (I), que considera tanto os investimentos das empresas (Ip) como o investimento do governo (Ig), o consumo do governo (G). Tem-se, então:

$$DA = C + I + G \qquad (7)$$

de (6) = (7), segue que:

$$Sp + (T - R) = I + G \qquad (8)$$

---

[6] O governo ainda possui outras fontes de recursos denominadas em Contabilidade Nacional **Outras Receitas Governamentais (ORG)**, que correspondem aos ganhos de aluguéis do governo, dividendos das empresas estatais etc. Nessa conta, inserem-se com sinal negativo os pagamentos de juros da dívida externa do setor público.

[7] Deve-se observar, porém, que essa equação corresponde ao seguinte: Y = salários + lucros + juros + aluguéis + impostos indiretos – subsídios, enquanto a renda familiar (Yf) corresponde apenas aos quatro primeiros itens mais as transferências do governo. Assim: $Yf = C + Sp + Td$.

Rearranjando (8), tem-se:

$$I - Sp = (T - R) - G \qquad \textbf{(9)}$$

O lado direito desta equação corresponde à chamada **poupança pública (Sg)**. Assim, continua sendo válida a identidade entre poupança e investimento, só que agora se considera tanto a poupança pessoal (Sp) como a poupança pública (Sg).

$$I = Sp + Sg \qquad \textbf{(10)}$$

Note-se que a poupança pública não corresponde ao conceito de déficit público, que equivale à diferença entre o total de gastos do governo (consumo e investimento) e a arrecadação. O conceito de **déficit público** (Dg) corresponde à diferença entre o investimento público (Ig) e a poupança pública (Sg).

$$Dg = Ig - Sg \qquad \textbf{(11)}$$

Tomando-se a equação (10), tem-se:

$$
\begin{aligned}
Ip + Ig &= Sp + Sg \\
Ig - Sg &= Sp - Ip \\
Dg &= Sp - Ip
\end{aligned}
\qquad \textbf{(12)}
$$

Percebe-se, portanto, que, sempre que houver um déficit público, isto é, $Ig > Sg$, ou seja, o governo gastar mais do que recebe, deve haver um excesso de poupança no setor privado para financiar o governo, isto é, $Sp > Ip$.

2.5 RESTO DO MUNDO

Finalmente, a última entidade a ser introduzida é o Resto do Mundo. O **Resto do Mundo** é aqui definido como todos os agentes (famílias, empresas, governos) de outros países que transacionam com os residentes do país. O conceito de residente difere da nacionalidade, refere-se aos agentes que estão estabelecidos (residem) no país, independentemente de sua nacionalidade. Assim, um turista brasileiro no exterior é residente (no Brasil), um turista estrangeiro no Brasil é não residente (no Brasil). A filial de uma multinacional no Brasil é residente, seus proprietários que moram no exterior são não residentes.

Os tipos de transações que ocorrem com o Resto do Mundo são:

i.   **com bens e serviços (não incluídos os serviços de fatores de produção)**: **exportações**, que correspondem à venda de parte de nossa produção para o exterior, e que se constituem em um elemento de demanda por produção interna; e **importações**, que são aquisições de produção estrangeira para oferecer internamente;

ii. **com fatores de produção**: as empresas sediadas no país podem utilizar trabalho e capital vindos do resto do mundo, e como tal devem pagar pela utilização desses fatores, ou seja, devem enviar renda para fora. As famílias residentes no país podem também vender trabalho e capital para entidades situadas no exterior, e como tal recebem uma renda do exterior. Assim, pode-se definir a chamada **renda líquida enviada ao exterior** como a diferença entre aquilo que é pago por fatores de produção externos utilizados internamente e aquilo que é recebido do exterior por fatores de produção nacionais empregados em outros países.

Percebe-se, portanto, que nem todo produto gerado internamente é adquirido por residentes (existem as exportações), nem todo produto adquirido por residentes é feito no país (existem as importações). Outro ponto importante é que nem toda renda gerada no país destina-se aos residentes. Uma parcela é utilizada para pagar fatores de produção estrangeiros (**renda enviada ao exterior**), assim como os fatores de produção nacionais recebem remuneração por serviços prestados no exterior (**renda recebida do exterior**).

Com o Resto do Mundo, pode-se chegar a uma nova conceituação de produto: o **Produto Nacional Bruto a custos de fatores (PNBcf)**. Este refere-se à diferença entre o PIBcf e a renda líquida enviada ao exterior. No caso brasileiro, a renda líquida enviada ao exterior é positiva, principalmente em função do pagamento dos juros internacionais da dívida externa, dos lucros remetidos ao exterior, do pagamento de *royalties* e assistência técnica pagos aos estrangeiros. Nesse sentido, no caso brasileiro, diferentemente de outros países, tais como os Estados Unidos e a Alemanha, o PIBcf é maior que o PNBcf.

> **PNBcf = PIBcf – Renda líquida enviada ao exterior**

A introdução do Resto do Mundo traz algumas alterações nas identidades macroeconômicas. A oferta agregada é agora composta da produção interna (Y) mais as importações (M). A demanda agregada passa a ser constituída também pelas exportações (X), ou seja, demanda do Resto do Mundo pelo produto do país em questão. Assim, tem-se:

$$Y + M = C + I + G + X \quad ou \quad Y = C + I + G + (X - M) \qquad \textbf{(13)}$$

Note-se que Y, sob a ótica da renda, engloba agora a Renda Líquida Enviada ao Exterior. Desse modo, tanto as exportações (X) como as importações (M) referem-se às transações com bens e serviços, excluídos os fatores de produção. A diferença entre a renda líquida enviada ao exterior e o saldo das exportações e importações de bens e serviços não fatores[8] é a chamada **poupança externa (Se)**.

A poupança agregada passa a ser a soma entre as poupanças do setor privado, do setor público e a externa. Consequentemente, a identidade macroeconômica entre poupança e investimento transforma-se em:

$$I = Sp + Sg + Se \qquad \textbf{(14)}$$

---

[8] A renda líquida enviada ao exterior representa o pagamento dos serviços de fatores, enquanto os serviços não fatores referem-se aos pagamentos a outros serviços externos, como fretes, seguros, viagens internacionais, *royalties*.

Ou seja, a identidade (14) diz que o investimento agora pode ser financiado tanto com poupança privada como com poupança pública, como com poupança externa. A poupança de cada um dos agentes é dada pela diferença entre sua renda líquida e seu consumo. Assim, tem-se:

Sp = Renda Familiar Líquida (salário + juros + lucros + aluguéis + transferências – impostos diretos) – Consumo familiar

Sg = Renda Líquida do Setor Público (impostos diretos + impostos indiretos + outras receitas do governo – subsídios – transferências) – Consumo do governo

Se = Renda Líquida Enviada ao Exterior (Exportações – Importações)

2.6 MEDIDAS DE PRODUTO

Pela explanação da seção anterior, vimos que sempre se verifica a identidade entre produto, renda e dispêndio e, como consequência, a igualdade entre poupança e investimento. Um cuidado que deve ser tomado para chegar-se a essas igualdades é confirmar se está se medindo a mesma coisa. Como dissemos, podem-se utilizar diferentes medidas de produto: interno ou nacional, preços de mercado ou custo de fatores, bruto ou líquido. Para se verificar a igualdade entre produto, renda e dispêndio, deve-se sempre utilizar o mesmo conceito. Assim, por exemplo, se for utilizado o conceito de Produto Interno, do lado da renda deve-se incorporar a Renda Líquida Enviada ao Exterior. Caso se esteja medindo o Produto Bruto, do lado do dispêndio deve-se considerar o IB e do lado da Renda a depreciação deve ser considerada uma fonte de renda. O Quadro 2.1 resume as transformações possíveis em termos de medidas.

Quadro 2.1 Transformações possíveis em termos de medida do produto

Medida original	Transformação	Medida resultante
Bruto	Menos depreciação	Líquido
Preços de mercado	menos impostos indiretos mais subsídios	Custos de fatores
Interno	Menos renda líquida enviada ao exterior	Nacional

Para fechar-se as medidas de produto e de renda, pode-se definir a chamada **Renda Nacional (RN)** como o produto nacional líquido a custo de fatores. A partir desta, pode-se ainda definir a **Renda Pessoal (RP)** como igual à Renda Nacional – lucros retidos pelas empresas – impostos diretos sobre empresas – outras receitas do governo + transferências governamentais (aposentadorias, seguro-desemprego, assistência etc.). Por fim, tem-se a **Renda Pessoal Disponível (RPD)** = Renda Pessoal – impostos diretos sobre famílias.

PIBpm = valor monetário de venda dos produtos finais produzidos dentro de um país em determinado período
PILpm = PIBpm – depreciação
PILcf = PILpm – impostos indiretos + subsídios
PNLcf = PILcf – renda líquida enviada ao exterior
RN = PNLcf
RP = RN – lucros retidos – impostos diretos sobre empresas – outras receitas do governo + transferências governamentais
RPD = RP – impostos diretos sobre famílias

2.7 PRODUTO REAL E PRODUTO NOMINAL

Um último conceito a ser discutido é a diferença entre produto real e nominal. Como dito antes, o produto é medido em termos monetários, pois é a forma que se possui para reduzir os diversos bens e serviços da economia a um denominador comum e, com isso, agregá-los. O problema é que a moeda está sujeita a oscilações de valor ao longo do tempo. Isto é, na presença de processos inflacionários, o poder de compra da moeda corrói-se em função da elevação do nível geral de preços; já em processos deflacionários, ocorre o contrário.

Assim, de um ano para o outro, o produto pode variar em termos monetários sem que em termos de quantidade física tenha ocorrido qualquer mudança; ou seja, como $Y = Pi \times Qi$ (em que Pi é o preço e Qi a quantidade das n mercadorias da economia), o valor de Y pode mudar tanto por mudanças em Pi como em Qi, quanto em ambos.

O que interessa em termos de crescimento é o comportamento de Q; assim, devemos diferenciar entre **Produto Real** – aquele medido a preços constantes – e **Produto Nominal** – aquele medido a preços correntes.

Como o que se observa é o produto nominal, para retirar os efeitos da inflação sobre a medida do produto, utilizamos os chamados "**índices de preços**"[9] para fazer o "**deflacionamento**". Esses índices correspondem a médias ponderadas das mudanças de preços dos diversos produtos. O índice mais geral é **o deflator implícito do produto (DI)**, que corresponde à variação média dos preços de um ano com relação ao ano anterior. Mais especificamente, é a razão entre PIB nominal e PIB real em dado período.

A partir do produto real, pode-se observar mais de perto a evolução (crescimento) da economia de um país, comparando-se o produto de um ano com relação a outro. Em 2022, o PIB brasileiro alcançou 9,9 trilhões de reais, mas quando se diz que o Brasil cresceu 2,9% em 2022, por exemplo, está-se afirmando que a produção em 2022 (o PIB) é 2,9% maior que a de 2021 em termos reais, isto é, descontada a elevação dos preços dos bens produzidos no ano de 2022.

Pelo gráfico da Figura 2.3, pode-se observar a evolução da produção brasileira desde 1950 em termos reais (sem levar em conta o aumento dos preços). A Figura 2.4 mostra as

---

[9] Ver o Capítulo 5, que discutirá inflação e índices de preços.

taxas reais anuais de crescimento do PIBpm. O país cresceu a taxas bastante elevadas durante praticamente 30 anos (com algumas exceções, 1956, 1963, 1965). Nas décadas de 1980 e 1990, porém, a situação mostrou-se mais instável; em alguns anos (1981, 1983, 1988, 1990, 1992), chega-se a ter crescimento negativo, isto é, anos de **recessão**. A partir do Plano Real, em 1994, as taxas de crescimento, embora ainda oscilantes, são positivas, com exceção de 2009 (crise do Lehman Brothers). No período mais recente, porém, há uma queda do crescimento com momentos recessivos na crise do *impeachment* do governo Dilma-Temer (2014 e 2015) e uma nova recessão durante a pandemia de Covid-19 (2020). As diversas fases do comportamento do PIB brasileiro serão detalhadas ao longo deste livro.

Figura 2.3 Brasil: evolução do PIBpm real – 1950-2022.

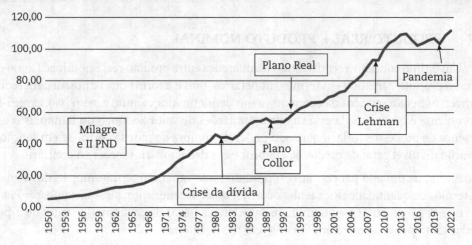

Fonte: dados básicos do IBGE (índice 2010 = 100).

Figura 2.4 Brasil: taxa de crescimento do PIBpm real – 1950-2022.

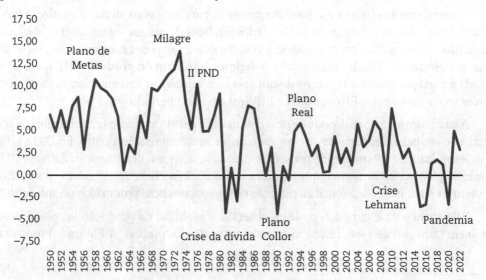

Fonte: dados básicos do IBGE.

No gráfico da Figura I.3, na introdução desta parte do livro, podemos observar a decomposição do PIB a partir dos setores produtivos (ótica da oferta) e, por exemplo, observamos a diminuição da participação da indústria nesta oferta. Pela Tabela 2.1, podemos comparar o Brasil com outros países no que tange à decomposição do PIB, quando olhamos pelos componentes da demanda, como explicado anteriormente. Percebe-se, por exemplo, que o Brasil tem participação do consumo (das famílias e do governo) bastante elevada e uma formação bruta de capital relativamente baixa. Além disso, as exportações e importações brasileiras como proporção do PIB também são relativamente baixas.

Tabela 2.1 Países selecionados: componentes do PIB – ótica da demanda 2021

	% do PIB					
Países	Consumo final (total)	Consumo governo	Consumo famílias	Formação bruta de capital	Exportações	Importações
Brasil	80,1	19,1	61,0	18,1	19,0	11,9
África do Sul	81,3	19,6	61,7	12,8	31,2	25,0
Alemanha	71,4	22,1	49,2	23,3	47,0	41,7
Austrália	73,0	22,3	50,7	22,8	22,1	17,8
Chile	75,3	14,4	61,0	25,3	31,9	32,5
China	54,3	15,9	38,4	42,8	20,0	17,4
Coreia do Sul	64,3	18,2	46,1	32,1	42,0	38,5
Estados Unidos	82,6	14,4	68,2	21,1	10,9	14,6
Israel	71,3	22,1	49,2	24,8	29,5	25,5
Japão	75,3	21,4	53,8	25,3	18,4	19,0
Nigéria	67,3	5,1	62,2	33,8	10,7	11,8
México	77,9	12,0	65,8	20,6	41,1	42,6
Noruega	62,4	23,4	39,0	25,3	41,6	29,3
Reino Unido	82,8	22,4	60,4	18,1	27,9	28,7
Suíça	62,1	12,1	49,9	26,0	71,4	59,5

Fonte: dados básicos do Banco Mundial.

2.8 CONSIDERAÇÕES FINAIS

O objetivo deste capítulo era apresentar ao leitor os principais agregados macroeconômicos, formas de medi-los e os diversos atores envolvidos no funcionamento da economia (famílias, empresas, governo e resto do mundo). Essa conceituação é necessária para que o leitor se familiarize com alguns termos e conceitos econômicos de modo que possa, nos próximos capítulos, entender como a economia se comporta e analisar a evolução da economia brasileira.

CONCEITOS-CHAVE

Absorção interna
Bens de capital
Bens finais
Bens intermediários
Bens públicos
Consumo pessoal
Consumo público
Crescimento econômico
Déficit público
Deflator implícito
Demanda final
Depreciação
Exportações
Fatores de produção
Fluxo circular da renda
Gastos públicos
Importações
Impostos diretos
Impostos indiretos
Índice de preços
Investimento
Investimento bruto e líquido
Ótica da renda
Ótica do dispêndio
Ótica do produto
Poupança
Poupança externa
Poupança pública

Produto Interno Bruto a custo de fatores (PIBcf)
Produto Interno Bruto a preços de mercado (PIBpm)
Produto Interno Líquido a preço de mercado (PILpm)
Produto Nacional Bruto a custo de fatores (PNBcf)
Produto Nacional Líquido a custo de fatores (PNLcf)
Problema da dupla contagem
Produção
Produto
Produto real × produto nominal
Renda enviada ao exterior
Renda líquida enviada ao exterior
Renda líquida do setor público
Renda Nacional (RN)
Renda Pessoal (RP)
Renda Pessoal Disponível (RPD)
Renda recebida do exterior
Serviço de fatores
Serviços não fatores
Subsídios
Transferências do governo
Valor adicionado
Valor bruto da produção
Variáveis fluxo × variáveis estoque

QUESTÕES

Q1. O que é um problema de dupla contagem do produto de um país? Dê um exemplo de como isso acontece.

Q2. Se uma empresa vende *chips* de computador para uma fabricante de computadores, essa transação deve ser incluída no PIB? Por quê?

Q3. Um fabricante de aparelhos domésticos para de produzir. O que acontece com o PIB?

Q4. Faça um quadro mostrando o fluxo circular da renda e explique como se dá a transferência de renda em uma economia em que só existam famílias e empresas.

APÊNDICE 2A

O sistema de contas nacionais

Os Sistemas de Contabilidade Nacional (ou **Contabilidade Social**) têm sido desenvolvidos pela ONU principalmente a partir dos anos 1940, no pós-guerra, com base no **Sistema de Contas Nacionais**, que considera apenas bens e serviços finais, e posteriormente também na **Matriz Insumo-Produto**, na qual se incluem as transações com bens e serviços intermediários.

Até 1993, o sistema adotado baseava-se em quatro contas, relativas à produção, à apropriação (ou utilização de renda) e à acumulação (ou formação de capital) dos agentes econômicos (famílias, empresas, setor público e setor externo):

- Conta Produto Interno Bruto (Conta de Produção).
- Conta Renda Nacional Disponível Líquida (Conta de Apropriação).
- Conta de Capital (Conta de Acumulação).
- Conta Transações Correntes com o Resto do Mundo.

Nesse sistema, os lançamentos das transações são feitos de acordo com o tradicional método das partidas dobradas, no qual todos os créditos correspondiam a débitos de mesmo valor.

A partir de 1993, as contas nacionais sofreram significativo avanço, integrando o Sistema de Contas Nacionais com a Matriz Insumo-Produto. Esse novo sistema, conhecido como *System of National Accounts* 1993 (SNA 93), foi adotado no Brasil apenas a partir de 1998.

O novo sistema é composto pela **"Tabela de Recursos e Usos de Bens e Serviços" (TRU)** e pelas chamadas **"Contas Econômicas Integradas" (CEIs)**.

As tabelas TRU apresentam os agregados discriminados de acordo com as diversas atividades econômicas, cuja estrutura está baseada na Matriz Insumo-Produto. Apresenta um conjunto de seis matrizes (Oferta, Produção, Importação, Consumo Intermediário, Demanda Final e Componentes do Valor Adicionado).

Por seu turno, as tabelas CEI aproximam-se mais do sistema anterior, de quatro contas, mostrando o desempenho da economia de acordo com os diversos setores institucionais (empresas, famílias, administração pública e setor externo), mas com muito mais detalhes. Esse sistema integrado é apresentado por meio de três grandes grupos de contas:

i. **Conta de Bens e Serviços**, que demonstra a igualdade entre oferta e demanda agregada, e seus componentes.

ii. **Conta de Produção, Renda e Capital**, chamada de Conta Produto Interno Bruto no sistema anterior.

iii. **Conta de Transações do Resto do Mundo com a Economia Nacional** (denominada Conta de Operações Correntes com o Resto do Mundo no sistema anterior).

O novo sistema não adota os termos "créditos" e "débitos", como anteriormente, mas "Recursos" e "Usos".

Para os objetivos deste livro, é interessante apresentar as CEIs, que mostram as variáveis macroeconômicas sinteticamente. Os dados mais recentes medidos pelo IBGE são de 2020.

Contas de produção, renda e capital (1.000.000 R$)

Transações e saldos	Recursos	Usos
CONTA 1 – CONTA DE PRODUÇÃO		
Produção		13.306.199
Consumo intermediário	6.711.282	
Impostos sobre produtos (1)		1.020.210
Subsídios aos produtos		(–) 5.550
PIB	7.609.597	
CONTA 2 – CONTA DE RENDA		
2.1 Conta de distribuição primária da renda		
2.1.1 – Conta de geração de renda		
PIB		7.609.597
Remuneração dos empregados	3.192.343	
Residentes	3.191.635	
Não residentes	708	
Impostos sobre a produção e a importação (1)	1.114.898	
Subsídios à produção	(–) 13.647	
Excedente operacional bruto e rendimento misto bruto	3.316.203	
Rendimento misto bruto	633.364	
Excedente operacional bruto	2.682.839	
2.1.2 Conta de alocação de renda		
Excedente operacional bruto e rendimento misto bruto		3.318.203
Rendimento misto bruto		633.384
Excedente operacional bruto		2.552.839
Remuneração dos empregados		3.192.838
Residentes		3.192.635
Não residentes		1.301
Impostos sobre a produção e a importação		1.114.566
Subsídios à produção		(–) 13.647
Rendas de propriedade enviadas e recebidas do resto do mundo	259.791	100.438
Renda nacional bruta	7.450.838	
2.2 – Conta de distribuição secundária de renda		
Renda nacional bruta		7.450.838
Outras transferências correntes enviadas e recebidas do resto do mundo	15.517	28.415
Renda disponível bruta	7.481.738	

2.3 – Conta de uso da renda		
Renda disponível bruta		7.481.738
Despesas de consumo final	6.337.208	
Poupança bruta	1.124.528	
CONTA 3 – CONTA DE ACUMULAÇÃO		
3.1 – Conta de capital		
Poupança bruta		1.124.528
Formação bruta de capital fixo	1.260.227	
Variação de estoque	(–) 33.878	
Transferências de capital enviadas e recebidas do resto do mundo (2)	1.249	
Capacidade (+) ou necessidade (=) líquida de financiamento	(–) 80.538	

(1) Importações líquidas do ajuste CIF/FOB.

(2) Na série 2000 a 2009, os impostos sobre produtos e os subsídios sobre produtos são apresentados de forma agregada

Conta de bens e serviços (1.000.000 R$)

Transações e saldos	Recursos	Usos
Produção	13.306.199	
Importação de bens e serviços (1)	1.206.009	
Impostos sobre produtos (2)	1.020.210	
Subsídios aos produtos	(–) 5.550	
Consumo intermediário		6.711.262
Despesas de consumo final		6.337.208
Formação bruta de capital fixo		1.260.227
Variação de estoque		(–) 33.378
Exportação de bens e serviços (3)		1.252.049
Total	**15.525.888**	**15.525.888**

Conta de transações do resto do mundo com a economia nacional (1.000.000 R$)

Transações e saldos	Recursos	Usos
CONTA 1 – CONTA DE BENS E SERVIÇOS DO RESTO DO MUNDO COM A ECONOMIA NACIONAL		
Exportações de bens e serviços (1)	1.252.049	
Impostação de bens e serviços (2)		1.205.000
Saldo externo de bens e serviços	(–) 46.040	

Transações e saldos	Recursos	Usos
CONTA 2 – CONTA DE DISTRIBUIÇÃO PRIMÁRIA DE RENDA E TRANSFERÊNCIAS CORRENTES DO RESTO DO MUNDO COM A ECONOMIA NACIONAL		
Saldo externo de bens e serviços		(–) 46.040
Remuneração dos empregados	1.301	708
Rendas de propriedade	100.439	259.791
Juros	32.573	105.219
Rendas distribuídas das empresas	81.731	125.497
Lucros reinvestidos de investimento direto estrangeiro (3)	6.135	28.038
Desembolsos por perdas de investimentos		37
Rendimento de investimentos distribuído a debêntures de apólices		37
Rendimento de investimentos a pagar sobre direitos de pensão		
Rendimento de investimentos atribuído a acionistas de fundos		
Outras transferências correntes enviadas e recebidas do resto do mundo	26.415	15.517
Prêmios líquidos de seguro não vida	282	924
Indenizações de seguro não vida	27	665
Cooperação internacional	1.384	1.515
Transferências correntes diversas	24.742	12.413
Saldo externo corrente	101.821	
CONTA 3 – CONTA DE ACUMULAÇÃO DO RESTO DO MUNDO COM A ECONOMIA NACIONAL		
3.1 – Conta de capital		
Saldo externo corrente		101.821
Transferências de capital enviadas e recebidas do resto do mundo (4)	22.532	1.249
Capacidade (+) ou necessidade (–) líquida de financiamento	80.538	
Variações do patrimônio líquido resultantes de poupança e de transferências de capital		82.260

(1) Importação de bens e serviços líquida de ajuste CIF/FOB.

(2) Exportações e importações líquidas do ajuste CIF/FOB.

(3) Exportações e Importações líquidas do ajuste CIF/FOB. Para os anos de 2000 a 2009, as transações "Lucros reinvestidos de investimento direto estrangeiro" e "Desembolso por renda de investimentos" estão apresentados de forma agregada

(4) Não inclui a transação "NP – Aquisições líquidas de cessões de ativos não financeiros não produzidos".

Fonte: IBGE Diretoria de Pesquisas – Coordenação de Contas Nacionais.

Cap. 2 • Contabilidade Nacional: Agregados Macroeconômicos

APÊNDICE 2B

Comparações internacionais: o conceito de PIB em termos de paridade do poder de compra

Para comparações internacionais, costumamos utilizar o PIB em dólares de todos os países, mas não o PIB em dólares correntes, porque ele é muito afetado pela política cambial de cada país, e normalmente não reflete o real poder de compra do dólar, na comparação entre os países. Uma desvalorização cambial, por exemplo, reduz o PIB em dólares de imediato, não significando que o país ficou repentinamente mais pobre. Com a desvalorização do real, importamos menos, viajamos menos, mas não perdemos poder de compra internamente (nossos rendimentos não se alteraram), e, sim, o poder de compra externo, em vista da alteração da política cambial.

Para sanar esse problema, exclusivamente para comparações internacionais, a ONU criou o conceito de *Purchasing Power Parity* (PIBppp) ou **Paridade do Poder de Compra (PIBppc)**, inspirado no Índice Big Mac da revista *The Economist*, que coleta o preço do Big Mac em mais de 100 países.[10] No PIBppp, todos os países têm a mesma base de referência, que são os preços em dólares de todas as mercadorias e serviços nos Estados Unidos. Os preços das mercadorias dos Estados Unidos são multiplicados pelas diferentes quantidades produzidas de cada país, da seguinte maneira:

$$\text{PIBppp EUA} = \Sigma p_{\text{ESTADOS UNIDOS}}^{\text{US\$·q}}$$

$$\text{PIBppp BRASIL} = \Sigma p_{\text{BRASIL}}^{\text{US\$·q}}$$

$$\text{PIBppp CHINA} = \Sigma p_{\text{CHINA}}^{\text{US\$·q}}$$

Ou seja, tomam-se as quantidades produzidas por cada país, mas não a preços desses países, mas aos preços dos Estados Unidos. Como os preços das mercadorias são os mesmos que vigoram nos Estados Unidos para todos os países (uma "**cesta internacional de bens e serviços**"), as diferenças entre países se darão apenas pela produção de bens e serviços produzidas dos países. Desse modo, o PIB_{PPP} representa uma estimativa da variação real da atividade econômica dos países, em termos de poder de compra de sua população, independentemente de variações da política cambial de cada país. É o PIB convertido a dólar internacional, que tem o mesmo poder de compra em todos os países, como tem nos Estados Unidos.

Embora ainda incompleto, pois só são incluídos na cesta bens e serviços comuns em todos os países, isto é, produzidos e consumidos em todos os países, a ONU prefere utilizar o PIBppp como indicador do crescimento econômico dos países, a usar o PIB em dólares correntes, que sofre muita influência das interferências dos governos no câmbio.

---

[10] O conceito de Paridade do Poder de Compra deriva do conceito econômico conhecido como **Lei do Preço Único**, onde se supõe que o preço de um bem ou serviço terá o mesmo preço em todos os países, independentemente de fatores como custos de transporte, barreiras à entrada de empresas etc. Supõe implicitamente mercados perfeitamente competitivos: se, por alguma razão, um dos bens ou serviços fosse vendido mais barato em qualquer país, sua demanda aumentaria, elevando seus preços, até que todos os países voltassem a praticar os mesmos preços. Se os países produzem um bem idêntico, o preço desse bem deveria ser o mesmo no mundo todo, não importando o país. Apesar de partir de premissas teóricas, tem a vantagem de, em comparações internacionais, eliminar as diferenças entre políticas cambiais entre países.

Um exemplo numérico torna essa questão mais clara. Vamos considerar o PIB corrente de R$ 8 trilhões. Se a taxa de câmbio for de US$ 1,00 = R$ 5,00, o PIB em dólares correntes é de US$ 1,2 trilhão. Supondo uma **desvalorização do real** (uma valorização do dólar), com a taxa de câmbio subindo para US$ 1,00 = R$ 5,50, o PIB em dólares correntes cai para cerca de US$ 1,46 trilhão.

No caso de uma **valorização do real** (uma desvalorização do dólar), com a taxa de câmbio caindo para US$ 1,00 = R$ 4,50, o PIB em dólares correntes sobe para cerca de US$ 1,78 trilhão! Portanto, o PIB considerado em termos correntes capta as diferenças de políticas cambiais praticadas por cada país, e não reflete o real posicionamento do país em termos de crescimento econômico, quando comparado ao resto do mundo.

Na Tabela 2.2, apresentamos a classificação para alguns países selecionados em 2021, sob esses dois critérios, incluindo as 10 maiores economias do mundo em ambos os critérios (PIB corrente e PIBppp), total (absoluto) e *per capita*.

Tabela 2.2 PIB em dólares correntes e em dólares PPP em 2021

| PAÍSES | PIB Nominal (dólares correntes) | | | | PIB Nominal (dólares PPP) | | | | Total de 197 países |
| | PIB Total | | PIB *per capita* | | PIB Total | | PIB *per capita* | |
	US$ bilhões	Ranking	US$ bilhões	Ranking	US$ bilhões	Ranking	US$ bilhões	Ranking
Estados Unidos	22996	1	70	7	22996	2	69	8
China	17734	2	13	64	27313	1	19	73
Japão	4937	3	39	28	5397	4	43	36
Alemanha	4223	4	51	19	4816	5	58	17
Índia	3173.4	5	2	139	10219	3	7	127
Reino Unido	3187	6	47	22	3345	10	50	29
França	2938	7	44	23	3424	9	51	27
Itália	2108	8	36	25	2713	12	46	32
Canadá	1988	9	52	18	1992	15	52	26
Rússia	1776	10	12	63	4785	6	33	56
BRASIL	**1608**	**11**	**8**	**79**	**3436**	**8**	**16**	**87**
Indonésia	1186	16	4	110	3566	7	13	98
Argentina	492	22	11	65	1082	29	24	65
Turquia	815	19	10	71	2592	11	31	49
Grécia	216	53	20	44	334	53	31	53
Portugal	250	50	25	41	370	48	36	42
Luxemburgo	87	71	134	1	86	92	135	2
Irlanda	499	25	100	2	535	39	103	1

* Estimativas.

Fonte: Banco Mundial. Disponível em: wikipedia.org/wiki/List_of_countries_by_GPD. Acesso em: 16 abr. 2024.

Países com uma posição melhor no PIBppp, relativamente à sua posição em dólares correntes, têm o poder de compra do dólar relativamente mais elevado. Como mostra a Tabela 2.2, é o caso da China, da Índia, mas também da Rússia, do Brasil e da Indonésia. Significa que, nesse ano, o poder de compra do dólar é maior nesses países, suas moedas desvalorizadas ou depreciadas com relação ao dólar. Por essa razão, o Brasil apresentou uma posição melhor em termos de PPP (8º do mundo) do que em dólares correntes (11º) em 2021. Mas não se pode afirmar que o Brasil é uma das economias mais desenvolvidas do mundo, dado que a posição se deve mais ao tamanho do seu PIB.

Desde 2016, a China assumiu o primeiro posto quanto ao PIBppp em termos absolutos, superando os Estados Unidos. A posição da China constitui-se em um caso excepcional. Isso porque até a década de 1970 ela era um país considerado pobre e estava longe de figurar nesse *ranking*.

Em termos *per capita*, China e Índia, assim como o Brasil, Rússia, Indonésia, encontram-se em posição intermediária nos dois critérios, que os colocam ainda distantes de países desenvolvidos, como Estados Unidos, Japão, Alemanha etc. Os dois países mais bem posicionados são Irlanda (primeira colocada em termos de PIBppp *per capita* e segunda em termos correntes) e Luxemburgo (segundo colocado no dólar PPP e primeiro no dólar corrente). Nota-se que o Brasil, tanto em termos de dólares correntes como PPP, tem um PIB *per capita* bastante inferior a países menos desenvolvidos (embora não pobres) da Europa, como Portugal, Grécia e Turquia, e mesmo da Argentina, país em crise crônica.

Portanto, para compararmos o tamanho das economias dos países, utilizamos valores em termos de poder de compra (PIB em dólares PPP). Agora, evidentemente, para as transações internacionais, tanto comerciais como financeiras, interessam os dólares correntes, que é como empresas e países consideram em seus resultados financeiros.

3
Desenvolvimento e Distribuição de Renda

No Capítulo 2, examinou-se o conceito de produto, que é o principal indicador para se medir o crescimento econômico de um país. A partir dele, vê-se que, à exceção das últimas duas décadas, o Brasil cresceu a taxas elevadas e, em termos internacionais, pode ser considerado um dos maiores países do mundo, já que possui uma das maiores produções do planeta. Por que não se considera, então, o Brasil um país desenvolvido? Afinal, o Brasil possui uma produção maior que a de países considerados do Primeiro Mundo, como o Canadá e a Suíça. Essas questões serão tratadas neste capítulo.

3.1 CONCEITO DE DESENVOLVIMENTO

O problema está no conceito de desenvolvimento. Muitas vezes, confunde-se crescimento econômico com desenvolvimento econômico, que não são a mesma coisa. O primeiro, **crescimento econômico**, é a ampliação quantitativa da produção, ou seja, de produtos e serviços que atendam às necessidades humanas. Já o conceito de desenvolvimento é um conceito mais amplo, que, inclusive, engloba o de crescimento econômico. Dentro desse conceito, o importante não é apenas a magnitude da expansão da produção representada pela evolução do Produto Interno Bruto (PIB), mas também a natureza e a qualidade desse crescimento. Quando se diz que um país é desenvolvido, o que se quer ressaltar é que as condições de vida da população daquele país são boas, e quando se diz que um país é subdesenvolvido, há referência ao fato de que a proporção significativa da população residente naquele país tem condições de vida insuficientes ou consumo sofríveis.

A ideia de **desenvolvimento econômico** está associada às condições de vida da população ou à qualidade de vida dos residentes no país.

Certamente, o que se entende por boa ou má qualidade de vida é algo bastante relativo e varia entre as diferentes culturas e ao longo do tempo. Isso quer dizer que há grandes dificuldades para se medir o desenvolvimento de um país, dado que o conceito de desenvolvimento não é algo claramente definido. Algumas aproximações, porém, podem ser feitas.

3.2 PRODUTO PER CAPITA

Como foi dito, em geral, aceita-se que o crescimento econômico esteja englobado no conceito de desenvolvimento econômico. Se o conceito de crescimento procura refletir a produção de bens que visam atender às vontades humanas, logicamente, quanto maior a quantidade de bens produzidos, maior a possibilidade de as pessoas satisfazerem suas necessidades; portanto, melhores devem ser as condições de existência dessas pessoas. Assim, quanto maior o país em termos econômicos (PIB do país), maiores são as chances de a população desse país viver bem.

Entretanto, a produção de um país como a Suíça, que tem menos de sete milhões de habitantes, não precisa ser tão grande quanto a produção do Brasil, que tem mais de 200 milhões de habitantes. A produção suíça pode ser muito inferior à brasileira e mesmo assim sua população poderá ter, individualmente, acesso a uma quantidade de bens superior à brasileira, e será, portanto, considerada mais desenvolvida. Nesse sentido, uma primeira aproximação para se quantificar o grau de desenvolvimento de um país é a utilização do conceito de **produto** *per capita*, que nada mais é do que a produção do país dividida pelo número de habitantes desse país.

> PIB *per capita* = PIB dividido pela população

Assim, quanto maior o PIB *per capita*[1] de um país, mais desenvolvido pode ser considerado o país. No exemplo citado, a Suíça teve uma produção, em 2022, de aproximadamente US$ 750 bilhões, inferior, portanto, à do Brasil, que foi de mais de US$ 1,895 trilhão; como, porém, a população suíça é nitidamente inferior à brasileira, cada um dos suíços teve, em média, acesso a aproximadamente US$ 84,5 mil de renda naquele ano (PIB = 750 bilhões, divididos pela população total de 8,7 milhões de habitantes), enquanto no Brasil esse número ficou próximo aos US$ 9 mil. Daqui se pode começar a entender por que a Suíça é considerada um país mais desenvolvido que o Brasil, pois seu PIB *per capita* é maior que o brasileiro, o que significa que a renda média da população suíça é maior que a brasileira, ou, ainda, que o acesso médio de cada um dos suíços a bens é superior ao dos brasileiros.

No Brasil, historicamente, nota-se evolução positiva da produção *per capita*. Até a década de 1980, a não ser em alguns anos em meados da década de 1960, o PIB *per capita* brasileiro cresceu a taxas bastante razoáveis (ver Figura 3.1). Da década de 1980 até os dias atuais, observa-se uma oscilação maior, fruto dos problemas enfrentados nesse período. Esse crescimento do PIB *per capita* é um dos indicadores que levaram o Brasil a ser classificado

---

[1] Muitas vezes, utiliza-se o conceito de PNB *per capita*. Na verdade, pode-se utilizar qualquer dos conceitos descritos no Capítulo 2.

como país em desenvolvimento e situar-se no chamado bloco intermediário, ou seja, não é um país com elevada produção *per capita*, porém há vários países com renda média inferior à brasileira.[2]

Deve-se notar, porém, que o conceito de PIB *per capita* é na verdade uma média, representando a renda média da população de um país. Isso não quer dizer que todas as pessoas daquele país tenham a mesma renda, ou o mesmo acesso aos produtos e serviços. A renda *per capita* da população dispersa-se em torno dessa média. Há pessoas que têm renda maior, outras menor; em geral, muitas pessoas com renda menor e poucas pessoas com renda maior.

Quando se fala em desenvolvimento, esses aspectos são importantes. Mesmo com um PIB *per capita* razoável, quanto pior a distribuição da renda de um país, ou seja, quanto mais essa renda concentrar-se nas mãos de poucos habitantes, menos desenvolvido deve ser considerado o país. Apesar de, em média, a população desse país ter boas condições de vida, a maioria de sua população tem condições inferiores de renda e de acesso a bens, isto é, tem piores condições de vida, pois a renda está desigualmente distribuída nesse país. Assim, deve-se ter cuidado quando se analisa o desenvolvimento de um país por meio do conceito de produto *per capita*, pois é necessário investigar a distribuição em torno dessa média, ou seja, o quanto dessa renda está concentrado nas mãos de uma parte pequena da população.

Figura 3.1 Brasil: evolução do PIB *per capita* e sua taxa de crescimento – 1947-2020.

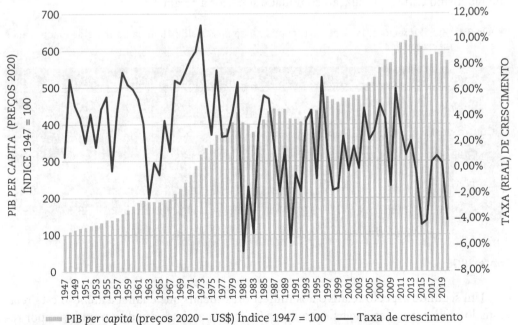

PIB *per capita* (preços 2020 – US$) Índice 1947 = 100 —— Taxa de crescimento

Fonte: Ipeadata.

---

[2] Ver ONU/PNUD (2000).

Se o desenvolvimento econômico de um país é definido pela qualidade de vida de seus habitantes, não se pode examinar apenas o crescimento da produção de bens desse país. Além disso, o conceito de PIB *per capita*, apesar de já ser um avanço, também precisa ser complementado com outros elementos. Por um lado, deve-se analisar os chamados aspectos distributivos da renda nesse país; por outro, há que se levar em conta os chamados indicadores sociais desse país.

3.3 INDICADORES SOCIAIS

Os indicadores sociais fornecem informações que dizem respeito diretamente à qualidade de vida da população de um país, como a esperança de vida da população ao nascer, médicos e leitos hospitalares por habitante, acesso à água potável etc. Há outros indicadores sociais, especialmente os relacionados com a educação, como a taxa de alfabetização ou a quantidade média de anos na escola, que permitem examinar as condições de qualificação e, portanto, de oportunidade no mercado de trabalho da população do país.

Três aspectos podem ser destacados com relação a esses índices no Brasil.

Primeiro, houve evolução positiva de muitos desses indicadores nos últimos anos. Como foi visto nos capítulos anteriores, tanto a esperança de vida da população brasileira ao nascer cresceu como a taxa de mortalidade infantil caiu significativamente, indicando melhores condições de saúde da população brasileira. Na Tabela 3.1, observa-se a diminuição do analfabetismo entre a população com idade superior a 15 anos.

Tabela 3.1 Brasil e regiões: taxa de analfabetismo de pessoas de 15 anos ou mais de idade – anos selecionados

Região	1981	1990	2001	2005	2011	2016	2019	2022
Brasil	22,89	18,67	12,36	11,13	8,58	6,7	6,1	5,6
Centro-oeste	22,39	16,94	10,22	8,92	6,34	5,2	4,4	4
Nordeste	41,57	36,43	24,17	21,87	16,85	13,9	12,9	11,7
Norte	15,51	12,49	11,17	11,86	10,18	7,9	7	6,4
Sudeste	15,1	11,32	7,5	6,57	4,81	3,5	3	2,9
Sul	15,67	11,68	7,07	5,92	4,94	3,3	3	3

Fonte: IBGE.

Um segundo aspecto relativo aos indicadores sociais que chama a atenção está relacionado às disparidades que há entre esses índices quando se divide a população por região ou classe de renda. As Tabelas 3.1 e 3.2 mostram as diferenças regionais, a primeira em termos de taxas de analfabetismo e a segunda quanto às condições de saneamento básico no país.

Tabela 3.2 Brasil e regiões: indicadores de condições domiciliares de saneamento – 2020

Regiões	% da população regional atendida com abastecimento de água	% da população regional atendida com coleta de esgoto
Sul	84,1	55,0
Centro-oeste	90,9	59,5
Nordeste	74,9	30,3
Norte	58,9	13,1
Sudeste	91,3	80,5
Sul	91,0	47,4

Fonte: IBGE.

Do mesmo modo, ao dividir-se a população por nível de renda, também podem ser percebidas fortes desigualdades (Tabela 3.3 e Figura 3.2). Em 2013, entre as famílias com renda *per capita* de até 1/4 de salário-mínimo apenas 36,8% residiam em domicílios adequados. Essa porcentagem sobe para 79% quando se consideram famílias com mais de cinco salários-mínimos. Com relação à educação, muito embora tenha havido progresso significativo nas últimas décadas, essas desigualdades também se verificam, já que em famílias que têm rendimento mensal *per capita* de até 1/4 de salário-mínimo, a taxa de analfabetismo é da ordem de 1,4%; essa porcentagem não chega a 0,2% nas famílias que têm rendimento mensal *per capita* superior a dois salários-mínimos.

Figura 3.2 Percentual de pessoas que não sabem ler nem escrever, por faixa de renda – 2013.

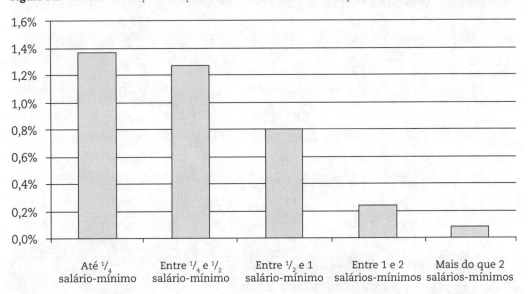

Tabela 3.3 Total de domicílios sem saneamento adequado de acordo com a renda (%) – 2019

	Até ¼ salário-mínimo	Mais de ¼ até ½ salário-mínimo	Mais de ½ até 1 salário-mínimo	Mais de 1 até 2 salários-mínimos	Mais de 2 até 3 salários-mínimos	Mais de 3 até 5 salários-mínimos	Mais de 5 salários-mínimos
Sem acesso à coleta de esgotos por rede geral	25,62%	23,13%	27,84%	16,23%	3,95%	2,13%	1,07%
Sem acesso ao abastecimento de água por rede geral	28,15%	22,45%	27,24%	15,49%	3,60%	1,93%	1,11%

Fonte: IBGE.

Um último aspecto a ser enfatizado com relação a esses indicadores sociais é a comparação deles com os de outros países. Na Tabela 3.4, percebe-se que o Brasil ocupa posição intermediária em nível mundial, ainda distante dos chamados países desenvolvidos, o que indica que muito precisa ser feito com relação às condições de vida da população brasileira.

Tabela 3.4 Indicadores sociais: países e anos selecionados

	Expectativa de vida ao nascer (2022)	Taxa de mortalidade infantil* (2022)	Taxa de mortalidade materna** 2020	% da população que usa serviços de saneamento básico seguros (2020)	Média de anos de escolaridade (2015)	% da população de 25 anos ou mais com ensino fundamental completo (2020)
Argentina	76,1	8,8	45	51	9,8	90
Brasil	**73,5**	**12,2**	**62**	**49**	**7,2**	**80**
Canadá	82,8	3,9	11	84	12,3	99
Coreia do Sul	84,1	2,3	8	100	11,8	96
Cuba	78,2	4	39	37	10,2	93
Egito	70,2	16	17	67	6,4	50
Etiópia	65,6	31,9	267	7	2,4	25
EUA	78,2	5	21	98	12,9	99
Índia	67,7	26,3	103	46	4,4	62
Japão	84,8	1,7	4	81	11,5	99
México	74,8	10,9	59	57	8,5	84
Suíça	84,3	3,1	5	100	12,2	99

* Taxa de mortalidade por 1.000 nascidos vivos.

** Taxa de mortalidade por 100.000 nascidos vivos.

Fonte: UNDP.

Boxe 3.1 – Índice de Desenvolvimento Humano (IDH)

Unindo-se o conceito de produto *per capita* com os indicadores sociais, têm-se melhores condições de avaliar o bem-estar de uma população ou o grau de desenvolvimento social de um país. A Organização das Nações Unidas (ONU), buscando chegar o mais próximo possível de uma medida que retratasse o desenvolvimento social dos países, estipulou um índice que justamente agrega alguns indicadores sociais com o produto *per capita*. Esse índice é o **Índice de Desenvolvimento Humano (IDH)**, construído para mais de 187 países e que vem sendo elaborado desde o início da década de 1990.

O IDH é um índice que vai de zero a um, sendo que, quanto mais próximo da unidade, mais desenvolvido é considerado o país. Ele é uma média geométrica de três indicadores:

1. um indicador de renda: a renda nacional bruta *per capita* em dólares PPP (dólares ajustados pelo poder de compra dos países);

2. um indicador que procure captar a saúde da população. Na verdade, é um indicador de longevidade: a expectativa de vida da população ao nascer; e

3. um indicador que retrate as condições de educação da população. Esse indicador é uma média ponderada de dois outros indicadores: média dos anos de estudo da população adulta (25 anos ou mais), e anos de escolaridade esperada (expectativa de vida escolar, ou tempo que uma criança ficará matriculada, se os padrões atuais se mantiverem ao longo de sua vida escolar).

A partir desse índice, foi construído um *ranking* e, assim, em 2021, 191 países foram divididos em quatro grupos. Com um valor acima de 0,800, foram classificados 66 países com um índice considerado "muito alto"; entre 0,700 e 0,799, 53 países com um índice "alto"; entre 0,550 e 0,699, 37 países com um IDH "médio" e abaixo de 0,550, 33 países com um índice de "baixo" desenvolvimento humano. Na Tabela 3.5, selecionamos alguns países, com sua posição no *ranking* de 2021. A primeira posição é ocupada pela Suíça (0,962), e a última pelo Sudão do Sul (0,385).

Tabela 3.5   IDH: países selecionados – 2021

País	IDH	Posição
Suíça	0,962	1
Noruega	0,961	2
Islândia	0,959	3
Irlanda	0,945	8
Holanda	0,941	10
Nova Zelândia	0,937	13
Canadá	0,936	14
Reino Unido	0,929	18
Coreia do Sul	0,925	19
Japão	0,925	19
Estados Unidos	0,921	20
Emirados Árabes Unidos	0,911	26

(continua)

(continuação)

País	IDH	Posição
Portugal	0,866	38
Chile	0,855	42
Argentina	0,842	47
Uruguai	0,809	57
Albânia	0,796	67
Cuba	0,764	83
Armênia	0,759	85
Brasil	**0,754**	**87**
Azerbaijão	0,745	91
Índia	0,633	132
Guatemala	0,627	135
Costa do Marfim	0,550	159
Etiópia	0,498	175
Moçambique	0,446	185
Sudão do Sul	0,385	191

Fonte: Relatório PNUD Desenvolvimento Humano, 2022.

O IDH do Brasil em 2021, igual a 0,754, é o 87º entre 191 países, o que coloca o país entre os de desenvolvimento humano alto, sendo um pouco maior que a média mundial (0,732), e situa-se exatamente na média dos países da América Latina e Caribe (0,754), bem abaixo da média dos países da OCDE (0,899). Em termos evolutivos, o Brasil apresentou crescimento significativo nas últimas décadas, com queda no IDH apenas de 2020 em diante.

Figura 3.3 Brasil: evolução IDH – 1980-2021.

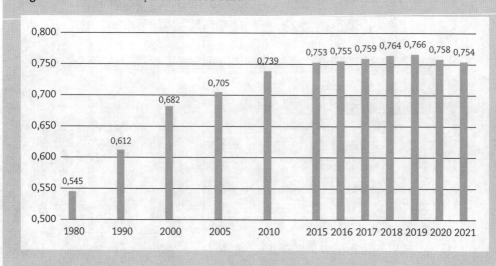

Esse mesmo indicador tem sido usado para comparar as diferenças entre estados e regiões no Brasil, denominado Índice de Desenvolvimento Humano Municipal (IDHM), com a média dos municípios de cada estado. Chamam a atenção as desigualdades existentes no Brasil: em 2021, enquanto apenas dois estados brasileiros, São Paulo e Distrito Federal, chegam próximo aos índices de países de muito alto padrão de desenvolvimento, outros oito estados apresentam IDHM equivalente a países de médio desenvolvimento.

Tabela 3.6 Brasil: IDHM – estados brasileiros – anos selecionados

	1991	2000	2010	2021
Região Nordeste				
Alagoas	0,370	0,471	0,631	0,684
Maranhão	0,357	0,476	0,639	0,676
Piauí	0,362	0,484	0,646	0,690
Paraíba	0,382	0,506	0,658	0,698
Pernambuco	0,440	0,544	0,673	0,719
Ceará	0,405	0,541	0,682	0,734
Rio Grande do Norte	0,428	0,552	0,684	0,728
Sergipe	0,408	0,518	0,665	0,702
Bahia	0,386	0,512	0,660	0,691
Região Norte				
Roraima	0,459	0,598	0,707	0,699
Acre	0,402	0,517	0,663	0,710
Pará	0,413	0,518	0,646	0,690
Tocantins	0,369	0,525	0,699	0,731
Rondônia	0,407	0,537	0,690	0,700
Amazonas	0,430	0,515	0,674	0,700
Amapá	0,472	0,577	0,708	0,688
Região Centro-oeste				
Goiás	0,487	0,615	0,735	0,737
Mato Grosso	0,449	0,601	0,725	0,736
Mato Grosso do Sul	0,488	0,613	0,729	0,742
Distrito Federal	0,616	0,725	0,824	0,814
Região Sul				
Santa Catarina	0,543	0,674	0,774	0,792
Paraná	0,507	0,650	0,749	0,769
Rio Grande do Sul	0,542	0,664	0,746	0,771
Região Sudeste				
Minas Gerais	0,478	0,624	0,731	0,774
Rio de Janeiro	0,573	0,664	0,761	0,762
São Paulo	0,578	0,702	0,783	0,806
Espírito Santo	0,505	0,640	0,740	0,771

Fonte: Atlas Brasil, Programa das Nações Unidas para o Desenvolvimento (PNUD).

3.4 DISTRIBUIÇÃO DE RENDA NO BRASIL

Como foi dito anteriormente, deve-se também levar em consideração a distribuição de renda na análise do desenvolvimento de um país; ou seja, a maneira como os frutos do crescimento são partilhados pela população.

A distribuição de renda pode ser vista de vários ângulos. Por um lado, tem-se a chamada **distribuição setorial da renda**, ou seja, **a participação de cada setor da economia no produto**. A **distribuição regional da renda** procura mostrar qual a participação de cada uma das regiões brasileiras na renda global do país. No gráfico da Figura 3.4, vemos a importância do setor de serviços na renda brasileira e também a concentração da renda na Região Sudeste. Essa concentração evidencia-se ainda mais ao compararmos esses dados com a divisão territorial ou com a repartição da população por região.

Figura 3.4 Brasil: distribuição setorial e regional do PIB 2020.

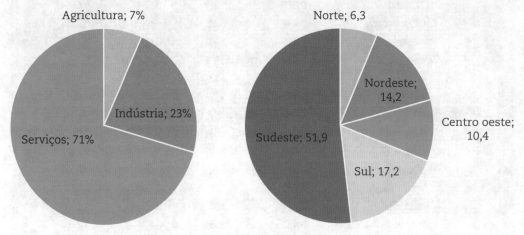

Fonte: dados básicos do IBGE.

Ainda usando os dados das contas nacionais, pode-se estabelecer uma distribuição funcional da renda. Esta procura repartir o total da renda pela remuneração dos fatores de produção envolvidos na formação do produto. No Sistema de Contas Nacionais brasileiro, temos a divisão em quatro partes principais:

i. **a remuneração dos empregados**: que são as despesas efetuadas pelos empregadores com seus empregados em contrapartida do trabalho realizado, correspondendo aos salários pagos no ano junto com as contribuições sociais;

ii. **a remuneração mista bruta**: que é a remuneração recebida pelos proprietários de empresas não constituídas em sociedade (autônomos) que não pode ser identificada, separadamente, se proveniente do capital ou do trabalho. É a renda recebida por autônomos;

iii. **os impostos, líquidos de subsídios, sobre produtos**: que são os impostos, taxas e contribuições que incidem sobre os bens e serviços quando são produzidos ou importados, distribuídos, vendidos, transferidos, ou de outra forma disponibilizados pelos seus proprietários, descontando os subsídios;

iv. **o excedente operacional bruto**: que é o saldo resultante do valor adicionado bruto deduzido das remunerações pagas aos empregados, do rendimento misto e dos impostos líquidos de subsídios incidentes sobre a produção, ou seja, são os lucros e outras remuneração do capital e das terras aplicados ao processo produtivo.

A evolução dessa divisão no período recente é apresentada no gráfico da Figura 3.5. Vemos que o total de salários e contribuições sociais pagos em 2020 correspondiam a aproximadamente 42% das rendas pagas naquele ano. Esse número cresceu entre os anos 2005 e 2015, passando a decair a partir de então. Caminho inverso apresentou o excedente operacional bruto.

Figura 3.5 Brasil: distribuição funcional da renda – 2000-2020 (% do total).

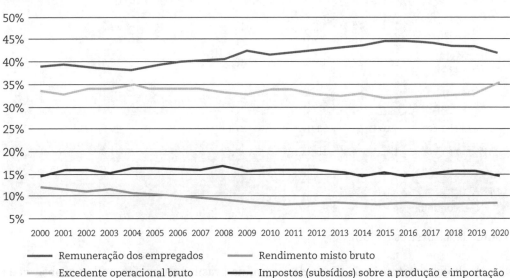

Fonte: dados básicos do IBGE SCN.

A **divisão pessoal da renda** que aparece na Tabela 3.7 reflete o grau de concentração de rendimentos entre os residentes ocupados do país. A população foi dividida em cinco grupos de acordo com a renda, variando do grupo mais pobre ao mais rico. Deve-se tomar algum cuidado com a tabela pois as fontes dos dados variam, não são mais originários dos dados das contas nacionais como os gráficos e tabelas anteriores. São, agora, todas as pesquisas domiciliares como é o caso do Censo Populacional e da Pesquisa Nacional por Amostra de Domicílios (PNAD), esta última também sofreu mudanças metodológicas que faz com que as comparações não possam ser feitas diretamente.

De acordo com os dados da Tabela 3.7, houve uma mudança da distribuição de renda ao longo das últimas décadas, tornando-a menos heterogênea: se em 1990 os 20% mais pobres tinham apenas 2,30% da renda, 30 anos depois esse valor é quase o dobro. Por sua vez, se os 20% mais ricos se apropriavam de 66,10% da renda em 1990, em 2015 essa participação se reduziu para 55%, voltando a crescer um pouco depois. Contudo, mesmo que essa queda da desigualdade da distribuição de renda tenha sido observada, ainda é uma distribuição bastante heterogênea. Isso fica claro quando se nota que os 10% mais ricos se apropriam de quase 42% da renda e os 1% mais ricos se apropriam de elevados 12,4% da renda, em 2021.

Tabela 3.7 Brasil: distribuição dos rendimentos da população economicamente ativa – 1960-2021, anos selecionados

Faixa de renda	1960*	1970*	1980*	1990**	1996**	2005**	2012***	2015***	2018***	2021***
Primeiro grupo: 20% mais pobres	3,9	3,4	3,0	2,3	2,5	3,5	4,5	4,7	4,2	4,5
Segundo grupo: (20% a 40%)	7,4	6,6	5,8	4,9	5,5	7,6	8,7	9,1	9,0	9,0
Terceiro grupo: (40% a 60%)	13,6	10,9	9,0	9,1	10,0	10,6	12,0	12,2	12,0	11,9
Quarto grupo: (60% a 80%)	20,3	17,2	16,1	17,6	18,3	17,6	18,2	18,6	18,3	18,2
Quinto grupo: 20% mais ricos	54,8	61,9	66,1	66,1	63,8	60,7	56,7	55,4	56,6	56,3
10% mais ricos	39,6	46,7	51,0	49,7	47,6	45,3	41,4	40,5	41,7	41,9
1% mais rico	13,8	14,8	18,2	14,6	13,6	13,3	12,1	11,6	12,4	12,4

* Censo.
** PNAD.
*** PNAD contínua.

Fonte: dados básicos do IBGE.

A alta concentração de renda da economia brasileira também pode ser observada quando seus números são comparados com os do resto do mundo (Tabela 3.8). Nessa comparação, o Brasil disputa a liderança da pior distribuição de renda do mundo com países como África do Sul, Honduras, México. Mesmo países de baixo desenvolvimento econômico, como a Etiópia, exibem distribuição pessoal de renda mais homogênea que a brasileira. Nos países desenvolvidos, em média, os 20% mais ricos têm renda oito ou dez vezes superior àquela dos 20% mais pobres, enquanto no Brasil ela é pelo menos 15 vezes maior.

Na Tabela 3.8, temos dados do **Índice de Gini**, um indicador bastante utilizado para a ideia de distribuição de renda, além da participação da população mais rica no total da renda. Um cuidado, porém, que já foi alertado na Tabela 3.7, é a respeito de que renda se usa. Os dados de renda da Tabela 3.7 foram obtidos com base em enquetes domiciliares. Existe um debate sobre até que ponto a apuração da renda é plenamente correta nessas enquetes, até onde, por um lado, existem subestimativas das rendas dos mais pobres por dificuldade de apurá-las e de fazer as próprias enquetes. Do mesmo modo, há dificuldade em apurar as rendas dos mais ricos, que, em geral, são consideradas subestimadas, pois parte da renda, por exemplo, das aplicações financeiras ou dos dividendos, não é totalmente declarada. Muitas vezes, é preferível usar as rendas considerando-se também as informações obtidas nos órgãos arrecadadores, como, no caso brasileiro, na Receita Federal. Esse é o caso dos dados da Tabela 3.8, oriundos do *World Inequality Database* (WID), e também da Figura 3.9. Os dados da construção do Índice de Gini são provenientes de pesquisas domiciliares, porém o gráfico apresenta também a relação 10/50, que é a razão da renda possuída pelos 10% mais ricos em contraposição à dos 50% mais pobres.

Tabela 3.8 Países selecionados: participação no total da renda (pré-taxação) e Índice de Gini 2021

Países	1% mais ricos	10% mais ricos	50% mais pobres	Índice de Gini (WB)
	WID – 2021			WB – último dado disponível
África do Sul	19,3%	65,4%	5,8%	0,63
Alemanha	13,3%	37,8%	18,6%	0,32
Angola	26,0%	58,0%	9,0%	0,51
Argentina	15,1%	47,3%	13,2%	0,42
Brasil	**22,2%**	**58,3%**	**9,2%**	**0,53**
Canadá	13,9%	39,7%	16,3%	0,33
Coreia do Sul	11,7%	34,4%	21,1%	0,31
Egito	18,1%	47,6%	15,4%	0,32
Estados Unidos	19,0%	45,6%	13,8%	0,40
Etiópia	13,8%	45,5%	15,8%	0,35
Finlândia	11,8%	34,7%	21,2%	0,27
Honduras	19,6%	53,3%	9,3%	0,48
Índia	21,7%	57,1%	13,1%	0,36
Irlanda	12,2%	35,8%	20,1%	0,29
Japão	12,9%	44,2%	16,8%	0,33
México	26,8%	64,3%	6,2%	0,45
Noruega	8,9%	29,6%	24,9%	0,28
Suíça	9,9%	30,4%	23,5%	0,33
Turquia	18,8%	51,7%	14,2%	0,42
Uruguai	13,4%	42,5%	15,5%	0,41

Fonte: WDI e Banco Mundial (WB).

Boxe 3.2 – Índice de Gini e Curva de Lorenz

O **Índice de Gini** é um instrumento utilizado para se auferir o grau de concentração de alguma situação. Esse índice é calculado a partir da chamada **Curva de Lorenz**. Em termos de distribuição pessoal da renda, essa curva é construída relacionando-se as faixas da população acumulada (dos mais pobres aos mais ricos) com a participação acumulada da renda dessas faixas.

Assim, na Figura 3.6 o ponto C indica que os 20% da população mais pobre possuem 4% da renda e o ponto D indica que 80% da população possuem 45% da renda. Quando a renda é perfeitamente distribuída, isto é, quando 20% da população possuem 20% da renda, 80% possuem 80%, a Curva de Lorenz é exatamente a reta que liga os pontos A e B. Assim, quanto mais próxima a Curva de Lorenz dessa reta, mais bem distribuída é a renda do país, e quanto mais essa curva se aproxima da curva AOB, mais mal distribuída é a renda do país.

O Índice de Gini relaciona a área entre a Curva de Lorenz e a reta AB com a área do triângulo AOB; este índice, portanto, varia entre 0 (quando a Curva de Lorenz e a reta AB são as mesmas – nenhuma concentração) e 1 (a da Curva de Lorenz é a mesma da curva AOB – concentração total). Quanto maior a área entre a Curva de Lorenz e a reta AB, maior é o Índice de Gini e, portanto, maior é a concentração de renda.

Figura 3.6 Curva de Lorenz.

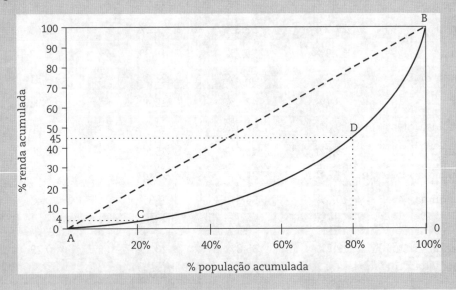

Historicamente, a evolução perversa da distribuição de renda é particularmente importante para os dados de 1970 e 1990; porém, deve-se ressaltar a diferença entre as duas situações; na primeira, a piora na distribuição de renda é acompanhada por um aumento na renda das pessoas (o PIB *per capita* cresceu, e a renda média de cada uma das faixas também cresceu); o que ocorreu foi que os mais ricos tiveram maiores aumentos de renda que os mais pobres, que também tiveram aumento de renda. Já em 1990, a situação é diferente, pois houve concentração de renda em um momento em que o PIB *per capita*

caía, isto é, a média dos rendimentos das pessoas diminuiu em termos reais. Na verdade, apenas os mais ricos tiveram algum aumento real de renda; no restante da sociedade, houve queda real.

Embora a distribuição de renda tenha se tornado menos heterogênea ao longo dos últimos anos, ainda temos alto índice de desigualdade de renda. Vários fatores explicam esse quadro. Entre eles, há as condicionantes históricas, que não podem ser esquecidas. Durante 300 anos, houve escravismo no país e, quando os escravos foram finalmente libertados, sua situação socioeconômica era precária. Na colônia, as terras foram distribuídas em grandes latifúndios, aos quais poucos tiveram acesso, e isso não foi reformulado depois da Independência ou da Proclamação da República, de modo que, mesmo em anos recentes, a estrutura agrária brasileira tem permanecido fortemente concentrada. Como outro fator, o próprio processo de industrialização por substituição de importação tem um cunho concentrador, à medida que foram adotadas tecnologias que utilizavam mais intensivamente o fator capital em vez da mão de obra, isso em um país onde a intensidade relativa da mão de obra é superior à do capital. Desse modo, a absorção e a remuneração da mão de obra (maioria da população) foram substancialmente inferiores àquelas dos detentores do capital.

Na década de 1970, após a divulgação dos números que indicavam a deterioração na distribuição da renda em um momento de forte crescimento econômico (em pleno período do milagre econômico), várias explicações surgiram, e um grande debate se estabeleceu. Por um lado, atribuiu-se à política econômica do governo as razões dessa piora na concentração da renda. Isso em função de uma política salarial considerada "arrochante" e do desmantelamento da estrutura sindical e de diversos órgãos da chamada sociedade civil que, até então, procuravam garantir a proteção dos assalariados e das classes menos favorecidas. Por outro lado, há a explicação de que a piora na distribuição de renda se dava em função do próprio crescimento acelerado; este causava distúrbios em vários mercados, notadamente no mercado de trabalho, em que houve crescimento relativo da demanda por trabalhadores qualificados com relação aos trabalhadores sem qualificação. Dada a relativa ausência de mão de obra qualificada, houve crescimento no diferencial de salários, que, em parte, explica a piora na distribuição da renda do período. Essa piora na distribuição da renda de certa maneira também era considerada funcional, pois argumentava-se que a concentração da renda nas camadas mais ricas da sociedade permitia aumento da poupança do país (dado que os ricos poupam mais que os pobres) e dos investimentos, sustentando, assim, o crescimento econômico que beneficiava a todos, já que o rendimento de todos crescia. Essa seria a essência da chamada **Teoria do Bolo** (crescer, para depois distribuir).

Essa segunda linha de interpretação também argumentava que a piora na distribuição que se verificou em 1970 deveria ser passageira, pois os distúrbios tenderiam a desaparecer com a continuidade do crescimento. Pelos dados de 1980, percebe-se que a concentração não piorou muito, mas também não melhorou. Já os dados de 1990 indicam que a década de 1980, com a crise econômica e a intensificação do processo inflacionário, foi também um período concentrador. A crise e sobretudo a inflação foram bastante sentidas pela população brasileira; somente a população que já era mais rica tinha mecanismos para se proteger do processo de **estagflação** (estagnação econômica com elevada inflação) e acabou melhorando sua posição relativa dentro do país.

Depois do Plano Real, o quadro apresentou melhora, pois a queda da inflação significou a melhoria da renda das classes menos favorecidas que não possuíam mecanismos de defesa contra a inflação. Porém, a elevação do desemprego e a precarização dos postos de trabalho trouxeram um impacto contrário, fazendo com que a melhora líquida fosse bastante reduzida. Com a melhora nas condições de emprego e com o advento de políticas de redistribuição mais efetivas como o Bolsa Família, percebe-se, na Figura 3.7, uma melhora relativamente longa dos indicadores de desigualdade até 2015. Aqui se inverteu o que ocorreu no milagre econômico (anos 1960/1970). Naquele período, o crescimento forte mostrou-se mais importante para as classes mais abastadas, e, mesmo que todas as classes tenham melhorado suas condições, os mais ricos melhoraram mais. Na primeira década do século XXI, também houve retomada do crescimento, mesmo que em níveis inferiores, porém as classes menos abastadas se aproveitaram melhor desse crescimento. Novamente, todas as classes melhoraram suas rendas, porém as menos abastadas tiveram uma melhora maior.

Isso não ocorreu sem debates, pois no período pagavam-se taxas de juros bastante vultuosas, e a remuneração do capital também se elevou. Assim, é nesse período que se passa a buscar novas informações sobre a renda das diferentes classes, pois as pesquisas domiciliares poderiam subestimar as rendas dos mais ricos, comprometendo, assim, a confiabilidade dos indicadores. Novas informações apareceram, como pode ser visto nas tabelas e nos gráficos apresentados a seguir, especialmente incorporando dados da Receita Federal e das contas nacionais. Com os novos dados, algo se modificou: a desigualdade é maior que a medida anteriormente, e o comportamento foi mais suave, mas, assim mesmo, de melhora.

Houve ligeira piora dos indicadores no final da década passada, os quais passaram a ter comportamento errático durante a pandemia, como pode ser observado na Figura 3.7.

Figura 3.7 Brasil: evolução da distribuição da renda – Índice de Gini (WB) e Razão 10/50 (WID) – 1981-2021.

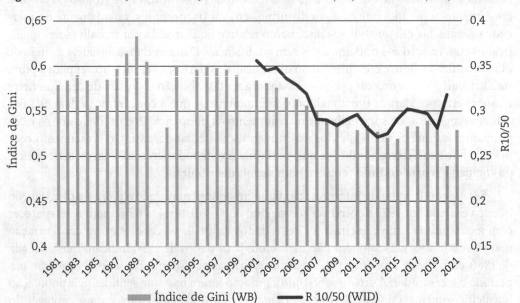

Fonte: dados do World Bank e WID.

3.5 POBREZA

Na Seção 3.4, analisou-se a posição relativa dos rendimentos entre os indivíduos de dado país. Nesse ponto, afirma-se que, mesmo com uma piora nos indicadores de distribuição de renda (aumento do Índice de Gini), é possível que todos os indivíduos estejam individualmente em posição melhor. Quando todas as faixas têm aumento de renda, toda a população se torna menos pobre, mas, se as faixas superiores têm aumento de renda relativamente maior que o das faixas inferiores, apesar de todos estarem mais ricos, a concentração de renda piora.

Desse ponto de vista, um país A é considerado mais pobre que o outro, B, se, em todas as faixas de renda de A, a renda dos indivíduos for inferior à de B. Essa maneira de verificar a pobreza é um indicativo da pobreza relativa do país B com relação a A, mas será que existem efetivamente pobres em B? Se existem, quantos são? Na verdade, quando se analisa a distribuição da renda, temos uma ideia de renda relativa, de um grupo em comparação a outro e tem-se uma visão pouco precisa acerca da **pobreza**, principalmente em seu aspecto absoluto. A pobreza em seu sentido absoluto pode ser definida como um **estado de carência** com relação a alguns indicadores mínimos associados às condições de vida da população.

Existem várias maneiras de se definir a pobreza em função do tipo de indicador que se toma. Pode-se definir a pobreza com relação a um mínimo de renda, ou a um mínimo de atendimento de necessidades elementares. Quanto é exatamente esse nível mínimo também é algo não claramente definido.

Quando se define um indicador preciso e um valor mínimo para este, está-se definindo a chamada **linha de pobreza**, considerando-se pobres todos os que se situem abaixo dessa linha. Várias possibilidades existem nas definições da linha de pobreza. Durante muito tempo, o mais comum era se estabelecer uma linha de pobreza em termos monetários, em termos de renda mínima que as pessoas deveriam ter para não estar em estado de carência ou de pobreza. Alguns autores referem-se a uma **linha de indigência**, e não de pobreza, quando tratam do acesso à renda básica, isto é, ao mínimo necessário para suprir as necessidades alimentares. Muitas linhas monetárias de pobreza, indigência, extrema pobreza foram estabelecidas a partir do valor de cestas mínimas de consumo que podem variar entre as diferentes regiões. O Instituto de Pesquisa Econômica Aplicada (IPEA) calculou essas cestas desde meados da década de 1970 e por muito tempo foram utilizadas para definir a pobreza no Brasil. Conforme vemos na Figura 3.8, que retrata a pobreza e a extrema pobreza, com base em cestas de consumo, no início da década de 1980, em uma das maiores crises econômicas que o país passou, a pobreza afligia quase metade da população brasileira. Na virada do século, estimava-se o número de pobres brasileiros em mais de 50 milhões, o que à época representava mais de 1/3 da população. De acordo com os dados da Figura 3.8, verifica-se, contudo, que o número de pobres caiu mais rapidamente ao longo dos primeiros anos do século XXI, sendo que nos primeiros anos da segunda década do século XXI tínhamos menos de 15% da população em estado de pobreza, algo próximo a 28 milhões de pessoas.

Figura 3.8 Brasil: índices de pobreza e extrema pobreza com base em cesta de consumo – 1976-2012.

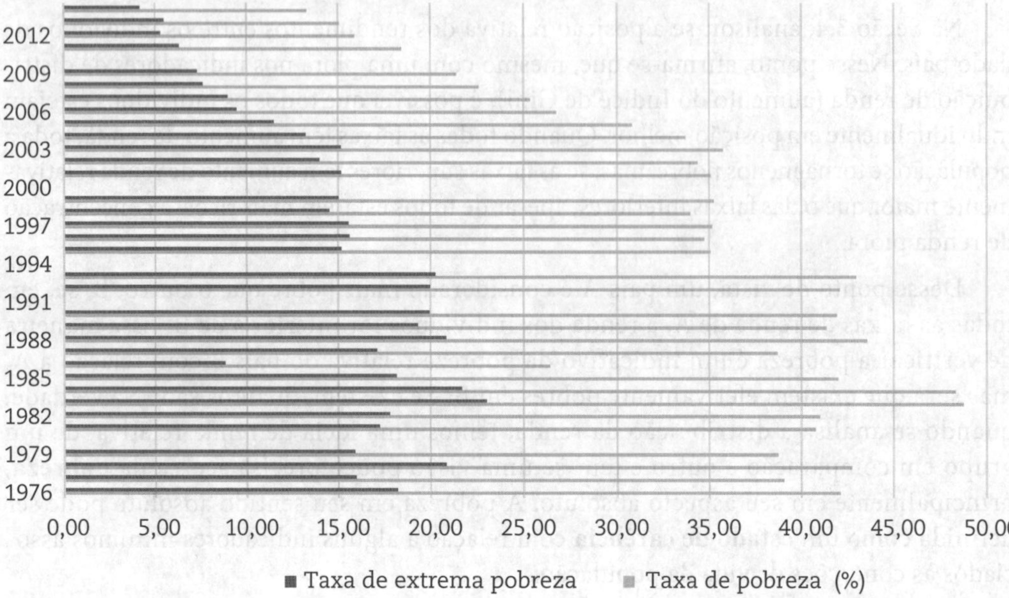

■ Taxa de extrema pobreza ■ Taxa de pobreza (%)

Fonte: IPEA.

Mesmo estabelecendo a pobreza com base na renda, vários outros indicadores são usados para definir essa linha monetária, como: um salário-mínimo/mês, um benefício básico do Bolsa Família ou do Auxílio Brasil. Esses últimos são bastante utilizados atualmente, pois estão atrelados a uma política diretamente de combate à pobreza e à miséria. Outras medidas ganharam força, dada a possibilidade de se fazerem comparações internacionais, que também ganharam presença na mídia por conta dos objetivos do milênio ou do desenvolvimento sustentável. São medidas como o antigo *one dolar day*, que, hoje, é mais comum: PPC$ 1,90, PPC$ 3,20 e PPC$ 5,50 por dia, por pessoa, em dólares internacionais, com paridade de poder de compra (PPC$). A linha de PPC$ 1,90/dia foi calculada a partir das linhas nacionais dos países mais pobres do mundo e serve como referência para o monitoramento da extrema pobreza pelo Banco Mundial. As linhas de PPC$ 3,20 e PPC$ 5,50 foram estimadas com base nas linhas nacionais de países de renda média.

A Figura 3.9 mostra o comportamento dessas linhas para o Brasil na última década. A estimativa foi realizada por pesquisadores do IPEA,[3] que mostram certa retomada da pobreza, apesar de algumas oscilações, nos últimos anos.

---

[3] O trabalho foi realizado por Pedro Souza, Marcos Hecksher e Rafael Osorio "Um país na contramão: a pobreza no Brasil nos últimos dez anos" (IPEA, 2022). Os pesquisadores se valeram de dados de rendimentos efetivos do trabalho e das demais fontes obtidas a partir de pesquisa domiciliar (PNAD Contínua do IBGE). As duas linhas de elegibilidade ao Programa Auxílio Brasil (PAB), em dezembro de 2021, foram estabelecidas em R$ 210 e R$ 105 mensais por pessoa. As linhas de $1,90, $3,20 e $5,50 por dia em dólares internacionais (PPC$) correspondem, respectivamente, a R$ 173, R$ 292 e R$ 502 por mês.

Figura 3.9 Brasil: pobreza – diversos indicadores – 2012-2021.

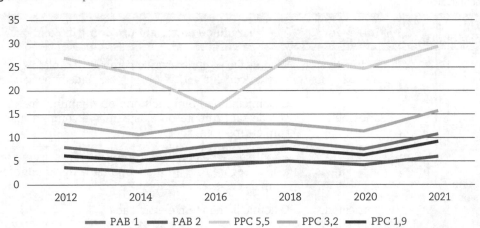

Fonte: dados básicos de Souza et al. (2022).

Recentemente, tem crescido o uso de indicadores multidimensionais da pobreza. Os indicadores anteriores, mesmo que construídos a partir de cestas de consumo, eram unidimensionais, com base na renda das pessoas. Na pobreza multidimensional, escolhem-se diversos indicadores e estabelecem-se coeficientes mínimos para cada indicador, seriam a combinação de várias linhas de pobreza. Por exemplo, o Índice Global de Pobreza Multidimensional (MPI, na sigla em inglês), produzido pelas Nações Unidas (PNUD) e a Oxford Poverty and Human Development Initiative (OPHI), da Universidade de Oxford, mede a pobreza considerando dez tipos de privações que as pessoas experimentam em seu cotidiano, conforme Quadro 3.1. O MPI avalia a pobreza em nível individual. Se uma pessoa é privada em um terço ou mais dos dez indicadores (ponderados), o MPI global identifica esta pessoa como "pobre".

Quadro 3.1 Pobreza Multidimensional MPI

Dimensão da pobreza	Indicador	Privado de morar em um domicílio onde
Saúde	Nutrição	Qualquer pessoa com menos de 70 anos de idade para quem há informação nutricional está desnutrida.
	Mortalidade Infantil	Uma criança menor de 18 anos morreu no domicílio no período de cinco anos anterior à pesquisa.
Educação	Anos de escolarização	Nenhum membro elegível do agregado familiar completou seis anos de escolaridade.
	Frequência à escola	Qualquer criança em idade escolar não está frequentando a escola.

(continua)

(continuação)

Dimensão da pobreza	Indicador	Privado de morar em um domícilio onde
Padrões de Vida	Combustível para cozinhar	O domícilio cozinha usando combustível sólido, como esterco, colheita agrícola, arbustos, madeira ou carvão.
	Saneamento	O domícilio não tem melhoria ou nenhuma instalação de saneamento ou existe, mas é compartilhado com outros domicílios.
	Água potável	A fonte de água potável do domícilio não é segura ou a água segura está a uma caminhada de 30 minutos ou mais de casa, ida e volta.
	Eletricidade	O domícilio não tem eletricidade.
	Habitação	O domícilio tem materiais de habitação inadequados em qualquer um dos três componentes: piso, telhado ou paredes.
	Bens	O domícilio não possui mais de um desses bens: rádio, TV, telefone, computador, bicicleta, moto ou geladeira, e não possui carro ou caminhão.

Fonte: OPHI.

Este tipo de indicador de pobreza permite às políticas públicas concentrarem-se de modo mais efetivo nas dimensões importantes que tornam determinado conjunto populacional mais vulnerável ou carente. Vários indicadores com formatos um pouco diferentes estão sendo desenvolvidos em diferentes instituições e muitos destes estão relacionados com os **Objetivos de Desenvolvimento Sustentável (ODS)** estabelecidos pelas Nações Unidas e focados em uma concepção de desenvolvimento que inclui diferentes dimensões, além da meramente econômica.

3.6 DESENVOLVIMENTO: EQUITATIVO, SUSTENTADO E PARTICIPATIVO

Até aqui, percebe-se que o conceito de desenvolvimento envolve aspectos que vão além da ideia de crescimento econômico. É importante levar em consideração a forma como esse crescimento ocorre e como os frutos desse crescimento revertem para uma melhora na qualidade de vida das pessoas. Assim, considerações que envolvem o conceito de **equidade** foram até aqui incorporadas. Valendo-se das definições utilizadas no relatório sobre o desenvolvimento brasileiro realizado pelo IPEA e pelas Nações Unidas, conclui-se que a equidade é:

> um componente essencial do desenvolvimento humano: as pessoas devem ter acesso a iguais oportunidades, de modo que possam participar e se beneficiar dos frutos e das oportunidades criadas pelo processo de crescimento econômico. Contudo, dado o acentuado grau de desigualdade observado na maioria das nações, essa equidade não depende apenas da eliminação de eventuais barreiras que possam impedir as pessoas de usufruir plenamente aquelas oportunidades e benefícios; na verdade, a desigualdade e a pobreza são, em si mesmas, as maiores barreiras a essa participação.

Além da questão da equidade, que leva ao conceito de **desenvolvimento equitativo**, dois outros conceitos também devem ser incorporados para se ter uma visão global do desenvolvimento: a **sustentabilidade** e a **participação**.

Por **desenvolvimento sustentado** entende-se o desenvolvimento que, ao atender às necessidades do momento presente, não signifique um limite à possibilidade do atendimento das necessidades das gerações futuras. Por **desenvolvimento participativo** entende-se aquele que é definido e guiado por meio de decisões que agreguem toda a comunidade envolvida, já que existem diferentes opções de desenvolvimento. Nesse sentido, pode-se acompanhar o mesmo relatório citado:

> É necessário assegurar às gerações futuras a oportunidade de usufruir, pelo menos, o mesmo nível de bem-estar hoje disponível. [...] A experiência passada sugere que a industrialização, a expansão da fronteira agrícola e a urbanização têm criado pressões significativas na base natural da economia, seja pela utilização acelerada de recursos naturais exauríveis, seja pela poluição e degradação da qualidade ambiental. [...] Nesse contexto, a possibilidade de desenvolvimento humano pressupõe a identificação e implementação de trajetórias de crescimento econômico que viabilizem um desenvolvimento sustentável.
>
> O desenvolvimento humano significa não apenas o desenvolvimento para as pessoas e desenvolvimento das pessoas, mas também pelas pessoas. Nesse sentido, cabe a cada país definir sua estratégia de desenvolvimento e, mais do que isso, assegurar que as pessoas, através de estruturas apropriadas, participem plenamente das decisões e processos que afetem suas vidas.[4]

Desenvolvimento leva em consideração a ideia de crescimento, mas também as noções de redução de desigualdades, erradicação da pobreza, diminuição das necessidades básicas, acesso a condições de educação, saúde, saneamento básico e também passa a envolver temas da sustentabilidade ambiental que se acrescem aos temas da chamada sustentabilidade social que descrevemos ao longo deste capítulo.

A questão ambiental é objeto de imensas polêmicas, e o ponto principal é até onde a humanidade avançou na degradação ambiental a ponto de colocar em risco a vida e a "boa vida" das gerações futuras.

Por um lado, existem os negacionistas, que não acreditam que estamos vivendo um problema ambiental que exija grandes alterações. Para esses, existem ciclos relacionados com as chamadas mudanças climáticas e outros indicadores de degradação ambiental, e, se hoje alguns destes indicadores chamam negativamente a atenção, eles se reverterão normalmente, sem que necessitemos alterar radicalmente nossos padrões de vida.

Por outro lado, aqueles que reconhecem que efetivamente o grau de degradação e as mudanças são algo com que devemos nos preocupar dividem-se em dois grupos. Um grupo, ligado especialmente à ideia de desenvolvimento verde ou desenvolvimento ecologicamente sustentável, acredita que ainda seja possível, com alterações e inovações tecnológicas, reverter o ritmo de mudanças e de degradação. Admite-se que essas inovações e alterações não são simples nem baratas. Os ecologistas políticos têm perspectivas mais radicais, afirmando que

---

[4] IPEA/PNUD (1996:2.3).

mesmo com tais alterações tecnológicas, as mutações climáticas e a degradação já atingiram caminhos de difícil retorno, se não forem implementadas mudanças, não apenas tecnológicas, mas especialmente radicais no relacionamento do homem com a natureza, alterando profundamente padrões de vida, de consumo e de produção. Muitos aqui se associam às teses do decrescimento.

O debate está em curso, e elementos ligados ao relacionamento do homem com a natureza, seu grau de exploração, a forma como se gerem os detritos, a poluição etc. são indicadores que passam a entrar também no cômputo da própria ideia de desenvolvimento. São dados como os apresentados no gráfico da Figura 3.10 e nas Tabelas 3.9 e 3.10. Aliás, esses indicadores fazem parte dos ODS.

Figura 3.10 Brasil: emissões de gases de efeito estufa diretos, por fonte de emissão (GT CO2 eq).

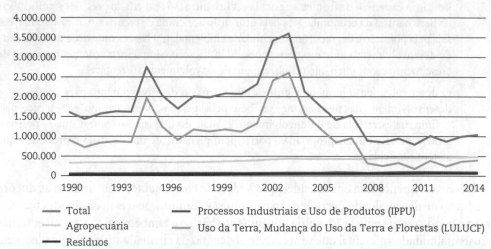

Fonte: IBGE-ODS.

Tabela 3.9 Brasil: taxa de reciclagem nacional por toneladas de material reciclado

(milhões de toneladas) – 2020

Brasil e grande região	Massa coletada	Massa recuperada de resíduos sólidos recicláveis secos	Massa recuperada de resíduos sólidos recicláveis orgânicos	Massa recuperada de resíduos sólidos recicláveis secos e orgânicos	Taxa de recuperação de resíduos sólidos recicláveis secos e orgânicos
Brasil	66,64	1,07	0,29	1,35	2
Norte	5,29	0,03	0	0,03	0,6
Nordeste	18,95	0,12	0,01	0,13	0,7
Sudeste	29,04	0,46	0,09	0,55	1,9
Sul	8,21	0,37	0,12	0,49	6
Centro-oeste	5,15	0,09	0,06	0,15	2,9

Fonte: IBGE e Ministério do Desenvolvimento Regional.

Tabela 3.10 Brasil: eficiência energética e proporção de energia renovável (2012-2021)

Ano	Percentual das energias renováveis na Oferta Interna de Energia	Intensidade energética da Oferta Interna de Energia (OIE) Tonelada Equivalente de Petróleo/Mil US$ PIB PPC (2017)
2012	41,8	0,092
2013	40,5	0,093
2014	39,4	0,096
2015	41,3	0,097
2016	43,5	0,097
2017	43,2	0,097
2018	45,5	0,094
2019	46,1	0,095
2020	48,4	0,096
2021	44,8	–

Fonte: IBGE e EPE.

Os ODS são uma coleção de metas globais, estabelecidas pelas Nações Unidas, que constituem uma espécie de continuidade dos objetivos do milênio, também conhecidos como **Agenda 2030**. Os debates em torno dessa agenda iniciam-se na chamada RIO+20, em 2012, onde se acordou um documento intitulado "O futuro que queremos". Em 2015, foram estabelecidas 17 metas, ou 17 ODS, conforme Quadro 3.2.

Quadro 3.2 Objetivos do Desenvolvimento Sustentável

01	Erradicação da pobreza	acabar com a pobreza em todas as suas formas, em todos os lugares.
02	Fome zero e agricultura sustentável	acabar com a fome, alcançar a segurança alimentar e melhoria da nutrição e promover a agricultura sustentável.
03	Saúde e bem-estar	assegurar uma vida saudável e promover o bem-estar para todos, em todas as idades.
04	Educação de qualidade	assegurar a educação inclusiva, e equitativa e de qualidade, e promover oportunidades de aprendizagem ao longo da vida para todos.
05	Igualdade de gênero	alcançar a igualdade de gênero e empoderar todas as mulheres e meninas.
06	Água limpa e saneamento	garantir disponibilidade e manejo sustentável da água e saneamento para todos.

(continua)

(continuação)

07	Energia limpa e acessível	garantir acesso à energia barata, confiável, sustentável e renovável para todos.
08	Trabalho decente e crescimento econômico	promover o crescimento econômico sustentado, inclusivo e sustentável, emprego pleno e produtivo, e trabalho decente para todos.
09	Inovação em infraestrutura	construir infraestrutura resiliente, promover a industrialização inclusiva e sustentável e fomentar a inovação
10	Redução das desigualdades	reduzir as desigualdades dentro dos países e entre eles.
11	Cidades e comunidades sustentáveis	tornar as cidades e os assentamentos humanos inclusivos, seguros, resilientes e sustentáveis.
12	Consumo e produção responsáveis	assegurar padrões de produção e de consumo sustentáveis.
13	Ação contra a mudança global do clima	tomar medidas urgentes para combater a mudança climática e seus impactos.
14	Vida na água	conservação e uso sustentável dos oceanos, dos mares e dos recursos marinhos para o desenvolvimento sustentável.
15	Vida terrestre	proteger, recuperar e promover o uso sustentável dos ecossistemas terrestres, gerir de forma sustentável as florestas, combater a desertificação, deter e reverter a degradação da Terra e deter a perda da biodiversidade.
16	Paz, justiça e instituições eficazes	promover sociedades pacíficas e inclusivas para o desenvolvimento sustentável, proporcionar o acesso à justiça para todos e construir instituições eficazes, responsáveis e inclusivas em todos os níveis.
17	Parcerias e meios de implementação	fortalecer os meios de implementação e revitalizar a parceria global para o desenvolvimento sustentável.

CONCEITOS-CHAVE

Crescimento econômico
Curva de Lorenz
Desenvolvimento econômico
Desenvolvimento participativo
Desenvolvimento sustentado
Distribuição pessoal de renda
Distribuição regional da renda
Equidade
Índice de Desenvolvimento Humano (IDH)
Indicadores sociais

Índice de Gini
Linha de pobreza
Objetivos de Desenvolvimento Sustentável (ODS)
Pobreza multidimensional
PIB *per capita*
PNB *per capita*
Produto *per capita*
Teoria do Bolo

QUESTÕES

Q1. Por que um país com um PIB maior que o outro pode ser considerado menos desenvolvido?

Q2. Descreva a evolução dos principais indicadores sociais brasileiros.

Q3. O que ocorreu com a distribuição de renda no Brasil nas últimas quatro décadas?

Q4. O que ocorreu com a pobreza no Brasil na última década?

Q5. O que é desenvolvimento sustentável?

Q6. Quais são, no seu entendimento, os ODS mais difíceis de serem alcançados pelo Brasil? Por quê?

TEMA PARA DEBATE

T1. Como você definiria a atual situação do desenvolvimento brasileiro do ponto de vista de sua sustentabilidade e da participação do povo brasileiro em sua definição?

4
Desemprego e Mercado de Trabalho

No Capítulo 2, estudou-se o conceito de produto e sua expansão. Viu-se que o crescimento de um país de um ano para outro é estimado pela variação do Produto Interno Bruto (PIB) real entre os dois anos. O que significa, porém, dizer que o PIB do Brasil cresceu 3% em um ano? Isso é muito ou é pouco? Os mesmos 3% de crescimento em um país como o Japão é considerado um número elevado ou baixo? É bastante comum considerar-se um crescimento de 3% no Brasil como baixo, ao mesmo tempo que esse crescimento nos Estados Unidos é visto como elevado. Por quê?

4.1 PRODUTO POTENCIAL

É difícil avaliar esses números. Normalmente, quando se diz que o crescimento foi baixo, tem-se em mente o quanto essa economia deveria ou poderia efetivamente crescer, ou seja, compara-se com um crescimento potencial do país. Surge aqui o conceito de **produto potencial**. Produto potencial é aquele que poderia ser alcançado e sustentado no futuro usando eficiente e plenamente os fatores de produção ao longo do tempo.[1] Assim, comparando-se o produto efetivo com o produto potencial, pode-se dizer se essa economia está utilizando de maneira plena e adequada seus fatores de produção. Se o PIB potencial estiver muito acima do PIB efetivo, deve existir a não utilização adequada de alguns dos fatores de produção, ou seja, o não emprego eficiente desses recursos. Essa diferença entre o PIB potencial e o PIB efetivo é chamada de **hiato do produto**.

---

[1] Na introdução da Parte II, voltaremos a discutir o conceito de produto potencial, destacando os fatores condicionantes de seu comportamento.

Produto potencial é aquele que poderia ser alcançado e sustentado no futuro usando eficiente e plenamente os fatores de produção ao longo do tempo.

PIB potencial – PIB efetivo = hiato do produto

Dessa maneira, ao definir-se o produto potencial, pode-se estabelecer também a taxa de crescimento do produto potencial, que, comparada com a taxa de crescimento do produto real efetivo, permite avaliar a dimensão desta última. Portanto, quando se diz que o crescimento de 3% no Brasil é baixo, tem-se em mente que o Brasil poderia crescer a uma taxa mais elevada, que é representada pela taxa de crescimento do produto potencial brasileiro.

O grande problema envolvido no conceito de produto potencial é que não existem medidas claras para esse conceito. É um conceito teórico que pode ser estimado levando-se em consideração, principalmente, aspectos populacionais, a evolução da produtividade e dos ganhos tecnológicos e o crescimento do estoque de capital.

Quanto à taxa de desemprego, ela está relacionada com a própria taxa de crescimento da economia. Normalmente, quando existe queda do nível de atividade, deve existir aumento da taxa de desemprego. Essa taxa, muitas vezes, é utilizada em substituição ao conceito de hiato do produto e de produto potencial, para se avaliar o crescimento de um país.

A relação entre o hiato do produto e a taxa de desemprego é chamada de **Lei de Okum**, dada pela expressão:

$$\text{Hiato do produto} = \text{PIB potencial} - \text{PIB real} = \alpha + \beta TD$$

em que α e b são parâmetros que medem a sensibilidade entre o hiato do produto e a taxa de desemprego (TD).

4.2 DESEMPREGO – DESOCUPAÇÃO

Quando o hiato do produto é elevado, significa que parte dos fatores de produção está sendo subutilizada, ou seja, provavelmente existe desemprego de alguns dos fatores. O tipo de desemprego de fator de produção mais importante é o desemprego do fator trabalho. Este talvez seja um dos mais graves problemas macroeconômicos enfrentado pela maioria das principais economias mundiais, conforme revela a Tabela 4.1.

Tabela 4.1 Taxa de desemprego – países e anos selecionados

Países	1995	2000	2005	2010	2014	2018	2020	2022
Alemanha	8,2	7,9	11,2	7,0	5,0	3,4	3,9	3,0
Argentina	18,8	15,0	11,5	7,7	7,3	9,2	11,5	6,5
Brasil	**7,1**	**10,5**	**10,6**	**8,0**	**6,9**	**12,6**	**13,6**	**9,3**
Chile	4,7	10,5	9,3	8,4	6,7	7,2	11,1	7,8
Espanha	22,7	13,8	9,2	19,9	24,4	15,3	15,5	13,0
Estados Unidos	5,7	4,0	5,1	9,6	6,2	3,9	8,1	3,6

(continua)

(continuação)

Países	1995	2000	2005	2010	2014	2018	2020	2022
França	11,8	10,2	8,5	8,9	10,3	9,0	8,0	7,4
Japão	3,2	4,8	4,5	5,1	3,6	2,5	2,8	2,6
México	7,1	2,7	3,6	5,3	4,8	3,3	4,5	3,3
Reino Unido	8,7	5,6	4,8	7,8	6,1	4,0	4,5	3,6

Fonte: Banco Mundial e IBGE.

O fator de produção trabalho decorre do tamanho da população, porém entre a população total do país e a que corresponde efetivamente à **força de trabalho** existem algumas diferenças importantes que devem ser apontadas, permitindo, posteriormente, que se chegue ao conceito de desemprego, conforme mostra a Figura 4.1. A partir do total da população residente em um país, pode-se definir a chamada **população em idade de trabalhar**. Existem diferenças nesse conceito entre os países, mas geralmente é definida como a população com mais de 14 anos. Por sua vez, a população em idade de trabalhar divide-se entre a **população na força de trabalho e a população fora da força de trabalho**. Dentre as pessoas que estão fora da força de trabalho, incluem-se as donas de casa que não trabalham fora, adolescentes em idade escolar, aposentados e outras pessoas que não têm interesse ou condições de trabalhar. Sendo assim, essas pessoas estão **fora da força de trabalho potencial**. Mas também compõem esse grupo aqueles que não estão na força de trabalho, mas possuem potencial para serem integradas a esta força, formam uma força de trabalho potencial.

A força de trabalho potencial é definida como um conjunto de pessoas de 14 anos ou mais de idade que não estavam ocupadas nem desocupadas na semana de referência, mas que possuíam um potencial de se transformarem em força de trabalho. Esse contingente é formado especialmente por pessoas que não realizaram busca efetiva por trabalho, mas gostariam de ter um trabalho naquele momento. Esse mesmo grupo também é composto por pessoas que realizaram busca efetiva por trabalho, mas não se encontravam disponíveis para trabalhar naquele momento.

Figura 4.1 População e força de trabalho.

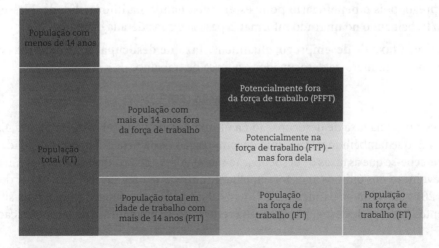

Voltando à força de trabalho, esta, por sua vez, é dividida em dois componentes: a força de trabalho ocupada e a desocupada, conforme Figura 4.2.

Figura 4.2 Força de trabalho e (des)ocupação.

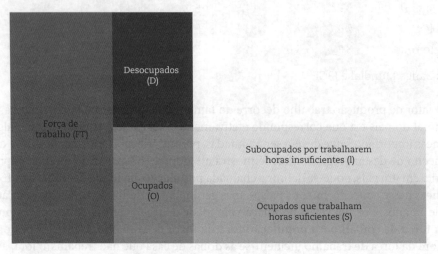

Os chamados **desocupados** (normalmente conhecidos como desempregados) são as pessoas que compõem a força de trabalho, mas que não estão trabalhando, porém, e isto é fundamental, tomaram alguma providência efetiva para encontrar trabalho e estavam disponíveis para trabalhar, caso encontrassem trabalho. Assim, percebe-se que nessa definição denomina-se desempregado, atualmente chamado de desocupado, em geral, a pessoa, maior de 14 anos, que procura emprego, mas não o encontra. Ou seja, o desocupado não apenas não tem emprego, mas também não o procurou. Por exemplo, um estudante que se dedica apenas aos estudos e não tenha buscado emprego não é desempregado. Na verdade, ele não faz parte da força de trabalho, assim como as donas de casa que não trabalham fora de domicílio e nem buscam este tipo de ocupação, ou o aposentado que não buscou um novo emprego.

O recebimento de algum benefício, como o Bolsa Família, não tem qualquer ligação com a ocupação ou não do indivíduo ou da sua família. O mesmo ocorre com o seguro-desemprego, pois o beneficiário pode estar trabalhando na informalidade. Nesse caso, mesmo trabalhando no mercado informal, a pessoa é considerada ocupada.

Assim, a **taxa de desemprego**, atualmente **taxa de desocupação**, é definida como a relação entre o número de desocupados e a força de trabalho.

$$\text{Taxa de desocupação (TD)} = D/FT$$

A evolução da taxa de desocupação na última década pode ser vista na Figura 4.3 e na Tabela 4.2, que também mostram uma decomposição desta taxa por grupos de idade e por sexo. Percebe-se que as taxas de desocupação são maiores entre os mais jovens e as mulheres, mas a evolução nos últimos anos foi semelhante entre as idades, crescendo a partir de meados de 2014 até o fim da pandemia de Covid-19, quando começou a declinar. Essa situação (diferentes padrões de desocupação) acaba refletindo-se em padrões de remuneração diferenciados. A remuneração tem relação forte tanto com o poder de barganha dos indivíduos quanto com o contexto econômico. Assim, menores taxas de desemprego significam maior poder de barganha dos trabalhadores, e, portanto, maiores salários.

Figura 4.3 Brasil: taxa de desocupação por idade – 2012-2023.

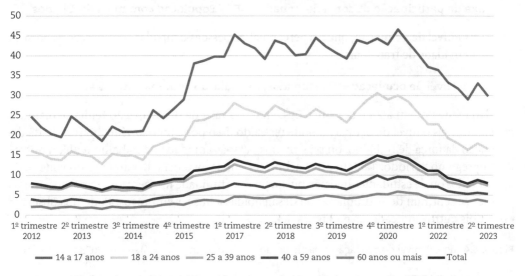

Fonte: IBGE.

Tabela 4.2 Brasil: taxa de desocupação por sexo (em %) 2012-2023

Ano (2º Trim.)	Homens	Mulheres	Total
2012	6,1	9,6	7,6
2013	6	9,5	7,5
2014	5,8	8,4	6,9
2015	7,2	10,1	8,4
2016	9,9	13,5	11,4
2017	11,5	15,2	13,1
2018	11	14,6	12,6
2019	10,3	14,5	12,1
2020	12,2	15,5	13,6
2021	11,6	17,7	14,2
2022	7,5	11,6	9,3
2023	6,9	9,6	8

Fonte: IBGE.

Outras relações importantes associadas à taxa de desocupação são:

- a **taxa de participação da força de trabalho**, que é a relação entre a força de trabalho e a população em idade de trabalhar (com mais de 14 anos).

Taxa de participação da força de trabalho = FT / População com mais de 14 anos

- O **nível de ocupação**, que é o percentual de pessoas ocupadas com relação às pessoas em idade de trabalhar:

Nível de ocupação = O (ocupados) / População com mais de 14 anos

Note que podem acontecer situações em que a taxa de desocupação tenha se mantido constante, mas o nível de ocupação pode ter caído. Isso pode ter ocorrido em função da diminuição da força de trabalho, ou seja, menos pessoas em idade de trabalho tenham buscado emprego no período. Tal fato pode acontecer em decorrência do aumento do volume de aposentados ou de estudantes que não busquem oportunidade no mercado ou porque muitas pessoas se sentiram desestimuladas ou desalentadas a buscar empregos. Podemos observar esses dois outros indicadores na Figura 4.4.

Figura 4.4 Brasil: nível de ocupação e participação da força de trabalho (%) – 2014-2023 (2º trimestre).

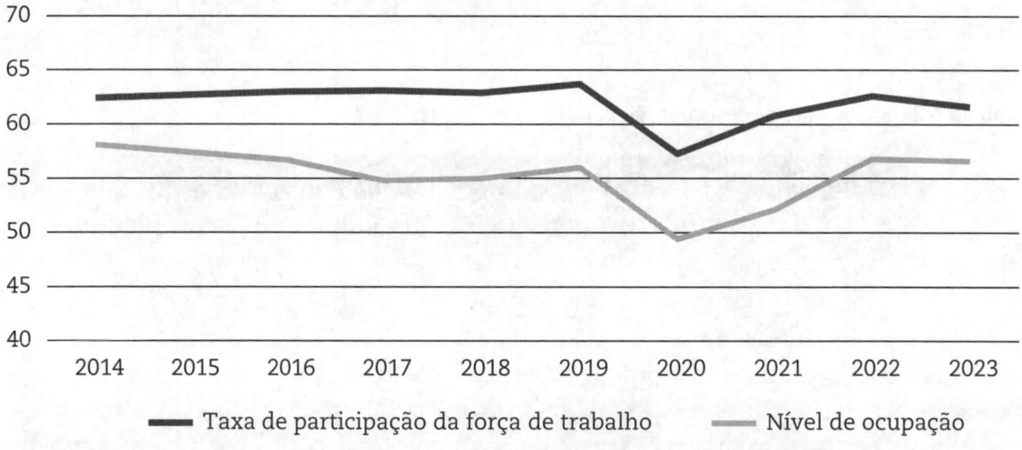

Taxa de participação da força de trabalho — Nível de ocupação

Fonte: IBGE.

Boxe 4.1 – Diferenças no cálculo da taxa de desemprego

Muitos problemas metodológicos envolvem a estimativa efetiva da taxa de desemprego. Esses problemas conduzem a divergências e à apresentação de estatísticas com fortes discrepâncias, dependendo da opção metodológica feita pela instituição responsável pela pesquisa. Vários pontos explicam a divergência entre os indicadores de desemprego aberto:

A área geográfica onde é feita a pesquisa.

A separação entre população e população em idade de trabalho. O IBGE, na chamada, adota a linha de 14 anos para separar os dois conceitos. Mas é possível usar outras medidas: 10 anos, 15, 18 anos.

A diferença entre inativos, ocupados e desempregados. Desempregado é aquele que busca emprego, mas não o consegue. O que vem a ser exatamente essa busca e a não obtenção do emprego é alvo de divergência. Qual o período de busca, última semana, últimos 30 dias? Quais os critérios para se definir se o indivíduo efetivamente procurou emprego? Quem é considerado ocupado, em que tipo de trabalho? Para algumas instituições, determinados tipos de ocupação exercidos pelo indivíduo não lhe conferem o estatuto de empregado, por serem atividades de subsistência obtidas em período de carência de renda.

A partir de março de 2012, o IBGE passou a divulgar uma nova taxa de desemprego, a chamada **PNAD contínua**, de periodicidade trimestral, diferente da PME, de base mensal, e com uma amostra muito mais ampla, enquanto a PME abarcava apenas as seis principais regiões metropolitanas.

Metodologicamente, as pesquisas também têm diferenças conceituais significativas. Por exemplo, a PME considera que as pessoas de dez anos ou mais estavam em idade de trabalhar. Na PNAD, esse limite mínimo é de 14 anos. Outra diferença importante é sobre o conceito de desocupação. Na PME, só era considerada desempregada a pessoa que, além de estar sem trabalho e disponível para entrar no mercado, havia procurado emprego nos últimos 30 dias. Já na PNAD, estar sem ocupação e ao mesmo tempo disponível para um emprego é o suficiente para a pessoa ser considerada desocupada.

4.3   TIPOS DE DESEMPREGO E O PLENO EMPREGO

Ao referir-se a um aumento do desemprego em função de uma diminuição do ritmo da atividade econômica, se está, na verdade, referindo a um tipo específico de desemprego, o desemprego cíclico. Assim, o **desemprego cíclico** ou **conjuntural** é aquele decorrente de condições recessivas na economia. Quando há uma diminuição na atividade econômica, deve existir uma diminuição da demanda por trabalho por parte dos empresários.

Além da taxa de desemprego, o mercado de trabalho determina o nível salarial. As negociações salariais variam de acordo com a especificidade do tipo de trabalho e refletem o poder de barganha das partes. Existem desde situações do tipo "pegar ou largar", em que o trabalhador não tem escolha e aceita determinada proposta, ou não terá o emprego. Em geral, são os casos de trabalhos desqualificados, em que a possibilidade de substituição do trabalhador é fácil. Há até casos de negociações individuais em que as habilidades e os conhecimentos do trabalhador são bastante específicos, o que lhe permite impor as suas condições. Existem ainda situações intermediárias do tipo negociações coletivas.

Um ponto importante a ser destacado é que o poder de barganha do trabalhador será tanto maior quanto maior a dificuldade de substituí-lo. Quando a taxa de desemprego é baixa, a substituição é mais difícil, ampliando o poder de barganha dos trabalhadores, o que se reflete em maiores salários. Esse é um resultado importante do mercado de trabalho: em geral, menores taxas de desemprego estão associadas a maiores salários. Assim, quando a economia está crescendo e o desemprego se reduzindo, os salários tendem a se elevar, o que explica a existência de pressões inflacionárias, ou seja, um *trade-off* entre inflação e desemprego.

O desemprego cíclico não é o único conceito de desemprego existente, pois podem-se encontrar outros dois tipos de desemprego: o desemprego friccional e o desemprego estrutural. O **desemprego friccional** é aquele decorrente do tempo necessário para que o mercado de trabalho se ajuste. Assim, quando alguém deixa um emprego tendo outro em vista, normalmente entre os dois momentos esse trabalhador encontra-se desempregado. Nesse caso, o tempo entre a saída do antigo emprego e o ingresso no novo pode ser em razão da necessidade de um deslocamento geográfico, de problemas burocráticos ou mesmo do tempo necessário para a requalificação do trabalhador à nova função ou ao novo setor de atividade. Quando o trabalhador que perdeu o emprego não possui um emprego em vista ao ser despedido, existe um tempo para ele encontrar um novo emprego, pois as informações sobre a disponibilidade de empregos com as qualificações e condições desejadas não são completamente perfeitas.

Portanto, mesmo com a atividade econômica em franco crescimento, deve sempre haver algum desemprego, pois o encontro entre empregados e empregadores não é perfeito; ou os empregos estão em regiões diferentes, sendo necessário um deslocamento populacional, ou estão em setores diferentes, exigindo um retreinamento, ou simplesmente empregados e empregadores levam algum tempo para encontrarem-se.

Desemprego estrutural é aquele decorrente de mudanças estruturais em certos setores da economia que eliminam empregos, sem que haja, ao mesmo tempo, a geração de novos empregos em outros setores. Atualmente, esse tipo de desemprego é bastante comentado. Frequentemente, o crescimento econômico é acompanhado por **ganhos de produtividade do trabalho**. Significa que, com a mesma quantidade de horas trabalhadas, pode-se conseguir um número maior de bens e serviços, ou que a mesma quantidade de bens pode ser produzida com um número menor de horas (com a automação das linhas de montagem, por exemplo).

A melhoria tecnológica é que explica esses ganhos de produtividade, pois ela permite a dispensa de trabalhadores, que devem procurar empregos em outros setores. Se essa melhoria gerar novos empregos em outros setores, por exemplo, na produção dos autômatos, haverá apenas desemprego friccional, enquanto os trabalhadores se ajustam às novas condições; porém, se esses novos empregos demoram a surgir, tem-se o desemprego estrutural ou tecnológico.

Portanto, mesmo com um crescimento acelerado, se este se faz com ganhos de produtividade do trabalho, existe a possibilidade de aumento das taxas de desemprego, pois os empregos gerados pelo crescimento são inferiores ao crescimento da força de trabalho. Esse é o caso da economia brasileira nas décadas de 1980 e 1990, especialmente nos setores primário e secundário, como pode ser observado pela Tabela 4.3.

Tabela 4.3 Taxa média anual de crescimento da produção e do emprego por setor de atividade (%)

Setores	1980-1995		1992-2002		2003-2013	
	PIB	Emprego	PIB	Emprego	PIB	Emprego
Primário	3,2	0,8	3,6	−1,7	2,6	1,2
Secundário	1,6	1,4	2,1	0,4	2,4	3,4
Terciário	3,1	4,6	2,3	2,7	3,5	4,6

Fonte: IPEA.

Cada um dos tipos de desemprego pode ser enfrentado de maneira diferente. Entretanto, alguns tipos de políticas de combate ao desemprego não têm efeito, dependendo do tipo de desemprego predominante. Nesse sentido, uma política de fomento ao crescimento econômico pode ser eficiente para se enfrentar o desemprego cíclico, porém terá pouco efeito se o desemprego for friccional ou mesmo estrutural. Para o desemprego friccional, a implantação de organismos de difusão de informações sobre emprego (agências de emprego) é uma política eficiente. Também o incentivo à requalificação da mão de obra tende a ser uma política eficaz para o desemprego friccional, assim como para o desemprego estrutural. Quanto a este, os estímulos aos setores que usem intensivamente mão de obra, como a construção civil, e a utilização de tecnologias trabalho-intensivas parecem ser as melhores atitudes.

Pode-se, ainda, incluir como medida para diminuir o desemprego o retardamento do ingresso da mão de obra infanto-juvenil na força de trabalho, incentivando tal contingente populacional a permanecer na categoria de estudantes. Além de reduzir as taxas de desemprego, esse retardamento pode proporcionar melhor qualificação da mão de obra quando de seu ingresso no mercado de trabalho, diminuindo os problemas relativos à obtenção de emprego. Por outro lado, a aceleração do egresso do mercado de trabalho, por meio de um sistema de aposentadoria eficiente, também leva a uma diminuição do desemprego, pois a população que pode aposentar-se efetivamente o fará, quando possuir condições de sobrevivência a partir dos benefícios pagos pelo sistema de seguridade.

Tipos de desemprego

Desemprego cíclico ou conjuntural: aquele resultante de condições recessivas na economia.

Desemprego friccional: aquele decorrente do tempo necessário para que o mercado de trabalho se ajuste.

Desemprego estrutural: em consequência de mudanças estruturais em certos setores da economia que eliminam empregos, sem que haja ao mesmo tempo a geração de novos empregos em outros setores.

Esses diferentes tipos de desemprego conduzem a uma relativização do conceito econômico de **pleno emprego**. Em princípio, pleno emprego é o emprego de todos os fatores de produção, o que, em termos da força de trabalho, poderia significar a igualdade entre a população economicamente ativa e a população ocupada ou empregada. Admite-se, porém, que mesmo em pleno emprego haja uma **taxa natural de desemprego**. Essa taxa refere-se ao desemprego friccional e ao desemprego estrutural da economia, ou seja, que não se deve a um possível ambiente recessivo dos negócios e que é até compatível com o crescimento econômico. Normalmente, a taxa de desemprego natural é a taxa média de desemprego de longo prazo.

Desse modo, o conceito de pleno emprego passa a ser o do uso eficiente da totalidade dos recursos, descontada uma taxa natural de desemprego em face de problemas informacionais e estruturais. Ou seja, mesmo que o produto efetivo da economia seja igual ao potencial, o que configuraria a situação de pleno emprego, ainda assim deve existir uma taxa positiva de desemprego. Na história recente do Brasil, essa situação pôde ser verificada, por exemplo, durante o Milagre econômico.

Pleno emprego refere-se ao uso eficiente da totalidade dos recursos produtivos, descontada uma taxa natural de desemprego.

A **taxa natural de desemprego** é aquela compatível com o pleno emprego, e ocorre em virtude do desemprego friccional e estrutural, e não do ciclo de negócios.

4.4 SUBUTILIZAÇÃO DA FORÇA DE TRABALHO E DESALENTO

Além do problema do aumento da taxa de desemprego, outros problemas que atingem o mercado de trabalho brasileiro nos últimos anos são a subutilização da força de trabalho e a piora nas condições de emprego, por exemplo, com o crescimento da participação da chamada economia informal.

A subutilização da força de trabalho é o que poderíamos chamar de "mão de obra desperdiçada", que envolve tanto os desempregados (ou desocupados) como aqueles que estão ocupados, mas trabalham menos horas do que gostariam, e os trabalhadores que estão fora da força de trabalho, aqueles que não buscaram emprego, mas gostariam de trabalhar, o que anteriormente foi chamado de força de trabalho potencial.

Esse conceito complementa o de desocupação e permite melhor avaliação da chamada demanda por trabalho. Nas Figuras 4.1 e 4.2, podemos definir como população subutilizada a soma:

- D – desocupados;
- I – trabalhadores ocupados, mas considerados subocupados por trabalharem horas insuficientes. Essa classificação diz respeito a pessoas que têm 14 anos ou mais, trabalham habitualmente menos de 40 horas (em um ou mais empregos), mas gostariam de trabalhar mais horas e estavam disponíveis para trabalhar mais horas;
- FTP – aqueles fora da força de trabalho, mas que potencialmente poderiam nela estar.

Assim, temos que

Subtilizados = D + I + FTP

e a chamada taxa de subutilização composta da força de trabalho é igual à divisão entre os subutilizados e a chamada força de trabalho ampliada, que é a soma da força de trabalho com a força de trabalho potencial.

Taxa de subutilização composta da força de trabalho = (D + I + FTP) / (FT + FTP)

Na Figura 4.5, percebemos como cresceu na década passada o grau de sutilização da mão de obra, especialmente na pandemia.

Figura 4.5 Brasil: taxa de subutilização da força de trabalho e proporção de desalentados – 2012-2023.

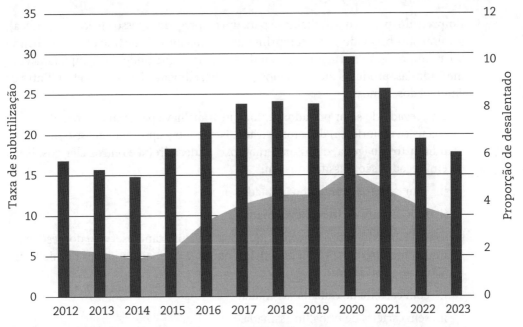

■ Proporção de desalentados na força de trabalho   ■ Taxa composta de subutilização

Dentro daquele contingente que chamamos de força de trabalho potencial, temos pessoas que não estão na força de trabalho, mas poderiam estar e não estão, seja aqueles que procuraram o emprego, mas estavam indisponíveis naquele momento por alguma razão (doença, viagem), seja aqueles que não procuraram emprego naquele período, mas estariam disponíveis para trabalhar. Neste último grupo, existe um contingente importante, que são os chamados desalentados Os desalentados são pessoas que gostariam e estavam disponíveis para o trabalho, mas não buscaram ocupação por acharem que não encontrariam trabalho. Várias são as razões que levam as pessoas a desistirem de procurar trabalho e perderem a motivação a ingressar (ou reingressar), como idade, qualificação, cenário econômico ou localidade. Os desalentados desistiram da busca por emprego, e sua proporção com relação à força de trabalho mais os próprios desalentados pode ser vista também na Tabela 4.3. Em termos absolutos, estimou-se em mais de 5 milhões os desalentados no começo desta década.

4.5 POSIÇÃO NA OCUPAÇÃO, TRABALHO INFORMAL E TRABALHO PRECÁRIO

Como dissemos anteriormente, quando se considera uma pessoa ocupada, esta pode estar formalmente ocupada, como empregada de uma empresa, com seus direitos trabalhistas garantidos, ou pode estar ocupada como dona de uma empresa, empregando outras pessoas.

Isso inclui também as pessoas que estão ocupadas em atividades no que se costuma chamar de mercado informal.

O IBGE classifica as pessoas ocupadas em quatro categorias, as chamadas posição na ocupação ou categorias de emprego:

1. **Empregado**: pessoa que trabalhava para um empregador (pessoa física ou jurídica), geralmente obrigando-se ao cumprimento de uma jornada de trabalho e recebendo uma remuneração normalmente em dinheiro, mas que pode ser completada com mercadorias, produtos ou benefícios (moradia, alimentação, roupas etc.). Entre os empregados, temos:

   a. Empregado do setor privado: pessoa que trabalhava para um empregador (pessoa física ou jurídica) do setor privado. Nesse subgrupo, incluem-se o sacerdote, o ministro de igreja, o pastor, o rabino, o frade, a freira e outros clérigos. Esses empregados são classificados em:

      i. com carteira de trabalho assinada;

      ii. sem carteira de trabalho assinada.

   b. Trabalhador doméstico: pessoa que trabalhava prestando serviço doméstico remunerado em dinheiro ou benefícios, em uma ou mais unidades domiciliares. São classificados em:

      i. com carteira de trabalho assinada;

      ii. sem carteira de trabalho assinada.

   c. Empregado do setor público (inclusive empresas de economia mista): pessoa que trabalhava para o governo, em qualquer esfera: federal, estadual ou municipal, que abrange, além das entidades da administração direta, as fundações, as autarquias, as empresas públicas e as empresas de economia mista. Nesse subgrupo, incluem-se os militares e as pessoas que exerciam mandato eletivo como vereador, deputado, prefeito etc.; os empregados do setor público, quanto à categoria do emprego, são classificados em:

      i. com carteira de trabalho assinada;

      ii. militares e funcionários públicos estatutários. A categoria dos militares e funcionários públicos estatutários é constituída pelos militares do Exército, da Marinha ou da Aeronáutica, inclusive as pessoas que estavam prestando o serviço militar obrigatório, da Polícia Militar ou do Corpo de Bombeiros Militar, e pelos empregados sob o regime jurídico dos funcionários públicos (federais, estaduais e municipais ou de autarquias);

      iii. sem carteira de trabalho assinada.

2. **Conta própria**: pessoa que trabalhava explorando o seu próprio empreendimento, sozinha ou com sócio, sem ter empregado e contando, ou não, com a ajuda de trabalhador familiar auxiliar. Esses são classificados em:

   i. com CNPJ;

   ii. sem CNPJ.

3. **Empregador**: pessoa que trabalhava explorando o seu próprio empreendimento, com pelo menos um empregado. Esses são classificados também em:

    i. com CNPJ;

    ii. sem CNPJ.

4. **Trabalhador familiar auxiliar**: pessoa que trabalhava sem receber pagamento, durante pelo menos uma hora por semana de referência, em ajuda a membro da unidade domiciliar que era conta própria, empregador ou empregado.

Existe controvérsia no que se refere à definição exata do que venha a ser a economia informal. *A priori*, pode-se definir como **economia informal** as atividades que não respeitam as regras institucionais impostas na sociedade, especialmente as legislações fiscais e trabalhistas. No entanto, é comum incluir-se no mercado informal de trabalho a pequena produção familiar, com baixo nível de organização, com quase baixa separação do que seria capital e do que seria trabalho, já que o produtor direto, detendo a posse dos instrumentos de trabalho e com a ajuda de mão de obra familiar ou de alguns ajudantes, produz bens e serviços.[2]

Tomando-se por base os tipos de ocupação que são levantados pelo IBGE, a caracterização do mercado de trabalho dito informal envolveria os trabalhadores sem carteira assinada, empregadores e conta própria sem CNPJ, além de trabalhadores familiares auxiliares. Cabe observar que existe diferença entre os conceitos de economia informal e economia submersa (ou subterrânea). Enquanto a economia informal refere-se à desobediência a regras do mercado de trabalho, o conceito de **economia submersa ou subterrânea** inclui atividades ilegais que vão além dos padrões de trabalho, como contrabando, tráfico etc.

Durante a década de 1990, houve uma tendência de queda do setor formal da economia. Em 2000, por exemplo, menos da metade das ocupações era com carteira assinada. O crescimento da população ocupada sem carteira e conta própria indicava tendência de **precarização** das condições de emprego, pois tais pessoas possuem proteção social muito inferior ao setor formal ou registrado do mercado de trabalho. A partir da segunda metade da década de 2000, houve reversão desse quadro, com crescimento significativo da população ocupada com carteira assinada e consequente queda da população ocupada sem carteira assinada. Na década de 2010, porém, essa condição foi desfeita e, nos anos recentes, a tendência a precarização, com o retorno da informalidade a patamares elevados, voltou a ser uma característica da economia brasileira, como pode ser visto na Figura 4.6.

---

[2] Ver Cacciamalli (1991) ou o próprio trabalho do IBGE (ENCIF) de 2003.

Figura 4.6 Brasil e regiões: taxa de informalidade das pessoas com 14 ou mais ocupadas (%) – 2015-2023.

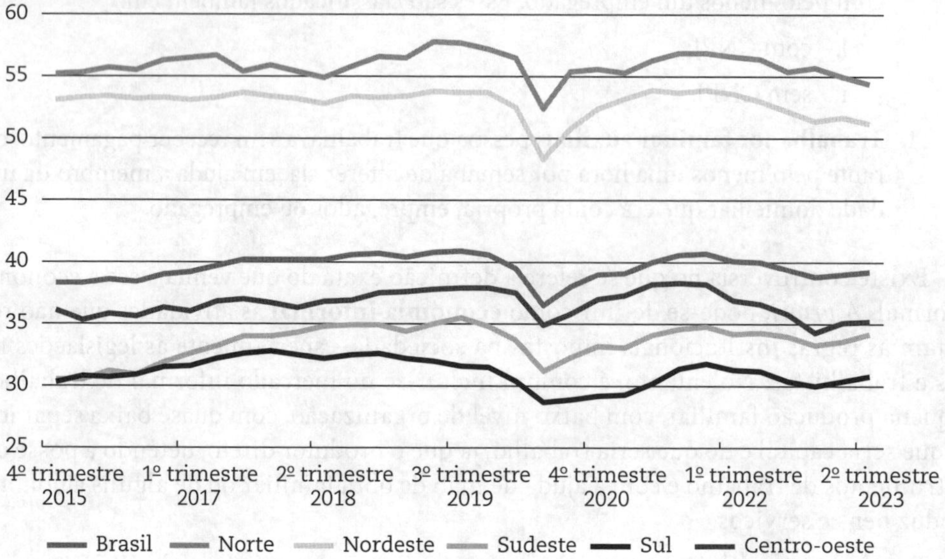

O conceito de trabalho informal é muitas vezes usado como equivalente ao de trabalho precário. No entanto, a **precariedade do emprego** pode ir além da ausência de cumprimento de determinações legais do direito do trabalho ou do direito previdenciário. O trabalho precário é visto como uma condição de ocupação dos empregados (ou conta própria) que conduz a uma condição de vida precária, envolvendo insegurança quanto à remuneração (dada a possibilidade de oscilações fora do controle do trabalhador), quanto à duração do emprego (perda da condição de ocupação com frequência e por tempo indeterminado), que compromete a vida do trabalhador e da sua família, compromete sua capacidade de viver em domicílio adequado, acessar condições de saúde e educação familiares também adequadas, tanto durante os anos de vida laboral como na sua incapacidade e na velhice. A precarização do trabalho está, obviamente, ligada à informalidade, mas pode estar também relacionada com modificações das condições econômicas do mercado de trabalho e da própria legislação que define as regras formais, especialmente quando esta nova legislação amplia essa insegurança e expõe os trabalhadores e/ou parcela destes a discriminações que muitas vezes caracterizam o mercado de trabalho em muitas localidades.

CONCEITOS-CHAVE

Desalento

Desemprego

Desemprego cíclico ou conjuntural

Desemprego estrutural

Desemprego friccional

Hiato do produto

Informalidade

Lei de Okum

Pleno emprego

Precarização do emprego

Produto potencial

Subutilização da força de trabalho

Taxa de desemprego

Taxa de participação da força de
  trabalho

Taxa natural de desemprego

QUESTÕES

Q1. Relacione o PIB com o desemprego.

Q2. Quem efetivamente pode ser considerado um desempregado?

Q3. Diferencie os tipos de desemprego.

Q4. O que se entende por precarização do emprego?

TEMAS PARA DEBATE

T1. Como estão se comportando as condições de emprego no Brasil dos últimos meses? Levante os dados do mercado de trabalho no *site* do IBGE, https://www.ibge.gov.br/; na Pesquisa Mensal de Emprego.

T2. Discuta algumas razões para os elevados níveis de informalidade do mercado de trabalho no Brasil.

5

Inflação

Um último aspecto a ser analisado nesta parte descritiva sobre a economia é a inflação, que, junto com o desemprego, compõe os problemas ditos fundamentais da macroeconomia. O Brasil enfrentou dificuldades bastante graves ligadas à inflação, especialmente nas décadas de 1980 e 1990, quando os índices inflacionários se mantiveram persistentemente em patamares elevados. Na Figura 5.1, vemos essa inflação extremamente elevada, o que fez com que a média anual da inflação naquelas décadas fosse de mais de 500%, motivo pelo qual muitos analistas diziam que vivíamos uma hiperinflação. Dada a construção da Figura 5.1, mal conseguimos perceber o comportamento da inflação antes e depois deste período. Na Figura 5.2, tomamos apenas a inflação desde o ano 2000. A média das taxas de inflação entre aquele ano e 2022 passou a ser mais moderada, de "apenas" 5,8%, com variações importantes, sendo que em 2002, 2017 e 2021 esteve próxima dos 10%.

Figura 5.1 Inflação no Brasil: IPC-FIPE anual – 1940-2022.

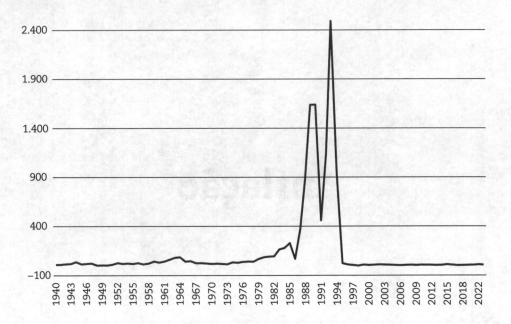

Fonte: dados básicos do IPEA.

Figura 5.2 Inflação no Brasil: IPC-FIPE – 2000-2022.

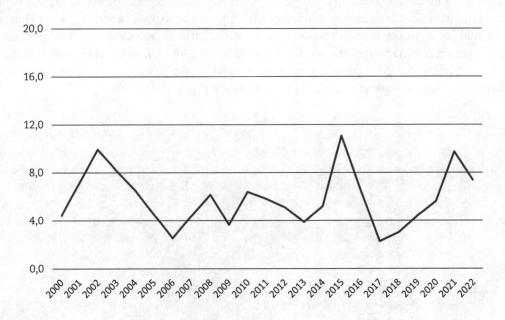

Fonte: dados básicos do IPEA.

Neste capítulo, procura-se definir o conceito de inflação e os tipos de inflação, além de mostrar como ela é calculada por meio dos índices de preço. A análise do processo inflacionário brasileiro e seu combate será feita mais detidamente nos capítulos seguintes.

5.1 INFLAÇÃO E ALGUNS CONCEITOS RELACIONADOS

A **inflação** é definida como um aumento generalizado e contínuo dos preços. Quando, ao contrário, ocorre baixa generalizada e contínua dos preços, tem-se o conceito inverso ao de inflação: a **deflação**.

É importante notar que o aumento do preço de algum bem ou serviço em particular não constitui inflação. Essa ocorre apenas quando há aumento generalizado dos preços. Se a maioria dos bens e serviços se torna mais cara, tem-se inflação. Essa inflação será tanto maior quanto maiores os aumentos nos preços das mercadorias. Normalmente, esses aumentos de preços não ocorrem de forma sincronizada, ou seja, não há aumento igual do preço de todas as mercadorias e serviços; desse modo, há um problema para calcular o tamanho da inflação. A forma como isso é resolvido é fazer uma média ponderada da elevação dos preços, o que será visto mais adiante.

> **Inflação:** aumento generalizado e contínuo no nível geral de preços.

A contrapartida desse aumento dos preços é a perda de poder aquisitivo da moeda, ou seja, uma mesma unidade monetária pode adquirir menos bens e serviços, pois estes estão mais caros.

É importante diferenciar inflação de **aceleração inflacionária**. Quando ocorre um aumento dos preços, temos a inflação. Quando se diz que a inflação foi de 10% em determinado ano (ou mês), está-se dizendo que naquele período os preços em média aumentaram 10%. Se essa taxa se mantém constante nos anos seguintes, isso significa que os preços continuam a subir em média 10% ao ano. A inflação está estabilizada em 10%, mas não os preços. Se a inflação passa para 15% no ano seguinte, 20% no subsequente, existe aceleração inflacionária, em que os preços estão em média subindo e subindo cada vez mais – a inflação é cada vez mais alta.

Dependendo do tamanho da inflação, pode-se dizer que é **moderada** ou que ocorre uma **hiperinflação**. Quando os aumentos de preços são muito pequenos, a inflação é dita **rastejante**; em uma elevação maior, temos a inflação moderada; se os aumentos são muito grandes, utiliza-se o conceito de hiperinflação. Não há um ponto certo para se dizer quando deixamos uma situação de inflação rastejante para moderada, mas podemos falar em 2% ao ano. Também, quando passamos a ter hiperinflação, não é uma definição clara. Algumas pessoas consideram, por exemplo, que uma inflação de 50% ao mês pode ser considerada hiperinflacionária, enquanto outras colocam esse patamar mais abaixo ou mais acima. De modo geral, pode-se dizer que a hiperinflação é uma situação em que a inflação é tão alta que a perda do poder aquisitivo da moeda faz com que as pessoas abandonem aquela moeda. Passam a utilizar outra moeda como unidade de conta, isto é, como forma de definir os preços das mercadorias e também como meio de pagamento, isto é, como instrumento para realizar os pagamentos. Por exemplo, em momentos de hiperinflação, as pessoas abandonam a moeda local e passam a usar a moeda de outro país, como o dólar, para fazer suas transações dentro de seu país.

Figura 5.3 Conceitos relativos à inflação.

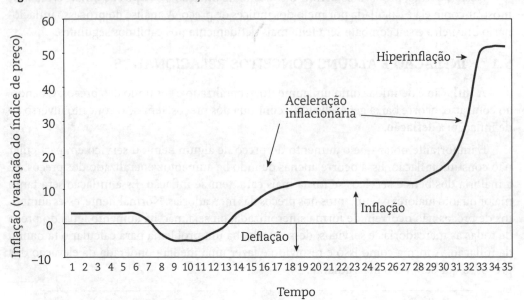

5.2 TIPOS DE INFLAÇÃO

Ao buscar as causas da inflação, se encontram dois tipos básicos: inflação de demanda e inflação de custos.

A **inflação de demanda** deve-se à existência de excesso de demanda com relação à produção disponível. Nesse sentido, essa inflação aparece quando ocorre aumento da demanda não acompanhado pela oferta; portanto, é mais provável que ela ocorra quanto maior for o grau de utilização da capacidade produtiva da economia, isto é, quanto mais próximo estiver do pleno emprego. Esse excesso de demanda pode ser ocasionado por muitos motivos. Entre os motivos, é possível que a demanda agregada, ou seja, ou o consumo das famílias e/ou os investimentos, esteja crescendo mais que a oferta agregada. Essa pressão da demanda conduz a um aumento dos preços – uma inflação de demanda.

Em visões mais específicas, por exemplo, essa inflação pode estar sendo causada por expansão monetária decorrente de déficit público não financiado por poupança privada (ou seja, com a colocação de títulos do governo junto ao público). Nesse caso, os indivíduos veem seus saldos monetários aumentarem e, com isso, vão ampliar a demanda; como a oferta é relativamente rígida a curto prazo, os preços tendem a subir. É importante destacar que o aumento do estoque de moeda gera aumento no nível geral de preços, que só se tornará um processo inflacionário caso o processo de emissão monetária continue, isto é, persista o déficit público. Assim, o combate à inflação de demanda implica eliminar o déficit público, de modo a estancar a emissão monetária. Tanto a chamada **corrente monetarista** como a **corrente fiscalista** partem de um diagnóstico de inflação de demanda, diferindo na forma de combatê-la: os monetaristas enfatizam a política monetária e os fiscalistas priorizam políticas fiscais.

A **inflação de custos** pode ser considerada uma **inflação de oferta**, que decorre do aumento de custos das empresas repassados para preços. Várias podem ser as pressões de custos:

i. aumento no preço das matérias-primas e de insumos básicos decorrente de quebra de safra agrícola, por exemplo, ou desvalorização cambial que aumenta o preço da matéria-prima importada;

ii. aumentos salariais, via negociações ou política governamental, sem estarem ancorados em aumentos de produtividade do trabalhador;

iii. elevações nas taxas de juros etc.

Tipos de inflação:

Inflação de demanda: ocorre quando a demanda agregada é maior que a oferta agregada.

Inflação de custos, ou **inflação de oferta**: é decorrente da elevação dos custos na economia, por exemplo, aumento nos salários.

A chamada **concepção estruturalista** ou **cepalina**[1] de inflação pode ser considerada um exemplo de inflação de custos. De acordo com essa corrente, nascida na América Latina, a inflação é vista como decorrência de problemas associados ao processo de industrialização dos países latino-americanos. Segundo essa linha, a agricultura não havia acompanhado o desenvolvimento industrial. Assim, o processo de urbanização e crescimento industrial pressionavam a demanda por produtos agrícolas, sem que a oferta respondesse adequadamente. Com isso, geram-se alguns pontos de estrangulamento, que elevam os preços dos produtos primários (**choques de oferta**), repassados aos preços dos produtos finais. As taxas de inflação tenderiam a perpetuar-se, em razão dos diversos **mecanismos de propagação**: a política protecionista do governo para estimular a indústria que permitia o repasse da elevação dos custos aos salários e aos produtos industriais, e a estrutura oligopólica do mercado, pela qual as empresas repassavam quaisquer aumentos de custos aos preços de seus produtos.

Pontos de estrangulamento: situação na qual a oferta de determinado bem ou serviço não pode ser ampliada a curto prazo, sendo insuficiente para atender à demanda existente, limitando a produção de outros setores e provocando elevação no preço destas mercadorias e, portanto, elevando os custos dos demais setores que a utilizam (choque de oferta).

Mecanismos de propagação: instrumentos que permitem que os choques de oferta decorrentes dos pontos de estrangulamento se transformem em processo inflacionário, isto é, permitem que os choques de oferta sejam repassados para os preços, fazendo com que a inflação se perpetue.

---

[1] Essa teoria nasceu na Comissão Econômica para América Latina e Caribe (Cepal), organismo da ONU sediado no Chile, liderado pelo economista argentino Rául Prebisch com a importante participação dos economistas brasileiros Maria Conceição Tavares e Celso Furtado. O sociólogo Fernando Henrique Cardoso foi um dos professores dessa instituição.

No Brasil, no período de altas taxas de inflação, surgiu a noção de inércia inflacionária. Quando a inflação era elevada e tendia a se manter permanentemente no mesmo patamar, sem aceleração inflacionária, e especialmente, quando essa inflação estagnada decorria de mecanismo de indexação, dizia-se que havia uma **inflação inercial**.

Os **mecanismos de indexação** podem ser formais ou informais. Esses mecanismos atrelam os preços do presente à inflação passada. Formalmente, os contratos, como aluguéis, carnês escolares etc., podiam (alguns ainda podem) ter cláusulas de indexação, de modo que os preços de hoje são reajustados de acordo com o que ocorre com os preços do passado (com a inflação passada). Assim, paga-se hoje um valor x (acertado no início do contrato) reajustado pela inflação que ocorreu durante o período. Esses são **mecanismos formais de indexação**. Também existem **mecanismos informais de indexação**, ou seja, as pessoas aumentam os preços porque os outros agentes da economia (concorrentes, fornecedores) também o fizeram. Se esses mecanismos de indexação estiverem amplamente disseminados pela economia, dificilmente existe queda na inflação, e as políticas de combate são mais difíceis, pois a inflação passada perpetua-se por meio de aumentos de preços, no presente. A inflação, nesse caso, tende a ser constante (ou **inercial**), e, se existirem novos choques (de oferta ou de demanda), é a inflação que acelera em função de choques de demanda ou de custos.

5.3 CONSEQUÊNCIAS DA INFLAÇÃO

Várias são as consequências advindas de taxas elevadas de inflação.

O primeiro efeito é provocar distorções na alocação de recursos da economia, uma vez que os preços relativos deixam de ser sinalizadores da escassez e dos custos relativos de produção. Sem inflação, sabe-se que um produto custa x reais e outro y reais; o preço relativo desses produtos é x/y. Esses **preços relativos** são a base das tomadas de decisão dos agentes. Quando alguém passa a comprar algo vendo o preço, toma a base dos preços de outros produtos para saber se aquele está caro ou não e decide, assim, comprá-lo ou não, o que, por sua vez, também afeta as decisões de produção (em função das vendas ou não do produto). Com inflação, especialmente quando ela é elevada e está em aceleração, perde-se a noção de preços relativos, ou seja, não se sabe se as coisas estão caras ou baratas. O papel dos preços relativos, de indicar produção excessiva ou cara de determinados produtos, deixa de existir, comprometendo a chamada eficiência dos mecanismos de alocação de recursos do mercado.

Nesse sentido, um efeito negativo geralmente ocorre sobre o incentivo a investir, uma vez que os agentes terão dificuldades para prever o retorno dos investimentos, dada a instabilidade dos preços no futuro.

O processo inflacionário também pode gerar efeitos negativos sobre o balanço de pagamentos, por obscurecer o valor da moeda nacional e da taxa de câmbio. Pode, inclusive, levar a uma busca da moeda estrangeira como reserva de valor e provocar fuga de capitais.

Outro efeito é sobre a distribuição de renda, uma vez que com a inflação a média dos preços está subindo, mas não necessariamente todos os preços estão subindo no mesmo ritmo ou ao mesmo tempo. Assim, se alguns preços, como os salários de determinadas categorias,[2]

---

[2] Pode-se considerar o salário como o preço do trabalho.

não sobem no mesmo ritmo que outros, existe tendência de perda para aqueles que recebem os preços em atraso e um ganho para aqueles que recebem os preços que estão subindo mais rapidamente. Então, existem alguns grupos de pessoas que tendem a perder com o processo inflacionário. São aquelas que não têm como se proteger desse processo, ou seja, têm os preços relativos a seus gastos subindo mais que aqueles relativos a seus recebimentos.

Esse problema de proteção diante das perdas da inflação está associado ao primeiro efeito levantado, pois parte dos agentes passa a buscar proteger o poder de compra da moeda que possui, por exemplo, buscando fazer apenas aplicações com cláusulas de indexação, ou aplicações de curto prazo com taxas de juros nominais elevadas.

Associado a esses pontos, tem-se um aumento dos custos em que pessoas e empresas incorrem para saber o preço (e o preço relativo) dos bens e serviços. Assim, normalmente, quando há inflação, as pessoas gastam muito mais tempo pesquisando preços para encontrar os melhores, a elaboração de contratos é bem mais complicada, as empresas montam estruturas apenas para lidar com o processo inflacionário, a fim de definir e redefinir (remarcar) seus próprios preços e comparar os de fornecedores e concorrentes. Tecnicamente, diz-se que com a inflação aumentam os **custos de transação** da economia.

O Brasil tem longa tradição de elevadas taxas de inflação. Com isso, foram desenvolvidos vários mecanismos para facilitar o convívio com elas, e diversos planos econômicos de estabilização foram elaborados, especialmente na segunda metade da década de 1980 e ao longo da década de 1990.

5.4 MEDIDAS DE INFLAÇÃO NO BRASIL

Não haveria dificuldades em se medir a inflação se a questão fosse conhecer a variação de preços de um único bem. No entanto, a inflação é o aumento generalizado dos preços da economia. Como estimar esse aumento generalizado? Surge aqui a necessidade de construção de **índices de preços**, necessidade que aparece quando se precisa saber a variação conjunta de bens que são fisicamente diferentes e/ou que variam a taxas diferentes.[3] Suponha-se que existam apenas três bens na economia, cujos preços em dois meses são dados a seguir:

Produto	Variação de preço no período (%)	Peso relativo do produto
Carne	10	30
Arroz	10	60
Fósforo	100	10
Peso total		100

---

[3] Existem diferentes tipos de índices, por exemplo: índices de preços e índices de quantidade. Os índices de preços são mais difundidos, dada sua utilidade para deflacionar (tirar o efeito da inflação) séries econômicas, e para o acompanhamento da taxa de inflação. Os **índices de quantidade (ou de *quantum*)** são úteis para determinar a variação física de séries compostas por produtos diferentes (por exemplo, o produto real).

Qual foi a inflação do período? Para responder, utiliza-se um índice de preços que agrega as diferentes variações de preços por meio dos pesos relativos de cada produto. Em geral, esses pesos relativos estão relacionados com a importância relativa de cada um deles. Os pesos relativos são de grande importância para o índice.

Definidos esses pesos, faz-se a média (nesse caso, aritmética) ponderada das variações de preços para se obter a inflação:

$$\text{Média Aritmética Ponderada} = \frac{(0{,}1 \times 0{,}3) + (0{,}1 \times 0{,}6) + (1 \times 0{,}1)}{1(\Sigma \text{ pesos})}$$

$$= 0{,}03 + 0{,}06 + 0{,}1$$

$$= 0{,}19 \text{ ou } 19\%$$

A fórmula mais utilizada, em virtude de sua operacionalidade, é o **Índice de Laspeyres**, representada pela média aritmética ponderada, com pesos na época-base, criada pelo francês Etienne Laspeyres, expressa a seguir:[4]

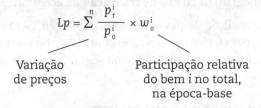

$$Lp = \sum^{n} \underbrace{\frac{p_t^i}{p_o^i}}_{\substack{\text{Variação}\\\text{de preços}}} \times \underbrace{w_o^i}_{\substack{\text{Participação relativa}\\\text{do bem } i \text{ no total,}\\\text{na época-base}}}$$

Sendo:

pit = preço do bem ou serviço i na época "t";

pio = preço do bem ou serviço i na época "o" (base).

$$w_o^i = \frac{p_o^i \, q_o^i}{\Sigma p_o^i \, q_o^i} = \frac{\text{gasto do consumidor com o bem "}i\text{" no período "}o\text{"}}{\text{gasto do consumidor com todos os "}n\text{" bens no período "}o\text{"}}$$

Quando se constroem esses índices, existem várias possibilidades de agregação de bens e, assim, há diversos tipos de índices de preços. Muitos preferem os índices de preços ao consumidor, em que se leva em consideração os bens que estão na cesta ou no padrão de consumo, de modo que estes índices mostram o custo de vida das famílias. Atualmente, um **Índice de Preço ao Consumidor** (IPC) utilizará como base desses pesos uma pesquisa denominada **Pesquisa de Orçamento Familiar (POF)**, que procura determinar a importância relativa dos bens e serviços no padrão de consumo das famílias. Aqui, outras questões aparecem: que famílias? Famílias pobres ou ricas, que moram onde? Esses pesos diferentes, respondendo de maneira diferente a essas perguntas, são a principal razão de que possam existir diferenças de inflação quando se consideram diferentes índices de preços (mesmo que sejam índices de preço ao consumidor).

---

[4] Outra opção seria um índice com os pesos definidos, não em uma época-base, mas na época atual. Por exemplo, o **Índice de Paasche**, que é uma média harmônica ponderada na época atual.

Existem índices mais gerais que levam também em consideração os preços dos bens intermediários (aqueles utilizados na produção de outros bens). São os Índices Gerais de Preços ou Índices de Preços por Atacado. Também podem existir índices de preços para setores específicos. Entre esses, um bastante conhecido no Brasil é o Índice (nacional) de Custo de Construção.

Assim, o cálculo da inflação depende de três componentes:

1) **Variação de preços no período**, que envolve a escolha:
   - do período no qual os preços devem ser coletados;
   - de quais produtos devem constar da amostra;
   - da região abrangida.
2) **Importância relativa (peso) de cada bem**, que depende:
   - da época de pesquisa do padrão de consumo;
   - das classes de renda a serem consideradas.
3) **Fórmula de cálculo**, que também envolve a escolha:
   - de uma média aritmética, harmônica ou geométrica ponderada;
   - do peso dos bens: na época-base ou na época atual.

Esses componentes explicam por que os índices no Brasil, para um mesmo período, diferem entre os vários institutos de pesquisas, como pode ser observado na Tabela 5.1.

Tabela 5.1 Principais índices de preços no Brasil

Índice/ Entidade	Período de coleta de preços	Local de pesquisa	Orçamento familiar (em salários-mínimos)	Utilização
IPCA/IBGE	Mês completo	11 regiões	1 a 40	Genérico. Base para a fixação da meta de inflação
INPC/IBGE	Mês completo	11 regiões	1 a 8	Genérico
IGP/FGV	Mês completo	RJ/SP e 10 regiões	1 a 33 (inclui preços por atacado e construção civil)	Contratos
IGP-M/FGV*	Dias 21 a 20	RJ/SP e 10 regiões	1 a 33 (inclui preços por atacado e construção civil)	Contratos, aluguéis e tarifas de energia elétrica
IGP-10/FGV	Dias 11 a 10	RJ/SP e 10 regiões	1 a 33 (inclui preços por atacado e construção civil)	Tendência do IGP
IPC-FIPE**	Mês completo	Município de São Paulo	1 a 10	Impostos estaduais e municipais (SP)
ICV/DIEESE***	Mês completo	Região Metropolitana de São Paulo	1 a 30	Referência para acordos salariais

(continua)

(continuação)

Índices:	Instituições:	Notas:
IPCA Índice de Preços ao Consumidor Amplo	**IBGE** Instituto Brasileiro de Geografia e Estatística	* Divulga prévias de 10 em 10 dias. ** Divulga taxas quadrissemanais. *** Pesquisa também para famílias com renda de 1 a 3 s.-m. e de 1 a 5 s.-m.
	FGV Fundação Getulio Vargas	
INPC Índice Nacional de Preços ao Consumidor	**FIPE** Fundação Instituto de Pesquisas Econômicas	
IGP Índice Geral de Preços	**DIEESE** Departamento Intersindical de Estatística e Estudos Socioeconômicos	

O IGP, IGP-M e IGP-10 são compostos por 60% do Índice de Preços por Atacado Disponibilidade Interna (IPA-DI), 30% do Índice de Preços ao Consumidor (IPC-FGV), e 10% pelo Índice Nacional de Custo de Construção (INCC).

Tomando como exemplo o Índice de Preços ao Consumidor (IPC) da FIPE-USP, a importância relativa dos vários grupos de bens e serviços, obtida para a faixa de renda entre 1 e 10 salários-mínimos na cidade de São Paulo, a partir de pesquisa realizada em 2009/2010, pode ser observada na Tabela 5.2 em comparação com outra pesquisa de orçamento familiar feita entre 2012-2013, esta última com a ponderação atual do índice. Percebe-se, pela Tabela 5.2, a importância de alguns itens nos índices de preço ao consumidor ou índices de custo de vida, como é o caso do IPC-FIPE. Habitação tem um peso de 31,125% e alimentos chega a ser praticamente 1/4 do índice. Vê-se por ela que, por exemplo, os livros didáticos possuem um peso de 0,09% no consumo dessa população, enquanto os aluguéis representam quase 5,6% dos gastos dessas famílias. Outro aspecto interessante que pode ser observado na Tabela 5.2 é a mudança no **padrão de consumo** revelado pela POF entre estes dois momentos, ampliação dos gastos com habitação e alimentos e queda dos gastos com saúde e educação, na virada da primeira para a segunda década deste século XXI. Os aluguéis passaram de 4,7% no peso do índice para 5,6%. Já a soma de gastos com veículos próprios, que representava 9,9% do total, passou para 8,6%.

Tabela 5.2 Comparação da estrutura do índice de preço da FIPE a partir das POF 2009-2010 e 2012-2013

Descrição	POF 2009-2010	POF 2012-2013
0. Índice Geral	**100,000**	**100,000**
I. Habitação	**30,944**	**31,125**
1. Manutenção do domicílio	15,236	14,980
2. Aluguel	4,683	5,558
3. Equipamentos do domicílio	4,956	4,093
4. Serviços de comunicações	6,070	6,494

(continua)

(continuação)

Descrição	POF 2009-2010	POF 2012-2013
II. Alimentação	**22,923**	**24,549**
1. Industrializados	10,701	9,411
2. Semielaborados	5,914	6,563
3. Produtos *in natura*	3,286	4,360
4. Alimentação fora do domicílio	3,022	4,216
III. Transportes	**17,582**	**14,721**
1. Veículo próprio	9,862	8,550
2. Transportes coletivos	5,109	4,800
3. Outras despesas com transporte	2,611	1,372
IV. Despesas pessoais	**11,909**	**13,644**
1. Fumo e bebidas	3,448	3,938
2. Recreação e cultura	3,863	4,257
3. Artigos de higiene e beleza	2,294	2,546
4. Serviços pessoais	1,389	1,916
5. Despesas diversas	0,916	0,988
V. Saúde	**7,710**	**6,087**
1. Contrato de assistência médica	3,449	3,225
2. Serviços médicos e laboratoriais	0,976	0,682
3. Remédios e produtos farmacêuticos	2,628	1,906
4. Aparelhos corretivos e medidores	0,657	0,274
VI. Vestuário	**5,254**	**6,621**
1. Roupa feminina	1,834	2,371
2. Roupa masculina	1,126	1,297
3. Roupa infantil	0,566	0,760
4. Calçados e acessórios de vestuário	1,505	1,972
5. Tecido e aviamento	0,054	0,065
6. Relógio, joia e bijuteria	0,168	0,156
VII. Educação	**3,679**	**3,252**
1. Ensino escolar	3,387	2,834
2. Material escolar	0,171	0,324
3. Livros didáticos	0,122	0,094

Fonte: FIPE indicadores.

Na Figura 5.4, com dados de São Paulo, no ano de 2022, vemos que a inflação de 7,3% foi "puxada" principalmente pelos alimentos. A alimentação teve um aumento médio de 14,74%. Os preços dos alimentos *in natura* tiveram aumento de 22,6% em 2022 no município, mas a inflação medida foi de 7,3%, pois os produtos *in natura* têm uma participação de apenas 4,36% no IPC-FIPE. Vestuário e despesas pessoais também contribuíram com a inflação daquele ano. Transporte e habitação foram os segmentos que "puxaram" a inflação para baixo.

Figura 5.4 Inflação IPC-FIPE do ano 2022 por componentes principais.

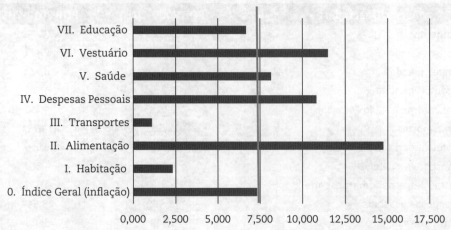

Fonte: FIPE indicadores.

As diferenças de cálculo dos índices de preços levam a medidas diferentes de inflação. Essas podem ser observadas na Figura 5.5, que compara dois modos de calcular a inflação: o já referido Índice de Preços ao Consumidor (calculado pela FIPE) e o Índice de Preços por Atacado – disponibilidade interna (calculado pela FGV). Como os próprios nomes mostram, os dois índices de preços, na verdade, procuram medir "inflações" diferentes. O primeiro, a elevação de preços sentida pelos consumidores, e o segundo reflete a inflação sentida pelos produtores em sua estrutura de custos.

Figura 5.5 Brasil: inflação IPC (FIPE) × IPA (FGV): janeiro 1996 a setembro de 2022 – taxas acumuladas em 12 meses.

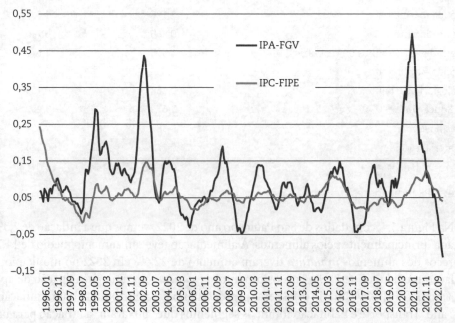

Fonte: dados básicos do IPEA.

CONCEITOS-CHAVE

Aceleração inflacionária
Bens *non tradables*
Bens *tradables*
Choques de oferta
Corrente fiscalista
Corrente monetarista
Custos de transição
Deflação
Efeito Olivera-Tanzi
Hiperinflação
Índice de Laspeyres
Índice de Paasche
Índices de preços
Índice de Preços ao Consumidor (IPC)

Índice de Preços por Atacado (Disponibilidade Interna [IPA-DI])
Índice Geral de Preços (IGP)
Índice Nacional de Custo de Construção (INCC)
Índices de quantidade (*quantum*)
Inflação
Inflação de custos
Inflação de demanda
Inflação inercial
Mecanismos de indexação
Mecanismos de propagação
Pesquisa de orçamentos familiares
Padrão de consumo
Pontos de estrangulamento

QUESTÕES

Q1. Diferencie inflação de hiperinflação.

Q2. Compare a inflação de demanda e a inflação de custo.

Q3. Quais as diferentes medidas de combate à inflação, supondo os diferentes tipos de inflação?

Q4. Aponte algumas consequências de inflações elevadas.

Q5. Por que existem diferentes taxas de inflação?

TEMA PARA DEBATE

T1. Faça uma análise de sua estrutura pessoal de gastos e compare com a ponderação do Índice de Preços ao Consumidor da FIPE. A inflação medida por essa fundação reflete os impactos das mudanças de preço sobre você em particular?

APÊNDICE 5A

Trabalhando com números-índices

Em economia, como visto neste capítulo, trabalha-se muito com índices. Procura-se, neste apêndice, construir alguns desses índices a partir de exemplos. Depois, se verá como encadear séries de índices iguais, mas com bases diferentes e, por fim, será deflacionada uma série de dados usando esses índices.

Suponha-se que se tenha uma série de dados de inflação, como a colocada a seguir, e se queira transformá-la em um índice com base fixa em dado mês. Note-se que a inflação é uma taxa de variação. Para se construir um índice, deve-se escolher um período específico. Por exemplo, dezembro de 20x0, o qual será denominado período-base; a esse período atribuiremos o valor 100. O período de janeiro de 20x1 no índice será formado multiplicando-se o valor de dezembro de 20x0 (100) por 1 mais a taxa de inflação. Fevereiro será feito da mesma maneira: toma-se o período imediatamente anterior – janeiro (pois está-se trabalhando com uma série original de taxas mensais de variação) – e multiplica-se por 1 mais a taxa de variação (Tabela 5.3).

Tabela 5.3 Construção do índice de inflação base dez./x0

Mês	Inflação (%)	Inflação	Índice de inflação base dez./13 = 100
Dez./x0	–	–	100,00
Jan./x1	0,55%	0,0055	100,55
Fev./x1	0,69%	0,0069	101,24
Mar./x1	0,92%	0,0092	102,18
Abr./x1	0,67%	0,0067	102,86
Maio/x1	0,46%	0,0046	103,33
Jun./x1	0,40%	0,0040	103,75
Jul./x1	0,01%	0,0001	103,76
Ago./x1	0,25%	0,0025	104,02
Set./x1	0,57%	0,0057	104,61
Out./x1	0,42%	0,0042	105,05
Nov./x1	0,51%	0,0051	105,58
Dez./x1	0,78%	0,0078	106,41

Se a série escolhida fosse não a de taxas de variação, mas de valores absolutos, a sistemática seria ainda mais simples. Toma-se novamente um ano como base e atribui-se o valor 100 (ano 0, no exemplo da Tabela 5.4) e faz-se a regra de três para os outros anos. Se se quiser trocar de base o índice construído, basta chamar a nova base (por exemplo, ano 3) de 100 e novamente aplicar a regra de três (Tabela 5.4).

Tabela 5.4 Mudança de base: índice de importações

Ano	Importações (FOB) US$ (milhões)	Importações Índice-base ano 0 = 100	Importações Índice-base ano 3 = 100
0	49.972	100,00	86,51
1	53.346	106,75	92,35
2	59.747	119,56	103,43
3	57.763	115,59	100,00
4	49.302	98,66	85,35

(continua)

(continuação)

Ano	Importações (FOB) US$ (milhões)	Importações Índice-base ano 0 = 100	Importações Índice-base ano 3 = 100
5	55.851	111,76	96,69
6	55.602	111,27	96,26
7	47.243	94,54	81,79
8	48.326	96,71	83,66
9	62.836	125,74	108,78
10	73.600	147,28	127,42
11	91.351	182,80	158,15
12	120.617	241,37	208,81
13	172.985	346,16	299,47
14	127.722	255,59	221,11
15	181.768	363,74	314,68
16	226.247	452,75	391,68
17	223.183	446,62	386,37
18	239.748	479,76	415,05
19	229.145	458,55	396,69

Fonte: Ipeadata.

Agora, suponham-se duas séries para a mesma coisa, mas com anos-base diferentes. Como encadear, completando-se uma delas? Para fazer isso, deve-se ter um período com os dados nas duas séries. Com base nesse período, novamente aplica-se a regra de três. No exemplo a seguir, há duas séries de um mesmo índice (IPA) com bases diferentes: a primeira, com base em dezembro do ano 0, vai de janeiro do ano 9 até dezembro do ano 9, e a segunda, com base em dezembro do ano 9, vai de dezembro do ano 9 até dezembro do ano 10. Como posso completar a primeira série até dezembro do ano 10? O exercício é igual ao da mudança de base. Usando o mês de dezembro do ano 19 como referência e fazendo a regra de três, pode-se construir uma série inteira, completando a série para dezembro do ano zero igual a 100 (Tabela 5.5).

Tabela 5.5 Encadeamento de um número índice: (Índice de Preços por Atacado)

Mês	IPA base dez./00 = 100	IPA base dez./09 = 100	IPA base dez./00 = 100
Jan./09	516,76		516,76
Fev./09	517,22		517,22
Mar./09	517,84		517,84
Abr./09	515,82		515,82
Maio/09	515,88		515,88

(continua)

(continuação)

Mês	IPA base dez./00 = 100	IPA base dez./09 = 100	IPA base dez./00 = 100
Jun./09	520,26		520,26
Jul./09	521,30		521,30
Ago./09	524,32		524,32
Set./09	534,29		534,29
Out./09	538,08		538,08
Nov./09	538,73		538,73
Dez./09	542,93	100,00	542,93
Jan./10		100,12	543,58
Fev./10		101,12	549,01
Mar./10		103,05	559,50
Abr./10		103,33	561,01
Maio/10		102,08	554,22
Jun./10		100,85	547,52
Jul./10		99,83	541,99
Ago./10		99,87	542,20
Set./10		99,69	541,23
Out./10		100,41	545,18
Nov./10		101,86	553,03
Dez./10		102,17	554,69

Fonte: Ipeadata.

Por fim, o problema de se deflacionar as séries. Suponha-se um índice de valores nominais. Quer-se, como no caso do produto visto no Capítulo 2, calcular a variação real dessa série, ou seja, a variação desse índice descontada a inflação. Neste exercício, vamos utilizar uma série de taxa de câmbio. A série de câmbio nominal que está na coluna 1 refere-se a dados do final dos meses ao longo de dois anos e quero saber qual foi a variação real da taxa de câmbio entre dois momentos no tempo. Para isso, precisa-se primeiro escolher uma série de inflação, ou um número-índice de inflação para deflacionar a taxa nominal de câmbio. No caso, o IPC-FIPE foi escolhido e a inflação mensal medida pelo IPC-FIPE está na coluna 2. Um modo de proceder é estabelecer um índice para as duas séries com a mesma base (para conseguir isso, pode-se proceder como mostrado anteriormente). Esses índices, com base em jan./x1, estão nas colunas 3 e 4. Agora, pode-se construir um novo índice, dividindo o índice a ser deflacionado (coluna 3) pelo índice de preços no mesmo período (coluna 4) e multiplicar-se por 100, obtendo-se, assim, um novo índice de câmbio, agora deflacionado e com base igual aos dos dois outros índices. Esse é o índice construído de câmbio real ou deflacionado. Para achar a taxa real de variação, basta dividir um período pelo anterior e retirar a unidade. No caso, ao longo dos dois anos, o câmbio nominal cresceu algo próximo a 30%, mas em termos reais a taxa de câmbio aumentou algo em torno de 20% (Tabela 5.6).

Tabela 5.6 Cálculo da taxa real de câmbio

	1 Taxa de câmbio R$/US$	2 IPC-FIPE	3 Índice de câmbio nominal	4 Índice do IPC-FIPE	5 Câmbio (real) deflacionado pelo IPC-FIPE
Jan./x1	2,03	1,15%	100,00	100,00	100,00
Fev./x1	1,97	0,22%	97,04	100,22	96,83
Mar./x1	1,98	−0,17%	97,54	100,05	97,49
Abr./x1	2,00	0,28%	98,52	100,33	98,20
Maio/x1	2,03	0,10%	100,00	100,43	99,57
Jun./x1	2,17	0,32%	106,69	100,75	105,90
Jul./x1	2,25	−0,13%	110,84	100,62	110,16
Ago./x1	2,34	0,22%	115,27	100,84	114,31
Set./x1	2,27	0,25%	111,82	101,09	110,61
Out./x1	2,19	0,48%	107,88	101,58	106,20
Nov./x1	2,29	0,46%	112,81	102,05	110,54
Dez./x1	2,34	0,65%	115,27	102,71	112,23
Jan./x2	2,38	0,94%	117,24	103,68	113,08
Fev./x2	2,38	0,52%	117,24	104,21	112,50
Mar./x2	2,33	0,74%	114,78	104,99	109,32
Abr./x2	2,23	0,53%	109,99	105,54	104,22
Maio/x2	2,22	0,25%	109,53	105,81	103,52
Jun./x2	2,23	0,04%	109,99	105,85	103,91
Jul./x2	2,22	0,16%	109,53	106,02	103,31
Ago./x2	2,27	0,34%	111,82	106,38	105,11
Set./x2	2,33	0,21%	114,78	106,60	107,67
Out./x2	2,45	0,37%	120,68	107,00	112,79
Nov./x2	2,55	0,69%	125,61	107,73	116,60
Dez./x2	2,64	0,30%	130,05	108,06	120,35

PARTE II

Determinantes do Produto

Como vimos na Parte I, uma das principais variáveis econômicas é o produto, ou seja, a quantidade total de bens e serviços produzidos em um país em determinado ano. Até o momento, preocupamo-nos apenas com as medidas de produto, sem nos atermos a seus determinantes.

A análise contábil desenvolvida na Parte I é importante do ponto de vista de estatísticas, mas não nos permite responder como se chegou a tal resultado. Entre as várias questões que inquietam os indivíduos e que merecem uma explicação, pode-se destacar: por que o produto nos Estados Unidos é maior que o produto no Brasil? Por que em determinados anos o produto cresce muito, enquanto em outros fica estagnado ou mesmo diminui? O que faz com que o produto cresça a longo prazo? Essas são algumas das questões a que a análise econômica busca responder.

Não existe uma única explicação teórica para essas questões. Diferentes teorias enfocam diferentes aspectos da realidade e, como tal, chegam a diferentes resultados. Não entraremos no debate entre as diversas correntes teóricas. Tentaremos desenvolver um quadro, com elementos das diversas matrizes teóricas, que nos permita entender a realidade brasileira.

Para compreendermos a determinação do nível de produto e suas oscilações, é interessante fazermos uma distinção entre a capacidade produtiva de uma economia e o grau de utilização da capacidade produtiva. O nível de produto depende dessas duas variáveis.

A **capacidade produtiva** determina o produto potencial da economia, ou seja, o máximo de produção que pode ser obtido em determinada situação. Este, por sua vez, depende: (i) do estoque de fatores de produção; e (ii) da tecnologia que determina a produtividade desses fatores de produção. Quanto maior a quantidade de fatores de produção e quanto maior a produtividade, maior será o produto potencial.

A relação entre a quantidade produzida e a quantidade de fatores de produção, dada uma tecnologia, é denominada **função de produção**. Esta expressa a quantidade máxima de produto que pode ser obtida com certa quantidade de fatores e tecnologia; reflete, portanto, o produto potencial da economia e como ele se expande em resposta a mudanças na quantidade de fatores de produção e na tecnologia.

Alguns exemplos de fontes de crescimento do produto potencial são os seguintes:

i. aumento populacional: com mais pessoas para trabalhar, podem-se utilizar mais intensamente a terra e o capital do país, logo, aumenta o produto potencial;

ii. incorporação de novas terras à fronteira agrícola; por exemplo, se todas as terras do sertão nordestino passassem a ser utilizáveis, potencialmente poder-se-ia produzir mais;

iii. construção de uma nova siderúrgica, uma nova refinaria, outra montadora de automóveis, enfim, aumento na quantidade de capital (investimento);

iv. descoberta de um novo poço de petróleo ou de uma nova jazida de ferro;

v. inovações tecnológicas, por exemplo, novas técnicas de cultivo, novas formas de organização do trabalho etc.;

vi. programas educacionais que aumentem a qualificação e a produtividade do trabalhador.

O produto potencial possui uma tendência crescente a longo prazo, sem apresentar grandes oscilações no curto prazo. Assim, poderíamos concluir que a capacidade de oferta determina o produto a longo prazo. O produto potencial (a função de produção) representa o quanto se pode produzir dentro do país, ou seja, sua capacidade produtiva.

A economia só se encontrará sobre a função de produção quando todos os fatores de produção estiverem empregados, isto é, quando não houver desemprego. Assim, nessa situação, o produto total não pode ser expandido.

Nesse contexto, é interessante introduzirmos outro conceito econômico: a **Fronteira de Possibilidades de Produção (FPP)**. Ao definirmos o produto nacional, dissemos que este correspondia à agregação de todos os bens e serviços produzidos em um país durante determinado período. Essa agregação permite-nos considerar que a economia produza um único tipo de bem, que é uma das hipóteses básicas dos modelos macroeconômicos. Considere agora que a economia produza dois bens – pão e circo – e que não exista desemprego, ou seja, a economia encontra-se sobre a função de produção.

Se todos os fatores de produção estiverem alocados na produção de pão, teremos a produção máxima dessa mercadoria, mas não teremos nada da outra (ponto A, no gráfico da

Figura II.1). O inverso ocorrerá se todos os fatores de produção estiverem alocados no circo não teremos pão (ponto B). A sociedade, mediante suas preferências, definirá como os fatores de produção serão alocados, de modo a produzir a quantidade demandada das duas mercadorias. Note-se que, como estamos considerando que todos os fatores de produção estão empregados, se, em dado momento, a sociedade quiser mais pão, deverá ter menos circo, pois terá que deslocar fatores de produção do último para o primeiro. A **FPP** mostra-nos as diferentes combinações máximas possíveis dos dois bens, levando-se em conta o estoque de fatores e a tecnologia. Ela salienta as questões básicas da economia: escassez e escolha. Dado que os fatores de produção são limitados, a economia não poderá sempre produzir mais de todas as mercadorias, ou seja, em determinados momentos deverão ser feitas escolhas: se a sociedade quiser mais de um bem, deverá ter menos de outro.

Quando a economia estiver com desemprego, ela estará operando abaixo da FPP, sendo, nesse caso, possível ampliar a produção de um bem sem diminuir a do outro (ver o ponto C no gráfico). A FPP representa, portanto, um limite; qualquer ponto sobre a FPP ou abaixo dela é possível de ser atingido, mas é impossível a economia produzir além da FPP (ponto D, por exemplo). A alteração desses limites, ou os deslocamentos da FPP, é dada pelos mesmos fatores que alteram o produto potencial.

Figura II.1 Fronteira de Possibilidades de Produção (FPP).

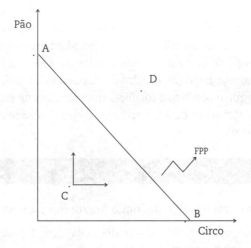

O produto potencial, porém, não representa o que efetivamente é produzido. A função de produção e a FPP dizem-nos o que é possível ser feito diante das condições de oferta do país, isto é, a dotação de fatores de produção e a tecnologia. Todavia, em geral, os países operam abaixo da capacidade produtiva. Assim, a questão seguinte é: o que determina o produto de curto prazo, ou seja, o **grau de utilização da capacidade instalada**?

Para responder a essa questão, deve-se considerar que as empresas produzem com o objetivo de vender e, com isso, obter lucro. A possibilidade de venda das empresas é dada por quanto as pessoas estão dispostas e têm condições de comprar. É com base nas expectativas de quanto vão vender que as empresas decidem quanto produzir, ou seja, o grau de utilização dos fatores de produção.

Assim, no curto prazo, o principal determinante do grau de utilização da capacidade produtiva é a demanda agregada, ou seja, o consumo, o investimento, os gastos governamentais e as exportações. São as decisões a respeito desses elementos que determinam o nível de renda de um país e que explicam as oscilações do produto no curto prazo.

Posto isso, esta Parte II é dedicada ao estudo das variáveis determinantes da demanda agregada. Discutimos inicialmente, no Capítulo 6, o consumo agregado, que corresponde aos gastos com aquisição de bens que visam atender à satisfação de uma necessidade: alimentos, vestuário, eletrodomésticos etc. O investimento (Capítulo 7) corresponde aos gastos que visam aumentar a capacidade produtiva; ou seja, o investimento é um elemento da demanda agregada corrente que afeta o nível futuro do produto potencial, ao significar um acréscimo do estoque de capital na economia. Os gastos governamentais, discutidos no Capítulo 8 (Política Fiscal), correspondem à aquisição de bens e serviços pelo governo. No Capítulo 10 (Setor Externo), discutiremos o papel das exportações, que correspondem à venda de bens e serviços para não residentes, e as importações, que se referem à aquisição de bens e serviços produzidos fora do país.

Também nesta Parte II incluímos o Capítulo 9, sobre os determinantes e instrumentos da Política Monetária, e o Capítulo 11, Referencial para Análise do Comportamento do Produto e do Desenvolvimento Econômico, no qual procuramos consolidar alguns conceitos vistos anteriormente, antes de entrarmos na análise da economia brasileira, desenvolvida em seguida neste livro.

Deve-se destacar que essa parte se baseia no chamado modelo keynesiano, que é uma interpretação do trabalho do economista inglês John Maynard Keynes, cuja principal obra é *A teoria geral do emprego, do juro e da moeda*, escrita em 1936. Keynes é considerado o pai da moderna Macroeconomia. Entretanto, além desse referencial, utilizaremos diversas outras contribuições, uma vez que o objetivo é fornecer um conjunto de elementos que permita ao leitor entender o comportamento dessas variáveis, como elas se relacionam e como afetam o desempenho da economia.

APÊNDICE II.1

As fontes do crescimento econômico de longo prazo: um esquema contábil

Com base na função de produção definida na introdução da Parte II, podem-se identificar as fontes do crescimento econômico e um esquema para avaliá-lo.

A função de produção corresponde a uma relação entre o nível de produto e o estoque de fatores de produção, dada uma tecnologia. Podemos expressar a função de produção da seguinte maneira:

$$Y = F(K, L, A)$$

Em que:

Y = produto;

K = estoque de capital;

L = estoque de trabalho;

A = tecnologia.

Assume-se, em primeiro lugar, que essa função apresenta os chamados **retornos constantes à escala**, isto é, dada uma tecnologia, se quisermos multiplicar o produto por um fator qualquer, devemos multiplicar a utilização dos dois fatores de produção – capital e trabalho – pelo mesmo fator. Assim, dada a tecnologia, se pretendermos dobrar a produção, devemos dobrar a utilização de capital e trabalho. Note-se que essa hipótese corresponde a assumir que a sociedade atingiu um grau tão elevado de divisão do trabalho e desenvolvimento, que todos os fatores adicionais serão utilizados da mesma forma que os anteriores.

A segunda hipótese refere-se à contribuição do incremento de utilização de cada um dos fatores ao produto. Define-se a **produtividade marginal de um fator** como o aumento de produto decorrente da utilização de uma unidade adicional desse fator, mantido tudo o mais constante, isto é, mantida a mesma tecnologia e a mesma quantidade do outro fator. Assim,

$$PMgL = Y(K, L + 1) - Y(K, L)$$

Com:

$PMgL$ = Produtividade Marginal do Trabalho;

$Y(K, L + 1)$ = quantidade de produto, utilizando-se K unidades de capital e $(L + 1)$ unidades de trabalho;

$Y(K, L)$ = quantidade de produto, utilizando-se K unidades de capital e L unidades de trabalho.

Assume-se que a produtividade marginal dos fatores é decrescente, isto é, mantido tudo o mais constante, o acréscimo de apenas um fator de produção faz com que sua contribuição ao produto vá diminuindo conforme se aumenta a utilização desse fator. A ideia é bastante simples: dado um número de máquinas, quanto maior o número de trabalhadores, menor será a contribuição gerada por novos trabalhadores ao produto.

Assumiremos também que a tecnologia afeta igualmente a produtividade dos dois fatores. Assim, uma melhora tecnológica aumenta na mesma magnitude a produtividade dos dois fatores, o que faz com que o produto cresça na mesma quantidade, mantido constante o estoque de fatores. Essa hipótese faz com que a tecnologia entre multiplicando o produto gerado pelos fatores de produção. Assim, a função de produção pode ser expressa da seguinte forma:

$$Y = A \times f(K, L)$$

Com base nessa função de produção, podemos decompor os determinantes do aumento do produto. Inicialmente, podemos considerar o seguinte fator: mantida a mesma quantidade de fatores de produção, uma mudança tecnológica altera a produtividade desses fatores e, portanto, o produto. Os outros fatores de crescimento correspondem ao aumento da quantidade dos fatores de produção. Dada a quantidade do outro fator e dada a tecnologia, pode-se estimar o crescimento do produto, em decorrência da alteração na quantidade de um dos fatores, como a produtividade marginal do fator vezes o aumento na quantidade do fator. Isso pode ser feito tanto para o trabalho como para o capital.

Assim, podemos decompor a variação do produto nos seguintes componentes:

$$DY = (PMgL \times \Delta L) + (PMgK \times \Delta K) + \Delta A \times f(K, L)$$

Em que:

ΔY = variação do produto;

ΔL = variação na quantidade de trabalho;

ΔK = variação no estoque de capital;

ΔA = variação tecnológica.

Percebemos que o primeiro termo do lado direito da equação corresponde à contribuição da variação na quantidade de trabalho à variação do produto; o segundo termo corresponde à contribuição da variação do estoque de capital e o terceiro termo corresponde à contribuição da variação tecnológica. Note-se que o último termo afeta a produtividade dos dois fatores.

Podemos fazer algumas transformações na equação apresentada. O primeiro ponto a considerar é que, como admitimos uma função de produção com retornos constantes à escala, isso significa que cada fator de produção é remunerado de acordo com sua contribuição ao produto, isto é, por sua produtividade marginal. Assim, o valor pago ao capital corresponde à produtividade marginal do capital. O total da remuneração destinada ao trabalho, ou a massa salarial, corresponde, então, à produtividade marginal vezes o total de unidades de trabalho existentes. O total destinado ao capital pode ser obtido da mesma forma: $PMgK \times K$. Dividindo-se o total da remuneração destinada a cada um dos fatores pelo produto total, temos a participação de cada fator no produto, ou seja, quanto do produto vai para os detentores de cada um dos fatores.

Podemos expressar a equação apresentada em termos de variação percentual com as seguintes transformações:

i. Dividindo os dois lados da equação por Y:

$$\frac{\Delta Y}{Y} = \frac{(PMgL \times \Delta L)}{Y} + \frac{(PMgK \times \Delta K)}{Y} + \frac{\Delta A \times f(K,L)}{Y}$$

ii. Multiplicando e dividindo o primeiro termo do lado direito pelo estoque de trabalho, o segundo termo pelo estoque de capital e o terceiro termo pelo nível tecnológico, temos:

$$\frac{\Delta Y}{Y} = \frac{L \times (PMgL \times \Delta L)}{L \times Y} + \frac{K \times (PMgK \times \Delta K)}{K \times Y} + \frac{\Delta A \times Af(K,L)}{Y \times A}$$

$$\frac{\Delta Y}{Y} = s_L \frac{\Delta L}{L} + s_K \frac{\Delta K}{K} + \frac{\Delta A}{A}$$

Em que:

$\Delta Y/Y$ = variação percentual do produto;

s_L = participação do trabalho no produto;

$\Delta L/L$ = variação percentual no estoque de trabalho;

s_K = participação do capital no produto;

$\Delta K/K$ = variação percentual no estoque de capital;

$\Delta A/A$ = variação tecnológica em termos percentuais.

Percebe-se, portanto, que a variação percentual do produto corresponde à variação percentual no estoque de fatores, ponderados pelas respectivas participações no produto, mais o ganho tecnológico. Como a mudança tecnológica é difícil de ser mensurada, em geral, ela é medida por resíduo como a diferença entre a variação do produto e a parcela explicada pela variação dos fatores. Esse termo ficou conhecido como **Resíduo de Solow**.

$$\frac{\Delta A}{A} = \frac{\Delta Y}{Y} - \left(s_L \frac{\Delta L}{L} + s_K \frac{\Delta K}{K} \right)$$

Assim, por exemplo: de um país que tenha uma participação do trabalho no produto de 70% e uma participação de 30% do capital, se o crescimento da força de trabalho for de 2% a.a. e do estoque de capital, de 5% a.a., deve-se esperar um crescimento anual do produto, mantida a mesma tecnologia, da ordem de 3,9% a.a.

$$DY/Y = 0,7 \times 2\% + 0,3 \times 5\% = 3,9\%$$

Se observarmos, por exemplo, que o país vem crescendo a 6% a.a., isso significa que anualmente está ocorrendo ganho de produtividade, com melhora tecnológica, da ordem de 2,1% a.a., ou a diferença entre o crescimento efetivo (6% a.a.) e a parcela explicada pela variação dos fatores de produção (3,9% a.a.).

6

Consumo

O **consumo** corresponde à parcela da renda destinada à aquisição de bens e serviços para a satisfação das necessidades dos indivíduos. Para tal, eles adquirem vários tipos de bens, que podem ser classificados em três categorias:

i. **bens de consumo leves**: aqueles que são consumidos rapidamente, por exemplo, alimentos e vestuário;

ii. **bens de consumo duráveis**: aqueles cujo consumo se dá por um período longo. A geladeira, por exemplo, oferece a seu proprietário o serviço de refrigeração e conservação dos alimentos; o automóvel oferece o serviço de transporte; e

iii. **serviços**: como corte de cabelo, conserto de um eletrodoméstico, prestação de serviços de educação, serviços prestados pelo sistema bancário etc.

O dispêndio total de recursos na aquisição dessas mercadorias corresponde ao **consumo agregado**. O estudo detalhado desse importante agregado justifica-se por uma série de razões, mas, principalmente, por ser o maior componente da demanda agregada em todos os países.

O consumo agregado pode ser dividido em consumo pessoal e consumo do governo. O **consumo pessoal** corresponde às aquisições de bens e serviços pelos indivíduos ou pelas famílias de modo geral. O **consumo do governo**, por sua vez, refere-se aos bens e serviços adquiridos pelo governo e que são, em boa parte, pagos por meio dos impostos arrecadados pelo mesmo. Este último componente será analisado no Capítulo 8 deste livro. Outro ponto importante corresponde ao fato de que, ao estudar as decisões de consumo dos indivíduos, está-se analisando paralelamente as decisões de poupança, que, segundo parte da teoria econômica, é o principal determinante do investimento.[1]

---

[1] O investimento será analisado no Capítulo 7.

Como visto no Capítulo 2, a renda das famílias tem três destinos: ser consumida, ser poupada ou ser usada para o pagamento dos impostos. O pagamento de impostos, deduzidos da renda, nos dá a renda pessoal disponível e é com base nesta que os agentes decidem quanto consumir e quanto poupar. A **poupança**, por sua vez, é definida como a parcela da renda não consumida e pode ser entendida como uma opção do indivíduo por um menor consumo presente em troca de um maior consumo futuro, ou seja, ao invés de consumir hoje, poupa-se para consumir posteriormente.

> O **consumo agregado** corresponde à parcela da renda destinada à aquisição de bens e serviços para a satisfação das necessidades dos indivíduos, em dado período.
>
> A **poupança agregada** é definida como a parcela da renda disponível não consumida em determinado período para consumo futuro.

Vários são os determinantes do consumo e, portanto, da poupança. Neste capítulo, serão analisadas as variáveis que influenciam as decisões de consumo e poupança, como renda, riqueza e taxa de juros, entre outras. Ao longo da análise, serão feitas também referências a diferentes teorias que analisaram o consumo. O objetivo é que, ao final do capítulo, o leitor tenha condições de avaliar como as diferentes variáveis podem impactar as decisões de consumo e poupança.

Figura 6.1 Consumo das famílias e PIB (US$ milhões) – 2021 – países selecionados.

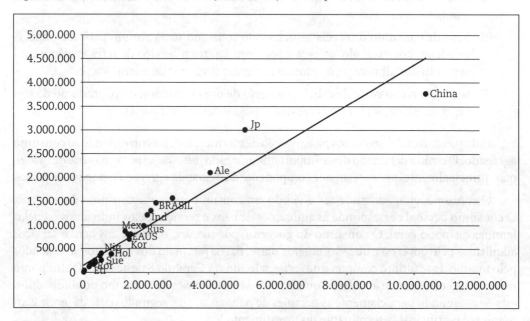

Fonte: Banco Mundial.

6.1 CONSUMO E NÍVEL DE RENDA

Pode-se dizer que o nível de consumo depende da renda e, como corolário, a poupança também, uma vez que ambos se referem a alocações da renda disponível por parte das famílias.

Quanto maior for a renda, maior tende a ser o consumo. Essa relação Keynes chamou, em sua obra *Teoria geral do emprego, do juro e da moeda*, de **lei psicológica fundamental**, segundo a qual os indivíduos aumentam o consumo conforme a renda aumenta, mas não na mesma magnitude, pois ocorre também um aumento da poupança.

Por exemplo, suponha-se uma família que tenha uma renda disponível de R$ 1.000,00, que consome R$ 900,00 e poupa R$ 100,00. Vamos supor que a renda desta família tenha aumentado para R$ 1.500,00 e que o consumo tenha se elevado para R$ 1.350,00 e a poupança, para R$ 150,00. Assim, nota-se que a renda aumentou R$ 500,00, mas o consumo aumentou R$ 450,00, pois R$ 50,00 foram direcionados para a poupança. Percebe-se que essa família destina 90% da renda para o consumo e 10% para a poupança.

> **Quanto maior for a renda, maior será o consumo e a poupança.**

Conforme a lei psicológica fundamental, a parcela do aumento de renda destinada ao consumo é denominada **propensão marginal a consumir**, e a parcela destinada à poupança é a **propensão marginal a poupar**. O valor da propensão marginal a consumir e da propensão marginal a poupar é influenciado por fatores objetivos – como custo da subsistência, distribuição de renda, grau de desenvolvimento do sistema financeiro e inflação, entre outros – e de fatores subjetivos – como avareza e incerteza, entre outros. Como o nível de consumo depende da renda disponível, o governo pode afetar o montante consumido por meio dos impostos; quanto maior a quantidade de impostos, menor será a renda disponível e menor o consumo, e vice-versa.

Outro ponto a ser destacado com relação ao consumo é que, em geral, os indivíduos de renda mais baixa consomem praticamente todo o seu rendimento, enquanto os indivíduos de renda mais alta conseguem poupar parte do que ganham. Segundo Keynes, o que ocorre é que indivíduos com maiores níveis de renda tendem a possuir um nível absoluto de consumo maior, mas com menor participação desse consumo no total da renda, ou seja, a taxa de poupança aumenta com o aumento da renda. Assim, um indivíduo que recebe apenas R$ 500,00 tenderia a consumir toda sua renda para poder sobreviver, ao passo que uma pessoa que recebe R$ 10.000,00 poderia consumir uma parte de sua renda e poupar outra. Essa relação entre consumo total e renda é a chamada **propensão média a consumir**, que tende a ser decrescente conforme aumenta a renda, segundo a teoria keynesiana.[2]

---

[2] Utilizando-se desse argumento, alguns autores tentam justificar a concentração de renda em uma sociedade, como a verificada no Brasil durante o chamado milagre econômico, argumentando que esta tende a elevar a taxa de poupança da economia e, consequentemente, possibilitar maior nível de investimentos, elemento fundamental para promover o crescimento a longo prazo. Note que a validade dessa justificativa depende de uma série de hipóteses, entre elas a de que a propensão a poupar se altera com o nível de renda (a poupança seria um bem de luxo) e que o nível de investimento é limitado pelo volume de poupança.

Ainda conforme a teoria keynesiana, a renda disponível corrente (ou seja, a renda do próprio período) é o principal determinante do consumo. Contudo, outros fatores também devem ser considerados, uma vez que a decisão de consumo dos indivíduos pode não se basear em decisões que envolvem um único período, mas, sim, refletir uma **escolha intertemporal**, em que ele visa maximizar seu nível de consumo ao longo de toda a vida. Assim, níveis de riqueza e taxa de juros tendem também a afetar as decisões de consumo e poupança. Ao estender-se o período de tempo considerado na decisão de consumo, as expectativas sobre o futuro passam a desempenhar papel central no nível de consumo corrente.

6.2 CONSUMO E RIQUEZA

Pense no seguinte exemplo: suponha duas famílias com o mesmo nível de renda. Uma delas já possui automóvel, casa e já pagou um plano previdenciário (possui ativos financeiros para a aposentadoria), ao passo que a outra não possui propriedade nenhuma. Apesar de as duas possuírem o mesmo nível de renda, a primeira possui uma riqueza acumulada que lhe dá garantias no que tange ao futuro, enquanto a segunda, não. Assim, a primeira pode consumir mais e preocupar-se menos com o futuro (podendo consumir toda a renda corrente), enquanto a segunda ainda terá que poupar para garantir sua renda futura. Desse modo, para um dado nível de renda, tende a consumir mais quem possuir maior riqueza.

> **Para um mesmo nível de renda, tende a consumir mais quem possuir maior riqueza.**

A **riqueza** de um indivíduo pode ser tipicamente decomposta em ativos reais, ativos financeiros e um terceiro componente, que se pode denominar capital humano. O primeiro componente refere-se a itens como imóveis, terras, máquinas etc. O segundo corresponde a itens como aplicações bancárias, ações, títulos etc. Finalmente, o terceiro corresponde ao fato de que, em dado momento, o indivíduo possui uma expectativa de renda futura decorrente de seu trabalho que depende, principalmente, do seu grau de qualificação.

Considerando essa decomposição da riqueza, pode-se entender, por exemplo, por que uma grande queda nas cotações das ações na Bolsa de Valores impacta negativamente a demanda agregada. Como as ações fazem parte da riqueza dos agentes, uma queda em seus preços significa diminuição da riqueza e, como tal, provoca uma retração do consumo. Assim, por exemplo, parte da expansão vivida pela economia mundial nos anos 1990 pode ser explicada pela grande valorização das ações ocorrida nessa década, ampliando a riqueza dos indivíduos e o consumo. Uma deflação nos preços dos ativos, por outro lado, pode levar a uma retração do consumo e da atividade econômica. Chamado de **efeito riqueza**, este é um dos principais argumentos utilizados para explicar a grande depressão dos anos 1930, que se seguiu à quebra da Bolsa de Nova York, em 1929, e também a retração econômica no final dos anos 1980. Nos dois casos, atribui-se parte da queda da demanda à retração do consumo, em função da queda no preço dos ativos e da perda de confiança dos consumidores.

Um ponto importante a ser destacado é que, com a introdução da riqueza, a decisão de consumo deixa de ser baseada apenas na renda corrente e passa a ser influenciada pela capacidade de geração de renda do indivíduo ao longo de toda a sua vida. Os dois principais modelos de consumo que consideram esse fato são o **modelo do ciclo de vida de Albert Ando e Franco Modigliani** e o da **renda permanente de Milton Friedman**.

De acordo com o **modelo do ciclo de vida** de Ando-Modigliani, os indivíduos poupam quando são jovens para despoupar na velhice. A ideia básica desse modelo é que os indivíduos sabem que, em determinado momento no futuro, terão uma queda de renda (por se aposentarem, por exemplo). Como deixam de ser geradores de renda, mas só deixam de ser consumidores ao morrer, devem, ao longo dos anos em que trabalham, poupar uma parcela da renda e acumular uma poupança que permita manter o consumo a partir do momento em que se aposentam, ou seja, tem-se um motivo "previdenciário" para a poupança.

Esse modelo traz uma série de implicações para a análise dos determinantes do consumo e da poupança: a forma de organização dos sistemas previdenciários deve afetar a taxa de poupança dos países;[3] fatores demográficos passam a ser relevantes (estrutura etária e expectativa de vida); não existiria razão para os indivíduos de baixa renda terem uma taxa de poupança menor que indivíduos de renda elevada (a não ser que eles se aposentem mais tarde ou tenham uma esperança de vida menor), entre outras.

Com relação à influência dos fatores demográficos, esse modelo nos diz que, de acordo com o estágio da vida em que o indivíduo esteja, ele terá comportamentos diferentes para um mesmo nível de renda, sendo que os jovens (trabalhadores) devem ter uma propensão a poupar maior que indivíduos mais velhos (aposentados, por exemplo). Considera-se, nesse modelo, que os indivíduos não deixam herança, isto é, que consomem ao longo da vida toda a renda gerada. Assim, uma sociedade que tenha alta participação de idosos na população tende a ter taxa de poupança menor do que aquelas em que os idosos possuem pequena participação.[4] Como visto na Parte I deste livro, tem-se verificado uma tendência ao envelhecimento da população brasileira, o que, além de trazer uma série de consequências para o sistema previdenciário, também gera consequências negativas sobre o nível de poupança da economia.

De acordo com o modelo da **renda permanente de Milton Friedman**, por sua vez, a renda dos indivíduos pode ser decomposta em dois elementos, quais sejam, a **renda permanente** – aquela que ele espera que seja a média ao longo de sua vida – e a **renda transitória** – que são desvios aleatórios da renda corrente com relação à renda permanente. A ideia da renda permanente está associada ao fluxo de renda normal que o indivíduo espera receber, dada sua qualificação ou outros ativos que ele possua. Já a renda transitória está associada a fatores não esperados que afetam a renda corrente do indivíduo, como um bônus que o indivíduo receba ou a perda de uma colheita, entre outros, e que pode ser, portanto, positiva ou negativa.

---

[3] Ver Boxe 6.1.

[4] Essa linha de pesquisa tem como precursor Nathanael Leff, que mostrou que, quanto maior a taxa de dependência em uma sociedade, menor o nível de poupança. Por **taxa de dependência** entende-se a relação entre o total de crianças e idosos, ou seja, pessoas incapazes de gerar renda, e a população total. O recente processo de envelhecimento populacional em nível mundial tem trazido uma série de preocupações sobre a capacidade futura de crescimento econômico em função dos seus impactos negativos sobre a taxa de poupança.

A ideia do modelo é que o indivíduo consome com base na renda permanente e não na renda corrente (cujo comportamento é afetado pela renda transitória). Em momentos em que a renda transitória eleva a renda corrente, o indivíduo poupa esse aumento para gastá-lo em momentos em que a renda transitória seja negativa. Percebe-se que, de acordo com o modelo, variações na renda transitória não afetariam as decisões de consumo dos indivíduos, mas alterariam apenas a poupança.

Boxe 6.1 – Sistemas previdenciários

A individualização das relações sociais ocasionou um dos maiores problemas das sociedades modernas: como sustentar aqueles indivíduos que, por alguma razão (velhice, invalidez, desemprego), encontram-se afastados da força de trabalho? Diante desse tipo de problema, ganharam importância as questões da Assistência e da Previdência Social, e ergueu-se o chamado "Estado-Providência".

A **previdência** pode ser analisada segundo o princípio da seguridade; sua razão básica é o risco da queda da renda, da qual as pessoas individualmente desejam proteger-se. Assim, os agentes renunciam à parte de sua renda presente para compor um fundo a ser usado quando necessitarem. Desse modo, tem-se um problema de poupança, conforme o modelo do ciclo de vida (Ando-Modigliani), em que o indivíduo poupa quando é jovem para sustentar-se (despoupar) na velhice. Dessa maneira, poupança/previdência é um mecanismo intertemporal de proteção financeira de renda individual.

A **assistência** parte do princípio de que a simples seguridade não resolve todos os problemas, sendo necessário que os agentes que aufiram renda constituam um fundo para todos que, por algum motivo, não sejam capazes de alcançar uma renda mínima por seus próprios meios, por exemplo, no caso de invalidez. Nesse caso, a fundamentação ética da assistência está na solidariedade entre os agentes.

Podem-se atribuir diferenças entre os motivos que levam à necessidade de proteção da renda, separando-os entre os previsíveis, como a velhice, e os não previsíveis, como desemprego, invalidez etc. Alguns autores afirmam que a previdência, baseada no princípio da seguridade, aplica-se aos fatores previsíveis, enquanto a assistência aplica-se aos fatores imprevisíveis. Note-se que essa separação imporia lógicas totalmente diferentes de organização e financiamento dos dois sistemas. A previdência poderia ser responsabilidade dos próprios indivíduos, e apenas a assistência seria uma responsabilidade social.

Mesmo que a previdência seja, em princípio, uma questão individual, existem algumas razões pelas quais o Estado interfere no sistema, estabelecendo a compulsoriedade de programas previdenciários mínimos. As razões encontradas na literatura para essa obrigatoriedade podem ser divididas em quatro grupos:

i. os agentes são míopes ou têm racionalidade limitada, de modo que não têm uma visão de longo prazo ou disciplina de poupança que lhes permita constituir um fundo razoável para as necessidades da idade avançada;

ii. o mundo é incerto, sendo impossível para os indivíduos diminuir, especialmente na dimensão temporal de uma vida, a incerteza quanto ao ritmo futuro da atividade econômica, da inflação, dos resultados dos investimentos e de sua própria longevidade. Assim, o governo é importante para diminuir a dificuldade de preparar a aposentadoria e reduzir os custos da transação, especialmente os ligados à busca de informações;

iii. pode-se usar o sistema previdenciário como meio de redistribuição de renda (ou como mecanismo assistencialista), conferindo um padrão de vida mínimo para os idosos, independentemente de estes terem constituído um fundo durante o período em que auferiram renda;

iv. com a existência de práticas assistencialistas, a obrigatoriedade de participação no sistema previdenciário passa a ser uma exigência para garantir uma contribuição mínima dos "imprevidentes".

Independentemente de como se organiza o sistema, o problema previdenciário refere-se sempre a uma questão redistributiva entre diferentes segmentos da população, isto é, a maneira como a parcela do produto é transferida da população ativa para a inativa. O custo econômico do sistema previdenciário é a parcela da produção nacional consumida pela população inativa.

A transferência de renda dos ativos para os inativos pode dar-se segundo dois regimes financeiros: o **Sistema de Repartição Simples (SRS)** e o **Regime de Capitalização (RC)**. O SRS baseia-se em uma transferência direta de renda da população ativa para a inativa, ou seja, as contribuições feitas pelos trabalhadores em um certo momento financiam os benefícios recebidos pelos aposentados nesse mesmo instante, havendo, portanto, uma compulsoriedade. Já no RC, as contribuições de dado indivíduo vão sendo acumuladas e aplicadas, isto é, constituem um fundo para o momento em que ele se aposentar.

Em geral, alega-se que os sistemas públicos baseados no SRS desestimulam a poupança, pois os indivíduos terão um benefício garantido, independentemente de suas contribuições (**efeito carona**). Esse desestímulo seria tanto maior quanto maior for a renda garantida na aposentadoria pelo Estado. Já os sistemas individualizados baseados no RC estimulariam a poupança pelo fato de o benefício estar associado às contribuições (poupança) dos indivíduos, não havendo transferências ou possibilidade do efeito carona. Essa é uma questão bastante controversa, não existindo consenso na literatura.

6.3 CONSUMO E TAXA DE JUROS

Se considerarmos a decisão de consumo como uma escolha intertemporal, isto é, que o indivíduo, ao decidir quanto consumir hoje, não leva em consideração apenas a renda e o consumo corrente, mas traça um plano de consumo para toda a vida, deve-se introduzir na análise dos determinantes do consumo outra variável relevante: a taxa de juros.

Nos modelos do ciclo de vida e da renda permanente, a poupança é vista como uma renúncia ao consumo presente para que se possa consumir mais no futuro. Caso aplique sua poupança, o indivíduo receberá uma remuneração que será acrescida à poupança original, isto é, os **juros**, permitindo-lhe consumir um valor maior no futuro. Note, porém, que a espera tem um custo para o indivíduo, ou melhor, para poder consumir mais amanhã, ele deve consumir menos hoje.

Em geral, considera-se que as pessoas preferiram o consumo presente, e essa preferência reflete-se na chamada **taxa de desconto**, isto é, quanto o indivíduo exige de consumo adicional no futuro para abrir mão do consumo corrente. Quanto mais os indivíduos valorizarem o consumo presente, maior será o ônus da espera e maior será, portanto, a taxa de desconto.[5] Assim, para que o indivíduo aceite abrir mão do consumo hoje, a remuneração que deve obter de sua poupança, isto é, os juros recebidos, deve ser igual ou maior que sua taxa de desconto. Nesse sentido, os juros refletiriam o "prêmio pago pela espera" do indivíduo.[6]

A **taxa de juros** reflete o preço do consumo atual em termos de consumo futuro e corresponde ao custo de oportunidade do consumo presente. Assim, quanto maior for a taxa de juros, mais os indivíduos vão querer poupar hoje, o que reduzirá o consumo presente. Desse modo, elevações na taxa de juros tendem a estimular a poupança e deprimir o consumo, pois se estaria "encarecendo" o consumo presente. Esse é o chamado **efeito substituição**: como o consumo presente ficou relativamente mais caro que o consumo futuro, os indivíduos consumirão mais no futuro (maior poupança) e consumirão menos no presente.

> Quanto maior for a taxa de juros, mais os indivíduos vão querer poupar hoje, o que reduzirá o consumo presente.

Esse mesmo resultado pode ser obtido olhando-se pelo lado dos empréstimos aos consumidores. Quando o indivíduo tem uma renda inferior ao que deseja consumir, é necessário tomar recursos emprestados. Como no futuro esse indivíduo deverá pagar o valor que tomou mais os juros do empréstimo, significa que ele deverá sacrificar uma parcela da renda futura para pagar o recurso tomado. Quanto maior a taxa de juros, maior será o sacrifício de renda futura e, portanto, menor será o estímulo a tomar recursos emprestados.

Um exemplo típico de como a taxa de juros ao consumidor afeta as decisões de consumo é o caso dos chamados bens de consumo duráveis, isto é, bens que não são consumidos em um único período e que são utilizados por vários períodos (como automóveis e eletrodomésticos, por exemplo). Como o preço desses bens, em geral, é alto com relação à renda dos indivíduos, sua aquisição requer, em muitos casos, a existência de financiamento. Se uma família pretende comprar um carro e a taxa de juros está baixa, ela tomará um empréstimo e comprará o carro hoje. Se a taxa de juros estiver alta, ela preferirá aplicar os recursos no mercado financeiro, para que renda juros, até conseguir o montante necessário para adquirir o carro. Assim, chega-se ao mesmo resultado de antes, qual seja, a taxa de juros alta deve inibir o consumo corrente para um dado nível de renda.

As variações da taxa de juros são um dos principais instrumentos utilizados para afetar a demanda e, em particular, o consumo. É interessante observar, contudo, que elevações nas taxas de juros para conter o consumo podem gerar resultado incerto, pois mudanças nas taxas

---

[5] Pense no caso de um indivíduo que viva próximo ao nível de subsistência: o prato de comida, hoje, tem um valor infinitamente maior do que dois pratos de comida amanhã.

[6] Suponha que alguém possua, hoje, R$ 100,00, podendo ou consumir ou poupar. Se a taxa real de juros, isto é, descontada a inflação, for 20% a.a., essa pessoa poderá, daqui a um ano, consumir R$ 120,00, ou seja, 20% a mais do que hoje. Agora, suponha-se que a taxa real de juros seja de 1% a.a.: se ela poupar os R$ 100,00, terá para consumir daqui a um ano R$ 101,00, ou seja, apenas 1% a mais de consumo. Percebe-se que no primeiro caso é muito mais atraente adiar o consumo do que no segundo caso.

de juros tendem a causar impactos distintos sobre os agentes, dependendo de estes serem poupadores ou tomadores de empréstimos.

Se a maior parte da sociedade é poupadora, ou seja, possui ativos financeiros que rendem juros, um aumento da taxa de juros faz com que a renda desta aumente, o que aumenta o consumo. Esse é o caso, por exemplo, de um indivíduo que quer, aos 60 anos, atingir certo estoque de riqueza para sua velhice. Com o aumento da taxa de juros, essa meta pode ser atingida com um menor nível de poupança anual (corrente), de modo que este indivíduo pode consumir mais. Assim, variações na taxa de juros geram um efeito riqueza e, dependendo da posição dos agentes, esse efeito pode contrariar os efeitos anteriormente discutidos, segundo os quais aumentos na taxa de juros levariam a uma queda no consumo.

Desse modo, por um lado, o aumento das taxas de juros pode diminuir o consumo, estimulando a poupança (efeito substituição), mas, por outro, esse mesmo aumento da taxa de juros pode elevar a renda de alguns indivíduos (poupadores) e aumentar seu consumo (efeito riqueza).

Outro efeito, que será discutido adiante, é o impacto causado por variações nas taxas de juros sobre a poupança pública. Se o governo de determinado país for muito endividado, um aumento da taxa de juros tende a elevar o déficit público por meio dos maiores gastos com o pagamento dos juros da dívida, com consequente diminuição do volume de poupança pública. Esse efeito pode mais que compensar um possível aumento da poupança privada, gerando um resultado negativo sobre a poupança total (pública e privada).

6.4 CONSUMO E SISTEMA FINANCEIRO

Ao introduzir a taxa de juros e a riqueza como variáveis explicativas, fala-se de aplicações financeiras e de empréstimos e, portanto, do sistema financeiro. **O grau de desenvolvimento do sistema financeiro**, que envolve sua organização e suas regras, também tende a afetar o nível de consumo e poupança.

A premissa básica dos modelos que consideram a decisão de consumo como uma escolha intertemporal é a de que os indivíduos podem transferir/alocar a renda auferida ao longo da vida no decorrer do tempo, isto é, eles podem aplicar parte da renda auferida no presente e resgatar no futuro ou antecipar renda futura, tomando recursos emprestados para consumir no período corrente. Assim, supõe-se a existência de um sistema financeiro que possibilite essa transferência de recursos no tempo, ou seja, que os indivíduos possam aplicar (não existe a chamada **repressão financeira**) e tomar emprestado o quanto e quando quiserem (não existe **restrição de crédito** ou restrição à liquidez).

No que se refere às possibilidades de aplicação, considere uma economia em que a diversificação de ativos é limitada, ou seja, em que o sistema financeiro é pouco desenvolvido e a moeda constitui a principal forma de se guardar riqueza. Adicionalmente, suponha que essa economia conviva com elevadas taxas de inflação. Como o valor da moeda é corroído pela inflação, os indivíduos preferem consumir sua renda hoje, ao invés de poupar e sofrer perda inflacionária – nestes casos em que o sistema financeiro é reprimido. Assim, a existência de aplicações financeiras que assegurem o valor real dos recursos é uma precondição para a poupança.

Com relação à restrição de crédito, os modelos de consumo pressupõem que qualquer indivíduo disposto a tomar empréstimos à taxa de juros cobrada terá acesso ao crédito. Como será discutido nos próximos capítulos, a transação financeira envolve tanto custos de transação como problemas de informação assimétrica, que fazem com que este não possa ser considerado um mercado perfeito. Nesse caso, a taxa de juros que os agentes estão dispostos a pagar para obter um empréstimo deixa de ser o único critério para definir a alocação dos recursos e passa-se a exigir dos tomadores garantias (como fiadores e comprovantes de renda, por exemplo). Assim, nem todos aqueles que queiram tomar empréstimos poderão realmente fazê-lo. Esses casos em que os agentes querem mas não têm acesso ao crédito caracterizam a restrição ao crédito, e, como o indivíduo não pode tomar recursos emprestados, seu consumo passa a ser limitado pela renda corrente.[7]

Outro elemento que deve ser considerado nas decisões de consumo é a expectativa de renda futura, que está na base dos modelos analisados anteriormente. Se os indivíduos esperam que no futuro terão uma renda maior do que possuem no presente ou se não possuírem incertezas quanto a sua renda futura, maior será o estímulo a antecipar o consumo, contraindo dívidas. Um exemplo tradicional nesse sentido é o do indivíduo que está terminando a faculdade e espera uma renda futura mais elevada quando entrar no mercado de trabalho, sentindo-se estimulado a aumentar seu consumo no período corrente. Esse caso pode ser explicado pela teoria da renda permanente de Friedman, segundo a qual o indivíduo tem uma renda corrente baixa enquanto estuda, mas sabe que, ao se formar, sua renda será maior do que a atual. Deve-se notar que quanto maior a incerteza com relação à renda futura (medo do desemprego, por exemplo), menor a disposição a tomar emprestado e maior o estímulo à poupança. Essa poupança que decorre das incertezas com relação ao futuro é chamada de **poupança precaucionária** e está associada à ideia de que quanto maior a incerteza dos indivíduos, menor o consumo corrente.

A importância do crédito é claramente percebida no caso dos bens de consumo duráveis que, por serem bens de alto valor, são habitualmente adquiridos por meio de financiamento. Assim, **a existência do crédito ao consumidor tende a potencializar a demanda por esses bens**, uma vez que o indivíduo não precisa acumular (ou seja, poupar) o montante necessário para adquiri-lo.

Há duas variáveis importantes que influenciam a demanda por crédito por parte dos agentes: a taxa de juros e o prazo do financiamento. A primeira reflete o custo do empréstimo e a segunda, por sua vez, quanto tempo o indivíduo terá para pagá-lo. Quanto maior o prazo, ou seja, o número de prestações, menor será a participação do pagamento na renda corrente dos indivíduos e, portanto, maior será o estímulo a tomar empréstimos para consumir. O inverso ocorre quando os prazos de pagamento são pequenos. Eventualmente, o prazo pode exercer papel até mais importante do que a própria taxa de juros.

Essa relação entre o crédito ao consumidor e o nível de consumo pode ser exemplificada por alguns períodos da economia brasileira.[8] Até o final da década de 1950, a

---

[7] Deve-se notar que, nesse caso, a taxa de juros passa a ter uma influência significativamente menor sobre as decisões de consumo.

[8] Sobre a utilização do crédito ao consumidor como um instrumento de política econômica no Brasil, ver, por exemplo, Pellegrini (1990).

inexistência do crédito ao consumidor não era um grande entrave, pois o setor industrial brasileiro restringia-se, basicamente, à produção de bens de consumo leve. Contudo, com o desenvolvimento do setor de produção de bens de consumo durável ao longo do Plano de Metas, a circulação das mercadorias com base na renda corrente começou a ficar cada vez mais restrita, tornando-se necessária a implementação de mecanismos de financiamento ao consumidor como modo de impulsionar a demanda pelos produtos dos novos setores. Esses mecanismos foram instituídos na reforma financeira do período 1964/1966, que vinculou toda captação de recursos por meio de letras de câmbio ao financiamento ao consumidor, com prazos que poderiam, inclusive, superar dois anos. Não por acaso, esse foi um dos setores que mais se destacaram durante o período do "Milagre Econômico Brasileiro" (1968/1973), crescendo a uma taxa média no período próxima a 24% a.a.

6.5 CONSIDERAÇÕES FINAIS

O objetivo deste capítulo foi analisar os determinantes do consumo agregado. Partimos de uma formulação simples, baseada na teoria keynesiana, em que a renda corrente era o principal determinante. Em seguida, incorporamos vários outros fatores que podem afetar as decisões de consumo e poupança dos indivíduos, como a taxa de juros, a riqueza, as expectativas e o quadro institucional vigente, entre outras. A importância de se estudar o consumo decorre de sua grande participação na demanda agregada.

Um fato que chama a atenção é a relativa estabilidade do consumo associado à renda. Observando-se séries históricas, não se verificam grandes flutuações na participação do consumo na renda em nível mundial. O consumo tende a ser relativamente estável ao longo do tempo e a renda corrente parece ser seu principal determinante, o que pode ser explicado tanto pela existência de imperfeições no mercado financeiro (restrição ao crédito) como pela impossibilidade de os agentes fazerem previsões acuradas sobre o comportamento de sua renda ao longo da vida.

Tabela 6.1 Consumo final das famílias e da administração pública, em R$ e em porcentagem do PIB

| Ano | PIB (preços de mercado – R$ milhões) | Consumo | | | | | |
| | | Final | | Famílias | | Administração pública | |
		Valor (em R$ milhões)	Participação no PIB (%)	Valor (em R$ milhões)	Participação no PIB (%)	Valor (em R$ milhões)	Participação no PIB (%)
1995	3.155.148	2.667.585	85%	2.007.278	64%	660.307	21%
1996	3.486.539	2.960.359	85%	2.271.738	65%	688.620	20%
1997	3.690.711	3.131.381	85%	2.410.390	65%	720.991	20%
1998	3.822.290	3.218.859	84%	2.451.705	64%	767.154	20%
1999	3.807.418	3.215.852	84%	2.462.642	65%	753.210	20%
2000	3.960.664	3.301.631	83%	2.558.300	65%	743.331	19%
2001	4.036.288	3.368.322	83%	2.587.571	64%	780.751	19%
2002	4.058.543	3.316.159	82%	2.512.175	62%	803.984	20%
2003	4.284.755	3.467.315	81%	2.649.892	62%	817.423	19%

(continua)

(continuação)

Ano	PIB (preços de mercado – R$ milhões)	Consumo					
		Final		Famílias		Administração pública	
		Valor (em R$ milhões)	Participação no PIB (%)	Valor (em R$ milhões)	Participação no PIB (%)	Valor (em R$ milhões)	Participação no PIB (%)
2004	4.537.980	3.570.218	79%	2.732.163	60%	838.055	18%
2005	4.760.484	3.779.551	79%	2.880.295	61%	899.255	19%
2006	5.123.406	4.071.909	79%	3.096.468	60%	975.441	19%
2007	5.537.471	4.364.520	79%	3.315.558	60%	1.048.962	19%
2008	5.977.593	4.696.606	79%	3.570.464	60%	1.126.142	19%
2009	6.141.877	5.012.207	82%	3.805.289	62%	1.206.918	20%
2010	6.761.059	5.357.442	79%	4.071.701	60%	1.285.741	19%
2011	7.149.588	5.644.107	79%	4.309.332	60%	1.334.775	19%
2012	7.431.840	5.941.159	80%	4.564.032	61%	1.377.128	19%
2013	7.770.358	6.263.509	81%	4.795.496	62%	1.468.013	19%
2014	7.915.147	6.499.373	82%	4.983.343	63%	1.516.031	19%
2015	7.420.176	6.213.776	84%	4.746.301	64%	1.467.475	20%
2016	7.299.697	6.177.790	85%	4.690.163	64%	1.487.627	20%
2017	7.448.276	6.305.428	85%	4.803.714	64%	1.501.714	20%
2018	7.635.784	6.453.090	85%	4.933.944	65%	1.519.146	20%
2019	7.722.932	6.574.349	85%	5.031.030	65%	1.543.318	20%
2020	7.609.597	6.337.208	83%	4.805.004	63%	1.532.204	20%
2021	8.898.727	6.438.532	80%	4.933.231	63%	1.505.301	19%

Nota: valores reais do ano de 2020

Fonte: Ipeadata.

CONCEITOS-CHAVE

Bens de consumo duráveis
Bens de consumo leves
Bens públicos
Consumo agregado
Consumo do governo
Consumo pessoal
Demanda agregada
Efeito carona
Efeito riqueza
Efeito substituição da taxa de juros
Escolha intertemporal
Hipótese da renda permanente

Hipótese do ciclo de vida
Lei psicológica fundamental
Poupança agregada
Poupança precaucionária
Propensão marginal a consumir
Propensão marginal a poupar
Propensão média a consumir
Repressão financeira
Riqueza
Sistemas previdenciários
Taxa de dependência
Taxas de juros

Cap. 6 • Consumo **135**

QUESTÕES

Q1. Explique o que acontece com o consumo privado nos seguintes casos:

a) o governo decide aumentar os impostos;

b) há uma queda na taxa de juros da economia;

c) há um aumento das transferências do governo.

Q2. Um funcionário ganhou de seu chefe uma quantia em dinheiro por causa de seu aniversário. Como esse fato altera o padrão de consumo desse indivíduo, segundo o modelo de renda permanente?

Q3. Suponha que, ao longo de sua vida, o indivíduo receba uma renda que cresce com o tempo, em decorrência de seu aprendizado, experiência etc. Como deve ser seu padrão de consumo durante a vida, se:

a) tiver restrições à tomada de empréstimos?

b) não tiver restrições para obter empréstimos?

Q4. Quais as propriedades da função consumo keynesiana?

Q5. Considere a função consumo $C = 300 + 0.7Yd$, em que Yd é a renda disponível (ver Apêndice).

a) Qual a propensão marginal a consumir?

b) Dado que $C + S = Yd$, calcule a função poupança $S = f(Yd)$.

c) Qual o nível de consumo para $Yd = 700$? Sabendo que $Yd = Y - tY$, em que t é a alíquota do imposto de renda, qual a variação no consumo, se o governo aumentar a alíquota em 5%?

APÊNDICE 6A

Função consumo keynesiana e determinação da renda

De acordo com a formulação keynesiana, a função consumo deve possuir as seguintes propriedades:

i. o consumo aumenta conforme a renda aumenta, mas não na mesma magnitude, isto é, a propensão marginal a consumir situa-se entre 0 e 1;

ii. a propensão média a consumir (participação do consumo na renda) diminui conforme a renda aumenta (decorre da primeira propriedade);

iii. o consumo é uma função estável da renda, isto é, a influência de outras variáveis, como taxa de juros, riqueza etc., sobre o consumo é pouco significativa.

Dadas essas três propriedades, a função consumo pode ser especificada da seguinte maneira:

$$C = A + bY \qquad (1)$$

Em que:

C = consumo agregado;

A = consumo autônomo (mínimo), independentemente da renda;

b = propensão marginal a consumir (sendo $0 < b < 1$);

Y = renda nacional.

O **equilíbrio econômico dá-se quando a Demanda Agregada se iguala à Oferta (Produto) Agregada (ver Figura 6.2)**. Por enquanto, a única variável de demanda considerada é o consumo. Pela formulação da função consumo, vemos que o intercepto da despesa é o **consumo autônomo**, e a inclinação é dada pela **propensão marginal a consumir**. Como essa última variável é inferior à unidade, temos que acréscimos na renda provocam acréscimos na despesa, mas em menor magnitude.

Quanto à oferta agregada, a hipótese central do modelo keynesiano é a existência de capacidade ociosa, tal que as empresas possam atender à quantidade demandada sem pressionar o nível de preços.

Assim, no gráfico que relaciona despesa e produto, a oferta agregada pode ser representada por uma reta que parte da origem com inclinação de 45°, em que qualquer ponto sobre essa reta corresponde a um valor de produto igual ao da despesa. Essa reta mostra-nos que a oferta responde a variações na demanda. O nível de renda de equilíbrio é dado pelo ponto em que a função demanda agregada intercepta a reta de 45°.

Qualquer ponto à direita da renda de equilíbrio significará um excesso de oferta, e qualquer ponto à esquerda, excesso de demanda agregada.

Nesse modelo, o ajustamento dá-se pelo mecanismo de estoques (e não pelos preços), ou seja, quando há excesso de oferta, as empresas começam a acumular estoque, o que fará com que comecem a reduzir a produção até que esta se iguale à demanda. E o inverso ocorre quando há excesso de demanda.

Graficamente, pode ser representada conforme Figura 6.2.

Figura 6.2 Equilíbrio entre Oferta Agregada e Demanda Agregada de bens e serviços.

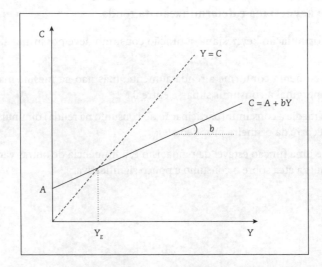

Na renda de equilíbrio YE, tem-se $Y = C$, isto é, toda a renda é consumida. Por enquanto, a única variável de demanda considerada é o consumo; neste ponto, tem-se a renda de equilíbrio, em que a oferta agregada se iguala à demanda agregada.

A poupança, por ser definida como a renda não consumida, pode ser deduzida da função consumo:

$$S = Y + C \qquad (2)$$

Em que:

S = poupança agregada.

Substituindo (1) em (2), temos:

$$S = Y - (A + bY) = Y - A - bY$$
$$S = -A + (1 - b)Y$$

A parcela ($-A$) corresponde ao inverso do consumo autônomo, e seu valor decorre do fato de que, como o indivíduo consome A, mesmo com nível de renda igual a zero, para financiá-lo, ele deve despoupar (vender parte do patrimônio ou endividar-se no exterior etc.) A parcela $(1 - b)$, chamada **propensão marginal a poupar**, corresponde à parcela do aumento da renda não destinada ao consumo. O gráfico da função poupança aparece representado na Figura 6.3.

Figura 6.3   Função Poupança Agregada.

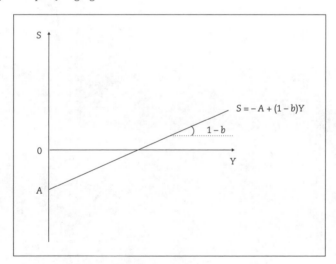

Observando-se os gráficos das Figuras 6.2 e 6.3, nota-se que:

i. no ponto no qual $C = y$, $S = 0$, isto é, se toda renda for consumida, não há poupança;

ii. se $C > Y$, $S < 0$, isto é, se a sociedade consome mais do que produz, terá que despoupar para financiar o excesso de consumo; e

iii. se $C < Y$, $S > 0$, a sociedade não consome tudo o que produz, podendo utilizar parcela da renda para outros fins que não o consumo, como veremos adiante (para investimento).

7
Investimento

O **investimento** corresponde à aquisição de bens de capital, máquinas, equipamentos, edifícios e estoques, com o objetivo de aumentar a capacidade de produção futura. Desse modo, constitui-se em um elo entre o curto e o longo prazos, uma vez que, por um lado, eleva a demanda agregada no momento em que ocorre, mas, por outro, eleva a oferta agregada ao ampliar o estoque de capital e, consequentemente, a capacidade de produção da economia no longo prazo. Deve-se notar que o conceito de investimento não deve ser confundido com o de aplicação financeira, que corresponde a uma forma de alocação da poupança dos agentes.

> **Investimento** é o acréscimo do estoque de capital que possibilita a ampliação da produção futura.
> O conceito de investimento é diferente do conceito de aplicação financeira.

Um ponto importante é que, empiricamente, o investimento costuma ser muito mais volátil do que o consumo, o que faz com que grande parte das flutuações econômicas decorra justamente de flutuações no investimento. Essa volatilidade resulta, entre outros fatores, do fato de os investimentos serem baseados na expectativa dos agentes sobre o comportamento futuro da economia.

Neste capítulo, pretende-se discutir os determinantes do investimento. Será abordado como as expectativas, a taxa de juros e o próprio comportamento da atividade econômica, entre outros, afetam as decisões de investimento por parte dos empresários. Além disso, será considerada a importância do financiamento para o investimento e como essa variável impacta o comportamento da economia.

7.1 DECISÃO DE INVESTIR: EXPECTATIVAS E TAXA DE JUROS

O principal fator a influenciar a **decisão de investir** é o **retorno esperado do investimento**, que, por sua vez, depende do fluxo de receita futura que o indivíduo espera receber do investimento, comparativamente aos gastos incorridos em sua execução.

O fluxo de receitas futuras depende das condições do mercado no momento em que se iniciará a venda do produto cuja produção se pretende ampliar, ou seja, depende do preço futuro da mercadoria e da quantidade que se espera vender. Assim, se o empresário pretende construir uma tecelagem, seu fluxo de receita futura dependerá do preço do tecido no momento em que a tecelagem estiver operando e da quantidade de tecido que vender.

Para tomar a decisão de investir, deve-se comparar o fluxo de receitas com o gasto com a aquisição do equipamento. O montante a ser gasto, hoje, será chamado de **preço de oferta do investimento** (P_{oI}), que pode ser entendido como o custo de produção de uma nova máquina, por exemplo.

Como não se podem comparar valores que estejam em diferentes datas (uma vez que R$ 1,00 hoje é diferente de R$ 1,00 daqui a um ano, por exemplo), deve-se trazer o fluxo de receitas esperadas para valor presente, ou seja, para reais do período corrente, de modo a tornar possível a comparação (ver Boxe 7.1).

Boxe 7.1 – Valor presente

A ideia de valor presente surge do fato de que valores ou quantidades de bens similares em diferentes épocas são diferentes, isto é, os bens e os valores são datados no tempo. Assim, por exemplo, R$ 1,00 ganho hoje é diferente de R$ 1,00 ganho daqui a um ano; um prato de comida hoje é diferente de um prato de comida daqui a um ano. A diferença decorre do fato de que se eu ganhar R$ 1,00 hoje, posso aplicar no mercado financeiro e ter mais que R$ 1,00 daqui a um ano; se um indivíduo estiver com fome, um prato de comida hoje tem um valor maior do que um prato de comida daqui a um ano (quando o indivíduo poderá ter morrido de fome). Assim, para poder comparar valores e satisfação decorrente dos bens, as quantidades devem estar expressas em um mesmo instante do tempo. A técnica utilizada, para tal, é expressar os diferentes valores em termos de valor presente ou valor atual, isto é, tomam-se os valores futuros das variáveis e, com o uso de uma taxa de desconto (taxa de juros), verifica-se qual seria o valor dessa variável futura hoje.

Assim, no caso que se está considerando, qual seja, o de um fluxo de receitas, trazer para o valor presente significa descontar do fluxo de receitas esperadas a taxa de juros de mercado.

Pense-se no seguinte exemplo:

Um indivíduo tem a receber daqui a um ano R$ 120,00 e a taxa real de juros é de 20% a.a. Qual valor, hoje, corresponde aos R$ 120,00 daqui a um ano, ou seja, quanto este indivíduo deve aplicar, hoje, para resgatar R$ 120,00 daqui a um ano?

Sendo: P = valor principal hoje;

  r = taxa de juros (20% a.a. = 0,2);

  F = valor futuro (R$ 120,00).

tem-se: $P + rP = F$

$P(1 + r) = F$

$P(1 + 0,2) = 120,00$

$P = 120,00/1,2$

$P = 100,00$

Assim, R$ 100,00 hoje correspondem a R$ 120,00 daqui a um ano. Esse valor é obtido com a seguinte fórmula: $P = F/(1 + r)$. Note-se que elevações na taxa de juros reduzem o valor presente, e diminuições aumentam o valor presente.

Considerando-se, por exemplo, um valor a ser recebido daqui a dois anos, temos que a taxa de juros incide sobre dois períodos, ou seja:

$$F_1 = P(1 + r)$$
$$F_2 = F1(1 + r)$$
$$F_2 = P(1 + r)(1 + r) = P(1 + r)^2$$
$$P = F_2/(1 + r)^2$$

Em termos genéricos, temos:

$$P = F_n /(1 + r)n$$

O valor presente do fluxo de receita esperada é chamado de **preço de demanda do investimento** (P_{dl}), que pode ser definido como:

$$P_{dl} = SR_n /(1 + r)n$$

Em que:

P_{dl} = preço de demanda do investimento;

R_n = receita esperada no período n;

r = taxa real de juros.

Se $P_{dl} > P_{oP}$ então a taxa de retorno esperada do investimento é maior que a taxa de juros; logo, compensa realizar o investimento.

Se $P_{dl} < P_{oP}$ então a taxa de retorno esperada do investimento é menor que a taxa de juros, logo, não compensa realizar o investimento.

O economista John Maynard Keynes definiu a denominada **eficiência marginal do capital** (*EMgK*) **como a taxa de desconto que iguala** P_{dl} a P_{oP} de tal modo que o investimento se realiza sempre que a *EMgK* for maior que a taxa de juros. Assim, o investimento ocorre até o ponto em que as duas taxas se igualam, pois a partir desse ponto, o ganho com a utilização dos recursos com o qual se adquire capital produtivo é inferior ao ganho obtido com aplicações no mercado financeiro, não compensando, portanto, o investimento. O gráfico da Figura 7.1 ilustra esse ponto.

Figura 7.1 Eficiência marginal do capital e taxa de juros.

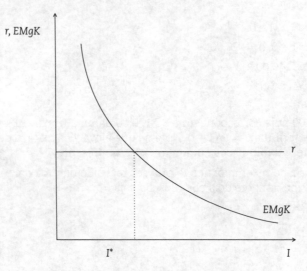

De acordo com a teoria keynesiana de investimento, com o aumento do investimento, a *EMgK* tende a diminuir por duas razões:

i. há diminuição da receita esperada, uma vez que o aumento do investimento tende a elevar a oferta futura de mercadorias, podendo pressionar o preço destas para baixo e, portanto, o retorno esperado do investimento;

ii. o aumento do investimento pressiona a demanda por máquinas, pressionando seu preço para cima (eleva-se o P_{oI}).

Assim, o aumento do investimento pressiona tanto o valor de P_{dI} para baixo como o valor de P_{oI} para cima, reduzindo a *EMgK*.

Nessa primeira aproximação, podem-se identificar duas variáveis principais a afetar o investimento:

i. **taxa de juros**: quanto maior a taxa de juros, menor será o investimento, pois haverá menor número de projetos cuja *EMgK* supere a taxa de juros; o inverso ocorrerá quanto menor for a taxa de juros;

ii. **expectativas sobre as condições futuras da economia** (expectativas durante o período em que o investimento está em maturação e no período em que ele já esteja produzindo): se houver otimismo com relação ao futuro, o fluxo esperado de receitas será alto e o investimento, portanto, será alto. Se houver pessimismo, a situação inverter-se-á.

Percebe-se que, para o empresário tomar a decisão de investir, é necessário um horizonte de tempo para se poder fazer previsões com relativa segurança sobre as receitas futuras e sobre a taxa de juros. O investimento pode ser prejudicado quando há incerteza sobre o futuro ou quando as previsões precisam ser alteradas constantemente.

Esse quadro pode ser percebido com clareza no caso brasileiro. O país manteve elevadas taxas de investimento ao longo da década de 1970, quando os níveis de inflação, apesar de elevados para os padrões internacionais, apresentaram certa estabilidade na primeira metade da década. Ao longo dessa década, a política cambial seguida pelo governo era conhecida pelos agentes econômicos, não sofrendo grandes rupturas, e existiam fartas fontes de recursos externos com taxas de juros relativamente previsíveis. Nesse ambiente, as taxas de investimento situaram-se em torno de 25% do PIB.

Outro exemplo importante sobre o caso brasileiro refere-se ao início da década de 1980 quando, com a crise da dívida externa, profundas mudanças na política cambial, instabilidade nas taxas de juros e aceleração inflacionária, as taxas de investimento começaram a se retrair, caindo para algo em torno de 20% do PIB. Esse processo foi-se agravando ao longo da década conforme a inflação se acelerava e o governo lançava com frequência cada vez mais planos econômicos para combatê-la. Nesse quadro, o grau de incerteza sobre o futuro elevou-se substancialmente, fazendo com que o investimento se retraísse mais ainda, passando para níveis inferiores a 15% do PIB.

Como se observa na Figura 7.2, que ilustra a Formação Bruta de Capital Fixo (sigla em inglês FBKF) como % do PIB, mesmo após a estabilização de preços observada a partir do Plano Real, essa tendência foi mantida em função de diversas incertezas relacionadas com a situação fiscal do governo, os desequilíbrios externos e os choques (cambiais, por exemplo), que fizeram a taxa de juros se manter em patamares elevados.[1] Esses exemplos corroboram a ideia de que o investimento requer um quadro de estabilidade da economia como um todo.

Figura 7.2 Formação bruta de capital fixo (% do PIB).

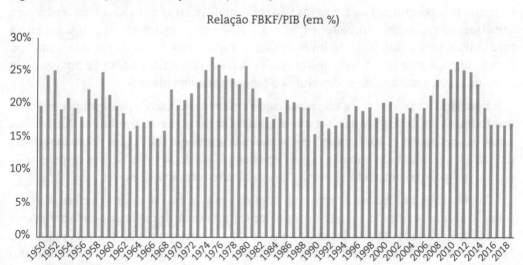

Fonte: Penn World Table.

---

[1] Discutiremos com mais detalhes o comportamento dos investimentos no Brasil na Parte III.

7.2 INVESTIMENTO E POUPANÇA

Até o momento, analisou-se apenas como a taxa de juros e o retorno esperado afetam as decisões de investimento. Como destacado anteriormente, o investimento amplia a demanda agregada a curto prazo, estimulando a produção e a geração de renda, mas também eleva a capacidade de produção da economia a longo prazo. Assim, tanto a curto como a longo prazo, observa-se uma relação direta entre investimento e crescimento econômico.

Outra questão relevante diz respeito à origem dos recursos que financiam o investimento. A produção de bens de capital utiliza parcela do estoque de fatores de produção disponíveis na economia. Assim, pode-se questionar: a realização do investimento implica queda de outros elementos de dispêndio, por exemplo, o consumo? Isto é, para que haja investimento, é necessária a existência de poupança?

A resposta a essa questão depende de como a economia está operando com relação à utilização de fatores, ou seja, se todos os fatores de produção estão empregados ou se existe desemprego desses fatores.

Muitos modelos econômicos são divididos em **modelos de longo prazo**, nos quais se considera o pleno emprego dos fatores, e **modelos de curto prazo**, que consideram a possibilidade de desemprego. Será analisada a relação entre investimento, crescimento e poupança considerando essas duas possibilidades.

7.2.1 Modelos de longo prazo

De acordo com o fluxo circular da renda analisado no Capítulo 2, o investimento é financiado pela poupança, isto é, a renda não consumida pelos agentes seria transferida para a realização do investimento. Note-se que, nessa concepção, a existência de poupança é uma precondição para a realização do investimento, em que a magnitude da poupança limita o quanto se pode investir.[2] Assim, nesses modelos, ao se determinar a taxa de poupança da economia, automaticamente se determina o montante de investimento.

Essa ideia pressupõe que a economia esteja em uma situação de pleno emprego, isto é, que todos os fatores de produção estão empregados no processo produtivo. Neste caso, a economia está sobre a **Fronteira de Possibilidades de Produção (FPP)** (descrita na introdução da Parte II), produzindo o máximo possível, dada a sua dotação de fatores de produção. Assim, só é possível ampliar a produção de um bem reduzindo a de outro.

Tomando-se a FPP, considere que a economia produza dois tipos de bens: bens de consumo (consumo) e bens de capital (investimento). O montante de renda associado aos fatores de produção alocados na produção de bens de capital corresponde ao valor da poupança. Estando a economia sobre a FPP, o aumento da produção de bens de capital (investimento)

---

[2] Nesses modelos, considera-se que a taxa de juros é determinada de tal forma a igualar a poupança e o investimento. Assim, em uma situação de excesso de poupança, a taxa de juros se reduzirá, estimulando o investimento até o ponto em que as duas variáveis se igualem. Quando houver falta de poupança, a taxa de juros se elevará, fazendo com que o investimento se retraia até que as duas se igualem.

só é possível com o deslocamento de fatores de produção que estão alocados na produção de bens de consumo para o setor produtor de bens de capital (o que pode ser visto na Figura 7.3, na passagem do ponto 1 para o ponto 2). Assim, em uma situação de pleno emprego, o investimento é limitado pela poupança. Só é possível aumentar o investimento com a ampliação da poupança (redução do consumo).

O crescimento de longo prazo (o aumento do produto potencial) refere-se ao deslocamento da FPP para a direita. Os determinantes da ampliação da capacidade produtiva são, tipicamente, o aumento na quantidade de fatores de produção (capital, trabalho, terra) e a melhora tecnológica (aumento na produtividade dos fatores).[3]

Figura 7.3 Deslocamento da Fronteira de Possibilidades de Produção: o crescimento do produto potencial de longo prazo.

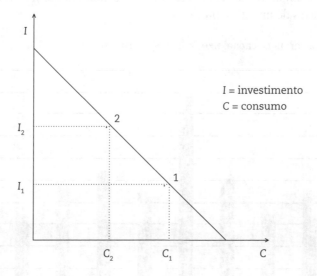

O investimento possibilita o crescimento do produto potencial tanto pela acumulação de capital como pelos ganhos de produtividade decorrentes das transformações econômicas que ele propicia, como melhores técnicas de produção e aumento do capital por trabalhador. Assim, a produção de um país no futuro depende de seu nível de investimento hoje.

Assumindo-se o pleno emprego dos fatores de produção (a economia está sobre sua FPP), surge um *trade-off* em termos de escolha social. Por um lado, o bem-estar de um país pode ser definido pelo nível de consumo de seus habitantes; por outro, para que a produção de bens de capital seja possível, é necessário deslocar fatores de produção que poderiam ser utilizados na produção de bens de consumo (e que aumentariam o bem-estar dos indivíduos hoje), para a produção de bens de capital (máquinas e equipamentos), que contribuirão com o aumento do bem-estar apenas no futuro.

---

[3] Ver o Apêndice II.1 da Parte II: As fontes do crescimento econômico a longo prazo: um esquema contábil.

Logo, por um lado, um país que consome toda a sua produção pode, a curto prazo, aumentar o bem-estar de seus cidadãos pelo maior consumo, mas tende a diminuí-lo a longo prazo, uma vez que a produção tende a ser a mesma no decorrer do tempo. Por outro, se a sociedade destina grande parcela da produção para o investimento, o bem-estar a curto prazo será sacrificado, pois deverá reduzir o consumo para poder investir, mas a longo prazo deverá estar em uma situação melhor, pois o aumento do produto potencial decorrente do investimento aumentará as possibilidades de consumo.

O gráfico da Figura 7.4 apresenta a razão FBKF/PIB para alguns países selecionados (para o ano de 2019), ao passo que o da Figura 7.5 mostra, por sua vez, a taxa de crescimento do PIB e a relação FBKF/PIB (médias do período de 2015 a 2019) para alguns países selecionados. Pode-se perceber, de modo geral, que os países que apresentam maiores níveis de renda *per capita* e maiores taxas de crescimento econômico são justamente aqueles que exibem maiores taxas de investimento.[4]

Figura 7.4 Formação bruta de capital fixo (% do PIB) – países selecionados – 2019.

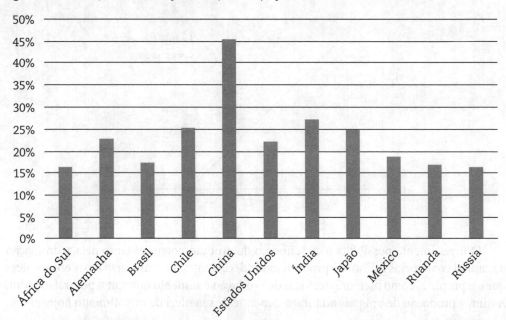

Fonte: Banco Mundial.

---

[4] Essa relação entre investimento e crescimento econômico também pode ser vista no caso brasileiro. A forte retração das taxas de crescimento econômico a partir da década de 1980, comparativamente às décadas anteriores, está relacionada com o processo de redução das taxas de investimento, que saíram de um patamar superior a 25% do PIB para valores próximos a 15%. Esse quadro pode estar associado à retração das taxas de poupança da economia, em especial, da poupança do governo.

Figura 7.5 Formação bruta de capital fixo e crescimento do PIB – países selecionados – média 2015-2019.

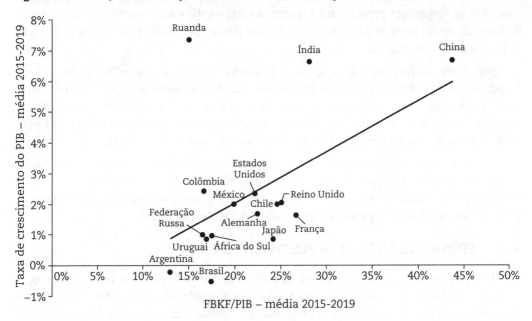

Fonte: Banco Mundial.

7.2.2 Modelos de curto prazo

O investimento também afeta o nível de produto a curto prazo, ou seja, o grau de utilização da capacidade produtiva, por também ser um elemento de demanda (é um dispêndio em máquinas, equipamentos, edifícios etc.). Um aumento no investimento, por si só, já gera efeito direto sobre a demanda, estimulando a produção de bens de capital e aumentando o produto da economia.

Além desse efeito direto, o investimento traz também um efeito indireto sobre o consumo. O aumento do investimento tende a gerar mais empregos e, com isso, mais renda para os indivíduos. Como os indivíduos tendem a consumir mais quando a renda aumenta, isso aumenta a demanda por bens de consumo, estimulando novamente a produção, e assim sucessivamente. A poupança também aumenta, pois, conforme a teoria keynesiana de consumo, apenas parcela do aumento da renda tende a ser canalizada para o consumo; a outra parte é poupada. Assim, tem-se que o impacto da variação do investimento sobre o nível de produto (renda) deve ser maior do que sua própria variação, pelos impactos indiretos que causa sobre o consumo. Esse é o chamado "**multiplicador keynesiano**", que diz que a variação da renda é maior que a variação no gasto inicial que a originou (ver Apêndice 7A).

Note-se que essa possibilidade está associada à existência de desemprego dos fatores de produção (existência de capacidade ociosa) na economia, isto é, a economia está operando em um ponto abaixo da FPP. Nessa situação, a ampliação do investimento pode ocorrer sem que seja necessária uma diminuição de outro elemento de gasto, ou seja, não há a necessidade de "poupança prévia" para a realização do investimento, uma vez que a produção de bens de capital pode se dar pela utilização dos fatores de produção desempregados sem retirá-los de outros setores.

Não é necessário, contudo, que exista poupança prévia? O que acontece nesse caso é justamente o contrário: com o próprio investimento, por meio do efeito multiplicador, gera-se a poupança necessária para financiá-lo, ou seja, primeiro realiza-se o investimento, que traz como consequência a ampliação da renda, esse aumento da renda gerará uma posterior ampliação da poupança compatível com o investimento inicial.

Desse modo, percebe-se que, com a existência de desemprego de fatores de produção, a não existência de poupança prévia não é um impedimento para o investimento. O que o empresário necessita, portanto, é antecipação de poder de compra (financiamento) para colocar em uso os fatores de produção que se encontram desempregados.

7.3 FINANCIAMENTO E INVESTIMENTO

Um ponto de crucial importância na análise do investimento é o financiamento. A análise tradicional sobre os determinantes do investimento, em geral, supõe a existência de mercados financeiros perfeitos, ou seja, bastaria identificar os projetos de investimento que possuam a maior expectativa de retorno e o mercado faria com que os recursos fossem canalizados para esses projetos. Assim, a forma de financiamento não afetaria as decisões de investimento e todos os projetos cujo retorno esperado superassem a taxa de juros de mercado seriam executados.

Note-se que na premissa de mercados financeiros perfeitos não se faz nenhuma consideração sobre o risco dos projetos ou das empresas, sobre o empresário ter ou não os recursos necessários para o investimento, sobre os prazos de maturação do investimento ou sobre a capacidade de endividamento do tomador etc. Tudo que é necessário é que o projeto tenha um valor presente positivo.

Contudo, assim como discutido no Capítulo 6, sabe-se que existe a possibilidade de restrições de crédito, isto é, nem todos que querem obter empréstimos o conseguem, ou, então, o financiamento pode ser oferecido em condições não adequadas às necessidades do investidor (prazos, carência etc.). Diante disto, serão abordadas nesta seção algumas questões relacionadas com o financiamento dos investimentos.

Para financiar seus planos de expansão, as empresas podem contar com recursos internos (obtidos com a utilização de seu próprio lucro) e recursos externos, ou seja, de terceiros. Empiricamente, grande parte das empresas que possuem oportunidades de investimento não tem os recursos necessários para fazê-los.[5] Nesse sentido, o financiamento com recursos internos vai-se tornando cada vez mais difícil, ou seja, o maior montante necessário para a realização dos investimentos faz com que a geração interna

---

[5] Esse ponto tende a agravar-se à medida que a economia se desenvolve, ampliando-se as magnitudes dos investimentos e os prazos de maturação.

de lucro tenda a desempenhar papel cada vez menor, sendo, portanto, necessária a utilização de recursos de terceiros.[6]

O lugar em que se dá a intermediação de recursos é o **mercado financeiro**, o qual pode ser segmentado segundo várias classificações, como prazos das operações, modo como se dá o repasse, características dos instrumentos financeiros etc.

i. Com relação ao prazo, pode-se dividi-lo em **mercado monetário**, no qual se realizam operações de curto prazo, e **mercado de capitais**, que se refere a operações de longo prazo.[7] Os instrumentos no primeiro segmento são os empréstimos de curto prazo, as letras de câmbio, *commercial papers* etc. No segundo caso, por sua vez, destacam-se os empréstimos de longo prazo, os títulos (*bonds*), as debêntures e as ações, entre outros.

ii. No que se refere ao modo de repasse, pode-se segmentá-lo em **financiamento direto**, no qual o aplicador (poupador) repassa os recursos diretamente ao investidor, e **financiamento indireto**, no qual se utiliza um intermediário que adquire os recursos do poupador emitindo um título próprio e os repassa ao investidor. O financiamento indireto é normalmente chamado de **sistema de crédito**, em que os recursos são intermediados por um terceiro agente – normalmente, os bancos. Assim, a função dos intermediários financeiros é a de aglutinar a poupança de vários indivíduos para ser repassada ao tomador de empréstimos. Nesse caso, o banco responsabiliza-se por esses recursos, ou seja, tais recursos são um passivo do banco com o depositante. O risco do depositante é o de quebra do banco, enquanto a instituição financeira arca com o risco do empréstimo, isto é, o não pagamento pelo tomador (a empresa que pediu o empréstimo). No caso do financiamento direto, o próprio poupador assume o risco do não pagamento pelo tomador de recursos.

iii. No que concerne às características dos instrumentos financeiros, pode-se dividi-los em **instrumentos de dívida**, no qual o tomador de recursos possui uma obrigação fixa de pagamento com o emprestador, e **instrumentos de participação**, no qual o "doador" de recursos passa a participar dos resultados do negócio financiado. No primeiro caso, o retorno do aplicador independe do desempenho da empresa ou do projeto financiado (renda fixa), tal que qualquer que seja o resultado, o montante a ser pago pelo tomador está definido. No segundo caso, por sua vez, o retorno dependerá do resultado alcançado pela empresa (renda variável).[8]

---

[6] Esse problema se fez sentir no Brasil, principalmente a partir do final dos anos 1950, quando faltava introduzir no país os setores de bens de capital e de bens intermediários, e melhorar a infraestrutura. Todos esses setores necessitam de elevados montantes de recursos para viabilizar os investimentos, além de demandar longo período de tempo para que o investimento se materialize. Com isso, a existência de linhas de financiamento adequadas foi-se tornando uma necessidade cada vez mais urgente, para que não se interrompesse o processo de desenvolvimento.

[7] Poderia se acrescentar também uma faixa intermediária para os financiamentos de médio prazo, por exemplo, de um a cinco anos. Para a finalidade deste capítulo, dividir-se-á apenas em curto prazo (inferior a um ano) e longo prazo (acima disso).

[8] Existe uma série de formas intermediárias, com vários títulos que contemplam características de renda fixa e renda variável. Um exemplo são debêntures com limites de remuneração mínima (*floor*) e máxima (*caps*). Dentro desse intervalo, é um título de renda variável, mas os limites fixados diminuem a incerteza do retorno.

Boxe 7.2 – Investimento e Bolsa de Valores

A Bolsa de Valores é, com certeza, um dos principais símbolos da sociedade moderna. Grande parte das seções econômicas dos jornais é dedicada ao acompanhamento do preço das ações e às explicações sobre seu desempenho. Quando a Bolsa está em alta, tem-se a sensação de que a economia vai bem, e o inverso, quando a bolsa está em baixa.

O mercado financeiro pode ser dividido também em: **mercado primário**, aquele em que o emissor faz a colocação de títulos novos no mercado, obtendo recursos com essas operações, e **mercado secundário**, no qual se negocia a propriedade dos títulos, isto é, transfere-se a propriedade de um título de um agente para outro, sem que se canalize qualquer recurso para o emissor. A Bolsa de Valores insere-se no mercado secundário; assim, não se realiza a transferência de recursos para investimento, mas apenas da propriedade do título.

Se esse é o caso, por que a sensação de que a Bolsa é tão importante para o desempenho econômico?

As principais funções da Bolsa de Valores são dar liquidez aos títulos e sinalizar para os indivíduos o preço dos títulos. A primeira função é de extrema importância para estimular os indivíduos a adquirir títulos em lançamentos primários. Quanto à segunda função, diz-se que, em um mercado eficiente, o preço das ações reflete o fluxo de caixa futuro das empresas – "os fundamentos" –, contribuindo para a alocação de recursos na economia.

Existe ampla discussão sobre a eficiência do mercado em desempenhar essa função valorativa. O argumento contrário é o de que o mercado responde muito mais a "notícias" do que a mudanças nos fundamentos das empresas. Independentemente dessa questão, o que interessa é saber como o comportamento das Bolsas afeta o nível de investimento da economia.

Para responder a essa questão, pode-se recorrer, por exemplo, à teoria de investimento elaborada por James Tobin. Esse autor desenvolveu uma variável, denominada "q de Tobin", que relaciona o valor de mercado de certa empresa e o custo de fazer uma empresa nova com as mesmas características. Se essa relação for inferior a 1, significa que é mais barato comprar uma empresa pronta do que fazer outra, ocorrendo o inverso se o q for maior que 1. Assim, quando as bolsas estão em alta, o q tende a elevar-se, estimulando a formação de novas empresas, ou seja, o investimento. O inverso ocorreria, quando as Bolsas estão em baixa.

Essa relação positiva entre desempenho da Bolsa e Investimento pode ser interpretada também pelo lado do crédito. Como será visto no Capítulo 8, problemas informacionais no mercado financeiro fazem com que a concessão de empréstimos pelos bancos esteja sujeita a garantias oferecidas pelo tomador e ao comprometimento do mesmo com o projeto financiado. Parte das garantias oferecidas pelas empresas é composta de ações, e seu Patrimônio Líquido é seu grau de comprometimento. Quando o preço das ações cai, diminui o valor das garantias e do patrimônio líquido das empresas. Com isso, os bancos retraem os empréstimos, o que afeta negativamente o investimento.

Percebe-se, pela exposição, que, apesar de a Bolsa de Valores ser parte do mercado secundário, ela afeta o desempenho real da economia, ao influir no nível de investimento e também no consumo, como visto no Capítulo 6.

No Brasil, o mercado de capitais pouco se desenvolveu: as operações de empréstimo e os títulos concentraram-se no curto prazo, e o mercado dos instrumentos de participação sempre teve participação pouco expressiva. Isso se deve a uma série de razões relacionadas, por exemplo, com a instabilidade econômica (inflação elevada ou mudanças constantes nas taxas de juros ou na taxa de câmbio, por exemplo), as características institucionais do sistema financeiro e a estrutura patrimonial das empresas brasileiras, entre outras. Nesse quadro estrutural, em que boa parte das aplicações financeiras tende a concentrar-se no curto prazo, não se conseguiu criar um *funding* estável de financiamento de longo prazo.

Além da instabilidade macroeconômica, deve-se notar que uma característica básica do sistema financeiro brasileiro é o predomínio dos chamados **bancos comerciais**. Esses se caracterizam por possuir passivos de curto prazo, com grande presença dos depósitos à vista (depósitos que podem ser sacados a qualquer momento pelos depositantes). Assim, caso essas instituições financiem projetos de longo prazo, o descasamento de prazos entre o ativo (o empréstimo concedido) e o passivo (os depósitos à vista captados junto aos correntistas, por exemplo) pode gerar vários problemas aos bancos, especialmente caso os correntistas decidam retirar os recursos depositados. Desse modo, como as aplicações se concentram no curto prazo, os bancos não têm condições de realizar operações de crédito de longo prazo.[9]

Pode-se elencar uma série de fatores quanto ao não desenvolvimento do mercado de financiamento direto, principalmente o mercado de ações (instrumentos de participação). Em primeiro lugar, pode-se mencionar a estrutura patrimonial das empresas brasileiras, entre as quais se destaca a presença de empresas estatais e empresas multinacionais que não negociam participação no mercado de capitais nacional como modo de levantar recursos. Por sua vez, as empresas que poderiam ser o alvo desse mercado, quais sejam, as grandes empresas nacionais, caracterizam-se tipicamente por ser de estrutura familiar.[10] Em segundo lugar, pode-se citar o fato de a demanda por papéis de risco no Brasil por parte dos poupadores ser extremamente limitada tendo em vista a alta rentabilidade oferecida pelos títulos de renda fixa. Assim, entre ganhar alta rentabilidade sem riscos e aceitar correr os riscos dos títulos de renda variável, opta-se pela primeira alternativa. Por fim, um terceiro fator refere-se à estruturação do sistema financeiro brasileiro, em que há predomínio de bancos comerciais com restrições à participação no capital das empresas.

Com relação a esse último aspecto, deve-se destacar a existência de dois modelos principais de financiamento de longo prazo entre os diferentes países: por um lado, o

---

[9] Deve-se notar que, em vários países, os bancos concedem créditos de longo prazo com base em recursos de curto prazo. Todavia, isso só é possível se houver estabilidade macroeconômica que permita aos bancos assumirem os riscos e que não haja alternativas de curto prazo com elevada rentabilidade. Quando a situação macroeconômica é muito instável e existem possibilidades de aplicação de curto prazo com elevada rentabilidade, como os títulos públicos no Brasil, o alongamento de prazos não se torna atraente para os intermediários financeiros.

[10] Essa situação tem-se alterado em virtude dos processos de privatização, abertura do mercado financeiro nacional ao capital estrangeiro e amplo processo de reestruturação patrimonial que se tem verificado a partir da década de 1990. Essas modificações serão discutidas nas próximas partes do livro.

predomínio do mercado de capitais (instrumentos de participação – ações), que seria o modelo americano; por outro, o predomínio do mercado de crédito com domínio dos bancos (modelo alemão). No primeiro caso, observa-se a presença de dois atores importantes: os **investidores institucionais** (fundos de pensão e seguradoras), que possuem passivos de longo prazo e aplicam grande parte dos recursos em ações, e os **bancos de investimento**, cuja principal função é realizar o lançamento de papéis, com o que, independentemente da demanda, o banco de investimento garante um valor mínimo de colocação que é repassado para o emissor do título. No segundo caso, o financiamento dá-se por meio de empréstimos bancários, mas não se impõem restrições para os bancos participarem na administração das empresas, constituindo-se nos chamados "**bancos universais**".[11]

No Brasil, historicamente, não se verifica nem um caso nem outro. O predomínio, no sistema financeiro brasileiro, é dos bancos comerciais, que sofrem restrições ao se tornarem "bancos universais". Assim, por um lado, não se verifica a presença dos atores necessários para se desenvolver o mercado de participação (mercado de capitais), mas por outro, limita-se a atuação dos bancos. Dessa maneira, a institucionalidade existente no país desestimula o financiamento de longo prazo.

Na Seção 7.2, discutimos a relação entre o volume de poupança da economia e o volume de investimentos. **A existência de poupança não garante por si só a realização do investimento, mas sua ausência pode impedir sua realização.**

Existindo a poupança, para que esta facilite o investimento, deve estar disponível em prazos e custos compatíveis com a necessidade do empreendimento. Vários projetos de investimento levam um longo período de tempo para dar retorno, ou seja, possuem longo período de maturação, como a construção de uma refinaria de petróleo ou de uma usina hidrelétrica, por exemplo. Para que o investimento se realize nesses casos, é necessário existir linhas de financiamento com maiores prazos de carência para o pagamento, bem como prazos mais longos para serem pagos, de tal modo que o retorno possa amortizar a dívida.

O risco para um tomador de empréstimo financiar um projeto de longo prazo com recursos de curto prazo é muito alto. Em primeiro lugar, pode-se estar no meio do investimento (antes de este ter sido finalizado) e não se conseguir a renovação do empréstimo; nesse caso, perde-se todo o capital investido e não há condições de pagamento. Em segundo lugar, uma elevação da taxa de juros durante o investimento pode fazer com que um investimento rentável a uma determinada taxa de juros deixe de ser a uma taxa mais alta. Como dificilmente será possível financiar projetos de longo prazo se toda poupança da economia estiver concentrada em aplicações de curto prazo, é necessário que os recursos estejam disponíveis nos termos e prazos compatíveis com as necessidades do investimento.

A inexistência de condições financeiras adequadas pode inviabilizar o investimento e sacrificar o crescimento. Situações como essa levaram vários países a instituírem sistemas públicos de financiamento para viabilizar os investimentos, inclusive o Brasil. Como o país

---

[11] Sobre modelos de financiamento e como estes influem na dinâmica econômica, ver Zysman (1983).

conviveu durante boa parte de sua história com taxas inflacionárias elevadas e as captações bancárias concentravam-se no curto prazo, as instituições financeiras privadas não conseguiram desenvolver mecanismos de financiamento de longo prazo. Com isso, a maneira encontrada para suprir a demanda de crédito para investimento foi a fundação do Banco Nacional de Desenvolvimento Econômico e Social (BNDES) e de uma série de outras instituições financeiras públicas (como a Caixa Econômica Federal, por exemplo) que operavam com base em recursos de fundos de poupança compulsória, como FGTS, PIS-Pasep etc., que visavam garantir a existência de um *funding* estável de recursos para o financiamento de longo prazo. Além dos recursos de origem pública, abriu-se a possibilidade de captação de recursos externos em que os prazos eram mais longos e os custos menores do que no sistema financeiro privado nacional.

Esse quadro passou por mudanças importantes ao longo das últimas décadas, com o maior crescimento do mercado de capitais e de títulos privados possibilitado, entre outros, pela estabilização da economia ocorrida a partir de metade da década de 1990. Além disso, o processo de privatização e o fortalecimento das empresas nacionais com os amplos processos de fusões e reestruturação patrimonial das empresas nacionais ampliaram os ofertantes potenciais de títulos nesses mercados.

7.4 CONSIDERAÇÕES FINAIS

Neste capítulo, foram analisados os principais fatores que influenciam as decisões de investimento, como o investimento afeta a dinâmica da economia tanto no curto como no longo prazo, e a relação entre financiamento e investimento.

As características das decisões de investimento fazem com que grande parte das flutuações econômicas decorra de variações no investimento e os fatores que influenciam o investimento tendem a fazer com que este seja extremamente instável. Como visto, o investimento depende do estado de expectativas dos agentes com relação ao futuro, do nível da taxa de juros e da existência de condições adequadas de financiamento, entre outros fatores. As expectativas podem ser bastante voláteis, podendo alterar-se rapidamente de "ondas de otimismo" para pessimismo, e a taxa de juros, por sua vez, pode oscilar tanto pelos efeitos de políticas monetárias como por alterações nas expectativas dos agentes. Finalmente, a existência de linhas adequadas de financiamento depende do nível de poupança, das expectativas dos agentes, que definem como ela será aplicada, da política monetária e financeira do governo e do quadro institucional/estrutural do país.

O investimento tende a ser o principal determinante do produto, tanto a longo prazo, por determinar a capacidade produtiva da economia, como a curto prazo, pelos efeitos que suas oscilações causam sobre o nível de renda. Em termos de desenvolvimento econômico e de estabilidade, a manutenção de taxas altas e estáveis de investimento deveria ser um objetivo. Para tal, dever-se-ia promover um quadro propício ao investimento, com medidas que pudessem evitar ou contrabalançar sua instabilidade. Segundo Keynes, o modo como isso pode ser alcançado é pela intervenção do governo via política econômica, como será visto nos próximos capítulos.

CONCEITOS-CHAVE

Curva IS
Eficiência marginal do capital
Formação Bruta de Capital Fixo
Fronteira de Possibilidades de Produção (FPP)
Investimento
Mercado monetário × mercado de capitais
Mercado primário × mercado secundário

Multiplicador keynesiano
Preço de demanda do investimento
Preço de oferta do investimento
Princípio do acelerador q de Tobin
Retorno esperado do investimento
Valor presente
Yield curve

QUESTÕES

Q1. Explique como a taxa de juros e a expectativa futura sobre a economia afetam o investimento.

Q2. O que acontece com o nível de investimento privado na economia se:

a) o governo aumentar os subsídios dados às empresas?

b) houver aumento das taxas de juros na economia?

c) aumentar a alíquota do Imposto de Renda?

Q3. Considere uma economia fechada sem governo com a seguinte estrutura (ver Apêndice 7A):

$C = 100 + 0,8Y$

$I = 40$

a) calcule a renda de equilíbrio;

b) calcule o valor do multiplicador;

c) qual o impacto sobre a renda, se o investimento passar para 60?

Q4. Explique o que é o q de Tobin e como ele pode ser usado nas decisões de investimento.

Q5. Diga se os gastos seguintes devem ser considerados investimento ou consumo:

a) uma família compra um carro;

b) uma empresa compra um carro.

Q6. Considere uma economia em que (ver Apêndice 7A):

$Y = C + I + G + X - M$; $Yd = Y - T$; $T = tY$.

$C = 240 + 0,7Yd$; $I = 350$; $T = 0,2Y$; $M = 0,3Yd$; $G = 190$; $X = 240$.

Y = renda total; Yd = renda disponível após pagamento de impostos; C = consumo; I = investimento; G = gasto do governo; X = exportações; M = importações; T = imposto.

Para essa economia, calcule:

a) o valor de equilíbrio da renda;

b) o orçamento do governo;

c) o saldo da balança comercial;

d) se o governo aumentar em R$ 68 seus gastos, como fica o saldo da balança comercial?

e) qual o impacto desse aumento de gastos sobre as contas do governo?

f) se as exportações aumentarem em R$ 90, qual o impacto sobre o saldo da balança comercial e as contas do governo?

Q7. Considere a curva *IS*. O que se pode dizer de uma economia representada por um ponto acima da curva? E se o ponto estiver abaixo da curva? (Ver Apêndice 7B).

APÊNDICE 7A

O modelo keynesiano de determinação da renda e o multiplicador

Tomando-se o modelo keynesiano explicado no Apêndice do Capítulo 6, será incorporado o investimento. Supõe-se uma economia fechada sem governo, isto é, em que os únicos componentes de demanda são o consumo (C) e o investimento (I). Nesse caso,

$$Y = C + I \ (1)$$

supondo uma função consumo do tipo keynesiana:

$$C = A + bY \ (2)$$

Em que:

A = consumo autônomo (mínimo) – aquele que existe independentemente da existência de renda;

b = propensão marginal a consumir, sendo $0 < b < 1$.

Considerando o valor do investimento (*I*) como exogenamente determinado,[12] deve-se encontrar o nível de renda *Y* que faz com que esta e a demanda agregada se igualem; ela será denominada renda de equilíbrio (*YE*).

Substituindo (2) em (1), temos:

$Y = A + bY + I$

$Y - bY = A + I$

$YE = (A + I)/(1 - b)$

Percebe-se, portanto, que a renda de equilíbrio será tanto maior quanto maiores forem os gastos autônomos (*A* e *I*) e a propensão marginal a consumir (*b*).

---

[12] Significando que o investimento, nesse modelo simplificado, não depende do nível de renda (variável endógena ao modelo), mas de outros fatores não presentes nesse modelo (variáveis exógenas), como expectativas, taxa de juros etc.

Exemplo: suponha-se determinada economia em que o volume de investimento (I) seja R\$ 100,00 e o consumo seja explicitado pela seguinte função: $C = $ R\$ 50,00 + 0,8Y; nesse caso, a renda de equilíbrio será:

$$YE = (50,00 + 100,00)/(1 - 0,8) = R\$\ 750,00$$

Suponha-se agora que I passe para R\$ 200,00; o que acontece com a renda de equilíbrio? Calculando seu novo valor, chega-se a:

$$YE = (50,00 + 200,00)/(1 - 0,8) = R\$\ 1.250,00$$

Percebe-se que o investimento aumentou em R\$ 100,00, mas a renda aumentou em R\$ 500,00.[13] Por quê?

A resposta é dada pelo **multiplicador keynesiano de gastos**. A lógica é a seguinte: quando o primeiro gastou R\$ 100,00 a mais em investimento, esse gasto virou renda de alguém, que, de acordo com a propensão marginal a consumir de 0,8, consumiu R\$ 80,00 desses R\$ 100,00. As pessoas que receberam os R\$ 80,00 também consumiram 0,8 vez esse valor, ou seja, R\$ 64,00, e assim por diante. Percebe-se que se tem uma sequência de gastos:

$$(100,00;\ 80,00;\ 64,00;\ 51,20;\ 40,96;\ ...)$$

que se constitui em uma progressão geométrica (P.G.) cujo primeiro elemento é 100,00 (a variação inicial nos gastos), com razão igual a 0,8, que é a propensão marginal a consumir. Para saber o total de gastos, basta fazer a soma dos termos da P.G., que é igual ao primeiro termo dividido por 1 menos a razão 0,8. Nesse caso, será:

$$100,00/(1 - 0,8) = 500,00$$

Nota-se que o gasto inicial foi multiplicado por 5, que é o valor do multiplicador de gastos. Esse valor corresponde ao inverso da propensão marginal a poupar:[14]

$$\text{multiplicador} = \frac{1}{(1 - \text{propensão marginal a consumir})} = \frac{1}{(1 - b)}$$

Assim, sempre que o investimento variar, a renda se alterará em valor igual à variação inicial do gasto vezes o multiplicador.

Esse modelo pode ser bastante ampliado, incorporando-se o setor público (gastos e arrecadação de impostos) e o setor externo (exportações e importações). Nesses casos, os gastos governamentais e as exportações entram ampliando a demanda e, portanto, a renda, enquanto a arrecadação de impostos e as importações diminuem a renda. Teríamos a seguinte relação, supondo:

---

[13] Supondo que a economia está com desemprego de recursos (mão de obra desempregada, capacidade ociosa), ou seja, abaixo do pleno emprego. Caso contrário, haveria aumento de preços e não da renda real.

[14] A propensão marginal a poupar corresponde a $(1 - b)$; significa que, a cada R\$ 1,00 de renda, o indivíduo consome b e poupa $(1 - b)$.

$T = tY$

$C = A + b(Y - T)$

$YE = (a + I + G + X - M)/1 - b(1 - t)$

sendo o valor do multiplicador igual a $1/1 - b(1 - t)$.

Podem-se também considerar as importações como função da renda, por exemplo, $M = mY$. Várias outras hipóteses podem ser feitas e variáveis podem ser acrescentadas sem alterar a lógica do modelo. Quanto maior a demanda, maior será a renda.[15]

APÊNDICE 7B

A curva IS

O investimento, como visto ao longo do texto, depende, entre outras variáveis, da taxa de juros. Quanto maior a taxa de juros, menor será o investimento e vice-versa.

Para mostrar o funcionamento do multiplicador dos gastos apresentado, considera-se uma variação exógena do investimento e verifica-se o impacto que este gera sobre a renda. Suponha-se, agora, que esse aumento do investimento decorreu da queda na taxa de juros. Assim, ao introduzir a taxa de juros, percebe-se que esta passa a influir na renda de equilíbrio: ou seja, no equilíbrio do mercado de bens: quanto maior a taxa de juros, menor a renda e vice-versa.

Pode-se, com base nisso, derivar a curva de equilíbrio do mercado de bens, denominada **curva IS, que mostra o local dos pares (renda, taxa de juros) que igualam oferta e demanda agregada de bens e serviços**.

A curva IS aparece no gráfico da Figura 7.6.

Figura 7.6 Curva IS.

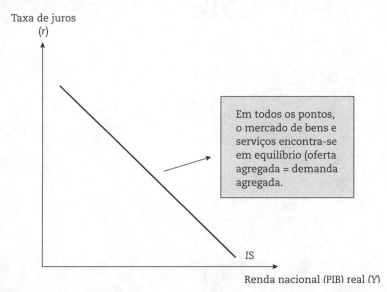

---

[15] Ver Vasconcellos (2011), Capítulo 10.

A inclinação negativa dessa curva mostra o seguinte: uma redução na taxa de juros eleva o investimento, e este, junto com o efeito multiplicador, provoca a elevação da renda. Nota-se que o impacto da variação da taxa de juros sobre a renda dependerá da sensibilidade do investimento com relação à taxa de juros e o tamanho do multiplicador.

Dois pontos adicionais merecem ser destacados no que diz respeito à curva IS.

i. Qualquer ponto fora da curva IS significa que o mercado de bens está fora do equilíbrio. Se a economia estiver em um ponto acima da IS, há excesso de oferta de bens. Nessa situação, as empresas acumularão estoques e começarão a reduzir a produção até que o mercado se equilibre. Já em pontos abaixo da IS haverá excesso de demanda, e as empresas devem expandir a produção para atendê-la.

ii. A posição da curva IS depende, principalmente, do montante de gastos autônomos, em especial, da política fiscal. Assim, uma política fiscal expansionista, por exemplo, aumento dos gastos públicos, deslocará a curva IS para a direita, ou seja, para qualquer taxa de juros existirá maior nível de renda.

No Capítulo 9 (após introduzido o lado monetário e a determinação da taxa de juros no Capítulo 8), será mostrada de forma mais completa a utilidade desse conceito na análise do impacto de políticas econômicas sobre o nível de renda e emprego.

8

Política Fiscal

Pode-se definir **política econômica** como a intervenção do governo na economia com o objetivo de manter níveis elevados de emprego e de crescimento econômico com estabilidade de preços. As principais formas de política econômica são a política fiscal e a política monetária. Neste capítulo, será discutida a primeira delas.

Por **política fiscal** entende-se a atuação do governo no que diz respeito à arrecadação de impostos e à execução dos gastos públicos. Estes afetam o nível de demanda agregada da economia, uma vez que a arrecadação de impostos afeta o nível de demanda por influenciar renda disponível que os indivíduos poderão destinar para consumo e poupança. Dado um nível de renda, quanto maiores os impostos, menor será a renda disponível e, portanto, o consumo. Os gastos públicos, por sua vez, são um elemento de demanda agregada tal que quanto maior o gasto público, maior a demanda agregada, estimulando o aumento do produto.

Assim, se a economia apresentar tendência de queda no nível de atividade econômica, o governo pode tentar estimulá-la diminuindo os impostos e/ou elevando os seus gastos. Pode ocorrer o inverso caso o objetivo seja uma política anti-inflacionária que vise diminuir o nível de atividade.[1]

Este capítulo está dividido em cinco seções. Na Seção 8.1, discutem-se as funções do governo em uma economia de mercado. Nas Seções 8.2 e 8.3, são apresentadas as estruturas de gastos e de arrecadação na economia brasileira. Na Seção 8.4, é conceituado o déficit público e discutido o seu financiamento. O impacto da política fiscal sobre a renda e outras variáveis econômicas será discutido na Seção 8.5.

---

[1] Cabe destacar que esse resultado vale no curto prazo, pois no longo prazo as ações do governo podem gerar outros tipos de incentivos e efeitos sobre as decisões de gasto do setor privado: por exemplo, um maior gasto público pode simplesmente resultar em um menor gasto do setor privado. Esse efeito é conhecido como **efeito deslocamento** ou *crowding out*.

8.1 FUNÇÕES DO GOVERNO

Em termos teóricos, há três funções principais para o setor público: a função alocativa, a função distributiva e a função estabilizadora.

Quanto à **função alocativa**, tem-se a ação do governo complementando a ação do mercado privado no que diz respeito à alocação eficiente de recursos na economia. De acordo com a teoria econômica, essas ações são requeridas quando existem as chamadas "falhas de mercado", entre as quais se destacam as externalidades, as economias de escala e os bens públicos.

i. As **externalidades (ou economias externas)** ocorrem quando a ação de um determinado agente causa impactos sobre outros agentes e que não são transacionados pelo sistema de preços, ou seja, não é devidamente transacionada pelo mercado privado. Existem tanto externalidades positivas como negativas. Suponha, como exemplo, um produtor de mel que tem como vizinho um produtor de maçã. A florada de maçã põe à disposição do apiário uma quantidade de néctar que aumenta a produtividade na produção de mel. Apesar de possuir valor de mercado, não há como o produtor de maçã cobrar pelo néctar. Assim, a produção de maçã gera uma **externalidade positiva** à produção de mel, aumentando sua rentabilidade. Um exemplo de **externalidade negativa** é a poluição, que sai como resíduo da atividade produtiva, mas que afeta o bem-estar dos indivíduos negativamente. Um modo de tentar evitar esse problema é tributar o causador da externalidade e recompensar os agentes afetados,[2] ou seja, fazer com que o gerador da externalidade "**internalize**" a mesma.

ii. As **economias de escala** são definidas como a situação em que o aumento da produção de determinado bem, por uma empresa, leva à redução do custo médio por produto, ocasionando, no limite, o surgimento dos chamados "**monopólios naturais**". Os monopólios são considerados, do ponto de vista teórico, ineficientes, por permitirem a seus proprietários extraírem dos consumidores um "sobrelucro" pela cobrança de um preço mais elevado (acima do que se verificaria em mercados competitivos) por ser o único ofertante. Assim, cabe ao Estado regular a atuação desses monopólios ou torná-los **monopólios públicos**, de modo a evitar tal perda de eficiência.

iii. Os **bens públicos** são caracterizados pelo fato de seu consumo ser não excludente e não rival, isto é, o consumo de uma pessoa não impede o consumo de outra e a mesma quantidade do bem estará disponível a todos independentemente de quantos indivíduos o consomem. Como vimos no Capítulo 6, nessa situação, os indivíduos não se mostram dispostos a revelar quanto estariam dispostos a pagar por esses bens, esperando que outros o façam. Exemplos disso são os casos da segurança nacional e da justiça etc. Assim, a oferta desses bens (forças armadas, iluminação pública etc.) deve ser feita pelo setor público, e seus custos devem ser repartidos compulsoriamente entre toda a sociedade. Esses bens compõem o produto nacional, mas, por não haver um preço de mercado (os indivíduos não revelam quanto estão dispostos a pagar), estes são avaliados pelo custo de produção.

---

[2] O que nem sempre é possível, de acordo com a complexidade da sociedade.

A **função distributiva**, por sua vez, corresponde à atuação do governo em arrecadar impostos de determinados grupos de indivíduos ou de determinadas regiões para transferi-los a outras. Essa transferência pode dar-se de maneira direta (transferência de renda), por exemplo, a previdência social, o pagamento de juros da dívida pública interna e a assistência social, ou de maneira indireta, sob a forma de redirecionamento na oferta de bens públicos ou mesmo de bens privados para determinado grupo, como saneamento básico para moradias de baixa renda ou gastos com educação e saúde para populações de baixa renda etc.

Do ponto de vista de nossa análise, trataremos principalmente da **função estabiliza-dora**, que corresponde ao manejo da política econômica para tentar garantir o máximo de emprego e crescimento econômico com estabilidade de preços.

8.2 GASTOS PÚBLICOS

Conforme discutido anteriormente, os gastos públicos correspondem a um dos princi-pais instrumentos da política fiscal. Sabe-se, contudo, que há grande diversidade de gastos executados pelo governo de forma geral.

Os gastos públicos podem ser classificados de diferentes maneiras. Uma primeira classi-ficação é a que distingue entre despesas correntes e despesas de capital. As **despesas correntes** incluem todos os gastos com pessoal e encargos, e custeio e transferências do governo. As despesas com pessoal e custeio referem-se ao conjunto de despesas voltadas para a presta-ção dos serviços públicos (educação, saúde, segurança, justiça, entre outras). As **despesas de capital**, por sua vez, referem-se aos investimentos realizados pelo governo na ampliação dos equipamentos e instalações públicas e na infraestrutura para a prestação de serviços, às inversões financeiras e amortização da dívida.

As **transferências** são pagamentos que o governo realiza às pessoas, empresa e enti-dades sem fins lucrativos, entre outros, sem contrapartida. Estão contidos nessa catego-ria os benefícios previdenciários e assistenciais e, em termos de contabilidade nacional, incluem-se os juros da dívida interna. Nesses casos, o governo realiza transferências de renda para determinados agentes sob a forma de juros, benefícios previdenciários etc., ampliando a renda disponível deles.

Deve-se destacar que as transferências realizadas entre as diferentes esferas de governo são de outra natureza, uma vez que as despesas de uma esfera correspondem à receita de outra, cancelando-se quando se considera o setor público de modo consolidado. As transferências do governo federal para as demais esferas de governo (estados e municípios) referem-se, em geral, aos impostos compartilhados entre eles.

Outra distinção possível de ser realizada é aquela entre **despesas primárias** e **despesas financeiras**.[3] As despesas primárias concentram todas as despesas correntes e de investi-mento do governo, exceto os gastos com juros. O ponto de maior relevância dessa distinção

---

[3] As despesas do setor público podem também ser divididas em despesas obrigatórias e despesas discricionárias. As **despesas obrigatórias** são aquelas estabelecidas pela legislação, como salários de servidores e previdência social. As **despesas discricio-nárias** são aquelas que o governo tem algum grau de decisão, como investimentos e programas sociais (Bolsa Escola, Bolsa Família, seguro-desemprego etc.).

é poder segmentar as despesas do governo entre aquelas relacionadas com o endividamento passado, os encargos com juros, sobre os quais o governo tem pouco controle, daquelas voltadas diretamente para a provisão dos serviços e bens públicos, sobre as quais o governo tem usualmente maior controle.

A título de ilustração, a Tabela 8.1 apresenta as despesas primárias do Governo Central (ou seja, do governo federal), discriminando os principais componentes de despesa.

Tabela 8.1 Despesas primárias do Governo Central: Brasil – R$ milhões – valores constantes de 2020 e % do PIB

Discriminação	2000		2005		2010		2015		2020	
	R$ milhões	% PIB	R$ milhões	% PIB	R$ milhões	% PIB	R$ milhões	% PIB	R$ milhões	% PIB
Despesa Total	585.869	14,79%	778.415	16,35%	1.230.592	18,20%	1.441.666	19,43%	1.947.553	25,59%
Benefícios Previdenciários	217.298	5,49%	320.227	6,73%	443.433	6,56%	539.690	7,27%	663.904	8,72%
Pessoal e Encargos Sociais	180.068	4,55%	204.420	4,29%	293.011	4,33%	295.158	3,98%	321.349	4,22%
Outras Despesas Obrigatórias	46.702	1,18%	86.064	1,81%	155.858	2,31%	307.537	4,14%	720.443	9,47%
Resultado Primário do Governo Central – Abaixo da Linha	67.483	1,70%	122.251	2,57%	136.972	2,03%	–144.369	–1,95%	–745.266	–9,79%
Juros Nominais	–150.114	–3,79%	–282.976	–5,94%	–216.635	–3,20%	–491.611	–6,63%	–266.657	–3,50%
Resultado Nominal do Governo Central	–82.631	–2,09%	–160.725	–3,38%	–79.663	–1,18%	–635.980	–8,57%	–1.011.923	–13,30%

8.3 ARRECADAÇÃO TRIBUTÁRIA

Assim como ocorre com os gastos, há vários tipos de recursos que são arrecadados pelo governo, como impostos, taxas e contribuições, entre outros.

Os impostos podem ser classificados de diferentes modos. Pode-se distingui-los, inicialmente, entre os impostos diretos e indiretos. Como já discutido no Capítulo 2, os **impostos diretos** são aqueles cujo ônus econômico é suportado diretamente pelo contribuinte (agente pagador/recolhedor), sendo os impostos sobre a renda (pessoa física e pessoa jurídica) e os impostos sobre a propriedade (como o Imposto Predial e Territorial Urbano – IPTU e o Imposto Territorial Rural – ITR, por exemplo) os principais. **Impostos indiretos**, por sua vez, são aqueles cujo ônus econômico é transferido do contribuinte (agente que os recolhe) para um terceiro (consumidor/adquirente) e incidem sobre o valor (preço) das transações de produtos e serviços. O Imposto sobre Circulação de Mercadorias e Serviços (ICMS) e o Imposto de Produtos Industrializados (IPI) são os principais exemplos de impostos indiretos no Brasil.[4]

---

[4] Cabe destacar que o fato de o imposto estar "embutido" no preço não significa que a sua incidência se dará apenas sobre o consumidor. O produtor também pode ser penalizado, uma vez que as suas vendas diminuem em função do preço mais elevado.

> **Incidência do Imposto**: Corresponde a quem arca efetivamente com o pagamento dos impostos. No caso dos impostos indiretos, a distribuição do peso do imposto entre o produtor e o consumidor depende de características relacionadas com a oferta e a demanda do bem, por exemplo, a essencialidade deste, a capacidade de substituí-lo por outro bem, a resposta da oferta a mudanças de preços, entre outros aspectos, ou seja, depende das elasticidades-preço da oferta e da demanda. Quanto menor a capacidade do consumidor em substituir o bem tributado por outro, maior será a incidência do imposto sobre o consumidor.

A principal variável a determinar o volume de arrecadação é o nível de renda da economia. Conforme aumenta a renda dos indivíduos e a riqueza da sociedade, aumenta a arrecadação de impostos diretos, e conforme aumenta a produção e a circulação de mercadorias, maior tende a ser arrecadação dos impostos indiretos.

O modo como são estruturados os sistemas tributários determina o impacto dos impostos tanto sobre o nível de renda como sobre a organização econômica, a distribuição de renda, a competitividade da economia, entre outros fatores.

A estruturação de um sistema tributário envolve diversos aspectos. O primeiro é o de gerar os recursos necessários para financiar os gastos públicos. O segundo é o de afetar a distribuição de renda, de modo a definir quem na sociedade deve pagar uma menor ou uma maior proporção dos impostos. Quanto a esse segundo aspecto, pode-se classificar os sistemas tributários em progressivo, regressivo ou neutro. Um **sistema tributário é progressivo** quando a participação dos impostos na renda dos indivíduos aumenta conforme a renda aumenta, isto é, paga mais (em termos relativos) quem ganha mais. Um **sistema é regressivo** quando a participação dos impostos na renda dos agentes diminui conforme a renda aumenta (paga mais quem ganha menos). Finalmente, **o sistema tributário é neutro** quando a participação dos impostos na renda dos indivíduos é a mesma, independentemente do nível de renda. Se o objetivo do governo for diminuir a concentração de renda, o mesmo deverá, por exemplo, arrecadar os impostos junto aos indivíduos de maior renda, para financiar gastos voltados aos indivíduos de menor renda.

O terceiro aspecto associado à estruturação do sistema tributário diz respeito à eficiência econômica e ao estímulo ao desenvolvimento. Nesse sentido, o sistema tributário deve causar o mínimo de distorções possível para que se possa sinalizar as preferências sociais e os custos de produção das mercadorias, e evitar desincentivos ao investimento e a perda de competitividade dos produtos nacionais.

Uma característica desejável do sistema tributário é sua maleabilidade para possibilitar que determinados objetivos sejam atingidos.[5] Além de viabilizar transformações da estrutura econômica e de adaptá-la aos objetivos sociais, essa flexibilidade é importante no sentido

---

[5] Com o objetivo da maleabilidade, corre-se o risco de cair na discricionariedade e tornar as decisões econômicas extremamente politizadas, sacrificando a eficiência em favor de um sistema cartorial. Assim, alguns limites devem ser impostos à utilização do sistema tributário como instrumento de política econômica.

de tornar o sistema tributário adaptável à conjuntura econômica. Quando a economia entra em recessão, é importante que o sistema tributário não tenda a acentuá-la, e quando entra em um *boom* que possa sacrificar a estabilidade, o sistema tributário deve poder conter o processo de crescimento desajustado – o sistema deve permitir ao governo atuar, inclusive, de forma **contracíclica**.

Quanto a este último ponto, é interessante observar o impacto de diferentes tipos de impostos. Um primeiro tipo de imposto são os chamados **impostos específicos**, cujo valor do imposto é fixo em termos monetários, e é pró-cíclico. O outro são os **impostos do tipo valor adicionado** (ou *ad valorem*), em que há uma alíquota de imposto e o valor arrecadado depende da base sobre a qual incide. Nesse caso, se a economia está em expansão e a base tributável aumenta, aumenta a arrecadação; o inverso ocorre quando a economia desaquece.[6]

O Sistema Tributário Brasileiro possui diversos impostos que incidem sob diferentes bases (renda, propriedade, circulação e produção de mercadorias, entre outros), e que estão sob a responsabilidade de diferentes entes – União, Estados e Municípios. Cada um deles possui impostos próprios sob sua administração.

Os principais impostos sob a responsabilidade do governo federal são o **Imposto de Renda (IR)**, que incide tanto sobre pessoas físicas **(IRPF)** como sobre pessoas jurídicas **(IRPJ)**, o **IPI**, o **Imposto sobre Operações Financeiras (IOF)** e os **Impostos sobre o Comércio Exterior (Imposto sobre Importação)**, entre outros. Os estados, por sua vez, administram o **ICMS** e o **Imposto sobre a Propriedade de Veículos Automotores (IPVA)**, entre outros. Por fim, os municípios são os responsáveis pelo **Imposto sobre Serviços (ISS)** e pelo **IPTU,** entre outros. Vale destacar, ainda, a existência de vários outros impostos, como o **ITR,** o **Imposto sobre Transmissão *Inter Vivos* (ITBI)**, e o **Imposto sobre Transmissão *Causa Mortis* (ITCMD)**.

Uma característica marcante do sistema brasileiro é a forte presença das contribuições sociais, econômicas e previdenciárias. A receita das contribuições, diferentemente dos impostos, deve ser utilizada para uma finalidade específica como o financiamento da seguridade social ou o financiamento de uma obra realizada pelo setor público, por exemplo. As contribuições podem incidir sobre a folha de pagamento, sobre o faturamento das empresas ou sobre combustíveis, entre outras.[7]

---

[6] Em momentos de recessão, as alíquotas de impostos podem ser reduzidas ou pode-se promover a isenção de impostos sobre determinados bens, como ocorreu no caso brasileiro em 2009, como resposta à retração econômica no final de 2008. O governo reduziu a alíquota ou a eliminou de vários bens, por exemplo, automóveis, eletrodomésticos, material de construção, entre outros, com o objetivo de estimular a demanda e evitar a recessão.

[7] Entre os anos de 1997 e 2007, foi introduzida no país a **Contribuição Provisória sobre Movimentação Financeira (CPMF)**, que incidia sobre a movimentação das contas-correntes bancárias. Essa contribuição assumiu grande importância em termos de arrecadação, mas não foi renovada, sendo sempre lembrada em momentos de ajuste fiscal. Os defensores de impostos sobre transações financeiras, como a CPMF, alegam que, além de ser fácil de cobrar e pagar, são difíceis de sonegar. Ademais, como a alíquota é baixa e incide sobre um grande número de transações, geraria uma resposta rápida em termos de arrecadação. Entretanto, apresenta a grande desvantagem de ser um imposto altamente regressivo, ou seja, penaliza mais as classes de renda mais baixa, já que as empresas tendem a repassar esse custo para os preços dos produtos que vendem.

As contribuições, de modo geral, possuem alto peso no total de recursos que se direcionam ao setor público no Brasil. Como pode ser observado na Tabela 8.3, as principais são a Contribuição Previdenciária (Cofins), o PIS/PASEP (Programa de Integração Social e Programa de Formação do Patrimônio do Servidor Público), e a Contribuição Social sobre o Lucro Líquido (CSLL).

Tabela 8.2 Receitas primárias do Governo Central: Brasil – anos selecionados – R$ milhões – valores constantes de 2014 e % do PIB

Discriminação	2000		2005		2010		2015		2020	
	R$ milhões	% PIB	R$ milhões	% PIB	R$ milhões	% PIB	R$ milhões	% PIB	R$ milhões	% PIB
RECEITA TOTAL	776.389	19,60%	1.069.882	22,47%	1.598.170	23,64%	1.545.847	20,83%	1.468.096	19,29%
Receita Administrada pela RFB	515.896	13,03%	730.482	15,34%	924.255	13,67%	946.907	12,76%	899.523	11,82%
Incentivos Fiscais	–3.287	–0,08%	–15	0,00%	–172	0,00%	–13	0,00%	–138	0,00%
Arrecadação Líquida para o RGPS	184.030	4,65%	237.816	5,00%	368.808	5,45%	433.484	5,84%	404.773	5,32%
Receitas Não Administradas pela RFB	79.749	2,01%	101.600	2,13%	305.279	4,52%	165.469	2,23%	163.939	2,15%
FPM / FPE / IPI-EE	102.896	2,60%	139.828	2,94%	183.987	2,72%	205.059	2,76%	204.617	2,69%
RECEITA LÍQUIDA	655.175	16,54%	893.937	18,78%	1.366.117	20,21%	1.292.537	17,42%	1.204.298	15,83%

Nota: em valores reais do ano de 2020.

Fonte: Secretaria do Tesouro Nacional.

Tabela 8.3 Arrecadação bruta das receitas federais – regime de competência

Discriminação	2000		2005		2010		2015		2020	
	R$ milhões	% PIB	R$ milhões	% PIB	R$ milhões	% PIB	R$ milhões	% PIB	R$ milhões	% PIB
IPI	58.466	1,48%	53.627	1,13%	65.341	0,97%	60.129	0,81%	56.695	0,75%
IR	169.257	4,27%	252.842	5,31%	338.714	5,01%	371.817	5,01%	384.125	5,05%
IOF	10.323	0,26%	13.374	0,28%	46.240	0,68%	43.154	0,58%	22.048	0,29%
Cofins	131.539	3,32%	189.888	3,99%	245.733	3,63%	250.896	3,38%	221.964	2,92%
PIS/Pasep	33.116	0,84%	47.341	0,99%	70.979	1,05%	66.270	0,89%	62.594	0,82%
CSLL	30.529	0,77%	56.679	1,19%	80.681	1,19%	74.772	1,01%	79.319	1,04%
CPMF	48.042	1,21%	63.618	1,34%	41	0,00%	22	0,00%	0	0,00%
Total da Receita Administrada pela RFB	515.896	13,03%	730.482	15,34%	924.255	13,67%	946.907	12,76%	899.523	11,82%

Nota: em valores reais do ano de 2020.

Fonte: Secretaria do Tesouro Nacional.

O sistema brasileiro é bastante complexo tanto em função do grande número de impostos que incidem sobre os mais diversos fatos geradores (ato econômico que gera o pagamento do imposto), como em função da estrutura, pois envolve diversas isenções, alíquotas diferentes e relacionamento entre as diferentes esferas de governo (União, Estados e Municípios) etc.

Conforme discutido anteriormente, o IPI e o ICMS são impostos que incidem sobre a circulação de mercadorias. Os dois são do tipo valor adicionado, isto é, o imposto é recolhido apenas sobre o valor agregado ao bem em cada etapa produtiva (ou seja, o indivíduo tem como crédito o imposto anteriormente recolhido)[8] de modo a evitar o acúmulo de impostos a cada etapa de circulação das mercadorias.

Boxe 8.1 – Cálculo por dentro e por fora: qual é a alíquota de impostos que pagamos?

O cálculo dos impostos sobre bens e serviços no Brasil se dá sobre o valor de venda da mercadoria, isto é, não é calculado sobre o preço de custo, mas sobre o preço final que o consumidor paga. Com isso, quando se calcula a alíquota efetiva com relação ao custo da mercadoria, esta é maior do que aquela que consideramos.

Vamos supor, por exemplo, que o custo de produção de uma mercadoria seja R$ 100,00 e a alíquota de imposto seja de 18%. Nesse caso, se o imposto incidisse sobre o custo, o valor de venda da mercadoria seria os R$ 100,00 mais os R$ 18,00 do imposto, resultando em um valor de venda de R$ 118,00. Nesse caso, o imposto aumenta o preço da mercadoria em 18%, conforme a alíquota estipulada para o imposto. Este é o chamado **cálculo por fora**, no qual o valor de venda da mercadoria corresponde ao custo mais os impostos que incidem sobre o custo:

$$PV = C + \text{impostos} = \mathbf{C} + \mathbf{t\,C} = (1 + \mathbf{t})\,\mathbf{C}$$

Em que: **PV** = preço de venda; t = alíquota de imposto e **C** = preço de custo sem imposto.

No caso brasileiro, o imposto é calculado sobre o valor de venda, que é o chamado **cálculo por dentro**. Nesse caso, para calcular o preço de venda da mercadoria, deve-se considerar o seu custo mais o imposto que incidirá sobre o preço final (total) pago pelo consumidor:

$$PV = C + tPV$$
$$C = PV - tPV = PV(1 - t)$$
$$PV = C/(1 - t)$$

No nosso exemplo, com uma mercadoria cujo custo é R$ 100,00 e a alíquota é 18%, o preço de venda seria R$ 121,95; ou seja, os impostos seriam de R$ 21,95 e a alíquota com relação aos custos seria na realidade 21,95%. Portanto, a alíquota de imposto de 18% sobre o preço de venda fez com que o produto ficasse quase 22% mais caro com relação ao seu custo.

---

[8] Por exemplo, suponha-se um produtor de mesas e uma alíquota de ICMS de 18% sobre o preço da mercadoria. Para produzir a mesa, o indivíduo comprou madeira no valor de R$ 100,00; nessa transação, foram recolhidos R$ 18,00 de ICMS. Ao vender a mesa, suponha-se, por R$ 250,00, que o imposto sobre a mesa é R$ 45,00, mas R$ 18,00 já foram recolhidos sobre a madeira; assim, o produtor da mesa tem esse valor como crédito, de tal modo que o imposto devido seja de R$ 27,00, ou 18% sobre os R$ 150,00 que acrescentou de valor à madeira para produzir a mesa (R$ 250,00 – R$ 100,00 = R$ 150,00).

O **IPI** restringe-se à produção industrial e é de competência da União. Há diversas alíquotas que variam de acordo com critérios de "essencialidade" do bem e com objetivos de arrecadação e de política industrial. O referido imposto foi instituído na reforma financeira de 1964, sendo durante muito tempo o imposto responsável pela maior parte da arrecadação no país, perdendo participação na arrecadação da Receita Federal[9] a partir dos anos 1990. A maior parte da arrecadação do imposto vem do cigarro, das bebidas e dos automóveis. Esse imposto é muito sensível à conjuntura econômica e bastante utilizado com a finalidade de criar incentivos setoriais e como instrumento de política econômica conjuntural.[10] Outro aspecto a ser destacado com relação ao IPI é que parte da sua arrecadação é compartilhada com os estados e municípios por meio de transferências.

O **ICMS** também originou-se na reforma tributária de 1964/1966. Inicialmente chamado apenas de Imposto sobre Circulação de Mercadorias (ICM), tal imposto sofreu alterações em 1990 com a incorporação de novos itens como fatos geradores – transportes, energia elétrica, combustíveis e telecomunicações – e passou a ser chamado de ICMS.

O ICMS possui uma base tributária mais ampla que o IPI, englobando não só produtos industriais, mas também a produção agrícola e alguns serviços. É de competência dos estados, mas estes não têm autonomia para decidir níveis de alíquota, isenções etc., que antes eram de competência do governo federal, com aprovação do Senado, e, hoje, são definidos pelo Conselho das Secretarias da Fazenda dos Estados (Confaz). Qualquer alteração de alíquota ou isenção só pode ser concedida com a unanimidade do conselho. Esse arcabouço visa impedir a chamada "**guerra fiscal**" entre os estados, ou seja, a utilização de incentivos fiscais como modo de estimular determinadas atividades econômicas para seu território em detrimento dos demais. O incentivo à guerra fiscal decorre do fato de a maior parte do imposto ficar no estado em que se dá a produção da mercadoria (estado de origem) e uma parcela menor ir para o estado em que se dá o consumo (estado de destino). O ICMS é, atualmente, um dos impostos de maior arrecadação no país e, assim como o IPI, é bastante sensível às flutuações da atividade econômica.

O **IR**, por sua vez, divide-se em **Imposto de Renda sobre Pessoas Físicas (IRPF)**, aquele que incide sobre a renda dos indivíduos, e **Imposto de Renda sobre Pessoas Jurídicas (IRPJ)**, que incide sobre os lucros das empresas. Quanto ao recolhimento, existe o **imposto pago na fonte**, aquele que já vem descontado do salário, do rendimento das aplicações financeiras etc., e a **declaração anual**, em que se contabiliza toda a renda dos indivíduos ou todo o lucro das empresas ao longo do ano, e paga-se o imposto de uma só vez no ano. O imposto de renda é de competência do governo federal e é responsável por parcela bastante expressiva da arrecadação federal, juntamente com as contribuições previdenciárias.

Na estrutura tributária brasileira, a União arrecada a maior parte dos impostos, especialmente se incluirmos as contribuições previdenciárias. Em seguida, tem-se os estados e então, finalmente, municípios, que administram impostos que geram um volume relativamente baixo de arrecadação (exceção feita às capitais de estado).

---

[9] A Receita Federal é o órgão responsável pela arrecadação do conjunto de receitas sob responsabilidade do governo federal.

[10] Durante a crise econômica em 2008/2009, por exemplo, o governo optou pela redução do IPI em uma série de produtos para incentivar o consumo, como automóveis, eletrodomésticos, materiais de construção, entre outros.

Para evitar o estrangulamento de estados e municípios nessa estrutura, foram criados o **Fundo de Participação dos Estados (FPE)** e o **Fundo de Participação dos Municípios (FPM)**, que são constituídos por parcela dos impostos arrecadados pelo governo federal via IPI e IR. A repartição desses fundos se dá de acordo com critérios que envolvem extensão territorial, tamanho da população, inverso da renda *per capita* e localização regional, entre outros. Além desses, parte de outros impostos recolhidos à União é devolvida aos estados e municípios, como ocorre com o **ITR**, por exemplo, que é recolhido pela União, mas uma parte retorna ao município onde a propriedade se localiza. Os municípios também recebem parcela do ICMS e do IPVA, que é compartilhada com os estados.

Desde a reforma de 1964, verificou-se forte centralização dos recursos no governo federal. Com a redemocratização e a Constituição de 1988, tentou-se alterar essa tendência centralizadora ampliando a participação de estados e municípios na receita disponível e aumentando-se as transferências por meio do FPE e do FPM. Os maiores beneficiários foram os municípios de pequeno porte, que são favorecidos pelas regras de repartição do FPM. Ao longo dos anos 1990, verificou-se novamente a tendência à centralização em função de um grande crescimento da arrecadação da União, tendo como base o estabelecimento e ampliação das contribuições sociais, mecanismo possibilitado pela Constituição de 1988 para o financiamento de políticas sociais, e que não são compartilhadas com os estados e municípios.

A importância assumida pelas transferências pode ser percebida com base nos dados apresentados na Tabela 8.4, que mostra a relação entre transferências e arrecadação de ICMS para os estados brasileiros. Percebe-se que, nos estados mais pobres, as transferências do FPE superam a arrecadação própria de ICMS. Nesse caso, as transferências compensam em parte as diferenças de capacidade tributária decorrentes da menor base tributária (circulação e produção de mercadorias) nos estados de menor renda.

Tabela 8.4 Principais fontes de recursos dos estados brasileiros 2000-2020

Estado	2000			2010			2020		
	ICMS	Transfe-rências da União – FPE	Transf./ ICMS	ICMS	Transfe-rências da União – FPE	Transf./ ICMS	ICMS	Transfe-rências da União – FPE	Transf./ ICMS
Acre	365	1.377	377,26%	1.001	2.323	232,00%	1.374	2.568	186,85%
Amazonas	4.639	1.123	24,20%	9.666	1.895	19,60%	10.841	2.193	20,23%
Amapá	337	1.373	407,90%	848	2.317	273,20%	1.015	2.572	253,42%
Pará	3.911	2.459	62,89%	9.005	4.150	46,09%	13.834	4.556	32,93%
Rondônia	1.887	1.133	60,04%	3.796	1.912	50,36%	4.446	2.099	47,20%
Roraima	356	998	280,30%	715	1.684	235,61%	1.240	1.843	148,65%
Tocantins	918	1.746	190,25%	1.949	2.947	151,20%	3.287	3.167	96,35%
Alagoas	1.782	1.674	93,95%	3.619	2.825	78,04%	4.695	3.138	66,85%
Bahia	12.433	3.781	30,41%	20.585	6.380	30,99%	24.902	6.948	27,90%
Ceará	6.169	2.952	47,85%	10.699	4.982	46,56%	13.222	5.411	40,92%
Maranhão	2.086	2.905	139,26%	5.129	4.901	95,55%	8.144	5.357	65,78%
Paraíba	2.431	1.927	79,28%	4.395	3.252	73,99%	6.099	3.542	58,08%

(continua)

(continuação)

Estado	2000			2010			2020		
	ICMS	Transfe-rências da União – FPE	Transf./ ICMS	ICMS	Transfe-rências da União – FPE	Transf./ ICMS	ICMS	Transfe-rências da União – FPE	Transf./ ICMS
Pernambuco	7.082	2.777	39,21%	14.634	4.685	32,01%	17.277	5.117	29,61%
Piauí	1.420	1.739	122,44%	3.340	2.934	87,84%	4.724	3.222	68,19%
Rio Grande do Norte	2.614	1.681	64,30%	4.945	2.837	57,37%	5.881	3.101	52,73%
Sergipe	1.618	1.672	103,35%	3.222	2.821	87,58%	3.498	3.073	87,85%
Espírito Santo	6.621	604	9,12%	12.118	1.018	8,40%	11.925	1.169	9,80%
Minas Gerais	24.979	1.792	7,18%	47.304	3.025	6,39%	52.524	3.344	6,37%
Rio de Janeiro	26.986	615	2,28%	40.022	1.037	2,59%	38.693	1.167	3,02%
São Paulo	107.742	402	0,37%	160.624	679	0,42%	149.339	725	0,49%
Paraná	14.386	1.160	8,06%	24.133	1.958	8,11%	31.392	2.107	6,71%
Rio Grande do Sul	18.652	948	5,08%	31.170	1.599	5,13%	36.371	1.709	4,70%
Santa Catarina	9.105	515	5,66%	18.036	869	4,82%	23.938	957	4,00%
Distrito Federal	4.674	278	5,94%	8.005	469	5,85%	8.652	512	5,92%
Goiás	7.260	1.144	15,76%	14.215	1.930	13,58%	17.817	2.127	11,94%
Mato Grosso do Sul	3.557	536	15,07%	8.075	904	11,20%	10.161	1.004	9,88%
Mato Grosso	4.676	929	19,86%	9.286	1.567	16,88%	12.826	1.694	13,21%

Nota: em valores reais do ano de 2020.

Fonte: Secretaria do Tesouro Nacional.

Outra característica que merece destaque no sistema tributário brasileiro é o alto peso dos impostos indiretos comparativamente a outros países. Essa característica introduz expressiva regressividade no sistema, uma vez que, por estar embutido no preço das mercadorias, dois indivíduos com rendas totalmente diferentes, mas que consomem o mesmo bem pagarão exatamente o mesmo valor de imposto independentemente de seus níveis de renda. Para o indivíduo de maior renda, o imposto terá menor peso do que para o indivíduo de menor renda.

Quando comparada a outros países, a carga tributária brasileira é bastante elevada, principalmente se considerarmos o nível de renda do país.[11] Conforme pode ser visto na Figura 8.1, o nível de impostos no Brasil, comparativamente à renda, é semelhante ao de países com renda *per capita* significativamente maior, e superior à de muitos países da América Latina e de renda média. Mesmo com relação a um número significativo de países

---

[11] Em geral, verifica-se uma ampliação da carga tributária dos países conforme o nível de renda, a chamada **Lei de Wagner**, que está associada à ampliação dos serviços públicos conforme a renda se eleva.

desenvolvidos, como Canadá, Suíça, Irlanda, Japão, Austrália e Coreia do Sul,[12] entre outros, nota-se que a carga tributária brasileira ainda é bastante elevada.

Figura 8.1 PIB per capita e impostos totais como % do PIB.

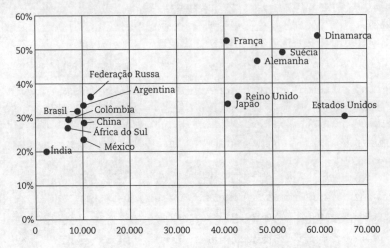

Além de ser alta, a carga tributária brasileira teve forte elevação nas últimas três décadas, conforme se verifica na Figura 8.2. Após ter se estabilizado em torno de 25% do PIB no período entre a reforma tributária dos anos 1960 e a estabilização nos anos 1990, esta aumentou acentuadamente, superando os 35% do PIB na primeira década do século XXI. Esse processo está relacionado com o significativo crescimento das despesas discutido anteriormente, em especial das despesas primárias.

Figura 8.2 Total da receita tributária (% do PIB).

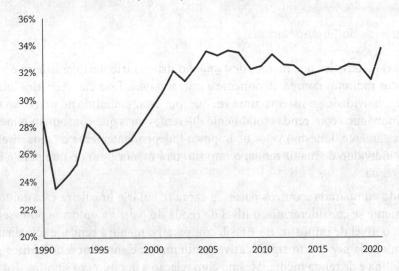

Fonte: IBGE e Secretaria do Tesouro Nacional.

---

[12] Dados não reportados na tabela.

8.4 DÉFICIT PÚBLICO E DÍVIDA PÚBLICA

O total de impostos arrecadados no país corresponde à chamada **carga tributária bruta**. A diferença entre a carga tributária bruta e as transferências governamentais (juros sobre a dívida pública, subsídios e gastos com assistência e previdência social) é a **carga tributária líquida**. É com base nesta que o governo pode financiar seus gastos correntes (consumo do governo). A diferença entre a receita líquida e o consumo do governo determina a **poupança do governo em conta-corrente**.

Carga tributária bruta = Total de impostos arrecadados no país

Carga tributária líquida = Carga tributária bruta – transferências do governo

Poupança do governo em conta-corrente = Carga tributária líquida – consumo do governo

A poupança do governo em conta-corrente não é o resultado do orçamento público nem se constitui em uma medida de déficit público, pois não considera as despesas de capital do governo (despesas com investimento, por exemplo). O que ela mostra é a capacidade de investimento do governo sem pressionar outras fontes de financiamento.

O investimento público, por sua vez, é composto, principalmente, pelas despesas de capital, ou seja, pelos gastos do governo com a construção de novas estradas, hospitais, escolas etc. A diferença entre a poupança pública e o investimento público corresponde ao valor do déficit ou superávit público, ou seja, a diferença entre arrecadação total e gasto total.

$$\textbf{Déficit público} = \text{Investimentos governamentais} - \text{Poupança do governo em conta-corrente}$$

Para se avaliar o estímulo do governo à atividade econômica por meio da expansão da demanda privada, é importante medir o tamanho do déficit público. De modo geral, poderíamos dizer que, quando este é menor que zero (ou seja, quando ocorre superávit), o governo está fazendo uma **política fiscal contracionista**, restringindo a demanda agregada. Por outro lado, quando o déficit público for maior que zero, o governo estará contribuindo para aumentar a demanda agregada, ou seja, realizando uma **política fiscal expansionista**.

Caso o governo incorra em um déficit, o gasto que supera a receita deve ser financiado de alguma maneira, ou seja, o governo deve obter recursos adicionais para cobri-lo, o que tipicamente se faz pelo aumento da dívida pública.

O endividamento público traz uma nova categoria de gastos, qual seja, o pagamento dos juros dessa dívida. Assim, quanto maior for o estoque da dívida, maior será o gasto com juros; logo, maior será a diferença entre carga tributária bruta e líquida. A amortização da dívida e/ou sua ampliação entram na equação de financiamento, na diferença entre poupança e investimento.

Seja por razões históricas ou por características econômicas e sociais dos países, em diversos lugares o Estado assumiu função central na provisão de bens e serviços e na promoção do desenvolvimento econômico. Essa intervenção deu-se por meio da fundação de empresas estatais, que ocuparam setores estratégicos do desenvolvimento e que não poderiam, em determinado contexto, ser ocupados pelo setor privado, quer nacional, pela inexistência de recursos em volume suficiente, quer internacional, por desinteresse deste ou por motivos de segurança nacional. Além disso, em grande parte dos países, o Estado criou uma série de autarquias e agências desenvolvimentistas para promover setores específicos, bem como sistemas financeiros para gerar o aporte de recursos necessários ao investimento. Assim, em alguns países, o Estado assumiu uma função produtora ou estruturante do desenvolvimento, função esta que não fazia parte das funções clássicas discutidas anteriormente.

Este foi o caso brasileiro: o Estado, para viabilizar o processo de industrialização, assumiu a incumbência de desenvolver o setor de bens intermediários, bem como desenvolver a infraestrutura do país. Assim, observou-se ao longo do processo de desenvolvimento nacional a constituição de um setor produtivo estatal, envolvendo o desenvolvimento dos setores siderúrgico, da exploração de petróleo, mineração, do setor petroquímico, das telecomunicações e da geração de energia elétrica, entre outros.

Com isso, percebe-se que o conceito de setor público como administração direta é muito restrito para se avaliar o papel do Estado na economia, bem como para medir o déficit público, uma vez que grande parte das receitas e dos gastos se dá à margem da administração direta. Nesse sentido, desenvolveram-se novos conceitos para medir o déficit público, entendido como a necessidade de recursos de todo o setor público.

Um conceito abrangente bastante conhecido é o de **Necessidade de Financiamento do Setor Público (NFSP)**. No Brasil, a NFSP começou a ser medida no início dos anos 1980 e seu objetivo é medir a "pressão" do setor público não financeiro sobre os recursos financeiros (tanto internos como externos) da economia, ou seja, sobre a poupança.

Para acompanhamento do resultado fiscal, costuma-se dividir a NFSP entre NFSP conceito nominal e NFSP conceito primário. A **NFSF conceito primário (NFSPcp)** engloba apenas as receitas e despesas não financeiras do governo, ou seja, excluem os juros da dívida pública. A **NFSP conceito nominal (NFSPcn)**, por sua vez, inclui nas despesas o pagamento dos juros sobre a dívida pública. A relevância desses conceitos está no fato de que eles separam o esforço fiscal do impacto das variações nas taxas de juros que, em razão do tamanho do estoque acumulado de dívida, têm grande influência sobre as necessidades de financiamento do governo.[13]

---

[13] Principalmente até os anos 1990, quando o Brasil apresentava taxas de inflação relativamente altas, o FMI levava em consideração outro conceito, denominado **NFSP conceito operacional (NFSFco)**, que excluía as correções monetária e cambial da dívida. Essa medida considerava então a taxa real de juros, em vez da taxa nominal, da seguinte forma:

NFSPco = $G - T + rB$ em que: r é a taxa real de juros.

Esta medida era utilizada porque as cláusulas de correção monetária e cambial sobre os títulos públicos, nos períodos de inflação muito alta, elevavam bastante a NFSPcn sem que isso significasse aumento de gastos. Atualmente, o Banco Central e o FMI levam em conta, fundamentalmente, os conceitos nominal e primário.

$$NFSP \text{ } conceito \text{ } nominal \text{ } (NFSPcn) = G - T + iB$$
$$NFSP \text{ } conceito \text{ } primário \text{ } (NFSPcp) = G - T$$

Em que:

G = total de gastos públicos não financeiros;

T = total de arrecadação não financeira;

i = taxa de juros nominal (taxa de juros real mais correção monetária ou cambial);

B = estoque de títulos públicos.

Temos, então, que:

> **NFSPcp = NFSPcn – juros da dívida pública**

A Tabela 8.5 mostra a evolução do déficit público no Brasil, pelos dois conceitos apresentados.

Tabela 8.5 Necessidades de financiamento do setor público em % do PIB a preços correntes

Período	Déficit primário	Despesas com juros nominais	Déficit nominal
2002	−3,19	7,61	4,42
2003	−3,24	8,42	5,18
2004	−3,69	6,56	2,88
2005	−3,74	7,28	3,54
2006	−3,15	6,72	3,57
2007	−3,24	5,98	2,74
2008	−3,33	5,32	1,99
2009	−1,94	5,13	3,19
2010	−2,62	5,03	2,41
2011	−2,94	5,41	2,47
2012	−2,18	4,44	2,26
2013	−1,71	4,67	2,96
2014	0,56	5,39	5,95
2015	1,86	8,37	10,22
2016	2,48	6,49	8,98
2017	1,68	6,09	7,77

(continua)

(continuação)

Período	Déficit primário	Despesas com juros nominais	Déficit nominal
2018	1,55	5,41	6,96
2019	0,84	4,97	5,81
2020	9,24	4,11	13,34
2021	−0,73	5,04	4,31
2022	−1,28	5,96	4,68

Nota: números negativos indicam superávit e positivos indicam déficit; valores como % do PIB.

Fonte: Banco Central do Brasil.

$$\text{Déficit público} = \text{Variação em } B = dB$$

sendo B a dívida pública.

Se considerarmos que uma parcela de B é adquirida pelo Bacen, tem-se:

$$NFSP = G - T + iB = dB + dM$$

Em que:

dB = variação da dívida pública nas mãos do setor privado;

dM = variação no estoque de moeda (emissão monetária no período).

Um ponto importante a ser destacado com relação ao déficit público e seu financiamento é o comportamento desta variável ao longo do tempo. Nesse sentido, uma medida muito utilizada para se avaliar a capacidade de pagamento do setor público é a **relação dívida/PIB**. O déficit público pode ser decomposto em duas partes, quais sejam, o déficit primário (como definido anteriormente) e os juros incidentes sobre a dívida pública. Considerando que a relação entre o estoque de moeda e o PIB se mantenha constante, o não crescimento da dívida pública com relação ao PIB implica que o governo tenha um superávit primário em montante suficiente para compensar a diferença entre os juros incidentes sobre a dívida pública e a taxa de crescimento do PIB. Caso não haja superávit, a **estabilidade da dívida requer que a taxa de juros se iguale à taxa de crescimento do produto**.

Tabela 8.6 Evolução da dívida líquida do setor público (% do PIB)

Dívida Líquida do Setor Público (% do PIB)			
Ano	Governo federal e Bacen	Governos estaduais e municipais	Empresas estatais	Setor público consolidado
2001	31,30	17,45	2,74	51,49
2002	37,67	19,68	2,59	59,93
2003	33,69	18,44	2,13	54,26
2004	30,72	17,93	1,53	50,19
2005	30,60	16,13	1,19	47,92
2006	30,54	15,10	0,84	46,49
2007	30,02	13,72	0,80	44,55
2008	23,42	13,34	0,80	37,57
2009	27,98	12,19	0,71	40,88
2010	25,76	11,60	0,62	37,98
2011	23,06	10,84	0,57	34,47
2012	20,82	10,79	0,59	32,19
2013	19,23	10,69	0,58	30,50
2014	20,78	11,13	0,68	32,59
2015	21,90	12,87	0,87	35,64
2016	33,34	11,92	0,88	46,14
2017	38,48	11,99	0,90	51,37
2018	39,46	12,44	0,87	52,77
2019	41,66	12,29	0,76	54,70
2020	47,98	12,54	0,84	61,37
2021	45,28	9,89	0,64	55,82
2022	48,15	8,79	0,56	57,50

Nota: valores de dezembro.

Fonte: Ipeadata.

No Brasil, especialmente entre 1994 e 2003, verificou-se forte elevação da razão dívida pública líquida/PIB em função de vários fatores, como os baixos superávits primários, principalmente entre 1995 e 1998, as baixas taxas de crescimento econômico, as elevadas taxas reais de juros e a presença de uma série de efeitos patrimoniais (reconhecimento de dívidas e impactos de desvalorizações cambiais, entre outros). A partir de 2003, nota-se uma reversão dessa tendência em função da elevação dos superávits primários que se iniciou em 1998, do aumento das taxas de crescimento econômico e da redução das taxas reais de juros.

Além das medidas citadas anteriormente, cabe mencionar também duas outras importantes: a chamada **Dívida Bruta do Setor Público**, que mensura o montante total do endividamento do governo central (dívida interna mais dívida externa), e a **Dívida Líquida do Setor Público**, que inclui os créditos do setor público consolidado, como as disponibilidades financeiras do governo geral e das estatais, inclusive as reservas internacionais do país. A título de ilustração, a Figura 8.3 apresenta a evolução recente da dívida pública bruta do governo em relação ao PIB.

Figura 8.3 Dívida bruta do governo geral (% do PIB).

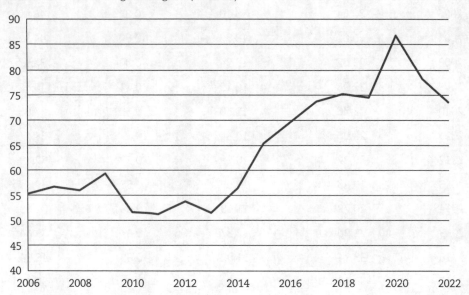

Fonte: Ipeadata.

Boxe 8.2 – Dinâmica da dívida pública com relação ao PIB

Para analisar a evolução da dívida pública (B) com relação ao PIB, podemos nos valer da seguinte expressão:

$$dB_t = B_t - B_{t-1}$$
$$dB_t = NFSP_t = i_t B_{t-1} + G_t - T_t$$
$$B_t = B_{t-1} + i_t B_{t-1} + G_t - T_t$$
$$B_t = (1 + i_t) B_{t-1} + G_t - T_t$$

sendo:

B_t = estoque de dívida no final do ano t;

B_{t-1} = estoque de dívida no final do ano t – 1;

$G_t - T_t$ = déficit primário no ano t = DP_t;

i_t = taxa nominal de juros no ano t;

$NFSP_t$ = Necessidade de Financiamento do Setor Público – Nominal – no ano t.

Dividindo os dois lados pelo PIB do ano t, temos:

$$Bt / PIBt = (1 + i_t)B_t - 1 / PIBt + DPt / PIBt$$

Tomando o primeiro termo do lado direito, multiplicando e dividindo pelo PIB de t – 1, teremos:

$$Bt / PIBt = (1 + i_t)B_t - 1 / PIB_t - 1 \times PIB_t - 1/PIB_t + DP_t / PIB_t$$

Para considerar o PIB em termos reais, deve-se descontar a inflação, com o que a taxa nominal de juros deve ser substituída pela taxa real de juros. Sendo:

$$PIB_t - 1/PIB_t = 1/(1 + q_t)$$

com q_t = taxa de crescimento do PIB no ano t.

Usando a letra minúscula para a variável com relação ao PIB, temos:

$$b_t = (1 + rt)/(1 + q_t) \, b_t - 1 + dp_t$$

ou, aproximadamente:

$$b_t = (1 + r_t - q_t) \, b_{t-1} + dp_t$$
$$b_t - b_{t-1} = (rt - q_t) \, b_{t-1} + dp_t$$

Ou seja, o crescimento da dívida com relação ao PIB dá-se pela diferença entre a taxa real de juros e o crescimento do PIB, multiplicado pela dívida com relação ao PIB do ano anterior mais o déficit primário com relação ao PIB deste ano.

Assim, a dívida cresce tanto pela existência de déficits primários como por elevadas taxas de juros e baixas taxas de crescimento econômico.

Apenas para exemplificar, considere que um país tenha no final do ano anterior uma razão dívida/PIB de 50%; uma taxa real de juros de 10% a.a.; e um crescimento do PIB de 4%. Se o governo quiser estabilizar a razão dívida/PIB, qual deve ser o seu superávit primário?

Nesse caso, o objetivo é fazer $db_t = 0$

Assim:

$$0 = (r_t - q_t) \, b_{t-1} + dp_t = (0,10 - 0,04) \times 0,50 + dp_t$$

resultando em $dp_t = -3\%$.

Ou seja, o governo deve ter um superávit primário de 3% do PIB para estabilizar a dívida. Se o crescimento do PIB fosse de 6% a.a., um superávit de 2% do PIB geraria a estabilização. Se a taxa de juros fosse de 6% a.a., um superávit primário de 1% do PIB seria suficiente.

Portanto, fica clara a importância do crescimento econômico e do nível da taxa de juros para determinar a dinâmica do endividamento público.

CONCEITOS-CHAVE

Bens públicos

Carga tributária bruta e líquida

Déficit primário

Déficit público

Despesas correntes × transferências do governo

Economias de escala

Equivalência ricardiana

Estabilizadores automáticos

Execução orçamentária

Externalidades (economias externas)

Função alocativa, distributiva e estabilizadora do governo

Impostos diretos × impostos indiretos

Impostos específicos × impostos *ad valorem*

Impostos progressivos, regressivos e neutros

Necessidade de Financiamento do Setor Público não financeiro (NFSP)

NFSP conceito nominal × NFSP conceito operacional

Política econômica

Política fiscal

Política fiscal compensatória

Política fiscal contracionista e expansionista

Políticas keynesianas

Poupança do governo em conta-corrente

Regime de Caixa × Regime de Competência

Subsídio

QUESTÕES

Q1. Fale sobre as funções que o governo pode exercer em uma economia de mercado.

Q2. Como Keynes via o papel do governo na economia? Cite um argumento apresentado pelos que não concordam com a intervenção governamental na economia.

Q3. O que é um "estabilizador automático"? Dê exemplos.

Q4. Considere uma alíquota de 18% de ICMS. Quanto um fabricante de luminárias deve pagar de imposto este mês, se o total dos gastos com matéria-prima foi de R$ 2.400 e o total de receitas foi de R$ 4.000?

Q5. Explique o que é NFSP e de que forma esse conceito é usado.

Q6. Explique a intuição por trás da identidade: $(G - T) = (S - I) + (M - X)$.

9

Política Monetária

Como discutido anteriormente, o governo pode, por meio dos instrumentos de política econômica, influenciar o desempenho da economia. No Capítulo 8, foram apresentados alguns elementos da chamada política fiscal, que influencia a demanda agregada e o produto da economia pela arrecadação de impostos e pela execução do gasto público. Neste capítulo, será discutida a política monetária, que, diferentemente da política fiscal, influencia o produto de forma indireta, por meio das intervenções no mercado monetário e financeiro.

Por **política monetária** entende-se a atuação do Banco Central (Bacen) em definir as condições de liquidez da economia, como a quantidade ofertada de moeda e o nível de taxa de juros, entre outros. Para se entender como a política monetária afeta a economia, dividiu-se este capítulo em cinco partes. Em primeiro lugar, será discutido o conceito de **moeda**, isto é, o que é moeda e para que ela serve. Em segundo lugar, aborda a chamada demanda por moeda e os seus determinantes. A terceira parte do capítulo trata da oferta de moeda, em que serão discutidos os agentes envolvidos, o processo de criação de moeda e os diferentes agregados monetários (medidas de quantidade de moeda), entre outros. Na parte seguinte, serão apresentados os mecanismos de controle da oferta de moeda pelo Bacen, isto é, os instrumentos de política monetária. Por fim, a quinta parte visa analisar a influência da política monetária sobre a economia. Dado que a moeda influencia a economia indiretamente, essa seção analisa várias questões relacionadas com a determinação da taxa de juros e as diferentes taxas existentes. Espera-se que, ao final do capítulo, o leitor tenha condições de entender a importância da moeda para o sistema econômico e como se dá essa influência.

9.1 FUNÇÕES E TIPOS DE MOEDA

A importância da moeda para a vida das pessoas e sua influência sobre a economia fazem com que esta seja um dos principais assuntos de estudos econômicos. Entender como esta afeta o sistema econômico é um tema bastante controverso em Economia.

O primeiro passo é saber o que é moeda. Apesar das várias utilizações do termo no cotidiano, os economistas definem **moeda** como aquilo que é geralmente aceito para liquidar as transações, isto é, para pagar pelos bens e serviços adquiridos e para quitar obrigações. Note que, por essa definição, "qualquer coisa" poderia ser moeda, desde que aceita como método de pagamento. O que é utilizado como moeda varia ao longo do tempo e entre as diferentes comunidades, e requer-se apenas que o ativo que desempenhe esse papel cumpra as funções básicas atribuídas à moeda.

O surgimento da moeda decorre do progresso econômico, com a especialização dos indivíduos em produções isoladas que não são capazes, por si só, de atender ao conjunto de suas necessidades. Para a satisfação dessas, deve-se recorrer cada vez mais aos outros agentes para se obter, mediante as trocas, os produtos de que necessita.

Sem a moeda, as trocas seriam extremamente limitadas. Em um sistema de escambo (trocas diretas sem o uso de moeda), para que alguém adquira qualquer mercadoria, deve encontrar alguém que possua aquilo que esteja querendo adquirir e simultaneamente queira comprar aquilo que esteja sendo oferecido – a chamada **dupla coincidência** de desejos. Em um sistema como esse, o desenvolvimento econômico seria facilmente obstruído pelo excesso de tempo que as pessoas despenderiam na realização das transações, o chamado **custo de transações**. Em muitos casos, os indivíduos gastariam mais tempo trocando do que produzindo, limitando o tamanho do produto da sociedade.

A introdução da moeda como **intermediário das trocas** permite que a transação ocorra sem a necessidade da dupla coincidência de interesses, pois **permite a separação entre o ato de compra e o de venda**. O indivíduo não é obrigado a comprar instantaneamente apenas pelo fato de ter vendido, pois pode vender uma mercadoria hoje e só utilizar a moeda para comprar outra depois de determinado período de tempo. Assim, com a moeda, o indivíduo vende seu produto para quem o demandar, recebendo moeda em troca, e a utilizará para comprar o que desejar, permitindo que haja ampla redução nos custos de transação. Essa função, em que a moeda atua como **meio de troca**, é sem dúvida sua principal função e que a distingue dos demais ativos.

Outra função desempenhada pela moeda e que também reduz os custos de transação na economia é a de **unidade de conta**, isto é, a de fornecer um padrão para que as demais mercadorias expressem seus valores. Em um sistema de troca, em cada transação determina-se o preço de uma mercadoria com relação à outra (relação de troca), ou seja, para uma mesma mercadoria, o referencial de valor se alteraria em cada transação em função dos diferentes bens dados em troca. Com a introdução da moeda, esta passa a desempenhar a função de unidade de conta ou **denominador comum do valor**, isto é, fornece uma referência para que os valores das demais mercadorias sejam cotados. A utilização da moeda como denominador comum para todas as mercadorias permite a mensuração da atividade econômica, reduz o número de informações necessárias para a tomada de decisões (custos de transação) e aumenta a eficiência econômica.

A terceira função desempenhada pela moeda é a de **reserva de valor** e decorre de sua primeira função – meio de troca. A separação entre os atos de compra e de venda em termos individuais só pode ocorrer se o poder de compra adquirido ao vender sua mercadoria mantiver-se ao longo do tempo, isto é, a moeda deve, ao menos durante certo intervalo de tempo, preservar seu poder de compra. De fato, a moeda não é o único ativo que pode desempenhar essa função. Os títulos, por exemplo, além de serem reserva de valor, oferecem um rendimento a seu detentor; outros ativos podem ter aumento em seu valor ou prestar algum serviço (imóveis, automóveis etc.). Contudo, o motivo que leva as pessoas a reterem moeda como reserva de valor é o fato de esta possuir liquidez absoluta.

Entende-se por **liquidez** a facilidade com que um ativo se converte em meio de troca. O grau de liquidez de um ativo depende: (i) da facilidade com que ele é transacionado, o que depende da existência de mercados organizados e de suas dimensões; (ii) dos custos transacionais associados à sua negociação, como condições de acesso ao mercado, tempo gasto, taxa de corretagem etc.; e (iii) do grau de estabilidade e previsibilidade de seu preço.

A maior parte dos ativos a serem utilizados como reserva de valor possui grau de liquidez inferior ao da moeda, seja pela maior dificuldade de negociação, seja pelo maior custo de transação. Contudo, a moeda, por já ser o próprio meio de troca, não possui qualquer dificuldade ou custo de transação na conversão. Assim, em muitos casos, a facilidade propiciada pela liquidez absoluta da moeda pode justificar sua manutenção como reserva de valor, pois mesmo que ela não ofereça rendimento ou outros serviços, não possui custos de conversão em meio de troca.

> **Moeda** é o ativo utilizado para liquidar as transações, isto é, realizar os pagamentos. É o ativo que possui maior grau de liquidez.
> **Liquidez** é a capacidade de um ativo converter-se rapidamente em poder de compra, isto é, transformar-se em meio de troca.

Assim, as três funções que a moeda desempenha no sistema econômico são:

i. **meio de troca**: intermediário entre as mercadorias;

ii. **unidade de conta**: ser a referência de valor das trocas, por meio da qual as mercadorias são precificadas;

iii. **reserva de valor**: poder de compra que se mantém no tempo, ou seja, forma de se medir a riqueza.

Pode-se, então, definir a moeda como qualquer ativo que desempenhe tais funções. Note que, a princípio, qualquer ativo/mercadoria poderia ser moeda. Contudo, o ativo a exercer esse papel deve possuir alguns atributos, como aceitação geral, divisibilidade, durabilidade e baixo custo de carregamento, entre outros.

Em termos históricos, a moeda evoluiu da chamada **moeda-mercadoria** (boi, sal etc.), passando pela **moeda metálica** (moedas de ouro, prata e outros metais preciosos), **moeda-papel** (que correspondia a notas que possuíam lastro em ouro), para finalmente chegar ao **papel-moeda**, para o qual não existe qualquer tipo de lastro e sua aceitação se dá por imposição legal e pela credibilidade conferida à mesma pelo governo. Essa evolução deu-se no sentido de buscar instrumentos que atendessem às funções da moeda, respeitando suas características essenciais, e possibilitassem maior fluidez do sistema de trocas. O papel-moeda torna explícito que a moeda não possui qualquer valor intrínseco, isto é, seu valor é dado por seu poder de compra e não por qualquer coisa que a lastreie.

Tipos de moeda:
i. **moeda-mercadoria**: determinada mercadoria é usada como moeda. Um tipo de moeda-mercadoria é a **moeda metálica**, isto é, o ouro, a prata etc., metais preciosos ou semipreciosos que foram usados como moeda;
ii. **moeda-papel**: corresponde a uma nota de papel que expressa determinado valor de ouro, isto é, possui lastro em determinada mercadoria;
iii. **papel-moeda** ou **moeda fiduciária**: notas de papel e moedas emitidas pelo governo que não possuem lastro em nenhuma mercadoria, isto é, não existe uma garantia física sustentando o valor da moeda e sua aceitação se deve à imposição legal do governo.

Lastro: ativo ou mercadoria que respalda o valor da moeda, isto é, no qual a moeda-papel pode ser convertida. O exemplo mais tradicional é o **lastro-ouro**, segundo o qual as notas de papel representam determinada quantidade de ouro. Outro tipo de lastro são as **reservas internacionais** do país, isto é, os ativos/moedas que podem ser usados nas transações internacionais, por exemplo, o dólar.

9.2 DEMANDA POR MOEDA

Com base nas funções da moeda, pode-se começar a analisar os motivos que levam os indivíduos a demandarem moeda.

Enquanto unidade de conta, a moeda expressa a relação de troca das mercadorias, ou seja, funciona como um parâmetro de valor. Assim, o **preço de uma mercadoria** é a expressão monetária do valor de troca de um bem.

Enquanto meio de troca, por sua vez, a moeda começa a influenciar o funcionamento da economia. Para poder adquirir algo, os indivíduos devem ter moeda. Nesse sentido, os indivíduos não demandariam a moeda por si só, mas, sim, pelos bens que ela permite adquirir. Essa é a chamada demanda por moeda por **motivo transacional**. Se a moeda se restringisse a essa função apenas, os indivíduos não demandariam moeda por si mesma e toda moeda no sistema seria utilizada para realizar as trocas. Assim, dada a quantidade de bens existentes na economia, a quantidade de moeda influenciaria tão somente a determinação dos preços desses bens. Quanto mais moeda houvesse, mais os indivíduos gastariam e, como a oferta de bens é dada no curto prazo, o efeito seria uma elevação de preços.

Essa é a concepção da chamada **teoria quantitativa da moeda**, segundo a qual o total de moeda em circulação na economia multiplicado por sua velocidade de circulação é igual ao produto nominal da economia. Para chegar-se a essa relação, parte-se do conceito de velocidade, que, rearranjado, fornece a chamada **equação de trocas**. Com algumas hipóteses sobre os parâmetros desta equação, determina-se a teoria quantitativa da moeda:

$$V = \frac{PY}{M} \quad \text{(velocidade de circulação da moeda)}$$

$$MV = PY \quad \text{(equação das trocas)}$$

Em que:

M = quantidade de moeda;

V = velocidade de circulação da moeda;

P = nível absoluto de preços;

Y = quantidade de produtos (produto real).

A **velocidade de circulação da moeda**, também chamada **velocidade-renda da moeda**, corresponde ao número de transações que são realizadas com certa quantidade de moeda em dado período, ou seja, é o número de transações que a moeda efetua em um dado período.[1]

Velocidade de circulação da moeda ou **velocidade-renda da moeda**: número de transações liquidadas com a mesma unidade monetária, ou seja, é o número de "giros" que a moeda dá, gerando renda, em dado período.

De modo geral, como o quadro institucional é relativamente estável, pode-se supor que, no curto prazo, a velocidade de circulação da moeda seja constante. Assumindo-se também que o produto seja constante, tem-se então que qualquer elevação na quantidade de moeda significaria elevação nos preços.

Os indivíduos, contudo, não recebem renda diariamente – o salário, por exemplo, é, em geral, pago apenas mensalmente. Por outro lado, os agentes realizam gastos diariamente (alimentação, transporte etc.). Assim, os indivíduos devem fazer frente à defasagem entre recebimentos e pagamentos, guardando moeda para poderem realizar as transações necessárias. A **demanda por moeda para transações** depende do padrão de gastos dos indivíduos e estes, por sua vez, dependem do nível de renda. Assim, quanto maior a renda, maior tende a ser a demanda por moeda para transações.

Quando se considera a moeda como reserva de valor, têm-se novos motivos para se demandar moeda. Um primeiro motivo a ser considerado é o chamado **motivo precaução**. Os indivíduos têm incerteza quanto ao futuro e guardam moeda para precaver-se dos infortúnios. Nesse contexto, cabe a pergunta: por que se precaver guardando moeda, que não rende juros, em vez de comprar outros ativos (títulos, por exemplo) que rendem juros, podendo-se obter mais moeda no futuro? Uma resposta comumente aceita é a de que, no contexto de incerteza, o único ativo que possibilita segurança a seu detentor é aquele que possui liquidez absoluta, ou seja, a moeda.

---

[1] A velocidade de circulação da moeda depende, entre outros, do quadro institucional da sociedade, que depende, por sua vez, do grau de desenvolvimento do sistema financeiro e das taxas de inflação, entre outros.

Um terceiro motivo para demandar moeda, salientado por Keynes, é o **motivo especulação** (também chamado de **motivo portfólio**). Os indivíduos, segundo Keynes, guardam moeda para esperar o melhor momento para adquirir títulos que proporcionem rendimento. Imagine o caso de um título que pague ao seu detentor um rendimento anual fixo eternamente (uma chamada **perpetuidade**). O rendimento do título é visto como juros pagos pela aplicação de um capital. Assim, o preço do título flutuará de acordo com as mudanças na taxa de juros. Suponha que um indivíduo tenha um título que remunere R$ 100,00 por ano e que a taxa de juros de mercado seja de 10%. Aplicando R$ 1.000,00 no mercado financeiro, qualquer indivíduo obterá os R$ 100,00; então, se esse indivíduo vender o título no mercado, o preço que os demais agentes estarão dispostos a pagar será R$ 1.000,00.

Assim, o preço do título é definido pela seguinte fórmula:

$$P_t = R/r$$

Em que:

Pt = preço do título;

R = rendimento;

r = taxa real de juros.

Percebe-se, assim, que o preço do título é a capitalização dos rendimentos. De acordo com essa fórmula, se a taxa de juros cair para 5%, o preço do título subirá para R$ 2.000,00, e se a taxa de juros subir para 20%, o preço diminuirá para R$ 500,00.

> Os **motivos para demandar moeda** são: (i) motivo transação; (ii) motivo precaução; e (iii) motivo especulação (ou motivo portfólio).

Suponha que na economia só existam dois ativos, quais sejam, moeda e títulos (assuma que este último contemple todos os demais ativos existentes exceto a moeda), e que o estoque de riqueza seja fixo. Um aumento na taxa de juros significa uma queda no preço dos títulos, o que aumenta a demanda por estes. Como o estoque de riqueza é fixo, haverá, consequentemente, uma diminuição da demanda por moeda. Percebe-se, portanto, que nesse caso **a demanda por moeda é inversamente relacionada com a taxa de juros**.

Pode-se chegar ao mesmo resultado ao se pensar a **taxa de juros como o custo de oportunidade de reter moeda**, ou seja, o que se perde pelo fato de se guardar moeda. Assim, quanto maior a taxa de juros, maior será o custo de oportunidade de reter moeda e, portanto, menor será a demanda por esta.[2]

---

[2] Além daqueles discutidos anteriormente, existem outros fatores que podem influenciar a demanda por moeda. A moeda é o melhor ativo para proteger o anonimato de seu detentor e, por isso, é muito valorizada por aqueles que praticam operações ilegais, como evasão fiscal e contrabando, por exemplo.

Por enquanto, nossa discussão não considera o papel da inflação. A **inflação** leva à perda de poder aquisitivo da moeda, ou seja, é um "imposto" que se paga pela posse da moeda. A existência de inflação ocasiona a diferenciação entre a **taxa de juros nominal** e a taxa de juros real (taxa de juros nominal descontada a inflação). O custo de se reter moeda corresponde à **taxa de juros nominal**, que combina o que se perde em termos de renda futura por não se aplicar o dinheiro (**taxa de juros real**) com a perda de valor da moeda (inflação). Assim, quanto maior a inflação, menor deverá ser a demanda por moeda, tudo o mais constante.

Em períodos de inflação severa (como durante a década de 1980 no Brasil), a primeira função que a moeda perde é a de ser reserva de valor, pois ela deixa de ser um modo adequado de se guardar riqueza; a segunda função que perde é a de unidade de conta, pois deixa de ser um parâmetro estável de medida; finalmente, em processos hiperinflacionários, a moeda perde, inclusive, a sua função de meio de troca. Como se verá na próxima parte do livro, no Brasil, esse processo de perda total das funções da moeda quase se materializou nas décadas de 1980 e 1990, levando a uma série de alterações na moeda do país (ver Boxe 9.1).

A **demanda por moeda** depende tanto da renda (motivos transação e precaução) como da taxa de juros nominal (motivo especulação). É diretamente relacionada com a renda e inversamente relacionada com a taxa de juros. Quanto maior (menor) for a renda, maior (menor) será a demanda por moeda. Quanto maior (menor) for a taxa de juros nominal, menor (maior) será a demanda por moeda.

Boxe 9.1 – Histórico das alterações da moeda nacional

Para corrigir os problemas decorrentes da inflação, de tempos em tempos, recorreu-se a uma série de reformas monetárias na economia brasileira, como mostra o quadro a seguir.

Plano econômico	Moeda vigente	Símbolo	Período de vigência	Fundamento legal	Equivalência
–	Real	R$	Período colonial até 07/10/1833	Alvará S-N, de 1º/09/1808	R$ 2000 = 1-8 de ouro de 22k
–	Mil-Réis	Rs	08/10/1833 a 31/10/1942	Lei n. 59, de 08/10/1883	Rs 2$500 = 1-8 de ouro de 22k
–	Cruzeiro	Cr$	1º/11/1942 a 31/11/1964	Decreto-lei n. 4.791, de 05/10/1942	Cr$ 1,00 = Rs 1$000 (um cruzeiro corresponde a mil-réis)
–	Cruzeiro (eliminando os centavos)	Cr$	1º/12/1964 a 12/02/1967	Lei n. 4.511, de 1º/12/1964	Cr$ 1 = Cr$ 1,00

(continua)

(continuação)

Plano econômico	Moeda vigente	Símbolo	Período de vigência	Fundamento legal	Equivalência
–	Cruzeiro Novo (volta dos centavos)	NCr$	13/02/1967 a 14/05/1970	Decreto-lei n. 1, de 13/11/1965	NCr$ 1,00 = Cr$ 1.000
–	Cruzeiro	Cr$	15/05/1970 a 14/08/1984	Resolução do Bacen n. 144, de 31/03/1970	Cr$ 1,00 = NCr$ 1,00
–	Cruzeiro (eliminando os centavos)	Cr$	15/08/1984 a 27/02/1986	Lei n. 7.214, de 15/08/1984	Cr$ 1 = Cr$ 1,00
Cruzado I – fev. 1986 Cruzado II – jun. 1987	Cruzado (volta dos centavos)	Cz$	28/02/1986 a 15/01/1989	Decreto-lei n. 2.283, de 27/02/1986	Cz$ 1,00 = Cr$ 1.000
Verão I – jan. 1989 Verão II – maio 1989	Cruzado Novo	NCz$	16/01/1989 a 15/03/1990	Medida Provisória n. 32, de 15/01/1989, convertida na Lei n. 7.730, de 31/01/1989	NCr$ 1,00 = Cz$ 1.000,00
Collor I – mar. 1990 Collor II – jan. 1991	Cruzeiro	Cr$	16/03/1990 a 31/07/1993	Medida Provisória n. 168, de 15/03/1990, convertida na Lei n. 8.024, de 12/04/1990	Cr$ 1,00 = NCz$ 1,00
Transição para o Real – ago. 1993	Cruzeiro Real	CR$	1º/08/1993 a 30/06/1994	Medida Provisória n. 336, de 28/07/1993, e Resolução Bacen n. 2.010, de 28/07/1993	CR$ 1,00 = Cr$ 1.000,00
Real – jul. 1994	Real	R$	Desde 1º/07/1994	Leis n. 8.880, de 27/05/1994, e 9.069, de 29/06/1995	R$ 1,00 = CR$ 2.750,00

9.3 OFERTA DE MOEDA

O Bacen é o órgão responsável pela emissão de moeda nacional, tendo como principal responsabilidade zelar pela estabilidade do sistema monetário de uma economia.

Conforme destacado anteriormente, a moeda é o ativo comumente utilizado para liquidar as transações. Ao se observar como tais transações são liquidadas, percebe-se que apenas pequena parte destas é feita com papel-moeda (incluindo moeda metálica), e que a maior parte é liquidada mediante o uso de cheques (moeda bancária) ou de transferências eletrônicas (débito em conta-corrente, como DOC, TED ou PIX, por exemplo).[3] Assim, além do Bacen, os bancos comerciais também podem influenciar a oferta de moeda.

O total de **meios de pagamentos** na economia corresponde ao total de papel-moeda em poder do público mais o total de depósitos à vista (recursos mantidos em conta-corrente dos bancos e que podem ser sacados pelos correntistas a qualquer momento para liquidar as transações). A soma desses dois itens dá o primeiro **agregado monetário**, denominado $M1$ (meios de pagamentos), que corresponde aos ativos com liquidez absoluta, ou seja, que podem prontamente ser usados como poder de compra, e que não rendem juros.

M1 = ativos com liquidez absoluta.
M1 = papel-moeda em poder do público (PMPP) + depósitos à vista (D).

Para se entender o processo de criação de moeda, a participação dos depósitos à vista leva-nos a analisar o funcionamento do sistema bancário. Os bancos captam recursos (por exemplo, os depósitos à vista) (passivo) para emprestá-los aos tomadores (ativo). O lucro dos bancos vem da diferença entre o que pagam como remuneração aos depósitos captados e os juros que recebem dos empréstimos concedidos.

Bancos: intermediários financeiros, instituições que captam recursos dos poupadores (ofertantes de recursos) para emprestá-los aos investidores (demandantes de recursos).

Os depósitos à vista ou em conta-corrente são obrigações dos bancos com seus depositantes e podem ser resgatados a qualquer instante. Se o banco emprestar a um tomador todo o dinheiro que recebeu como depósito, corre-se o risco de o depositante requerer seu depósito de volta e o banco não ter recursos disponíveis para atendê-lo (**risco de iliquidez**). A experiência, contudo, mostra que os depositantes resgatam apenas uma parcela de seus depósitos de tempos em tempos, ou seja, apenas uma parcela dos depósitos totais nos bancos é requerida pelos clientes. A prática ensina, portanto, que não há necessidade de os bancos manterem todos os recursos captados no seu "caixa", mas, sim, apenas uma parcela. Assim, há dois destinos para os depósitos captados pelos

---

[3] Algumas pessoas podem pensar que usamos os "cartões de crédito" para liquidar as transações. Note, porém, que ao utilizarmos o cartão de crédito, nós não estamos pagando pelo que adquirimos e estamos apenas tomando recursos emprestado. O vendedor irá receber posteriormente da administradora de cartão, mas nós só iremos realizar o pagamento ao liquidarmos a fatura do cartão, o que se fará com os recursos de que dispomos em depósitos ou com o papel-moeda.

bancos: uma parcela forma as reservas e a outra parte é aplicada (os bancos concedem empréstimos, compram títulos etc.). Assumindo-se que os bancos apenas concedem empréstimos, tem-se que:

> **Depósitos = Reservas (R) + Empréstimos bancários (EB)**

Ao conceder um empréstimo para um tomador, o banco concede poder de compra (liquidez) a este agente, que realizará pagamentos com o empréstimo recebido. Esse dinheiro deverá retornar, ao menos em parte, para o sistema bancário, como depósitos realizados por aqueles que receberam o dinheiro como pagamento das despesas do tomador do empréstimo. Esses depósitos terão novamente o mesmo destino, ou seja, os bancos reservarão uma parcela e emprestarão outra, e assim sucessivamente. Percebe-se, portanto, que há uma multiplicação do depósito inicial em uma série de novos depósitos.

As **reservas** (**R**) que os bancos constituem sobre os depósitos são de dois tipos:

i. **reservas compulsórias**: são a parcela dos depósitos que os bancos são obrigados legalmente a depositar em suas contas junto ao Bacen para poderem fazer frente a suas obrigações;

ii. **reservas voluntárias**: uma parte delas é mantida pelos bancos junto ao Bacen por opção, ao passo que outra parte é mantida sob a forma de reserva em moeda-corrente nos próprios bancos (ou seja, são recursos mantidos em caixa pelos bancos para atender ao movimento (saque) dos clientes).

Os bancos podem emprestar todos os recursos captados menos o volume que deve ser destinado à constituição das reservas compulsórias. Além das reservas compulsórias, é comum os bancos manterem uma parcela dos depósitos como reservas voluntárias para fazer frente a qualquer emergência (como uma eventual corrida dos depositantes que, com a existência de reservas, pode ser atendida sem ter que se recorrer à venda de ativos dos bancos). Note que é a existência de reservas que permite aos bancos criarem moeda por meio do empréstimo de parcela dos depósitos à vista, pois os bancos confiam que as reservas garantam o atendimento das demandas de saque dos depositantes.

Ao realizar o empréstimo, não ocorre uma diminuição dos direitos que os depositantes têm sobre o banco. Desse modo, ao conceder empréstimos, os bancos estão proporcionando meios de pagamento adicionais, pois transfere-se poder de compra ao tomador sem reduzir a quantidade à disposição dos depositantes. Pode-se, com base nesse processo, deduzir a capacidade de criação de moeda pelos bancos comerciais, a partir da moeda emitida pelo Bacen, definindo-se, assim, o chamado **multiplicador monetário**.[4]

Essa moeda injetada inicialmente é a chamada **base monetária** (*High Powered Money*) e corresponde à soma do papel-moeda em poder do público mais as reservas dos bancos (reservas voluntárias e compulsórias mantidas pelos bancos junto ao Bacen mais

---

[4] Conforme será detalhado no Apêndice 9A, esse conceito advém do fato de que o sistema bancário pode criar moeda baseando-se em uma injeção monetária inicial feita pelo Banco Central.

as reservas em caixa nos próprios bancos). Como os bancos ou emprestam ou constituem reservas, o total de empréstimos bancários (EB) é o total de depósitos à vista (D) menos as reservas (R), ou seja:

$$EB = D - R$$

Como:

$$M1 = D + PMPP$$

e

$$B = R + PMPP$$

pode-se deduzir que os EB correspondem à diferença entre $M1$ e BM, ou seja, a moeda criada pelo sistema bancário.

Além disso, existe uma relação entre B e $M1$ que corresponde ao multiplicador monetário:

$$M1 = k \times B$$

Em que:
$M1$ = meios de pagamento;
k = multiplicador monetário;[5]
B = base monetária.

significando que uma variação da base monetária levará a uma variação mais que proporcional nos meios de pagamento, uma vez que o multiplicador monetário é maior do que um.[6]

A definição de meios de pagamento corresponde ao conjunto de ativos utilizados para liquidar transações. Até o momento, utilizou-se o conceito de $M1$ – papel-moeda em poder do público mais os depósitos à vista – para referir-se aos meios de pagamento. Esses ativos possuem liquidez absoluta, isto é, não necessitam nenhuma transformação para serem poder de compra. Contudo, o avanço do sistema financeiro e o processo de inovações financeiras fazem com que existam vários outros ativos com diferentes graus de liquidez.

Para lidar com esse problema, desenvolveram-se outras medidas de meios de pagamento que buscam incorporar outros ativos que possuem elevada liquidez. Esses novos ativos também são chamados de **quase moeda** e a incorporação destes gera outros agregados monetários (**M2, M3 e M4**), que correspondem à agregação de novos ativos.

---

[5] Para não confundir com o multiplicador keynesiano de gastos, que também tem a mesma letra "k" (adotada pelo Bacen), alguns textos denominam o multiplicador monetário pela letra "m".

[6] Veja a dedução do multiplicador monetário no Apêndice 9A.

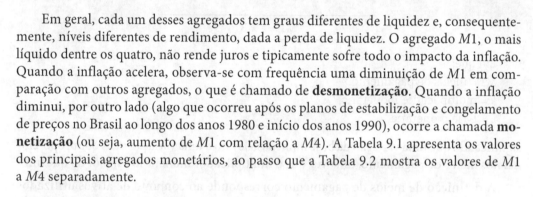

AGREGADOS MONETÁRIOS

Base monetária

B = papel-moeda em poder do público (PP) + reservas dos bancos comerciais

Meios de pagamento restritos

M1 = papel-moeda em poder do público (PP) + depósitos à vista (DV)

Meios de pagamento ampliados

M2 = M1 + depósitos especiais remunerados + depósitos de poupança + títulos emitidos por instituições depositárias

M3 = M2 + quotas de fundo de renda fixa + operações compromissadas registradas no Selic

Poupança financeira

M4 = M3 + títulos públicos de alta liquidez

Em geral, cada um desses agregados tem graus diferentes de liquidez e, consequentemente, níveis diferentes de rendimento, dada a perda de liquidez. O agregado $M1$, o mais líquido dentre os quatro, não rende juros e tipicamente sofre todo o impacto da inflação. Quando a inflação acelera, observa-se com frequência uma diminuição de $M1$ em comparação com outros agregados, o que é chamado de **desmonetização**. Quando a inflação diminui, por outro lado (algo que ocorreu após os planos de estabilização e congelamento de preços no Brasil ao longo dos anos 1980 e início dos anos 1990), ocorre a chamada **monetização** (ou seja, aumento de $M1$ com relação a $M4$). A Tabela 9.1 apresenta os valores dos principais agregados monetários, ao passo que a Tabela 9.2 mostra os valores de $M1$ a $M4$ separadamente.

Tabela 9.1 Principais agregados monetários (R$ milhões)

Período	Papel-moeda emitido	Reservas bancárias	Base monetária restrita	Papel-moeda em poder do público	Depósitos à vista	Meios de pagamento
Dez./01	35.871	16.976	52.846	30.596	49.960	80.556
Dez./02	47.790	22.111	69.901	40.344	64.452	104.796
Dez./03	50.093	20.709	70.802	41.573	66.437	108.010
Dez./04	61.198	26.146	87.344	50.948	77.895	128.843
Dez./05	69.143	29.163	98.306	56.959	87.459	144.418
Dez./06	82.881	35.423	118.304	66.958	102.776	169.734
Dez./07	98.620	45.022	143.642	79.109	135.046	214.155
Dez./08	112.142	33.600	145.742	90.391	131.618	222.009
Dez./09	128.162	39.238	167.400	103.046	141.851	244.897
Dez./10	148.054	49.335	197.388	119.323	166.172	285.495

(continua)

(continuação)

Período	Papel-moeda emitido	Reservas bancárias	Base monetária restrita	Papel-moeda em poder do público	Depósitos à vista	Meios de pagamento
Dez./11	160.160	45.817	205.977	128.688	158.595	287.283
Dez./12	180.419	50.450	230.869	145.125	176.397	321.522
Dez./13	198.436	41.911	240.347	161.404	187.720	349.125
Dez./14	215.495	43.524	259.019	176.443	185.710	362.153
Dez./15	221.478	34.872	256.350	183.458	161.692	345.150
Dez./16	227.762	37.607	265.370	189.935	166.172	356.107
Dez./17	241.913	40.379	282.292	200.802	176.317	377.119
Dez./18	257.268	41.148	298.416	215.208	187.989	403.197
Dez./19	273.046	41.985	315.031	226.897	206.521	433.418
Dez./20	366.475	61.876	428.351	308.522	311.255	619.777
Dez./21	336.171	70.827	406.998	285.363	336.029	621.392
Dez./22	336.697	70.329	407.026	288.744	332.533	621.277

Nota: valores correntes, em R$ milhões; média dos dias úteis do mês.

Fonte: Bacen.

Tabela 9.2 Estoque de M1 a M4 (R$ milhões)

Período	M1	M2	M3	M4
Dez./01	85.320	324.301	627.746	752.263
Dez./02	110.334	400.342	691.108	800.036
Dez./03	112.766	416.248	841.738	953.805
Dez./04	129.660	495.043	990.548	1.104.058
Dez./05	146.745	580.696	1.166.453	1.298.801
Dez./06	176.890	657.427	1.365.958	1.506.072
Dez./07	235.075	779.566	1.600.006	1.827.748
Dez./08	227.167	1.086.785	1.894.809	2.165.027
Dez./09	254.714	1.185.866	2.196.530	2.497.479
Dez./10	287.739	1.387.912	2.681.421	2.976.783
Dez./11	292.168	1.649.901	3.126.468	3.420.780
Dez./12	333.486	1.792.891	3.609.681	3.860.099
Dez./13	354.651	1.985.468	3.947.967	4.267.350
Dez./14	363.362	2.186.472	4.438.289	4.774.925
Dez./15	347.221	2.334.143	4.854.978	5.312.283

(continua)

(continuação)

Período	M1	M2	M3	M4
Dez./16	363.029	2.446.066	5.370.571	5.831.878
Dez./17	383.840	2.581.696	5.770.355	6.226.509
Dez./18	410.226	2.851.296	6.327.699	6.760.860
Dez./19	447.722	3.099.422	6.813.474	7.256.444
Dez./20	641.108	3.998.221	8.035.558	8.446.332
Dez./21	653.420	4.320.167	8.814.965	9.555.234
Dez./22	637.736	5.093.592	9.676.949	10.697.084

Notas: valores correntes, em R$ milhões; saldo em final de período.

Fonte: Bacen.

9.4 FUNÇÕES DO BACEN E INSTRUMENTOS DE CONTROLE MONETÁRIO

Conforme mencionado anteriormente, **o Bacen** é o órgão responsável pela condução da política monetária mediante a utilização dos instrumentos disponíveis para controlar a oferta de moeda no país. As funções dos bancos centrais variam de país para país, bem como sua autonomia para executar a política monetária.

Além de órgão executor do controle monetário, em muitos países o Bacen também é o responsável pela regulamentação e fiscalização do sistema financeiro, zelando pela estabilidade do sistema – o Bacen funciona como **banco dos bancos**. No caso brasileiro, há funções adicionais, como a **administração das reservas internacionais** do país e ser o **Banco do Tesouro Nacional**, administrando sua conta-corrente.

As **funções do Bacen** são as seguintes: ser emissor da moeda nacional, ser banco dos bancos, ser banco do Tesouro Nacional, e ser depositário das reservas internacionais.

Funções do Bacen:
- ser responsável pela emissão da moeda nacional;
- ser o "banco dos bancos";
- ser o "banco" do Tesouro Nacional;
- ser o depositário das reservas internacionais.

Os **instrumentos de controle monetário**, por sua vez, são os seguintes:

i. reservas compulsórias;
ii. empréstimos de liquidez e taxa de redesconto;
iii. operações de mercado aberto.

No que diz respeito às **reservas compulsórias**, discutiu-se na Seção 9.3 que a taxa de recolhimento compulsório imposta pelo Bacen aos bancos afeta a oferta monetária, uma vez que tal taxa determina a parcela dos depósitos recebidos pelos bancos que deve ser obrigatoriamente remetida ao Bacen e, consequentemente, o valor do multiplicador bancário. Quanto maior a exigência de reservas, menor será o multiplicador bancário e menor será a oferta monetária. Assim, **a oferta de moeda varia inversamente com a taxa de reservas compulsórias**. Essas reservas compulsórias podem incidir não apenas sobre os depósitos à vista, mas também sobre cadernetas de poupança, depósitos a prazo e outras formas de captação dos bancos.

Aumento (diminuição) das reservas bancárias implica diminuição (aumento) da oferta de moeda.

As operações dos intermediários financeiros, por sua vez, podem ser divididas em operações ativas e operações passivas.

Operações ativas dos intermediários financeiros correspondem às aplicações que estes fazem dos recursos captados do público, quais sejam, empréstimos, aquisição de títulos públicos, reservas que mantêm no Bacen etc.

Operações passivas correspondem às formas de captação de recursos do público, das outras instituições financeiras e do Bacen. Estas operações envolvem os depósitos à vista, os depósitos a prazo, os empréstimos obtidos no mercado interbancário (operações entre bancos) e os empréstimos obtidos junto ao Bacen.

Quando o Bacen almeja ampliar a liquidez da economia e incentivar as operações de crédito, ele reduz a taxa de reservas compulsórias exigido dos bancos. Por exemplo, logo após a restrição de crédito vinda com a crise financeira de 2008, o compulsório foi reduzido para incentivar os bancos a emprestarem mais. Com a normalização da situação do crédito ao longo de 2009, inclusive com sua forte expansão, o Bacen voltou a elevar o compulsório no início de 2010 para reduzir a liquidez e a expansão do crédito na economia.

O segundo instrumento de controle monetário são as condições nas quais o Bacen concede os **empréstimos de assistência à liquidez**, ou seja, a taxa de juros que o Bacen cobra em seus empréstimos aos bancos, a chamada **taxa de redesconto**.

Empréstimos de assistência à liquidez: empréstimos realizados pelo Bacen às instituições financeiras para cobrir a insuficiência de caixa destas diante da demanda de recursos pelos depositantes.

Taxa de redesconto: taxa cobrada pelo Bacen em seus empréstimos aos bancos.

Se a taxa cobrada pelo Bacen for baixa com relação à taxa de juros de mercado, os bancos têm estímulo a conceder o máximo possível de empréstimos, mesmo sob o risco de insuficiência de reservas bancárias, pois nesse caso podem recorrer aos empréstimos do Bacen. Assim, quanto maior for a taxa de redesconto cobrada pelo Bacen, menor tende a ser a oferta de moeda, pois estimulará a manutenção de reservas por parte dos bancos.

Além de fixar a taxa, o Bacen estipula prazos e limites máximos para essas operações e define os títulos passíveis de serem redescontados. Quanto menores os prazos, os limites de operações e a amplitude de títulos com acesso ao redesconto, menor tende a ser a expansão dos meios de pagamentos.[7,8]

Facilidade (dificuldade) para empréstimos de liquidez leva a um aumento (diminuição) na oferta monetária.

Redução (aumento) na taxa de redesconto implica aumento (redução) na oferta de moeda da economia.

Um ponto a ser destacado no que concerne aos empréstimos de assistência à liquidez é a chamada função do Bacen como "**emprestador em última instância**". Como destacado anteriormente, os bancos captam recursos dos depositantes e os emprestam a outros indivíduos. Em geral, as captações são de prazos inferiores aos de aplicação e, além disso, os bancos assumem riscos com relação ao retorno dos empréstimos. Com isso, existe a possibilidade de descasamento de prazos, riscos de iliquidez e riscos de insolvência. Se em determinado momento ocorre aumento da inadimplência e os depositantes ficam inseguros quanto à capacidade dos bancos de honrar os depósitos, podem ocorrer as chamadas "**corridas bancárias**". Nesse momento, tende a haver insuficiência generalizada de reservas e o Bacen, para impedir que o sistema bancário vá à falência, pode injetar liquidez no sistema como empréstimos de assistência, assumindo, assim, a função de emprestador de última instância.

Pela importância do setor financeiro para o funcionamento do sistema econômico, crises financeiras tendem a ser acompanhadas por profundas crises econômicas. Exemplos disso são a Grande Depressão dos anos 1930 e a crise financeira de 2008. Assim, em geral, os bancos centrais atuam como emprestador de última instância para tentar evitar tais crises.

Para evitar que os bancos assumam riscos que possam provocar as crises, os bancos centrais também recorrem à chamada **regulação prudencial**, na qual se determinam regras relacionadas com o tipo de aplicações que os intermediários podem fazer, exigência de capitalização para os bancos e critérios de contabilização e divulgação das informações, entre outros aspectos. A regulação seguida pela maior parte dos países é o chamado **Acordo de**

---

[7] Em alguns países, os bancos centrais utilizam-se do chamado **redesconto seletivo** para estimular determinados tipos de operações do sistema bancário; por exemplo, para estimular o financiamento a longo prazo, pode-se privilegiar o redesconto de títulos/operações de longo prazo. Algumas propostas nesse sentido já foram feitas para o Brasil.

[8] A utilização do redesconto pelos bancos é limitada, entre outros fatores, por poder ser interpretada como um sinal da existência de problemas nos bancos ou, ainda, por estimular a fiscalização. Assim, muitos bancos preferem recorrer a este tipo de empréstimo apenas quando enfrentam grandes dificuldades financeiras.

Basileia, que define limites mínimos de capitalização para os bancos de acordo com o risco de seus ativos e critérios para a classificação e gestão dos riscos. Outros instrumentos são utilizados para minimizar os riscos de crises, entre os quais se podem destacar os mecanismos de seguro depósito, que foram introduzidos nos Estados Unidos durante a crise dos anos 1930 e, no caso brasileiro, após as falências bancárias de 1995. Assim, nota-se que a regulação e fiscalização do sistema financeiro é uma das principais áreas de atuação dos bancos centrais.

O terceiro instrumento de controle monetário refere-se às **operações de *open market* (mercado aberto)**. Nessas operações, o Bacen regula o grau de liquidez da economia por meio da compra e venda de títulos no mercado. Esse é o instrumento mais ágil de política monetária, por meio do qual se podem fazer o acompanhamento e a regulação diária da oferta de moeda. Por essas características, este é o instrumento mais utilizado para o controle monetário, tanto no Brasil como na maior parte dos países.

Operações de *open market*: compra e venda de títulos públicos pelo Bacen junto ao mercado.

Quando o Bacen compra títulos no mercado, aumentam os depósitos no sistema bancário e, com isso, o volume de reservas, permitindo a ampliação da oferta de moeda pelos bancos. Quando vende títulos, por outro lado, o Bacen promove uma diminuição do estoque de depósitos à vista e, via efeito multiplicador, diminui a oferta de moeda. Quando o Bacen realiza as operações de *open market* diretamente com o sistema bancário, a compra de títulos dos bancos implica o aumento das reservas bancárias, e a venda de títulos levará à redução das reservas. A alteração das reservas afetará a oferta monetária por afetar a capacidade de criação de moeda dos bancos tal quando o Bacen vende títulos, ele "enxuga" a quantidade de moeda, e, quando compra, expande.

Compra (venda) de títulos por parte do Bacen implica redução (ampliação) da oferta de moeda na economia.

Quanto aos recursos externos, entra-se em outro aspecto da política monetária. No Brasil, o Bacen é também o **depositário ("administrador") das reservas internacionais**. Como as reservas internacionais fazem parte do ativo do Bacen, deve haver, portanto, elevação do passivo quando este adquire divisas. Assim, tudo o mais mantido constante, ao ampliar as reservas internacionais, o Bacen emite moeda doméstica, ampliando o seu passivo monetário. Assim, intervenções do Bacen no mercado cambial podem influenciar o volume de reservas internacionais e, com isso, a oferta de moeda doméstica.

9.5   TAXA DE JUROS

A taxa de juros é, com certeza, uma das variáveis mais acompanhadas na economia. Conforme discutido anteriormente, seu comportamento influencia as decisões de consumo dos indivíduos, as decisões de investimento das empresas e a magnitude do déficit público, entre outras variáveis. Como será discutido no Capítulo 10, a taxa de juros também afeta o fluxo de recursos externos para a economia e o valor da taxa de câmbio. Assim, percebe-se a importância dessa variável sobre o comportamento da economia. No entanto, o que é a taxa de juros? Como ela é determinada?

A taxa de juros corresponde, em geral, ao custo de um empréstimo ou ao retorno de uma aplicação. Assim, se um indivíduo toma emprestado R$ 100,00 hoje para pagar R$ 120,00 daqui a um ano, significa que daqui a um ano este indivíduo deverá pagar os R$ 100,00 que tomou emprestado mais R$ 20,00 de juros sobre o empréstimo, ou seja, a taxa de juros é de 20% a.a. O mesmo vale para o caso de uma aplicação financeira, ou seja, se este mesmo indivíduo aplicar R$ 100,00 hoje, receberá daqui um ano este mesmo valor acrescido de R$ 20,00 de juros. Desse modo, pode-se entender a taxa de juros como a taxa que faz com que o valor presente de um direito ou obrigação no futuro seja igual a seu valor hoje.

> **Taxa de juros**: o que se ganha pela aplicação de recursos durante determinado período, ou, alternativamente, aquilo que se paga pela obtenção de recursos de terceiros (tomada de empréstimo) durante determinado período.

Algumas questões devem ser analisadas com relação à taxa de juros. Em primeiro lugar, deve-se notar que a taxa de juros dos títulos/empréstimos é, em geral, expressa em termos monetários, isto é, quando se fala que a taxa é 20% ao ano, significa que o indivíduo que fez uma aplicação receberá ao final do ano 20% a mais do que o valor aplicado. Isso não permite dizer, contudo, que o indivíduo está com mais ou menos poder aquisitivo. Ele só estará melhor se o valor resgatado permitir que ele compre mais bens do que inicialmente. Nesse sentido, será discutida a diferença entre ganho nominal (taxa de juros nominal) e ganho real (taxa de juros real). Além disso, observa-se na economia a existência de diversas taxas de juros para diferentes aplicações e diferentes linhas de empréstimo. Assim, outro aspecto a se analisar são as diferenças entre as taxas de juros.

Nesta seção, em primeiro lugar, será discutida a determinação da taxa de juros. Em seguida, serão analisados alguns aspectos relacionados com a estrutura da taxa de juros e a diferença entre as taxas ativas e passivas do sistema financeiro. Na Seção 9.5.3, abordar-se-á a diferença entre taxa real e nominal de juros.

9.5.1 Determinação da taxa de juros

Existem duas visões alternativas sobre o que determina a taxa de juros. A primeira vê a **taxa de juros como o prêmio pela "espera"**, ou seja, o prêmio pela renúncia ao consumo presente em favor do consumo futuro ou, alternativamente, o prêmio pela poupança. Essa concepção parte da ideia de que a única maneira de se poupar é adquirindo ativos financeiros, dado que ninguém demandaria moeda como reserva de valor uma vez que ela não rende juros.

A segunda visão considera a possibilidade de se poupar sob a forma de moeda (uma vez que a moeda também é reserva de valor) e vê a **taxa de juros como o prêmio pela renúncia**

à liquidez. De acordo com essa visão, o indivíduo tem duas decisões a tomar: a primeira é quanto a poupar ou não, e a segunda é quanto à forma de se reter a poupança. O simples fato de poupar não garante a obtenção de juros sobre a poupança, pois esta só terá algum rendimento se o indivíduo abrir mão de retê-la sob a forma de moeda e adquirir um ativo financeiro. Assim, a taxa de juros é vista como o prêmio pela renúncia à liquidez (segurança) absoluta oferecida pela moeda.

A determinação da taxa de juros segundo a primeira concepção dá-se de acordo com a chamada **teoria dos fundos emprestáveis**, ao passo que na segunda se dá conforme o **princípio da preferência pela liquidez**.

De acordo com a **teoria dos fundos emprestáveis**, a taxa de juros é determinada pela oferta e demanda de títulos. De modo simples, pode-se dizer que a oferta de títulos é realizada pelas empresas que pretendem tomar recursos emprestados (para viabilizar seus investimentos) e a demanda por títulos é realizada pelos indivíduos que buscam aplicar seus recursos (alocar sua poupança). A oferta de títulos por parte das empresas será tanto maior quanto maior o seu preço (ou, como já discutido anteriormente, quanto menor a taxa de juros), ao passo que a demanda por títulos será maior quanto menor seu preço (ou maior a taxa de juros).

Quando houver excesso de demanda, o preço do título subirá. Pode-se entender esse caso como uma situação em que há excesso de oferta de fundos para serem emprestados, e, assim, a taxa de juros se reduzirá. Por sua vez, ocorre o contrário quando houver excesso de oferta de títulos: há excesso de demanda por empréstimos, o que fará com que a taxa de juros se eleve. Nessa concepção, a **taxa de juros** é determinada pelo equilíbrio do mercado de recursos emprestáveis, isto é, ela se ajusta de tal forma a igualar a oferta e a demanda de tais recursos. Se se considerar que a demanda de empréstimos corresponde ao investimento e a oferta de empréstimos corresponde à poupança, significa que a taxa de juros se ajusta para garantir a igualdade entre poupança e investimento, conforme mostrado na Figura 9.1.

Note-se que essa visão considera a existência de um mercado financeiro sem qualquer imperfeição, no qual os indivíduos conseguem aplicar seus recursos e tomar recursos emprestados, sem qualquer restrição, à taxa de juros de mercado.

Figura 9.1 Determinação da taxa de juros segundo a teoria dos fundos emprestáveis.

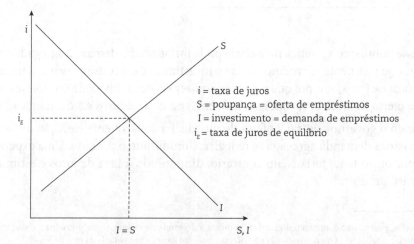

Como a taxa de juros é determinada pela oferta e demanda de fundos emprestáveis, se o governo apresentar déficit e tiver que se financiar vendendo títulos no mercado, haverá aumento na procura por tais recursos, elevando, consequentemente, a taxa de juros.

A segunda forma de se analisar a determinação da taxa de juros é por meio do **princípio da preferência pela liquidez**. Verificou-se anteriormente que a demanda por moeda depende da renda e da taxa de juros. Dado o nível de renda, quanto maior a taxa de juros, menor a demanda por moeda. A influência da taxa de juros sobre a demanda por moeda decorre do fato de a moeda ser um ativo diferente dos demais (provê liquidez absoluta ao seu detentor), consistindo em uma das alternativas possíveis para os indivíduos guardarem sua riqueza. Com base na demanda por moeda, dada a oferta de moeda, determina-se a taxa de juros que equilibra a demanda e a oferta de moeda (Figura 9.2.)

Como se destacou anteriormente, os indivíduos demandam moeda tanto para realizar transações como para guardar sua riqueza. Se a soma da demanda por esses dois motivos superar a oferta de moeda, isto é, se houver um excesso de demanda por moeda, a taxa de juros deverá elevar-se para desestimular a posse da moeda. O inverso ocorrerá quando houver excesso de oferta de moeda.

Figura 9.2 Determinação da taxa de juros pelo princípio da preferência pela liquidez.

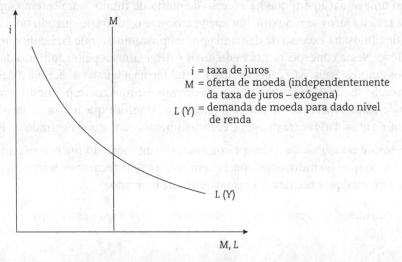

É nesse ponto que a política monetária pode influenciar a demanda agregada da economia e, consequentemente, o produto. Como o investimento e o consumo variam inversamente com a taxa de juros, sempre que o governo quiser conter a atividade econômica, ele pode contrair a oferta monetária e, com isso, influenciar a taxa de juros e a demanda agregada.

Quando o governo contrai a oferta de moeda, há consequente elevação da taxa de juros. Com isso, a demanda agregada se reduzirá, diminuindo o produto. Uma expansão monetária, por outro lado, teria efeito contrário, diminuindo a taxa de juros e estimulando a demanda e o produto.[9]

---

[9] Deve-se notar, porém, que o aumento do produto aumenta a demanda de moeda, o que pressiona a elevação da taxa de juros. Assim, a ampliação da oferta de moeda não necessariamente levará a uma queda da taxa de juros.

Note que o impacto da política monetária sobre o produto dependerá de quanto será a alteração da taxa de juros para equilibrar o mercado monetário e de quanto o investimento e o consumo foram influenciados pela taxa de juros. Percebe-se, portanto, que a política monetária influencia o produto apenas indiretamente.

Um ponto que merece ser destacado é o modo como é conduzida a política monetária. Existem dois tipos de política monetária: **ativa** e **passiva**. Na primeira, o Bacen controla a oferta de moeda e, nesse caso, a taxa de juros oscila para determinar o equilíbrio entre oferta e demanda por moeda. No segundo caso, por sua vez, o Bacen determina a taxa de juros e a partir de então administra a oferta de moeda a fim de atingir e manter tal taxa, de modo que a oferta de moeda seja determinada endogenamente.

Política monetária ativa: o Bacen controla a quantidade dos agregados monetários. Nesse caso, a taxa de juros deve poder variar para garantir o equilíbrio entre oferta e demanda por moeda. A oferta de moeda é exógena.

Política monetária passiva: o Bacen determina a taxa de juros e controla a oferta de moeda para manter a taxa de juros no nível determinado. A oferta de moeda é endógena.

Um aspecto importante a ser observado na discussão sobre política monetária diz respeito ao fato de que vários países têm adotado o **sistema de metas inflacionárias**, destacando-se (com os respectivos anos de adoção do sistema) Nova Zelândia (1990), Chile e Canadá (1991), Israel e Reino Unido (1992), Austrália e Suécia (1993), Espanha (1994), Hungria e República Tcheca (1998), e Brasil e Polônia (1999).

Sistema de Metas de Inflação: definição explícita da taxa de inflação objetivada pelas autoridades monetárias para os próximos anos (no Brasil, dois anos).

De acordo com o sistema de metas inflacionárias, define-se as taxas de inflação previstas (as "metas") e atribui-se a responsabilidade à autoridade monetária para atingi-las. Nota-se que esse sistema faz com que a política monetária se concentre na busca prioritária de determinado nível de inflação. O instrumento utilizado para alcançar a meta é a taxa de juros. Sempre que a inflação prevista estiver acima da meta, o Bacen eleva a taxa de juros para conter a demanda agregada e fazer a inflação convergir para a meta. Por outro lado, quando a inflação está abaixo da meta, pode-se reduzir a taxa de juros. A definição da taxa de juros pelo Bacen em resposta ao comportamento (desvios) da inflação com relação à meta é conhecida como a **"Regra de Taylor"**.

O regime de metas de inflação envolve aspectos importantes, como a transparência das ações da autoridade monetária, a credibilidade da autoridade e mecanismos eficientes de comunicação com os demais agentes da economia. A definição de metas explícitas para a inflação e a atribuição desta única responsabilidade ao Bacen possibilitam avaliação clara do desempenho da política monetária por meio da comparação entre a meta e a inflação observada.

A taxa de juros utilizada pelo Bacen do Brasil no contexto do sistema de metas de inflação é a taxa Selic, que funciona como a taxa básica do mercado e com relação à qual se formam as demais taxas.[10] O **Conselho Monetário Nacional**, órgão normativo responsável que estabelece as diretrizes da política monetária no Brasil, define a meta de inflação para dois anos à frente. Determinada a meta de inflação, o **Comitê de Política Monetária do Banco Central (Copom)** estipula, então, a taxa de juros Selic compatível com o atingimento da meta estabelecida. Para tanto, o Copom reúne-se a cada 45 dias e anuncia a taxa de juros de referência até a próxima reunião. Adicionalmente, o comitê informa ao mercado se a taxa de juros apresenta um **viés de alta** (a Selic pode ser aumentada antes da próxima reunião), **viés de baixa** (a Selic pode ser diminuída) ou **viés neutro** ou **sem viés** (a Selic não será alterada), conforme Figura 9.3.[11]

Figura 9.3 Taxa Selic (% a.a.).

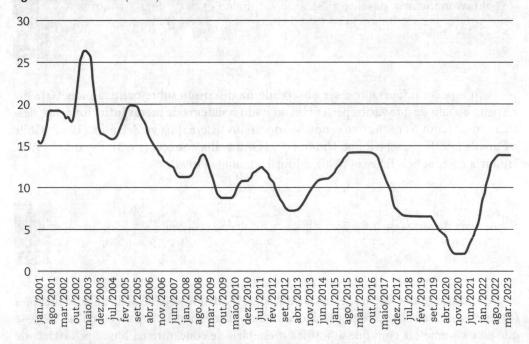

Fonte: Bacen.

---

[10] De acordo com os riscos e os prazos das operações.

[11] Além da Selic, outras taxas de juros importantes no Brasil são a TR (Taxa Referencial de juros), calculada pela média das taxas de juros dos Certificados de Depósitos Bancários dos 30 maiores bancos; a TBF (Taxa Básica de Financiamento), calculada de forma semelhante à TR; e a TLP (Taxa de Longo Prazo), utilizada principalmente pelo Banco Nacional de Desenvolvimento Econômico e Social (BNDES).

9.5.2 Estrutura da taxa de juros e sistema financeiro

Na Seção 9.5.1, apresentaram-se possíveis explicações para a determinação da taxa de juros. Na realidade, não existe uma única taxa de juros, mas, sim, várias taxas, uma vez que existem várias modalidades de títulos e empréstimos, cada qual com sua respectiva taxa. Todas essas diferentes taxas são, contudo, relacionadas, ou seja, quando Bacen altera a taxa Selic, a taxa de juros de um empréstimo ao consumidor e a taxa que o investidor paga no título que ele lança no mercado também se alteram.

Nesse contexto, a pergunta que emerge é quais são os fatores que explicam as diferentes taxas de juros entre os diferentes ativos (títulos)? Em seguida, discutiremos alguns deles.

a) Risco

O risco das operações financeiras decorre de sua própria natureza, pois negocia-se um recurso contra uma promessa futura de pagamento. O problema básico nessa transação é que o emprestador tem volume limitado ou imperfeito de informações sobre o tomador de recursos, isto é, existe **informação assimétrica**, do qual emerge o risco de não pagamento ou o risco de *default*.

> **Risco de não pagamento (risco de *default*)**: corresponde ao fato de o tomador dos recursos não poder pagar o empréstimo. No caso do poupador, corresponde à quebra da instituição financeira na qual depositou seus recursos e, no caso das instituições financeiras, a empresa que tomou o empréstimo, mas não pôde pagá-los.

O **risco** pode ser definido como a probabilidade de perda de recursos pelo aplicador em decorrência da incapacidade de pagamento do emitente do título. Essa incapacidade pode ser parcial ou total, e o risco deve ser medido como a perda esperada (probabilidade de não pagamento das condições acertadas, mas descontando-se o "valor residual", isto é, o quanto se recupera). Vários fatores afetam o risco: a qualidade da empresa (gestão, tecnologia, produto), o setor de atuação, o mercado em que atua, o país em que se localiza etc., tal que quanto maior o risco de dado título ou empresa, maior será a taxa de juros exigida. Em geral, considera-se o governo como "devedor soberano" e, assim, os títulos públicos representam o menor risco. Desse modo, a taxa paga pelo governo seria a taxa básica, e os agentes pagariam "*spreads*"[12] adicionais conforme o seu risco.

Existem empresas especializadas na avaliação do risco de crédito, as chamadas **agências de rating**. As mais conhecidas são a Standard & Poor's (S&P), a Moody's e a Fitch. Elas avaliam o risco de crédito de empresas, países e títulos e emitem um *rating* (classificação). Em geral, quanto pior o *rating*, maior a taxa de juros paga.

---

[12] O *spread* é a diferença entre as taxas de juros que os bancos pagam aos aplicadores e a que eles cobram dos tomadores de recursos.

b) Liquidez

O segundo fator que explica as diferenças de taxas de juros é a liquidez, ou seja, a facilidade com que determinado ativo se converte em moeda. Assumindo-se que os indivíduos tenham preferência por ativos mais líquidos, há relação inversa entre o grau de liquidez e a taxa de juros paga, tal que quanto maior a liquidez do título, menor deverá ser a taxa de juros.

O grau de liquidez está diretamente associado à forma como são organizados os mercados e aos respectivos tamanhos. Os títulos públicos, por exemplo, possuem amplo mercado, e existe um mercado secundário organizado para realizar a transferência de propriedade, fazendo com eles tenham maior liquidez.

c) Prazo

O terceiro fator que diferencia as taxas de juros refere-se aos prazos de maturidade dos títulos. Em geral, os indivíduos têm preferência por títulos de menor prazo. Assim, os mercados de títulos de curto prazo deverão ser maiores do que os de longo prazo e, portanto, apresentar maior liquidez, o que resultará em menor taxa de juros. Essa relação entre prazo e taxa de juros é conhecida como **curva de rendimento (*yield curve*)** e tem inclinação tipicamente positiva, mostrando que quanto maior o prazo, maior deverá ser a taxa de juros.

A existência de informação assimétrica coloca em destaque o papel exercido pelos intermediários financeiros (bancos). A maior parte dos empréstimos faz-se de forma indireta e não pela aquisição direta de títulos pelo poupador. Esse fato se dá pela maior capacidade dos intermediários de prover e analisar informações sobre os tomadores e então obter um ganho disso.

As instituições financeiras recorrem a vários expedientes para diminuir o risco dos empréstimos:

i. exigência do maior número possível de garantias – veículos, imóveis, títulos etc. – por parte dos tomadores (colateral dos empréstimos) ou exigência de aval;

ii. instituições financeiras assumem, em geral, caráter conservador, ou seja, emprestam recursos para aquelas empresas que já possuem boa reputação no mercado;

iii. a busca de diversificação em termos de tomadores e de operações, de modo a diluir o risco. Os agentes do sistema financeiro buscam maximizar o retorno esperado escolhendo uma carteira que maximize a rentabilidade para determinado risco, ou minimize o risco para determinada rentabilidade (análise risco-retorno);

iv. exigência de comprometimento de recursos próprios dos tomadores com o projeto, por exemplo, comprometimento do patrimônio líquido das empresas;

v. elaboração de contratos complexos, inclusive com imposição de cláusulas restritivas sobre a utilização dos recursos; por exemplo, proibição do uso dos recursos em determinadas atividades;

vi. monitoramento (acompanhamento) da utilização dos recursos.

Nesse quadro, uma questão importante é o papel da taxa de juros como mecanismo para garantir o equilíbrio no mercado financeiro. Em virtude de problemas informacionais, a taxa de juros pode não funcionar como market-clearing, isto é, pode não garantir o equilíbrio entre oferta e demanda de recursos no mercado financeiro.

Existindo excesso de demanda por recursos, por exemplo, o modelo tradicional de oferta e demanda prevê que a taxa de juros deveria aumentar de modo a equilibrar o mercado. O aumento da taxa de juros, porém, pode diminuir o retorno das instituições por dois motivos:

i. **agravar a seleção adversa**: só tomam empréstimos a uma taxa de juros elevada aqueles agentes ou empresas que estão excessivamente ávidos por recursos, ou seja, cujo risco é maior. Assim, um aumento na taxa de juros levaria à piora na qualidade dos tomadores, podendo diminuir o retorno das instituições pelo maior grau de inadimplência;

ii. **induzir o risco moral (*moral hazard*)**: com o aumento da taxa de juros, os tomadores tendem a usar os recursos captados em projetos mais arriscados que podem trazer maior retorno, mas à custa de maior risco, o que também pode aumentar a inadimplência.

Esses dois aspectos estão por trás de grande parte das crises financeiras. A elevação das taxas de juros pode aumentar o nível de inadimplência e colocar em risco a própria saúde do sistema financeiro. Dados os dois aspectos levantados, as instituições financeiras não necessariamente deveriam aumentar a taxa de juros na existência de um excesso de demanda, sendo talvez mais interessante trabalhar com racionamento de crédito, mas mantendo uma carteira com menor risco e que pudesse trazer um retorno mais elevado.

A introdução da intermediação traz à tona a diferença entre a taxa de juros que os bancos pagam aos aplicadores (**taxas passivas**) e a que eles cobram dos tomadores de recursos (**taxas ativas**), o chamado *spread* **bancário**. Esse *spread* deve cobrir o risco dos bancos, seu custo operacional e a margem de lucro. Note que quanto maior a instabilidade econômica, quanto menor a concorrência no setor bancário e quanto maiores as restrições à concessão de empréstimos (reservas compulsórias), maior tende a ser o *spread*.

Os *spreads* são tradicionalmente elevados no Brasil. As explicações para esse fato são: (i) elevada taxa de inadimplência; (ii) forte concentração no sistema financeiro – poucos bancos dominam a maior parte do mercado – o que gera pouca concorrência e elevadas margens de lucro; (iii) carga tributária elevada – impostos em cascata que incidem sobre o faturamento dos bancos (Cofins, PIS etc.); e (iv) taxas elevadas de reservas compulsórias.

9.5.3 Taxa de juros real e nominal

Um último ponto a ser destacado no que se refere à taxa de juros é a diferença entre taxa de juros real e nominal.

A **taxa de juros nominal** corresponde ao ganho monetário obtido por determinada aplicação financeira, independentemente do comportamento da inflação. Por exemplo, se aplico hoje R$ 100,00 e resgato daqui a um mês R$ 120,00, a taxa de juros nominal foi de 20% a.m., ou seja, os R$ 20,00 que ganhei com relação aos R$ 100,00 que apliquei. Se eu aplicar R$ 100,00 e resgatar R$ 500,00 daqui a um ano, a taxa de juros nominal é de 400% a.a.

Já a **taxa de juros real** corresponde ao ganho que se obtém em termos de poder de compra por determinada aplicação, ou seja, corresponde à taxa de juros nominal recebida, descontada a perda de valor da moeda, isto é, a inflação no período da aplicação.

Assim, temos as seguintes relações:[13]

$$(1 + i) = (1 + r)(1 + \text{taxa de inflação})$$
$$(1 + r) = (1 + i)/(1 + \text{taxa de inflação})$$

Em que:
i = taxa de juros nominal;
r = taxa de juros real.

Dentro dos exemplos citados, suponha que no primeiro caso (taxa nominal de 20%) a inflação tenha sido de 15% no mês; nesse caso, a taxa real de juros seria $(1 + 0{,}2)/(1 + 0{,}15)$ = 1,0435, isto é, 4,35% a.m. Assim, uma aplicação de R$ 100,00 daria um ganho real de R$ 4,35. No segundo caso (taxa nominal de 400%), se a inflação anual tivesse sido de 450%, a taxa de juros real seria de:

$$(1 + 4)/(1 + 4{,}5) = 0{,}909$$

ou seja, –9,01% a.a., a taxa de juros real foi negativa. O aplicador perdeu recursos, uma vez que a inflação superou a taxa de juros nominal.

Taxa de juros nominal: ganho monetário que se obtém em determinada aplicação financeira, ou o custo monetário de determinado empréstimo.
Taxa de juros real: taxa de juros nominal, descontada a taxa de inflação.

A diferença entre as duas taxas é importante, pois cada uma influencia diferentes variáveis econômicas. Com relação à demanda por moeda, por exemplo, a taxa de juros relevante é a nominal, por representar o verdadeiro custo de oportunidade de reter moeda – o detentor de moeda deixa de ganhar a taxa real de juros dos títulos e ainda perde a inflação que corrói o poder de compra da moeda. Para o investimento, por outro lado, a taxa relevante é a real, pois, como o fluxo de receita do investidor tende a acompanhar a inflação (preço do produto vendido), o relevante passa a ser o custo do empréstimo acima da inflação: a taxa real de juros.

A persistência do processo inflacionário no Brasil ao longo de sua história levou ao surgimento de mecanismos que permitissem aos indivíduos conviverem com elevadas taxas de inflação (a chamada **indexação**), ou seja, a introdução de mecanismos de correção monetária nos contratos, de modo a evitar que os agentes sofressem perdas em decorrência

---

[13] A relação entre taxa de juros nominal, taxa de juros real e taxa de inflação também é conhecida como **Efeito** ou **Regra de Fisher**.

da perda de valor da moeda nacional. Assim, decorrido certo prazo, os valores monetários são corrigidos pelo índice de inflação para poder recompor o valor deteriorado pela desvalorização da moeda.

Indexação: mecanismos de proteção dos valores monetários (contratos nominais) das perdas decorrentes da inflação.

Correção monetária: correção dos valores nominais por dado índice de preços, de modo a compensar a perda de valor da moeda decorrente da inflação.

O modo como se deu essa introdução nas operações financeiras foi a criação dos títulos com taxas de juros pós-fixadas. Assim, no Brasil, o sistema financeiro trabalha com duas unidades de contas:

i. **operações prefixadas**: em que a taxa nominal de juros é dada e a taxa real só se conhece *ex post*, uma vez verificada a inflação do período; e

ii. **operações pós-fixadas**, em que se define a taxa de juros real *ex ante* e acrescenta-se a correção monetária para determinar a taxa nominal de juros, que só é conhecida *ex post*.

Na definição das taxas prefixadas, os agentes embutem a expectativa de inflação que esperam para o período de vigência de operação, e acrescentam a taxa real que desejam. Esta última só se verificará caso acertem a inflação futura efetiva. A taxa de juros nominal é dada pela seguinte relação:

$$i = r + \pi^e$$

Em que:

i = taxa nominal de juros;

r = taxa real de juros desejada;

π^e = expectativa inflacionária.

Note-se que, por esse canal, a própria expectativa de inflação passa a afetar o desempenho da economia.

Caso a inflação futura seja menor do que a expectativa embutida, aumenta-se a taxa real de juros; caso contrário, diminui-se, podendo, inclusive, transformá-la em uma taxa real de juros negativa (como no exemplo dado). Já nas operações pós-fixadas, independentemente do comportamento da taxa de inflação no futuro, a taxa real de juros aparece garantida.

Taxa de juros pós-fixada: aquela cuja taxa nominal só é conhecida uma vez transcorrido o prazo da operação. Determina-se *ex ante* o ganho real com relação a algum índice de preço e, uma vez terminado o período, verifica-se a variação do índice de preço e determina-se a taxa de juros nominal. Isto é, conhece-se antes o ganho real, mas não o nominal.

> **Taxa de juros prefixada**: estipula-se no momento da operação a taxa de juros nominal, mas a taxa de juros real só será conhecida no final do período (*ex post*), quando se conhecer a taxa de inflação do período.

Percebe-se nesse caso que, em momentos de inflação elevada, os indivíduos tendem a concentrar suas aplicações nos títulos pós-fixados para diminuírem seu risco-preço. Já os tomadores de recursos, por necessitarem de previsões sobre seus custos financeiros, tendem a procurar as operações prefixadas.

Como se vê, a estabilidade da taxa de juros e sua previsibilidade são de suma importância para as decisões de investimento, principalmente. Nesse sentido, notam-se as dificuldades de operação de um sistema que atua com dupla unidade de conta em momentos de instabilidade inflacionária.

Procuramos, neste capítulo, familiarizar o leitor com assuntos monetários e financeiros, entendendo, assim, o papel da moeda e como esta pode afetar o sistema econômico. Para tal, analisaram-se a demanda por moeda e o processo de criação (oferta) de moeda e como o Bacen pode afetar esse processo. Como a moeda afeta o sistema econômico indiretamente mediante a taxa de juros, analisaram-se em detalhe essa variável, sua determinação e por que existem diferenças entre as taxas.

CONCEITOS-CHAVE

Agregados monetários: BM, M1, M2, M3, M4
Âncora cambial
Âncora monetária
Base monetária (BM)
Correção monetária
Currency board
Curva LM
Demanda por moeda
Demanda por moeda por motivos. Transação, precaução e portfólio
Denominador comum de valor
Depósitos à vista
Desmonetização
Efeito ou Regra de Fischer
Empréstimos de assistência à liquidez
Equação de trocas
Funções do Banco Central
Indexação
Lastro
Lastro-ouro
Liquidez
Meio de troca
Meios de pagamentos
Moeda
Moeda fiduciária
Moeda-mercadoria
Moeda metálica
Moeda-papel
Monetização
Moral hazard
Multiplicador bancário
Multiplicador monetário
Oferta de moeda
Operações ativas e passivas
Operações de mercado aberto (*open market*)
Papel-moeda
Papel-moeda em poder do público

Perpetuidade

Política monetária

Política monetária ativa × política monetária passiva

Preço de uma mercadoria

Preferência pela liquidez

Quase-moeda

Redesconto

Regra de Taylor

Reserva de valor

Reservas compulsórias

Reservas voluntárias

Risco de não pagamento × risco-preço

Seleção adversa

Selic

Senhoriagem

Sistema de metas de inflação

Spread bancário

Taxa de juros

Taxa de juros como prêmio pela "espera"

Taxa de juros como prêmio pela renúncia à liquidez

Taxa de juros nominal × taxa de juros real

Taxa de juros pós-fixada × taxa de juros prefixada

Taxa de redesconto

TBF (Taxa Básica de Financiamento)

Teoria dos fundos emprestáveis

Teoria quantitativa da moeda

TJLP (Taxa de Juros de Longo Prazo)

TR (Taxa Referencial de Juros)

Unidade de conta

Velocidade de circulação da moeda

Viés de alta

Viés de baixa

Viés neutro ou sem viés

Yield curve

QUESTÕES

Q1. Quais as funções que a moeda exerce no sistema econômico?

Q2. Qual a diferença entre moeda-papel e moeda fiduciária?

Q3. Escreva e explique a teoria quantitativa da moeda. Como deve se comportar a velocidade da moeda em um ambiente de aceleração inflacionária? Qual deve ser a relação entre moeda e taxa de juros?

Q4. Quais as funções que o Bacen exerce na economia? Como o Bacen pode controlar a oferta monetária?

Q5. As operações financeiras incorrem em dois tipos principais de riscos: risco de iliquidez e risco-preço. Explique.

Q6. Uma aplicação financeira paga 5% de juros ao mês. Qual é a taxa de juros real da aplicação se a inflação for de 3,5% ao mês?

Q7. O que é o multiplicador monetário? Deduza-o. (ver Apêndice 9A)

Q8. Explique os problemas decorrentes da informação assimétrica no sistema financeiro.

Q9. Quais os impactos de uma política monetária expansionista na economia?

APÊNDICE 9A

Criação de moeda por parte dos bancos e multiplicador monetário

Suponha o seguinte exemplo: existe um único banco na economia, a razão dos depósitos que os bancos devem manter como reservas compulsórias é 20% e o depósito inicial nesse banco é de R$ 100,00, decorrente de uma expansão monetária. Desses R$ 100,00, o banco destina R$ 20,00 para reservas e empresta R$ 80,00. Esses R$ 80,00 retornam aos bancos como novo depósito; destes, R$ 16,00 viram reservas e R$ 64,00 são reemprestados. Estes voltam como depósito e reinicia-se o ciclo. Percebe-se que os R$ 100,00 iniciais de depósitos multiplicaram-se, gerando uma sequência de depósitos nos valores: R$ 80,00; R$ 64,00; R$ 51,20; R$ 40,96; ... Essa sequência constitui-se em uma progressão geométrica decrescente de razão 0,8, que corresponde à fração livre dos depósitos bancários, isto é, o depósito adicional menos as reservas que devem ser compostas (1 menos a porcentagem de reservas obrigatórias: 1 − 0,2 = 0,8).

Para avaliar o total de depósitos do banco a partir do depósito inicial, basta realizar-se a soma dos termos da P.G. com razão menor que 1.

$$S.P.G. = a1/1 - q$$

Em que:

S.P.G. = soma dos termos de uma progressão geométrica;

$a1$ = primeiro termo da P.G.;

q = razão da P.G.

Note-se que no exemplo se teria:

$$D = R\$ \ 100,00/1 - 0,8 = R\$ \ 500,00$$

Ou seja, um depósito inicial de R$ 100,00 gerou um total de depósitos no banco de R$ 500,00, isto é, foi multiplicado por 5. Como (1 − 0,8) é exatamente a parcela de reservas compulsórias exigidas pelo Bacen, isto é, 0,2 (20%), nota-se que o **multiplicador bancário corresponde ao inverso da taxa de reservas**. Assim, quanto menor o recolhimento compulsório, maior o poder de multiplicação dos bancos; portanto, a determinação do nível de depósitos compulsórios dos bancos é uma forma de o Bacen controlar a oferta de moeda bancária.

No exemplo apresentado, considera-se que o público não mantenha nada na forma de papel-moeda e que só existiam as reservas compulsórias. Como destacado no texto, os bancos mantêm tanto reservas compulsórias como reservas voluntárias (depositadas no Bacen ou em encaixes em moeda). Além disso, o público mantém parcela dos meios de pagamentos na forma de papel-moeda. Assim, a multiplicação dos meios de pagamento pelos bancos comerciais só se dá sobre a parcela dos recursos a eles direcionados pelo público na forma de depósitos à vista. Percebe-se, portanto, que o multiplicador (neste caso, chamado de multiplicador da base monetária) não depende apenas da taxa de reservas compulsórias determinadas pelo Bacen, mas também pela política de reservas dos bancos comerciais e pelas preferências do público entre papel-moeda e depósitos à vista.

Definindo as seguintes relações:

R = reservas totais do sistema bancário (compulsórios mais voluntários)

r = reservas totais/depósitos à vista = $\dfrac{R}{DV}$

c = papel-moeda em poder do público/meios de pagamentos = $\dfrac{PMPP}{M1}$

d = depósitos à vista/M1 = $\dfrac{DV}{M1}$

Como $M1 = PMPP + DV$, dividindo-se por $M1$, tem-se que

$$\frac{M1}{M1} = \frac{PMPP}{M1} + \frac{DV}{M1}$$

e

$$c + d = 1.$$

Portanto, c e d são complementares.

Com base nessas relações, podemos deduzir o multiplicador monetário, definido como

$$k = \frac{M1}{B}$$

Como $M1 = PMPP + DV$ e $B = PMPP + R$, segue que

$$k = \frac{PMPP + DV}{PMPP + R} = \frac{cM1 + (1 - c)M1}{cM1 + r\,DV} = \frac{M1}{cM1 + rd\,M1}$$

$$= \frac{M1}{M1\,(c + rd)}$$

e finalmente,

$$\boxed{\; k = \frac{1}{c + dr} \;}$$

Percebe-se que o valor do multiplicador será tanto maior quanto maior a propensão do público de manter depósitos à vista (ou seja, menor a preferência do público por papel-moeda), e quanto menor o nível de reservas bancárias com relação aos depósitos. Entre as variáveis que influem na magnitude do multiplicador monetário, o Bacen controla apenas a taxa de reservas compulsórias, sendo as reservas voluntárias uma decisão do sistema bancário, e a alocação dos meios de pagamento entre papel-moeda e depósitos à vista uma decisão do público. Qualquer tentativa de o Bacen alterar o multiplicador pela mudança da taxa de reservas compulsória só terá efeito se os demais agentes não reagirem a essa medida. Como exemplo dessa questão, pode-se considerar a situação em que os bancos mantêm grande quantidade de reservas voluntárias e as diminuem quando o Bacen eleva as compulsórias. Nesse caso, a política do Bacen pode não ter efeito nenhum (Figura 9.4).

Figura 9.4 Multiplicador da base monetária e seus componentes.

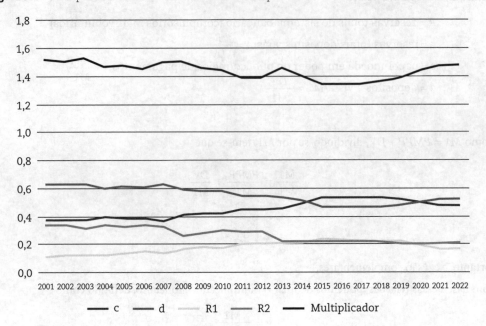

Fonte: Bacen.

10

Setor Externo

Até o momento, tratamos da determinação do produto considerando apenas as transações domésticas, ou seja, aquelas que ocorrem dentro do país. Contudo, ao menos do ponto de vista econômico, o mundo apresenta-se cada vez mais interligado, seja por meio dos fluxos comerciais, seja por meio dos fluxos financeiros. De modo geral, as relações econômicas internacionais têm posição fundamental para a maioria dos países, inclusive o Brasil. As importações representam parcela significativa do que é consumido pelos agentes de determinado país, ao passo que as exportações constituem componente importante da demanda agregada.

A constatação da importância do setor externo no funcionamento das economias levou ao surgimento de um importante ramo de estudo da Teoria Econômica denominado "**Economia Internacional**". Esse ramo procura, primeiramente, estudar por que os países realizam transações econômicas entre si e quais seus benefícios. Essa é a chamada parte microeconômica da análise da economia internacional. Em uma primeira aproximação, poderíamos dizer que os países comercializam entre si, pois não são autossuficientes, isto é, não conseguem produzir tudo de que necessitam. Assim, o bem-estar dos cidadãos e o desenvolvimento econômico podem ser maiores quando se realizam transações com outros países.

Em segundo lugar, a economia internacional procura estudar os impactos macroeconômicos da relação entre os países. Essa relação envolve moedas diferentes, colocando-se, assim, um segundo grupo de questões para a Economia Internacional, relativas às taxas de câmbio. O tipo de regime cambial traz consequências em termos de política monetária e fiscal, bem como sobre o nível de atividade, emprego e produto do país. Para se avaliar esse impacto, devemos analisar o balanço de pagamentos dos países, que é o registro das operações dos países com o resto do mundo.

Neste capítulo, serão analisadas, basicamente, as questões macroeconômicas das relações entre os países. Em capítulos posteriores, serão detalhados outros aspectos importantes relacionados com as questões externas e a inserção do Brasil no contexto internacional. A Seção 10.1 apresenta a estrutura do balanço de pagamentos, ao passo que a Seção 10.2 analisa o mercado cambial e os tipos de regimes cambiais existentes. As considerações finais do capítulo são apresentadas, por sua vez, na Seção 10.3. Por último, espera-se que o leitor tenha entendido os principais tipos de relação econômica entre os países, como estes afetam o desempenho econômico e como este é impactado por diferentes regimes cambiais.

10.1 BALANÇO DE PAGAMENTOS

Um país realiza diversas transações com o resto do mundo. Essas envolvem a compra e venda de bens e serviços e a compra e venda de ativos, entre outros. A introdução do setor externo traz uma série de diferenças para a análise que vinha sendo desenvolvida até o momento. A oferta agregada do país, por exemplo, deixa de ser composta apenas por produtos feitos internamente e passa a contar com bens e serviços produzidos no exterior. A compra de produtos domésticos, por sua vez, deixa de ser realizada apenas por residentes, passando a ser feita também por não residentes. A dotação de recursos/fatores de produção nacionais deixa de ser um entrave à expansão do produto, pois se pode contar com fatores de produção (capital e trabalho) estrangeiros para ampliar a produção doméstica. A poupança interna deixa de ser a única fonte para financiar os investimentos, pois o país pode recorrer à poupança externa, assim como a poupança interna não precisa mais necessariamente ser aplicada no país, podendo ser investida no exterior.

Esse conjunto de transações gera uma série de fluxos de bens e serviços e fluxos monetários e de capitais entre os países que afeta seu desempenho econômico. O balanço de pagamentos de uma nação busca registrar esse conjunto de transações do país com o resto do mundo.

O **balanço de pagamentos** é um resumo contábil das transações econômicas que um país realiza com o resto do mundo, durante certo período. Com base nesse balanço, pode-se avaliar a situação econômica internacional do país.[1]

No Brasil, o balanço de pagamentos é elaborado pelo Banco Central, com base nos registros das transações efetuadas entre residentes no país e residentes em outras nações. Na contabilização desses registros, adota-se o **método das partidas dobradas**.[1] Entende-se por residentes os agentes econômicos que possuem o centro de interesse no país. Um turista norte-americano no Brasil não é residente do país, enquanto um turista brasileiro no exterior é residente. Um diplomata brasileiro que esteja morando no exterior para prestar serviços diplomáticos continua sendo residente do país. Uma empresa multinacional, isto é, a

---

[1] A periodicidade, em geral, é de um ano (seguindo o ano civil do país). Todavia, é bastante comum a apresentação de balanços trimestrais e até de contas mensais, que possibilitam melhor acompanhamento da evolução da situação econômica do país no contexto internacional.

filial de uma empresa estrangeira instalada no país, é residente, mas seus proprietários que moram no exterior não são residentes.

As transações que compõem um balanço de pagamentos podem ser agrupadas da seguinte maneira:

1. Transações correntes
   1.1. Balança comercial
      1.1.1. Exportações FOB
      1.1.2. Importações FOB
   1.2. Balança de serviços
      1.2.1. Viagens internacionais
      1.2.2. Transportes
      1.2.3. Seguros
      1.2.4. Outros serviços (financeiros, telecomunicações, computação, culturais etc.)
   1.3. Renda primária
      1.3.1. Lucros e dividendos
      1.3.2. Salários e ordenados
      1.3.3. Juros
   1.4. Renda secundária
      1.4.1. Transferências correntes
      1.4.2. Doações internacionais
2. Conta capital
   2.1. Ativos não financeiros
   2.2. Transferências de capital
3. Conta financeira
   3.1. Investimentos diretos
   3.2. Investimentos em carteira
   3.3. Derivativos
   3.4. Outros investimentos
   3.5. Ativos de reserva
4. Erros e omissões

A **Balança de Transações Correntes** procura resumir a diferença entre o total das exportações e das importações tanto de mercadorias como de serviços, sendo também incluído o saldo das contas de Rendas Primária e Secundária.

Se essa conta for superavitária, isso significa que o país está recebendo recursos que podem ser utilizados:

i. para o pagamento de compromissos assumidos anteriormente (diminuição do endividamento externo);

ii. para investimento do país no exterior ou para readquirir ativos no país pertencentes a estrangeiros;

iii. para aumentar as reservas nacionais em moeda estrangeira.

Porém, se tal conta for deficitária, isso implica a necessidade:

i. de recebimento de investimentos de estrangeiros no país;

ii. de se contrair empréstimos junto ao setor externo;

iii. de diminuição das reservas nacionais em moeda estrangeira

A **Balança Comercial (FOB)** inclui, basicamente, as exportações e as importações de mercadorias, ou seja, de bens tangíveis. Se as exportações forem maiores que as importações, a balança comercial do país será superavitária; se ocorrer o contrário, teremos uma balança comercial deficitária.

Deve-se notar ainda que existem pelo menos duas maneiras de se contabilizar o valor das exportações e importações. Existem as **exportações e importações** *Free on Board* **(FOB)**, em que as despesas incluídas no valor das mercadorias são as incorridas até o embarque da mercadoria, e as **exportações e importações** *Cost, Insurance and Freight* **(CIF)**, em que se incluem no valor das mercadorias, além de seu valor em si, as despesas referentes ao frete e ao seguro de seu transporte até o destino. Em geral, na contabilidade do Balanço de Pagamentos, utilizam-se as exportações e importações FOB, já que as despesas com seguros e fretes estão incluídas no saldo da balança de serviços.

> **Exportações**: venda de mercadorias produzidas no país para outros países, isto é, corresponde à demanda de não residentes por mercadorias produzidas no país.
>
> **Importações**: compra de mercadorias produzidas em outro país por residentes do país.
>
> **Saldo da balança comercial** = exportações (FOB) – importações (FOB).

Embora não seja regra, alguns dos fatores que mais influenciam o saldo da balança comercial são o nível de renda da economia doméstica e do resto do mundo, a taxa de câmbio e os termos de troca. Assim:

i. quanto maior a renda do país, maior será a demanda por produtos importados e por produtos que poderiam ser exportados; logo, o aumento da renda interna tende a piorar o saldo da balança comercial;

ii. quanto maior a renda do resto do mundo, maior a demanda por produtos produzidos no país; logo, o aumento da renda externa tende a melhorar o saldo da balança comercial;

iii. quanto mais desvalorizada a moeda nacional com relação às moedas estrangeiras, maior a competitividade dos produtos nacionais (o produto doméstico fica mais barato ao consumidor estrangeiro) e maior o custo em moeda doméstica do produto estrangeiro; portanto, maior o estímulo às exportações e o desestímulo às importações;

iv. quanto melhores os **termos de troca**, isto é, quanto mais caros forem os produtos que exportamos com relação aos produtos que importamos, melhor será o saldo da balança comercial.

A **Balança de Serviços**, por sua vez, é composta por diferentes tipos de serviços transacionados em nível internacional, com destaque para as transações referentes a **transportes e seguros**, compostas do saldo das receitas e despesas efetuadas com fretes e prêmios de seguros efetuados; **viagens**, que representa, basicamente, o saldo relativo a viagens internacionais, especialmente as receitas e despesas dos turistas; e **serviços financeiros**, que compreende serviços bancários, como corretagem, comissões e tarifas por prestação de garantias e fianças. Nesse caso, é importante ressaltar que não estão incluídos nesse item os **juros pagos por empréstimos e financiamentos**, que são registrados na conta de renda primária.

A **Conta de Renda Primária** engloba as transações referentes ao recebimento e envio de valores associados aos **rendimentos do fator trabalho** (salários e ordenados) e aos rendimentos do fator capital, divididos entre **lucros e dividendos (remuneração do investimento direto)**; e **juros (remuneração do investimento em carteira e derivativos, entre outros)**.

A conta de **Renda Secundária**, por sua vez, refere-se a transações econômicas sem contrapartida de um país para outro, podendo ser dividida em dois componentes principais:

i. as transferências unilaterais correntes, que envolvem, entre outros, as remessas feitas por empregados migrantes para suas famílias no país de origem (por exemplo, os *dekasseguis*) ou a transferência referente a bolsas de estudo para um aluno que realiza pós-graduação no exterior, por exemplo. Tipicamente, trata-se de valores referentes a transferências de recursos para o custeio de despesas corrente por parte do recebedor;

ii. as doações internacionais, como os auxílios financeiros fornecidos quando da ocorrência de calamidades em outros países (ajuda humanitária) ou as reparações de guerra feitas por um país para outro. Essas doações, em geral, não têm motivação econômica, mas têm seus valores lançados no balanço de pagamentos.

Balança de serviços: registra as exportações e importações de serviços pelo país.

Balança de rendas: tem como principais componentes da renda primária as transações envolvendo o recebimento e pagamento da remuneração dos fatores trabalho (salários e ordenados) e capital (lucros, dividendos e juros) e, como principais componentes da renda secundária, as transferências unilaterais correntes e as doações internacionais.

As rubricas discutidas anteriormente fazem parte do saldo em transações correntes do Balanço de Pagamentos e não implicam aquisição (ou venda) de direitos sobre os residentes de outros países nem aquisição (ou venda) de obrigações no país por parte de não residentes. Essas transações compõem a segunda parte do Balanço de Pagamentos, denominada Conta Capital e Financeira, que agrupa as transações que representam modificações nos direitos e obrigações de residentes no país para com não residentes. Essa conta pode ser decomposta da seguinte maneira:

i. **Conta capital**: nesta conta, incluem-se as transferências unilaterais relativas ao patrimônio de migrantes internacionais, assim como a aquisição (ou alienação) de bens não financeiros não produzidos, como cessão de marcas e patentes.

ii. **Conta financeira**: é a principal conta desta parte do Balanço de Pagamentos, congregando todos os fluxos com ativos e passivos financeiros entre residentes e não residentes no país, principalmente aqueles referentes ao capital de não residentes aplicados no país, sejam estes investimentos diretos ou de carteira. Também são levados em consideração os investimentos feitos por residentes no país no exterior. Assim, destacam-se quatro subitens nesta conta: investimento direto, investimento em carteira, derivativos financeiros e outros investimentos.

Os **investimentos diretos** são divididos em dois subitens: as participações no capital, que se referem à aquisição, subscrição, aumento (ou alienação) do capital social de empresas de não residentes por residentes (investimento direto no exterior) ou de empresas de residentes por não residentes (investimento direto no Brasil); e os **empréstimos intercompanhias**, que são relacionados principalmente com os créditos concedidos pelas matrizes a suas filiais e, em certas situações, os créditos concedidos por filiais às matrizes (investimento cruzado).

Os **investimentos em carteira** compreendem os fluxos de capital associados à aquisição de títulos negociáveis em mercados secundários, divididos em títulos de renda variável (ações) e de renda fixa (bônus, *notes*, *commercial papers* etc.). Nesta conta incluem-se as **operações ativas**, ou seja, de residentes no Brasil adquirindo posições no exterior, e passivas, em que não residentes adquirem posições de emissão brasileira.

No item **derivativos**, por sua vez, incluem-se os fluxos referentes à liquidação de haveres e obrigações de operações de *swap*, futuros e opções, assim como os prêmios relativos a estas últimas operações.

> **Conta capital e financeira**: envolve as operações que modificam a estrutura de direitos e obrigações de um país com relação ao resto do mundo e inclui:
> i. **Conta capital**: transferências unilaterais patrimoniais e aquisição (ou alienação) de bens não financeiros, não produzidos, como cessão de marcas e patentes.
> ii. **Conta financeira**: todos os fluxos com ativos e passivos financeiros entre residentes e não residentes (investimentos, empréstimos, amortizações etc.).

Um componente importante da movimentação da conta financeira é o item **Ativo de Reservas** (antes denominado **Variação de Reservas** – ver Boxe 10.1), que registra a variação nos haveres em moeda estrangeira e ouro possuídos em reserva pelo país. Desse modo,

Cap. 10 • Setor Externo **217**

um eventual déficit no total das transações que um país realiza com o resto do mundo pode ser coberto pela utilização de parte do estoque de moeda externa em posse da autoridade monetária (normalmente, o Bacen), ou seja, há variação negativa no volume de reservas desse país. Por outro lado, se o saldo total das transações for superavitário, haverá entrada líquida de moeda estrangeira no país e, consequentemente, acúmulo de reservas internacionais.

A conta **Erros e Omissões** surge em função de equívocos existentes no registro das operações do país com o exterior. Na prática, inúmeras contas são registradas com valores estimados, o que impede a equivalência perfeita entre os créditos e os débitos (mesmo levando em consideração as transações compensatórias). Desse modo, esse item entra no Balanço de Pagamentos, a fim de cobrir os erros estatísticos cometidos e as transações não registradas.

A Tabela 10.1 apresenta valores selecionados referentes ao Balanço de Pagamentos do Brasil,[2] ao passo que o gráfico da Figura 10.1 mostra a evolução do estoque de reservas internacionais do Banco Central.

Boxe 10.1 – Alterações na metodologia do Balanço de Pagamentos

A sexta edição do Balanço de Pagamentos, denominada *Balance of Payments Manual 6* (BPM6), do Manual do Balanço de Pagamentos e Posição do Investimento Internacional do Fundo Monetário Internacional de 1993, trouxe profundas alterações na metodologia das contas externas. No Brasil, essas modificações foram incorporadas a partir de 2015, sendo as seguintes as mais importantes:

a) A Conta **Variação de Reservas** (no BPM5), na versão atual (BPM6), passou a denominar-se "**Ativos de Reserva**", que pode ser associada ao Caixa das empresas. Até o BPM5, aparecia à parte, como contrapartida, com sinal trocado, do Saldo do Balanço de Pagamentos. A partir do BPM6, foi incorporada como um dos itens da Conta Financeira

b) As contas que são saldos (viagens, lucros etc.) podem apresentar sinal negativo, indicando a saída de dólares. No BPM6, a partir de 2015, quando não forem saldos, mesmo sendo saída de dólares, como as importações, apresentam sinal positivo.

c) Talvez a modificação mais complicada, diferentemente das contas de transações correntes (parte "de cima" da tabela a seguir), na Conta Financeira, sinais negativos representam entrada de dólares, e sinais positivos saída de dólares. Isso porque aqui se considera quem são efetivamente os proprietários do capital financeiro. Assim, dólares que entram, na verdade, pertencem ao estrangeiro, e não aos nacionais. Quando saem dólares, é como estivéssemos quitando dívidas.

d) Conforme já apresentado no texto, a conta Serviços e Rendas do BPM5, anterior a 2015, foi dividida em três contas: Serviços, Renda Primária (juros, lucros etc.) e Renda Secundária (esta anteriormente denominada Transferências Unilaterais Correntes).

Particularmente, os três primeiros soam um pouco estranho, do ponto de vista contábil, em especial a interpretação dos sinais, quando comparado às versões anteriores do Manual BPM.

Posto isso, a Tabela 10.1 mostra detalhadamente a nova versão do Balanço de Pagamentos do Brasil, inclusive retroagidas pelo Banco Central até 1995.

---

[2] Os valores são apresentados de acordo com os sinais da sexta edição do manual do Balanço de Pagamentos.

Tabela 10.1 Balanço de Pagamentos – Brasil

I. TRANSAÇÕES CORRENTES (I.1 + I.2 + I.3 + I.4)	−18,7	−24,8	−23,7	−8,1	3,8	13,5	−30,6	−75,8	−110,5	−63,4	−30,5	−25,3	−54,8	−68,0	−28,2	−46,4	−39,4
I.1. BALANÇA COMERCIAL	−4,6	−1,6	1,5	12,0	23,7	43,4	23,8	18,5	−6,7	−17,4	44,5	57,3	43,4	26,5	32,4	36,4	34,6
Exportações FOB	46,4	55,3	58,2	60,4	73,1	118,3	198,4	201,3	224,0	189,9	184,3	218,0	239,5	225,8	210,7	284,0	257,4
Importações FOB	51,0	56,4	56,7	48,4	49,4	74,8	174,6	182,8	230,7	172,5	139,7	160,7	196,1	199,3	178,3	247,6	222,8
I.2. SERVIÇOS	−7,0	−7,2	−7,6	−4,8	−4,7	−7,9	−16,9	−30,2	−57,1	−45,7	−36,7	−41,6	−39,3	−38,5	−24,7	−27,0	−29,4
Viagens internacionais	−2,4	−2,1	−1,5	−0,4	0,2	−0,9	−5,2	−10,7	−18,7	−11,5	−8,5	−13,2	−12,3	−11,6	−2,4	−2,3	−7,2
Outros serviços (fretes, seguros etc.)	−4,6	−5,1	−6,1	−4,4	−4,9	−7,0	−11,7	−19,5	−38,4	−34,2	−28,2	−28,4	−27,0	−26,9	−22,3	−24,7	−22,2
I.3. RENDA PRIMÁRIA	−10,8	−17,5	−19,3	−17,7	−18,1	−25,6	−41,8	−67,0	−49,2	−34,9	−41,5	−48,2	−58,8	−57,3	−38,3	−59,0	−63,9
Lucros e dividendos	−2,9	−3,3	−5,0	−5,2	−5,6	−12,7	−33,9	−55,6	−28,4	−15,5	−18,9	−15,8	−36,5	−31,9	−16,8	−38,4	−44,7
Juros	−7,6	−14,3	−14,4	−12,6	−12,6	−13,1	−7,2	−12,0	−21,4	−22,8	−22,9	−27,6	−22,5	−25,5	−21,6	−20,6	−19,2
Outras (salários, *royalties*)	−0,3	0,1	0,1	0,1	0,1	0,2	−0,7	0,6	0,6	−3,4	−0,3	−0,1	−0,2	−0,1	−13,7	0,0	0,0
I.4. RENDA SECUNDÁRIA (Transferências unilaterais correntes)	3,6	1,5	1,6	2,4	2,9	3,6	4,2	2,9	2,7	2,8	3,1	2,1	0,0	1,2	2,3	3,2	2,9
II/III CONTA CAPITAL + CONTA FINANCEIRA	−29,4	−19,7	−27,5	−8,5	−5,6	8,5	−28,7	−125,4	−108,7	−65,0	−21,9	−20,0	−55,3	−67,0	−12,1	−50,0	−58,3
Investimentos e Reinvestimentos Diretos	−3,3	−30,5	−24,7	−14,1	−9,9	−12,6	−24,6	−61,7	−70,9	−61,6	−71,2	−64,1	−74,3	−56,5	−16,4	−27,3	−90,6
Empréstimos/Financiamentos/Títulos/Ações	−10,8	−15,0	−8,1	−6,5	−4,4	−29,5	−7,2	−85,3	−40,3	3,9	−19,6	32,5	30,8	29,5	11,3	−18,7	−0,7
Amortizações	9,8	13,2	32,5	16,4	38,0	54,4	20,6	30,6	30,7	56,2	52,1	48,2	51,1	48,8	49,1	44,7	82,3
ATIVOS DE RESERVA	**12,9**	**−2,3**	**3,3**	**0,3**	**8,5**	**4,3**	**3,0**	**49,1**	**10,8**	**1,6**	**9,2**	**5,1**	**2,9**	**−26,1**	**−14,2**	**14,0**	**−7,3**
Outros	−38,0	14,9	−30,5	−4,6	−37,8	−8,1	−20,5	−58,1	−17,4	0,1	4,0	1,7	−44,8	−4,3	−40,9	−62,7	−42,0
ERROS E OMISSÕES	2,2	2,7	−0,5	−0,1	−0,9	−0,7	1,7	−0,5	1,3	−2,5	8,1	4,6	−1,4	0,3	7,8	−4,0	−3,3
RESERVAS	51,8	40,1	35,8	41,3	49,5	53,8	193,8	288,6	374,0	356,5	372,2	382,0	374,7	356,9	355,6	367,8	324,7

Nota: valores apresentados de acordo com os sinais da sexta edição do Manual do Balanço de Pagamentos.

Fonte: Banco Mundial.

Figura 10.1 Reservas internacionais – Total anual – US$ (bilhões).

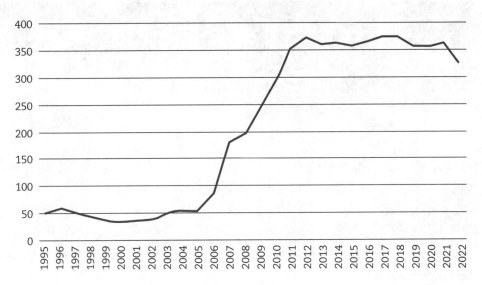

Fonte: Banco Central.

Tabela 10.2 Indicadores da situação externa

Ano	Dívida externa total/ exportações	Reservas/ importações	Exportações/ PIB (%)	Importações/ PIB (%)	(Exportações + importações)/ PIB (%)
1995	3,46	1,04	7,53	9,46	16,98
1996	3,81	1,13	6,73	8,91	15,64
1997	3,77	0,86	6,98	9,59	16,58
1998	4,74	0,76	7,03	9,41	16,44
1999	5,09	0,72	9,56	11,42	20,98
2000	4,39	0,58	10,19	12,45	22,64
2001	3,96	0,63	12,37	14,56	26,94
2002	3,85	0,78	14,23	13,39	27,62
2003	3,24	1,00	15,18	12,96	28,14
2004	2,30	0,83	16,55	13,13	29,68
2005	1,59	0,72	15,24	11,84	27,09
2006	1,41	0,93	14,37	11,67	26,04
2007	1,49	1,48	13,33	11,96	25,29
2008	1,33	1,11	13,53	13,72	27,26
2009	1,83	1,84	10,85	11,25	22,11
2010	1,75	1,57	10,87	11,91	22,77
2011	1,58	1,54	11,58	12,35	23,93

(continua)

(continuação)

Ano	Dívida externa total/ exportações	Reservas/ importações	Exportações/ PIB (%)	Importações/ PIB (%)	(Exportações + importações)/ PIB (%)
2012	1,82	1,66	11,88	13,24	25,11
2013	2,00	1,49	11,74	14,04	25,79
2014	2,49	1,58	11,01	13,67	24,69
2015	2,86	2,06	12,90	14,05	26,95
2016	2,95	2,62	12,47	12,07	24,53
2017	2,49	2,35	12,52	11,80	24,32
2018	2,33	2,02	14,63	14,24	28,88
2019	2,52	1,92	14,12	14,77	28,89
2020	2,61	2,24	16,80	16,10	32,89
2021	2,14	1,63	20,10	19,08	39,18

Fonte: Banco Mundial.

A Tabela 10.2 apresenta alguns indicadores de situação externa. O primeiro indicador, chamado **índice** ou **coeficiente de vulnerabilidade**, é calculado como a razão **dívida externa/exportaçõe**s e mostra quantos anos de exportação são necessários para pagar o total da dívida externa. O segundo indicador, chamado **relação reservas/importações**, apresenta a parcela das importações "garantida" pelas reservas em moeda estrangeira do país caso não haja o ingresso de nenhum recurso externo. Um último indicador importante a ser discutido é o **grau de abertura** da economia, dado pela somatória da participação das importações e das exportações sobre o PIB.

A Tabela 10.3, por sua vez, apresenta dados referentes ao Brasil e a outros países selecionados e indica que, embora o Brasil seja um país importante no comércio internacional, apresenta abertura econômica inferior a diversos países do mundo.

Tabela 10.3 Importação de bens e serviços, exportação de bens e serviços, grau de abertura e transações correntes. Países selecionados (% do PIB) – 2021

Países	Importações/ PIB	Exportações/ PIB	Grau de abertura	Saldo em transações correntes (% PIB)
Brasil	19%	20%	39,18%	−1,74%
Chile	33%	32%	64,43%	−6,40%
China	17%	20%	37,47%	1,79%
Alemanha	42%	47%	88,74%	7,37%
Índia	24%	21%	45,29%	−1,05%
Japão	19%	18%	37,38%	3,19%
Coreia do Sul	38%	42%	80,49%	4,88%
Malásia	62%	69%	130,57%	3,79%

(continua)

(continuação)

Países	Importações/ PIB	Exportações/ PIB	Grau de abertura	Saldo em transações correntes (% PIB)
Holanda	73%	83%	155,70%	7,22%
Tailândia	58%	58%	116,66%	–2,04%
Estados Unidos	15%	11%	25,48%	–3,63%

Fonte: Banco Mundial (2021).

10.2 MERCADO CAMBIAL

Uma importante diferença do comércio internacional com relação ao comércio doméstico é que este último é realizado com uma mesma moeda nacional, enquanto no comércio internacional existe a necessidade da conversão entre diferentes moedas. Dentro do Brasil, a compra e a venda de mercadorias são feitas com o real; todavia, quando um brasileiro adquire um produto alemão (importa), o vendedor alemão quer receber em euros. Do mesmo modo, quando o Brasil exporta para a Alemanha, deseja receber o valor das exportações em real e não em euros, pois ele tem seus custos (salários, impostos, matéria-prima etc.) em reais e não em euros. Assim, o comércio internacional introduz um novo elemento: a taxa de câmbio.

Taxa de câmbio é o valor de moeda relativamente à outra ou, de modo alternativo, é a taxa pela qual duas moedas de países diferentes podem ser trocadas (cambiadas). Assim, tem-se, por exemplo, que a taxa de câmbio do real (moeda nacional brasileira) com relação ao dólar norte-americano (moeda nacional dos Estados Unidos) era, em dezembro de 2020, de aproximadamente 5,20 R$/US$, ou seja, cada dólar valia 5,20 reais.[3]

Por meio das taxas de câmbio, torna-se possível realizar as transações entre os países. Se determinada mercadoria custa 100 euros, o importador brasileiro troca reais por euros pela taxa de câmbio, que era em dezembro de 2020 de aproximadamente 6,30 reais; assim, trocaria 630 reais por 100 euros, com os quais compra a mercadoria desejada.

As taxas de câmbio são, basicamente, determinadas pelo mercado cambial, aquele em que moedas dos diferentes países são transacionadas. Como em qualquer mercado, existe oferta e demanda pelas diferentes moedas existentes. Assim, há, por um lado, aqueles que demandam determinada moeda (agentes privados ou públicos). No Brasil, têm-se, por exemplo:

i. os importadores de mercadorias norte-americanas, que necessitam de dólares;

ii. os agentes que necessitam de dólares para saldar dívidas contraídas anteriormente;

---

[3] A cotação de real em dólar também poderia ser expressa como de aproximadamente 0,19 US$/R$, ou seja, com um real se poderia obter 0,19 dólares, que é o inverso de 5,20. Deve-se tomar cuidado com a forma pela qual a taxa de câmbio está expressa. No Brasil, costuma-se expressar a taxa de câmbio como a quantidade de moeda nacional necessária para comprar uma unidade de moeda estrangeira (no exemplo, 5,20 reais para 1 dólar, em dezembro de 2020). Em outros países, ela é expressa como a quantidade de moeda estrangeira necessária para comprar uma unidade de moeda nacional (no exemplo, então, seriam 0,19 dólar para 1 real).

iii. as empresas norte-americanas que atuam no Brasil e desejam remeter lucros para a matriz;

iv. os turistas que viajam para os Estados Unidos etc.

Por sua vez, também há outros agentes (que também podem ser privados ou públicos) que oferecem dólares, por exemplo:

i. os exportadores brasileiros;

ii. os estrangeiros que querem investir no Brasil;[4]

iii. os tomadores de empréstimo no exterior;

iv. os turistas que trazem dólares para o Brasil etc.

Desse modo, compõem-se a demanda e a oferta por dólares e reais.

O equilíbrio entre a oferta e a demanda das diferentes moedas nacionais estabelece as taxas de câmbio, isto é, os preços relativos entre duas moedas diferentes, assim como as quantidades de moedas transacionadas.

Deve-se notar que, nesse mercado, em virtude da (i) homogeneidade dos produtos,[5] (ii) da transparência do mercado (especialmente com o desenvolvimento dos meios de comunicações) e (iii) do grande número de agentes que nele operam, há forte tendência a existir equilíbrio entre cotações das moedas nos diferentes mercados. Assim, se a relação entre as moedas A e B é de 2 e a cotação da moeda A com relação a C é também de 2, a cotação de B com relação a C deverá ser de 1. Isso é obtido quase automaticamente por meio do processo de **arbitragem**, que deriva na compra de uma moeda em determinado mercado e na venda dessa mesma moeda em outro país.

As oscilações na demanda e na oferta de determinada moeda devem conduzir a modificações no equilíbrio desse mercado (taxa de câmbio e quantidade de moeda transacionada). Assim, por exemplo, um aumento dos investimentos norte-americanos no Brasil significa um aumento na entrada de dólares no país e, consequentemente, um aumento na oferta de dólares no Brasil. Esses aumentos fazem com que a taxa de câmbio se modifique, valorizando o real e desvalorizando o dólar, ou seja, o preço do real com relação ao dólar será maior, e a quantidade de reais que se compra com um dólar será menor.[6] Assim, define-se uma **valorização** ou **apreciação** da moeda nacional quando o poder de compra desta em relação às demais cresce, e uma **desvalorização** ou **depreciação** quando seu poder de compra cai.

A esse respeito, cabe distinguir **variações nominais** e **variações reais** da taxa de câmbio. **Taxa de câmbio real** é a taxa de câmbio nominal deflacionada pela razão entre inflação doméstica e inflação externa. Esse conceito é muito utilizado para verificar a competitividade dos produtos nacionais em face dos estrangeiros: por exemplo, se uma desvalorização da taxa

---

[4] Para esses investimentos estrangeiros serem realizados, os dólares devem ser trocados por reais, a fim de se comprarem os ativos.

[5] Os euros comprados no Japão ou na Argentina são idênticos.

[6] Tomando a taxa anterior de 5,20 R\$/US\$, essa taxa deveria cair, por exemplo, para 5,00 R\$/US\$.

de câmbio nominal superar a inflação, significa que a competitividade de nossos produtos aumentou. Isso ocorre porque a mudança de valor de nossa moeda com relação ao exterior foi maior do que a diferença das variações de preços dos produtos nas respectivas moedas. Assim, quando os preços são comparados em moeda estrangeira, nosso produto ficou relativamente mais barato. Para mais detalhes, ver os Apêndices deste capítulo.

> **Taxa de câmbio** é o valor que uma moeda nacional possui em termos de outra moeda nacional.
> **Valorização ou depreciação cambial** da moeda nacional ocorre quando o poder de compra desta com relação às demais cresce; e **desvalorização ou depreciação cambial**, quando seu poder de compra cai.
> **Taxa de câmbio real** é a taxa de câmbio nominal deflacionada pela razão entre a inflação doméstica e a inflação externa.

A determinação da taxa de câmbio envolve diversas variáveis, sendo as exportações e importações duas das principais. Se tais variáveis forem as preponderantes no mercado de divisas do país, a taxa de câmbio de equilíbrio deve refletir a competitividade da produção doméstica diante do restante dos países.[7] Contudo, essa competitividade também pode ser influenciada pela taxa de câmbio, dado que uma desvalorização cambial aumenta a competitividade desse país e uma valorização a diminui. Assim, os governos podem intervir na taxa de câmbio com o intuito de aumentar suas exportações e diminuir as importações. Entretanto, se todos os países optarem por esse tipo de atuação, haverá uma guerra cambial.

Em função da crescente importância dos fluxos de capital em nível mundial, outra variável que influencia a taxa de câmbio é a taxa de juros, uma vez que taxas de juros elevadas dentro de um país atraem capitais estrangeiros, podendo levar a uma valorização da moeda doméstica frente à externa.

Como visto, a taxa de câmbio é uma variável muito importante, pois pode influenciar o nível de produção e de inflação das economias, além do próprio comércio externo e dos movimentos de capital. Desse modo, o governo pode regulamentar o mercado cambial com o objetivo de melhorar o desempenho de certas variáveis econômicas de seu interesse. Assim, existem diferentes **regimes cambiais**.

Entende-se por **regime** ou **sistema cambial** o conjunto de regras, acordos e instituições por meio dos quais são feitos os pagamentos internacionais e, portanto, pelos quais se regula o mercado cambial. Para efeito de transações internacionais, uma moeda nacional pode ser **conversível** quando é livremente cambiável por outras moedas estrangeiras (antigamente, por ouro), ou **inconversível**, quando não tem aceitação fora de seu país, não tendo conversibilidade garantida em outra moeda nacional.[8]

---

[7] Se a competitividade for, por exemplo, crescente, as exportações do país deverão crescer também, e as importações diminuir, e, portanto, a taxa de câmbio deverá valorizar-se.

[8] Existe ainda a possibilidade de haver moedas ditas **conveniadas**, ou seja, apesar de serem moedas inconversíveis, podem ser utilizadas entre alguns países em função de acordos bilaterais de pagamentos ou compensações.

De modo geral, há dois grandes tipos de regime cambial: o de taxas fixas e o de taxas flexíveis:[9]

i. O **regime de taxas de câmbio fixas**, no qual, como o próprio nome sugere, a taxa de câmbio do país é fixa e o governo, geralmente por meio de seu Banco Central, intervém, de modo a equilibrar a oferta e a demanda de divisas no nível da taxa de câmbio estabelecida. Quando, no mercado, com relação à taxa de câmbio fixada, há excesso de oferta de divisas,[10] o governo entra no mercado adquirindo divisas pela taxa de câmbio fixada, ou seja, ele diminui a quantidade de moeda estrangeira em circulação. Se ocorrer o inverso, ou seja, um excesso de demanda por moeda estrangeira,[11] o governo vende, a essa taxa, divisas que possui em reserva.

Desse modo, no regime de câmbio fixo, as oscilações na demanda e na oferta de divisas não repercutem sobre a taxa de câmbio, mas apenas sobre o volume de reservas internacionais do país e sobre a oferta primária de moeda doméstica nesse país, uma vez que quando o governo adquire as divisas, troca-as por moeda nacional, colocando tal moeda em circulação, e quando as vende, recebe em troca moeda nacional, que, assim, é retirada de circulação. Note, portanto, que há relação entre moeda doméstica e moeda estrangeira nessas operações.[12]

ii. No **regime de taxas de câmbio flutuantes**, há liberdade do mercado cambial e o governo intervém apenas como ofertante e demandante de divisas em função de suas necessidades. Desse modo, as alterações na oferta e na demanda de divisas têm efeito sobre a taxa de câmbio, que deverá valorizar-se ou desvalorizar-se em função de tais alterações. Nesse regime, o mercado cambial não afeta diretamente o nível de reservas internacionais possuídas pelo país.[13]

Regimes cambiais
i. **Taxa de câmbio fixa**: aquela em que o preço da moeda nacional em termos de moeda estrangeira é dado e o equilíbrio do mercado é obtido pela compra e venda de divisas (ativo/moeda de aceitação internacional) pelo Bacen.
ii. **Taxa de câmbio flutuante**: o preço da moeda nacional em termos de moeda estrangeira oscila livremente, para garantir o equilíbrio entre a oferta e a demanda de divisas.

Feitas essas definições, cabe agora relacionar os regimes cambiais com os desequilíbrios no balanço de pagamentos.

---

[9] Na verdade, entre os dois casos descritos, existem regimes intermediários de taxas flexíveis administradas ou controladas pelo Bacen e de taxas de câmbio fixas, porém ajustáveis.

[10] Há, portanto, pressão para a valorização da taxa de câmbio.

[11] Há, portanto, pressão para a desvalorização da taxa de câmbio.

[12] O **Currency Board**, visto no Capítulo 9, é um regime de câmbio fixo em que, adicionalmente, a oferta de moeda está ancorada no volume de reservas cambiais.

[13] Como será discutido mais adiante, também aqui pode haver uma variante, a **flutuação suja** (ou *dirty floating*), em que o governo intervém pontualmente, comprando ou vendendo divisas, evitando grandes oscilações.

No sistema de câmbio fixo, desequilíbrios nas transações correntes do Balanço de Pagamentos (déficits, por exemplo) não cobertos pela entrada de recursos pela entrada de capitais devem ser cobertos pelas reservas internacionais. Dois são os limites dos déficits em transações correntes: (i) o volume de reservas do país; e (ii) mesmo quando o déficit é totalmente financiado, este pode ser um processo temporário, pelo peso futuro que representa um aumento da dívida externa (pagamento de juros).

Para resolver problemas de déficit, podem-se utilizar políticas de contenção de demanda agregada para diminuir as importações e, por meio do aumento das taxas de juros, facilitar o financiamento. Quando, porém, o problema é estrutural, deve-se recorrer a desvalorizações cambiais. Nesse sentido, na busca de equilíbrio das transações correntes a longo prazo é que a taxa de câmbio deve refletir o grau de competitividade da economia.

Com taxas de câmbio flutuantes, o ajustamento deveria ser automático, com a entrada de divisas sempre igualando a saída, sem haver movimentos nas reservas. Essa é a grande defesa desse sistema, para o qual a economia estaria mais protegida de choques externos sobre a demanda agregada e o nível de emprego. O problema desse regime está na maior **volatilidade** que provoca sobre o nível de preços e, consequentemente, sobre as expectativas dos agentes.[14] O sistema de taxas de câmbio flutuantes provoca grandes desconfortos ao comércio mundial, pois uma eventual volatilidade das taxas pode levar a constantes alterações nos preços relativos. Com isso, cria-se um cenário desfavorável à formação de expectativas e, consequentemente, à tomada de decisões dos agentes econômicos. Conforme discutido nos próximos capítulos, esse quadro mostrou toda sua inconveniência na década de 1970, por exemplo.

Podem-se listar outros tipos de sistemas cambiais que decorrem dos dois modelos básicos discutidos. Um sistema muito utilizado a partir de meados da década de 1970 foi o de **flutuação suja** ou *dirty floating*. Esse sistema difere do flutuante por estar sujeito a intervenções pontuais do Bacen com o objetivo de diminuir a volatilidade associada ao sistema de câmbio flutuante. Se o mercado estiver estável, ele funciona como flutuante, mas o Bacen pode intervir em momentos de instabilidade cambial ou até mesmo para direcionar a taxa para outro patamar por ele desejado.

No final da década de 1970, com a emergência do Sistema Monetário Europeu, surgiu outro regime cambial, denominado **sistema de bandas cambiais**. O sistema de bandas cambiais tem a seguinte lógica: definem-se valores limites que a taxa de câmbio pode assumir; dentro desses limites, o sistema deveria funcionar como se fosse câmbio flutuante e, nos limites, como câmbio fixo. Assim, no sistema de bandas, define-se uma taxa central e um intervalo de variação. Quando existe pressão pela desvalorização da moeda nacional, o Bacen intervém, vendendo moeda estrangeira e comprando moeda nacional. No caso oposto, ou seja, quando uma valorização pode fazer com que a taxa fique fora do intervalo tolerado, o Bacen age em sentido oposto e compra moeda estrangeira junto ao mercado. Em alguns

---

[14] É interessante observar que, segundo a chamada **abordagem monetária do balanço de pagamentos**, esse ajustamento automático também ocorreria com taxas de câmbio fixas. Um déficit no balanço de pagamentos levaria a uma redução das reservas e, consequentemente, da oferta de moeda doméstica, o que causaria redução nos preços (decorrência da queda na demanda agregada) e, com isso, aumento da competitividade dos produtos domésticos no mercado externo. Assim, o saldo externo e a taxa de câmbio dependeriam totalmente da política monetária. Com taxa de câmbio fixa e liberdade de comércio, esta seria uma âncora para o nível de preços internos, que deveriam pautar-se pelos externos. Assim, embora o câmbio fixo deixe a economia mais vulnerável a choques externos, isto é, faz com que desajustes externos repercutam diretamente sobre o mercado de trabalho, tem a vantagem de dar mais estabilidade aos preços e às expectativas dos agentes.

casos, os bancos centrais intervêm nos mercados antes que se alcancem os limites, que são as chamadas **intervenções intramargem**.

As dificuldades associadas a esse regime referem-se à definição da taxa central (dificuldade semelhante a se definir qual a taxa de câmbio em um regime de câmbio fixo) e à definição da amplitude das margens. Essa deverá ser maior quanto maior a volatilidade do saldo em transações correntes e do movimento de capitais do país. Em geral, em economias mais frágeis e/ou menos desenvolvidas, as bandas são mais largas.

10.3 CONSIDERAÇÕES FINAIS

O objetivo deste capítulo foi apresentar as relações do país com o resto do mundo e como estas influem no desempenho econômico do país. A estrutura do balanço de pagamentos mostrou os principais tipos de relações e algumas restrições existentes. Como as transações entre os países envolvem diferentes moedas, isso requer a conversão de uma moeda em outra, o que trouxe a discussão da taxa de câmbio e dos diferentes regimes cambiais. Viu-se que essa é uma importante variável para determinar o grau de competitividade da economia e, portanto, da demanda por produtos domésticos. Foram destacadas também as vantagens e desvantagens de cada regime cambial e como estas afetam o funcionamento da economia. O último ponto analisado foram os determinantes dos saldos das transações do país com o resto do mundo, tanto na conta-corrente como na conta capital.

CONCEITOS-CHAVE

Ataques especulativos

Balança comercial

Balança de serviços e rendas

Balança de transações correntes

Balanço de pagamentos

Câmbio flutuante

Câmbio nominal

Ciclo do produto

Cost, Insurance and Freight (CIF)

Coeficiente de vulnerabilidade

Conta capital e financeira

Cupom cambial

Exportações × importações

Flutuação suja (dirty floating)

Free on Board (FOB)

Método de partidas dobradas

Modelo Heckscher-Ohlin

Movimento de capitais

Paradoxo de Leontief

Paridade do poder de compra

Renda Líquida Enviada ao Exterior (RLEE)

Serviços de fatores × serviços de não fatores

Sistema de bandas

Taxa de câmbio fixa × taxa de flutuação suja

Taxa de câmbio real × taxa de mercado de câmbio

Teoria clássica do comércio internacional

Teoria moderna do comércio internacional

Termos de troca

Transações compensatórias

Transferência Líquida de Recursos ao Exterior (TLRE)

Transferências unilaterais correntes

Valorizações × desvalorizações

Vantagens comparativas

Variação de reservas

QUESTÕES

Q1. Quais as principais contas que fazem parte do Balanço de Pagamentos de um país?

Q2. Quais as transações que fazem parte da balança comercial e da balança de serviços e rendas?

Q3. O que são transferências unilaterais correntes no Balanço de Pagamentos?

Q4. Por que é importante observar o comportamento da taxa de câmbio na economia? Fale sobre os dois principais tipos de regimes cambiais.

Q5. "O saldo em transações correntes será tanto maior quanto mais desvalorizada for a taxa de câmbio." Você concorda com a afirmativa? Por quê?

Q6. (ANPEC – 1998) Admita que as seguintes operações foram realizadas entre o Brasil e o exterior em dado período:

Um grupo japonês realiza investimento de 500 milhões de dólares na privatização da Vale do Rio Doce.

Companhias estrangeiras instaladas no Brasil remetem lucros de 50 milhões de dólares ao exterior.

Uma agência de turismo brasileira efetua pagamentos a uma cadeia de hotéis norte-americana no valor de 20 milhões de dólares, referentes a serviços de hospedagem a turistas brasileiros.

Uma montadora francesa de automóveis investe 100 milhões de dólares na construção de uma fábrica no Paraná.

O Brasil importa, pagando à vista, 180 milhões de dólares em automóveis coreanos.

O Brasil paga ao exterior 50 milhões de dólares em fretes.

O Banco Central do Brasil refinancia, junto a um credor norte-americano, o pagamento de juros vincendos no valor de 80 milhões de dólares.

Uma companhia aérea americana realiza uma compra à vista de aviões brasileiros no valor de 150 milhões de dólares.

Uma indústria brasileira de autopeças importa maquinário da Alemanha no valor de 60 milhões de dólares, financiados a longo prazo por um banco alemão.

Classifique as seguintes afirmações, **sobre balanço de pagamentos**, como verdadeiras ou falsas:

(0) O déficit no balanço comercial é de 30 milhões.

(1) O movimento autônomo de capitais é de 660 milhões.

(2) O déficit em transações correntes é de 290 milhões.

(3) O superávit total do balanço de pagamentos é de 450 milhões.

Q7. (ANPEC – 1997) Um país realiza em determinado ano as seguintes transações com o exterior:

(a) Pagamento de seguros: 10 unidades monetárias.

(b) Investimento direto de não residentes: 20 unidades monetárias.

(c) Exportações de bens: 400 unidades monetárias.

(d) Importações de bens: 300 unidades monetárias.

(e) Lucros reinvestidos: 20 unidades monetárias.

(f) Pagamento de fretes: 50 unidades monetárias.

(g) Amortização de dívida externa: 10 unidades monetárias.

(h) Entrada de capital de curto prazo: 50 unidades monetárias.

(i) Remessa de lucros: 100 unidades monetárias.

(j) Pagamento de juros da dívida externa: 50 unidades monetárias.

Com base nessas informações, indique se as proposições a seguir são falsas ou verdadeiras:

(0) A transferência líquida de recursos ao exterior é igual a 50 unidades monetárias.

(1) O balanço de pagamento em conta-corrente apresenta um déficit de 120 unidades monetárias.

(2) A renda líquida enviada ao exterior é de 170 unidades monetárias.

(3) A conta de capital e financeira apresenta um superávit de 80 unidades monetárias.

APÊNDICE 10A

Determinantes da taxa de câmbio

Pela análise desenvolvida no texto sobre o balanço de pagamentos e as transações de um país com o resto do mundo, pode-se formalizar quais serão os fatores que influem na determinação da taxa de câmbio. Pode-se dividir a análise considerando essa determinação a curto e a longo prazos.

No longo prazo, o principal fator a influir na taxa de câmbio deve ser a competitividade da economia. Como destacado, um país não pode ser constantemente deficitário nem superavitário em transações correntes. Assim, a longo prazo, o saldo em transações correntes deve ser equilibrado. Discutiu-se também que o saldo do balanço de pagamentos em transações correntes é composto pelos saldos das transações de bens e serviços. Assim, a taxa de câmbio deve refletir a competitividade da produção doméstica diante da do resto do mundo.

De forma simplificada, pode-se dizer que o que influenciará a demanda pelo produto de um país é a **taxa de câmbio real**, definida como:

$$\epsilon = \frac{E \times P^*}{P}$$

Em que:

E = taxa de câmbio nominal;

P^* = preço do produto externo em moeda estrangeira;

P = preço do produto nacional em moeda do país.

Percebe-se que a taxa de câmbio real é influenciada pelo preço relativo entre o produto estrangeiro e o nacional. Quanto maior esse indicador, maior a competitividade do produto nacional, pois maior a desvalorização do produto doméstico frente ao externo.

Vamos assumir um caso hipotético de um produto homogêneo (ou seja, igual nos diferentes países) transacionado de forma totalmente livre, ou seja, sem barreiras ou custos de transação entre os países. Nesse caso, o livre comércio faria com que esse bem tivesse exatamente o mesmo preço em todos os países quando expressos em uma mesma moeda. Essa é a chamada **Lei do Preço Único**. Se isso for válido, a taxa de câmbio nominal deve ser igual à relação de preço do mesmo produto expresso na moeda dos respectivos países.

$$E = \frac{P^*}{P^*}$$

Para avaliar a validade dessa lei, a revista *The Economist* criou o chamado **Índice Big Mac**, considerando-o um dos produtos mais homogêneos negociados em uma grande quantidade de países.

De acordo com essa lei, se o Big Mac custar US$ 5,00 nos Estados Unidos e R$ 4,00 no Brasil, a taxa de câmbio R$/US$ deveria ser de 0,80. Se a taxa fosse maior, o Big Mac no Brasil seria mais barato e todos os agentes só comprariam no Brasil, fazendo com que os preços neste país se elevassem, levando, então, à equalização dos preços. Se ocorresse o caso contrário, a demanda pelo Big Mac brasileiro sofreria queda, causando redução dos preços, levando, portanto, ao mesmo processo de equalização de preços.

Generalizando-se essa lei para o conjunto de bens das economias, conclui-se que a taxa de câmbio deve refletir a relação entre o nível geral dos preços entre os países, de tal modo que, no longo prazo, as variações da taxa de câmbio nominal refletissem a diferença entre as taxas de inflação dos países.

Essa é a chamada teoria da **"Paridade do Poder de Compra"** da moeda, segundo a qual:

Variação da taxa de câmbio nominal = Taxa de Inflação Interna − Taxa de Inflação Internacional.

Assim, a longo prazo, a taxa de câmbio seria determinada pelo comportamento dos níveis de preços interno e externo.

Todavia, no curto prazo, como visto no texto, o fluxo de capitais entre os países tem assumido importância crescente, em que fatores financeiros tendem a influir cada vez mais na determinação da taxa de câmbio. Como destacado, a escolha dos agentes sobre em que país aplicar seus recursos dependerá do retorno esperado em cada um deles (o chamado **cupom cambial**).

Considere, por exemplo, a decisão de um investidor entre aplicar no Brasil ou nosEstados Unidos.

Se o indivíduo tiver U$$ 100 nos Estados Unidos e aplicar no próprio país, ao final de um ciclo terá os US$ 100 mais os juros ganhos no período, dado pela taxa de juros norte-americana (*rEUA*).

Se o indivíduo for aplicar no Brasil, o primeiro passo é converter os dólares (US$) em reais (R$), o que se fará pela compra de R$ à taxa de câmbio vigente no momento da aplicação.

Como a taxa de câmbio no Brasil é definida como R$/US$, o montante de R$ a ser obtido pelo investidor será a quantidade de US$ que o indivíduo irá investir multiplicado pela taxa de câmbio.

Assim:

$$QteR\$ = QteUS\$ \times Eo$$

em que: Qte = quantidade de moeda e *Eo* a taxa de câmbio vigente no período corrente.

O ganho em R$ da aplicação no Brasil, ao final do período, será dado pela taxa de juros vigente na economia brasileira. Assim, ao final de um ano, o investidor terá a seguinte quantia em R$:

$$VF = [QteUS\$ \times Eo] \times [1 + rBR]$$

em que: *VF* é o valor futuro (em R$) e *rBR* a taxa de juros no Brasil.

Para poder comparar com o ganho obtido nos Estados Unidos, o investidor terá que converter esses R$ em US$, para avaliar quanto ganhou em sua moeda. Essa conversão se fará pela taxa de câmbio vigente daqui a um ano. Note-se que, no momento do ingresso, o investidor não conhece a taxa de câmbio futura, possuindo apenas uma expectativa sobre ela. Assim, o valor futuro esperado de aplicar no Brasil será:

$$VF = [Qte_{US\$} \times E_o] \times [1 + r_{Br}] \times 1/E_e$$
$$VF = Qte_{US\$} \times [E_o/E_e] \times [1 + r_{BR}]$$

Em que:

E_o = taxa de câmbio nominal vigente no período corrente;

E_e = taxa de câmbio nominal esperada para um ano à frente.

Assim, o investidor compara o retorno da aplicação no exterior, dado pela taxa de juros norte-americana, com o retorno da aplicação no Brasil, dada pela taxa de juros brasileira menos a expectativa de desvalorização da moeda brasileira perante a externa.

Com mercados perfeitos, informação perfeita e sem custos de transação, o retorno nos diferentes mercados tende a igualar-se, eliminando qualquer possibilidade de ganhos diferentes – isto é o que os economistas chamam de condição de arbitragem. Se o ganho no Brasil fosse maior do que nos Estados Unidos, os investidores tenderiam a deslocar seus recursos para o Brasil, até que os retornos se igualassem.

Esse processo poderia assumir duas formas:

i. se a taxa de câmbio for fixa, a entrada de recursos levará à expansão de moeda doméstica e à queda na taxa de juros, até os retornos se igualarem;

ii. se a taxa de câmbio for flexível, dadas as taxas de juros nos dois países e a taxa esperada de câmbio no futuro, o maior retorno no Brasil levaria à entrada de recursos e à valorização da taxa de câmbio corrente, até eliminar o ganho.

Essa análise permite entender uma série de fenômenos ocorridos no Brasil no período recente:

i. por que a taxa de juros elevada provoca valorização cambial;

ii. que o diferencial de taxa de juros deve refletir a expectativa de desvalorização cambial.

Outro ponto importante: esse instrumental permite explicar o que acontece quando há desconfiança com relação à moeda nacional. Essa desconfiança aparece como uma expectativa de um menor valor da moeda no futuro, ou uma taxa de câmbio mais desvalorizada.

Nesse caso, se o diferencial de juros permanecer o mesmo, os agentes considerarão que ocorreu uma diminuição no retorno esperado em aplicar no país e tenderão a tirar seus recursos. O governo pode tentar evitar a saída, elevando a taxa interna de juros para compensar essa expectativa desfavorável. Se os indivíduos acharem que a compensação foi insuficiente, isso levará à saída de recursos, e pressionará a desvalorização da moeda nacional. Esse processo é o que ocorre nos chamados "**ataques especulativos**".

Com o crescimento dos fluxos financeiros internacionais, é esse processo de arbitragem, baseado em expectativas, o principal determinante do comportamento da taxa de câmbio a curto prazo.

A Figura 10.2 apresenta a evolução da taxa nominal de câmbio (R$ por US$) desde 1995. Observa-se que, ao longo da segunda metade dos anos 1990, a taxa de câmbio apresenta relativa estabilidade, durante o período no qual essa foi utilizada como âncora cambial para alcançar a estabilização de preços. A partir daí, quando o país adota o regime de câmbio flexível, verifica-se maior volatilidade.

Figura 10.2 Taxa de câmbio R$/US$.

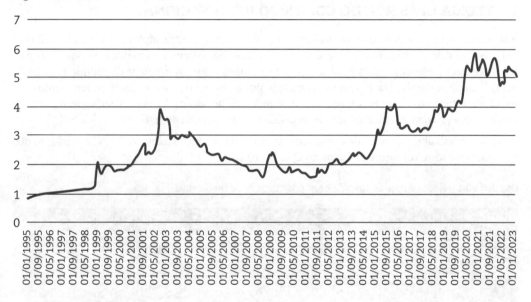

Fonte: Banco Central.

APÊNDICE 10B

Teorias de comércio internacional

O que leva os países a comercializarem entre si? Por que eles deveriam abrir suas economias para o comércio internacional?

Muitas explicações podem ser levantadas, como a diversidade de condições de produção (a Noruega dificilmente produzirá bananas) ou a possibilidade de redução de custos (a obtenção de economias de escala) na produção de determinado bem vendido para um mercado global. A melhor defesa da liberalização do comércio internacional encontra-se nas chamadas teorias do comércio internacional.

Os economistas clássicos forneceram a explicação teórica básica para o comércio internacional por meio do chamado "**Princípio das Vantagens Comparativas**". O Princípio das Vantagens Comparativas sugere que cada país deve especializar-se na produção daquela mercadoria em que é relativamente mais eficiente (ou que tenha custo relativamente menor), que será, portanto, a mercadoria a ser exportada; por outro lado, esse mesmo país deverá importar aqueles bens cuja produção implicar custo relativamente maior (ou seja, sua produção é relativamente menos eficiente). Desse modo, explica-se a especialização dos países na produção de bens diferentes, com base na qual se concretiza o processo de troca entre países.

> **Vantagens comparativas**: os países devem especializar-se na produção daqueles bens com menores custos relativos, ou seja, que produzam com maior eficiência.

1 TEORIA CLÁSSICA DO COMÉRCIO INTERNACIONAL

A teoria das vantagens comparativas foi formulada de modo bastante simples por David Ricardo em 1817. No modelo construído por esse autor (na verdade, um exemplo numérico), existem dois países (Inglaterra e Portugal), dois produtos (tecido e vinho) e apenas um fator de produção (mão de obra).[15] Implicitamente, David Ricardo considera um ambiente de concorrência perfeita tanto com relação aos produtos como no que concerne ao mercado de fatores. Uma característica importante desse modelo, porém, é a inexistência de mobilidade internacional do trabalho.

Baseado no trabalho, por meio de coeficientes técnicos de produção fixos, obtém-se a produção dos bens mencionados, conforme os dados do Quadro 10.1.

Quadro 10.1 Necessidade de mão de obra por unidade de produto (em horas)

Quantidade de homens/hora para a produção de uma unidade de mercadoria		
	Tecido	Vinho
Inglaterra	100	120
Portugal	90	80

Em termos absolutos, Portugal é mais produtivo na produção de ambas as mercadorias, mas, relativamente, o custo de produção de tecidos em Portugal é maior que o da produção de vinho, e, na Inglaterra, o custo da produção de vinho é maior que o da produção de tecidos. Comparativamente, Portugal tem vantagem relativa na produção de vinho e a Inglaterra, na produção de tecido. Segundo Ricardo, os dois países obterão benefícios ao especializarem-se na produção da mercadoria em que possuem vantagem comparativa, exportando-a e importando o outro bem. Note que não importa o fato de que um país possa ter vantagem absoluta em ambas as linhas de produção, mas, sim, sua vantagem comparativa.

Os benefícios da especialização e do comércio podem ser observados ao se comparar a situação sem e com comércio internacional.

---

[15] Deve-se notar que David Ricardo não inclui em sua teoria o capital como fator de produção.

Sem comércio internacional, na Inglaterra, são necessárias 100 horas de trabalho para a produção de uma unidade de tecido e 120 horas para a produção de uma unidade de vinho; desse modo, uma unidade de vinho deve custar, segundo David Ricardo, 1,2 unidade de tecido (120/100). Por outro lado, em Portugal essa unidade de vinho custará 0,89 unidade de tecido (80/90). Se houver comércio entre os países, a Inglaterra poderá importar uma unidade de vinho por um preço inferior a 1,2 unidade de tecido e Portugal poderá comprar mais que 0,89 unidade de tecido vendendo seu vinho.

Assim, por exemplo, se a relação de troca entre o vinho e o tecido for de 1 para 1, ambos os países sairão beneficiados.[16] A Inglaterra, em autarquia,[17] gastará 120 horas de trabalho para obter uma unidade de vinho, e com o comércio com Portugal poderá utilizar apenas 100 horas de trabalho, produzir uma unidade de tecido e trocá-la por uma unidade de vinho, poupando, portanto, 20 horas de trabalho, que poderiam ser utilizadas produzindo mais tecidos (obtendo, assim, maior nível de consumo). O mesmo raciocínio vale para Portugal: em vez de gastar 90 horas produzindo uma unidade de tecido, poderia usar apenas 80 produzindo uma unidade de vinho e trocá-la no mercado internacional por uma unidade de tecido, também economizando 10 horas de trabalho.

Desse modo, a Inglaterra deverá especializar-se na produção de tecidos, exportando-os e importando vinho de Portugal, que se especializou em tal produção e passou a importar tecidos. Assim, supondo dada quantidade de recursos, um país poderá economizar tais recursos[18] por meio do comércio internacional, produzindo aquilo que comparativamente tiver vantagens relativas.[19]

A teoria desenvolvida por David Ricardo, que, hoje, é a base do modelo clássico de comércio internacional, constitui-se em forte argumento em favor da liberalização do comércio internacional e contra medidas protecionistas, dado que aponta para os benefícios desse comércio. Por outro lado, tal modelo, que pode ser estendido para um número maior de países ou de bens, também fornece explicação para o padrão do comércio internacional, padrão esse estabelecido com base no lado da oferta dos países. Os países exportarão e se especializarão na produção dos bens cujo custo for comparativamente melhor (menor) com relação aos demais países.

Assim, é com base nas diferenças tecnológicas relativas (que se manifestam em produtividades do trabalho relativamente diferentes ou em coeficientes de produção que relacionam a quantidade de trabalho no nível de produção também diferentes) que existem trocas internacionais.

2 A CRÍTICA ESTRUTURALISTA

A teoria clássica das vantagens comparativas possui pressupostos considerados bastante restritivos e sofreu algumas críticas. Por um lado, critica-se tal modelo em função de esse não fazer maiores considerações sobre a demanda e a estrutura de preferências dos agentes. Além disso, o modelo, segundo alguns críticos, resume-se a considerações estáticas, não dando atenção à evolução das estruturas de oferta e de demanda, bem como da relação de preço entre os produtos negociados no mercado internacional.

---

[16] Mais precisamente, as vantagens existirão para ambos os países, desde que uma unidade de vinho possa ser trocada entre 0,89 e 1,2 unidade de tecidos.

[17] Produzindo e consumindo sem comércio internacional.

[18] Ou, então, se utilizar tais recursos, obterá nível maior de consumo.

[19] E não apenas nos produtos em que a vantagem for absoluta. Observe no exemplo que a Inglaterra tem desvantagens absolutas na produção dos dois bens, mesmo assim é vantajoso para ela e também para Portugal a especialização de cada um na produção de um dos bens.

Nesse sentido, existe uma crítica à teoria das vantagens comparativas feita por autores da chamada **corrente estruturalista**. Segundo autores como Raul Prebisch, a teoria das vantagens comparativas não leva em consideração a evolução da demanda, à medida que as economias se desenvolvem e seu nível de renda cresce. Utilizando o exemplo apresentado, argumenta-se que, à medida que a renda dos países cresce, a demanda por vinho cresce menos que proporcionalmente a esse crescimento de renda, e de maneira fortemente inferior ao crescimento da demanda por tecido.[20]

Assim, a longo prazo existe tendência de **deterioração dos termos de troca** (da relação entre os preços dos produtos exportados e os preços dos produtos importados) do país produtor de vinho, pois a demanda por esse produto não cresce tanto quanto a demanda por tecidos.[21] Essa tendência de diminuição do preço do vinho com relação ao preço do tecido retira, à medida que o tempo passa, os ganhos do comércio internacional de Portugal. Portanto, segundo esses críticos, a adoção de uma política de livre mercado por parte dos países que deveriam, segundo a teoria das vantagens comparativas, especializar-se e exportar produtos primários, é prejudicial a longo prazo.

A principal crítica a essa concepção parte dos economistas de linha liberal, que consideram que a corrente estruturalista (também chamada **cepalina**) teria estimulado políticas protecionistas, e o atraso das economias latino-americanas.

Boxe 10.2 – O estruturalismo

O **estruturalismo** é uma corrente teórica latino-americana que teve por origem os trabalhos de Raul Prebish, realizados na Comissão Econômica para a América Latina e o Caribe (Cepal). Esse procurava identificar as raízes do subdesenvolvimento dos países latino-americanos e a forma de sua superação. Segundo essa concepção, o subdesenvolvimento é decorrente do modo como se estruturaram historicamente essas economias. Atenta-se especialmente para o tipo de inserção internacional destas, baseada no princípio das vantagens comparativas, que as levou à especialização na produção e exportação de alguns poucos produtos primários. A superação desse problema se faria por meio da industrialização, a qual não se daria espontaneamente, mas mediante forte participação do Estado.

---

3 TEORIA MODERNA DO COMÉRCIO INTERNACIONAL

Também a suposição do modelo clássico de que há apenas um fator de produção operando com base em coeficientes técnicos fixos mostrou-se bastante irrealista e, portanto, incômoda para muitos teóricos que procuraram incorporar mais do que apenas um fator de produção em cada país. Alguns desses passaram a incluir também o capital na função de produção dos países. Assim, começa a ser constituída a chamada moderna teoria do comércio internacional, que modificou a explicação concernente à origem das vantagens comparativas.

---

[20] O argumento é o de que a elasticidade renda da demanda de produtos como o vinho (e a maioria dos produtos primários) é menor que 1, enquanto a do tecido (e dos produtos manufaturados) é maior que 1.

[21] Além da ideia da demanda por produtos primários caindo em termos relativos, a piora nos termos de troca também é explicada pelo fato de os produtos manufaturados serem negociados em mercados oligopolizados, enquanto os produtos primários são negociados em mercados mais concorrenciais. Desse modo, os ganhos de produtividade alcançados na produção dos bens são mais rapidamente repassados para preço nos bens primários do que nos manufaturados.

A ideia básica por trás da moderna teoria do comércio internacional é a de que os países diferem quanto à dotação relativa de fatores de produção, que agora passam a ser tanto a mão de obra (trabalho) quanto o capital. O modelo moderno básico é o chamado **modelo de Heckscher-Ohlin**, dadas as contribuições desses dois economistas; todavia, a teoria também foi desenvolvida por Paul A. Samuelson.

A moderna teoria preconiza que as vantagens do comércio continuam existindo, ou seja, há ganho real de renda quando o país passa da autarquia para uma situação de comércio internacional, ressaltando-se novamente as vantagens do livre comércio. Agora, entretanto, a explicação quanto ao padrão de comércio modifica-se. Os países, segundo o modelo Heckscher-Ohlin, geralmente tendem a exportar produtos que utilizam intensivamente o fator de produção que se encontra relativamente abundante no país e importam a mercadoria que utiliza intensivamente o fator de produção menos abundante no país. Assim, um país com uma oferta abundante de mão de obra com relação ao capital produzirá preferencialmente bens que utilizam em sua produção relativamente mais mão de obra, e também deverá exportar esse bem. Do mesmo modo, um país com oferta abundante de capital considerará relativamente mais barato produzir bens cuja produção necessite mais intensamente do fator capital e, portanto, terá vantagem em exportá-lo, importando bens que necessitem de muita mão de obra em sua produção.[22]

Desse modo, ambas as teorias continuam justificando a liberalização do comércio mundial, pois a troca internacional eleva o produto das economias por meio da especialização da produção nos setores mais vantajosos em termos tecnológicos (teoria clássica) ou de dotação de fator (modelo Heckscher-Ohlin).

A diferença básica entre as duas teorias (clássica e moderna) é que, enquanto a teoria moderna pressupõe uma mesma função de produção para os países envolvidos no comércio internacional, de modo que a estrutura tecnológica é a mesma para todos os países, a hipótese clássica é oposta: as tecnologias (os coeficientes técnicos de produção) diferenciadas são cruciais para explicar as diferenças de custo e o padrão de comércio. Por outro lado, o que varia no modelo moderno é a dotação de fatores: há os chamados países ricos (abundantes em capital), que exportam bens de capital intensivo, e os países pobres (com relação capital-trabalho baixa), que exportam bens de mão de obra intensivos.

Também essa teoria moderna recebeu críticas em função de seu caráter estático e de algumas de suas premissas consideradas por demais restritivas. Além de tais críticas teóricas, alguns testes empíricos chegaram a resultados considerados paradoxais no tocante a essa teoria.

O economista Wassily Leontieff procurou testar o modelo com relação às exportações e importações norte-americanas do pós-guerra. Não se obtiveram, porém, os resultados esperados: os Estados Unidos, segundo o teste, tendiam a exportar bens intensivos em mão de obra e importar bens intensivos em capital, apesar de ser um país que detinha grande estoque de capital no que se refere à quantidade de mão de obra, constituindo-se, assim, o chamado **paradoxo de Leontieff**.

Tal resultado provocou grande debate acerca das explicações do modelo Heckscher-Ohlin e várias tentativas de explicação desse paradoxo. Entre estas, destaca-se a questão da **homogeneidade dos fatores**: argumenta-se que, na verdade, o modelo está correto, porém deveria levar em conta mais fatores de produção além do trabalho e do capital homogêneos; o padrão de comércio segundo esse argumento parece também influenciado pela dotação de recursos naturais e de mão de obra qualificada.[23] Por outro lado, também se defende que o modelo deveria levar em consideração os padrões de demanda: segundo tais explicações, a estrutura de preferência e de renda dos Estados Unidos é de tal ordem que visa às importações norte-americanas para produtos de capital intensivos.

---

[22] Deve-se notar, porém, que, diferentemente do modelo clássico, aqui os países não se especializarão totalmente na produção das mercadorias relativamente mais vantajosas.

[23] O erro do modelo nesse caso teria sido apenas o de considerar toda a mão de obra como homogênea, não existindo diferença entre os trabalhadores.

4 NOVA TEORIA DO COMÉRCIO INTERNACIONAL

Com base nas críticas e nos problemas empíricos referentes ao modelo Heckscher-Ohlin, surgiu uma série de novas explicações para o comércio internacional. Entretanto, os novos modelos não têm a mesma consistência teórica dos modelos clássico e moderno, e ainda devem ser mais bem testados. De modo geral, o livre comércio continua mostrando-se estaticamente a melhor situação, porém percebe-se nessas teorias certa recuperação de ideias protecionistas, em função da introdução de problemas relacionados com a incerteza, economias de escala e estruturas de mercado não concorrenciais.

Podem-se destacar dois autores que procuram explicações complementares ao modelo Heckscher-Ohlin: **Paul Krugman** e **Staffan B. Linder**. De modo geral, o que se constata é que, além do comércio preconizado pela teoria de Heckscher-Ohlin (basicamente o chamado comércio entre países ricos e pobres), verifica-se também um comércio intenso entre países com igual dotação de recursos e a crescente troca de produtos razoavelmente parecidos,[24] ou seja, o chamado **comércio intraindustrial**. As explicações associadas a esse comércio podem vir de duas hipóteses.

Por um lado, pode-se atribuir tal padrão de comércio à existência das chamadas **economias de escala**. Os rendimentos crescentes de escala são mais uma fonte de ganhos para o comércio. Desse modo, mesmo países idênticos no que se refere a suas dotações de fatores e seus gostos, podem ganhar com o comércio entre eles, em função desses rendimentos crescentes de escala. Esse comércio, porém, não se realiza em condições de concorrência perfeita (fazendo-se necessário algum grau de monopolização), e também não se garante que esses ganhos sejam distribuídos proporcionalmente entre os países comerciantes.

Por outro lado, existem teorias que procuram enfatizar o **lado da demanda**, a fim de explicar esse novo padrão de comércio (intraindustrial). Basicamente, quanto mais parecida a demanda dos países[25] (quanto mais próximo o nível de desenvolvimento dos países), mais fácil e maior é o comércio entre esses países, pois tenderão a produzir bens que mais facilmente atendam à demanda de potenciais importadores. Segundo tais teorias, as mercadorias a serem exportadas são preferencialmente aquelas já produzidas para atender ao próprio mercado doméstico,[26] evitando-se produzir para exportação produtos pouco consumidos internamente, isso em função do risco associado a esse mercado, que é menos conhecido e controlável. Assim, a produção atende inicialmente ao mercado doméstico e depois se destina à exportação, devendo, portanto, atingir países com estrutura de demanda relativamente parecida, sendo a concorrência entre os países exercida com base em um processo de diferenciação do produto.[27]

Por fim, existe também a explicação baseada na ideia de **ciclo do produto**. Segundo essa explicação, desenvolvida por **Raymond Vernon**, países desenvolvidos têm vantagens comparativas naquilo em que são pioneiros, em que conseguem introduzir inovações em função da qualificação de sua mão de obra, de seus recursos em P&D e da estrutura de demanda que possuem. Com a difusão da demanda por tal produto internacionalmente, o país inovador passará a exportá-lo. A produção desse bem, entretanto, passa, ao longo do tempo, por forte padronização, fazendo com que a importância da qualificação da mão de obra e dos recursos em P&D em sua produção desapareça. Nesse momento, sua produção pode mudar de país e situar-se em países menos desenvolvidos, que passariam, então, também a exportá-lo. Desse modo, as exportações de países como os Estados Unidos seriam

---

[24] Por exemplo, a venda de carros franceses na Alemanha e de carros alemães na França.

[25] Ou seja, quanto maior a similaridade na estrutura de preferências dos países.

[26] As exportações seriam, assim, uma extensão do mercado doméstico.

[27] O comércio intraindústria caracteriza-se por troca de produtos semelhantes, mas não homogêneos (idênticos). O caso da homogeneidade do produto aplica-se especialmente aos produtos primários.

fortemente *high-tech* e intensivas em mão de obra qualificada, enquanto países em vias de desenvolvimento ficariam com os chamados produtos padronizados, enfrentando grandes dificuldades em exportar produtos *high-tech*.

5 DEBATE SOBRE AS VANTAGENS DA LIBERALIZAÇÃO DO COMÉRCIO EXTERNO

Dentro das novas teorias de comércio internacional, existem novas visões acerca da vantagem do comércio internacional, além da tradicional teoria das vantagens comparativas.[28] Por um lado, supondo que o consumidor valoriza a **diversidade de opções** de consumo, inegavelmente o comércio internacional abre uma gama muito variada de produtos, o que traz ganhos de bem-estar para a coletividade. Por outro lado, os **ganhos de eficiência e de escala** também são ressaltados. Os primeiros referem-se aos ganhos advindos do processo de concorrência quando existe a liberalização do comércio, o que forçaria as empresas a adotarem estruturas de custo adequadas, ampliarem as buscas por melhor produtividade. A eficiência também adviria da diminuição de atividades paralelas, como o contrabando e o tráfico de influências, que existem quando da vigência de estruturas do comércio fechadas. Essa é a base para a defesa da **abertura comercial** como mecanismo indutor de um ajuste produtivo das empresas, e serve também de sustentação para os efeitos benéficos que ela traria em um processo de estabilização. Os ganhos de escala são aqueles provenientes do ajuste tecnológico das empresas em direção a volumes de produção com custos unitários inferiores.

A defesa de uma política de cunho mais **protecionista** baseia-se no fato de que os mercados estão longe de se aproximarem da concorrência perfeita, que é a base sobre a qual as teorias que ressaltam as vantagens do comércio se estabelecem. Nesse sentido, a existência de **externalidades positivas** decorrente de investimentos em P&D leva a acreditar que, com uma economia aberta, os investimentos nacionais são inferiores aos desejados, sendo, assim, possível melhorar a situação do país com a proteção a alguns setores. Essa, na verdade, é a retomada de um antigo argumento de defesa de políticas de controle do comércio: a **defesa da indústria nascente**, que fora muito utilizada na própria economia brasileira ao longo do processo de industrialização.

A possibilidade de rendimentos crescentes de escala, por sua vez, leva a **situações monopólicas** no comércio internacional. Essa situação poderia ter como consequência a perda dos benefícios levantados no parágrafo anterior. Do mesmo modo, o fato de existirem custos elevados de aprendizado na produção de novos produtos confere vantagens às empresas que primeiro se estabeleceram no mercado, impondo barreiras à entrada de novas empresas, configurando uma posição de força no mercado. Tal posição pode não ser benéfica para os países consumidores do produto.

Quadro 10.2 Abertura comercial × protecionismo

Argumentos em defesa da abertura comercial	Argumentos em defesa de medidas protecionistas
Teoria das vantagens comparativas	A crítica estruturalista
Ganhos de escala	A indústria nascente
Ganhos de eficiência	Falhas de mercado
Ampliação das possibilidades de consumo	A vulnerabilidade externa e os problemas de balanço de pagamentos
Vantagens no processo de estabilização	Combate ao desemprego no curto prazo

---

[28] Ver Moreira e Correa (1997).

11
Referencial para Análise do Comportamento do Produto e do Desenvolvimento Econômico

Antes de iniciar a análise histórica da economia brasileira, julga-se interessante consolidar alguns conceitos vistos anteriormente, e como eles podem afetar o processo de desenvolvimento econômico, em particular o comportamento dos investimentos e do produto.

Este capítulo encontra-se dividido em duas seções. Na Seção 11.1, Política Econômica, tenta-se consolidar os elementos desenvolvidos na Parte II do livro para avaliar o impacto das políticas econômicas. Nesta análise inicial, o enfoque é o **curto prazo**, isto é, como o governo pode utilizar os instrumentos de política econômica para afetar o produto.

Na Seção 11.2, apresenta-se uma discussão mais geral sobre condicionantes e modelos de desenvolvimento econômico, em um enfoque de **longo prazo**. Essa seção será denominada Fatores Estruturais do Desenvolvimento.

Este capítulo tem por objetivo oferecer uma visão relativamente integrada do funcionamento da economia para que o leitor possa, na sequência, entender o desenvolvimento da economia brasileira no período recente.

11.1 POLÍTICA ECONÔMICA

Como se viu no início da Parte II, pode-se dividir a análise do produto entre o que se denomina produto potencial, dado pelo estoque de fatores de produção, que corresponderia ao comportamento do produto – longo prazo, e produto de curto prazo, dado pelo grau de utilização da capacidade instalada.

Na análise de curto prazo, coloca-se como determinante central do nível de produto a demanda agregada; ou seja, não haveria restrições do lado da oferta para atender a determinado nível de demanda.

Para desenvolver a análise, inicia-se pelo estudo dos componentes da Demanda Agregada: Consumo, Investimento e Gastos Públicos (Capítulos 6, 7 e 8, respectivamente).

O consumo, como visto, dependia de uma série de fatores: renda, taxa de juros, riqueza, entre outros. Por simplicidade, pode-se considerar que o consumo é função exclusiva da renda disponível, isto é, da renda nacional deduzida do pagamento de impostos.

O investimento também pode ser influenciado por uma série de variáveis, mas com destaque para taxa de juros: quanto maior a taxa de juros, menor o investimento e vice-versa. Quanto ao gasto público, pode-se considerá-lo uma variável definida politicamente, que depende dos objetivos do governo.

Dessa análise, deduzimos a condição de equilíbrio no mercado de bens: quanto menor a taxa de juros, maior será a demanda; logo, as empresas produzirão mais, elevando a renda, considerando determinado nível de gastos públicos e de tributação. Percebe-se, portanto, a importância da taxa de juros para a determinação do produto.

Para avançar na análise, introduz-se no Capítulo 9 o mercado de ativos: títulos e moeda. Como se viu, a análise do mercado de títulos e de moeda era complementar; basta analisar um dos mercados, que o outro fica automaticamente determinado.

O equilíbrio do mercado monetário estipula o nível da taxa de juros da economia. A oferta de moeda pode ser considerada determinada pelo Banco Central. E a demanda de moeda, como se viu, dependia do volume de transações dos indivíduos, isto é, da renda e do custo de se reter moeda, ou seja, da taxa de juros que se deixa de ganhar. Mostrou-se que a demanda de moeda varia positivamente com a renda e negativamente com a taxa de juros. Desse modo, dada uma oferta de moeda, elevações na renda elevam a demanda de moeda, pressionando a elevação da taxa de juros, para manter o mercado monetário em equilíbrio.

Estipuladas as condições de equilíbrio no mercado de bens e da moeda, pode-se realizar a análise do equilíbrio econômico, ou seja, a determinação da renda e da taxa de juros, e dos impactos da política econômica. Deve-se apenas destacar a inter-relação entre os dois mercados: a taxa de juros seria determinada no mercado monetário, mas influi no mercado de bens e no nível de renda, que, por sua vez, afeta as condições do mercado monetário. Ou seja, é um modelo de determinação simultânea da renda e da taxa de juros.[1]

Com base nessas considerações, podem-se fazer alguns exercícios de política econômica. Se a economia de um país atravessa uma fase recessiva, com desemprego de recursos, o governo pode tentar alterar o quadro com uma política monetária expansionista. A política fiscal poderia dar-se ou com aumento dos gastos públicos, que eleva diretamente a demanda, ou com a redução dos impostos, que ampliaria a demanda pelo aumento do consumo. Essa política, ao pressionar o aumento da produção e da renda, levaria ao aumento da demanda de moeda, mantida a oferta de moeda, pressionando a elevação da taxa de juros. O aumento da taxa de juros pode ser entendido da seguinte forma: o déficit público faz com que o governo tenha que colocar mais títulos no mercado para se financiar, com o que os agentes exigirão uma taxa de juros maior para carregar os títulos públicos. Apesar de o governo conseguir dinamizar a economia, essa política pode ter dois efeitos indesejáveis: a deterioração das

---

[1] Esse modelo (Análise *IS-LM*) é apresentado no Apêndice 11A.

Cap. 11 • Referencial para Análise do Comportamento do Produto e do Desenvolvimento Econômico **241**

contas públicas e a redução do investimento privado em decorrência da elevação da taxa de juros.[2] A economia expande-se graças a uma participação maior do setor público.

A outra alternativa, ainda supondo uma economia em recessão, é a expansão monetária. Com o aumento do estoque de moeda, a taxa de juros tende a reduzir-se, como se viu anteriormente; com a queda nos juros, o investimento amplia-se, aumentando o nível de renda e de emprego.

Se o objetivo do governo for contrair a economia, deve adotar políticas opostas às exemplificadas anteriormente.

Para completar a análise do sistema econômico, introduziu-se no Capítulo 10 o setor externo e, com ele, outra variável: a taxa de câmbio. Nesse caso, a demanda agregada também poderia ser manipulada com o recurso da taxa de câmbio: quanto mais desvalorizado estiver o câmbio, mais barato será o produto nacional com relação ao estrangeiro, estimulando a demanda agregada.

Como se viu no Capítulo 10, existem diferentes regimes cambiais, sendo o câmbio fixo e o flutuante os dois modelos básicos, que impactam de modo diferenciado a economia. Além disso, a introdução do setor externo impõe nova restrição na economia, representada pelo equilíbrio do Balanço de Pagamentos.

Em um sistema de câmbio fixo, como foi dito, o Bacen compromete-se a comprar e vender divisas à taxa estipulada. Note-se que, para esse regime funcionar, é precondição a existência de reservas no Bacen. O problema associado a tal regime é que o comportamento do nível de reservas passa a ditar o comportamento dos agregados monetários, ou seja, o Bacen abre mão do controle monetário. No regime de câmbio flutuante, se, por um lado, o Bacen recupera o instrumento monetário por não ter que intervir no mercado, por outro, amplia-se a volatilidade da taxa de câmbio, que pode comprometer o comércio externo e impactar a taxa de inflação.[3]

Consoante ao regime cambial, o impacto das políticas monetária e fiscal passa a ser diferente dos discutidos anteriormente. Considera-se, inicialmente, um mundo com perfeita mobilidade de capital, isto é, em que os recursos podem sair e entrar livremente nos países de acordo com o rendimento oferecido nesses países, conforme discutido no Capítulo 10. Em um mundo como esse, a única situação em que o fluxo de capitais entre os países estará estabilizado é a da igualdade entre os rendimentos dos diferentes países.

Considere-se agora o impacto das políticas econômicas sob diferentes regimes cambiais e com mobilidade de capitais:[4]

---

[2] O aumento da taxa de juros diminui a demanda de investimentos privados. A redução do investimento privado em decorrência do aumento do gasto público é conhecida como **efeito deslocamento** ou *crowding out*. Ou seja, o governo ocupa um espaço antes ocupado pelo setor privado.

[3] A valorização cambial tende a inibir as exportações e estimular as importações, reduzindo o saldo da Balança Comercial, podendo levar à necessidade de atrair capitais financeiros. Por outro lado, uma desvalorização cambial costuma levar a aumento do saldo comercial, mas pode provocar aumento da inflação interna, tanto por ampliar a demanda como por aumentar o custo das importações.

[4] Essas relações entre regimes cambiais, movimento de capitais, e as políticas fiscal e monetária são sumarizadas no chamado Modelo Mundell-Fleming. A esse respeito, ver Vasconcellos (2015).

i. **taxa de câmbio flutuante**:

- **política fiscal expansionista**: esta política pressionará a elevação da taxa de juros, estimulando a entrada de recursos externos. Como a procura por moeda nacional se eleva, a taxa de câmbio se valorizará, estimulando as importações e desestimulando as exportações. Se, por um lado, o governo pressiona a demanda agregada para cima, por outro, o setor externo se retrai. O resultado é que a política fiscal praticamente não consegue afetar o nível de produto, quando a taxa de câmbio é flutuante e existe livre mobilidade de capital;

- **política monetária expansionista**: esta política, como se viu, tenderá a reduzir a taxa de juros. Com isso, haverá saída de recursos externos, que provocará a desvalorização da moeda nacional. Assim, as exportações aumentarão e as importações se reduzirão, ampliando a demanda agregada e o produto nacional;

ii. **taxa de câmbio fixa**:

- **política fiscal expansionista**: como discutido, essa política pressiona a elevação da taxa de juros, levando à entrada de recursos externos. Ao contrário da situação anterior, a taxa de câmbio não se valoriza, pois esta é fixa, mas o nível de reservas internacionais do país aumenta. Como o câmbio é fixo, o Bacen adquire essas reservas, ampliando o estoque de moeda, o que estimula ainda mais a demanda agregada e o produto;

- **política monetária expansionista**: nesse caso, o Bacen pressiona a queda da taxa de juros; os investidores começam a tirar recursos do país, o que diminuirá o nível de reservas internacionais e contrairá a base monetária, eliminando a expansão inicial feita pelo Bacen.

Percebe-se, portanto, que, considerando-se a livre mobilidade de capitais, com taxa de câmbio flutuante, a política fiscal é praticamente ineficaz, enquanto a política monetária consegue afetar a economia; e o inverso se dá com taxa de câmbio fixa, quando a política fiscal se torna eficiente e a política monetária desaparece.

Um último ponto a ser considerado nesta seção é que a atuação do governo pode gerar alguns efeitos indesejáveis sobre a economia. Quando se diz que o governo pode, por meio da política econômica, afetar a demanda agregada e estimular a economia, considera-se a existência de capacidade ociosa e, portanto, que não existem restrições do lado da oferta.

Por outro lado, destaca-se que existem limites à expansão do produto atingido quando a economia se encontra em pleno emprego, isto é, quando ela está operando sem capacidade ociosa. Quando todos os fatores de produção estão ocupados (ver Fronteira de Possibilidades de Produção, descrita na introdução da Parte II), não é possível ampliar o produto no curto prazo. Isso só poderia ser alcançado com a ampliação da capacidade produtiva, o que não ocorre instantaneamente. Em uma situação como essa, aumentos da demanda provocarão apenas elevações no nível de preços, uma vez que não se consegue ampliar a quantidade produzida; assim, o racionamento da demanda se faz pela elevação dos preços.

Percebe-se que as duas análises são extremas. A primeira diz que a oferta responde prontamente à demanda, sem pressões no nível de preços, e que, portanto, o governo pode

Cap. 11 • Referencial para Análise do Comportamento do Produto e do Desenvolvimento Econômico **243**

manipular impunemente a demanda, visando a um nível de produto e emprego mais elevado. A segunda, por outro lado, conclui que alterações na demanda agregada impactariam somente o nível de preços, e, portanto, o governo não teria como influenciar o nível de produto.[5]

É razoável supor a existência de uma situação intermediária em que variações na demanda agregada afetem tanto os preços como o produto, isto é, o governo conseguiria, por meio da política econômica, estimular a atividade econômica, mas teria como contrapartida elevações no nível de preços.[6] Pode-se entender esse caso da seguinte maneira: conforme a demanda e a atividade econômica se ampliam, vai-se reduzindo a quantidade de fatores de produção desempregados; com isso, para as empresas ampliarem a produção, elas terão que contratar fatores, pagando preço mais alto (por exemplo, elevação do salário), o que amplia os custos; portanto, as empresas só aceitam oferecer quantidades adicionais de produto com um preço mais alto. Esse fato também pode decorrer de pressões sobre os preços das matérias-primas ou da redução da produtividade dos fatores.

O importante a se destacar, nesse caso, é que políticas de estímulo à demanda agregada podem elevar o produto, mas trazem como subproduto a inflação, ou seja, existe um *trade-off* entre inflação e produto no curto prazo. Essa relação ficou conhecida na economia como **Curva de Phillips** (ver Apêndice 11B).

Esse breve retrospecto sobre os impactos da política econômica teve por objetivo apenas mostrar como o governo pode, dentro de certas restrições, afetar o desempenho a curto prazo da economia, e será muito útil para entender o desempenho da economia brasileira, como será visto nos próximos capítulos.

11.2 FATORES ESTRUTURAIS DO DESENVOLVIMENTO

Já foi observado que desenvolvimento econômico não se confunde com crescimento econômico. Por outro lado, para que haja desenvolvimento, deve haver crescimento. De modo simplificado, pode-se supor o desenvolvimento econômico como crescimento econômico acompanhado de mudança estrutural na economia.

O crescimento a longo prazo da economia depende, como se viu, do aumento do estoque de fatores de produção – crescimento populacional e acumulação de capital – e do aumento da produtividade dos fatores – melhora tecnológica, projetos educacionais que aumentem a qualificação dos trabalhadores, melhora nas condições de saúde e nutrição dos trabalhadores, maior eficiência da infraestrutura econômica etc.

De acordo com a teoria tradicional, esse desenvolvimento deveria ocorrer naturalmente e ser uniforme entre os países. Bastaria para isso os países adotarem o livre comércio e o livre fluxo de capitais. Os países tenderiam a especializar-se na produção dos bens em

---

[5] O primeiro caso é conhecido como **modelo keynesiano**, em que os preços são rígidos e a oferta agregada é horizontal; desse modo, o produto seria determinado pela demanda. O segundo é o chamado **caso clássico**, em que os preços são flexíveis e os mercados funcionam perfeitamente. Nesse caso, a economia estaria sempre no pleno emprego e a oferta agregada seria vertical. Assim, a oferta determinaria o produto e a demanda definiria apenas o nível de preços.

[6] Esses são os chamados **modelos de oferta agregada de curto prazo positivamente inclinada**. Tal possibilidade decorre da existência de alguns preços rígidos, por exemplo, contratos salariais, ou de problemas de informação nos mercados.

que possuíssem vantagens comparativas; ao produzi-los com maior eficiência, poderiam adquirir no comércio internacional maior quantidade dos demais bens de que necessitassem.

Além disso, o capital sempre tenderia a fluir para aqueles países em que obtivesse maior remuneração, isto é, países que tivessem escassez desse fator de produção; com isso, por meio da livre mobilidade de capitais, este tenderia a acumular-se uniformemente no mundo.

Várias críticas foram feitas a tal concepção, principalmente na América Latina. Para os fins de nossa análise, cabe destacar a **teoria cepalina (estruturalista)**,[7] de Raul Prebish. Esse autor separa os países em centro e periferia. Os primeiros seriam especializados na exportação de produtos manufaturados e importadores de matérias-primas, enquanto os segundos, o contrário.

Considerando as estruturas de mercado dos dois grupos de países, os primeiros caracterizados por oligopólios e sindicatos fortes e os segundos por mercados concorrenciais de produtos e fatores de produção, e as elasticidades-renda da demanda dos produtos exportados[8] por grupo de países, o autor chega à conclusão sobre a existência de uma tendência à deterioração dos termos de troca dos países periféricos, com o que os frutos do comércio internacional e dos ganhos de produtividade em nível mundial tenderiam a concentrar-se totalmente nos países do centro.

Com isso, o autor conclui que o livre comércio não se constituía em alternativa para o desenvolvimento dos países periféricos. Para esses se desenvolverem, deveriam romper o círculo vicioso causado pela tendência à deterioração dos termos de troca, o que só poderia ser obtido por meio da industrialização.

A industrialização seria o modo de obter o desenvolvimento econômico, uma vez que levaria ao aumento da produtividade do trabalho. Para que esse ocorra, é necessário o investimento, isto é, a incorporação de bens de capital que permitam elevar a relação capital/trabalho, de tal modo que aumente a produtividade do trabalho e altere as possibilidades de produção da economia, tanto em termos quantitativos como qualitativos.

Desse modo, para que o desenvolvimento ganhe dinâmica própria, deve-se constituir um setor industrial com capacidade de produção de bens de capital (bens de produção), ou o desenvolvimento de um setor que permita a aquisição destes por meio da geração de divisas (estímulo às exportações ou substituição de importações).

A superação do subdesenvolvimento e o arranque do processo de industrialização requerem altos investimentos que permitam profunda mudança qualitativa da economia. A alternativa de constituição de um setor produtor de bens de capital é inviável, em um primeiro momento, por limites tecnológicos, pela alta escala de investimento necessário, pelas pequenas magnitudes do mercado, pelo longo período de maturação dos investimentos e por problemas de financiamento.

---

[7] Como vimos no Capítulo 5 (Inflação), a concepção estruturalista é também chamada de cepalina, por ter sido originária da Comissão Econômica para a América Latina e o Caribe (Cepal), organismo da Organização das Nações Unidas (ONU) sediado no Chile.

[8] A elasticidade-renda da demanda de exportações mede a variação das exportações em resposta a variações na renda dos países. Ou seja, mede o grau de reação do setor exportador a estímulos de renda.

A alternativa de geração de divisas para o financiamento do investimento, possibilitando a aquisição de bens de capital no exterior, por um lado, permite que o processo de industrialização se inicie por setores menos capital intensivos, e, por outro, proporciona evolução gradual.

Como foi dito, existem duas maneiras possíveis nessa alternativa. A primeira é estimular o setor exportador. A dificuldade que se coloca, nesse caso, aos países subdesenvolvidos é que estes são especializados na produção de produtos primários, em que a demanda desempenha o papel fundamental na determinação dos preços e das quantidades do mercado. Tentar aumentar a produção desses produtos para exportação pode gerar efeito negativo ao provocar deterioração de preço superior ao aumento da quantidade, diminuindo o volume de divisas disponível ao país.

A segunda maneira seria uma realocação na utilização das divisas. Os países subdesenvolvidos, em geral, exportavam produtos primários para financiar a aquisição de bens de consumo no exterior. Assim, se poderia, via discriminação das importações, penalizar essa utilização das divisas, utilizando-as para adquirir bens de capital que permitissem a produção interna dos bens de consumo anteriormente importados. Esse é o chamado **processo de substituição de importações**, que se detalhará na próxima parte do livro.

É importante destacar que alguns limites se colocam ao processo de investimento, que alteram qualitativamente a economia e a direcionam nos rumos do desenvolvimento. Pode-se dividi-los em duas categorias: limites monetário-financeiros e limites físicos.

Os **limites monetário-financeiros** referem-se primeiro à existência de poupança interna para poder deslocar recursos aos investidores, e, segundo, à poupança externa, ou seja, à existência de divisas para financiar a aquisição de tecnologia no exterior. A falta de qualquer das duas pode interromper o processo de desenvolvimento. O primeiro problema, no que diz respeito à poupança, é sua magnitude, conforme aumentam as escalas dos investimentos. E o segundo relaciona-se com os mecanismos de sua transferência; por exemplo, prazos e custos inadequados podem inviabilizar os investimentos. Outro limite que se poderia citar é a questão da acomodação da distribuição de renda para adequar a estrutura de demanda da economia à estrutura de oferta que se esteja implantando.

Os **limites físicos** referem-se à possibilidade física de materialização do investimento. Nesse sentido, pode-se destacar a questão tecnológica, o equilíbrio entre os setores produtivos, a existência de uma infraestrutura adequada e os fatores sociais.

Quanto à questão tecnológica, está-se supondo que esta venha de fora, ou seja, é obtida por meio de importação. Quanto aos fatores sociais, o principal problema refere-se à constituição de um mercado de trabalho adequado às necessidades da industrialização. Essa adequação deve dar-se tanto em termos de quantidade como de qualificação do trabalhador.

No que diz respeito à quantidade, deve ocorrer liberação da mão de obra antes empregada nas atividades primárias para a nova ocupação, promovendo um êxodo rural que coloque à disposição da indústria a quantidade necessária de mão de obra. Em termos de qualificação, tem-se tanto a questão da educação como a da saúde.

Quanto à questão do equilíbrio entre os setores e a adequação da infraestrutura, tem-se que sua ausência pode inviabilizar o processo de investimento, gerando pontos de estrangulamento, que podem desembocar em paralisia do processo produtivo, processo inflacionário ou desequilíbrio externo. A infraestrutura deve-se adaptar, em todos os sentidos, à industrialização; por exemplo, o sistema de transportes necessário em uma economia primária exportadora é o que liga a região produtora aos portos. No caso da economia industrial, o sistema de transportes deve unir as diversas regiões do país de modo a promover um mercado interno. Outros exemplos referem-se ao sistema energético e à implantação de uma infraestrutura urbana devido à nova localização da atividade produtiva. A inexistência de infraestrutura adequada pode inviabilizar a produção industrial.

Com relação ao **equilíbrio setorial**, várias são as dificuldades. Em primeiro lugar, pense-se na relação agricultura-indústria. O desenvolvimento da industrialização necessita da liberação de mão de obra do campo para a cidade, o que diminui a quantidade de trabalhadores rurais, diminuindo então a oferta de alimentos e matérias-primas, justamente em um momento em que se amplia a demanda por esses produtos devido ao processo de urbanização e industrialização.[9]

Um segundo ponto está associado à necessidade de matérias-primas e bens intermediários à produção. Pense-se no seguinte exemplo: o país introduz uma fábrica de automóveis, mas, para esta poder produzir, necessita de pneus, aço etc. Assim, caso se queira produzir determinado bem, deve haver condições de produzir ou adquirir no exterior os insumos necessários.

Caso não exista esse equilíbrio, isso poderá desembocar em um processo inflacionário pelo excesso de demanda de determinado bem, que pode gerar "choques de oferta" e dar origem a uma inflação de custos, ou desembocar em maior volume de importações, podendo levar ao estrangulamento externo e à paralisia econômica, ou mesmo a uma combinação desses elementos.

Como o processo de desenvolvimento se dá por etapas, o comportamento econômico dos países subdesenvolvidos que passam pela industrialização é marcado por ciclos de expansão e retração do crescimento. É o modo como se deu esse processo no Brasil, que será visto na Parte III.

As ondas de investimento permitem a ampliação da capacidade produtiva das economias, além de elevados níveis de utilização da capacidade instalada. Terminadas essas fases, quer por estrangulamentos externos, quer pelo esgotamento natural dos investimentos, o nível de demanda corrente retrai-se, levando a um menor grau de utilização da capacidade instalada, o que significa queda do produto corrente.

O processo de desenvolvimento da economia brasileira, suas flutuações cíclicas, o comportamento da inflação e do setor externo serão objeto da Parte III. Este capítulo teve por objetivo consolidar os vários aspectos vistos nos capítulos anteriores para poder-se entender a dinâmica da economia brasileira.

---

[9] Segundo vários autores, esse problema não tende a ser tão grave nas fases iniciais da industrialização, pois consideravam que, nos países subdesenvolvidos, havia uma oferta ilimitada de mão de obra no campo, isto é, tais países viviam em uma situação em que grande parte das pessoas no campo tinha produtividade igual a zero, ou seja, podia-se retirar mão de obra do campo que isso não iria afetar a produção agrícola.

CONCEITOS-CHAVE

Cepal
Choques de oferta
Crowding out (efeito deslocamento)
Curva de Phillips
Curva de Phillips aumentada pelas expectativas
Curva *IS*
Curva *LM*
Efeito deslocamento (*crowding out*)
Equilíbrio setorial
Estruturalismo
Expectativas adaptativas ou adaptadas
Expectativas racionais
Fatores estruturais do desenvolvimento
Inflação inercial
Limites físicos

Limites monetário-financeiros
Modelo *IS-LM*
Multiplicador keynesiano
Política econômica
Política fiscal expansionista
Política monetária expansionista
Políticas econômicas de curto e de longo prazos
Políticas econômicas sob diferentes regimes cambiais
Processo de substituição de importações
Taxa de sacrifício
Taxa natural de desemprego
Versão aceleracionista da curva de Phillips

QUESTÕES

Q1. Dada a demanda real por moeda $(M/P) = 0,3Y - 30r$ e sendo a curva *IS* dada por $Y = 685 - 850r$, se a renda real (Y) de pleno emprego for de R\$ 600, qual o valor da oferta real de moeda no pleno emprego? (Ver Apêndice 11A).

Q2. O governo decide adotar uma política fiscal expansionista para diminuir o desemprego. Considerando que a oferta de moeda permaneça constante, diga o que deve acontecer com:

a) a taxa de juros;

b) o câmbio;

c) as contas públicas;

d) o investimento privado.

Q3. Em um sistema de taxas de câmbio flutuantes, qual deve ser o efeito de uma política fiscal contracionista sobre o produto, assumindo livre mobilidade de capital?

Q4. Qual o efeito sobre o produto de uma política monetária expansionista em uma economia com livre movimentação de capital e taxa de câmbio fixa?

Q5. Qual a crítica da Cepal à concepção de convergência das economias desenvolvidas e subdesenvolvidas na hipótese de livre comércio?

Q6. Fale sobre os limites monetário-financeiros e os limites físicos de um processo de investimento que altere as estruturas da economia.

Q7. O que é a curva de Phillips? Como a introdução de expectativas inflacionárias afeta a relação entre inflação e desemprego?

Q8. Em uma economia fechada, qual será o impacto de uma expansão monetária, de acordo com o modelo IS-LM? Por que o efeito da expansão monetária sobre o produto é maior em uma economia aberta com livre mobilidade de capitais e taxa de câmbio flutuante?

APÊNDICE 11A

Modelo *IS-LM*: interligação entre o mercado de bens e serviços e o lado monetário

Viu-se no Apêndice 7B, do Capítulo 7, que o equilíbrio no mercado de bens e serviços (lado real) pode ser expresso em termos de pares de taxa de juros e nível de renda nacional, que é a chamada **Curva *IS***. No Capítulo 9, no Apêndice 9B, descreve-se o equilíbrio do lado monetário, também em termos de pares de valores da taxa de juros e renda nacional, que é a **Curva *LM***. Veja a Figura 11.1.

Figura 11.1 Equilíbrio no mercado de bens e serviços e no mercado monetário.

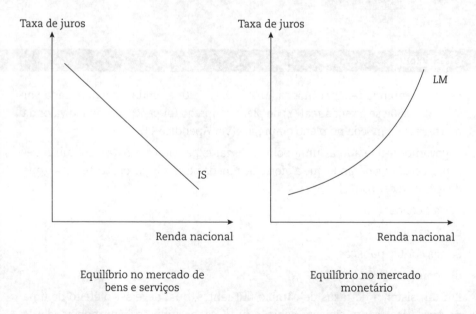

Ambas as curvas representam infinitas possibilidades de equilíbrio macroeconômico, em cada mercado. **A interseção das duas curvas permite encontrar um único ponto que possibilita determinar os níveis de taxa de juros e renda nacional que equilibram simultaneamente ambos os mercados**, como mostra a Figura 11.2.[10]

---

[10] Para maiores detalhes sobre a Análise *IS-LM*, ver Vasconcellos (2015, cap. 12).

Figura 11.2 Equilíbrio entre lado real (curva IS) e lado monetário (curva LM) da economia.

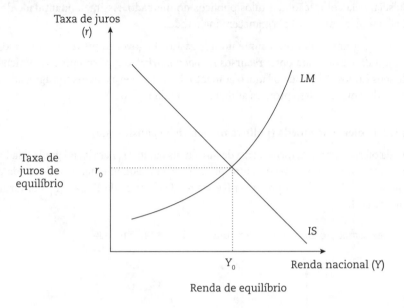

Trata-se de um referencial teórico muito útil para avaliar o efeito de variações tanto da política fiscal como da política monetária sobre o equilíbrio macroeconômico. Considere-se como exemplos um aumento dos gastos públicos e um aumento da oferta de moeda.

a) Aumento dos gastos públicos (política fiscal expansionista)

Um aumento dos gastos do governo desloca a curva IS para a direita, significando que, às mesmas taxas de juros, a demanda agregada é maior. Veja a Figura 11.3.

Figura 11.3 Deslocamento da curva IS em decorrência do aumento dos gastos do governo.

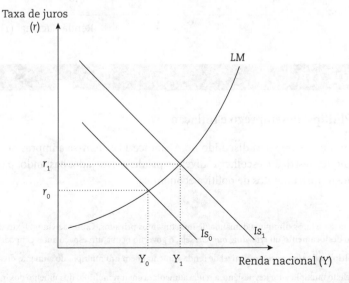

Suponha-se que o aumento dos gastos do governo tenha sido financiado por uma política de *open market*, ou seja, pela colocação de títulos públicos no mercado. Assim, a quantidade de moeda do sistema e, portanto, a curva LM permanecem inalteradas.

Observando o diagrama anterior, o aumento nos gastos do governo provocou aumento da taxa de juros (de r_0 para r_1), pois, para obter recursos no *open market*, o governo precisa aumentar a remuneração de seus títulos.[11] Por outro lado, o aumento de gastos eleva a demanda agregada. Supondo a economia em desemprego, isso provoca aumento da renda real, de Y_0 para y_1.[12]

b) Aumentos da oferta de moeda (política monetária expansionista)

O aumento da oferta de moeda torna a taxa de juros mais barata (r_0 para r_1, no gráfico da Figura 11.4), que, por sua vez, estimula os investimentos privados e, consequentemente, a demanda agregada.[13] Supondo uma situação de desemprego, o nível de renda eleva-se de Y_0 para Y_1, conforme apresentado na Figura 11.4.

Figura 11.4 Deslocamento da curva LM por aumento da oferta de moeda.

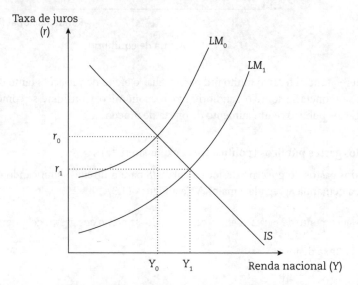

APÊNDICE 11B

A curva de Phillips: desemprego e inflação

De acordo com o modelo *IS-LM* discutido no Apêndice 11A, tem-se a impressão de que o governo pode, sem qualquer restrição, escolher o nível de produto desejado, bastando, para isso, manusear adequadamente os instrumentos de política econômica.

---

[11] O aumento da taxa de juros diminui a demanda de investimentos privados. Como se viu no texto deste capítulo, esse é o chamado **efeito deslocamento** ou *crowding out*. Ou seja, o governo ocupa um espaço antes ocupado pelo setor privado.

[12] Pelo **efeito multiplicador keynesiano**, o nível de renda aumentará em um múltiplo do aumento dos gastos do governo.

[13] Também pelo efeito multiplicador keynesiano, a renda aumentará em um múltiplo do aumento dos investimentos privados.

Qual é a relação entre crescimento e inflação? O modo mais tradicional de verificar essa relação é a chamada **curva de Phillips**, segundo a qual existe relação inversa entre taxa de inflação e taxa de desemprego. Quanto maior a primeira, menor será a segunda e vice-versa. Assim, se o governo quiser reduzir a taxa de desemprego por meio de uma política expansionista, ele acabará gerando mais inflação.

Para analisar a curva de Phillips, considere-se o conceito de **taxa natural de desemprego** (Capítulo 4). Essa corresponde à taxa de desemprego quando a economia se encontra no produto potencial, isto é, produto de pleno emprego. Quando a economia está na taxa natural, pode-se assumir uma igualdade entre oferta e demanda agregada, não existindo pressões para alteração dos preços. Quando a taxa de desemprego for superior, significa que existem fatores de produção desempregados, excesso de oferta; assim, haverá pressão por queda nos preços. E, quando a taxa de desemprego for inferior à taxa natural, estarão faltando fatores e haverá excesso de demanda, pressionando a elevação dos preços.

Assim, pode-se escrever a curva de Phillips como:

$$\Pi = -\beta(\mu - \mu_N)$$

Em que:

Π = taxa de inflação;

β = elasticidade da inflação com relação aos desvios da taxa de desemprego;

μ = taxa de desemprego;

μ_N = taxa natural de desemprego.

Note-se que, de acordo com essa equação, quando a taxa de desemprego for igual à taxa natural, a taxa de inflação será zero. A inflação será positiva se o desemprego estiver abaixo da taxa natural e será negativa (deflação) se o desemprego estiver acima. Essa relação pode ser vista na Figura 11.5.

Figura 11.5 Relação entre desemprego e taxa de inflação: a curva de Phillips.

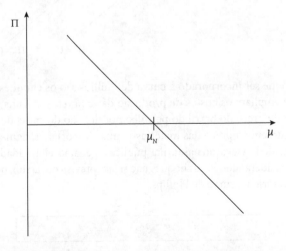

Se essa relação for estável, abre-se a possibilidade para o governo manter a economia sempre com baixa taxa de desemprego, desde que aceite determinada taxa de inflação. Essa visão foi criticada por vários autores, por desconsiderar as expectativas dos agentes econômicos. Esses autores alegam que, quando se tem uma inflação recorrente, os agentes passam a se antecipar à inflação, remarcando seus preços sem alterar a quantidade produzida. Com isso, ampliaram a curva de Phillips para incorporar as expectativas. Essa ficou conhecida como **curva de Phillips aumentada pelas expectativas**.

$$\Pi = \Pi^e - \beta(\mu - \mu_N)$$

Em que:

Π^e = taxa de inflação esperada.

Assim, a taxa de inflação em dado período depende de quanto os agentes esperam de inflação e do nível de atividade econômica. Percebe-se que, com o termo das expectativas, mesmo com a taxa de desemprego na taxa natural, pode haver inflação simplesmente porque os agentes acreditam que haverá inflação. Quanto maior a inflação esperada, maior será a taxa de inflação para uma mesma taxa de desemprego, o que pode ser visto na Figura 11.6.

Figura 11.6 Curva de Phillips introduzindo expectativas.

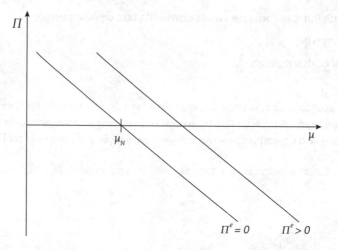

Outro elemento que pode ser incorporado à curva de Phillips são os **choques de oferta**. Esses referem-se a choques que ampliam os custos de produção das empresas. Alguns exemplos são: choque do petróleo (aumento do preço do barril do petróleo por decisão do cartel de produtores), desvalorização cambial que aumente o preço das matérias-primas importadas, aumento salarial descolado dos ganhos de produtividade, elevação nas tarifas públicas (pedágio, eletricidade etc.), quebra de safra agrícola etc. Pode-se considerar que esses choques não sejam previsíveis; assim, podemos acrescentá-los como um elemento aleatório na curva de Phillips.

$$\Pi = \Pi^e - \beta(\mu - \mu_N) + \varepsilon$$

Em que:

ε = choques de oferta.

Cap. 11 • Referencial para Análise do Comportamento do Produto e do Desenvolvimento Econômico **253**

Assim, têm-se as três fontes que podem gerar inflação: a expectativa de inflação, a inflação de demanda e a inflação de custos (choques de oferta).

Com a introdução das expectativas, um ponto importante a ser discutido é como os indivíduos as compõem. Pode-se considerar duas formas principais: as chamadas expectativas adaptativas e as expectativas racionais.

As **expectativas adaptativas ou adaptadas** dizem que o valor esperado de uma variável é a média ponderada dos valores observados no passado para essas variáveis. Assim, a inflação esperada para o próximo período é a média da inflação observada nos últimos períodos. Um caso particular dessa forma é a correção pelo indivíduo, a cada instante, do erro de expectativa do período anterior. Nesse caso, teríamos:

$$\Pi^e_t = \Pi^e_{t-1} + \alpha(\Pi_{t-1} - \Pi^e_{t-1})$$

Π^e_t = taxa de inflação esperada para o período t;

Π^e_{t-1} = taxa de inflação esperada para o período $t-1$;

α = velocidade de correção do erro anterior;

Π_{t-1} = taxa de inflação observada no período $t-1$.

Existe um caso particular em que o indivíduo ajusta automaticamente o erro passado, isto é, o parâmetro α assume um valor igual a 1. Nesse caso,

$$\Pi^e_t = \Pi^e_{t-1}$$

Assim, tomando-se a curva de Phillips anterior, na ausência de choques de oferta e no caso em que a taxa de desemprego é igual à taxa natural, a taxa de inflação se perpetuaria em determinado patamar. Esta é a chamada "**inflação inercial**".

Essa regra de formação de expectativas gera alguns resultados interessantes. Em primeiro lugar, se o governo tiver como objetivo manter uma taxa de desemprego abaixo da natural, isso irá requerer taxas crescentes de inflação, pois a cada período a taxa observada de inflação será maior que a esperada; assim, a inflação esperada para o período seguinte aumentará, fazendo com que para a mesma taxa de desemprego sempre se necessitará de maior taxa de inflação. Essa é a chamada "**versão aceleracionista da curva de Phillips**". Em segundo lugar, com essa regra de expectativas, o combate à inflação irá requerer que, em determinados momentos, a taxa de desemprego seja maior que a taxa natural. Esse custo é conhecido como a "**taxa de sacrifício**", que mede o quanto se perde de produto para reduzir em 1% a taxa de inflação.

Já a corrente das **expectativas racionais** considera que os agentes levam em consideração todas as informações disponíveis para formar sua expectativa sobre o valor futuro de uma variável. Isso quer dizer que o indivíduo não olha para seus erros passados, mas para as informações disponíveis no presente. A ideia das expectativas racionais considera dois pontos principais: (i) o indivíduo não incorre em erros sistemáticos, o que quer dizer que ele aprende, e qualquer erro recorrente passa a ser incorporado à própria expectativa; e (ii) os erros não são relacionados, isto é, se, hoje, eu erro minha expectativa, isso não está relacionado com o erro de ontem. Os erros decorrem da ocorrência de "choques inesperados" pelos agentes.

A ideia de expectativas racionais traz duas implicações importantes na análise da curva de Phillips: (i) se os indivíduos não forem pegos de surpresa, a taxa de desemprego estará sempre na taxa natural, isto é, os desvios decorrem de erros nas expectativas dos agentes; (ii) o combate à inflação não necessita de sacrifício, basta os agentes acreditarem que a inflação se reduzirá, isto é, requer-se credibilidade, mas não sacrifício.

A grande importância da análise da curva de Phillips é chamar a atenção para o fato de que o governo não pode manipular impunemente a demanda agregada. Isso pode gerar ônus, como, a aceleração inflacionária, e nem sempre se conseguem os resultados almejados, pois o resultado da política depende de como os indivíduos formam suas expectativas.

PARTE III

Abordagem Histórica da Economia Brasileira

Na Parte I, apresentamos alguns conceitos básicos de economia, como crescimento, desenvolvimento, desemprego, inflação, produto etc. Na Parte II, procuramos avaliar como esses conceitos são determinados. Para isso, nos valemos de um *mix* de teoria com aspectos relativos à realidade, sobretudo a brasileira. Nesta terceira parte, usaremos esses conceitos e aspectos teóricos para fazer uma retrospectiva histórica da economia brasileira ao longo do século XX, até o fim da ditadura militar (1984).[1]

Nesta abordagem histórica, procuraremos destacar os principais aspectos em termos de modelo de desenvolvimento e mudanças institucionais que estiveram presentes nos últimos cem anos, bem como os principais determinantes dos ciclos e fases econômicas desse período.

Podemos dividir o período recente em oito fases:

1. a economia agroexportadora – até 1930;
2. a industrialização substituidora de importações (PSI) – 1930/1961;
3. a crise dos anos 1960 e as reformas institucionais no Paeg – 1962/1967;

---

[1] Com relação à última edição (8ª), decidimos transferir o Capítulo 17 daquela edição, "A Saga dos Planos Heterodoxos: a Economia Brasileira de 1985 a 1994" para a Parte V, "A Economia Brasileira no Período Recente". Nesse capítulo, que passa a ser o 22 nesta 9ª edição, procuraremos analisar como o Brasil procurou enfrentar uma das heranças desse longo período de crescimento: o problema inflacionário.

4. a retomada do crescimento com endividamento externo: o milagre econômico – 1968/1973;

5. a manutenção do crescimento com endividamento externo: o Segundo Plano Nacional de Desenvolvimento (II PND) – 1974/1979;

6. a crise da década de 1980: o processo de ajuste externo – 1980/1985.

Essas fases foram agrupadas em cinco capítulos, que, junto com o Capítulo 12, compõem esta parte.

Inicialmente, no Capítulo 12, faremos ampla retrospectiva do século XX, de modo a mostrar a evolução tendencial da economia brasileira entre os anos 1900 e 2000. Esse capítulo está fortemente baseado em gráficos e tabelas que procuram resumir essas tendências. Nos capítulos seguintes, abordaremos as diferentes fases procurando conectá-las umas às outras.

No Capítulo 13, abordaremos o modelo econômico herdado da colonização e do Império, e que perdura até as primeiras décadas do século: a economia agroexportadora. Nesse capítulo, procuraremos apontar as principais características desse modelo de desenvolvimento e suas dificuldades.

No Capítulo 14, a partir da crise da economia agroexportadora e do deslocamento do centro dinâmico da economia brasileira, iniciamos a fase de industrialização brasileira, abordando o modelo que caracterizou essa industrialização, qual seja, a substituição de importações. Nesse capítulo, percorreremos o período que vai de 1930 até os anos 1960, quando a primeira crise de um Brasil industrial se verifica.

A crise de 1960 e suas diferentes interpretações é o tema do início do Capítulo 15, que continua analisando as reformas impostas pelos primeiros governantes militares do país, no âmbito do Programa de Ação Econômica do Governo (Paeg), e a retomada do crescimento no período, durante o chamado milagre econômico, que se estende até 1973.

No Capítulo 16, abordaremos as dificuldades enfrentadas para a manutenção do crescimento econômico na década de 1970, especialmente depois do primeiro choque do petróleo. A manutenção do crescimento em um período na maior parte das nações optou por um ajustamento que tem como base o endividamento externo. Esse período, sob a égide do Plano Nacional de Desenvolvimento (II PND), termina com a crise da dívida no início da década de 1980, e a necessidade de ajuste de nossa economia a um quadro externo difícil.

12

O Brasil ao longo do Século XX: Alguns Fatos Estilizados

Neste capítulo, apresentam-se alguns fatos estilizados da trajetória da economia brasileira ao longo do século XX. Apontam-se as tendências e transformações de longo prazo utilizando alguns conceitos dos capítulos anteriores. Como visto na Parte I, a economia brasileira cresceu e transformou-se ao longo do século XX. Considerando-se o crescimento do produto, a melhoria das condições médias de vida e a alteração da estrutura produtiva no sentido de se fornecerem bens mais complexos e com maior produtividade dos fatores de produção, podemos perceber que o Brasil constituiu-se em um dos exemplos mais bem-sucedidos de desenvolvimento econômico no período do pós-guerra, pelo menos até a década de 1980. Esse crescimento, porém, mesmo que acompanhado por mudanças estruturais importantes e melhoria em uma série de indicadores sociais, se se levar em conta seus aspectos distributivos, verificar-se-á que ele deixou a desejar. Outros aspectos questionáveis desse desenvolvimento são sua grande instabilidade e a vulnerabilidade dessa economia.

12.1 ETAPAS DO CRESCIMENTO BRASILEIRO

Quanto ao crescimento da economia brasileira ao longo do século XX, relembrando alguns dados apresentados na Parte I, viu-se um crescimento da população de quase dez vezes. Isso representa uma taxa anual de 2,28%, bastante acima do crescimento da população mundial, estimado em 1,36%.

Quanto ao PIB, na segunda metade do século, esse se elevou em mais de 12 vezes, com uma taxa de crescimento anual de 5,2%. No início do livro, considerou-se apenas o período em que esse indicador foi medido pelo IBGE. Alguns analistas procuraram estimar esse conceito para o período anterior, como é o caso de C. Haddad (1980).[1]

---

[1] Os dados estimados por Haddad e outros autores podem ser encontrados nas *Estatísticas históricas do Brasil*, do IBGE (1990).

Se considerarmos essas estimativas, incluindo-se, portanto, a primeira metade do século XX, não há grandes alterações na taxa média anual de crescimento, que passaria a ser de 5,02% (o que resulta em um crescimento da produção brasileira ao longo do século de 122 vezes!), o que é bastante superior ao crescimento anual do PNB mundial, estimado em 3,7% a.a.[2]

Na Figura 12.1, tem-se um comparativo do crescimento populacional e produtivo brasileiro, assim como mundial. Percebe-se que, tomando como ponto de partida o início do século, ambas as **trajetórias de crescimento do Brasil** (população e PIB) estão acima das trajetórias mundiais.

Figura 12.1 Crescimento, no século XX, da população e da produção: Brasil × mundo – índice 1900-2000.

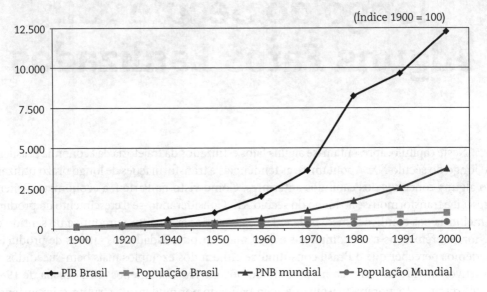

Fonte: IBGE (2000), estimativa dos autores. Mundo: FMI (2000).

Pela Tabela 12.1, podem-se comparar as diferentes fases do crescimento brasileiro por meio do PIB *per capita* e confrontá-lo com o mundial. Nota-se um crescimento sempre acima da média mundial, porém a diferença retrai-se nas últimas duas décadas. Comparando-se o PIB *per capita* brasileiro com o norte-americano (Figura 12.2), percebe-se que esse indicador cresceu de maneira significativa ao longo do século XX, inclusive melhorando sua posição relativa frente ao PIB *per capita* norte-americano. Depois de 1980, porém, o PIB *per capita* brasileiro para de crescer e chega a ter tendência negativa, quando comparado com o PIB *per capita* norte-americano.

---

[2] Assim, o PNB mundial cresceu, ao longo do século, 37 vezes. Ver FMI, World Economic Outlook, 2000.

Tabela 12.1 Brasil × mundo: taxas de crescimento do PIB *per capita*. Taxas anuais – períodos selecionados

	1900-1913	1913-1950	1950-1973	1973-2000
Brasil	2,4	2,4	4,3	1,7
Mundo	1,5	1,0	3,0	1,4

Fonte: Brasil: dados básicos do IBGE. Mundo: FMI (2000).

Figura 12.2 PIB *per capita* brasileiro × PIB norte-americano: 1990-1995.

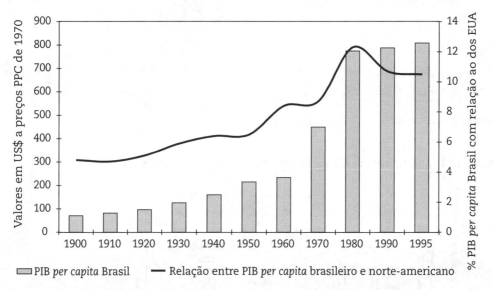

Fonte: Thorp (2000).

12.2 OSCILAÇÕES E TRANSFORMAÇÕES NO CRESCIMENTO BRASILEIRO

É interessante notar que esse crescimento não foi contínuo ao longo do século. Pela Tabela 12.2 e pela Figura 12.3, observam-se as descontinuidades e rupturas que marcaram a economia brasileira ao longo do século XX. Se existem fases marcadas por elevadíssimas taxas de crescimento – como o período do Plano de Metas, no final dos anos 1950, e o período do milagre econômico, na passagem da década de 1960 para a de 1970 –, por outro lado também se notam períodos de forte crise, como a fase de meados dos anos 1960 ou o início dos 1980, na chamada crise da dívida externa, e também o início dos anos 1990, marcado pelo Plano Collor.[3]

De modo geral, praticamente todo o século é marcado por um crescimento significativo, apesar de muito oscilante. As décadas de 1980 e 1990, porém, apresentam um comportamento

---

[3] Cada uma das fases da economia brasileira ao longo do século XX será destacada e analisada com mais cuidado nos capítulos seguintes.

um pouco diferenciado, pois a média de crescimento desse período é significativamente inferior à média secular. As décadas do pós-guerra, até 1980, excetuando-se alguns períodos, marcam a fase de crescimento acelerado da economia brasileira, com taxa média acima de 7% ao ano, e picos de 14% ao ano em 1973 no auge do chamado milagre brasileiro.

Tabela 12.2 Comportamento do PIB Brasileiro ao longo do século XX: crescimento e volatilidade

Período	1901-1929	1930-1945	1946-1963	1964-1980	1981-2006
Crescimento*	4,7	4	7,1	7,8	2,3
Volatilidade**	5	4,6	3	3,3	3,2
Número de anos	29	16	13	17	26

* Médias das taxas anuais.
** Desvio-padrão das taxas anuais.

Fonte: dados básicos do IBGE (1990) e Haddad (1978).

Figura 12.3 Crescimento da economia brasileira ao longo do século XX.

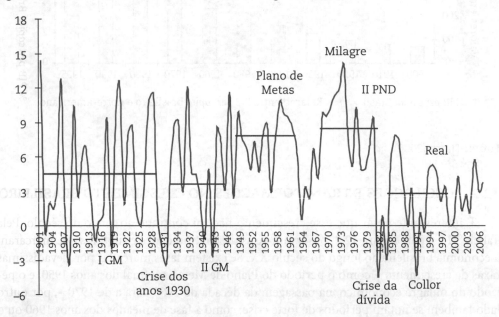

Fonte: dados básicos do IBGE.

A **volatilidade do crescimento**, ou seja, sua oscilação ao longo do tempo, medida pelo desvio-padrão das taxas anuais de crescimento, alcançou 4,5% em todo o século. Essa taxa pode ser considerada alta para o padrão de países industrializados, mas, comparando-se com outros países latino-americanos, a taxa pode até ser tida como baixa (Tabela 12.3). Ao longo do tempo, estava ainda mais alta no início do século, o que é uma das características de

Cap. 12 • O Brasil ao longo do Século XX: Alguns Fatos Estilizados **261**

uma economia agroexportadora, e diminuiu com o avanço da industrialização. Nota-se um novo aumento da oscilação nas últimas décadas em função, como será visto nos próximos capítulos, tanto de razões internacionais como domésticas. Essa mesma tendência também se verifica em outros países da América Latina, porém esses países possuem maior instabilidade no crescimento de suas economias.

Tabela 12.3 Brasil e América Latina: crescimento e volatilidade – médias do período – países e períodos selecionados

		1900-1913	1913-1929	1929-1945	1945-1972	1972-1981	1981-1996	1996-2000
Brasil	Crescimento	4,6	4,6	3,8	7,2	7,1	2,1*	5
	volatilidade	5,2	4,8	4,5	3,2	5,1	3,5*	4,5
Argentina	Crescimento	6,3	4,1	3,4	3,8	2,5	1,9	3,3
	volatilidade	8	9,5	5,3	4,7	4,3	5,4	6,4
Chile	Crescimento	3,6	3,7	3	4,1	3,6	5,4	3,3
	volatilidade	3	12,4	12,2	3,4	7	5,7	8
Cuba	Crescimento	7,6	1,1	3,5	2,4	7,3	–2,2	2,6
	volatilidade	23,4	17,6	21,1	7	3,3	6,9	15
México	Crescimento	3,4	1,4	4,2	6,5	5,5	1,5	5
	volatilidade	5,7	4,1	6,4	2,5	5	3,8	4,8
Venezuela	Crescimento	2,3	9,2	4,2	5,7	4,7	2,2	5,9
	volatilidade	6,2	11,6	9,6	6,5	4,1	5	8

* Inclui dados até 2000.

Fonte: Brasil: dados básicos do IBGE, outros países: Thorp (2000).

Juntando as observações anteriores quanto às mudanças no crescimento econômico brasileiro com aquelas apresentadas no Capítulo 1 referentes à dinâmica populacional, pode-se construir uma tipologia desse crescimento, apresentada no Quadro 12.1.

Quadro 12.1 Etapas do crescimento econômico brasileiro no século XX

Período	População*	Crescimento econômico	Modelo de desenvolvimento
1900-1930	População aberta Taxas relativamente elevadas de crescimento populacional em função do processo migratório; com o fim da migração, as taxas caem	Taxas elevadas, mas instáveis, de crescimento	Economia agroexportadora
1930-1945	População fechada Início de taxas baixas de crescimento populacional (alta natalidade, mas alta mortalidade), depois acelera com queda da mortalidade	Crescimento mais lento e mais instável (período da grande crise internacional – crescimento no Brasil maior que nos Estados Unidos)	Deslocamento do centro dinâmico

(continua)

(continuação)

Período	População*	Crescimento econômico	Modelo de desenvolvimento
1945-1980	População fechada Taxas de crescimento populacional em forte elevação (queda das taxas de mortalidade) Risco de explosão demográfica	Forte crescimento econômico e diminuição da instabilidade (instabilidade cresce no fim do período)	Processo de industrialização acelerado
1980-2000	População fechada forte Diminuição das taxas de crescimento populacional (queda da taxa de natalidade) Explosão demográfica afastada	Desaceleração significativa do crescimento econômico com aumento da instabilidade	Crise da dívida e problemas de estabilização
* População fechada = sem fluxo migratório. População aberta = com fluxo migratório.			

Fonte: readaptada a partir de Thorp (2000).

A população brasileira passou de uma população aberta para uma fechada no início do século, como pode ser visto pela Tabela 12.4. Por essa tabela, percebe-se a importância da imigração para o Brasil, que na última década era de mais de 100.000 imigrantes por ano, e chegou a representar 30% do crescimento populacional brasileiro.

Tabela 12.4 Brasil: imigração e contribuição para o crescimento populacional (1870-1960)

Décadas	Média anual de entrada de imigrantes	Taxa de crescimento populacional	Contribuição da entrada de imigrantes ao crescimento populacional brasileiro*
1870-80	21.913	1,95%	9,19%
1880-90	52.509	1,95%	18,79%
1890-00	112.932	1,93%	33,73%
1900-10	67.135	2,86%	9,78%
1910-20	79.775	2,86%	9,10%
1920-30	84.049	1,50%	15,59%
1930-40	28.861	1,50%	4,66%
1940-50	13.145	2,39%	1,06%
1950-60	59.169	2,59%	3,25%

* Para calcular a taxa de imigração e sua contribuição ao crescimento populacional, deve-se também levar em consideração as saídas de população do Brasil.

Fonte: dados básicos do IBGE (2000).

Depois de 1930, diminui sensivelmente a importância da imigração, e a população brasileira passa a depender do crescimento vegetativo, o qual, como se percebe pela Figura 12.3, viveu uma rápida (em termos populacionais) transição demográfica, com elevação e queda das taxas de crescimento vegetativo, conforme descrito no Capítulo 1.

Ainda pode ser observado, na Figura 12.4, que, ao longo do século, houve intenso processo de urbanização da economia brasileira, contraparte do também intenso processo de industrialização. Essa transformação pode ser observada pela Tabela 12.5, que mostra a importância da indústria como fonte de crescimento econômico para o Brasil. Por essa tabela, percebe-se que, excetuando-se a década anterior a 1930 e o período posterior ao milagre econômico, a indústria apresentou taxas de crescimento econômico acima da média do país.

Figura 12.4 População brasileira: crescimento e urbanização no século XX – por década.

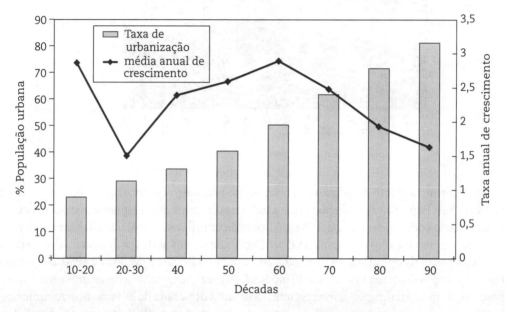

Fonte: IBGE (2000).

Tabela 12.5 Médias anuais de crescimento do valor agregado brasileiro: indústria e PIB – períodos selecionados

	1920-1929	1929-1945	1945-1972	1972-1981	1981-1995	1945-1995	1900-1995
Indústria manufatureira	3,7	6,0	8,4	6,2	1,1	6,6	6,7
PIB	6,1	3,8	7,2	7,1	2,0	5,8	5,2

Fonte: PIB: IBGE, indústria: Thorp (2000).

A consequência disso reflete-se na Figura 12.5, que mostra a importância dos setores no PIB. Nela, verifica-se a transformação estrutural brasileira com a perda de participação do setor agrícola e o crescimento do setor industrial. Essa tendência, que se manifesta ao longo do século, ocorre principalmente entre as décadas de 1930 e 1970. Depois disso, o setor de serviços, que, como em toda economia, é quase sempre responsável por mais da metade do valor adicionado do país, aumenta sua participação.

Figura 12.5 Participação dos setores no PIB do Brasil.

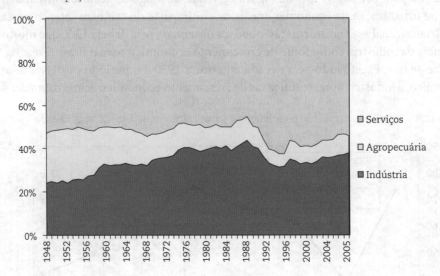

Fonte: IBGE.

Um último aspecto associado ao crescimento brasileiro é o crescimento dos preços – a inflação. Pela Figura 12.6, percebe-se que a industrialização é acompanhada por um processo inflacionário com uma relativa aceleração dos índices inflacionários, que chegam nesse processo ao auge em meados da década de 1960. Depois de ser em parte contida no final da década de 1960 e início da década de 1970, a inflação dispara no Brasil na década de 1980, e só é contida em meados dos anos 1990 com o Plano Real, que faz a taxa voltar a patamares do início do processo de industrialização. É interessante notar que a disparada da inflação ocorre conjuntamente com a perda de dinamismo (em termos de crescimento do PIB) da economia brasileira.

Figura 12.6 Evolução da inflação no Brasil no século XX.

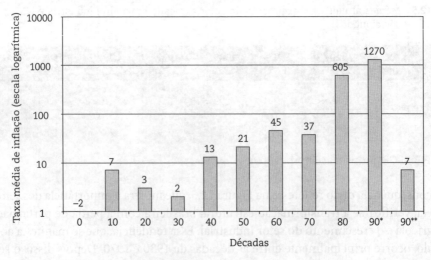

* 1990-1995 ** 1996-2000 (estimado em 6%)

Fonte: Thorp (2000), e Conjuntura Econômica.

12.3 ASPECTOS EXTERNOS DA ECONOMIA BRASILEIRA AO LONGO DO SÉCULO XX

Como ficará mais claro nos próximos capítulos, ao longo do século XX a economia brasileira transitou de uma economia do tipo agroexportadora para uma de base industrial. No início do século, as exportações eram fundamentais na economia brasileira, pois possibilitavam as importações, que eram a base da estrutura de consumo no Brasil, e o bom desempenho dessas exportações ditava o ritmo de crescimento da economia brasileira.

Depois da década de 1930, o Brasil passou por uma forte industrialização que vai até pelo menos a década de 1970. Essa industrialização se faz, em parte, por meio de um modelo dito de substituição de importações. Esse modelo dependia ainda, em parte, das exportações, para poder suprir as necessidades da industrialização; por outro lado, protegia as indústrias nacionais dos concorrentes externos.

Um ponto importante é que essa industrialização não se fez, pelo menos de imediato, visando ao mercado internacional, ou seja, não se industrializou o país para exportar produtos manufaturados. Assim, durante quase todo o século, o Brasil tinha alta dependência de poucos produtos primários em sua pauta de exportações. Pela Figura 12.7, percebe-se essa dependência das exportações de apenas dois produtos, que dura até a década de 1960, sendo o principal produto o café e o segundo variando entre a borracha, o cacau e o algodão. Os dois produtos em conjunto representavam mais de 55% das exportações brasileiras das seis primeiras décadas do século.[4]

Figura 12.7 Balança comercial brasileira ao longo do século XX – US$ bilhões (escala logarítmica).

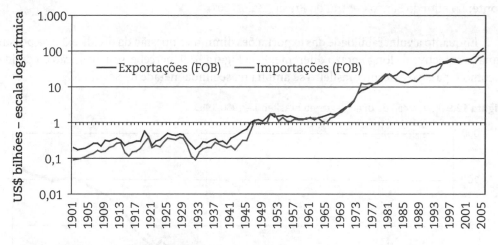

Fonte: IBGE e Banco Central do Brasil.

Só depois dessa década que a pauta de exportações se diversifica, diminuindo, assim, a **vulnerabilidade externa** do Brasil em termos de sua balança comercial. Aparecem

---

[4] A exceção é a época da guerra, em que houve uma diversificação das exportações, mas que foi revertida no imediato pós-guerra.

novos produtos primários na pauta, como o ferro e a soja. Esta última passa a ser a principal *commodity* exportada desde os anos 1980. O principal elemento, porém, é que os dois principais produtos (soja e ferro) passam a representar em conjunto apenas 10% do total das exportações. Diminuiu-se, assim, no final do século, a dependência que o país tinha de alguns poucos produtos primários na definição da balança comercial (Figura 12.8).

Figura 12.8 Índice de concentração de produtos primários.

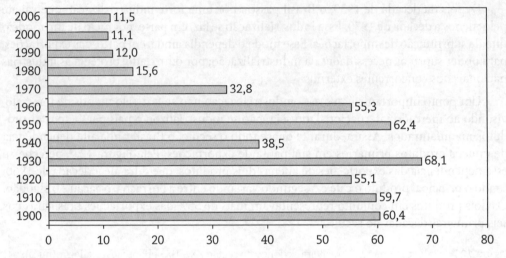

Fonte: Boletim do Banco Central do Brasil (Maio/2007).

Enquanto a vulnerabilidade das exportações diminui, a questão da dívida externa possui uma perspectiva de longo prazo diferente. Pela Figura 12.9, percebe-se a evolução da dívida e como o passivo externo brasileiro se amplia na segunda metade do século XX.

Figura 12.9 Evolução da dívida externa brasileira – 1900-1999.

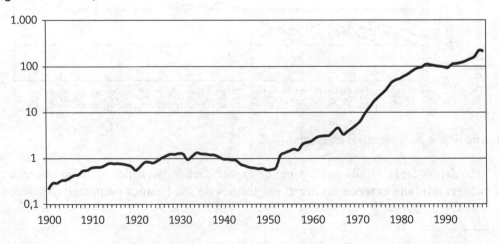

Fonte: IBGE e Conjuntura Econômica.

Se considerarmos o indicador discutido no Capítulo 10, o coeficiente de vulnerabilidade, que mede a quantidade de anos de exportação necessária para pagar a dívida externa brasileira, percebe-se que no início do século houve uma aceleração relativa do endividamento (Figura 12.10). Na década de 1930, ocorreu um problema bastante sério com o estoque acumulado em função das dificuldades enfrentadas pelas exportações. A vulnerabilidade externa brasileira diminui bastante nas décadas de meados do século, mas a vulnerabilidade é crescente ao longo da segunda metade do século, atingindo patamares elevados na crise da dívida. No período mais recente, se o final dos anos 1980 e início dos 1990 indicavam melhora, na segunda metade dos anos 1990 há uma nova deterioração do coeficiente, recolocando, no final do século, o problema da vulnerabilidade ao endividamento externo da economia brasileira. Essa situação voltou a se reverter a partir do início deste século, tanto com a redução da dívida externa líquida do país como com a forte elevação das exportações. Com isso, os indicadores de solvência externa encontram-se em 2007 em um dos momentos mais favoráveis da história brasileira. Nesse momento, o país possui um baixo endividamento externo, um volume significativo de reservas e uma pauta exportadora relativamente diversificada, tanto em termos de produto como de destino. Ou seja, neste momento não se coloca a questão da vulnerabilidade externa da economia brasileira, tão presente ao longo do século XX.

Figura 12.10 Coeficiente de vulnerabilidade na economia brasileira (1901-2005).

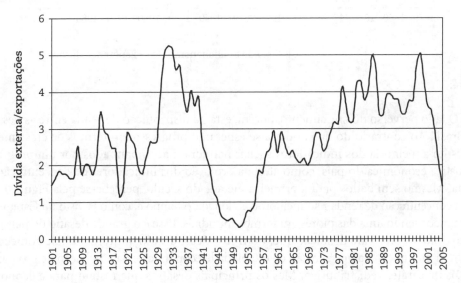

Fontes: IBGE e Banco Central do Brasil.

12.4 ASPECTOS SOCIAIS DO CRESCIMENTO ECONÔMICO BRASILEIRO

Uma questão importante, como foi discutido no Capítulo 3, é até que ponto esse crescimento econômico se traduziu em melhora do bem-estar social do país. No referido capítulo, mostrou-se que os indicadores sociais brasileiros em sua maioria melhoraram, apesar de ainda estarem aquém das condições dos países mais desenvolvidos.

Já foi feita referência na primeira parte deste capítulo à elevação do PIB *per capita* no Brasil ao longo do século, o qual até a década de 1980 apresentou uma relativa aproximação quando comparada ao norte-americano, revertida nas últimas duas décadas. Outros indicadores sociais também mostram uma evolução positiva ao longo do século, por exemplo, as taxas de analfabetismo e da esperança de vida (Figura 12.11).

Figura 12.11 Brasil: esperança de vida e analfabetismo ao longo do século.

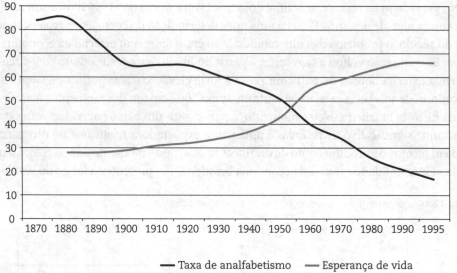

— Taxa de analfabetismo — Esperança de vida

Fonte: Thorp (2000).

O lado perverso do crescimento, porém, está na distribuição de renda entre as pessoas no Brasil. Ao contrário do que poderia se esperar, o progresso em termos de crescimento e mesmo a melhoria dos indicadores sociais não foram acompanhados por um progresso na justiça econômica do país, como atesta a evolução dos indicadores de concentração de renda. Mesmo sem dados para a primeira metade do século, percebe-se pela Figura 12.12 que a concentração de renda não melhorou ao longo do tempo e, como já visto no Capítulo 3, permanece sendo uma das piores em termos mundiais. Esse é o grande desafio do país para o próximo século. Vale destacar que, no início deste século, a desigualdade começou a diminuir em função da preservação da estabilidade econômica e da ampliação de programas sociais de caráter redistributivo. Mas os principais desafios que restam para a economia brasileira são a retomada do crescimento econômico sustentável, com a melhor distribuição de seus benefícios.

Figura 12.12 Evolução do índice de Gini no Brasil – 1960-1996.

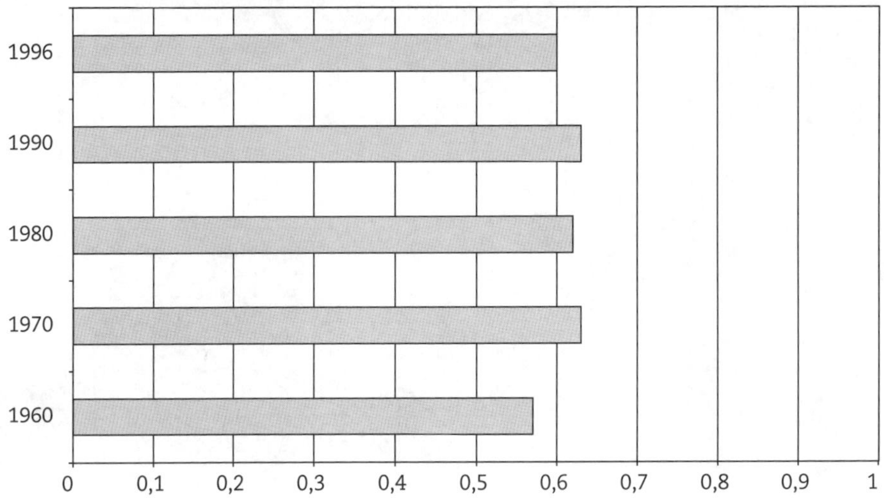

Fonte: Thorp (2000), para o ano de 1996, Banco Mundial (2000).

CONCEITOS-CHAVE

Coeficiente de vulnerabilidade
Crescimento e urbanização
Etapas do crescimento brasileiro
Industrialização

Trajetórias de crescimento
Volatilidade do crescimento
Vulnerabilidade externa

QUESTÕES

Q1. Em termos de crescimento econômico, o século XX foi um século perdido?

Q2. Em termos de desenvolvimento econômico, o século XX foi um século perdido?

Q3. Reconstrua o Quadro 12.1 levando em consideração a evolução do problema inflacionário no Brasil.

Q4. Explique a evolução da vulnerabilidade externa brasileira ao longo do século XX.

TEMA PARA DEBATE

T1. Como será (ou deveria ser) a evolução brasileira no século XXI, dada a evolução do século XX.

13
Economia Agroexportadora

Neste capítulo, serão descritas as principais características da economia brasileira até pelo menos 1930. Essas características, ou seja, uma economia baseada na produção e exportação de alguns poucos produtos primários, permitem que se defina a economia de então como uma economia agroexportadora e um modelo de desenvolvimento voltado para fora. Assim, serão destacadas as principais dificuldades desse tipo de economia (elevada vulnerabilidade, elevada concentração de renda, comportamento cíclico dos preços das exportações), os mecanismos de proteção utilizados para enfrentar tais dificuldades (desvalorização cambial e política de estocagem), assim como as condições de desenvolvimento do setor industrial dentro desse tipo de economia.

13.1 OS CICLOS E A ECONOMIA AGROEXPORTADORA

Desde a época Colonial (1500-1822), passando pelo período Imperial (1822-1889) até a República Velha (1889-1930), a economia brasileira dependeu quase exclusivamente do bom desempenho de suas exportações, as quais, durante todo o período, restringiram-se a algumas poucas *commodities* agrícolas. Esse fato caracterizava o Brasil como uma **economia agroexportadora**. O que variou ao longo do tempo foram os produtos aqui produzidos destinados ao mercado internacional: açúcar, algodão, café, borracha etc.

A partir desses produtos, definiram-se os chamados **ciclos da economia brasileira** – o ciclo do açúcar, o ciclo do ouro, o ciclo do café –, cada um referindo-se a um período de tempo marcado por um produto principal que dava dinâmica ao balanço de pagamentos e nome ao ciclo.[1] A República Velha, com a produção de café no Sudeste brasileiro, pode ser considerada o período áureo desse tipo de economia e do ciclo do café.

---

[1] O ciclo do açúcar é marcado pela exportação desse produto, assim como o do café foi caracterizado pela importante participação deste em nossas exportações. O ciclo do ouro difere um pouco, à medida que ele não era um produto destinado

O bom desempenho da economia brasileira dependia, nesse contexto, das condições do mercado internacional dos produtos exportados, sendo a variável-chave, no Império e na República Velha, o preço internacional do café. As condições desse mercado, porém, não eram controladas pelo Brasil. Apesar de ser o principal produtor mundial de café, outros países também influíam na oferta, além de boa parte do mercado ser controlada por grandes companhias atacadistas que especulavam com estoques. A demanda, do mesmo modo, dependia das oscilações no crescimento mundial, aumentava em momentos de prosperidade e se retraía quando os países ocidentais (especialmente Estados Unidos e Inglaterra) entravam em crise ou em guerra.

Desse modo, as crises internacionais causavam problemas nas exportações brasileiras de café, trazendo sérias dificuldades para toda a economia brasileira, dado que praticamente todas as outras atividades dentro do país dependiam direta ou indiretamente do desempenho do setor exportador cafeeiro. Essa falta de controle das variáveis-chave da economia explica, em parte, a **elevada vulnerabilidade de uma economia agroexportadora**.

Em uma economia agroexportadora, a irradiação do setor exportador sobre os demais setores da economia depende da natureza do processo produtivo e do menor ou maior efeito multiplicador desse setor sobre os demais. Esses outros setores, porém, durante o período agroexportador possuem baixo nível de produtividade quando comparados com o setor exportador e dificilmente geram dinamismo próprio. O setor exportador, por sua vez, é o setor dinâmico e possui rentabilidade bastante elevada, fazendo com que exista alta concentração dos recursos naturais e de capital no setor, o que é a base da explicação para a grande desigualdade na distribuição da renda desse modelo de desenvolvimento econômico. No caso brasileiro, os problemas históricos de distribuição de renda e propriedade ainda podem ser associados à estrutura fundiária concentrada desde o início da colonização e às condições do mercado de trabalho: escravidão durante quase 300 anos e, depois de sua abolição, dificuldade na incorporação dessa mão de obra ao mercado em função de preconceitos e do excesso de oferta no mercado de trabalho.

13.2 MODELO DE DESENVOLVIMENTO VOLTADO PARA FORA

Maria da Conceição Tavares (1975) chama esse tipo de estrutura econômica agroexportadora de um "**modelo de desenvolvimento voltado para fora**". Segundo a autora, esse modelo caracterizou não apenas o Brasil, mas boa parte da América Latina. Por ele, o desenvolvimento desses países caracterizava-se por possuir alto peso relativo do setor externo na estrutura econômica, mas o principal problema era o descompasso entre a base produtiva e a estrutura de consumo desses países. Pode-se acompanhar a caracterização desse modelo de desenvolvimento latino-americano no Quadro 13.1, comparando com o que ocorria nos países centrais.

---

ao consumo imediato dos mercados importadores, porém acabava também por ser o principal "produto" a sair do país, na forma de financiamento das importações e como remessa de pagamentos referentes ao uso de fatores de produção externos no país, assim como de impostos devidos a Portugal.

Quadro 13.1 Países agroexportadores × centrais: principais características

Países agroexportadores (América Latina)	Países centrais
A exportação é variável quase exclusiva na determinação da renda nacional e sua única fonte de dinamismo.	Mesmo com as exportações sendo uma variável importante na determinação da renda, existe, além dela, o **investimento** – com o progresso tecnológico associado – como importante variável a explicar a renda nacional e suas variações.
A pauta de exportações possui base estreita, isto é, ela é fortemente concentrada em poucos produtos primários.	Pauta de exportação não é radicalmente diferente da estrutura de consumo. Não há grandes diferenças entre o que é produzido e o que é exportado. Existe também a presença importante de produtos manufaturados nas exportações.
As importações constituem uma fonte flexível de suprimento de bens para atender a boa parte da demanda interna.	As importações atendem apenas a parte da demanda interna.
A pauta de importações inclui não apenas produtos e matéria-prima de origem natural não disponíveis no país, como também bens de consumo e de capital.	A pauta de importações é semelhante à de países da América Latina.
Existe grande diferença entre a base produtiva (produtos para exportação) e a estrutura de demanda que precisa ser atendida pelas importações.	Proximidade entre base produtiva e estrutura de consumo.

Seguindo os elementos descritos no Quadro 13.1, podem-se acompanhar as pautas de exportação e importação do Brasil em momentos próximos à virada do século e perceber-se (Figura 13.1) que a pauta de exportação era fortemente concentrada em um produto – o café – e que mesmo os outros produtos eram tipicamente produtos agrícolas. Já a pauta de importações (Figura 13.2) era bastante diversificada, contendo muitos produtos manufaturados e correspondendo praticamente à estrutura de consumo da economia brasileira de então. Esse é mais um elemento que também explica a elevada vulnerabilidade desse tipo de economia, já que todo problema no balanço de pagamentos (como uma diminuição das exportações ou uma guerra) pode implicar queda nas importações, afetando diretamente as condições de consumo da economia.

Figura 13.1 Pauta de exportações brasileiras – 1900.

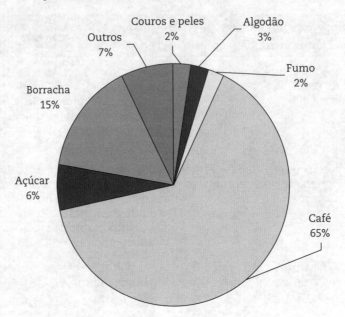

Fonte: Silva (1957).

Figura 13.2 Pauta de importações – Brasil – 1902/1903.

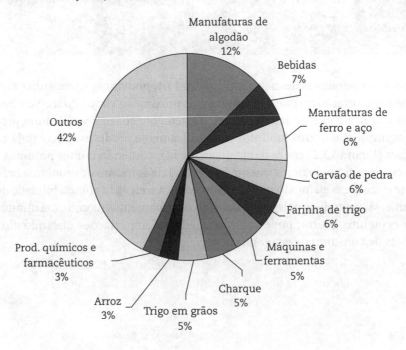

Fonte: Silva (1957).

13.3 OSCILAÇÕES DE PREÇO NA ECONOMIA CAFEEIRA

No início deste capítulo, afirmou-se que a economia brasileira tinha como fonte fundamental de dinamismo o mercado internacional da *commodity* exportada – o café. O preço do café no mercado internacional reflete as condições desse mercado. Podem-se acompanhar as oscilações no preço do café entre 1851 e 1908 na Figura 13.3. Por ele, pode-se perceber que, no longo prazo, houve importantes oscilações no preço do café. Há três **ciclos de preços** completos (ascensão e queda) nesse período.

Figura 13.3 Oscilações no preço do café entre 1851 e 1908.

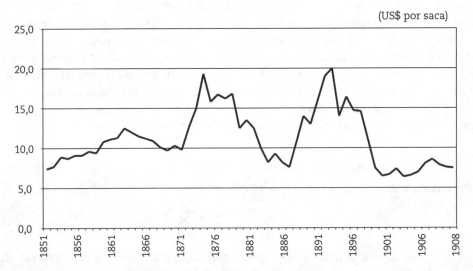

Fonte: Delfim Netto (1966).

Essas oscilações devem-se, por um lado, às condições de demanda, ou seja, aos ciclos da economia mundial que se refletem na demanda por café. Por outro, existem as condições de oferta, com a incidência de geadas e pragas reduzindo a oferta, e o investimento em novos cafezais aumentando-a. Nesse ponto, é interessante observar que existe defasagem entre o plantio dos novos cafezais (o investimento) e a produção de café. Nessa época, a diferença entre os dois era de pelo menos quatro anos para uma produção considerada razoável nas novas plantações.

Essa diferença de tempo também interfere no mercado e reflete-se nas oscilações de preço. Assim, pode-se supor que em um período de preços altos são feitos investimentos novos; estes, porém, só são maturados quatro anos depois. Durante esse período, o preço do café pode estar, inclusive, subindo, em função de crescimento da demanda. Só depois de quatro anos há aumento da oferta, já que há acréscimo decorrente dos plantios feitos quatro anos antes (que se soma à produção dos cafezais antigos). Esse aumento de oferta, se for superior ao crescimento da demanda, pode induzir a uma queda nos preços. Essa queda continuará enquanto a oferta se expandir acima da demanda, o que pode ocorrer considerando-se os investimentos em novos pés de café feitos enquanto o preço do café estava subindo no período anterior. Os investimentos diminuem ou param quando o mercado sinaliza excesso de oferta, ou seja, quando os preços começam a cair. Apesar de os investimentos pararem naquele momento, a produção continua a se expandir (em função dos investimentos anteriores) e, assim, os preços continuam a cair. A queda dos preços só deve estancar quatro anos depois, quando a reversão dos investimentos refletir no mercado, ou seja, quando a oferta parar de crescer. Assim, supondo-se que haja um investimento induzido pelos preços, mas com uma mudança de oferta defasada em função do tempo de maturação desses investimentos, há uma tendência de comportamento cíclico dos preços.[2]

Outro aspecto importante a respeito do comportamento dos preços das *commodities* exportadas em uma economia agroexportadora é seu comportamento tendencial. Existe importante controvérsia entre os analistas: até que ponto, no longo prazo, os preços possuem um comportamento ascendente ou cadente. Vários autores sustentam a tese de que os preços de produtos agrícolas, como o café, possuem um comportamento que indicaria tendência de queda, especialmente se comparados com preços de produtos manufaturados. Como os preços do café foram os preços das exportações de países agroexportadores, como o Brasil, e as manufaturas tendem a refletir as importações dessas economias, dizem que há uma tendência de **deterioração dos termos de troca** das economias agroexportadoras, já que os preços de suas exportações tenderiam a cair frente aos das importações.

> **Termos de troca**: relação entre os preços das exportações e das importações de uma economia.

A deterioração dos termos de troca dessa economia seria explicada em função de duas considerações básicas:

i. uma elasticidade-renda da demanda de produtos primários inferior a um, perante uma elasticidade-renda da demanda de produtos manufaturados superior à unidade.[3] Ou seja, à medida que a renda mundial cresce, há tendência a crescimento menor da demanda por produtos primários e maior por produtos manufaturados. Supondo um crescimento mundial de, diga-se, 4%, este levaria a um crescimento da demanda por café de, por exemplo, apenas 2%, enquanto o crescimento da demanda por manufaturas poderia crescer, por exemplo, 7%;

ii. um mercado com características oligopolistas no caso dos produtos manufaturados, frente a um mercado com características concorrenciais para os produtos primários. Isso faria com que os ganhos de produtividade alcançados na produção de produtos primários fossem quase inteiramente repassados aos preços, diminuindo-os, enquanto os ganhos obtidos no setor manufatureiro seriam, pelo menos em parte, retidos na forma de lucros extraordinários, implicando queda menor de preços.

---

[2] Sobre a economia cafeeira e os ciclos de preços do café, ver Delfim Netto (1966).

[3] A **elasticidade-renda da demanda** é um número que mede a resposta dos consumidores, dada uma elevação da renda. Especificamente, é a variação percentual da demanda, dada uma variação percentual na renda dos consumidores. Ver Vasconcellos (2015, cap. 3).

Se, efetivamente, houver uma deterioração dos termos de troca dessa economia, visto que ela depende fundamentalmente das relações de troca para seu progresso, haveria uma tendência de crescimento relativamente inferior desse tipo de economia frente às outras economias mundiais, implicando, assim, uma perspectiva de menor desenvolvimento ou de subdesenvolvimento das nações agroexportadoras.

Figura 13.4   Evolução dos termos de troca brasileiros – 1850-1990.

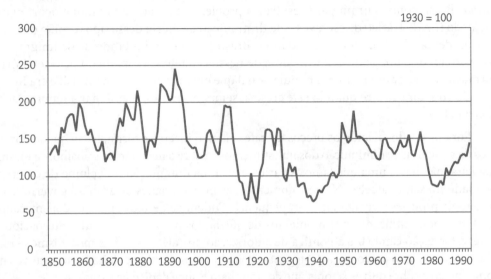

Fonte: dados básicos do IBGE e Ipeadata.

De todo modo, essa tendência de deterioração dos termos de troca é objeto de controvérsia entre os analistas, não havendo consenso no que concerne a sua efetiva validade (veja os dados na Figura 13.4). Porém, dada essa possível tendência a uma posição inferior no desenvolvimento das nações, juntamente com a elevada vulnerabilidade a que está sujeita uma economia agroexportadora, justificava-se para alguns analistas que essas nações mudassem seu modelo de desenvolvimento. Historicamente, no caso brasileiro, isso fez com que surgisse a defesa do fortalecimento do setor industrial.

13.4   POLÍTICAS DE DEFESA DA ECONOMIA AGROEXPORTADORA E SEUS PROBLEMAS: SUPERPRODUÇÃO E SOCIALIZAÇÃO DAS PERDAS

Um dos problemas da economia agroexportadora são as oscilações de preço do produto primário exportado. Pode-se dizer que, nas fases de ascensão dos preços, esta gera impactos positivos sobre o restante da economia.[4] Além de que a lucratividade na atividade cresce e boa parte desses lucros é reinvestida no próprio setor, gerando aumento do volume de emprego dessa economia.

---

[4] Supõe-se, aqui, que haja uma demanda por café inelástica no curto prazo, fazendo com que uma elevação nos preços, apesar de poder provocar diminuição no consumo, gere aumento na receita de suas vendas.

É interessante notar que esse reinvestimento significa, primordialmente, aumento do número de trabalhadores, mas não aumento da remuneração dos trabalhadores empregados no setor cafeeiro. Isso porque existe um contingente muito grande de trabalhadores fora do setor cafeeiro – uma grande oferta –, que fornece mão de obra ao setor quando ele necessita e impede que a remuneração dos trabalhadores aumente. Esse grande contingente de trabalhadores existiu depois que o fluxo imigratório foi instituído no Brasil, nas últimas décadas do século XIX. Principalmente os italianos que vieram para o Brasil contribuíram para resolver o problema da mão de obra, que ocorreu em razão do fim do tráfico de escravos e da diminuição da oferta desse tipo de mão de obra. Assim, depois de abolida a escravidão no Brasil (em 1888), juntando-se os imigrantes, os ex-escravos e um grande contingente de pessoas que vivia espalhado pelo território, formava-se esse grande número populacional que buscava emprego no Brasil e era incorporado ao setor cafeeiro quando este crescia, sem, no entanto, pressionar a remuneração do trabalho.[5]

Por outro lado, quando os preços do café caíam, o inverso ocorria, havia queda nos lucros da agricultura e diminuição dos investimentos.[6] Sobre o mercado de trabalho, da mesma maneira, não havia uma queda nos salários, mas uma diminuição no volume de emprego ocupado no setor cafeeiro. Nesses momentos, as possibilidades de ação do governo com intuito de proteger a economia eram pequenas. Podem-se destacar, porém, dois mecanismos que foram utilizados nos momentos de queda dos preços no mercado internacional: a desvalorização cambial e a política de valorização do café. Esses dois mecanismos eram eficientes, no curto prazo, para proteger a cafeicultura, mas tinham efeitos não positivos no longo prazo e sobre outros setores que compunham a sociedade da época.

13.4.1 Desvalorização cambial em uma economia agroexportadora

A desvalorização cambial na economia agroexportadora poderia ser usada para proteger, em moeda nacional, os lucros do setor cafeeiro quando da queda dos preços. Isso ocorria da seguinte maneira: suponha-se que o preço do café caísse, no mercado internacional, de 15 dólares para 10 dólares a saca. Se o câmbio fosse mantido fixo, por exemplo, a 15 mil réis por dólar, cada saca em moeda nacional passaria de 225 mil para 150 mil réis a saca. Se o governo desvalorizar o câmbio para, por exemplo, 25 mil réis, a mesma saca que valia 225 mil réis no início passaria a valer 250 mil, apesar da queda de preço no mercado internacional. A desvalorização cambial manteria, em moeda nacional, a renda dos cafeicultores. Ao mantê-la, a desvalorização acabava, também, por sustentar o nível de emprego da economia, evitando que as quedas no mercado internacional gerassem desemprego na economia brasileira.

---

[5] A remuneração no setor cafeeiro, apesar de não ter tendência de se elevar, era um pouco superior à do restante da agricultura brasileira, que era composta por outras atividades, produzindo bens exportados (algodão, fumo, açúcar etc.) e consumidos internamente, além de um grande contingente de atividades quase exclusivamente de subsistência. Ver Furtado (1986).

[6] Supõe-se novamente a inelasticidade-preço da demanda por café, de modo que a queda nos preços, apesar da elevação na quantidade vendida, no curto prazo, provoca uma diminuição nas receitas de venda de café.

Esse mecanismo de proteção, porém, acabava por gerar dois outros problemas:

i. a desvalorização cambial "escondia" os sinais dados pelo mercado. Ou seja, a queda dos preços do café no mercado internacional sinalizava um excesso de oferta, indicando a necessidade de reversão nos investimentos feitos até então na cafeicultura; ao desvalorizar o câmbio, no entanto, o governo escondia esse sinal, induzia à manutenção do nível de renda em moeda nacional e dos investimentos do setor, o que acarretava a continuidade futura do excesso de oferta e a provável continuidade do processo de queda dos preços do café. Desse modo, a desvalorização cambial induzia à manutenção dos investimentos nas plantações de café, acirrando uma **tendência de superprodução** de café;

ii. por outro lado, a desvalorização cambial encarecia todos os produtos importados dessa economia. Como visto anteriormente, as importações eram fundamentais nessa economia e constituíam sua base de consumo; assim, a desvalorização cambial tinha um efeito inflacionário sobre ela, que atingia quase toda a sociedade da época, pois raros eram aqueles que não consumiam algo importado. Desse modo, a desvalorização, por meio da inflação, prejudicava quase toda a sociedade.[7] Isso foi o que Celso Furtado chamou de **socialização das perdas**, já que se espalhavam por toda a sociedade as perdas que deveriam ficar restritas ao setor cafeeiro.[8]

13.4.2 Política de valorização do café

A **política de valorização do café**, utilizada pela primeira vez depois do Convênio de Taubaté, em 1906, consistia na retenção de parte da oferta de café na forma de estoques. Com menor oferta de café no mercado, os preços poderiam se recuperar, ou ao menos parar de cair. O problema era o que fazer com os estoques e como financiar a estocagem. O segundo problema foi resolvido, no primeiro plano de valorização do café, por meio de financiamento externo.[9]

Quanto ao primeiro problema, o assunto é mais delicado. Na verdade, a estocagem de café compõe um grupo de políticas frequentemente utilizadas pelos governos frente aos problemas da agricultura. São as denominadas **políticas de preços mínimos** e de **estoques reguladores** (Figura 13.5).

---

[7] Outro efeito da desvalorização cambial era patrimonial. Todos aqueles que possuíam dívidas em moeda externa passaram a dever mais em moeda nacional. Entre esses, o próprio governo era atingido, pois possuía elevada dívida externa em suas mãos.

[8] É interessante notar, todavia, que a manutenção da rentabilidade do setor cafeeiro e do nível de emprego no setor era o aspecto positivo dessa desvalorização, o qual também repercutia positivamente sobre o restante da economia, pois o desemprego no setor cafeeiro levaria a um efeito multiplicador negativo sobre o restante do país. Ver Furtado (1986).

[9] Além do primeiro plano de valorização do café, sua estocagem também foi realizada durante a Primeira Guerra (segundo plano) e em 1921 (terceiro plano); depois de 1924, decidiu-se instalar uma política de defesa permanente do café, estocando-o quando houvesse necessidade. Sempre se procurou financiamento externo para os planos, mas nem sempre isso foi alcançado, sendo necessário, por vezes, o recurso a crédito interno ou à emissão de moeda.

Figura 13.5 Política de preços mínimos.

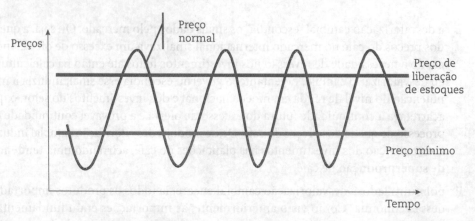

A ideia é a seguinte: quando os produtores colhem a produção – na safra –, dada a abundância decorrente da colheita, os preços tendem a cair fortemente, prejudicando os produtores; já na entressafra, com a falta dos produtos, os preços sobem também de maneira significativa, afetando os consumidores negativamente. Estocando-se parte da safra na colheita, podem-se "desovar" os estoques na entressafra. Com isso, os preços cairão menos na safra, mas também subirão menos na entressafra. Desse modo, na safra o governo estabelece preços mínimos, sendo que, àqueles preços, o governo adquire e estoca produtos; em contrapartida, quando há problemas de abastecimento (na entressafra, por exemplo, ou no caso de "quebra" de safra), os estoques são liberados, regulando o mercado, aos preços de liberação de estoque.

O problema do café é que não havia propriamente uma oscilação de preços entre a safra e a entressafra. Para vender os estoques, a expectativa era de que houvesse nos anos seguintes uma reversão da oferta de café, que poderia vir quando de alguma quebra de safra (geada, praga, seca etc.) ou da diminuição momentânea da produtividade dos cafezais. Efetivamente, ocorreram momentos de reversão na produção de café e, nos primeiros planos, houve períodos posteriores à estocagem em que o café estocado pôde ser vendido. Essa reversão na oferta, porém, mostrava-se cada vez mais difícil à medida que os planos iam se sucedendo.

Novamente, dois eram os problemas dessa política:

i. a política também acentuava a tendência à superprodução dessa economia, pois também escondia os sinais do mercado. Os produtores, com a estocagem, acabavam por receber preços pelo café acima daqueles que seriam fixados normalmente pelo mercado. Assim, havia incentivo a se continuar plantando café, mesmo porque o risco de os preços caírem desaparecia à medida que o governo fazia estas intervenções reguladoras;

ii. o problema no mercado de café era ainda agravado pelo fato de outros países também serem indiretamente incentivados a plantar café, dada a elevada remuneração recebida, pois os preços eram sustentados pela política do governo brasileiro. Assim, a política contribuía para forjar um aumento da concorrência internacional no mercado cafeeiro.

13.5 SUPERPRODUÇÃO E CRISE DA ECONOMIA CAFEEIRA EM 1930

Dadas as elevadas condições de rentabilidade da economia cafeeira, especialmente em épocas em que não há crise internacional, os recursos existentes no país acabam convergindo para essa atividade. Essa convergência de recursos é a base para a chamada superprodução, que se configurou como uma tendência da economia cafeeira nos últimos anos da República Velha. A superprodução era ainda reforçada pela política de sustentação da economia cafeeira: a desvalorização cambial e a política de valorização do café. As condições no mercado internacional de café tendiam a tornar-se mais problemáticas à medida que as plantações do produto no Brasil se expandiam.

Em 1930, dois elementos conjugaram-se: a produção nacional era enorme e a economia mundial entrou em uma das maiores crises de sua história. A depressão no mercado internacional de café logo se fez sentir, e os preços vieram abaixo. Isso obrigou o governo a intervir fortemente, comprando e estocando café e desvalorizando o câmbio, com o objetivo de proteger o setor cafeeiro e ao mesmo tempo sustentar o nível de emprego e de renda dessa economia. Ficava, porém, claro que a situação da economia brasileira, dependente das exportações de um único produto agrícola, era insustentável, mesmo porque a defesa do café por meio de estoques era problemática e eles não conseguiam ser repostos no mercado, sendo o governo obrigado a queimar boa parte durante as décadas de 1930 e 1940.

A crise dos anos 1930 foi um momento de ruptura no desenvolvimento econômico brasileiro. A fragilização do modelo agroexportador trouxe à tona a consciência sobre a necessidade da industrialização como forma de superar os constrangimentos externos e o subdesenvolvimento. Não foi o início da industrialização brasileira (esta já se havia iniciado no final do século XIX), mas o momento em que a industrialização passou a ser meta prioritária da política econômica.

Esse objetivo, porém, envolvia grandes esforços em termos de geração de poupança e sua transferência para a indústria. Isso só seria possível com grande alteração política que rompesse com o Estado oligárquico e descentralizado da República Velha e centralizasse o poder e os instrumentos de política econômica no governo federal. Esse foi o papel desempenhado pela Revolução de 1930. Dela decorreram o fortalecimento do Estado Nacional e a ascensão de novas classes econômicas ao poder, o que permitiu colocar a industrialização como meta prioritária, como um projeto nacional de desenvolvimento.

13.6 IRRADIAÇÃO DO SETOR EXPORTADOR E INÍCIO DA INDUSTRIALIZAÇÃO BRASILEIRA

A urbanização e a industrialização do país tiveram parte de sua origem na irradiação do setor cafeeiro, especialmente depois da transição para o trabalho assalariado, que é um processo produtivo com um efeito multiplicador maior que a economia escrava. Esses outros setores, porém, possuíam menor nível de produtividade e eram incapazes de conferir dinamismo à economia brasileira, pelo menos até as primeiras décadas do século XX. Deve-se, porém, ressaltar que, em comparação com outros países latino-americanos, também agroexportadores, o desempenho do setor industrial brasileiro é bastante significativo, possuindo taxas de crescimento, por momentos, até superiores às do setor agrícola exportador.[10]

Antes de 1930, as indústrias existentes surgiram nas "franjas" da economia cafeeira, ou seja, de acordo com as necessidades de atender a um mercado consumidor incipiente, em consequência do processo de imigração e da renda dos trabalhadores ligados ao setor agrário-exportador. Na historiografia brasileira, duas correntes procuraram explicar a origem da indústria nesse período: a **teoria dos choques adversos** e a **industrialização induzida por exportações**.[11]

De acordo com a primeira, a indústria surgiu no Brasil como resposta às dificuldades de importar produtos industriais em determinados períodos. Como exemplos, podem-se citar a Primeira Guerra Mundial e a Depressão dos anos 1930. Nesses momentos, em que se diminuía o valor das exportações (eram os períodos em que ocorriam choques adversos), havia dificuldades no balanço de pagamentos, o que levava o governo a adotar medidas protecionistas (como elevação de tarifas aduaneiras ou desvalorização real do câmbio), que favoreciam a indústria de seus concorrentes externos e aumentavam sua rentabilidade. Passava-se a produzir mais internamente, com vistas a suprir a falta de importações. Assim, era nos momentos de crise do setor exportador (choques adversos) que se desenvolvia o setor industrial. Quando o setor exportador não estava em crise, as condições de produção, segundo essa vertente, eram dificultadas em função da facilidade que existia em se importar produtos industriais, dada a abundância de divisas geradas pelas exportações de café.

A segunda concepção, por sua vez, diz que a indústria crescia justamente nos momentos de expansão da economia cafeeira. Nesses momentos, ocorria a expansão da renda e do mercado consumidor, por meio do aumento da massa salarial. Esses elementos eram condição fundamental para a demanda por produtos industriais. Por outro lado, as divisas geradas pelo bom desempenho das exportações eram necessárias à importação de equipamentos e máquinas, fundamentais para os investimentos no setor industrial. Essas divisas eram escassas quando ocorriam crises nas exportações de café, o que impedia a ampliação da capacidade produtiva do setor industrial.

Na primeira explicação, é a crise do setor exportador que gera o impulso para a industrialização. Na segunda, o impulso é o bom desempenho do setor exportador. Conjugando as duas explicações, pode-se concluir que o investimento industrial ocorreu nas fases de expansão do setor exportador, quando havia divisas para importar as máquinas. Já a ocupação da capacidade instalada, o aumento da produção, dava-se em parte nos momentos de crise do setor exportador, quando se dificultava a importação de bens de consumo e se permitia que a produção nacional se tornasse competitiva. Ocorria, portanto, tendência de crescimento do setor industrial, oscilando ora com ampliação da capacidade produtiva ora com utilização dessa capacidade, ampliando-se a produção.

---

[10] Ver Thorp (2000).

[11] A respeito da industrialização brasileira no período, ver Suzigan (1986).

Não se pode dizer que a indústria teve suas origens quando da crise do café. A origem do setor industrial está justamente nas atividades do complexo cafeeiro. Dado que a participação do capital estrangeiro no setor é pequena, a origem do capital industrial é um vazamento do capital cafeeiro e ela surge para atender, em parte, às necessidades da economia cafeeira. Os primeiros industriais brasileiros são tanto pessoas direta ou indiretamente ligadas ao setor cafeeiro – como é o caso da família Prado, que possuía vidrarias e curtumes – como imigrantes, que, em sua maioria, começaram com atividades de comércio, depois passaram a atividades de assistência a seus consumidores, acabando por produzir parte dos produtos antes importados. Nesse caso, o maior exemplo é a família Matarazzo, que importava trigo e passou a produzi-lo, assim como a sacaria para a embalagem do próprio trigo; essas empresas são a origem do império dos Matarazzo em São Paulo.

Em termos setoriais, nessa primeira fase, destacava-se a produção de bens de consumo leve. De acordo com o censo industrial de 1920, os produtos têxteis, alimentícios e bebidas respondiam por mais de 80% do valor da produção industrial no país (Figura 13.6). Os demais ramos industriais existentes eram, basicamente, setores acessórios, que surgiam para a prestação de serviços aos principais setores. Um exemplo seriam as oficinas, que, com o tempo, passaram a produzir algumas peças de reposição internamente. Outro exemplo de atividades industriais eram aquelas que visavam suprir a demanda de instrumentos de trabalho para a agricultura (enxadas, arados etc.) e peças de reposição para as estradas de ferro. Mas todos esses setores – metalmecânico, de transportes – eram menos significativos no total da produção industrial, e esta, no produto econômico.

Figura 13.6 Estrutura de produção industrial: Brasil – 1919.

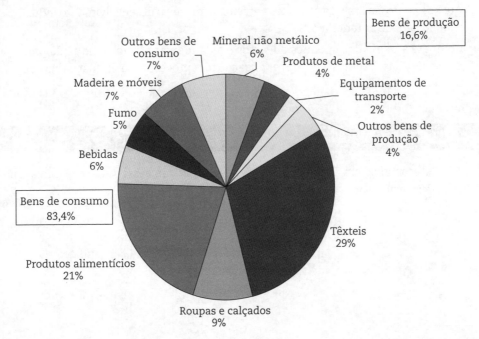

Fonte: dados de Baer (1995).

CONCEITOS-CHAVE

A industrialização induzida por exportações

Ciclos da economia brasileira

Ciclos de preços

Deterioração dos termos de troca

Economia agroexportadora

Elasticidade-renda da demanda

Estoques reguladores

Modelo de desenvolvimento voltado para fora

Política de valorização do café

Preços mínimos

Socialização das perdas

Tendência a superprodução

Teoria dos choques adversos

Vulnerabilidade da economia agroexportadora

QUESTÕES

Q1. Quais as características da economia brasileira na República Velha que justificam chamá-la de economia primário-exportadora?

Q2. Que tipo de problemas enfrenta uma economia com características agroexportadoras?

Q3. Descreva alguns mecanismos utilizados no Brasil durante a fase agroexportadora para enfrentar problemas de quedas de preços no mercado internacional de café.

Q4. Até que ponto, no Brasil, a atividade cafeeira favoreceu o desenvolvimento industrial no período anterior a 1930?

Q5. Compare a teoria dos choques adversos e a da industrialização induzida pela Expansão das Exportações na explicação do processo de industrialização ocorrido antes de 1930.

TEMA PARA DEBATE

T1. A economia brasileira poderia (e deveria) voltar a ser uma economia que se desenvolve sobre a exportação de produtos primários.

14

Processo de Substituição de Importações

A forma assumida pela industrialização brasileira depois de 1930 foi o chamado **Processo de Substituição de Importações (PSI)**. Neste capítulo, procurar-se-á descrever essa fase fundamental da industrialização da economia brasileira, que se estende de 1930 a 1960. Antes disso, se tentará examinar mais de perto o ocorrido na década de 1930, descrita como a do deslocamento do centro dinâmico da economia brasileira. Depois, serão descritas as características principais dessa referida particular forma de industrialização e seus problemas, as funções do Estado nesse modelo de desenvolvimento industrial, assim como o papel que assume a agricultura. O capítulo terminará com o Plano de Metas no governo Juscelino Kubitschek, período em que a industrialização no Brasil tem impulso importante, que mostra os limites do modelo de substituição de importações e que, em certos aspectos, já o supera.

14.1 A DÉCADA DE 1930 E O DESLOCAMENTO DO CENTRO DINÂMICO

A crise de 1930, iniciada nos Estados Unidos e que repercutiu rapidamente na Europa, chegou ao Brasil por meio de uma rápida queda na demanda por café, acompanhada de forte queda nos preços desse alimento. Outro impacto importante da crise foi a reversão dos fluxos de capital: se a década de 1920 foi bastante favorável ao Brasil no que tange à entrada de capital externo, essa entrada foi revertida com a crise de 1930. Assim, configurou-se uma grave crise no balanço de pagamentos brasileiros, pois as exportações caíram e a balança de capital passou a ser negativa.

O modo como o Brasil agiu frente à crise provocou o que Furtado chamou de **deslocamento do centro dinâmico** da economia brasileira. Esse se refere ao período em que o elemento essencial na determinação do nível de renda da economia brasileira deixa de ser a demanda externa, como é típico de uma economia agroexportadora, e passa a ser a atividade voltada ao mercado interno, mais precisamente o consumo e, em especial, o investimento doméstico. Esse deslocamento ocorre em função da crise e da resposta à crise dada pelo governo de Getúlio Vargas, depois de ter ocorrido a Revolução de 1930.[1] Na Figura 14.1, pode-se perceber como, ao longo da década de 1930, o setor industrial passa a ganhar espaço, em detrimento do setor agrícola, na geração de valor adicionado na economia brasileira.

Figura 14.1 Participação dos setores no valor adicionado – 1926-1945.

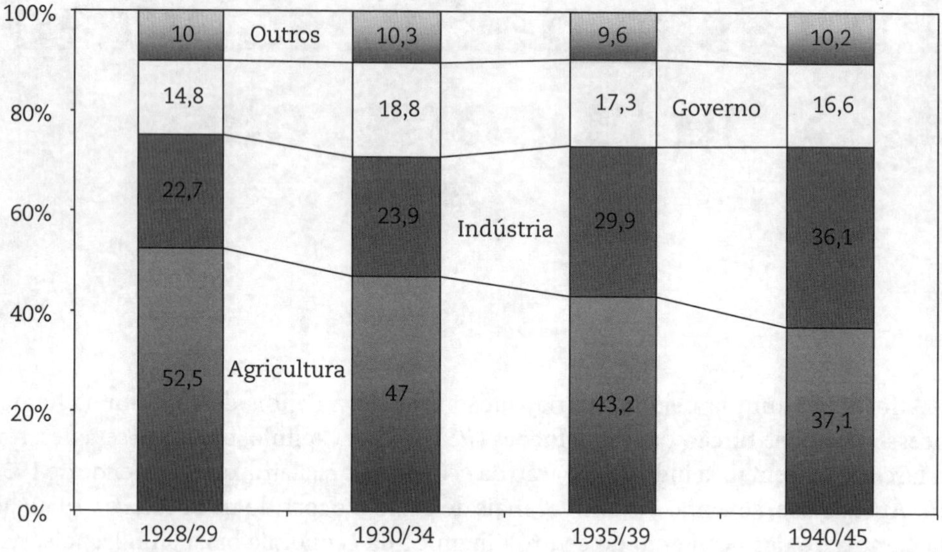

Fonte: Haddad (1978).

A crise da economia mundial conforme descrita anteriormente (queda dos preços e da exportação de café e fuga de capitais) gerou efeito negativo no Brasil, que, se comparado com outros países, foi, no entanto, de menor intensidade e de menor duração. Isso pode ser acompanhado na Figura 14.2, que mostra a evolução da estimativa do produto em termos reais no Brasil e nos Estados Unidos.

Esse desempenho da economia brasileira nos anos 1930 explica-se por uma política do governo que pode ser considerada heterodoxa. As medidas adotadas pelo governo são de duas ordens: a política da "manutenção da renda" e o "deslocamento da demanda", explicadas a seguir.

---

[1] A heterodoxia da intervenção do governo, assim como o deslocamento do centro dinâmico nessa época, é questionada por autores como C. Pelaez, inaugurando um célebre debate na historiografia brasileira. Sobre esse debate, ver Suzigan (1986).

Figura 14.2 Evolução do produto na década de 1930 – Brasil e Estados Unidos.

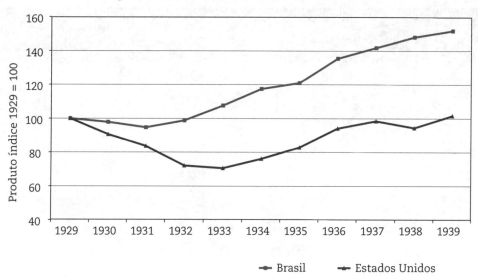

Fonte: dados básicos: Brasil IBGE – Estatísticas históricas.

14.1.1 Manutenção da renda

A manutenção do nível de renda, evitando uma queda mais acentuada, foi feita essencialmente por meio do reforço da política de defesa do café. O governo, dada a enorme dificuldade nas vendas das supersafras de café, decidiu estocar o produto e acabou por queimá-lo. Na Tabela 14.1, vê-se o volume de café destruído pelo governo até a Segunda Guerra Mundial.

Tabela 14.1 Café destruído pelo governo federal e produção nacional (1931-1944) – toneladas

Ano	(A) Toneladas de café destruídas	(B) Quantidade produzida de café	% de A sobre B
1931	169.547	1.301.670	13,03
1932	559.778	1.535.745	36,45
1933	821.221	1.776.600	46,22
1934	495.947	1.652.538	30,01
1935	101.587	1.135.872	8,94
1936	223.869	1.577.046	14,20
1937	1.031.786	1.460.959	70,62
1938	480.240	1.404.143	34,20
1939	211.192	1.157.031	18,25

(continua)

(continuação)

Ano	(A) Toneladas de café destruídas	(B) Quantidade produzida de café	% de A sobre B
1940	168.964	1.002.062	16,86
1941	205.370	961.552	21,36
1942	138.768	829.879	16,72
1943	76.459	921.934	8,29
1944	8.127	686.686	1,18
Total:	4.692.855	17.403.717	26,96
1931 a 1944			

Fonte: dados brutos de Pelaez (1973) e IBGE (1990).

Essa política, ainda mais quando financiada, em parte, com crédito e emissão de moeda doméstica, constitui um tipo de política keynesiana de sustentação da demanda agregada (antes de Keynes ter publicado sua principal obra, o que ocorre em 1936). Assim, mesmo pagando um preço mínimo baixo para os cafeicultores, esse preço ainda viabilizava a realização da própria colheita e, portanto, o emprego e a renda de muitas pessoas, assim como permitia a manutenção de parte do efeito multiplicador exercido pelo café sobre o restante da economia.

14.1.2 Deslocamento da demanda

Mantida minimamente a demanda, continuava, porém, existindo um problema no balanço de pagamentos. Esse problema, causado pela queda nas exportações de café e na entrada de recursos externos, era ainda agravado pela própria manutenção da demanda nessa economia. Com tal manutenção de demanda, parte dela materializava-se por meio de importações. A fim de solucionar esse problema, foi feita uma moratória sobre parte da dívida externa do país e permitida uma expressiva desvalorização da moeda nacional. Também se impôs um contingenciamento no uso dos recursos externos, isto é, as poucas divisas (moeda estrangeira) que entravam no país tinham sua utilização regulada pelo governo, e foram prioritariamente utilizadas para o pagamento de alguns compromissos externos e para a aquisição de bens essenciais ao país.

A desvalorização de câmbio provocou forte elevação nos preços dos produtos importados. Essa elevação, junto com a própria dificuldade em se importarem produtos pelo contingenciamento, tornou os produtos nacionais atraentes. Os produtos nacionais passaram, então, a substituir os produtos importados no atendimento à demanda. Assim, tal demanda, que foi minimamente mantida pela política de estoque e queima de café, acabou por ser deslocada dos produtos importados para os produtos nacionais, entre os quais muitos produtos industriais.

A produção nacional passou, assim, com a proteção recebida frente aos concorrentes externos e com as vendas propiciadas pela manutenção da demanda, a gerar uma rentabilidade que, dada a queda de rentabilidade do setor cafeeiro, atraía o capital de outros setores e o próprio reinvestimento dos lucros gerados na atividade industrial. Nesse momento, são justamente esses investimentos que passam a ditar o ritmo de crescimento da economia brasileira, caracterizando, assim, o deslocamento do centro dinâmico de nossa economia.

Pode-se perguntar: qual a capacidade desses setores domésticos em atender à demanda? A resposta a essa pergunta está na existência e utilização de alguma capacidade ociosa nos setores produtores de bens consumidos internamente, capacidade essa gerada nos anos 1920 quando houve a possibilidade de realização de investimentos. A Figura 14.3 mostra como, no final dos anos 1920, a importação de máquinas era relativamente elevada. Quando essa capacidade ociosa se esgotou, passou a ser necessária sua ampliação, que foi possível tanto pelo crescimento da indústria interna de bens de produção como por meio de novas importações de máquinas e equipamentos. Nesse ponto, ocorreu mudança na pauta de importações; houve aumento da participação, nessa pauta, de bens de produção (máquinas, equipamentos e matéria-prima) em detrimento dos bens de consumo leves que passaram a ser produzidos internamente.

Assim, a década de 1930 é marcada pela estagnação e mesmo pelo declínio da produção de café, ao mesmo tempo em que a indústria possui, depois dos dois primeiros anos da década, um crescimento sustentado. Na Figura 14.3, vê-se também que outra produção que apresentou crescimento significativo foi o algodão, tanto para atender à produção interna, ainda fortemente concentrada na produção têxtil, como para as exportações. É de se notar, contudo, que o valor das exportações de algodão em 1935 não alcançava 30% das exportações de café.

Figura 14.3 Produção nacional de setores escolhidos e importação de máquinas.

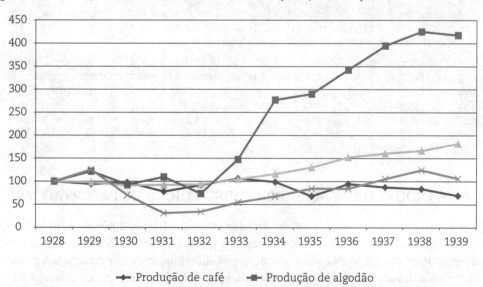

Fonte: dados básicos do IBGE (1990) e Suzigan (1986).

Boxe 14.1 – A Revolução de 1930 e o populismo

Os anos 1930 também foram marcados por importantes mudanças de ordem política. A década inaugura-se com a Revolução de 1930, que foi um movimento político-militar que derrubou o presidente Washington Luís e impediu a posse do novo presidente eleito, Júlio Prestes. O movimento acabou sendo liderado por Getúlio Vargas, candidato derrotado nas eleições para presidente. O movimento opunha-se ao domínio da oligarquia paulista e constituía-se em uma grande frente composta por outras antigas oligarquias brasileiras, por grupos políticos saídos do movimento tenentista e por jovens lideranças urbanas. O principal efeito da Revolução foi justamente a derrubada do grupo até então hegemônico no país – a oligarquia cafeeira paulista. Essa frente, porém, não possuía dentro dela um grupo que pudesse substituir a hegemonia paulista. Nem as oligarquias nem os chamados grupos radicais tinham condições de, isoladamente, exercer tal hegemonia.

A década de 1930 foi marcada pela condução do governo, por parte de Getúlio Vargas, sobre um equilíbrio instável entre os diferentes grupos que o apoiavam, estabelecendo-se um estado de compromisso com esses grupamentos, enquanto se construía uma nova hegemonia baseada nos setores urbanos da sociedade – a urbanização da hegemonia. Esse tipo de governo foi chamado de populista por autores como Francisco Weffort (1978). Os compromissos básicos sobre os quais se assentava esse governo eram de duas ordens:

i. não alterar a situação política do campo, o que significava manter as relações sociais ali estabelecidas e evitar mudanças na estrutura fundiária do país;

ii. trazer para a base de sustentação do governo as massas urbanas, evitando que estas se radicalizassem nas mãos dos movimentos comunistas e anarquistas; isso foi feito com base na concessão de uma série de vantagens aos trabalhadores urbanos (consolidadas na CLT e não estendidas aos trabalhadores do campo), sem que estas significassem problemas para o avanço da industrialização.

O desenvolvimento econômico era peça fundamental nesse compromisso, pois só por meio dele seria possível alimentar todas as alianças estabelecidas. A base de tal desenvolvimento, no entanto, passaria a ser a industrialização.

O período populista da história do Brasil vai de 1930 até 1964. Ele pode ser dividido em pelo menos dois momentos. Inicialmente, tem-se a fase autoritária, marcada pelo primeiro governo de Getúlio Vargas, cujo autoritarismo se exacerba no Estado Novo. Depois da Segunda Guerra Mundial, inaugura-se a fase democrática do período populista, com a instituição de eleições diretas para presidente da República. Esse período termina, nos anos 1960, com a instabilidade política dos governos Jânio Quadros e João Goulart e o golpe militar de 1964.

14.2 A INDUSTRIALIZAÇÃO POR SUBSTITUIÇÃO DE IMPORTAÇÕES[2]

A década de 1930, assim como as décadas subsequentes, compõe o período em que houve forte avanço do setor industrial no Brasil. Esse avanço teve determinadas características que permitiram chamá-lo de industrialização por substituição de importações. A principal característica desse processo é uma industrialização fechada, que responde a desequilíbrios externos e é realizada por partes.

---

[2] Ver Tavares (1975).

Assim, a primeira característica dessa industrialização substituidora de importações é a de ser uma **industrialização fechada**. Fechada em função de dois elementos:

i. ser voltada para dentro, isto é, visar ao atendimento do mercado interno, não ser uma industrialização que produz para exportar;

ii. depender em boa parte de medidas que protegem a indústria nacional dos concorrentes externos.

Em segundo lugar, o processo de substituição de importações, como modelo de desenvolvimento, pode ser caracterizado pela seguinte sequência:

i. inicia-se com um estrangulamento externo – a queda do valor das exportações, por exemplo. Esse, junto com a manutenção de pelo menos parte da demanda interna, mantendo a demanda por importações, gera escassez de divisas;

ii. para contrapor-se à crise cambial (o estrangulamento externo), o governo toma medidas, para controlar essa crise, que acabam por proteger a indústria nacional preexistente, aumentando a competitividade e a rentabilidade da produção doméstica;

iii. gera-se uma onda de investimentos nos setores substituidores de importação, produzindo-se internamente parte do que antes era importado, aumentando a renda nacional e a demanda agregada;

iv. observa-se, no entanto, um novo estrangulamento externo, em função do próprio crescimento da demanda, que se traduz em aumento das importações e de parte dos investimentos que se transformam em matérias-primas e equipamentos importados; como, em geral, o ritmo do crescimento das importações é mais rápido do que o crescimento das exportações, nova crise recoloca-se, retomando-se o processo.

Nesse sentido, percebe-se que o **motor dinâmico do PSI era o estrangulamento externo**. Esse estrangulamento externo era recorrente e relativo. Recorrente, pois a tendência era repetir-se sistematicamente ao longo do processo de substituição de importações, e relativo porque não poderia haver um desequilíbrio externo absoluto que significasse um limite completo às importações, as quais se deveriam manter minimamente para atender às necessidades relativas aos investimentos e à ampliação da capacidade produtiva do país. Os estrangulamentos, assim, funcionavam como estímulos e limites ao investimento industrial. Tal investimento, nesse momento, passa a ser a variável-chave para determinar o ritmo do crescimento econômico nacional, substituindo as exportações, que eram o ponto-chave do ritmo de crescimento do país em sua fase agroexportadora.

Todavia, conforme o investimento e a produção avançavam em determinado setor, geravam-se pontos de estrangulamento em outros. A demanda pelos bens desses outros setores era atendida por meio de importações. Com o correr do tempo, tais bens passam a ser objeto de novas ondas de investimento no Brasil, substituindo as importações que até então se faziam. Dentro dessa lógica, caracteriza-se a **industrialização por etapas**; a pauta de importações ditaria a sequência dos setores objeto dos investimentos industriais.

O setor industrial é, na realidade, composto por uma série de subsetores produtores de diferentes tipos de bens:

i. bens de consumo não duráveis – têxteis, calçados, alimentos, bebidas etc.;

ii. bens de consumo duráveis – eletrodomésticos, automóveis etc.;

iii. bens intermediários – ferro, aço, cimento, petróleo, químicos etc.;

iv. bens de capital – máquinas, equipamentos etc.

Tomados esses setores, podem-se imaginar duas formas de industrializar um país. Por um lado, construir paulatinamente todos os setores industriais ao mesmo tempo ou no mesmo ritmo; desse modo, há certo equilíbrio entre os setores, mas nenhum atende, nas fases iniciais, completamente à demanda do mercado interno, que é suprido por importações. Por outro, construir um setor depois do outro, normalmente começando pelo setor de bens de consumo não duráveis e terminando no setor de bens de capital, gerando desequilíbrios em função da demanda não atendida que um setor possui em relação aos outros. Ou seja, se no início desenvolve-se a indústria de bens de consumo não duráveis, são necessários produtos que vêm do subsetor de bens de capital e intermediários que ainda não foram desenvolvidos no país, também sendo supridos por meio de importações.

O caso brasileiro, de certo modo, aproxima-se mais da segunda forma do que da primeira. No entanto, não foi exatamente um setor depois do outro. A Figura 14.4 ilustra o modo pelo qual o processo de industrialização por substituição de importações ocorre. Esse se dá por rodadas ou etapas; em cada uma delas, um subsetor industrial é mais atingido, em função de sua importância na pauta de importações quando do estrangulamento, mas este não cresce de maneira isolada, ou seja, sempre há o desenvolvimento de outros setores, apesar de em menor dimensão.

Figura 14.4 Industrialização por substituição de importações: a industrialização por etapas.

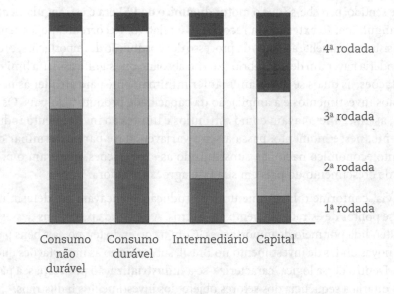

Cap. 14 • Processo de Substituição de Importações **293**

O processo de **industrialização por substituição de importações** caracterizava-se pela ideia de "construção nacional", ou seja, alcançar o desenvolvimento e a autonomia com base na industrialização, de modo a superar as restrições externas e a tendência à especialização na exportação de produtos primários. Nesse processo, a indústria vai-se diversificando e diminuem as necessidades de importação com relação ao abastecimento doméstico. Esses elementos podem ser acompanhados pela Tabela 14.2.

Tabela 14.2 Estrutura de produção doméstica e importação de produtos manufaturados – 1949-1964

	Bilhões de cruzeiros, a preços de 1955				
	Bens de consumo		Bens de produção		Total de produtos
Ano	Não duráveis	Duráveis	Intermediários	Capital	Manufaturados
A) Importações					
1949	5,4	8,9	18,2	15,8	48,3
1955	4,5	2,1	22,6	13,7	42,9
1959	2,8	2,9	21,2	29,2	56,1
1964	3,9	1,5	18,6	8,7	32,7
B) Produção doméstica					
1949	140,0	4,9	52,1	9,0	206,0
1955	200,9	19,0	104,0	18,0	341,9
1959	258,0	43,1	159,6	59,5	520,2
1964	319,5	93,8	261,1	79,7	754,2
Importações sobre oferta total [A/(A+B)]					
1949	3,7	64,5	25,9	63,7	19,0
1955	2,2	10,0	17,9	43,2	11,1
1959	1,1	6,3	11,7	32,9	9,7
1964	1,2	1,6	6,6	9,8	4,2

Fonte: Bergsman e Malan (1971).

14.3 MECANISMOS DE PROTEÇÃO À INDÚSTRIA NACIONAL UTILIZADOS NO PSI

Como dito anteriormente, diante de uma crise cambial, o governo adotava determinadas medidas que, ao reduzirem as importações, acabavam por se constituir em um sistema de proteção à indústria nacional, sustentando seu desenvolvimento. Podem-se apontar, do ponto de vista comercial, quatro tipos de respostas a crises cambiais:

i.   **desvalorização real do câmbio**: promovendo-se uma forte desvalorização da taxa nominal de câmbio, acima do aumento de preços internos, acaba-se por aumentar o preço dos produtos importados frente aos nacionais, o que se constitui em uma proteção aos produtores nacionais. A desvantagem desse sistema é que a desvalorização cambial implicava também o aumento dos preços de equipamentos e matérias-primas importados, dificultando os investimentos. Por outro lado, a vantagem desse sistema é que se geram efeitos positivos sobre o setor exportador. Esse modelo foi uma das principais peças da política econômica adotada por Getúlio Vargas em resposta à crise cambial de 1930;

ii. **controle de câmbio**: estabelece-se um sistema de licenças para importar, controlando o acesso dos demandantes de divisas à moeda estrangeira. Ao se conceder um reduzido número de licenças, diminuem as importações; ao mesmo tempo, se essas licenças são concedidas com base em critérios de essencialidade ou de existência de similares nacionais, pode-se proteger a indústria nacional com a vantagem de possibilitar um investimento (com produtos importados) com baixo custo, já que não há a necessidade de desvalorizar o câmbio. A introdução desse tipo de controle acarreta o surgimento do mercado paralelo de câmbio, assim como de esquemas de corrupção na obtenção de licenças. Outra desvantagem é que a não desvalorização cambial não gera estímulos ao setor exportador. Esse sistema foi utilizado no governo Dutra em resposta à crise cambial de 1947-1948;

iii. **taxas múltiplas de câmbio**: nesse sistema, estabelecem-se vários mercados cambiais (denominados, por exemplo, câmbio livre, flutuante, comercial, financeiro etc.), destinando-se a cada um deles alguns tipos de demanda e oferta de divisas. Em cada mercado, surge uma taxa específica de câmbio. Quando o governo define em que mercado cada participante pode atuar, acaba também definindo as condições de cada um desses mercados: se existe excesso ou falta de dólares em cada mercado, ou seja, se as taxas devem elevar-se ou cair em cada mercado. Dentro desse sistema, colocando-se os produtos com similar nacional em mercados com taxas desvalorizadas, encarecendo, assim, seus preços, favorece-se a indústria nacional; do mesmo modo, inserindo as importações de matérias-primas e equipamentos em mercados com excesso de oferta, a taxa se valorizará, barateando o custo dos investimentos. Uma possível vantagem desse sistema é que o governo pode arrecadar recursos, comprando e vendendo em mercados diferentes. Esse modelo foi introduzido por Vargas em resposta à crise cambial de 1952;

iv. **elevação das tarifas aduaneiras**: aqui, em vez de se controlar o câmbio, simplesmente se elevam as tarifas de importação, diminuindo-as. Se for estabelecida uma diferenciação significativa das tarifas, também é possível obter um efeito protecionista sobre alguns produtos (tarifas elevadas) ao mesmo tempo em que barateiam outros produtos, principalmente os que significam custo nos investimentos (tarifas baixas ou isenção tarifária para determinada quota de algum produto). Esse mecanismo foi utilizado durante o governo de Juscelino Kubitschek.

14.4 CARACTERÍSTICAS DA IMPLEMENTAÇÃO DO PSI

Ao longo de três décadas, esse processo foi implementado, modificando substancialmente as características da economia brasileira, industrializando-a e urbanizando-a. Isso, porém, foi feito com inúmeros percalços e algumas dificuldades. As principais dificuldades na implementação do PSI no Brasil foram as seguintes:

A. Tendência ao desequilíbrio externo

A tendência ao desequilíbrio externo ocorreu porque as exportações acabavam por não ser alvo de estímulo pela política econômica. De um lado, a agricultura se mantinha como o principal polo exportador do país; do outro, a indústria não visava ao mercado externo, e não tinha competitividade para nele participar (o aumento expressivo das exportações de produtos manufaturados só se dará no final dos anos 1960). Em vez disso, a indústria ainda dependia das importações. Assim, muitos elementos estão por trás da tendência ao desequilíbrio externo; por exemplo:

i. **política cambial**: visava estimular e baratear o investimento industrial; significava uma transferência de renda da agricultura para a indústria – o chamado "**confisco cambial**", pois os agricultores recebiam menos pelas divisas que eram pagas pelos demandantes, desestimulando as exportações de produtos agrícolas;

ii. **indústria sem competitividade**: em função do protecionismo, visava atender apenas ao mercado interno, sem grandes possibilidades no mercado internacional;

iii. **elevada demanda por importações**: estabelecia-se graças ao investimento industrial e ao aumento da renda.

Assim, como a geração de divisas ia sendo dificultada, o PSI só se tornava viável com o recurso ao capital estrangeiro, quer como dívida externa, quer como investimento direto, para eliminar o chamado "hiato de divisas".

B. Aumento da participação do Estado

Outra característica da implementação do PSI foi o papel do Estado como condutor, regulamentador, produtor e financiador do processo de industrialização.

Conforme será discutido com mais detalhes no Capítulo 19, o governo brasileiro teve o papel de Estado condutor, utilizando amplamente os instrumentos de política cambial, tarifária e creditícia para promover a industrialização. Foi Estado regulamentador intermediando os conflitos entre as classes operária e patronal, e conflitos intracapitalistas, adequando o arcabouço institucional à indústria. Como Estado produtor, assumiu boa parte da geração de infraestrutura básica, principalmente nas áreas de transporte e energia. Finalmente, atuou como Estado financiador, ampliando o papel que já possuía o Banco do Brasil, e criação do BNDE – Banco Nacional de Desenvolvimento Econômico (futuro BNDES).

O Estado brasileiro teve participação fundamental, com sua ação passando a ser a de alterar o próprio modelo de desenvolvimento do país, buscando superar as características agroexportadoras de nossa economia, e apoiando decididamente o processo de industrialização.

Essa ampla participação estatal não foi feita impunemente. Associada à ampliação do Estado, uma característica dessa intervenção foi a dificuldade de financiamento dos investimentos, dado o grande volume de poupança necessário para viabilizá-los, em especial os estatais. Esse fato complica-se em função da:

i. quase inexistência de um sistema financeiro, em decorrência principalmente da **"Lei da Usura"**,[3] que desestimulava a poupança. O sistema restringia-se aos bancos comerciais, a algumas financeiras e aos agentes financeiros oficiais, com destaque para o Banco do Brasil e o BNDE, e este último operava com recursos de empréstimos compulsórios (um adicional de 10% sobre o Imposto de Renda, instituído para sua criação). Em particular, a própria operação de um endividamento público junto ao setor privado era praticamente impossível, dada a não existência de uma prática de dívida pública interna;

ii. ausência de uma reforma tributária ampla. A arrecadação continuava até a Segunda Guerra Mundial centrada nos impostos de comércio exterior. A base tributária foi diversificada no pós-Segunda Guerra Mundial, mas mesmo assim era difícil fazê-la crescer (o que só ocorreu no governo militar), já que a indústria deveria ser estimulada, a agricultura não poderia ser mais penalizada, e os trabalhadores, além de sua baixa remuneração, eram parte da base de apoio dos governos do período.

Nesse quadro, não restava alternativa de financiamento ao Estado, que teve que se valer das poupanças compulsórias, dos recursos provenientes da recém-criada Previdência Social, dos ganhos no mercado de câmbio com a introdução das taxas de câmbio múltiplas, além do financiamento inflacionário e do endividamento externo, feito a partir de agências oficiais.

C. Aumento do grau de concentração de renda

O processo de substituição de importações era concentrador em termos de renda em função de:

i. êxodo rural decorrente do desincentivo à agricultura, com falta de investimentos no setor, associado à estrutura fundiária, que não gerava empregos suficientes no setor rural, e à legislação trabalhista, restrita ao trabalhador urbano, constituindo um forte estímulo a vir para a cidade;

ii. caráter capital intensivo do investimento industrial, que não permitia grande geração de emprego no setor urbano.

Esses dois pontos produziam excedente de mão de obra e, consequentemente, baixos salários. Por outro lado, o protecionismo (ausência de concorrência) e a concentração industrial permitiam preços elevados e altas margens de lucro para as indústrias. A concentração industrial, por sua vez, era decorrente do próprio tamanho do mercado a ser atingido pelas indústrias. Como foi frisado, a industrialização tinha como alvo o mercado nacional;

---

[3] A Lei da Usura de 1933 limitava a taxa de juros nominal a 12% ao ano.

Cap. 14 • Processo de Substituição de Importações **297**

este, apesar de maior do que o de outros países latino-americanos, o que facilitou esse tipo de industrialização no Brasil, tinha limites em função da má distribuição de renda e era reduzido, se comparado com as dimensões do mercado possuidor das indústrias que vendem para todo o mundo. Desse modo, ou poucas empresas participavam do mercado interno com economias de escala, obtendo, assim, ganhos em termos de produtividade, ou muitas empresas operavam no mercado, mas trabalhavam com escalas de produção insatisfatórias sem gerar esses ganhos. O problema é que, com poucas empresas operando, os ganhos obtidos, em função da possibilidade de conluio ou formação de cartéis, não eram repassados para os preços, significando acúmulos de lucros.

Outro elemento de crítica ao setor industrial causado por tal modelo de industrialização, além de concentrado, é sua baixa eficiência, dada sua não exposição à concorrência ou o excessivo protecionismo a ele destinado. Se a proteção é justificada com base no argumento da chamada **indústria nascente**, ou seja, no fornecimento de um período de tempo para possibilitar a constituição de empresas com condições técnicas de competir no mercado, esta mesma acaba por incentivar **atitudes caçadoras de renda** ou aproveitadoras de renda (*rent-seeking*). Ou seja, as empresas politicamente estendem o período de tempo de proteção, aproveitando-se dos ganhos propiciados com essa proteção, sem efetivamente se ajustarem à concorrência. Assim, a crítica principal não é a proteção em si, mas seu mau uso ou seu uso por um período de tempo muito longo ou mesmo indefinido.

14.5 PAPEL DA AGRICULTURA NA INDUSTRIALIZAÇÃO DE UM PAÍS

Apesar dessa diminuição de participação do setor agrícola, deve-se destacar sua importância para tal industrialização. Em geral, consideram-se as seguintes funções da agricultura em um processo de industrialização:

i. **liberação de mão de obra**: ao longo do processo de industrialização, a força de trabalho antes concentrada no campo deve ser transferida para as indústrias. Sem essa transferência, haveria escassez de mão de obra no mercado de trabalho urbano, aumentando os custos de produção da indústria em função da elevação de salários. Desse modo, a agricultura deve aumentar sua produtividade por trabalhador, a fim de poder "fornecer" às cidades parte da mão de obra que até então a agricultura utilizava;

ii. **fornecimento de alimentos e matérias-primas**: à medida que ocorre o crescimento das zonas urbanas e o desenvolvimento da indústria, estes setores necessitam cada vez mais de produtos fornecidos pela agricultura (alimentos e diversas matérias-primas). Levando-se em consideração que a mão de obra no campo está diminuindo em virtude de sua transferência para as indústrias, o aumento de produtividade deve ser substancial no setor agrícola. A falta de alimentos e de matéria-prima pode inviabilizar a continuidade do processo de industrialização e/ou acarretar sérios problemas que, em geral, refletem-se em aumento dos preços desses bens, gerando, assim, inflação;

iii. **transferência de capital**: quando se parte de uma economia tipicamente agrícola, não só os trabalhadores estão concentrados no campo, mas também o capital está aplicado na agricultura; desse modo, a industrialização exige que parte desses recursos seja transferida para o investimento em setores industriais;

iv. **geração de divisas**: uma importante função do setor agrícola é manter elevado nível de exportações, a fim de viabilizar, com as divisas obtidas com essas exportações, a importação de máquinas e equipamentos necessários ao processo de industrialização;

v. **mercado consumidor**: a agricultura também se constitui em importante mercado consumidor dos produtos gerados no setor industrial e nas cidades de modo geral. À medida que a agricultura se desenvolve, ela necessita cada vez mais de implementos agrícolas, como tratores, colheitadeiras, produtos químicos etc., que são fornecidos pela indústria. Além disso, dependendo da renda gerada na agricultura e de sua distribuição, pode haver crescimento da demanda por produtos de consumo, como televisores, automóveis, eletrodomésticos etc.

No Brasil, durante o processo de substituição de importações, alguns autores alegavam relativo atraso do setor agrícola, que representava um entrave ao processo de crescimento econômico do país. Dentro dessas concepções, destaca-se a **visão estruturalista de inflação**, segundo a qual a agricultura atrasada impedia que o crescimento da oferta de produtos agrícolas acompanhasse a demanda urbana, constituindo-se em constantes choques de oferta, que levavam à elevação do nível de preços. Outro problema diagnosticado era a ausência de uma reforma agrária, em que a existência de grandes latifúndios ocasionava uma profunda concentração de renda, impedindo o estabelecimento de um mercado consumidor mais amplo para a indústria.

Outros autores, porém, tinham visão diferente do papel desempenhado pela agricultura no desenvolvimento econômico brasileiro. Segundo esses, a agricultura não representava um entrave a esse desenvolvimento, dado que o setor primário cumprira, na medida do possível, suas funções, apesar de a política econômica adotada durante o período não lhe ser favorável. Foi em grande parte por meio dessa política que se transferiu uma parcela do capital antes aplicado na agricultura para a indústria. Mesmo assim, o setor gerou mão de obra, divisas, matéria-prima e alimentos para o setor industrial, apesar de que nessa fase, seu papel, enquanto demandante do setor industrial, ainda esteve restrito. Reconhece-se também que em determinados momentos houve problemas de falta de alimentos e de escassez de divisas. quando, porém, se olha de uma perspectiva ampla, a agricultura expandiu-se e diversificou-se, de modo que, com algumas dificuldades, cumpriu seu papel no processo, apesar de ser prejudicada pela política econômica do governo.

Pode-se acompanhar, pela Tabela 14.3, a produção dos principais produtos agrícolas brasileiros; nesta, podemos notar o crescimento da produção destinada ao mercado doméstico, indicando que no período ocorreu intenso processo de diversificação da produção agrícola no país.

Cap. 14 • Processo de Substituição de Importações 299

Tabela 14.3 Estrutura de produção doméstica, exportação e importação de produtos primários – 1931-1961

Mil toneladas

Produtos	1931	1936	1941	1946	1951	1956	1961
Produção doméstica							
Algodão	375	1.171	1.677	1.122	969	1.161	1.828
Arroz	1.078	1.214	1.688	2.759	3.182	3.489	5.392
Cacau	77	127	132	122	121	161	156
Café	1.302	1.577	962	917	1.080	979	4.457
Cana-de-açúcar	16.250	18.496	21.463	28.068	33.653	43.978	59.377
Carne		854	782	736	1.003	1.077	1.193
Feijão	687	826	874	1.076	1.238	1.379	1.745
Mandioca	5.209	4.946	7.763	12.225	11.918	15.316	18.058
Milho	4.750	5.721	5.438	5.721	6.218	6.999	9.036
Trigo	141	144	231	213	424	854	544
Exportações							
Açúcar	11	90	25	22	19	19	783
Algodão	21	200	288	353	143	143	206
Borracha	13	13	11	18	5	3	8
Cacau	76	123	134	131	102	135	118
Café	1.068	852	660	930	984	1.008	1.020
Erva-mate	77	67	50	49	50	58	61
Fumo	38	31	18	54	30	31	49
Carne		53	65	9	5	9	14
Importações							
Trigo	798	920	895	212	1.306	1.422	1.881

Fonte: IBGE (1990).

14.6 PLANO DE METAS (1956-1960)

O Plano de Metas adotado no governo Juscelino Kubitschek pode ser considerado o auge desse período da industrialização brasileira. Por um lado, dentro da lógica de substituição de importações, o rápido crescimento do produto e da industrialização no período acentuou as contradições mencionadas. Por outro, a lógica do Plano de Metas já vai além do processo de substituição de importações, já que ele não se constitui apenas em uma resposta tópica a um estrangulamento externo, mas busca promover a montagem de uma estrutura industrial integrada. O principal objetivo do Plano era estabelecer as bases de uma economia industrial madura no país, especialmente aprofundando o setor produtor de bens de consumo duráveis, por exemplo, a indústria automobilística.

A racionalidade do Plano estava baseada nos estudos do grupo BNDE-Cepal,[4] que identificara a existência de demanda reprimida por bens de consumo duráveis, e via nesse setor importante fonte de crescimento pelos efeitos interindustriais que gera sobre a demanda por bens intermediários e, por meio da geração de emprego, sobre os bens de consumo leves. Além disso, estimularia o desenvolvimento de novos setores na economia, principalmente os fornecedores de componentes para o setor de bens de consumo duráveis, por exemplo, o setor de autopeças.

A demanda por esses bens vinha da própria concentração de renda anterior, que elevara os padrões de consumo de determinadas categorias sociais. Para viabilizar o projeto, era necessário readequar a infraestrutura e eliminar os pontos de estrangulamento existentes, os quais já haviam sido identificados nos estudos da CMBEU, além de implementar incentivos para a vinda do capital estrangeiro nos setores que se pretendia implementar (essa era uma necessidade tanto financeira como tecnológica).

O Plano pode ser dividido em três pontos principais:

i. investimentos estatais em infraestrutura, com destaque para os setores de transporte e energia elétrica. No que diz respeito aos transportes, cabe destacar a mudança de prioridades, que, até o governo Vargas, centrava-se no setor ferroviário, e passou para o rodoviário, em consonância com o objetivo de introduzir o setor automobilístico no país;

ii. estímulo ao aumento da produção de bens intermediários, como o aço, o carvão, o cimento, o zinco etc., que foram objeto de planos específicos;

iii. incentivos à introdução dos setores de consumo duráveis e de capital.

O Plano foi implementado por meio da constituição de uma série de comissões setoriais que administravam e planejavam os incentivos necessários para atingir as metas setoriais. Um exemplo desse tipo de atuação é o Grupo Executivo da Indústria Automobilística (GEIA). Os principais instrumentos de ação do governo para realizar as metas foram, além dos investimentos das empresas estatais, o crédito com juros baixos (ou mesmo negativos) e a carência longa por meio do Banco do Brasil e do BNDE, uma **política de reserva de mercado**[5] e a concessão de avais para a obtenção de empréstimos externos. Os incentivos dados ao capital estrangeiro iam desde a Instrução n. 113 da Superintendência da Moeda e do Crédito (Sumoc), que permitia o investimento estrangeiro direto sem cobertura cambial, até isenções fiscais e garantias de mercado (protecionismo para os novos setores) que atraíram muitas multinacionais para o país.

---

[4] Sobre a evolução do planejamento no Brasil e o Plano de Metas, ver Vermulm (1985) e Lafer (1970).

[5] A reserva de mercado tinha por base a Lei do similar nacional e era obtida por meio de vários instrumentos, especialmente cambiais (o câmbio múltiplo instituído no governo de Getúlio Vargas teve sua importância diminuída, mas não foi abolido por JK) e tarifários (houve aumento das tarifas, além de também ter havido ampliação do espectro tarifário).

É interessante observar a coerência que existia entre as metas do Plano, obtida com a utilização de técnicas de planejamento como a matriz insumo-produto. Pelo Plano, visava-se atacar os **pontos de estrangulamento** existentes e impedir o aparecimento de novos, na oferta de infraestrutura e de bens intermediários para os novos setores. Além de alguns investimentos setoriais servirem para atacar alguns pontos de estrangulamento, outros setores também eram tomados como **pontos de germinação**, em que o investimento gerava demandas derivadas que acarretavam novos investimentos, sustentando a taxa de crescimento do país. Um exemplo de ponto de germinação do Plano de Metas foi a construção da nova capital federal, Brasília.

Pontos de estrangulamento: áreas de demanda insatisfeita em função das características desequilibradas do desenvolvimento econômico, desenvolvimento feito por partes.
Pontos de germinação: áreas que geram demanda derivada.

O cumprimento das metas estabelecidas foi bastante satisfatório, e em alguns setores estas foram, inclusive, superadas. Com isso, observou-se rápido crescimento econômico no período, com profundas mudanças estruturais, em termos de base produtiva. Percebe-se, pela Tabela 14.4, o pior desempenho da agricultura no período, o que está totalmente de acordo com as metas do Plano, que praticamente desconsideram a agricultura e a questão social. O objetivo foi a rápida industrialização, o que foi atingido principalmente a partir de 1958.

Tabela 14.4   Taxas de crescimento do produto e setores – 1955-1961

Ano	PIB	Indústria	Agricultura	Serviços
1955	8,8	11,1	7,7	9,2
1956	2,9	5,5	–2,4	0
1957	7,7	5,4	9,3	10,5
1958	10,8	16,8	2	10,6
1959	9,8	12,9	5,3	10,7
1960	9,4	10,6	4,9	9,1
1961	8,6	11,1	7,6	8,1

Fonte: IBGE.

Para perceber as mudanças introduzidas ao longo do Plano de Metas, podem-se verificar as seguintes taxas de crescimento da produção industrial (para alguns setores específicos) entre os anos 1955/1962:

   i. materiais de transporte: + 711%;

   ii. materiais elétricos e de comunicações: + 417%;

   iii. têxtil: + 34%;

iv. alimentos: + 54%;

v. bebidas: + 15%.

Percebe-se, pelos dados, clara mudança no direcionamento da produção industrial. Os setores de bens de consumo leve, que já haviam sido implantados, passaram a ceder o lugar dinâmico aos bens de consumo duráveis. Essa mudança está de acordo com a lógica do Processo de Substituição de Importações, conforme exposto anteriormente, e com a sequência a ser assumida para a implantação da indústria, de acordo com esse modelo.

Os principais problemas do Plano estavam na questão do financiamento. Os investimentos públicos, na ausência de uma reforma fiscal condizente com as metas e os gastos estipulados, precisaram ser financiados principalmente por meio de emissão monetária, com o que se observou no período uma aceleração inflacionária. Do ponto de vista externo, como se vê na Tabela 14.5, há deterioração do saldo em transações correntes e o crescimento da dívida externa, outra forma de financiamento do Plano. A concentração da renda, por sua vez, ampliou-se pelos motivos já levantados: desestímulo à agricultura e investimentos na indústria com tecnologia e capital intensivo.

Tabela 14.5 Alguns indicadores econômicos do Plano de Metas – 1955-1961

Anos	Inflação* (%)	Variação da base monetária (%)	Variação do salário-mínimo real (%)	Saldo em transações correntes (US$ milhões)	Dívida externa total (US$ milhões)
1955	23	15,8	−9,5	2	1.445
1956	21	19,3	−1,3	57	1.580
1957	16,1	35,1	−9,6	−264	1.517
1958	14,8	18	14,5	−248	2.044
1959	39,2	38,7	−12,7	−311	2.234
1960	29,5	40,2	19,4	−478	2.372
1961	33,2	60,4	−14,7	−222	2.835
* Inflação corresponde ao IPC-RJ.					

Fonte: Abreu (1990).

Pelo exposto, percebe-se que, apesar das rápidas transformações provocadas, ampliando e diversificando a matriz industrial brasileira, o Plano de Metas aprofundou todas as contradições criadas ao longo do processo de industrialização por substituição de importações, tornando claros os limites do modelo, dentro do arcabouço institucional vigente. Por outro lado, essa fase do crescimento industrial brasileiro já representa, de certa forma, a superação do próprio modelo de substituição de importações, mesmo porque a concepção do Plano vai além de uma resposta a um problema de estrangulamento externo, sendo a interação entre os diferentes setores e subsetores da economia brasileira que passa a ditar o ritmo de uma economia que já está no final dos anos 1950 muito mais madura e integrada.

CONCEITOS-CHAVE

Agricultura e industrialização
Atitudes caçadoras de renda
Câmbio múltiplo
Cepal
Comissão Mista Brasil-Estados Unidos (CMBEU)
Confisco cambial
Controle de câmbio
Deslocamento do centro dinâmico
Estado e PSI
Estrangulamento externo
Grupo Executivo da Indústria Automobilística (GEIA)
Industrialização fechada
Industrialização por etapas

Industrialização por substituição de importações
Indústria nascente
Lei da Usura
Mecanismos de proteção do PSI
Plano de Metas
Política de reserva de mercado
Pontos de estrangulamento
Pontos de germinação
Populismo
Processo de Substituição de Importações (PSI)
Revolução de 1930
Taxas múltiplas de câmbio
Visão estruturalista da Inflação

QUESTÕES

Q1. (Provão/Economia – 2000) A crise de 1929 gerou um longo período de depressão em nível mundial ao longo dos anos 1930. Face à retração mundial da demanda de café decorrente dessa crise, o governo brasileiro adotou uma política cambial de desvalorização da moeda a fim de reduzir o impacto negativo sobre as exportações. Embora essa política fosse destinada a garantir os interesses dos cafeicultores, ela acabou por favorecer um importante surto de industrialização capaz de mudar o polo dinâmico da economia da agricultura para a indústria. Explique de que forma a política cambial adotada contribuiu para o desenvolvimento do setor industrial.

Q2. Quais os mecanismos de proteção à indústria nacional, adotados no PSI?

Q3. Explique por que ocorrem estrangulamentos externos recorrentes na lógica de um modelo de substituição de importações.

Q4. Qual o papel do Estado na industrialização brasileira entre os anos 1930 e 1960? E o da agricultura?

Q5. (Anpec – 2000) Indique quais foram os objetivos do Plano de Metas, os instrumentos utilizados e a estratégia adotada pelo Plano para a consecução de seus objetivos.

Q6. "Os anos que fazem parte do intervalo 1956-1960 podem ser considerados o auge da industrialização brasileira no modelo de PSI." Diga se concorda com esta afirmativa. Justifique.

TEMA PARA DEBATE

T1. (Anpec – 1993) É corrente, atualmente, a afirmativa de que o modelo de industrialização por substituição de importações (ISI) está "esgotado", no caso brasileiro. Discuta essa afirmativa, explicitando o que você entende por modelo ISI, e em que sentido ele estaria esgotado.

15
Da Crise ao Milagre (1960-1973)

A década de 1960 foi um período cheio de mudanças para a sociedade brasileira. Do ponto de vista político, passou-se de um sistema democrático para um regime militar fortemente autoritário. Economicamente, o primeiro lustro da década é marcado por uma crise; depois, promoveram-se importantes mudanças institucionais no país que estão na base da forte recuperação econômica que se inicia no último triênio dos anos 1960 e se prolonga no primeiro triênio da década seguinte. Essas passagens serão acompanhadas neste capítulo, procurando-se descrever as diferentes interpretações para a crise do início dos anos 1960; em seguida, serão acompanhadas as mudanças institucionais promovidas nos primeiros anos do governo militar; e, por fim, serão analisadas as bases do período do chamado "Milagre econômico brasileiro".

15.1   A CRISE DOS ANOS 1960

Se comparado com o período anterior do governo Juscelino Kubitschek, o início dos anos 1960 mostra forte reversão da situação econômica. Esse período, especialmente depois de 1963, caracterizou-se pela primeira grande crise econômica do Brasil em sua fase industrial: houve queda importante dos investimentos e a taxa de crescimento da renda brasileira também caiu significativamente (Tabela 15.1). Por outro lado, a inflação acelerou-se e chegou a mais de 90% ao ano em 1964. Na verdade, esses números, especialmente a inflação, refletem os problemas herdados justamente do governo anterior, sendo, em parte, consequência dos desequilíbrios do Plano de Metas.

Tabela 15.1 Produto e inflação – 1961-1965

Ano	Crescimento do PIB (%)	Crescimento da produção industrial (%)	Taxa de inflação (IGP-DI) (%)*
1961	8,6	11,1	33,2
1962	6,6	8,1	49,4
1963	0,6	–0,2	72,8
1964	3,4	5,0	91,8
1965	2,4	–4,7	65,7
* IPC-RJ.			

Fonte: Abreu (1990).

Muitas são as explicações para essa crise. Seguindo o esquema do Quadro 15.1, pode-se dividir essas explicações em quatro grandes grupos, dependendo de qual peso a explicação atribui a fatores políticos ou econômicos, conjunturais ou estruturais. Obviamente, naquele momento, dependendo da explicação que era dada para a crise, soluções diferentes também eram propostas.

Quadro 15.1 A crise dos anos 1960 e suas explicações

Crises	Conjunturais	Estruturais
Políticas	Instabilidade política	Crise do populismo
Econômicas	Política econômica recessiva de combate à inflação	1. Estagnacionismo – crise do PSI 2. Crise cíclica endógena de uma economia industrial 3. Inadequação institucional

No primeiro quadrante, tem-se as explicações que privilegiam elementos da conjuntura política para explicar a crise ocorrida no início da década de 1960. Esse período é considerado de grande **instabilidade política**. A própria eleição de Jânio Quadros, tendo como vice eleito um candidato de uma coligação rival – João Goulart (Jango) –, mostra as dificuldades e a polarização que marcaram o período. Depois de oito meses da eleição, houve a estranha renúncia do presidente, a dificuldade da posse do vice, que teve de permanecer no exterior por um bom período até voltar e assumir a presidência, mas sob outro regime político – o parlamentarismo. Durante esse regime, vários gabinetes foram instalados, até que, depois de um plebiscito, voltou-se a instalar um regime presidencialista com Jango à frente. Este, contudo, continuou a enfrentar muitas dificuldades para governar, havendo a troca de vários ministros ao longo dos poucos meses em que se manteve como presidente efetivo do país, até que um golpe militar o alijasse do poder. Essas ascensões e quedas de presidentes e ministérios impediam a manutenção de uma política consistente ao longo do tempo, além de que essas oscilações, juntamente com um quadro político de radicalização de posições, conturbavam a visão de longo prazo, dificultando o cálculo econômico, diminuindo os investimentos no país e seu crescimento econômico.

Aspectos políticos mais estruturais podem ser agregados à explicação anterior. Se observarmos os compromissos básicos assumidos pelos governos populistas depois da Revolução de 1930, percebe-se que esses se deterioraram com o tempo e estão em xeque no início da década de 1960. Basicamente, o que estava em questão era a capacidade dos governantes em incorporar as massas urbanas como base de apoio político sem, no entanto, que as concessões utilizadas para tal incorporação fossem exageradas do ponto de vista do setor patronal. Outro aspecto é o compromisso em não estender essas concessões para o campo, assim como não alterar a estrutura agrária do país. Nesse sentido, boa parte da elite brasileira passa a ter dúvidas sobre a real capacidade dos governantes em manter esses compromissos; desse modo, configura-se a chamada **crise do populismo**, que está na raiz da própria instabilidade política do país, da crise econômica, além de explicar também o golpe militar de março de 1964.

Atendo-se a aspectos econômicos, pode-se ressaltar que o período posterior ao Plano de Metas teve que enfrentar os problemas por ele deixados, entre eles ganhando destaque a aceleração inflacionária. Assim, pelo menos até 1967, em geral, adotou-se uma **política econômica restritiva**. Ou seja, com intuito de controlar o processo inflacionário, procurou-se controlar os gastos públicos, diminuir a liberdade creditícia e combater os excessos da política monetária. Essa política tinha, assim, forte conteúdo recessivo, que, associado a uma série de problemas climáticos que causaram dificuldades ao setor agrícola e também à própria geração de energia,[1] é o elemento conjuntural para a explicação da diminuição do ritmo de crescimento econômico.

É interessante, porém, notar que essa política teve dificuldades em efetivar-se. Apenas a partir de 1965 é que as taxas inflacionárias passam a ser mais bem controladas. Para isso, concorrem dois tipos de explicações complementares, ligadas à pouca efetividade da política no que tange ao combate à inflação: a falta de melhores instrumentos de controle, especialmente na política monetária, dificulta a efetivação de uma política de controle inflacionário; e a instabilidade da política econômica, já que as políticas nunca tiveram um tempo efetivo de maturação, sendo sempre solapadas por pressões e crises políticas. Tanto os instrumentos como a possibilidade da manutenção de uma efetiva política de estabilização por um período mais longo só foram obtidos depois da ascensão ao poder dos militares.

Além de questões políticas e de caráter econômico conjuntural, podem-se enfocar outras visões sobre a crise do início dos anos 1960, consideradas aqui como visões de cunho econômico, mas de ordem estrutural.

Segundo a **visão estagnacionista**, a redução nas taxas de crescimento do produto se deve ao esgotamento do dinamismo do processo de substituição de importações. A industrialização por substituição de importações tende a enfrentar dificuldades ao longo do tempo. De um lado, a diminuição do coeficiente de importações diminui a amplitude da substituição; do outro, a pauta de importações torna-se mais rígida, isto é, a substituição exige cada vez mais recursos financeiros e tecnológicos com retorno cada vez menor (setores com elevada relação capital/produto). Pelo lado da demanda, os novos setores a serem substituídos possuem ganhos de escala cada vez maiores, exigindo uma demanda também cada vez maior. Em geral, esses novos setores dependem da chamada **demanda**

---

[1] Isso porque a energia já depende bastante das usinas hidrelétricas.

derivada, ou seja, dependem da demanda de outros setores que, por sua vez, possuem **demanda primária** – demanda diretamente ligada à população consumidora. Como o processo de substituição de importação é concentrador, o crescimento do mercado não se faz a taxas suficientes para viabilizar os novos investimentos, ou seja, o crescimento da demanda pode até ter sido suficiente para viabilizar a introdução no Brasil dos setores de demanda primária, mesmo com problemas como os ressaltados no Capítulo 14. Para dar prosseguimento ao desenvolvimento econômico, tornava-se necessário desenvolver o setor de bens de capital e ampliar o setor de bens intermediários que estavam defasados, porém a demanda dos setores já instalados não era suficiente, dadas as escalas produtivas necessárias desses novos setores. Diminuía, assim, o dinamismo do processo, até um momento de crise, como teria sido o caso da década de 1960.

Outra visão enxerga a crise dos anos 1960 como uma **crise cíclica endógena** típica da economia industrial ou capitalista. Depois da década de 1950, a economia brasileira já haveria superado a fase de industrialização restringida, que caracterizara os anos 1930 e 1940, e entrara em uma fase em que a dinâmica capitalista se deve a elementos endógenos, especialmente os ligados à inter-relação entre os setores da economia. Nesse sentido, a crise dos anos 1960 resulta de uma desaceleração dos investimentos em bens de capital que repercute sobre o restante da economia. A queda desses investimentos provém do fato de que o Plano de Metas representara um grande bloco de investimentos que acabou por gerar excesso de capacidade produtiva, diminuindo, assim, a necessidade de novas inversões, o que afetou o resto dos setores e explica a crise do período.

Outro aspecto ressaltado na época era a **necessidade de reformas institucionais** que formassem um quadro favorável à retomada dos investimentos. Vários problemas colocavam-se nesse sentido, em especial a ausência de mecanismos de financiamento adequados, tanto para o setor público, que se encontrava com elevado déficit público, devido aos gastos realizados no Plano de Metas (durante o governo de Juscelino Kubitschek), como para o setor privado, em um momento em que as altas escalas de capital dos setores a serem implantados necessitavam de maior volume de recursos financeiros para viabilizar os investimentos. A expansão do mercado consumidor também era vista como necessária e impedida por problemas institucionais, os quais, dependendo da visão que se tinha, poderiam estar relacionados com problemas como estrutura fundiária e acesso à educação do país, ou a problemas de financiamento que impediam o desenvolvimento de crédito ao consumidor. Por outro lado, o convívio com a inflação era difícil, em função de uma legislação que imaginava um país de inflação zero; o próprio combate a ela era dificultado pela falta (ou pela deterioração) de instrumentos de política monetária-fiscal.

15.2 OS GOVERNOS MILITARES E O PAEG

Nesse contexto, o golpe militar de 1964, impondo de forma autoritária uma solução para a crise política, foi uma precondição ao encaminhamento "técnico" das medidas de superação da crise econômica – reformas institucionais e condução da política econômica de forma adequada e segura. O governo Castelo Branco lançou o Plano de Ação Econômica do Governo (PAEG), com vista a resolver os problemas econômicos, tendo como mentores Roberto Campos e Octavio Gouvêa de Bulhões. O PAEG pode ser dividido em duas linhas de atuação: políticas conjunturais de combate à inflação, associadas a reformas estruturais que permitiram o equacionamento dos problemas inflacionários e das dificuldades que se colocavam ao crescimento econômico.[2]

Em linhas gerais, os objetivos colocados pelo PAEG eram: acelerar o ritmo de desenvolvimento econômico, conter o processo inflacionário, atenuar os desequilíbrios setoriais e regionais, aumentar o investimento e com isso o emprego e corrigir a tendência ao desequilíbrio externo. O controle inflacionário e/ou as maneiras de conviver com a inflação eram vistos como precondições para a retomada do desenvolvimento, e o combate à inflação só poderia ser feito acoplado às reformas institucionais.

15.2.1 Medidas de combate à inflação do PAEG

O diagnóstico sobre a inflação, que havia subido para 83,2% a.a. em 1963, centrava-se no excesso de demanda. Este era explicado em função da tendência ao déficit público, da elevada propensão a consumir (decorrente da política salarial frouxa dos períodos anteriores – os chamados "arroubos populistas") e também da falta de controle sobre a expansão do crédito. Essas pressões inflacionárias propagavam-se com a expansão monetária, que era o veículo para sua perpetuação.

Especificamente, as principais metas do PAEG eram:

i. redução do déficit público mediante a redução dos gastos e da ampliação das receitas por meio da reforma tributária e do aumento das tarifas públicas (a chamada **inflação corretiva**). Com isso, o déficit público reduziu-se de 4,2% do PIB em 1963 para 1,1% em 1966;

ii. restrição do crédito e aperto monetário. Houve aumento das taxas de juros reais e, consequentemente, do passivo das empresas. Esse fato levou a uma grande onda de falências, concordatas, fusões e incorporações, processo este que atingiu principalmente as pequenas e médias empresas dos setores de vestuário, alimentos e construção civil. Essa "limpeza de terreno" e a consequente geração de capacidade ociosa foram um importante fator para a futura retomada do crescimento econômico;

iii. o terceiro elemento da política de contenção da demanda foi a política salarial, em que se supunha a existência de uma taxa de desemprego relativamente baixa, o que levava a elevados salários reais e inflação crescente. Para romper essa dinâmica, o governo passou a determinar os reajustes salariais, via política salarial, objetivando romper as expectativas e conter as reivindicações. A fórmula de reajustes decidida pela política salarial (Circular 10, de 1965) teve por consequência grande redução do salário real.

---

[2] É interessante contrapor dois modelos de reforma institucional propostos no período: o Plano Trienal, elaborado por Celso Furtado no governo João Goulart, e o PAEG. Este último, elaborado pelo governo militar, foi implementado e, como será visto a seguir, viabilizou uma série de reformas que possibilitaram a retomada do crescimento econômico. O Plano Trienal acabou não indo à frente e passou a ser considerado pela maior parte da literatura como tendo apenas um conteúdo recessivo. Todavia, apesar de não implementado, o Plano Trienal, além desses aspectos estabilizadores, também previa importantes reformas de base com intuito de mudar vários aspectos institucionais e estruturais do país. Essas reformas, porém, tinham perspectivas diferentes do PAEG.

Independentemente do tipo de inflação que fora diagnosticada pelos governantes do regime militar, eles acabaram por implementar uma forma peculiar de lidar com a inflação. Por tratamento peculiar, podem-se levantar dois aspectos básicos:

i. acaba por prevalecer a ideia de que a inflação é um mal inevitável do acelerado desenvolvimento brasileiro, de modo que, em vez de acabar com ela, deve-se diminuir seus impactos negativos, ou melhor, deve-se aprender a conviver com ela. Nesse sentido, nas reformas instituídas no período, surge a noção de **correção monetária**, ou de **indexação** dos valores à inflação;

ii. ao mesmo tempo, o combate à inflação abandona a ideia de **tratamentos de choques** e passa para uma **atitude gradualista**, contentando-se em controlar a aceleração inflacionária e obter ganhos paulatinos, baixando pouco a pouco o patamar inflacionário. Não se buscava, assim, empreender um tratamento de choque à inflação, visando acabar com ela rapidamente.

Com essas medidas, a inflação reduziu-se, entre os anos 1964 e 1968, da casa dos 90% a.a. para os 20% a.a. Esse resultado deveu-se em grande parte à própria retração nas taxas de crescimento econômico.

Tabela 15.2 Produto e inflação – 1964-1968

Ano	Crescimento do PIB (%)	Crescimento da produção industrial (%)	Taxa de inflação (IGP-DI) (%)
1964	3,4	5,0	91,8
1965	2,4	−4,7	65,7
1966	6,7	11,7	41,3
1967	4,2	2,2	30,4
1968	9,8	14,2	22,0

Fonte: Abreu (1990).

15.2.2 Reformas institucionais do PAEG

Quanto aos problemas institucionais, identificou-se como ponto básico a ausência de correção monetária em uma economia com altas taxas inflacionárias. Vários eram os problemas gerados pelo processo inflacionário:

i. a inflação, conjugada à Lei da Usura (que impedia juros nominais superiores a 12% a.a.), desestimulava a canalização de poupança para o sistema financeiro;

ii. a Lei do Inquilinato, em uma situação inflacionária, constituía-se em forte desestímulo à aquisição de imóveis e, consequentemente, à construção civil;

iii. havia desordem tributária, pois a ausência de correção monetária, no caso dos débitos fiscais, estimulava o atraso de pagamentos e, no caso dos ativos e do patrimônio das empresas, levava à tributação de lucros ilusórios.

Nesse sentido, se, por um lado, era necessária a redução das taxas de inflação, também se procurou estabelecer mecanismos que possibilitassem o crescimento econômico em um ambiente de inflação moderada.

As principais reformas instituídas pelo PAEG foram: a reforma tributária, a reforma monetária-financeira e a reforma da política externa. Veja-se essas reformas mais detidamente.

A. Reforma tributária

Os principais elementos envolvidos nessa reforma foram:

i. a introdução da correção monetária no sistema tributário, visando reduzir as distorções já mencionadas;

ii. a alteração do formato do sistema tributário. Transformaram-se os impostos do tipo cascata (que incidem a cada transação sobre o valor total) em impostos do tipo valor adicionado. Criou-se o Imposto sobre Produtos Industrializados (IPI), o Imposto sobre Circulação de Mercadorias (ICM) e o Imposto sobre Serviços (ISS). A importância dessa alteração foi romper o estímulo até então existente à integração vertical da produção e facilitar a utilização dos impostos como instrumento de política de desenvolvimento e de redução de distorções, ao permitir as diferenciações de alíquotas e facilitar a concessão de isenções e incentivos fiscais às atividades específicas;

iii. a redefinição do espaço tributário entre as diversas esferas do governo. A União ficou com o IPI, o Imposto de Renda (IR), os impostos únicos, os impostos de comércio exterior, o Imposto Territorial Rural (ITR). Os Estados ficaram com o ICM; os municípios, com o ISS e o Imposto sobre Propriedade Territorial Urbana (IPTU). Além disso, foram criados os fundos de transferência intergovernamentais: o Fundo de Participação dos Estados e o dos Municípios, que se baseavam em parcelas de arrecadação do IPI, do IR e do ICMS. Os critérios de distribuição dos recursos levavam em conta a área geográfica, a população e o inverso da renda *per capita*, com vista a favorecer estados mais pobres. Houve importante centralização das decisões sobre a legislação tributária, inclusive definindo as alíquotas dos impostos das demais esferas, procurando eliminar a "guerra fiscal".

Ainda quanto à questão da arrecadação, devem-se destacar:

i. o surgimento de vários fundos parafiscais, como o Fundo de Garantia do Tempo de Serviço (FGTS) e o Programa de Integração Social (PIS), que se constituíram em importantes fontes de poupança compulsória, direcionadas ao setor público. Esses fundos vieram em substituição a algumas características até então existentes na legislação trabalhista: a questão da estabilidade do emprego no primeiro caso e a participação no lucro no segundo;

ii. a chamada "**inflação corretiva**", uma política de realismo tarifário que tornou as empresas estatais geradoras de excedentes líquidos de recursos.

Desse modo, as principais consequências da reforma tributária foram o aumento da arrecadação e uma grande centralização tanto da arrecadação como das decisões em termos de política tributária, constituindo-se em importante instrumento político, ao subordinar os estados ao governo central. Permitiu, ainda, por meio da vinculação da receita e da constituição de órgãos ao lado da administração direta, a descentralização dos gastos, com maior flexibilidade operacional.

B. Reforma monetária-financeira no PAEG

Os principais objetivos dessa reforma eram promover condições de condução independente da política monetária e direcionar os recursos nos montantes e condições adequados às atividades econômicas. Essa reforma divide-se em quatro grupos de medidas:

i. **Instituição da correção monetária e das Obrigações Reajustáveis do Tesouro Nacional (ORTN).** A introdução da correção monetária tornava sem sentido a Lei da Usura, eliminando uma série de ineficiências do sistema financeiro. Ao permitir a prática de taxas de juros reais positivas, estimulava a poupança e ampliava a capacidade de financiamento da economia. A instituição das ORTNs, cuja variação determinaria o índice de correção monetária, tinha por objetivo dar credibilidade e viabilizar o desenvolvimento de um mercado de títulos públicos que fornecesse instrumentos de financiamento não inflacionários do déficit público, bem como possibilitasse as operações de mercado aberto, visando ao controle monetário. Este último objetivo só se viabilizou de fato a partir de 1970, com a criação das Letras do Tesouro Nacional (LTNs), pois as características das ORTNs (títulos pós-fixados de longo prazo) dificultavam as operações de mercado aberto, que devem ser feitas com títulos prefixados de curto prazo.

ii. **Lei n. 4.595 – criação do Conselho Monetário Nacional (CMN) e do Banco Central do Brasil (Bacen).** Com essa lei, procurava-se proporcionar condições para que a política monetária fosse conduzida de forma independente. O CMN substituiu o Conselho da Sumoc (Superintendência da Moeda e do Crédito) e passou a ser o órgão normativo da política monetária, com a função de definir as regras e as metas a serem atingidas. O Bacen foi criado (assumindo a antiga Carteira de Câmbio e Redesconto do Banco do Brasil e o Serviço de Meio Circulante do Tesouro Nacional) para ser o agente executor da política monetária. Além disso, ele também seria o agente fiscalizador e controlador do sistema financeiro. O Banco do Brasil, além de suas funções de banco comercial, permaneceu com os serviços de compensação de cheques, depositário das reservas voluntárias e caixa do Bacen e do Tesouro Nacional, ou seja, constituía-se no agente bancário do governo.

Para a consecução do objetivo de controle independente da política monetária, vários problemas ainda permaneciam:

i. a subordinação do Bacen ao CMN, o que permitia a ingerência política na atuação do órgão;

ii. a **Conta Movimento**, concebida, inicialmente, para transferir recursos do Banco do Brasil para o Bacen entrar em operação, fez com que o Banco do Brasil não perdesse a condição de Autoridade Monetária, uma vez que podia expandir sem limites suas operações de crédito, pois possuía uma linha direta de financiamento junto ao Bacen;

iii. o chamado **"Orçamento Monetário"**, que deveria ser a peça para juntar as duas autoridades monetárias (Bacen e Banco do Brasil). Esse orçamento passou a receber vários gastos de origem fiscal, com a criação de vários fundos e programas que seriam administrados pelas autoridades monetárias – Proagro, Proex, Funrural etc.

Com isso, o Bacen, que deveria ser o órgão de controle monetário, transformava-se também em banco de fomento, criando-se um entrelaçamento entre contas monetárias e fiscais, de tal modo que o Orçamento Fiscal poderia parecer equilibrado, enquanto todo o rombo se colocava no Orçamento Monetário. O Bacen era o responsável pela administração da dívida pública, podendo emitir títulos em nome do Tesouro Nacional. Desse modo, a dívida pública e os gastos com juros do Tesouro poderiam crescer, independentemente da existência de um déficit a ser financiado, mas simplesmente por objetivos de controle monetário. Além disso, criava-se um mecanismo para o Tesouro Nacional forçar o Bacen a financiar seus déficits via emissão monetária.

Percebe-se, portanto, que acabou por se formar um estranho arcabouço institucional, em que se mistura política fiscal e monetária; o Bacen não controla a política monetária, nem o Tesouro Nacional controla a política fiscal, e o resultado desse quadro foi o de inviabilizar o conhecimento e o controle social sobre as operações do governo.

iv. **Lei n. 4.320 – criação do Sistema Financeiro da Habitação (SFH) e do Banco Nacional da Habitação (BNH)**. A criação do SFH tinha por objetivo eliminar o déficit habitacional existente, que era atribuído à falta de financiamento para o setor. Assim, dotou-se o segmento com linhas de recursos e agentes específicos.

Com relação aos agentes foi criado o BNH, que desempenharia o papel de banco dos bancos no Sistema Financeiro Habitacional, com a função de regulamentar e fiscalizar a atuação dos agentes do sistema, bem como prestar serviços a estes, como assistência à liquidez. Os demais agentes do sistema eram as Caixas Econômicas (CE), as Sociedades de Crédito Imobiliário (SCI) e as Associações de Poupança e Empréstimos (APE).

As fontes de recursos eram as cadernetas de poupança, as letras imobiliárias e o FGTS, este gerido pelo BNH para financiar projetos sociais na área de habitação e saneamento, esta última por meio do SFS (Sistema Financeiro do Saneamento). O BNH funcionaria como agente repassador, não se constituindo em agente de ponta.

v. **Lei n. 4.728 – reforma do mercado de capitais. A Lei do Mercado de Capitais** definia as regras de atuação dos demais agentes financeiros. O quadro institucional que se formou baseava-se no modelo financeiro norte-americano (em oposição ao modelo europeu), caracterizado pela especialização/segmentação do mercado, existindo instituições especializadas que atenderiam a segmentos específicos do mercado de crédito, com base em instrumentos de captação determinados.

Assim, os **bancos comerciais** deveriam operar no crédito de curto prazo, com base na captação de depósitos à vista. As **financeiras** eram os agentes do crédito ao consumidor, por meio da venda de letras de câmbio. Os **bancos de investimento**, criados na Reforma, deveriam atender ao crédito de médio e longo prazos, mediante a captação de depósitos a prazo e do repasse de recursos externos; além disso, deveriam incentivar as operações do mercado de capitais, por meio da subscrição de ações, operações de *underwriting* e colocação de debêntures. Os **bancos de desenvolvimento estatais** deveriam financiar operações especiais de fomento pelo repasse de fundos fiscais e recursos externos.

As demais instituições do mercado de capitais – **Bolsa de Valores, Corretoras** e **Distribuidoras** – também foram regulamentadas e subordinadas ao **Banco Central**. Criaram-se vários tipos de incentivos fiscais para dinamizar esse segmento, entre os quais se destaca o **Decreto-lei n. 157**, no qual os indivíduos poderiam adquirir cotas de fundo de ações com parcela do Imposto de Renda (pessoa física) devido. Merece ainda destaque a criação do **Sistema Nacional de Crédito Rural (SNCR)**, sendo o Banco do Brasil o agente central e os bancos comerciais, agências subsidiárias. A fonte de recursos para o sistema era, além dos fundos fiscais e da "Conta Movimento", uma parcela dos depósitos à vista captados pelos bancos comerciais, que deveriam, obrigatoriamente, ser utilizados no financiamento agrícola.

C. Reforma da política externa

A reforma do setor externo tinha por objetivo estimular o desenvolvimento econômico, evitando as pressões sobre o Balanço de Pagamentos, eliminando, assim, uma das principais distorções do PSI. Destacam-se duas linhas de atuação nesse sentido: melhorar o comércio externo brasileiro e atrair o capital estrangeiro:

i. com relação ao comércio externo, buscou-se, por um lado, estimular e diversificar as exportações mediante uma série de incentivos fiscais (isenções fiscais – IPI, ICM, IR –, crédito-prêmio do IPI etc.) e a modernização e dinamização dos órgãos públicos ligados ao comércio internacional (Cacex e CPA). Quanto às importações, a ideia era eliminar os limites quantitativos e utilizar apenas a política tarifária como modo de controle. A principal medida adotada na área do comércio externo foi a simplificação e unificação do sistema cambial, que objetivava eliminar as incertezas decorrentes da condução errática da política cambial, bem como os desestímulos à exportação decorrentes da valorização cambial. Para tal, adotou-se o **sistema de minidesvalorizações cambiais** a partir de 1968, pelo qual a variação cambial deveria refletir o diferencial entre a inflação doméstica e a internacional;

ii. quanto à atração do capital estrangeiro, buscou-se, inicialmente, uma reaproximação com a política externa norte-americana, a chamada Aliança para o Progresso. Em seguida, efetuou-se a renegociação da dívida externa e firmou-se um Acordo de Garantias para o capital estrangeiro. As ligações com o sistema financeiro internacional foram feitas por dois mecanismos: a **Lei n. 4.131**, que dava acesso direto das empresas ao sistema financeiro internacional, e a **Resolução n. 63**, que possibilitava a captação de recursos externos pelos bancos comerciais e de investimento para repasse interno. Esta última significava a colagem do sistema financeiro nacional ao internacional e o início do processo de internacionalização financeira no Brasil.

As reformas do PAEG alteraram praticamente todo o quadro institucional vigente na economia brasileira, adaptando-o às necessidades de uma economia industrial. Montou-se um esquema de financiamento que viabilizaria a retomada do crescimento, e dotou-se o Estado de maior capacidade de intervenção na economia. A política adotada no PAEG obteve grande êxito na redução das taxas inflacionárias e em preparar o terreno para a retomada do crescimento.

15.3 O MILAGRE ECONÔMICO

O período 1968-1973 (governos Costa e Silva e Médici, e com o Ministro da Fazenda Antonio Delfim Netto) caracterizou-se pelas maiores taxas de crescimento do produto brasileiro na história recente, com relativa estabilidade de preços. A taxa média de crescimento do produto situou-se acima dos 10% a.a., com destaque para o produto industrial, enquanto a taxa de inflação permaneceu entre 15 e 20% a.a. no período (Tabela 15.3). Essa *performance* foi decorrência das reformas institucionais e da recessão do período anterior, que geraram uma capacidade ociosa no setor industrial e as condições necessárias para a retomada da demanda. Além disso, o crescimento da economia mundial também permitiu a superação das taxas históricas de crescimento.

Tabela 15.3 Produto: taxas de crescimento (%) – 1968-1973

Ano	PIB	Indústria	Agricultura	Serviços
1968	9,8	14,2	1,4	9,9
1969	9,5	11,2	6,0	9,5
1970	10,4	11,9	5,6	10,5
1971	11,3	11,9	10,2	11,5
1972	12,1	14,0	4,0	12,1
1973	14,0	16,6	0,0	13,4

Fonte: IBGE.

As diretrizes do governo em 1967 já colocavam o crescimento econômico como objetivo principal, acompanhado de contenção da inflação, sendo que se admitia o convívio com uma taxa de inflação em torno de 20 a 30% a.a., com redução gradual (a chamada "política gradualista" de combate à inflação, em oposição ao "tratamento de choque" do período Campos-Bulhões). Nessa fase, alterou-se o diagnóstico sobre as causas da inflação, destacando os custos como principal determinante. A inflação, que era vista como uma **inflação de demanda** no início dos governos militares, passou a ser vista como uma **inflação de custos**. Com isso, afrouxaram-se as políticas de contenção da demanda (monetária, fiscal e creditícia) – exceção feita à política salarial, considerada elemento de custos. Teve início uma política de **controle de preços**, na qual os reajustes deveriam ter aprovação prévia do governo, com base nas variações de custos. Para tal fim, criou-se o **Conselho Interministerial de Preços (CIP)**, em 1968.

A busca do crescimento, segundo o governo, deveria processar-se com o investimento em setores diversificados e com menor participação do Estado, ou seja, deveria basear-se no setor privado. É importante destacar que o crescimento se colocava também como uma necessidade para legitimar o regime militar, que procurou justificar sua intervenção na necessidade de eliminar a desordem econômica e político-institucional, e recolocar o país nos trilhos do desenvolvimento.

As principais fontes de crescimento foram:

i. **retomada do investimento público em infraestrutura**: possibilitada pela recuperação financeira do setor público, em virtude da reforma fiscal e dos mecanismos de endividamento interno (financiamento não inflacionário dos déficits);

ii. **aumento do investimento das empresas estatais**: com a política da "verdade tarifária" associada à maior liberdade de atuação dessas empresas, observou-se, no período, um aumento nos investimentos e o processo de conglomeração dessas empresas, por meio de várias subsidiárias; a Petrobras e a Vale do Rio Doce são exemplos típicos desse processo. Nesse período, surgiram 231 novas empresas estatais;

iii. **demanda por bens duráveis**: em face da grande expansão do crédito ao consumidor pós-reforma financeira.[3] Percebe-se que a opção para a ampliação do mercado consumidor deu-se em grande medida pelo endividamento familiar. Esse setor foi o líder do crescimento, apresentando taxa média anual de 23,6% no período;

iv. **construção civil**: cresceu a uma taxa média de 15% a.a., por força do aumento dos investimentos públicos nessa área e da maior demanda por habitações provocada pela expansão do crédito do SFH;

v. **crescimento das exportações**: graças ao crescimento no comércio mundial e à melhora nos termos de troca, bem como às alterações promovidas na política externa do país e aos incentivos fiscais, verificou-se no período um crescimento de 2,5 vezes no valor das exportações (volume e termos de troca), o que representou ampliação significativa na capacidade de importar da economia.

Quanto aos demais setores econômicos, observou-se o seguinte:

i. tanto o setor de bens de consumo leve (não duráveis) como a agricultura apresentaram desempenhos mais modestos. Esse crescimento ocorreu graças ao aumento da massa salarial, que, por sua vez, deveu-se ao aumento do emprego e ao crescimento das exportações de manufaturados tradicionais e de produtos agrícolas. A agricultura cresceu 4,5% a.a., em média, no período, apesar da forte expansão do crédito agrícola, centrado no Banco do Brasil. Nessa fase, deu-se o início ao processo de modernização

---

[3] A respeito do crédito ao consumidor e de utilização como instrumento de política industrial e de desenvolvimento, ver Pellegrini (1990).

Cap. 15 • Da Crise ao Milagre (1960-1973) **317**

agrícola,[4] por meio da mecanização, fazendo com que esta se tornasse importante fonte de demanda para a indústria;

ii. quanto ao setor de bens de capital, seu desempenho pode ser dividido em duas fases. Na primeira, até 1970, apresentou menor crescimento, dado que o crescimento observado baseou-se na ocupação de capacidade ociosa e não na ampliação da capacidade instalada. Conforme foi sendo ocupada essa capacidade, aumentava-se a taxa de investimento na economia, sendo que a Formação Bruta de Capital Fixo superou os 20% do PIB no período 1971/1973. O aumento da demanda por bens de capital fez com que esse setor fosse o de maior crescimento nessa segunda fase. Ao longo de todo o período 1968/1973, a taxa de crescimento média do setor foi de 18,1% a.a., concentrando-se principalmente nessa segunda fase;

iii. o setor de bens intermediários apresentou uma taxa média de crescimento de 13,5% a.a. no período.

Tanto no setor de bens de capital como no de bens intermediários, a expansão econômica gerava pressão por importações, causada pela insuficiência de oferta interna. Essa pressão importadora ainda foi estimulada pela política do **Conselho de Desenvolvimento Industrial (CDI)**, que concedeu incentivos indiscriminadamente e foi bastante liberal nas importações, e pode ter contribuído, inclusive, para o atraso na produção interna de bens de capital, cujo crescimento ocorreu apenas depois de 1970.

A pressão por importações poderia levar à necessidade de recursos externos, para cobrir o Balanço de Pagamentos, não fosse o elevado crescimento do valor das exportações brasileiras. Além da política cambial (minidesvalorizações cambiais) e comercial (incentivos fiscais e monetários), o crescimento das exportações foi também beneficiado pela expansão do comércio mundial, decorrente do excesso de liquidez internacional, ocasionado pelos déficits público e externo dos Estados Unidos, financiados com expansão monetária. A conjugação desses fatores levou tanto ao crescimento da quantidade exportada como à melhora dos termos de troca, redundando em uma balança comercial equilibrada no período (Tabela 15.4).

Tabela 15.4 Balança comercial e transações correntes – 1968-1973

Em US$ milhões

Ano	Exportação	Importação	Balança comercial	Transações correntes
1968	1.881	1.855	26	−508
1969	2.311	1.933	378	−281
1970	2.739	2.507	232	−562
1971	2.904	3.245	−341	−1.037
1972	3.991	4.235	−244	−1.489
1973	6.199	6.192	7	−1.688

Fonte: Conjuntura Econômica.

---

[4] Sobre a modernização agrícola ocorrida no Brasil, ver Seção 15.4.

318 Economia Brasileira Contemporânea • Gremaud / Vasconcellos / Toneto Jr. / Sakurai

Além da boa *performance* do setor exportador, assistiu-se nesse período à primeira onda de endividamento externo, com ampla entrada de recursos, conforme mostra a Tabela 15.5. A dívida externa, no período, cresceu em torno de US$ 9 bilhões, sendo que aproximadamente US$ 6,5 bilhões se transformaram em reservas, ou seja, a dívida líquida correspondia a algo em torno de US$ 6 bilhões, o que, com o crescimento das exportações, resultava em um **coeficiente de vulnerabilidade** (dívida líquida sobre exportações) menor que 1 em 1973.[5]

Assim, percebe-se que naquele momento a situação cambial estava bastante tranquila. O volume de reservas existentes em 1973 correspondia a mais de um ano de importações, enquanto o critério técnico utilizado pelo FMI recomendava um volume de reservas equivalentes a três meses de importações. Isso evidenciava a existência de um **sobre-endividamento** no período.

Tabela 15.5 Dívida externa e variações de reservas – 1968-1973

Em US$ milhões

Ano	Conta capital	Variação das reservas	Dívida externa bruta
1968	541,0	20,0	3.780,0
1969	871,0	549,0	4.403,3
1970	1.015,0	378,0	5.295,2
1971	1.846,0	483,0	6.621,6
1972	3.492,0	2.369,0	9.521,0
1973	3.512,1	2.145,4	12.571,5

Fonte: Banco Central.

Embora a justificativa oficial para esse endividamento tenha sido a necessidade de recurso à poupança externa para viabilizar as altas taxas de crescimento ao longo do Milagre, grande parte da explicação para o endividamento externo nesse período reside nas profundas transformações do sistema financeiro internacional e na ampla liquidez existente, e na ausência de mecanismos de financiamento de longo prazo na economia brasileira, exceto as linhas oficiais.

Em termos internacionais, verificou-se, em meados dos anos 1960, o surgimento do chamado euromercado, que correspondia ao processo de expansão internacional dos bancos americanos, com vista a fugir das restrições impostas pelo Federal Reserve Bank (FED)[6] para suas operações, e poder, com isso, reciclar o excesso de liquidez internacional gerado pelos profundos déficits americanos, como decorrência dos déficits públicos naquele país, que ocasionaram o colapso do sistema de Bretton Woods. Nesse quadro de ampla liquidez internacional, observava-se profunda queda das taxas de juros e dos *spreads*, bem como um

---

[5] Sobre alguns indicadores da situação externa, ver Parte II, Capítulo 10. A respeito do processo de endividamento externo no período, ver Cruz (1984).

[6] O FED é o banco central norte-americano.

alongamento dos prazos. A novidade nos contratos com o sistema bancário privado internacional era a presença das taxas de juros flutuantes repactuadas de prazo em prazo.

Internamente, as taxas de juros elevavam-se, devido, primeiramente, à reforma financeira de 1964/1966, a qual, com a introdução da correção monetária e a determinação legal de que as cadernetas de poupança deveriam render correção monetária mais 6% a.a., fixou um patamar de taxas de juros reais extremamente elevado, que crescia ainda mais graças elevada demanda de crédito, em um momento de expansão econômica. Assim, a expansão da demanda de crédito doméstica elevava a taxa de juros interna, o que, dada a existência de mecanismos que possibilitavam o acesso ao crédito (Lei n. 4.131 e Resolução n. 63), levava à captação de recursos no exterior. Os principais tomadores de recursos externos, nessa primeira fase, foram as empresas multinacionais e os bancos de investimento estrangeiros. A contrapartida da entrada excessiva de recursos, que se transformavam em reservas, era o crescimento da dívida pública interna, visando controlar a base monetária, mediante as operações de mercado aberto.

Boxe 15.1 – O endividamento externo brasileiro

As duas principais modalidades de captação de recursos externos no Brasil eram:

a. Lei n. 4.131: permitia o acesso direto das empresas produtivas ao sistema financeiro internacional;

b. Resolução n. 63: permitia aos bancos brasileiros captar recursos no exterior para o repasse interno.

Na Tabela 15.6 pode-se ver a importância de cada uma dessas formas na década de 1970.

Tabela 15.6 Empréstimos externos em moeda

Em US$ milhões

Ano	Total	Lei n. 4.131	Resolução n. 63
1972	3.962,7	2.497,5	1.465,2
1973	3.918,7	2.849,2	1.069,5
1974	4.717,5	3.109,5	1.608,0
1975	4.701,3	3.773,0	928,3
1976	5.398,5	3.826,0	1.572,5
1977	6.178,8	4.857,4	1.321,4
1978	11.882,7	8.828,9	3.053,8
1979	10.224,8	8.650,3	1.574,5
1980	8.312,0	4.811,1	3.500,9
1981	13.063,7	7.596,6	5.467,1

Fonte: Cruz (1984).

É interessante observar a composição dos tomadores de recursos externos:

Tabela 15.7   Lei n. 4.131 – Distribuição (%) dos tomadores

Ano	Setor público	Privado nacional	Privado externo
1972	24,9	27,3	47,8
1973	39,7	23,0	37,3
1974	35,3	13,9	50,8
1975	50,4	6,2	43,4
1976	51,1	3,6	45,3
1977	51,5	6,0	42,5
1978	60,2	5,3	34,5
1979	76,8	6,4	16,8
1980	76,6	3,7	19,7
1981	69,6	5,6	24,8

Fonte: Cruz (1984).

Percebe-se, pela Tabela 15.7, que até 1974 as captações do setor privado superavam as captações do setor público, com destaque para o capital estrangeiro, que possuía maiores facilidades de captações externas. A partir daí, com o fim do período do Milagre, as captações do setor privado retraíram-se e, com a necessidade de recursos externos para fechar o Balanço de Pagamentos, aumentaram as captações do setor público, que necessitava de recursos para financiar os projetos de investimento do II Plano Nacional de Desenvolvimento (II PND), como será visto adiante. Esse processo de endividamento do setor público ficou conhecido como a **estatização da dívida externa**. A ampla facilidade de captação de recursos externos no período pós-1974 está ligada aos elevados superávits dos países exportadores de petróleo devido ao choque do petróleo em 1973 – a chamada reciclagem dos "petrodólares".

Quanto à Resolução n. 63, tem-se um comportamento semelhante; em um primeiro momento, são os bancos privados, principalmente os bancos estrangeiros, e, em um segundo momento, começou a ganhar destaque o sistema de bancos públicos. Para facilitar a captação externa de recursos, observou-se, na década de 1970, um processo de internacionalização dos bancos brasileiros com a criação de uma série de agências no exterior para ter acesso mais fácil aos recursos.[7] Esse processo deu-se tanto com os bancos privados como com os bancos públicos.

Outro ponto que merece destaque nesse período é a elevada participação e intervenção do setor público na economia, a qual se percebe nos seguintes aspectos:

i. o Estado controlava os principais preços da economia – câmbio, salário, juros, tarifas –, além de praticar uma política de preços administrados via CIP, com a

---

[7] A respeito da internacionalização financeira no Brasil e da expansão dos bancos brasileiros para o exterior, ver Baer (1986).

Cap. 15 • Da Crise ao Milagre (1960-1973) **321**

justificativa da inflação de custos e o objetivo de eliminar os problemas alocativos vindos de uma economia inflacionária;

ii. o Estado respondia pela maior parte das decisões de investimento, quer por meio dos investimentos da administração pública e das empresas estatais, que correspondiam a praticamente 50% da formação bruta de capital, quer por meio da captação de recursos financeiros – fundos de poupança compulsória, títulos públicos, cadernetas de poupança, agências financeiras estatais –, dos incentivos fiscais e dos subsídios.

A concentração de renda que ocorreu no período pode ser considerada a principal crítica ao Milagre. Os críticos argumentaram que as autoridades tinham a concentração como estratégia necessária para aumentar a capacidade de poupança da economia, financiar os investimentos e com isso o crescimento econômico, para que depois todos pudessem usufruir. Essa ficou conhecida como a "**Teoria do Bolo**", segundo a qual o bolo deveria crescer primeiro para depois ser dividido. Outros analistas concordavam com a posição oficial de que a concentração da renda era uma tendência natural de um país que se desenvolvia e que demandava crescentemente mão de obra qualificada. Dada a escassez dessa mão de obra, houve aumento maior da renda dos profissionais mais qualificados com relação aos menos especializados (cuja oferta era abundante). Defendiam ainda que, apesar de a concentração da renda ter aumentado, a renda *per capita* de toda a população cresceu, o que significa que todos devem ter melhorado em termos de condições de vida, embora as classes mais ricas tivessem melhorado mais do que as classes mais pobres.

15.4 MODERNIZAÇÃO AGRÍCOLA

Após o movimento militar de 1964, os gestores da política econômica procuraram estabelecer um novo arcabouço para a política agrícola brasileira, visando à promoção de um forte processo de modernização agrícola do país, com o crescimento da produtividade do setor.

Dentro do arcabouço institucional criado, pode-se destacar:

i. o **Sistema Nacional de Crédito Rural (SNCR)**: esse sistema foi instituído em 1965 pela Lei n. 4.829 e tinha por objetivo propiciar aos agricultores linhas de crédito acessíveis e baratas, a fim de viabilizar o investimento e a modernização do setor. A maior parte do crédito agrícola na década de 1970 e no início dos anos 1980 fez-se com taxas de juros nominais fixas. Em um ambiente de alta e crescente inflação, os empréstimos acabavam tendo taxas de juros reais negativas. Isso significava que o crédito agrícola era concedido com grande subsídio para o setor agrícola. O principal agente do sistema era o Banco do Brasil, e a principal fonte de recursos para o sistema era o Orçamento Monetário do governo. Na verdade, o Banco do Brasil, por meio da chamada "Conta Movimento", emprestava com taxas de juros subsidiadas e sacava a descoberto esses recursos do Tesouro Nacional. Além desse tipo de financiamento, era também possível a captação externa, e os bancos comerciais eram obrigados a destinar parte dos recursos obtidos em depósitos à vista (as exigibilidades) para o crédito rural, segundo os juros fixados no sistema. Um grave problema desse sistema foi que ele não atingiu igualmente os diversos segmentos de agricultores, pois apenas médios e grandes produtores obtiveram os créditos subsidiados em função de seu acesso ao sistema financeiro;

ii. as **Políticas de Garantias de Preços Mínimos (PGPM)**: essas políticas visam garantir um preço de venda mínimo aos produtores, especialmente nos períodos de safra, quando os preços agrícolas tendem a cair muito. Desse modo, além de garantir uma renda mínima aos produtores, esse sistema também reduz a incerteza dos agricultores com relação aos preços futuros, e pode ser utilizado para orientar o tipo de produção que influi nas decisões de plantio.

Esse sistema foi desenvolvido com base em dois mecanismos básicos:

i. a **Aquisição do Governo Federal (AGF)**, que são compras feitas pelo governo de produtos com preços prefixados. Assim, quando o produtor quiser, poderá vender seu produto no mercado (ao preço de mercado) ou para o governo (ao preço prefixado). Ao adquirir os produtos, em tese, o governo deveria estocá-los e vendê-los posteriormente, em um momento de escassez do produto no mercado;

ii. o **Empréstimo do Governo Federal (EGF)**, que é uma linha especial de crédito de comercialização, baseada em penhor mercantil. Tem o propósito de financiar a estocagem do produto pelo agricultor, de modo a facultar a este a possibilidade de vender o produto em um momento posterior, quando o mercado estiver mais favorável. Esse empréstimo possibilita ao produtor o pagamento dos custos incorridos na colheita, de modo que ele não necessite vender imediatamente os frutos dessa colheita.

Tanto o EGF como a AGF procuram impedir uma flutuação muito grande dos preços agrícolas do momento da safra até a entressafra. Todavia, para serem desenvolvidos, exigem a participação financeira do governo, quer por meio de linhas de crédito, quer por meio de desembolsos para compra (a volta desses recursos faz-se quando da venda dos produtos), além de também ser necessária a existência de locais adequados de armazenagem.

Esses dois instrumentos, especialmente o primeiro, no final da década de 1960 e durante a década de 1970 (também a PGPM em um período mais recente), foram extremamente importantes no chamado processo de modernização agrícola brasileiro. Deve-se ressaltar também o papel desempenhado nesse processo pela **Empresa Brasileira de Pesquisa Agropecuária (Embrapa)** no setor de pesquisas e auxílio técnico aos agricultores. O processo de modernização teve as seguintes características:

i. o aumento do grau de mecanização e quimificação das fazendas, o que promoveu importante aumento de produtividade no setor. Em certas regiões, a agricultura brasileira cresceu de **forma intensiva** (ou seja, aumento da produção utilizando a mesma quantidade de terras para plantio) e não de **modo extensivo** (aumento da área plantada), como sempre foi o caso na história agrícola brasileira. Essa característica teve por consequência o aumento da demanda por mercadorias industriais. Nesse sentido, observa-se, no período, o aumento no consumo de fertilizantes, que passa de aproximadamente 200.000 toneladas, em 1960, para mais de 1.900.000 toneladas, em 1980. Esse mesmo crescimento também é verificado na utilização de tratores nos estabelecimentos agrícolas, que salta de 60.000 tratores, em 1960, para 550.000, em 1980;

ii. o aumento forte na produção, no início, de bens exportáveis, e depois também de produtos destinados ao mercado doméstico. Verifica-se certa modificação nas culturas brasileiras, em que ganha bastante destaque a produção de soja e, depois, a de laranja. Esses novos produtos passaram a fazer parte importante da pauta de exportações brasileiras. Esse crescimento de novas culturas fez-se em detrimento do crescimento das plantações de café e de algodão. A cana-de-açúcar também é revigorada em função do **Pró-Álcool**, programa que procurava incentivar a produção de álcool combustível com base na cana-de-açúcar, tendo em vista os problemas na importação de petróleo;

iii. a expansão da fronteira agrícola na direção da Região Centro-oeste. Mesmo com o crescimento da produtividade, também houve vigorosa expansão da área cultivada, que passou de cerca de 29 milhões de hectare, em 1960, para quase 50 milhões em 1980. Esse crescimento deve-se ao deslocamento da fronteira agrícola na direção da Região Centro-oeste, incorporando a região do cerrado ao cultivo. Nessa incorporação, a participação da Embrapa foi fundamental em função das dificuldades com o solo e com a adaptação das espécies à região. Assim, as técnicas de correção de solo e o desenvolvimento de "novas" espécies com melhor adaptação foram fundamentais para o desenvolvimento agrícola no cerrado brasileiro;

iv. o crescimento da agroindústria; ocorreu maior interligação entre o setor agrícola propriamente dito com seus fornecedores, chamados **setores "a montante"** (setores de máquinas, equipamentos, fertilizantes etc.) e com seus compradores, **setores "a jusante"** (indústrias processadoras de produtos agrícolas);

v. o lado perverso dessa modernização agrícola foi o aumento da concentração fundiária, o crescimento da utilização de mão de obra temporária e o aumento relativamente lento do pessoal ocupado no setor. Esses elementos levaram a uma piora na distribuição de renda no setor.

CONCEITOS-CHAVE

Aquisição do Governo Federal (AGF)
Banco Central do Brasil
Banco Nacional de Habitação (BNH)
Conselho de Desenvolvimento Industrial (CDI)
Conselho Interministerial de Preços (CIP)
Conselho Monetário Nacional (CMN)
Conta Movimento
Controle de preços
Correção monetária
Crise cíclica endógena
Crise do populismo
Crise dos anos 1960

Decreto-lei n. 157
Demanda derivada
Empréstimo do Governo Federal (EGF)
Empresa Brasileira de Pesquisa Agropecuária (Embrapa)
Endividamento externo
Estagnacionismo
Estatização da dívida externa
Gradualismo × tratamento de choque
Indexação
Inflação corretiva
Lei n. 4.131

Milagre econômico	Reforma tributária do PAEG
Minidesvalorizações cambiais	Resolução n. 63
Modernização agrícola	Sistema Financeiro de Habitação (SFH)
Obrigações Reajustáveis do Tesouro Nacional (ORTN)	Sistema Nacional de Crédito Rural (SNCR)
Plano de Ação Econômica do Governo (PAEG)	Sobre-endividamento
Políticas de Garantias de Preços Mínimos	Superintendência da Moeda e do Crédito (Sumoc)
Reforma de Política Externa do PAEG	
Reforma monetária-financeira do PAEG 6	Teoria do Bolo
Reformas institucionais do PAEG	

QUESTÕES

Q1. Quais as causas da inflação no início da década de 1960 segundo o PAEG? Qual a política utilizada para enfrentá-las?

Q2. Relacione as principais dificuldades institucionais que afligiam a economia brasileira no início da década de 1960 com as reformas promovidas no início do governo militar.

Q3. (Anpec – 1992) No período 1968-1973, a economia brasileira teve um desempenho excepcional, o que costuma ser relacionado a fatores favoráveis, tanto internos como externos. Discorra sobre as características do período, e explique quais foram esses fatores favoráveis.

Q4. Compare o diagnóstico da inflação no PAEG e no início do Milagre. Quais as medidas adotadas no combate à inflação nesse último período?

Q5. (Anpec –1993) A forte participação do Estado em processos de desenvolvimento retardatário é uma característica ressaltada por vários autores. Como evoluiu essa participação na agricultura brasileira a partir dos anos 1960?

TEMA PARA DEBATE

T1. Até que ponto as reformas institucionais introduzidas pelo governo militar estão na base do crescimento econômico posterior? Até que ponto era possível implementar outro tipo de reforma e quais os possíveis efeitos sobre as características do crescimento econômico que viriam em consequência?

16
Do Crescimento Forçado à Crise da Dívida

Os anos 1970 foram um período conturbado do ponto de vista econômico. No início, ocorreu um choque do petróleo, com elevação substancial dos preços do elemento fundamental da matriz energética mundial, e também foi rompido o acordo internacional firmado ainda durante a Segunda Guerra Mundial que procurava estabilizar as taxas de câmbio internacional. A maior parte do mundo reagiu de maneira recessiva a esse quadro. Procuraremos aqui acompanhar como o Brasil se portou diante dessas mudanças internacionais. A reação brasileira foi configurada pelo II Plano Nacional de Desenvolvimento (II PND), que acabou dando nome ao período que vai de 1974, depois do chamado Milagre econômico, até o final da década. As consequências dessa opção, bem como das novas alterações no cenário internacional no final da década (novo choque do petróleo, alteração substancial da política econômica norte-americana, moratória mexicana), marcaram o início da década seguinte, período de recessão na economia brasileira em função da reação à chamada crise da dívida externa.

16.1   II PLANO NACIONAL DE DESENVOLVIMENTO

O rápido crescimento econômico ao longo do Milagre, com a ocupação de toda capacidade ociosa (o que caracteriza uma situação de pleno emprego), levou ao aparecimento de alguns desequilíbrios, que gerariam pressões inflacionárias e problemas na balança comercial. A aceleração inflacionária na segunda metade dos anos 1970 pode ser vista na Tabela 16.1, em que se observa que a inflação passou do patamar dos 15% a.a., no final do Milagre, para o patamar dos 40% a.a., em meados da década.

Tabela 16.1 Taxa de inflação (%) – 1968-1973

Ano	IGP-DI	Ano	IGP-DI
1968	24,8	1974	34,5
1969	18,7	1975	29,4
1970	18,5	1976	46,3
1971	21,4	1977	38,6
1972	15,9	1978	40,5
1973	15,5	1979	77,2

Fonte: Conjuntura Econômica.

A manutenção do ciclo expansionista, em fins de 1973, dependeria cada vez mais de uma situação externa favorável. Essa situação, porém, foi rompida pela crise internacional desencadeada pelo primeiro choque do petróleo em 1973, quando os países membros da OPEP quadruplicaram o preço do barril.

O Balanço de Pagamentos apresentou déficits no saldo de transações correntes (Tabela 16.2), provocados não só pelo aumento do valor das importações de petróleo, mas também em função dos bens de capital e insumos básicos, necessários para manter o nível de produção corrente do Milagre Econômico. Esse déficit não foi totalmente coberto pela entrada de recursos, levando a uma queima de reservas, o que revelava o elevado grau de vulnerabilidade externo da economia brasileira.

Internamente, a situação política aparecia como uma complicação adicional: a crise mostrava os limites políticos do modelo do Milagre. Em ano de mudança de presidente, começavam a surgir várias pressões por melhor distribuição de renda e maior abertura política, o que gerava certo imobilismo no Estado. O novo presidente eleito, Ernesto Geisel, representava uma facção diferente no seio militar brasileiro (a facção castelista) daquela de seu antecessor, Médici (representante da chamada linha dura). Essa troca de facções impunha certos limites à condução da política econômica, pois uma grande queda na taxa de crescimento da economia brasileira poderia dificultar a permanência do grupo castelista no poder e a condução do projeto de abertura política de maneira segura e gradual.

Tabela 16.2 Contas externas: Brasil – 1974-1979

Em US$ milhões

Ano	Exportações	Importações	Balança comercial	Saldo em transações correntes	Conta de capitais	Reservas	Dívida externa total
1974	7.951	12.641	−4.690	−7.122	6.254	−946	17.165
1975	8.669	12.210	−3.540	−6.700	6.189	−942	21.171
1976	10.128	12.383	−2.255	−6.017	6.594	1.136	25.985
1977	12.120	12.023	97	−4.037	5.278	612	32.037
1978	12.659	13.683	−1.024	−6.990	11.891	4.275	43.510
1979	15.244	18.083	−2.839	−10.742	7.657	−3.321	49.904

Fonte: Conjuntura Econômica.

O debate sobre o que fazer em 1974 situou-se na **dicotomia de ajustamento ou financiamento**. O choque do petróleo significava transferência de recursos reais ao exterior e, com a existência de um "hiato potencial de divisas", a manutenção do mesmo nível de investimento trazia a necessidade de maior sacrifício sobre o consumo. Para alcançar as mesmas taxas de crescimento do período anterior, seria necessária maior taxa de investimento. Nesse contexto, percebe-se que as opções de crescimento se haviam estreitado, e a tendência natural da economia seria a desaceleração da expansão.

As opções que se colocavam naquele momento eram:

i. **ajustamento**, que continha a demanda interna e evitava que o choque externo se transformasse em inflação permanente e correção do desequilíbrio externo;

ii. **financiamento** do crescimento, mantendo o crescimento elevado e fazendo um ajuste gradual dos preços relativos (alterados pela crise do petróleo), enquanto houvesse financiamento externo abundante. Supunha-se aqui que a crise era passageira e de pequenas dimensões.

O ano de 1974 iniciou-se com o Ministro Mário Henrique Simonsen sinalizando a opção pelo ajustamento, buscando o controle da demanda pelo controle da liquidez. Entretanto, essa política não pôde ser levada adiante, devido, entre outras pressões, à crise financeira detonada pela quebra do Banco Halles, levando a uma grande procura pela assistência à liquidez.

Em termos políticos, observava-se, nesse ano, um questionamento aberto do partido Movimento Democrático Brasileiro (MDB) à política do regime militar, sendo que as insatisfações com o regime se fizeram sentir na derrota eleitoral da Aliança Renovadora Nacional (ARENA) – partido governista nas eleições para o Congresso Nacional. Esse foi o momento em que o governo abandonou de vez as tentativas de conter a demanda, e fez a opção pela continuidade do processo de desenvolvimento. Lançou-se o II PND,[1] em fins de 1974, como alternativa à dicotomia de ajustamento ou financiamento, colocando-o como uma estratégia de financiamento, mas promovendo-se um **ajuste na estrutura de oferta de longo prazo**, simultaneamente à manutenção do crescimento econômico. Assim, mantinha a economia funcionando em ritmo de marcha forçada.[2]

Essa alteração na estrutura de oferta significava alterar a estrutura produtiva brasileira de modo que, a longo prazo, diminuísse a necessidade de importações e fortalecesse a capacidade de exportar de nossa economia. Assim, quando essa reestruturação estivesse completada, os problemas da Balança de Transações Correntes estaria superado. Enquanto isso não fosse alcançado, era necessário o financiamento do desequilíbrio externo decorrente do crescimento econômico e da crise do petróleo por meio de empréstimos externos.

---

[1] Na época, havia uma obrigação constitucional de todo novo governo lançar um plano nacional de desenvolvimento. O segundo plano lançado pelo governo Geisel acaba sendo o mais conhecido destes planos, pois representou uma opção de política econômica. Sobre o I PND e o II PND, ver, respectivamente, Gremaud e Pires (1999a) e (1999b).

[2] A expressão **a economia brasileira em marcha forçada** é o tema de uma das principais referências bibliográficas sobre os conteúdos do presente capítulo. Seus autores são Antônio Barros de Castro e Francisco Pires de Souza (1985).

328 Economia Brasileira Contemporânea • Gremaud / Vasconcellos / Toneto Jr. / Sakurai

A meta do II PND era manter o crescimento econômico em torno de 10% a.a., com crescimento industrial de aproximadamente 12% a.a. Percebe-se, pela Tabela 16.3, que essas metas não conseguiram ser cumpridas, porém manteve-se elevado o crescimento econômico, apesar de em níveis mais baixos que os anos anteriores.

Tabela 16.3 Produto: taxas de crescimento (%) – 1974-1979

Ano	PIB	Indústria	Agricultura	Serviços
1974	9,0	7,8	1,0	9,7
1975	5,2	3,8	7,2	2,9
1976	9,8	12,1	2,4	8,9
1977	4,6	2,3	12,1	2,6
1978	4,8	6,1	–3,0	4,3
1979	7,2	6,9	4,9	6,7

Fonte: IBGE.

O plano significou uma alteração completa nas prioridades da industrialização brasileira do período anterior (Milagre): de um padrão baseado no crescimento do setor de bens de consumo duráveis com alta concentração de renda, a economia deveria passar a crescer com base no setor produtor de meios de produção – bens de capital e insumos básicos.

As expectativas otimistas para o setor de bens de capital esperavam a redução na participação das importações no setor de 52% para 40%, além de gerar excedente exportável em torno de US$ 200 milhões. Quanto aos insumos, previa-se aumentar a produção de aço de 7 milhões de toneladas em 1974 para 18 milhões em 1980 (terceiro estágio do setor siderúrgico), triplicar a produção de alumínio, aumentar a produção de zinco de 15 mil toneladas para 100 mil, grande ampliação na produção de minério de ferro, por meio do Projeto Carajás, e várias outras. Quanto ao setor energético, esperava-se alterar o padrão e diminuir as necessidades de importação, pelo aumento da capacidade hidrelétrica, destacando-se o projeto Itaipu, aumentar a produção de carvão em Santa Catarina, dotar o país de energia nuclear, pela Nuclebrás, ampliar a prospecção de petróleo, basicamente no Nordeste. Previa-se também uma mudança no sistema de transporte, com maiores incentivos para ferrovias e hidrovias.

A lógica do modelo estava em que, conforme as empresas estatais avançassem, seus projetos de investimento no setor de insumos gerariam demanda derivada que estimularia o setor privado a investir no setor de bens de capital. Além da garantia de demanda, vários incentivos foram dados ao setor privado pelo Conselho de Desenvolvimento Econômico (CDE), principal órgão de implementação do Plano. Entre os incentivos, destacavam-se: o crédito do IPI sobre a compra de equipamentos, a possibilidade de depreciação acelerada, a isenção do imposto de importação, formas mais ou menos explícitas de reserva de mercado para novos empreendimentos (por exemplo, a Lei da Informática), garantia de política de preços compatível com as prioridades da política industrial etc.

Cap. 16 • Do Crescimento Forçado à Crise da Dívida **329**

Assim, se as taxas de crescimento no período foram menores que ao longo do Milagre, por outro lado, ocorreram profundas mudanças estruturais na economia. A indústria em sua totalidade cresceu 35% entre os anos 1974/1979. Os principais setores foram o metalúrgico, que cresceu 45%, de material elétrico, 49%, de papel e papelão, 50%, e químico, 48%. O setor têxtil cresceu 26%; o de alimentos, 18%. O setor de material de transportes cresceu 28%. Observa-se, novamente, um redirecionamento na atividade industrial, agora para o setor de insumos e de máquinas e equipamentos.

Dois problemas centrais para a execução do Plano eram as questões do apoio político e do financiamento do processo. Nesse sentido, percebe-se o isolamento do Estado, que se transformou em "**Estado-empresário**" e centrou o plano em si, tendo como agente central das transformações as empresas estatais.

A sustentação política do plano – baseada na chamada aliança de 1974, que se consolidaria no pacote de abril de 1977[3] – assentou-se no capital financeiro nacional, nas empreiteiras e em oligarquias arcaicas (forças políticas tradicionais). É interessante observar que estas últimas forças sempre venderam o apoio político em troca de fundos, e agora participavam do II PND, que atendia a uma pressão pela modernização das regiões não industrializadas, mediante a **descentralização espacial dos projetos de investimento**. Por exemplo: a maior siderúrgica seria construída em Itaqui (MA); a prospecção de petróleo passaria para a plataforma litorânea do Nordeste; soda de cloro em Alagoas; petroquímica na Bahia e no Rio Grande do Sul; fertilizantes potássicos em Sergipe; fosfato em Minas Gerais; carvão em Santa Catarina, e assim por diante.

Desse modo, o Estado procurava garantir o suporte ao Plano, equacionando, assim, a questão política; restava ainda a questão do financiamento. Nesse sentido, é interessante separar a análise do financiamento das empresas estatais e do setor privado envolvido no projeto. Quanto às empresas estatais, verificou-se a restrição do acesso destas ao crédito interno e uma política de contenção tarifária, que visavam conter as pressões inflacionárias e forçá-las ao endividamento externo. Essa busca de recursos externos também serviria para cobrir o "hiato de divisas" existente na execução do Plano. Iniciou-se, com isso, o processo de **estatização da dívida externa**. Já o setor privado foi financiado, basicamente, com créditos subsidiados de agências oficiais, entre as quais ganhou destaque o BNDES, que teve seu *funding* praticamente duplicado, com a transferência para este dos recursos do PIS-Pasep, antes administrados pela CEF.

A dívida externa cresceu rapidamente no período, com US$ 15 bilhões entre 1974/1977 e mais US$ 17 bilhões em 1978/1979. Nos dois primeiros anos, a entrada de recursos serviu para cobrir os déficits em transações correntes, mas já a partir de 1976 o país voltou a acumular reservas. A facilidade de obtenção de recursos externos está bastante relacionada com o **processo de reciclagem dos petrodólares**, isto é, aos superávits dos países da OPEP que retornavam ao sistema financeiro internacional. Como a demanda de crédito nos países desenvolvidos estava retraída, os países em desenvolvimento voltaram a ser vistos como clientes preferenciais.

---

[3] Alterou a representatividade do Congresso em favor dos estados menores do Nordeste, onde o ARENA, partido do governo, dominava.

Apesar da ampla liquidez internacional e da série de estímulos dados ao setor privado para captar recursos externos, tais como diferencial de taxas de juros e mecanismos que possibilitavam o *hedge* cambial (Circular n. 230 e Resolução n. 432, que permitiam aos agentes privados transferir o endividamento externo ao Banco Central, por meio dos depósitos em cruzeiros junto a este), o que compõe a segunda parte da explicação do processo de estatização da dívida externa, as estatais constituíram-se nos principais tomadores. O setor privado envolvido na captação fê-lo basicamente por movimentos especulativos: captar no exterior e aplicar em títulos públicos com garantia de liquidez, dada a "carta de recompra" e sem risco de perda cambial, com a possibilidade de *hedge*, que se tornaram fonte adicional de especulação.[4]

Para realizar o II PND, o Estado foi assumindo um passivo, para manter o crescimento econômico e o funcionamento da economia. Dados os níveis extremamente baixos das taxas de juros internacionais, o Estado era capaz de pagar os juros, mas correndo o risco de que qualquer alteração na estrutura das taxas de juros poderia inviabilizar as condições de pagamento, principalmente tendo-se em vista a característica flutuante das taxas de juros dos empréstimos. A deterioração da capacidade de financiamento do Estado, que socializou todos os custos no período do II PND (com grande aumento nos gastos, sem criar mecanismos adequados de financiamento), constituir-se-ia no grande problema enfrentado posteriormente pela economia brasileira.

Boxe 16.1 – A ciranda financeira

Uma importante questão foi levantada por A. Moura da Silva (s/d) sobre a particularidade do Sistema Financeiro Nacional pós-64. Segundo esse economista, havia nesse período a coexistência de três moedas:

i.   setor real (operações com correção monetária *a posteriori* – operações fiscais e financeiras do governo);

ii. setor nominal (operações prefixadas, contratos em cruzeiro – instituições financeiras privadas e bancos governamentais); e

iii. as operações com moeda estrangeira (taxa de câmbio não flutuante), em que só se poderia operar com a autorização do Banco Central, que assumia o risco de existirem ou não reservas no momento do vencimento. Nesse segmento, só operavam as grandes instituições, que, no caso de não encontrarem tomadores domésticos, poderiam aplicar em LTNs ou devolver ao Banco Central, que se responsabilizaria pelos encargos.

Esse sistema só podia funcionar caso a relação de troca entre as três moedas fosse estável, isto é, na ausência de aceleração inflacionária ou pressões cambiais. Com essa dicotomia no sistema financeiro (um setor capta real e outro nominal, supondo o cambial como real), quando se instabilizavam as taxas de inflação, os aplicadores de recursos no sistema financeiro buscavam o setor que trabalha com taxas reais, enquanto os demandantes procuravam o setor nominal, para não correrem o risco de insolvência (com aceleração inflacionária, aumenta a dispersão dos preços). Gerava-se, portanto, um excesso de oferta de recursos no setor real e uma falta no nominal. Para viabilizar o funcionamento do sistema, o governo entrava emprestando

---

[4] Ver Boxe 16.1.

a taxas subsidiadas (prefixadas) e, por outro lado, ampliava a liquidez primária, para evitar a insolvência do setor nominal. Tinha-se, portanto, um sistema financeiro cuja organização implicava elevação do déficit público, ao gerar, para o governo, maior agente financeiro da economia, o fenômeno do *spread* negativo. Ao impedir as crises de iliquidez, o governo perdia o controle monetário. Por outro lado, para garantir a valorização dos recursos captados no setor real, ampliava-se a oferta de títulos públicos como contrapartida da excessiva captação de recursos externos, com o que aumentava o passivo do setor público.

Esse processo de troca de posições ativas e passivas entre o setor privado e setor público denomina-se **ciranda financeira**.

16.2 A HETERODOXIA DELFINIANA

A situação brasileira no final da década de 1970 e no início da de 1980 era a seguinte:

i. profundas transformações no cenário internacional, trazendo à tona novamente a vulnerabilidade da economia brasileira aos condicionantes externos. Em 1979, ocorreu o segundo choque do petróleo e a reversão nas condições de financiamento internacional, com a elevação da taxa de juros internacional, em um momento em que o endividamento externo brasileiro era crescente. Nesse ano, os juros líquidos da dívida externa já correspondiam a 28% do valor das exportações, e o país apresentou um déficit em transações correntes da ordem de US$ 10,8 bilhões, que foi apenas parcialmente coberto pela entrada de capitais de US$ 7,7 bilhões, ocasionando uma queima de reservas de US$ 2,2 bilhões. Pode-se considerar 1979 o ano do início da crise cambial;

ii. em nível interno, já se fazia sentir a deterioração da situação fiscal do Estado, com: (a) redução na carga tributária bruta; (b) aumento no volume de transferências, com destaque para os juros sobre a dívida interna; (c) as estatais eram focos de déficits, em vista do enorme passivo financeiro e aos controles tarifários; (d) o orçamento monetário, contaminado por várias operações fiscais, apresentava profundos déficits, decorrentes principalmente das operações creditícias do governo, com o fenômeno do *spread* negativo;

iii. o desequilíbrio externo, os choques de oferta (petróleo e comportamento insatisfatório da agricultura naquele ano) e os déficits públicos geravam pressões inflacionárias, que tendiam a propagar-se devido aos mecanismos de indexação da economia. Com isso, a inflação em 1979 saltou para os 77% a.a., com tendência aceleracionista;

iv. esse período é ainda marcado pela mudança de governo, passagem de Geisel para Figueiredo, que deveria aprofundar a abertura política, com anistia aos exilados, maior liberdade sindical, reforma partidária etc.

O governo Figueiredo iniciou-se com Mário Henrique Simonsen no comando central da economia. O diagnóstico básico, tanto para o desequilíbrio externo como para a aceleração inflacionária, era o excesso de demanda interna, materializada no déficit público. A política econômica procurou centrar-se no controle da demanda agregada. A persistência da crise levava ao aprofundamento da terapia, caminhando-se para um "choque ortodoxo", sem que se vislumbrasse eficácia no tratamento, com a inoperância dos instrumentos de política econômica tradicionais. A ameaça de profunda queda da atividade econômica levou à grande reação política e à substituição do ministro em agosto de 1979.

O Ministro Delfim Netto assumiu a Secretaria do Planejamento (Seplan) com um discurso desenvolvimentista e de combate à inflação com crescimento econômico, procurando reeditar o Milagre econômico.

As principais medidas adotadas foram:

i. o controle sobre as taxas de juros;

ii. a expansão do crédito para a agricultura, com vista em expectativas de uma supersafra para 1980, e contenção dos preços dos alimentos;

iii. a criação da **Secretaria Especial das Empresas Estatais (SEST)**, para controlar as empresas estatais, e a aceleração dos reajustes das tarifas (reeditando a inflação corretiva do PAEG), para melhorar a situação das empresas;

iv. a eliminação de alguns incentivos fiscais às exportações, do depósito prévio sobre as importações, e a revogação da Lei do Similar Nacional, visando controlar o comércio externo por meio da política cambial e tarifária;

v. o estímulo à captação externa, reduzindo o custo do dinheiro externo via diminuição dos impostos sobre a remessa de juros;

vi. a **maxidesvalorização** de 30% do cruzeiro em dezembro de 1979;

vii. a prefixação da correção monetária e cambial em 50% e 45%, respectivamente, para o ano de 1980, visando combater a inflação com um golpe psicológico;

viii. a aprovação da nova lei salarial em novembro (Lei n. 6.708), que instituía a semestralidade dos reajustes salariais, bem como reajustes diferenciados por faixas de salários.

Os resultados obtidos por esse conjunto de medidas, em 1980, foram:

i. a aceleração inflacionária para os 100% a.a., em função do aumento dos preços públicos, da semestralidade salarial e da maxidesvalorização cambial, que aumentou o custo dos produtos importados;

ii. o recrudescimento da maior crise econômica internacional no pós-guerra, em função da segunda crise do petróleo (o preço do barril elevou-se de 15 para 35 dólares), e da elevação das taxas de juros internacionais, em função do aumento das taxas de juros nos Estados Unidos. Além disso, as políticas adotadas pelas autoridades mostraram-se ineficazes em função da aceleração inflacionária. Esses fatos, somados, provocaram a deterioração das contas externas, ampliando a dívida externa e levando a maior perda de reservas;

iii. a acentuação do processo especulativo, que ocorreu por duas razões. Em primeiro lugar, em função da maxidesvalorização cambial, que rompeu uma regra que atravessou intacta mais de uma década – a das minidesvalorizações. Em segundo lugar, a prefixação

Cap. 16 • Do Crescimento Forçado à Crise da Dívida **333**

provocou grande perda nos ativos financeiros, o que levou a uma fuga desses ativos, com profunda retração do sistema financeiro naquele ano, direcionando os recursos para a especulação com estoques (principalmente antecipação de importações).

16.3 A CRISE DA DÍVIDA EXTERNA

A piora na situação cambial levou o governo, já em 1980, a reverter a política econômica e a adotar uma política ortodoxa, denominada "**ajustamento voluntário**", pois ainda não recorreria ao FMI e à renegociação da dívida (que ocorreria mais tarde). O diagnóstico permaneceu sendo o tradicional excesso de demanda interna.

As dificuldades crescentes para a renovação dos empréstimos externos, juntamente com seu encarecimento, fizeram com que a política interna se pautasse pela redução da necessidade de divisas, por meio do controle da absorção interna.[5] O sucesso dessa estratégia dependia do tamanho da recessão resultante e/ou do sucesso na reorientação dos fatores produtivos para a atividade exportadora, com o qual se poderia fazer o ajuste com menor perda de produto.

Um primeiro ponto a ser analisado é o próprio diagnóstico. A existência de desequilíbrio externo não significa necessariamente que um país esteja vivendo acima de seus limites (excesso de demanda), mas pode ser decorrência de um processo de endividamento externo que começa a ser cobrado, ou de uma brusca elevação das taxas de juros internacionais, associada com uma deterioração dos termos de troca. Esse parece ser o caso do Brasil, que se havia endividado no período anterior com base em um sistema de taxas de juros flutuantes. Quando essas se elevaram, a situação de endividamento, que parecia estar sob controle, mostrou-se insustentável.

Um ponto central nessa mudança de cenário é a alteração na política econômica norte-americana. A partir de 1979, o FED adotou uma política monetária restritiva, visando conter a tendência de desvalorização do dólar que se verificava desde a adoção do câmbio flutuante em 1973. Para tal, restringiu o crédito e dificultou o financiamento do Tesouro americano, tentando forçar o ajustamento da economia. Quando Reagan assumiu a presidência dos Estados Unidos em 1980, e adotou a política do "*supply side economics*", ou "*reaganomics*", a situação fiscal do governo deteriorou-se ainda mais (ver Boxe 16.2). Ao ter que financiar-se no mercado em uma situação de aperto creditício, elevou violentamente as taxas de juros, o que transformou os Estados Unidos no grande absorvedor da liquidez mundial.[6]

Boxe 16.2 – *Supply side economics*

Como assinalamos antes, a economia norte-americana vinha há muito tempo perdendo competitividade diante de outras nações industriais, o que se materializava em piora de suas contas externas e profunda tendência de desvalorização do dólar, que se iniciara em 1973.

---

[5] Ver dados sobre o setor externo no Capítulo 10.

[6] Ver Baer (1993).

No início dos anos 1980, com o governo Reagan, assistiu-se à ascensão dos economistas liberais, associados em grande parte à Universidade de Chicago, que viam o problema da economia dos Estados Unidos como um excesso de intervenção do governo. As altas alíquotas de impostos necessárias para financiar o governo acabavam desestimulando os investimentos privados e elevando os custos dos produtores americanos, com o que estes perdiam competitividade, e cujo efeito final ainda era uma deterioração das contas públicas, pois as alíquotas elevadas desestimulavam a produção e com isso diminuía-se a base tributável – transações sobre as quais incidem os impostos – com efeito líquido negativo sobre a arrecadação de impostos. Acreditavam que os Estados Unidos estavam na fase descendente da chamada **Curva de Lafer**, que relaciona alíquota de impostos e arrecadação. De acordo com esta, existe uma alíquota ótima que maximiza a arrecadação. Até se atingir esse ponto, o aumento de impostos aumenta a arrecadação; a partir desse ponto, o aumento nas alíquotas diminui a arrecadação total.

De acordo com essa corrente, a superação da crise econômica americana passaria pela redução do tamanho do Estado, diminuindo seus gastos e diminuindo o peso dos impostos sobre as empresas. Assim, deveriam ser diminuídas as alíquotas de impostos e realizadas reformas nas áreas sociais que diminuíssem o peso dos encargos trabalhistas. Com isso, as empresas americanas retomariam a capacidade de investimento e a competitividade, ampliando a renda, a base tributável e a própria arrecadação do Estado.

A preocupação com a redução de custos para as empresas e com o incentivo ao investimento para recuperarem a competitividade é que leva a denominação *SUPPLY SIDE ECONOMICS*, isto é, o objetivo deve ser a adequação das condições de oferta, e não políticas de demanda, como preconizavam os keynesianos.

Nesse contexto de taxas de juros mais elevadas e maior dificuldade de obter recursos, isto é, rolar os passivos acumulados, muitos países em desenvolvimento viram-se em problemas com a dívida externa, levando à insolvência polonesa e argentina e à moratória mexicana, no chamado "**setembro negro**" (1982), o que provocou o rompimento completo do fluxo de recursos voluntários aos países em desenvolvimento. Assim, naquele momento, esses países foram praticamente obrigados a entrar em uma política de **geração de superávits externos**, para fazer frente aos serviços da dívida externa. Percebe-se que, enquanto na década de 1970 o endividamento externo era compreendido como um modo de superar os constrangimentos externos e os países foram praticamente capturados pelo sistema financeiro internacional, na década de 1980, este se transformou no próprio gerador dos constrangimentos.

No Brasil, esse processo de ajustamento externo, de busca de superávits, iniciou-se, como vimos, em 1980, de forma voluntária, e aprofundou-se a partir de fins de 1982, sob a tutela do FMI, órgão que visava fundamentalmente garantir o pagamento da dívida externa. A política adotada baseava-se:

a. na contenção da demanda agregada, por meio de: (i) redução do déficit público, com redução nos gastos públicos, principalmente investimentos; (ii) aumento da taxa de juros interna e restrição do crédito; (iii) redução do salário real, mediante critérios de subindexação dos salários contidos na política salarial, e do desemprego gerado pelo quadro recessivo;

Cap. 16 • Do Crescimento Forçado à Crise da Dívida **335**

b. em tornar a estrutura de preços relativos favorável ao setor externo. Nesse sentido, observaram-se: (i) intensa desvalorização real do cruzeiro, levando à elevação na relação câmbio/salário; (ii) elevação do preço dos derivados de petróleo; (iii) estímulo à competitividade da indústria brasileira, por meio da contenção de alguns preços públicos e de subsídios e incentivos à exportação.

O resultado da política de ajustamento foi uma profunda recessão em 1981 e 1983, e baixo crescimento em 1982, com grande queda na renda *per capita* no período. A inflação, inicialmente estabilizada em 100% nos anos de 1981 e 1982, acelerou-se em 1982 devido a alguns choques de oferta e à deterioração da situação financeira do Estado. A política foi bem-sucedida no tocante ao comércio exterior, observando-se profunda reversão no saldo da balança comercial, passando de um déficit em 1980 para superávits da ordem de US$ 6,5 bilhões em 1983 e um recorde de US$ 13 bilhões em 1984.

Tabela 16.4   Produto (Índice 1980 = 100) e Inflação (%) – 1980-1993

Ano	PIB	Indústria	Agricultura	Serviços	IGP-DI (%)
1980	100,00	100,00	100,00	100,00	110,2
1981	95,75	91,17	107,98	97,51	95,2
1982	96,63	91,30	107,75	99,57	99,7
1983	93,81	85,91	107,27	99,06	211,0
1984	98,90	91,38	110,07	104,37	223,8
1985	106,75	99,08	120,59	11,66	235,1
1986	114,81	110,73	110,92	120,73	65,0
1987	118,99	111,90	127,53	124,78	415,0
1988	118,92	109,00	128,60	127,67	1.037,6
1989	122,73	112,15	132,27	132,30	1.782,9
1990	117,51	103,20	127,35	131,35	1.476,6
1991	118,93	103,20	130,05	134,06	480,2
1992	117,86	99,38	136,94	133,92	1.158,0
1993	123,75	108,33	134,34	138,61	2.708,6

Fonte: Conjuntura Econômica.

O sucesso do ajustamento externo deveu-se em parte à própria recessão, que levou a uma grande queda nas importações, paralelamente aos estímulos ao aumento das exportações. Em 1984, o superávit foi atingido mesmo com recuperação do produto, o que pode ser explicado em boa medida pelo sucesso do II PND, que permitiu amplo processo de substituição de importações e criou setores com competitividade externa, para elevar as exportações, eliminando o "**desequilíbrio congênito**" do Balanço de Pagamentos brasileiro – a tendência a déficits decorrentes da expansão econômica.

O lado problemático do ajustamento era o equacionamento das contas internas, que não se resolveria com a geração de superávits externos. A dificuldade básica estava em que as obrigações da dívida externa não estavam distribuídas entre os setores da economia em proporção à importância desses setores. Assim, o ônus da dívida recaía de forma mais violenta sobre alguns setores, que precisavam realizar um esforço de poupança para adquirir as divisas e remetê-las ao exterior. Esse é o **problema interno do ajuste externo**.

No caso brasileiro, 80% da dívida era do setor público, devido ao processo de estatização (socialização) da dívida externa, enquanto a maior parte da geração do superávit se dava no setor privado. Para o governo adquirir as divisas, ele deveria ou gerar um superávit fiscal compatível com a transferência externa, ou emitir moeda, ou então se endividar internamente. A primeira alternativa era inviável, pois a situação fiscal do setor público já se vinha deteriorando desde o II PND, sendo agravada pela política de ajustamento externo, por várias razões:

i. a política cambial agressiva e as maxidesvalorizações aumentavam o custo interno do serviço da dívida externa. Em alguns países, como o Chile, onde o setor exportador é propriedade do Estado (no caso, o cobre), as desvalorizações cambiais acabavam tendo resultado positivo para as finanças públicas;

ii. a recessão diminuía a base tributável, com efeito negativo sobre a arrecadação;

iii. a transferência de recursos produtivos para as atividades de exportação significava uma renúncia fiscal, em virtude dos incentivos dados ao setor, e um aumento nos gastos, por causa dos subsídios;

iv. as taxas de juros internas elevadas, para conter a demanda agregada, encareciam a rolagem da dívida interna;

v. a aceleração inflacionária diminuía a arrecadação (conhecida como **Efeito Oli-vera-Tanzi**).

A segunda alternativa mostrava-se incompatível com a política de controle da absorção interna, manutenção de taxas de juros elevadas e tentativa de controle inflacionário. A única alternativa era representada pelo endividamento interno, por meio da colocação de títulos públicos, que se fazia em condições cada vez mais precárias: maiores juros e menores prazos. Esse processo, que significava a **transformação da dívida externa em dívida interna**, acelerou a deterioração das contas públicas e ampliou o grau de indexação da economia em função das condições internas de negociação dessa dívida interna. Essas questões estão na raiz dos problemas que seriam enfrentados no segundo lustro da década.

Um último ponto a ser destacado é que esse processo de ajustamento externo se deu em um contexto de abertura política com amplos questionamentos sobre a condução da política econômica pelo governo. Esse fato manifestou-se na derrota do partido do governo nos principais estados, na eleição para governadores em 1982. A aceitação de o país assumir todo o peso do ajustamento era cada vez mais criticada, e ganhavam curso ideias como a moratória da dívida externa, o ajustamento sem sacrificar o crescimento, entre outras.

Todo esse questionamento ganhou força no contexto de mudança de governo em 1984 e o movimento das "Diretas Já". Assim, apesar de se ter conseguido o ajustamento externo, o modelo adotado era cada vez mais questionado por grande parte da população, que tinha

Cap. 16 • Do Crescimento Forçado à Crise da Dívida **337**

o desemprego como ameaça latente. A inflação mostrava-se renitente a políticas ortodoxas, e várias vozes defendiam formas alternativas de combate à inflação. Foi nesse clima que terminou o regime militar e se iniciou a Nova República, com a esperança de fazer os ajustamentos, sem impor sacrifícios à população.

CONCEITOS-CHAVE

II PND
Ajustamento voluntário
Ajuste na estrutura de oferta
Choque do petróleo
Ciranda financeira
Crise da dívida externa
Curva de Lafer
Descentralização espacial
Desequilíbrio congênito do Balanço de Pagamentos
Dicotomia ajustamento financiamento
Efeito Olivera-Tanzi
Estado-empresário

Estatização da dívida externa
Heterodoxia delfiniana
Maxidesvalorização
Prefixação das correções monetária e cambial
Problema interno do ajuste externo
Reciclagem de petrodólares
Secretaria Especial das Empresas Estatais
Setembro negro
Supply side economics
Transformação da dívida externa em interna

QUESTÕES

Q1. Explique o II PND em termos de projeto de desenvolvimento, demonstrando a forma como foi financiado.

Q2. Faça um breve comentário sobre a situação da economia brasileira e mundial no início da década de 1980.

Q3. Quais as principais medidas adotadas pelo Ministro Delfim Netto a partir de agosto de 1979?

Q4. "Os superávits da balança comercial nos anos 1983-1984 podem ser explicados pela retração da demanda interna." Comente.

Q5. Relacione o ajustamento externo brasileiro com a deterioração das contas públicas nacionais nos anos 1980.

TEMA PARA DEBATE

T1. Até que ponto o II PND foi uma estratégia ousada de crescimento e de resposta à crise internacional, ou foi uma estratégia irresponsável motivada por causas políticas? O II PND pode ser visto como a continuidade do processo de substituição de importações?

PARTE IV

Transformações Econômicas Mundiais e as Reformas Liberais no Brasil

Antes de dar continuidade à análise histórica da economia brasileira no período mais recente, torna-se oportuno discutir com mais detalhes a série de transformações que ocorreram nas últimas décadas tanto na economia mundial como nas economias nacionais. De modo geral, essas modificações estão relacionadas com o processo denominado **globalização**, que se manifesta em diferentes aspectos: comercial, produtivo, financeiro e institucional. Essa nova fase levou a profundas readaptações nas estruturas econômicas nacionais, com destaque para ampla valorização do "mercado", preocupação crescente com a "competitividade" e menor participação do Estado, configurando-se a volta do chamado liberalismo econômico.

No pós-Segunda Guerra Mundial, o mundo viveu um período de rápido crescimento econômico, que persistiu até o início dos anos 1970. Essa fase, chamada por alguns de "**Idade de Ouro**" do capitalismo, caracterizou-se por uma forte presença do Estado na economia, que teria, entre outras funções, a de garantir elevado nível de emprego. Predominavam as chamadas políticas keynesianas.

Nos países desenvolvidos, constituiu-se ampla rede de proteção social – sistemas previdenciários, assistência social, seguro-desemprego, sistemas públicos de saúde etc. – que permitia a manutenção da renda e a demanda dos indivíduos, mesmo quando estes não estivessem gerando renda, o chamado **Estado do Bem-estar**. Além disso, os gastos públicos foram de extrema importância para o desenvolvimento tecnológico e o aumento da produtividade. O modelo de desenvolvimento, chamado de **fordismo**, baseava-se na produção em larga escala e consumo em massa, com constantes ganhos de produtividade, que viabilizavam tanto os aumentos de salário real como a ampliação dos lucros e da acumulação de capital.

Apesar do crescimento do comércio mundial nessa fase, a dinâmica da economia era dada, basicamente, pela demanda interna. Prevaleciam ainda barreiras protecionistas significativas. Um fato marcante do período foi a expansão das **empresas multinacionais**, isto é, empresas que possuíam filiais (plantas) em diversos países, para poder atender aos respectivos mercados, além de poder beneficiar-se de menores custos trabalhistas, vantagens tributárias etc. Essa expansão das multinacionais possibilitou a industrialização de vários países que não possuíam capital e tecnologia para desenvolver determinados setores. Embora essa estratégia permitisse a queima de etapas no processo de industrialização, acarretava alguns problemas, tais como o comprometimento de recursos com a remessa de lucros, a dependência tecnológica etc.

Paralelamente à expansão dos investimentos diretos, assistiu-se ao crescimento dos fluxos financeiros entre os países, em decorrência da própria expansão das multinacionais. O surgimento do euromercado nos anos 1960 e seu crescimento nos anos 1970, com o processo de endividamento externo dos países do Terceiro Mundo, é outro passo importante para a internacionalização do capital.

Assim, o modelo característico do pós-Segunda Guerra Mundial centrava-se nas economias nacionais, mas foi possibilitando a internacionalização tanto pelo aumento dos fluxos comerciais como, principalmente, dos fluxos de capitais, que colaboravam para manter a expansão da renda nos países desenvolvidos.

Nos anos 1970, verifica-se a crise deste modelo de desenvolvimento – o fordismo. Constata-se uma retração nos ganhos de produtividade, que impedia o crescimento contínuo de salários e lucros, levando a manifestações do **conflito distributivo**. Entre as manifestações da crise, está o rompimento do sistema monetário internacional vigente (**Sistema de Bretton Woods**), que não era adaptado a um intenso fluxo de capitais entre os países. As indefinições dos anos 1970 conduziram a uma sucessão de choques, por exemplo, os choques do petróleo, e a retração econômica dos países desenvolvidos possibilitou amplo processo de endividamento externo dos países em desenvolvimento.

No final dos anos 1970, começa a ganhar destaque o diagnóstico de que a crise econômica dos países centrais decorria de profundas ineficiências associadas às imperfeições no funcionamento do mercado: excesso de intervenção do setor público, excesso de regulamentações, sindicatos etc. Assim, assistimos, no início dos anos 1980, a um processo de desmantelamento do Estado do Bem-estar, com a implantação de uma série de reformas pró-mercado.

Coloca-se no centro da análise a questão da **competitividade**. Para que um país pudesse dinamizar sua economia, suas empresas precisariam ser mais competitivas, o que seria obtido eliminando-se as distorções e as ineficiências existentes. Para tal, dever-se-ia ampliar a concorrência em todos os mercados, o que justificava, por exemplo, a retirada do Estado de diversos setores, a ampliação da abertura comercial, a desregulamentação de vários mercados, a diminuição do poder dos sindicatos etc.

Parte IV • Transformações Econômicas Mundiais e as Reformas Liberais no Brasil **341**

Inicia-se, dessa maneira, um amplo conjunto de reformas em termos mundiais. Ao Estado, por exemplo, caberia cumprir suas funções básicas, provisão dos chamados bens públicos, e mesmo nesse caso gerando o mínimo de distorções possíveis, isto é, evitando-se amplas redistribuições de renda que poderiam provocar ineficiências ao sinalizar incentivos incorretos para os indivíduos. Tem início, desse modo, uma série de reformas nos sistemas previdenciários e de saúde, por exemplo, em que o Estado assume uma responsabilidade cada vez menor, garantindo um mínimo para os indivíduos, passando a ser de responsabilidade individual a obtenção de melhores padrões de saúde e previdência. O mesmo se verifica para a educação em alguns países. As demais funções que estavam nas mãos do Estado, mas que não correspondem às suas funções típicas, deveriam ser passadas ao setor privado, caracterizando um processo de **privatizações** (transportes, energia, saneamento etc.).

Com a redefinição das funções do Estado e do modo de provisão, poder-se-ia reduzir os gastos públicos e os déficits fiscais, diminuindo as pressões do Estado sobre os recursos disponíveis, possibilitando a ampliação da poupança. Ou seja, o equilíbrio orçamentário passou a ser um objetivo central, o que significa que o Estado deixaria de ter uma função estabilizadora, isto é, utilizar os gastos públicos como modo de manter o máximo de emprego possível, como fora nos anos anteriores.

As reformulações na rede de proteção social tinham ainda outra importância, que era a redução nos custos trabalhistas. Como em vários países grande parte do financiamento dos sistemas previdenciários e de saúde se dava na forma de contribuições/impostos sobre a folha de pagamento (ou faturamento), que em grande parte recaíam sobre as empresas, a diminuição das responsabilidades do Estado nesses setores significaria uma redução da carga tributária das empresas, uma vez que o financiamento agora estava sendo repassado para o próprio indivíduo beneficiário. Ainda na questão trabalhista, verificamos forte tendência à **desregulamentação das relações trabalhistas**, que também contribuiu para reduzir os direitos dos trabalhadores e para fazer com que o mercado funcionasse de modo mais "concorrencial".

Em outros mercados, também verificamos amplo processo de desregulamentação, com destaque para o sistema financeiro, visando-se a uma maior concorrência entre os diversos tipos de instituições financeiras. Esse processo foi acompanhado de liberalizações na Conta Capital (posteriormente denominada Conta Financeira)[1] do Balanço de Pagamentos, que possibilitavam maior integração financeira com o exterior. Esse conjunto de reformas está na base do chamado processo de globalização.

Devemos destacar que esse diagnóstico da necessidade de reformas pró-mercado surgiu nos países desenvolvidos e ganhou força nos anos 1980, mas não se verificou uma implantação *in totum* dessas medidas nesses países. As reformas foram adotadas com uma voracidade muito maior nos países em desenvolvimento. Podemos destacar, por exemplo, o caso do Chile a partir de 1973, quando se inicia o regime militar (Governo Pinochet), que se constituiu em um verdadeiro laboratório dessas propostas.

---

[1] Ver Capítulo 10, *Setor Externo*, Seção 10.1, Balanço de Pagamentos. Manteremos neste capítulo a denominação anterior, Conta Capital.

Tomando-se o caso da América Latina, sabemos que vários países recorreram a um forte protecionismo e intervenção estatal como forma de desenvolver-se. Na década de 1980, verificamos profunda instabilidade econômica com retrações nas taxas de crescimento e aceleração inflacionária na maior parte dos países, no bojo da crise da dívida externa. Assim, o diagnóstico para esses países era que essa situação resultava das ineficiências da estrutura econômica decorrente da baixa exposição à concorrência internacional e da forte presença do Estado, colocando-se, portanto, a necessidade de reformas direcionadas ao mercado, as chamadas **reformas liberais**.

As propostas que foram sendo impostas a vários países em desenvolvimento, principalmente pelos órgãos de financiamento internacional (Banco Mundial e FMI), ficaram conhecidas como **Consenso de Washington** e colocavam as seguintes questões: "disciplina fiscal, redirecionamento das prioridades de gastos públicos para as áreas de saúde, educação e infraestrutura, reforma fiscal (ampliando a base fiscal e reduzindo impostos marginais), estabelecimento de taxas de câmbio competitivas, garantia dos direitos de propriedade, desregulamentação, liberalização comercial, privatização, eliminação de barreiras ao investimento estrangeiro e liberalização financeira" (Baumann, 2000, p. 13).

Colocava-se esse conjunto de propostas sem se discutir como estas deveriam ser realizadas, e quais os custos envolvidos no período em que estas estivessem sendo realizadas. Uma série de análises começou a surgir sobre qual deveria ser a sequência ótima das reformas: se a liberalização comercial deveria vir antes ou ser simultânea da liberalização da Conta Capital; a relação entre liberalização financeira doméstica e abertura da Conta Capital; a relação entre reformas econômicas e estabilização. Apesar do interesse acadêmico sobre a sequência adequada das reformas, parece não ter se verificado em nenhum país a implantação planejada das reformas de modo a diminuir seus custos.

Um exemplo refere-se à sequência entre estabilização e reformas. Vários estudos mostram que o adequado seria que os países primeiro atingissem a estabilização para depois fazerem a abertura, por exemplo. No caso do Brasil e da América Latina em geral, verificamos que a ordem foi inversa, com as reformas tendo sido uma precondição para atingir a estabilidade (programas baseados na abertura comercial e âncora cambial).

Outro exemplo refere-se à liberalização financeira e à abertura da Conta Capital. Em geral, preconizamos que, antes de sua abertura, deve-se fortalecer o sistema financeiro interno, com o aprofundamento financeiro, a implementação de taxas reais de juros positivas, o fortalecimento da regulamentação e dos mecanismos de supervisão, entre outras questões. A abertura da Conta Capital, em um contexto de sistema financeiro reprimido, pode gerar evasão de recursos com consequentes crises cambiais e financeiras. Em geral, verificamos um processo simultâneo de liberalização financeira e abertura da Conta Capital, tendo como consequência uma série de **crises gêmeas** (financeira e cambial), por exemplo, o Chile no final dos anos 1970 e início dos anos 1980, vários países do Sudeste Asiático em 1997, entre outros.

No Brasil, também verificamos intensa atividade reformista a partir do final dos anos 1980: abertura comercial, abertura da Conta Capital, privatização, reforma fiscal, reforma administrativa, reforma da seguridade social, reformas financeiras, reforma trabalhista etc.

Nesta parte do livro, pretendemos discutir algumas das reformas ocorridas no Brasil, associadas à inserção internacional do país – abertura da Conta Capital e abertura comercial –, à regulamentação do sistema financeiro e à mudança no papel do Estado, destacando-se o processo de privatização e a questão da regulação dos mercados. Para tanto, esta parte encontra-se dividida em cinco capítulos. No Capítulo 17, discutimos algumas transformações ocorridas na economia mundial após a Segunda Grande Guerra, principalmente no que se refere ao sistema monetário e financeiro internacional. No Capítulo 18, analisamos a questão do endividamento externo da economia brasileira e o processo recente de liberalização financeira, isto é, abertura da Conta Capital. O Capítulo 19 trata das mudanças nas relações comerciais do Brasil com o exterior. No Capítulo 20, discutimos a atuação do Estado ao longo do desenvolvimento econômico brasileiro, incluindo o recente processo de privatizações.

17
Economia Mundial Após a Segunda Grande Guerra

Uma característica marcante das últimas décadas é a crescente integração econômica mundial em diversos aspectos: comercial, produtivo, financeiro. Essa questão ganhou mais destaque no período recente, tendo sido chamada de "globalização". Deve-se notar que esse processo é antigo, tendo sofrido alguns interregnos. No final do século XIX, por exemplo, já se discutia a questão do imperialismo; após a Segunda Guerra Mundial, ganha destaque a questão das multinacionais; nos anos 1960 e 1970, assiste-se à emergência e ao crescimento do euromercado, enfim, é uma sucessão de fatos que mostram a crescente internacionalização/mundialização da economia, culminando na chamada globalização. Trata-se de um fenômeno complexo com diversos delineamentos, sendo impossível tratar de todos os seus aspectos no espaço aqui proposto. Assim, este capítulo elegeu alguns pontos para dar uma ideia de como se chegou à situação atual e o que significa a globalização. O capítulo está dividido em três partes. A primeira descreve o funcionamento do Sistema Monetário Internacional no período 1945/1971, denominado Sistema de Bretton Woods. A segunda parte trata de algumas transformações na esfera comercial e produtiva que propiciaram maior integração das economias nacionais. E a última parte trata do aspecto mais visível dessa integração, a globalização financeira.

17.1 SISTEMA DE BRETTON WOODS

As grandes guerras mundiais da primeira metade do século XX, assim como os conturbados anos do período de entre-guerras, como a crise dos anos 1930 e as hiperinflações de países europeus, provocaram grandes perturbações na economia de praticamente todos os países e, por conseguinte, nas relações econômicas internacionais. Essa época contrastava-se com a relativa prosperidade de antes da Primeira Guerra Mundial, que, liderada pela Inglaterra, viu a dinamização das relações econômicas internacionais, tanto comerciais quanto financeiras. Já nos anos entre-guerras, o comércio internacional reduziu-se e os fluxos internacionais de capitais também. Segundo as autoridades da época, talvez o principal problema desse período tenha sido a ruptura do chamado padrão-ouro. O **padrão-ouro** era uma espécie de sistema monetário internacional tacitamente aceito pelas principais nações desenvolvidas. Já ao final da Segunda Guerra Mundial, mostrava-se necessário um novo sistema monetário internacional.

O objetivo de um **sistema monetário internacional** é o de viabilizar as transações entre países, estabelecendo regras e convenções que regulem as relações monetárias e financeiras, e não criem entraves ao desenvolvimento mundial. Nesse sentido, definem-se: o ativo (moeda) de reserva internacional, sua forma de controle, sua relação com as diferentes moedas nacionais (o regime cambial), os mecanismos de financiamento e ajustamento dos desequilíbrios dos balanços de pagamentos, o grau de liberdade dos capitais privados e a institucionalidade que garantirá o funcionamento desse sistema. Ao longo do tempo, diversos "sistemas" foram estabelecidos, como se pode perceber pelo Quadro 17.1.

Tais eram as preocupações presentes, nos últimos anos da Segunda Guerra Mundial, quando se via no comércio mundial importante instrumento para potencializar o desenvolvimento do mundo capitalista. Na Conferência de Bretton Woods, algumas propostas de remodelagem do sistema monetário internacional surgiram; entre elas, destacaram-se as do economista inglês John Maynard Keynes e a de Henry White, secretário do Tesouro dos Estados Unidos, que prevaleceu. Nasceu dessa conferência um sistema monetário internacional que foi extremamente importante no reflorescimento do comércio mundial, sobre o qual se baseou o crescimento econômico do pós-guerra.

Quadro 17.1 Evolução do sistema monetário internacional

	Padrão-ouro (até 1914)	Entre-guerras (1914-1945)	Bretton Woods (1946-1971)	Atual (1971-)
a. Regime cambial	Câmbio fixo	Câmbio flutuante	Câmbio fixo	Câmbio flutuante
b. Ativo de reserva	Ouro (libra)	Ouro (libra, dólar)	Ouro, dólar, DES	Moedas fortes (dólar, marco, iene, DES)
c. Mobilidade do capital	Plena liberdade	Controles/ restrições	Grande mobilidade	Livre mobilidade
d. Mecanismo de ajuste	Ajuste automático	Desvalorização cambial	Ajuste automático e regras do FMI	Ajuste automático, desvalorização cambial e regras do FMI
e. Instituições específicas	Não existem	Não existem	FMI, BIRD (Banco Mundial), GATT	FMI, BIRD, GATT (OMC)

Boxe 17.1 – Proposta Keynes

A proposta de Keynes, que representava a Inglaterra, em lugar do FMI (que foi a proposta vencedora, norte-americana), defendia a formação de uma **União Internacional de Compensação**, que atuaria como um Banco Central dos Bancos Centrais.

> Cada Banco Central teria uma conta na União Internacional de Compensação, chamada "**bancor**". Os países poderiam acumular saldos de "bancores" depositando ouro ou recebendo "bancores" de países deficitários. Cada país-membro teria direito a determinado valor de saques sem fundos, relacionado com o volume de seu comércio. Os Estados Unidos rejeitaram o plano por julgarem-no um artifício inglês para obter recursos dos países superavitários, que seriam os próprios Estados Unidos (para maiores detalhes sobre as propostas Keynes e White, ver Willianson, 1989, p. 322-325).
>
> A proposta de Keynes voltou à baila após as recentes crises financeiras internacionais (principalmente Ásia e Rússia), que revelaram as fraquezas do sistema atual, em particular os limites de atuação do FMI.

Dentro desse contexto, foram implantadas as quatro principais instituições econômicas do pós-guerra:

 i. o sistema de taxas de câmbio de Bretton Woods;

 ii. o Fundo Monetário Internacional (FMI);

 iii. o Banco Mundial; e

 iv. o Acordo Geral de Tarifas e Comércio (Gatt).

O **Sistema de Bretton Woods**[1] consagrou um sistema de gestão de taxas de câmbio chamado padrão dólar-ouro, o qual procurava flexibilizar o chamado padrão-ouro, que era a base do sistema monetário internacional anterior à Primeira Guerra Mundial.

No **padrão-ouro** clássico, os países definiam suas moedas em termos de uma quantidade fixa de ouro, o que consagrava um regime de taxas fixas de câmbio, com base na cotação em ouro de cada uma das moedas nacionais. O padrão-ouro também impunha a existência de moedas conversíveis, ou seja, a moeda nacional poderia ser a qualquer hora e em qualquer montante convertida em ouro e, portanto, nas outras moedas nacionais, pelas taxas fixadas.

Esse sistema tinha, segundo alguns autores, um mecanismo automático de correção de possíveis desequilíbrios do balanço de pagamentos. Assim, quando houvesse um déficit no balanço de pagamentos, isso sinalizaria um excesso de demanda por divisas, forçando o governo a vender suas reservas cambiais (ouro). Ao vender suas reservas, porém, o governo estaria adotando uma política monetária contracionista, o que levaria a uma recessão e a uma deflação, as quais corrigiriam o déficit no balanço de pagamentos, pois ocorreria um estímulo às exportações e um desestímulo às importações.

O sistema consagrado em Bretton Woods estabeleceu o dólar como moeda internacional e esta era a única moeda que manteria sua conversibilidade com relação ao ouro.[2] As outras moedas nacionais eram livremente conversíveis em dólar a uma taxa de câmbio fixa (não havia limitações à mobilidade de capital); desse modo, o dólar tinha uma paridade com o ouro; as demais moedas, com o dólar. Quando uma moeda nacional apresentava

---

[1] Ver Willianson (1989).

[2] O ouro ainda se constituía em um ativo de reserva; a relação entre o dólar e o ouro foi estabelecida em 35 US$ por onça de ouro.

348 Economia Brasileira Contemporânea • Gremaud / Vasconcellos / Toneto Jr. / Sakurai

tendência demasiadamente forte a se afastar de seu valor estabelecido com relação ao dólar, havia a possibilidade de se reajustar a taxa de câmbio. Essa possibilidade de ajustamento, quando se verificasse um desequilíbrio fundamental, era a principal distinção entre o sistema de Bretton Woods e o padrão-ouro.

O sistema de *Bretton Woods* concebia, assim, um regime de taxas de câmbio fixas mas ajustáveis, sendo que, idealmente, tais ajustes deveriam ser acordados entre os países. Buscava-se dessa maneira obter a estabilidade consagrada pelo padrão-ouro, ao mesmo tempo em que se flexibilizava o sistema ao permitir ajustes nas taxas de câmbio, à medida que desajustes ditos estruturais ocorressem no balanço de pagamentos dos países. Com isso, procurava-se evitar grandes recessões para a correção dos problemas de alguns países.

A partir do novo quadro institucional (ver Boxe 17.2), o pós-Segunda Guerra Mundial mostrou-se um período de crescimento econômico acelerado, baseado, em grande parte, no comércio internacional, e liderado pelos Estados Unidos. Esse país, que havia saído da guerra muito menos afetado que os países europeus, foi o grande fornecedor de recursos para a reconstrução dos países atingidos pela Guerra, mediante o chamado **Plano Marshall**. Ao mesmo tempo, ele exportava um novo *modus operandi*, o *American way of life*. Em termos econômicos, esse período foi marcado pelo crescimento da utilização dos bens de consumo duráveis (automóveis, eletrodomésticos etc.), trazia consigo forte expansão na indústria de bens de capital e incorporava definitivamente o progresso tecnológico ao ambiente empresarial.

Boxe 17.2 – As instituições do sistema de Bretton Woods

O **FMI**, que ainda hoje administra o sistema monetário internacional, foi criado com o objetivo de:

i. evitar possíveis instabilidades cambiais e garantir a estabilidade financeira, eliminando práticas discriminatórias e restritivas aos pagamentos multilaterais. Nesse sentido, a estabilidade financeira interna e o combate à inflação nos países-membros são uma de suas metas; e

ii. socorrer os países a ele associados se ocorrerem desequilíbrios transitórios em seus balanços de pagamentos.

Quando esses desequilíbrios ocorressem, o FMI poderia financiá-los com os chamados **empréstimos compensatórios**.[3] Seus ativos, que eram emprestados, constituíam-se, inicialmente, em reservas em ouro e em moedas nacionais dos países-membros. Mais tarde, instituiu-se um novo ativo de reserva internacional, os **Direitos Especiais de Saque (DES)**. Os DES constituem-se em um meio de pagamento ou moeda internacional em que cada país tem uma cota proporcional a seu capital junto ao FMI.

O **Banco Mundial**[4] foi criado com o intuito de auxiliar a reconstrução dos países devastados pela Guerra e, posteriormente, de promover o desenvolvimento dos países menos desenvolvidos. O Banco tem seu capital subscrito pelos países credores na proporção de sua importância econômica. Com base nesse capital, o Banco empresta com taxas reduzidas de juros para países menos desenvolvidos, com o intuito de

---

[3] Apenas quando esses desequilíbrios forem considerados permanentes é que a desvalorização da taxa de câmbio pode ser efetuada.

[4] O Banco Mundial também é conhecido como **Banco Internacional para Reconstrução e Desenvolvimento (BIRD)**.

desenvolver projetos economicamente viáveis e relevantes para o desenvolvimento desses países (especialmente projetos de infraestrutura), mas que não obtêm financiamento no setor privado. Além disso, o Banco também funciona como avalista de empréstimos efetuados por capitais particulares para esses projetos.[5]

Alguns anos depois da Conferência de Bretton Woods, também foi formado o **Gatt**, cujo objetivo básico era a redução das restrições ao comércio internacional e a liberalização do comércio multilateral. Nesse sentido, o Gatt estabeleceu como princípios básicos a redução das barreiras comerciais, a não discriminação comercial entre os países, a compensação aos países prejudicados quando de aumentos nas tarifas alfandegárias e a arbitragem dos conflitos comerciais. O Gatt atuava especialmente por meio de "rodadas" de negociações entre os países envolvidos no comércio internacional, buscando reduzir as barreiras impostas a esse comércio mediante impostos alfandegários e quotas de importação. A partir de 1995, o Gatt foi substituído pela **Organização Mundial do Comércio (OMC)**.

Nas três décadas que se seguiram ao fim da Segunda Guerra Mundial, a economia e o comércio internacional prosperaram com base no dólar e neste sistema. Havia, porém, uma contradição básica entre a prosperidade do comércio internacional e a manutenção do acordo de Bretton Woods centrado na paridade dólar-ouro, e já nos anos 1950 a sustentação do dólar era posta em xeque. Essa contradição, conhecida como **Paradoxo de Triffin**, era a seguinte: para que a expansão ocorresse, era necessário o crescimento das reservas mundiais em dólares (a fim de não haver crises de liquidez internacional). Essa injeção de liquidez fazia-se com base em déficits externos dos Estados Unidos; se esses déficits fossem sistemáticos, e se os ativos em ouro norte-americanos fossem constantes (na verdade, eram cadentes), a confiança na conversibilidade do dólar e, por consequência, a base dos acordos de Bretton Woods ruiriam. Por outro lado, caso não houvesse injeção de liquidez, o crescimento também não ocorreria. Assim, o que se verificou foi um forte crescimento econômico, porém com uma contínua perda de confiança no sistema.

A questão acirrou-se com as guerras da Coreia e do Vietnã, com a política keynesiana (política de gastos públicos) da década de 1960 e os consequentes aumentos nos déficits norte-americanos (público e comercial). A partir daqui, a desvalorização da libra (1967), o mercado duplo de ouro (1968), as crises especulativas do final da década eram passos no caminho da destruição do sistema montado em Bretton Woods, que teve seu fim decretado por Nixon em 1971, com o rompimento da conversibilidade do dólar com relação ao ouro.

A partir de então, seguiu-se um período de forte instabilidade, baseada, depois de 1973, em taxas flutuantes de câmbio. Houve grande desvalorização do dólar, o qual, apesar de ainda ser a principal reserva internacional, perdeu importância, principalmente com relação ao iene e ao marco alemão. Concomitantemente, ocorreram os choques do petróleo (1973 e 1979), que encareceram uma das matérias-primas fundamentais da matriz tecnológica sobre a qual se baseou o crescimento do período anterior. Essa maior instabilidade fez com que, nas últimas décadas, o cenário econômico mundial se modificasse sobremaneira.

---

[5] Com uma função parecida com a do Banco Mundial, temos também o – **Banco Interamericano de Desenvolvimento (BID)** atuando especialmente no continente americano.

Podem-se apontar duas grandes linhas: (i) as transformações na esfera produtiva; e (ii) a globalização financeira.

17.2 RECENTES TRANSFORMAÇÕES NA ESFERA PRODUTIVA E COMERCIAL: GLOBALIZAÇÃO PRODUTIVA

Nas últimas décadas, houve grandes mudanças de caráter tecnológico-organizacional que provocaram a aceleração dos processos de internacionalização e globalização mundial, não apenas nos setores produtivos comerciais. Entende-se por **globalização produtiva** a produção e a distribuição de valores dentro de redes em escala mundial, com o acirramento da concorrência entre grandes grupos multinacionais.[6]

Uma das principais características desse processo é o notável crescimento do progresso tecnológico, com o desenvolvimento e a difusão de "novas tecnologias", principalmente nas áreas eletrônicas e informacionais, sendo que os setores de semicondutores, telecomunicações e informática são os mais destacados. A difusão de tais tecnologias, por um lado, incentiva o desenvolvimento de novos produtos e novas oportunidades mercantis, e, por outro, gera maior eficiência e maiores condições de competitividade para aqueles que têm acesso a essas inovações. A participação nesse processo, porém, não é acessível a todos, em função do alto custo da inovação e da elevada complexidade tecnológica do processo, sendo que os gastos em P&D são cada vez mais elevados, e o ciclo de vida dos produtos é cada vez mais curto.

A própria organização das empresas sofreu importantes mudanças, à medida que foi necessária a flexibilização das estruturas organizacionais, desenvolvendo-se maior integração interna das empresas (entre a concepção, a produção, as vendas e o gerenciamento dos produtos), assim como externa (com clientes e fornecedores). Há importante processo de reestruturação das empresas e de mudanças contratuais no relacionamento com fornecedores e distribuidores em escala nacional, e principalmente mundial, de modo que proliferam os contratos de *franchising*, acordos de licenciamento, *joint ventures* e subcontratações internacionais.

Uma das consequências perversas dessas mudanças tecnológicas é o crescimento do desemprego. O chamado **"desemprego estrutural"** é uma das maiores preocupações mundiais nos países desenvolvidos atualmente. Até há pouco tempo acreditava-se que a não geração de novos empregos era devida a fatores de ordem conjuntural, como as crises periódicas que afligiam esses países. No entanto, está-se tornando consensual a ideia de que o novo paradigma tecnológico requer pouco do fator trabalho, de modo que as possibilidades de reduzir o desemprego (que se eleva a mais de 10% nos principais países europeus) são pequenas. Do lado do mercado de trabalho, também é importante frisar as modificações em termos de exigência de qualificação da mão de obra, que são crescentes, forçando os países a investirem em reciclagem e treinamento, com vista a adaptar a mão de obra às novas tecnologias.

Por outro lado, verifica-se também o crescimento da chamada **integração vertical transnacional**, em que ocorre a especialização de plantas das subsidiárias das empresas

---

[6] Esta seção está baseada em ideias contidas em Gonçalves (1994).

multinacionais. Tais empresas montam uma rede internacional por meio de suas subsidiárias, sendo cada uma delas responsável por parte da produção, fornecendo peças e componentes e outras assumindo a montagem do produto final. Ocorreu ainda, em meados da década de 1980, um forte processo de fusões, aquisições e incorporações em nível internacional, assim como o aumento do investimento direto em países diversos. Em consequência desses investimentos, observa-se grande disputa entre os países pela atração desses capitais. Nessa disputa, estão em debate desde a política fiscal e trabalhista dos diferentes países até sua política comercial, que é forçada a tornar-se mais liberal em função do crescente comércio internacional intraempresas que exercem as multinacionais.

Associado a essas mudanças tecnológicas, existe um movimento de reestruturação comercial e produtiva não mais de âmbito nacional, mas de âmbito mundial, verificando-se também o crescimento da concorrência em termos mundiais. Assim, pode-se falar em um processo de forte internacionalização econômica e na chamada globalização produtiva. As empresas reagiram a tais modificações tecnológicas e a esse crescimento da concorrência buscando rebaixar custos e eliminar riscos. As dificuldades de acesso aos mercados (fornecedor e consumidor) em escala mundial tornam a estrutura de concorrência internacional oligopolizada, com forte disputa, envolvendo, inclusive, os governos dos países.

Em termos de política comercial, o que se observou, depois da década de 1970, foi o crescimento de uma tendência contrária ao multilateralismo, que caracterizou a chamada época dourada do pós-guerra. Esse **protecionismo**, que se manifesta de formas mais sutis do que a imposição de tarifas alfandegárias ou de desvalorizações cambiais, surgiu em função tanto da própria ruptura do sistema monetário internacional como do acirramento da concorrência internacional e dos problemas enfrentados pelos países durante o período.[7]

A queda de participação norte-americana nas exportações mundiais e o avanço dos **NICs** (*Newly Industrialized Countries* – **países recentemente industrializados**) são um exemplo dessa disputa. Essa disputa fez com que crescessem em alguns países sentimentos nativistas: por um lado, países como os Estados Unidos atribuem a práticas desleais de comércio (como subsídios, *dumping*) o crescimento de suas importações; por outro, a dificuldade em suas exportações é explicada por políticas protecionistas alheias. Assim, justificaram a imposição de medidas protecionistas no seu próprio país, ao mesmo tempo em que se exerce pressão internacional para uma abertura maior das outras nações (ver Nassuno, 1998).

Deve-se ressaltar o grande processo de liberalização dos países em desenvolvimento no final dos anos 1980 e início dos 1990. Outra característica recente são as importantes alterações nos padrões de comércio. Por um lado, tem-se o crescimento da participação do chamado setor serviços neste comércio, assim como a crescente importância das manufaturas (especialmente produtos com alguma densidade tecnológica), em detrimento dos produtos primários.[8] Verifica-se também o crescimento do chamado comércio intraindustrial e

---

[7] Na verdade, desde os anos 1970 a economia mundial passou por três crises, a primeira em meados dos anos 1970 (1ª crise do petróleo), depois a crise do início dos anos 19680 (2ª crise de petróleo e aumento dos juros internacionais) e, por fim, aquela um pouco menos intensa no início dos anos 1990 (queda do nível de atividade do Japão e dos Estados Unidos).

[8] Estes sofreram uma evolução desfavorável em seus preços e houve crescente substituição por produtos sintéticos.

entre países desenvolvidos. Por outro lado, notam-se modificações na divisão internacional do trabalho, à medida que o modelo típico, no qual países periféricos exportam produtos primários e países centrais exportam produtos manufatureiros, perde significado com o crescimento das exportações manufatureiras de países em desenvolvimento, como os Tigres Asiáticos e o próprio Brasil. Desse modo, o padrão de especialização e de comércio entre os países tornou-se mais complexo.

Na década de 1980, assistiu-se também ao crescimento dos acordos e dos mecanismos de integração regional, tendo como principais exemplos o fortalecimento da Comunidade Econômica Europeia, a criação do Nafta[9] na América do Norte, a área de livre comércio asiática e o Mercosul.[10] A formação desses blocos regionais, porém, é bastante desigual, oscilando entre simples promessas de tratamento preferencial e a tentativa de formação de um mercado único de produtos e fatores, até com um sistema monetário unificado, passando pela formação de zonas de livre comércio e uniões aduaneiras.[11] Na verdade, a formação desses blocos é uma resposta às dificuldades enfrentadas no mercado internacional, dado o declínio do multilateralismo, estando também associada às próprias modificações produtivas em curso. Esses acordos regionais são em parte forçados pela necessidade de ampliação do espaço econômico das empresas, a fim de viabilizar a operação e a continuidade das inovações, constituindo-se, assim, em um processo intermediário dentro da tendência de globalização.

Contra a tendência de ampliação de práticas protecionistas é que pode ser entendida a oitava rodada de negociações na esfera do Gatt, a chamada **Rodada Uruguai**. Tal rodada de negociações teve por objetivo a retomada de práticas de transações internacionais menos discriminatórias e a maior liberalização comercial, discutindo especialmente os esquemas protecionistas não tarifários. Nessa rodada, também se procurou incluir novas discussões no âmbito do Gatt, como a dos produtos agrícolas e têxteis, e temas como propriedade intelectual, tecnologia e investimentos externos. Além disso, buscaram-se novos mecanismos para a solução de conflitos, sendo, nesse sentido, criada a **OMC** em substituição ao Gatt. As negociações nessa rodada mostraram-se bastante difíceis, e os avanços não foram de grande radicalidade, mas de qualquer modo houve fortalecimento do multilateralismo comercial, apesar de este não estar garantido. As mesmas dificuldades de ampliação da liberdade comercial e o fim das medidas protecionistas e dos entraves ao comércio impostos por alguns países, como os da União Europeia, são os principais temas da atual rodada de negociações no âmbito da OMC – a rodada de Doha.

17.3 GLOBALIZAÇÃO FINANCEIRA: CRISES CAMBIAIS E FINANCEIRAS

A partir da ruptura do sistema monetário internacional de Bretton Woods no início dos anos 1970 e da substituição do antigo regime de taxas fixas de câmbio por um de taxas flutuantes, vive-se um momento de forte instabilidade monetário-financeira, com grande volatilidade das taxas de câmbio, de juros e de outros parâmetros internacionais. Observou-se,

---

[9] Nafta – North American Free Trade Agreement (Tratado Norte-Americano de Livre-Comércio).

[10] Mercosul – Mercado Comum do Cone Sul.

[11] Ver definições de União Aduaneira e Zonas de Livre Comércio no Capítulo 20.

na década de 1970, forte processo de desvalorização do dólar, o qual, apesar de manter-se como a principal reserva internacional, perdeu importância, principalmente com relação ao iene e ao marco alemão, gerando instabilidade cambial com efeitos perversos sobre os fluxos comerciais. Têm-se ainda, nos anos 1970, importantes choques de oferta (matérias-primas), instabilizando ainda mais os fluxos comerciais. No final da década de 1970, surgiram as primeiras tentativas de ação integrada dos principais bancos centrais, buscando diminuir tal instabilidade, porém sem grande sucesso.

A partir de 1979, há uma reversão na tendência de desvalorização do dólar com a mudança na política econômica norte-americana. A elevação nas taxas de juros nos Estados Unidos tornou esse país o principal receptor do fluxo de capitais internacionais e provocou a crise da dívida externa dos países em desenvolvimento. Na segunda metade dos anos 1980, verifica-se uma série de tentativas de coordenação das políticas econômicas dos países desenvolvidos (Acordos de Plaza, Louvre etc.), mas que também não possibilitaram maior estabilidade.

Entre as transformações institucionais importantes no período recente, destaca-se a criação do Sistema Monetário Europeu, com um acordo de bandas cambiais entre as moedas europeias, culminando na implantação da moeda única, o **euro**, em uma tentativa de se criar uma moeda concorrente com o dólar enquanto ativo de reserva internacional.[12] Persiste, ainda, um quadro de grande instabilidade entre os valores das moedas.

Surge, assim, nos dias atuais, a necessidade de se pensar em um novo Sistema Monetário Internacional que estabilize os fluxos internacionais. A diferença marcante, entre hoje e quando o sistema de Bretton Woods foi implantado, é que, atualmente, a maior parte das transações internacionais corresponde a fluxos de capitais, enquanto no período de vigência dos acordos de Bretton Woods preponderavam os fluxos comerciais. Na realidade, atualmente, o comércio assume cada vez mais um papel secundário no contexto da internacionalização e globalização dos mercados financeiros.

O processo de internacionalização e globalização dos mercados financeiros inicia-se já na década de 1960, com a internacionalização bancária, causada pelo crescimento do próprio comércio e do investimento externo direto. Os bancos procuraram acompanhar seus clientes, prestando-lhes melhores serviços e obtendo informações sobre os países em que se negociava. A crescente imposição de controles sobre as operações bancárias norte-americanas também se constituiu em importante fator para o desenvolvimento do chamado euromercado e para a proliferação dos centros financeiros ditos *off-shore*, nos quais as operações com dólar escapam ao controle das autoridades monetárias. Nesse período, verificou-se a multiplicação dos créditos, gerando excesso de liquidez internacional, no bojo do qual a busca de novos tomadores enseja o processo de endividamento do Terceiro Mundo. Tal mercado teve grande atuação na década de 1970, em função da necessidade de reciclar os superávits dos países exportadores de petróleo. Esse processo, centrado nos bancos internacionais, permitiu grande crescimento das atividades financeiras, porém ainda era viável o controle das autoridades monetárias sobre as operações internacionais.

---

[12] Desde seu lançamento em 1999, o euro tem-se desvalorizado significativamente com relação ao dólar, mostrando que este não tem conseguido rivalizar com o dólar, ou seja, a moeda norte-americana continua hegemônica no cenário internacional.

Os anos 1980 marcaram a ruptura desse padrão, com a **crescente substituição do sistema baseado no crédito por um baseado no mercado de capitais**. As características que se inter-relacionam no processo são:

i. aumento da concorrência, em função da perda de importância do setor bancário e do crescimento dos investidores institucionais;

ii. liberalização financeira, com crescente globalização e internacionalização dos mercados;

iii. inovações financeiras, como a securitização das dívidas e os mecanismos de diminuição de risco (*hedge-finance*: futuros, opções, *swaps*).

A perda de importância dos bancos está diretamente vinculada à crise da dívida externa, decorrente da alteração da política econômica dos Estados Unidos, que buscava a valorização do dólar, aumentando a taxa de juros e tornando-se grande enxugador de liquidez mundial. Há dois motivos para a perda de importância dos bancos: (i) a retração dos seus *fundings* decorrente da percepção do maior risco dos ativos de tais instituições (concentradas no Terceiro Mundo); (ii) o fato de as autoridades monetárias norte-americanas passarem a exigir dos bancos maiores reservas e capitalização, a fim de garantir a saúde do sistema. Disso decorrem a retração das operações bancárias e a ampliação dos custos de intermediação dessas instituições.

Nesse ponto, verifica-se o crescimento dos **investidores institucionais**, como os fundos de pensão, com grande massa de recursos em busca de valorização. Barateia-se, assim, a colocação de títulos de dívida direta por parte das empresas, levando ao chamado **processo de securitização** e à proliferação dos *bonds, commercial papers, floating rate notes* etc. Tais modificações pressupõem mercados secundários bem organizados, viabilizando a liquidez dos títulos, e, nesse sentido, o desenvolvimento dos sistemas de informações foi fundamental.

Todo esse processo é acompanhado por profundas inovações financeiras e por uma política de liberalização financeira – alguns países em face da necessidade de rolarem seus déficits (Estados Unidos), outros buscando reciclar seus superávits (Japão). A internacionalização dos mercados introduz novos riscos aos aplicadores e, com o intuito de diminuí-los, tem-se a proliferação dos chamados **derivativos** (mercados futuros e *swaps* de câmbio e juros). Esse processo inovador gerou grande crescimento no fluxo internacional de capitais, no qual a proporção do volume de transações internacionais com títulos e ações com relação ao PIB norte-americano passou de 4,2% em 1975 para 92,5% em 1990 e, no Japão, de 1,5% para 118,6%.

O **mercado de derivativos** é o mercado no qual a formação de seus preços deriva dos preços do mercado à vista. Incluem-se os mercados futuros, os mercados a termo, os mercados de opções e o mercado de *swaps*.

Esses fenômenos trazem algumas consequências que devem ser consideradas:

i. o fato de a instabilidade em dado mercado repercutir rapidamente nos outros. O funcionamento do mercado de capitais depende de opiniões divergentes dos agentes; conforme se concentram os recursos em fundos administrados por profissionais e

Cap. 17 • Economia Mundial Após a Segunda Grande Guerra **355**

melhora a tecnologia de informações, aumenta o risco da convergência de opiniões, o que pode provocar grande volatilidade nos preços dos ativos, que se proliferam rapidamente pelo mundo (**efeito contágio**), o que aumenta o potencial de surgirem crises financeiras;

ii. dada a nova natureza das transações (não bancárias) e a crescente internacionalização, dificulta-se o controle das autoridades monetárias domésticas. Se antes era possível o controle cambial com uma correta administração da política monetária-fiscal, hoje, a política monetária é refém das especulações contra o câmbio ou os juros. Tem-se, portanto, a necessidade crescente da coordenação das políticas econômicas e da convergência da rentabilidade real dos ativos nos diversos países. A crise do sistema monetário europeu no verão de 1992 mostra os limites à intervenção dos bancos centrais, cujas reservas representam apenas pequena parcela do movimento global de capitais. Os exorbitantes aumentos de juros, buscando defender o câmbio, serviram apenas para gerar maiores desconfianças;

iii. ao mesmo tempo que existe o crescimento da instabilidade, das incertezas do risco das operações, o lado positivo da globalização financeira é a diminuição do *spread* da intermediação financeira, reduzindo seu custo e, por outro lado, a melhora nas possibilidades de alocação de recursos, já que, com a integração dos mercados, a possibilidade de encontro entre poupadores e investidores aumenta.

Esse quadro de crescente integração financeira traz algumas questões referentes à capacidade dos países em fazer políticas econômicas autônomas, ao papel dos especuladores, à natureza das crises cambiais e financeiras, às possibilidades de se diminuir a vulnerabilidade dos países às crises, aos fatores determinantes das crises, entre outras.

Um ponto que chama a atenção no período recente é o grande crescimento do número de episódios de crises cambiais, crises financeiras e crises conjuntas, como pode ser visto na Tabela 17.1.

Tabela 17.1 Frequência de crises no tempo

Período/ tipo de crise	Balanço de pagamentos	Balanço de pagamentos e bancária	Só balanço de pagamentos	Bancária
1970-1995				
Total	76	19	57	26
Média por ano	2,92	0,73	2,19	1,00
1970-1979				
Total	26	1	25	3
Média por ano	2,6	0,10	2,50	0,30
1980-1995				
Total	50	18	32	23
Média por ano	3,13	1,13	2,00	1,44

Fonte: extraído de Kaminsky e Reinhart (1999).

A possibilidade das crises conjuntas, isto é, de a crise cambial gerar uma crise financeira ou vice-versa, pode ser decorrência dos processos de desregulação bancária, que pode ampliar a exposição dos bancos ao risco, e da liberalização financeira com relação aos fluxos de capitais, que possibilita a transmissão de uma crise para outra.[13] Várias são as ligações teóricas possíveis entre as duas crises:

i. do Balanço de Pagamentos para o sistema financeiro:
  a. uma elevação na taxa de juros internacional, com taxa de câmbio fixa, pode provocar a perda de reservas do país, que, na ausência de esterilização, pode causar ruptura no crédito e a ampliação das falências (inadimplências), resultando em uma crise financeira (*credit crunch*);
  b. se os bancos carregarem passivos denominados em moeda estrangeira com os ativos denominados em moeda nacional, uma desvalorização cambial provocaria a crise financeira;

ii. do sistema financeiro para o Balanço de Pagamentos: quando se iniciam problemas no sistema financeiro e o Banco Central passa a atuar como emprestador em última instância, isso provoca uma grande expansão monetária, podendo levar a crises no BP;

iii. a existência de causas comuns que determinam as crises bancária e cambial, por exemplo, a lógica dos planos de estabilização utilizada em uma série de países da América Latina, que combinavam apreciação cambial, com a consequente deterioração das contas externas, e um *boom* de demanda, decorrente da própria estabilização, retroalimentado pela expansão do crédito interno, que muitas vezes decorriam do repasse de recursos externos pelos bancos. Qualquer reversão do fluxo externo, elevação da taxa de juros internacional, política restritiva interna, poderia detonar ambas as crises.

A crescente integração financeira e o significativo aumento no número de crises cambiais levantam outra questão, que é como a crise de um país afeta outros países, o chamado **efeito contágio**, em que os efeitos das crises cambiais em um país se espalham para outros países. Essa possibilidade decorre da chamada "**globalização financeira**". Nesse quadro, as crises cambiais manifestam-se, principalmente, pelos desequilíbrios na conta capital e não nas transações correntes, amplia-se a vulnerabilidade dos países, a velocidade de transmissão das crises e a severidade delas.

Uma das explicações para a maior volatilidade dos fluxos de capitais é a redução do incentivo à busca de informações sobre os países específicos, no contexto de globalização, em decorrência tanto dos custos associados a isso e da existência de informações assimétricas como da ampla diversificação possível em termos de países e da facilidade de reversão das posições. Com poucas informações, ao ampliar-se a incerteza, provocam-se grandes rupturas

---

[13] Um trabalho pioneiro nesse sentido é o de Diaz-Alejandro (1985), que analisa como se relaciona a liberalização financeira e a desregulamentação bancária no Chile no final dos anos 1970 com a crise cambial e financeira vivida por aquele país no final da década de 1970 e início dos anos 1980. Um importante trabalho com relação às crises gêmeas é o de Kaminsky e Reinhart (1999).

nos fluxos. Outro ponto salientado por Goldstein *et al.* (1993) é a chamada convergência de opiniões, que resulta da concentração dos recursos em gestores profissionais de fundos, que são avaliados pelo desempenho relativo, além de compartilharem informações e "crenças" semelhantes, o que faz com que estes atuem em consonância com o "mercado". Gera-se o que se pode denominar **"efeito manada"**, explicando a grande volatilidade e, dada a integração dos mercados, a possibilidade de crises sistêmicas, pelo efeito contágio.

Pode-se destacar, conforme FMI (1999), alguns mecanismos pelos quais as crises nos países emergentes ocorrem em ondas:

i. a possibilidade de choques comuns, por exemplo, a elevação da taxa de juros internacional, que coloca sob pressão diversos países;

ii. canais financeiros, que podem vir da necessidade dos investidores de diminuírem a exposição ao risco quando ocorre a crise em algum país, tendo que sair de outros, ou por necessidades de cobertura de liquidez decorrentes de perdas em determinado mercado;

iii. mudanças nas expectativas do mercado com relação a mercados específicos;

iv. pressões pelo lado comercial, que podem advir de reavaliações que se faz da situação de um país em virtude da crise em outro país.

Dados os diversos canais de transmissão, vários indicadores podem ser usados para medir a vulnerabilidade dos países para o efeito contágio: apreciação da taxa de câmbio, déficit em conta-corrente, mudanças nos termos de troca, distribuição das transações por origem e destino, magnitude e composição (modalidade e investidores) da dívida externa, ativos financeiros líquidos com relação às reservas internacionais, grau de exposição do sistema financeiro, taxa de crescimento do PIB, taxa de desemprego, déficit público etc. Nesse sentido, uma linha de trabalho que tem se desenvolvido é a definição de indicadores compostos que medem a vulnerabilidade dos países ao efeito contágio.[14]

O grande aumento no número de crises cambiais coloca outra questão: por que ocorre um ataque especulativo contra determinada moeda. Esse assunto recebeu grande atenção da literatura no final dos anos 1970 e início dos anos 1980, no bojo da crise da dívida externa, e retomou no período recente. As explicações no final dos anos 1970, que ficaram conhecidas como **modelos de primeira geração**, baseavam-se na existência de políticas macroeconômicas inconsistentes com a manutenção de taxas de câmbio fixas. A ideia básica era de que o financiamento de déficits públicos com expansão monetária provocaria a depreciação da taxa de câmbio real e a perda de reservas, que, ao atingir um nível crítico, inviabilizaria a manutenção das taxas nominais de câmbio fixas e ocorreria o ataque especulativo. Note-se que, nesses modelos, a crise cambial é um resultado previsível da inconsistência macroeconômica e assume-se que os governos têm comportamento linear, isto é, o comprometimento dos governos com a taxa de câmbio fixa independe do estado da economia.[15]

---

[14] Ver, a esse respeito, FMI (1999).

[15] No que concerne aos chamados modelos de primeira geração, ver o artigo pioneiro de Krugman (1979) e os *surveys* de Flood e Marion (1999) e Agénor e Montiel (1999).

As crises cambiais do Sistema Monetário Europeu, México, Ásia e outras na década de 1990 mudaram a percepção sobre seus determinantes. A principal alteração está no fato de se considerar um governo com múltiplos objetivos, que a cada momento avalia a conveniência de manter a defesa da taxa de câmbio, isto é, faz-se uma análise custo/benefício da manutenção da política cambial e o comportamento do governo diante dessa questão pode alterar com as modificações do estado da economia.

Nesses modelos, denominados **modelos de segunda geração**, abre-se a possibilidade para as chamadas crises autorrealizáveis. O governo, além de manter a taxa de câmbio, pode ter como objetivos um maior crescimento econômico, uma baixa taxa de desemprego, a estabilidade do sistema financeiro, um limite máximo para a dívida pública e seus encargos, entre outros. Para evitar que um ataque especulativo seja bem-sucedido em causar a desvalorização da moeda, o governo deve ter reservas suficientes para jogar contra o mercado e utilizar outros instrumentos, como a elevação da taxa de juros, para sinalizar a disposição em manter a política cambial. Isso, porém, possui um custo sobre os demais objetivos do governo: ampliação do desemprego, contenção do crescimento econômico, aumento da inadimplência e, consequentemente, possibilidade de crises financeiras, deterioração fiscal, entre outros. Assim, independentemente dos fundamentos da economia considerados nos modelos de primeira geração, o mercado avalia tanto a capacidade de se enfrentar um ataque especulativo como a disposição em fazê-lo, isto é, as restrições existentes em termos de objetivos do setor público. Quando se acredita que o custo em defender o câmbio supera o benefício, ataca-se a moeda, forçando a desvalorização. Note-se, portanto, que as crises cambiais podem surgir simplesmente porque os especuladores acreditam que ela possa acontecer.

Todo esse quadro serve para mostrar como, em um contexto de globalização financeira, amplia-se a vulnerabilidade dos países para as crises econômicas, cambiais e financeiras. Dentro disso, retoma-se a necessidade de se pensar um quadro institucional internacional que regule este conjunto de transações. Ou seja, surge uma série de questões para refletir: é interessante manter a perfeita mobilidade de capital entre os países ou deve-se impor um custo de transação para tentar estabilizar os fluxos ("**Taxa Tobin**")?[16] Qual o papel que devem desempenhar os organismos internacionais (FMI, Banco Mundial) para evitar as crises sucessivas? Enfim, como deve ser o desenho de um novo Sistema Monetário Internacional?

CONCEITOS-CHAVE

Acordo Geral de Tarifas e Comércio (Gatt)	Direitos Especiais de Saque (DES)
Banco Mundial	Efeito manada
Bancor	Euro
Bretton Woods	Fundo Monetário Internacional (FMI)
Derivativos	Globalização financeira
Desemprego estrutural	Globalização produtiva

---

[16] A **Taxa Tobin**, ou **Imposto Tobin**, sugerida pelo economista norte-americano James Tobin, é um imposto sobre os capitais financeiros internacionais, que depende do prazo de permanência do capital no país: maior o prazo, menor a taxa.

Integração vertical transnacional

Investidores Institucionais

Modelos de primeira e de segunda geração

Newly Industrialized Countries (NICs)

Organização Mundial do Comércio (OMC)

Padrão-ouro

Paradoxo de Triffin

Plano Marshall

Processo de securitização

Proposta Keynes

Protecionismo

Rodada Uruguai

Sistema Monetário Internacional

Taxa Tobin

União Internacional de Compensação

QUESTÕES

Q1. Em linhas gerais, quais foram as propostas para o desenvolvimento de um sistema monetário internacional apresentadas na conferência de Bretton Woods?

Q2. Fale sobre as transformações na esfera produtiva ocorridas nas últimas décadas. Quais as consequências para o mercado de trabalho?

Q3. Comente algumas das possíveis consequências de uma globalização financeira.

Q4. No período recente, pode-se notar uma grande incidência de crises cambiais e financeiras. Dê pelo menos duas explicações para que uma crise cambial possa gerar uma crise financeira ou vice-versa.

TEMA PARA DEBATE

T1. No atual contexto de globalização, haveria a necessidade de organismos internacionais com mais poder para lidar com as crises econômicas e financeiras. Qual deveria ser o papel do Banco Mundial e do FMI na atualidade?

18
Mudanças nas Relações Comerciais do Brasil com o Exterior

Neste capítulo, serão traçadas as principais alterações ocorridas no quadro das relações externas brasileiras, notadamente a abertura comercial, ocorrida principalmente no início dos anos 1990, e a integração comercial do Brasil com Argentina, Paraguai e Uruguai no acordo do Mercosul.

18.1 AS RELAÇÕES COMERCIAIS BRASILEIRAS E A ABERTURA COMERCIAL DA DÉCADA DE 1990

Em termos comerciais, o histórico caráter agroexportador do país fazia com que as exportações e importações tivessem elevada participação na renda nacional. Com a industrialização, o modelo de desenvolvimento adotado pelo Brasil nesse período (Processo de Substituição de Importações – PSI) foi um modelo voltado para dentro, isto é, visava atender à demanda doméstica, substituindo produtos que antes importados. Esse modelo pode ser contraposto ao modelo de promoção de exportações adotado por alguns países em desenvolvimento, que tinha por base uma industrialização voltada para atender à demanda internacional.

Nesse sentido, o grau de abertura comercial da economia brasileira era mais reduzido que esses países. Por outro lado, o PSI carecia de alguma abertura, à medida que eram necessárias importações, especialmente de máquinas e equipamentos, tendo em vista a importância de ampliação da capacidade produtiva. Para gerar as divisas exigidas por essas importações, em parte valia-se de exportações. Desse modo, mesmo em um processo de industrialização voltado para dentro, havia importante participação do mercado internacional na economia brasileira. Ao longo dos anos, o Brasil adotou políticas comerciais protecionistas, tendo em vista, além da promoção da industrialização interna, também os desequilíbrios relacionados

362 Economia Brasileira Contemporânea • Gremaud / Vasconcellos / Toneto Jr. / Sakurai

com o Balanço de Pagamentos. Esses desequilíbrios, que já foram sistemáticos ao longo do PSI, mostraram-se especialmente graves na década de 1980.[1]

Atualmente, apesar da queda da participação da balança comercial brasileira no PIB (se comparada com a época agroexportadora), essa participação é semelhante à de outras nações continentais, como os Estados Unidos (Gonçalves, 1994).

Como visto anteriormente, as últimas décadas são marcadas por um revigoramento de disputas comerciais internacionais em conjunto com uma defesa nos organismos internacionais do livre comércio da abertura comercial dos países em desenvolvimento. Assim, pressionado pelas circunstâncias internacionais e buscando as vantagens de um processo de abertura, nos últimos anos, principalmente no governo Collor, as dificuldades à importação foram fortemente relaxadas, revertendo-se naquela época o saldo da balança comercial brasileira, tornando-se deficitário.

A abertura comercial,[2] como pode ser visto pela Tabela 18.1, iniciou-se em 1988, ainda no governo Sarney. No período Sarney, aboliram-se diversos regimes especiais de importação, reduziu-se a redundância tarifária, unificando-se a incidência dos impostos sobre importação, além de ter sido promovida uma redução das alíquotas, diminuindo, também, o tamanho de seu espectro. Até então, as alíquotas variavam de 0 a 105%, passando a variar de 0 a 85%.

No governo Collor, além de extinguirem-se muitas das barreiras comerciais não tarifárias, definiu-se um programa de diminuição gradual das tarifas sobre importação, que foi, inclusive, acelerado no meio do governo. É nesse governo que a abertura comercial passou a constituir-se como meta explícita, sendo sua justificativa baseada nos elementos de ganhos delineados anteriormente. No governo Fernando Henrique Cardoso, a abertura comercial, apesar de continuar a ser defendida como um programa próprio, passou a ter um ritmo que dependeu do restante da política econômica. Em um primeiro momento, continuou-se a aprofundar o processo de abertura, buscando explicitamente as vantagens que este traria em termos de estabilização, além de cumprir com os compromissos estabelecidos com o Mercosul. A partir de 1995, pressionado pelos grupos que tiveram problemas com a abertura, como a indústria automobilística, e enfrentando uma série de distúrbios externos, como a crise mexicana e asiática, e problemas com o Balanço de Pagamentos, o ritmo da abertura diminuiu, chegando, inclusive, a apontar para a direção contrária, como mostra a Tabela 18.1.

Tabela 18.1   Evolução da liberalização comercial no Brasil: tarifas – 1988-1995 (%)

Anos	1988	1989	1990	1991	1992	1993	1994	1995
Tarifa média	51,3	37,4	32,3	25,3	21,2	13,2	11,2	13,9
Desvio-padrão	–	–	19,2	17,4	14,2	6,7	5,9	9,5

Fonte: com base em informações e quadro em Moreira e Correa (1997).

---

[1]   Choque do petróleo, problemas de pagamentos da dívida externa etc.

[2]   Ver Moreira e Correa (1997).

Se a abertura em si e o modo como foi implementada implicaram efetivamente uma readequação das empresas nacionais, auxiliaram no processo de estabilização e permitiram aos consumidores o acesso a uma infinidade de produtos antes inacessíveis, várias críticas também foram feitas, muitas das quais baseadas nos argumentos levantados no início do capítulo.

Outras críticas dizem respeito ao modo como a abertura foi implementada. A abertura pode ser considerada rápida, com forte diminuição inicial das tarifas, sem dar tempo para que os setores internos se preparassem, agravando, portanto, os problemas sociais implícitos nesse processo.

Um dos aspectos que possibilitaram a maior liberdade comercial dos últimos anos foi o fato de nesse período ter aumentado expressivamente o fluxo de capitais privados em direção ao Brasil. Esse fluxo, que se havia reduzido ao longo da crise da dívida externa, cresceu em função das próprias modificações no sistema financeiro internacional, da abertura financeira que também se processou na economia brasileira e da política econômica interna, com suas elevadas taxas de juros.[3] Essa abertura financeira teve como contrapartida uma valorização da taxa real de câmbio, justamente no período em que os efeitos da redução de tarifa se faziam sentir de maneira mais explícita, entre 1992 e 1995. A valorização cambial magnificou as consequências esperadas da abertura, causando, assim, problemas mais fortes do ponto de vista social e industrial (dificuldades no processo de reconversão das empresas), apesar de ter sido extremamente benéfica no processo de estabilização.

A falta de competitividade da indústria nacional tornou-se explícita com a abertura comercial, e agravou-se com a valorização da taxa de câmbio após o Plano Real. A consequência foi o fechamento de um grande número de empresas e a retração do emprego em diversos setores. Alguns setores foram mais fortemente afetados nesse processo. Destacam-se o setor têxtil, o setor calçadista, o setor de bens de capital e a indústria de autopeças, entre outros. As dificuldades desses setores podem ser percebidas pela importância crescente dos importados no mercado nacional, como revela a Tabela 18.2. Ênfase para o setor de bens de capital, em que os importados correspondiam a 11% da produção nacional em 1989 e passaram para 61% em 1996. Essa mudança denota também forte pressão sobre os demais setores, que começaram a proceder a uma ampla reestruturação produtiva, da qual este último indicador é uma amostra.

Tabela 18.2 Coeficientes de penetração: importação/produção (%)

Categoria de uso	1989	1990	1991	1992	1993	1994	1995	1996
Bens de consumo não duráveis	2,80	3,40	4,50	2,80	3,90	4,90	7,30	7,10
Bens de consumo duráveis	7,20	8,90	12,30	8,40	11,20	11,10	14,80	16,50
Bens intermediários elaborados	4,50	5,70	7,40	6,10	8,70	10,20	13,80	14,80
Bens intermediários	1,40	2,60	3,20	2,10	1,70	3,30	5,90	6,20
Bens de capital	11,10	19,80	33,30	21,60	25,90	32,60	47,70	61,50
Média da indústria	**4,30**	**6,00**	**8,10**	**6,10**	**8,30**	**10,20**	**14,60**	**15,60**

Fonte: Maurício Mesquita Moreira – BNDES.

---

[3] Ver capítulos anteriores.

O Plano Real valeu-se dessa abertura, assim como da valorização cambial. Durante seus primeiros anos, pode-se notar, conforme Figura 18.1, a deterioração da balança comercial, com o crescimento das importações superando o das exportações. Entre 1997 e o final do século XX, assistimos a um período de instabilidade, com problemas internos e consequente diminuição do impulso importador, e também externos, com dificuldades tanto no que tange à demanda externa como ao financiamento das exportações.

Contudo, na primeira década do presente século, nota-se uma reversão da balança comercial, em função do crescimento das exportações e sem que as importações tenham se deteriorado.

Figura 18.1 Balança comercial: Brasil – 1986-2014.

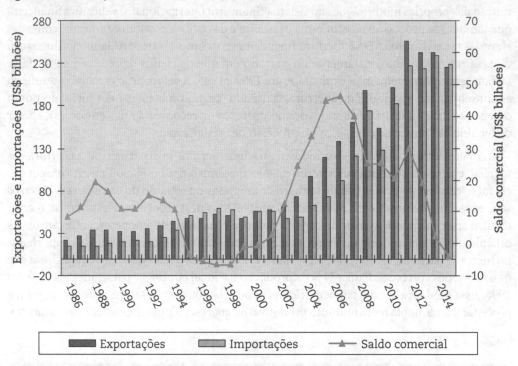

Certamente, diversos fatores estão associados a esse crescimento do saldo, alcançado mesmo com uma valorização cambial. O baixo dinamismo da economia interna e a melhora dos termos de troca estão entre as explicações, mas certamente a modernização dos setores econômicos brasileiros, depois dos impactos provocados pela abertura, também pode ser citada. Nesse período, o Brasil diversificou sua pauta de países compradores, como pode ser visto pela Tabela 18.3, em um mundo cada vez mais afetado com a entrada da China no mercado internacional, sendo este um importante destino das exportações brasileiras (de uma participação de menos de 2% até 2000, atualmente atinge quase 20% do total de nossas exportações).

A partir de 2011, ocorre uma reversão de tendência, provocada por uma série de fatores internos (agravamento da situação fiscal) e externos (redução do crescimento da economia

Cap. 18 • Mudanças nas Relações Comerciais do Brasil com o Exterior **365**

mundial, particularmente da China). No Capítulo 25 (Governo Dilma Rousseff), detalha-remos essas questões.

18.2 INTEGRAÇÃO ECONÔMICA: MERCOSUL

Outra mudança importante que atingiu as relações comerciais brasileiras com o resto do mundo foi a criação do Mercosul. O Mercosul dinamizou as relações comerciais do Brasil com os países do sul do continente americano, especialmente com a Argentina. Essa dinamização ocorreu nos anos 1990, chegando a representar cerca de 20% do total das exportações brasileiras, para esta estabilizar-se em torno de 10% a partir de 2000 (Tabela 18.3).

Tabela 18.3 Destino das exportações brasileiras por blocos econômicos (%)

	1990	1993	1997	2001	2003	2006	2007	2008	2009	2010	2011	2012	2013	2014
Mercosul*	4,1	13,9	17,4	10,9	7,8	10,2	10,8	11,0	10,3	11,2	10,8	9,4	10,2	9,1
União Europeia	30,9	25,9	28,9	25,5	24,8	22,1	25,3	23,5	22,3	21,5	20,8	20,2	19,7	18,7
Nafta	27,9	24,5	22,4	28,9	28,2	22,8	19,9	17,1	13,2	12,6	12,9	14,0	13,1	14,7
Outros países	37,1	35,7	31,3	34,7	39,3	44,9	44,0	59,4	54,2	54,7	55,5	56,4	57,0	57,5
* A Venezuela entrou no Mercosul em julho de 2012.														

Fontes: Ministério do Desenvolvimento, Indústria, Comércio e Serviços (MDIC).

Todavia, que tipo de integração econômica é o Mercosul? Em que medida ele pode ser comparado com a União Europeia?

18.2.1 Tipos de integração econômica[4]

A integração econômica é um processo de diminuição de discriminações entre países diferentes; essas discriminações afetam as relações econômicas entre esses Estados Nacionais. Entre essas discriminações, estão as proibições ou dificuldades de comerciar, de circular, de investir etc. entre os países. Existem diferentes tipos de integração econômica; destacam-se aqui cinco tipos: zona de livre comércio, união aduaneira, mercado comum, união econômica e integração econômica total. Podem-se definir esses tipos de integração econômica assim:

i. **zona de livre comércio**: quando são abolidas as restrições (tarifárias e não tarifárias) entre os países, mas cada um mantém suas próprias políticas comerciais *vis-à-vis* aos países não membros da integração;

ii. **união aduaneira**: vai além da zona de livre comércio, pois, além de suprimir as restrições quanto ao fluxo de mercadorias entre os países-membros, também estabelece uma política comum de discriminação desse fluxo com os países não membros, instituindo, por exemplo, uma Tarifa Externa Comum (TEC);

---

[4] Baseado em Balassa (1964).

iii. **mercado comum**: nesse tipo de integração, não são apenas as restrições quanto ao fluxo de mercadorias que são eliminadas, mas também as discriminações contra o fluxo dos fatores produtivos, isto é, eliminam-se os empecilhos quanto à circulação de capital e mão de obra;

iv. **união econômica**: associa à supressão das restrições sobre os fluxos de mercadorias e fatores produtivos entre os países certa harmonização de políticas econômicas nacionais, de modo a eliminar possíveis discriminações decorrentes das disparidades entre as políticas;

v. **integração econômica total**: na qual há unificação completa das políticas econômicas dos países-membros, com a instalação de uma autoridade econômica supranacional inteiramente respeitada pelos países-membros.

Essa tipologia é feita teoricamente, e a classificação dos países dentro desse quadro teórico não é simples, mas pode-se dizer que o Mercosul é uma integração que, atualmente, visa ser um mercado comum, mas que, por enquanto, enfrenta dificuldades em se tornar uma união aduaneira de fato. A União Europeia é um tipo de integração mais profunda, que pode classificar-se entre a união econômica e a integração econômica total.

18.2.2 Antecedentes e evolução histórica do Mercosul[5]

As metas para a formação do Mercosul foram estabelecidas no *Tratado de Assunção* em março de 1991, do qual participaram o Brasil, a Argentina, o Paraguai e o Uruguai. Pela eliminação das tarifas e outras formas de restrições não tarifárias ao comércio e pela adoção de uma TEC, medidas tomadas em dezembro de 1994, após três anos e meio de negociações, e que passaram a vigorar a partir de janeiro de 1995, pode-se caracterizar os países do Mercosul como uma união aduaneira. Entretanto, é importante ressaltar que certas restrições ainda existem por meio das cláusulas de exceções (ao comércio entre os países-membros e à política externa comum), mas que deveriam ser eliminadas com o tempo.

Apesar de o Mercosul ser algo que de fato ocorreu na década de 1990, a história da integração (ou das suas tentativas) envolvendo seus países-membros, assim como outros da América Latina, é mais antiga. Já em 1960, foi firmado um acordo de livre comércio, **Associação Latino-Americana de Livre Comércio (Alalc)**, do qual faziam parte vários países da América Latina, mas que sofreu com os obstáculos impostos por seu próprio projeto por demais ambicioso e pelo modelo de desenvolvimento da maior parte dos países latino-americanos do período – o processo de industrialização por substituição de importações –, que restringia as importações do país por meio da imposição de barreiras tarifárias e outras dificuldades às importações, visando incentivar a indústria doméstica. Nesse contexto, como ter espaço para uma área de livre comércio?

Novamente, na década de 1980, a necessidade de manter altas as tarifas para a geração de superávits na balança comercial usados no pagamento dos serviços da dívida externa mais uma vez impediu que algo mais concreto em termos de um acordo de abertura comer-

---

5   Ver Florêncio e Araújo (1998) e Boucinhas e Campos (2000).

Cap. 18 • Mudanças nas Relações Comerciais do Brasil com o Exterior **367**

cial se formasse. Em 1980, foi fundada, por meio do *Tratado de Montevidéu*, a **Associação Latino-Americana de Integração (Aladi)**, formada pelos países-membros da Alalc, com o objetivo de estabelecer no futuro o livre comércio entre esses países. Durante essa década, alguns acordos bilaterais de comércio entre os países-membros foram firmados. Pode-se ver esses acordos como uma preparação, ainda que tímida, de um ambiente propício para o estabelecimento de metas mais ambiciosas, como é um mercado comum ou mesmo uma união aduaneira.

Sob a Aladi foi firmado, em 1988, um acordo de eliminação de barreiras comerciais e de criação de uma TEC entre Brasil e Argentina, com vista à formação de um mercado comum entre esses dois países,[6] em que irão se juntar o Paraguai e o Uruguai já no início dos anos 1990. Entre 1986 e 1989, além desse tratado, foi assinada uma série de protocolos sobre diferentes aspectos das relações econômicas entre Argentina e Brasil, os quais foram unificados em 1990, ainda sob a cobertura da Aladi. Nesse mesmo ano, foi estabelecida a *Ata de Buenos Aires*, que determinava o final de 1994 como prazo final para a constituição de um Mercado comum entre Brasil e Argentina. Também em 1990, os outros dois países aderiram ao processo e assinou-se o *Tratado de Assunção*, em 26 de março de 1991, consolidando o processo, que foi ratificado em 17 de dezembro de 1994 pelo *Protocolo de Ouro Preto*.

Pode-se dividir o período de implantação do Mercosul em quatro fases:

1ª fase: começa com o *Tratado de Assunção*, em março de 1991; é caracterizada pela abertura comercial, com redução de 47% das tarifas de importação entre os países do Mercosul, e a partir daí uma redução semestral de 7% nas tarifas entre esses países.

2ª fase: vai de julho de 1992, com o Cronograma de Las Lenãs, até a Reunião de Colônia, em janeiro de 1994; é discutida grande amplitude de assuntos, havendo debates sobre os meios para o cumprimento de metas quanto à política agrícola, trabalhista, a criação da TEC, a forma como ocorreria uma coordenação de política cambial etc.

3ª fase: começa com a *Reunião de Colônia*, de janeiro de 1994 até janeiro de 1995: predomina uma preocupação técnica para a implementação das diretrizes apontadas pelo *Cronograma de Las Lenãs*.

4ª fase: Mercosul (janeiro de 1995): implementação das políticas e discussões para os rumos futuros.

As instituições que possibilitam o funcionamento do Mercosul são:

i. **Conselho do Mercado Comum**: composto pelos ministros das Relações Exteriores e da Fazenda. Estabelece as linhas gerais do processo de integração. É o órgão superior do Mercosul. O Conselho do Mercado Comum, ao contrário do caso europeu, não constitui um órgão supranacional, apenas seus membros estão autorizados

---

[6] Esse tratado foi ratificado em 1989 pelos congressos nacionais dos dois países.

para responder por seus países. Assim, todas as decisões devem ser resolvidas por consenso e não pelo voto da maioria. Esse processo, apesar de ser mais lento, pode trazer grandes benefícios, como um empenho maior dos países às decisões tomadas.

ii. **Grupo Mercado Comum**: responsável por planejar, implementar e supervisionar o cumprimento das regras estabelecidas. É o órgão executivo do Mercosul; boa parte de seu funcionamento é feita por meio de subgrupos especiais definidos por áreas temáticas específicas.

iii. **Comissão de Comércio**: órgão técnico para implementação e supervisão das políticas comerciais. Essa comissão é assessorada por dez Comitês Técnicos.

iv. **Comissão Parlamentar Conjunta**: busca uma aproximação das legislações dos países, além de contribuir para que haja maior rapidez nas aprovações, por parte do Congresso Nacional em cada país, das normas que implementam o processo de integração.

v. **Foro Consultivo Econômico e Social**: deste fazem parte representantes dos vários setores da sociedade, como empresários, sindicatos etc., que se preocupam com assuntos específicos de seus interesses no Mercosul.

Para a solução de controvérsias, pode ser estabelecido um tribunal do qual fazem parte juristas de cada um dos países do Mercosul, podendo também ser convidado algum jurista de outro país. Em face do baixo número de processos, o tribunal não tem caráter permanente, sendo constituído apenas em casos em que há necessidade, e posteriormente dissolvido.

De 1990 a 1994, as tarifas de comércio entre os países do Mercosul foram gradativamente reduzidas, até serem totalmente eliminadas, salvo algumas exceções para alguns produtos, além de uma redução considerável das tarifas praticadas com importações com o resto do mundo. Assim, uma TEC foi fixada, mas também existem várias exceções.

A evolução nos acordos comerciais entre os países é marcada pelo gradualismo, com muitas idas e vindas em função das diferenças históricas entre os países e das dificuldades econômicas que eles atravessam. Pode-se observar, pela Tabela 18.4, algumas diferenças na estrutura econômica dos países que compõem o Mercosul.

Tabela 18.4 Países do Mercosul: indicadores selecionados

	Área (mil km²) 2004	População (milhões) 2005	PIB (US$ bilhões) 2005	PIB *per capita* (US$)	Exportações (US$ milhões) 2004	Importações (US$ milhões) 2004
Argentina	2.737	38,7	183,3	4.730,91	39.702	28.152
Brasil	8.459	186,4	794,1	4.260,07	109.059	80.069
Paraguai	397	6,2	8,2	1.323,68	3.397	3.540
Uruguai	175	3,5	16,8	4.848,67	4.008	3.673
Venezuela	882	26,6	138,9	5.224,71	39.846	22.042

(continua)

Cap. 18 • Mudanças nas Relações Comerciais do Brasil com o Exterior 369

(continuação)

	Taxa de alfabetização (%) 2005	Taxa de mortalidade infantil (por mil nascidos vivos) 2005	Expectativa de vida (anos) 2005	População residente em área urbana (%) 2005	Taxa de crescimento demográfico 2005	Taxa de desemprego 2004
Argentina	97,0	15,0	74	90,6	0,97	15,6
Brasil	88,0	27,4	70	84,2	1,35	9,7
Paraguai	92,0	37,0	71	58,5	2,32	7,6
Uruguai	98,0	13,1	75	93,0	0,69	16,8
Venezuela	93,0	17,5	73	88,1	1,71	16,8

	Índice de Gini (último dado)	Pobreza (% do total da população) último dado	Consumo de eletricidade per capita (kWh/hab) 2003	Emissão de dióxido de carbono per capita (toneladas métricas) 2002	Telefones por 1.000 habitantes 2004	PCs por 100 habitantes
Argentina	52,8	23,0	2.185	3,5	579	8
Brasil	58,0	21,2	1.883	1,8	587	9
Paraguai	57,8	33,2	801	0,7	344	5
Uruguai	44,9	5,7	1.781	1,2	465	13
Venezuela	44,1	27,6	2.664	4,3	450	7

Fonte: Comissão Econômica para América Latina e o Caribe (Cepal).

O problema da coordenação de políticas macroeconômicas e as dificuldades que medidas unilaterais causam sobre os demais países são bastante graves. Um exemplo recente foi a desvalorização cambial brasileira do final dos anos 1990, que, além de impor dificuldades às relações comerciais entre o Brasil e os parceiros, suscitou uma onda de protecionismo nesses países, dificultando a continuidade dos acordos de liberação comercial. Apesar dos problemas e do gradualismo, pode-se perceber, pelo gráfico da Figura 18.2, o crescimento do comércio bilateral entre os dois principais parceiros do Mercosul – Brasil e Argentina. Esse crescimento só foi interrompido depois de 1997, com a desvalorização cambial brasileira e a recessão em ambos os países. Pelo quadro, pode-se também acompanhar a evolução da balança comercial bilateral, em que, no início da década, o Brasil apresentava superávits comerciais diante da Argentina, enquanto no segundo lustro esses superávits passaram a ser argentinos. A tendência de queda reverte-se a partir de 2003, com ambos voltando a vender mais para o parceiro, mas com uma recuperação mais significativa das vendas brasileiras para a Argentina, que voltou a apresentar um déficit comercial com o Brasil.

Assim, no período recente, apesar das dificuldades do Mercosul, a recuperação das economias depois das crises da virada do século fez com que o comércio bilateral entre os países se expandisse.

Figura 18.2 Evolução do comércio bilateral Brasil e Argentina – 1985-2013 (US$ milhões).

Fonte: dados básicos da Funcex.

CONCEITOS-CHAVE

Abertura comercial
Aladi
Alalc
Coeficientes de penetração
Integração econômica
Integração econômica total

Mercado comum
Mercosul
Protecionismo
União aduaneira
União econômica
Zona de livre comércio

QUESTÕES

Q1. Até que ponto a abertura comercial dos anos 1990 foi importante para a política de estabilização do Brasil?

Q2. Como podem ser classificados os diferentes acordos de integração econômica internacionais?

Q3. A política comercial brasileira da década de 1990 é substancialmente diferente da política comercial brasileira do restante do século?

TEMA PARA DEBATE

T1. Qual o futuro do Mercosul?

19

Alterações na Presença do Estado no Desenvolvimento Brasileiro

Neste capítulo, procurar-se-á acompanhar as mudanças que a atuação do Estado no Brasil sofreu ao longo do tempo, destacando as recentes alterações ocorridas, especialmente as reformas no sistema de controle da administração pública e, principalmente, o movimento de privatização. A nova configuração do Estado brasileiro, que ao menos tem a pretensão de ser um Estado regulador, será também examinada no próximo capítulo; por outro lado, os aspectos relativos à tributação e ao problema federativo já foram examinados no Capítulo 8.

19.1 ATUAÇÃO DO ESTADO AO LONGO DO DESENVOLVIMENTO ECONÔMICO BRASILEIRO

Pode-se observar indiretamente nos capítulos da Parte III como a ação do Estado foi importante no desenvolvimento econômico brasileiro. Será feito a seguir um breve retrospecto dessa atuação.

19.1.1 Fase agroexportadora

Mesmo na fase colonial da economia brasileira, esta foi marcada por forte presença governamental. Nessa época, praticamente todas as atividades desenvolvidas no Império português sofriam a intervenção do governo. Para exercer tais atividades, fazia-se necessária a autorização régia, ou elas eram administradas diretamente pelo governo metropolitano. Além do mais, algumas dessas atividades eram objeto de concessões e privilégios.

Essa forte presença do governo central no controle das atividades econômicas privadas foi herdada pelo Império brasileiro, cujo governo continuou dispondo dos direitos de conceder (e em certos casos dificultar) autorização para o funcionamento de diversas atividades, em especial as que exigiam maior monta de capital, ou atividades centrais, como as financeiras. O sistema de concessão de privilégios e direitos especiais também foi, em parte, mantido.

A República Velha é tida por muitos como um período liberal, em que a presença do Estado foi pouco pronunciada. Evidentemente, se comparada com os anos subsequentes, existe forte diferença em termos de intervenção do governo; porém, isso não quer dizer que o período da Primeira República tenha sido de pouca intervenção governamental. O que dizer das **políticas de defesa do café** adotadas desde 1906?

Como foi visto no Capítulo 13, o governo, em associação com alguns grupos envolvidos nas transações com o café, atuou fortemente sobre esse mercado, regulando a quantidade a ser vendida e influenciando decisivamente sobre os preços praticados nesse mercado, mesmo em termos internacionais. E não custa lembrar que esse não era um mercado de somenos importância para a economia brasileira; na verdade, era o mercado-chave para o desempenho da economia.

O epíteto de República liberal concedido ao período que vai da proclamação da República à Revolução de 1930 talvez provenha do fato de os principais serviços públicos de então – notadamente energia e transportes (ferrovias e portos) – serem providos por empresas privadas e não por estatais, como foi praxe em boa parte da história econômica do século XX. Se isso não deixa de ser verdade, convém, porém, notar que tais empresas privadas trabalhavam sob concessões públicas, que, apesar de não respaldadas por um marco regulatório muito favorável, eram regidas, por exemplo, por **cláusulas** como as de **garantia de juros** para certas empresas no ramo ferroviário.

A garantia de juros era uma segurança de retorno para os investimentos privados, fossem eles nacionais ou estrangeiros. Ela funcionava da seguinte maneira: suponha-se que uma empresa tivesse investido em um empreendimento 10.000 libras e em outro tivesse apurado um prejuízo de 2.000 libras. Mesmo assim, essa empresa teria assegurado pelo governo um lucro de 5.000 libras.[1]

Nessa época, o Banco do Brasil tornou-se o principal banco nacional a fazer frente aos bancos estrangeiros aqui instalados, concentrando cada vez mais seu papel na mobilização dos recursos nacionais e em sua redistribuição, e com ele o governo passava a deter importante instrumento para direcionar as atividades econômicas, como o faria nos anos seguintes. O Banco do Brasil passava paulatinamente a se constituir em autoridade monetária, controlando em parte o mercado cambial e alguns instrumentos de política monetária, como o redesconto. Ainda no setor financeiro, é importante destacar a emergência, já nos anos 1920, dos bancos públicos estaduais, com papel importante no financiamento agrícola regional.

Quanto ao apoio à industrialização, especialmente depois da Primeira Guerra Mundial, a política econômica, apesar de não ser industrializante, procurou dar atenção maior ao setor, por meio de empréstimos subsidiados e proteção tarifária. Da mesma maneira, apesar de não se construírem instituições de fomento e proteção à indústria em geral, como ocorreu, no setor exportador, com o café, utilizaram-se alguns dos recursos possíveis para desenvolver essa industrialização, de modo a diminuir a dependência brasileira de produtos estratégicos e ganhar alguma liberdade na condução da política cambial.

---

[1] Nesse caso, o governo acabava por desembolsar 7.000 libras. O exemplo dado, a uma garantia de juros de 5% sobre o capital investido, baseia-se no que era o mais comum nas concessões federais para as empresas ferroviárias, muitas vezes se poderia acrescer uma garantia adicional de 2% dada pelos governos estaduais.

Essa intervenção governamental, crescente ao longo da República Velha (no entanto, não assumiu as proporções que viria a ter nos anos seguintes), tinha o sentido de dotar a economia nacional de maiores mecanismos de defesa, diante dos problemas da economia internacional, particularmente sentidos em uma economia dependente da exportação de alguns poucos produtos primários, como a brasileira nessa fase agroexportadora. Desse modo, a intervenção do governo genericamente visava proteger, na medida do possível, a economia quando de crises externas. Obviamente, dependendo da extensão da crise, essa proteção seria praticamente infrutífera. No entanto, a intervenção no mercado de café, as políticas industrializantes e também a política monetária e creditícia indicam a busca, nessa época, de maior proteção macroeconômica do país ante as depressões externas.

19.1.2   O Estado no processo de industrialização

A presença do Estado no processo de industrialização brasileiro é mais evidente. Nos anos 1930, como foi visto no Capítulo 14, houve ampliação da política de defesa do café, que, além de estocar, chegou a queimar boa parte do produto produzido no Brasil. Contudo, além desse tipo de política – de defesa da economia nacional diante da crise externa e da superprodução de café –, houve também uma mudança no sentido de buscar maior atenção e utilização dos mecanismos disponíveis nos anos 1930, com intuito de fomentar as atividades de cunho doméstico.

Assim, a partir dos anos 1930 e especialmente depois da Segunda Guerra Mundial, o sentido da intervenção do Estado brasileiro passa a ser o de alterar o próprio modelo de desenvolvimento do país, buscando superar as características agroexportadoras de nossa economia e apoiando decididamente o processo de industrialização.

Podem-se elencar quatro grandes espaços de atuação do Estado nesse quadro:

i.   o **Estado condutor** do processo de industrialização, por meio da utilização da política econômica com esse fim. Assim, utilizaram-se amplamente os instrumentos de política cambial, tarifária e creditícia com o fim de promover a industrialização. A forma como o contingenciamento de divisas, o câmbio múltiplo, as tarifas aduaneiras, especialmente a partir de JK, os créditos subsidiados do Banco do Brasil e, depois, do BNDE foram usados para mostrar a submissão da política econômica às metas de industrialização, que passaram a ser o foco central dos governos;

ii. o **Estado regulamentador** dos conflitos intracapitalistas e das relações entre as classes operária e patronal. Aqui, destaca-se uma série de intervenções efetuadas pelo governo. Do ponto de vista da mediação entre os operários e os industriais, tais intervenções podem ser resumidas na criação da CLT. Assim, criou-se uma intensa regulação do mercado de trabalho, que, em boa parte, deixou de ser um mercado livre. Se, por um lado, houve evidentes ganhos por parte dos trabalhadores frente à situação existente no início, por outro, boa parte das possíveis reivindicações políticas e trabalhistas da classe operária foi contida, de modo a possibilitar o desenvolvimento do setor industrial. Do lado das relações intercapitalistas, boa parte dos possíveis conflitos deixou de se efetuar no mercado e passou a ser resolvida dentro de instituições burocráticas especialmente criadas para diminuir o potencial de conflito mercantil de tais relações e impor soluções que novamente visassem ao bom andamento do processo de industrialização. É por meio de todas essas instituições (da Justiça e do Ministério do Trabalho, como dos outros órgãos reguladores de relações entre diferentes esferas envolvidas no processo produtivo) que se atribui ao Estado brasileiro o papel de regulamentador dos conflitos inerentes ao desenvolvimento industrial, estatizando tais conflitos;

iii. o **Estado produtor**, já que depois dos anos 1930 boa parte dos serviços públicos, serviços relativos a atividades de infraestrutura, como ferrovias, transporte marítimo, provedores de água, eletricidade, serviços de comunicações, foi estatizada ou já nasceu sob a forma estatal. Por outro lado, no setor de bens intermediários, como mineração, siderurgia, petróleo, química e outros, também acabaram por se criar empresas públicas como responsáveis pela produção e provisão desses serviços e bens. Assim, tem-se, por exemplo, o aparecimento da CSN, Vale do Rio Doce, Usiminas, Petrobras, CNA, FNM;

iv. o **Estado financiador**, ampliando o papel que já possuía o Banco do Brasil de captar os recursos disponíveis do Brasil e direcioná-los para os setores de interesse do governo. A criação do BNDE foi outro passo fundamental nesse sentido, já que ele praticamente se tornou a única instituição nacional a fornecer crédito de longo prazo. O Banco do Nordeste do Brasil (BNB) foi mais um banco estatal destinado a ser o braço financeiro da Sudene. Desse modo, captando no curto prazo, com aportes orçamentários e com acesso a fundos parafiscais, o sistema financeiro público arregimentava boa parte da poupança nacional e controlava sua aplicação, conduzindo em parte, por meio do financiamento, a evolução da industrialização brasileira.

Uma discussão interessante acerca do chamado Estado produtor é o motivo por que o Estado brasileiro acabou assumindo a responsabilidade da provisão e da produção de certos bens e serviços. Por um lado, existem os serviços públicos que, em parte, foram estatizados. Além de existir alguma controvérsia do ponto de vista teórico sobre a necessidade ou não da intervenção estatal sobre esses serviços (ver Boxe 19.1), o grande problema foi a questão tarifária e a necessidade de sua regulação dentro do contexto de industrialização do país. Na falta de um quadro regulatório mais bem desenvolvido, a manutenção de tarifas baixas com vista a auxiliar o processo de industrialização implicava a necessidade de manutenção das garantias de juros anteriormente mencionadas; esta, porém, implicava despesas orçamentárias de mais a mais elevadas. A estatização desses setores, pelo menos em parte, deve-se à controvérsia tarifária.

Contudo, é evidente que questões ideológicas pró-estatização e também com cunho nacionalista estavam presentes e influenciaram de maneira evidente a ampliação das empresas estatais, não apenas no campo dos serviços públicos, como também em setores privados relativos aos chamados insumos intermediários.

Quanto a esses, além dos aspectos ideológicos envolvidos, existem considerações práticas importantes. Por um lado, o capital nacional não queria realizar (ou não tinha

Cap. 19 • Alterações na Presença do Estado no Desenvolvimento Brasileiro   375

condições) os investimentos necessários nesses setores (os quais, em geral, eram elevados e de longa maturação); mesmo o capital externo mostrou-se relutante em assumir certos empreendimentos como, naquela época, a montagem da CSN. Assim, em parte coube ao Estado fazer esses investimentos, pois o setor privado (nacional e estrangeiro) não demonstrou interesse ou capacidade em realizá-los, pelo menos no momento e no prazo que desejava o Estado brasileiro, em função dos estrangulamentos que ocorriam com o avanço do processo de industrialização.

Um componente importante a explicar essa estatização é a questão do financiamento. Até a década de 1930, as empresas privadas financiavam-se por meio do mercado de capitais emitindo títulos (ações, bônus, debêntures) e captando os recursos necessários. Esses títulos, à medida que poderiam ser vendidos no mercado, tinham relativa liquidez, o que facilitava sua aceitação por parte dos ofertantes de recursos, que acabavam assumindo os riscos do negócio. Com a crise de 1929, o mercado de capitais retrai-se fortemente e depois da guerra a estrutura de financiamento sofre importantes modificações. Os bancos e seus empréstimos passam a constituir o núcleo básico de financiamento da economia. Os bancos, porém, dado seu *funding*, operam em prazos substancialmente mais curtos que os necessários para o financiamento de empreendimentos infraestruturais.

As mudanças no sistema financeiro internacional impuseram restrições à constituição de empresas privadas voltadas para o fornecimento de serviços públicos. Apenas os governos podiam dar maiores garantias de pagamento dos empréstimos e tinham acesso a "poupanças" institucionalizadas baratas como a proveniente do sistema previdenciário,[2] de modo que eles acabaram se responsabilizando por boa parte dos investimentos necessários na área de infraestrutura. Nos países em que os governos tinham dificuldades fiscais e sua capacidade de investir era limitada, os serviços públicos também foram fornecidos por empresas ou órgãos estatais, os quais foram financiados com capital externo proveniente de organismos internacionais "paraestatais", como o Banco Mundial. Assim, o financiamento, a operação e a propriedade das empresas provedoras de serviços públicos no pós-guerra eram, com algumas exceções, de responsabilidade governamental.

Boxe 19.1 – A provisão dos serviços públicos

Serviços públicos é um termo bastante genérico para designar uma série de atividades que, em maior ou menor grau, possuem determinadas características tecnológicas (existência de economias de escala) e/ou econômicas (consumo não rival, não excludência, externalidades) que as diferenciam das demais atividades. São exemplos de serviços públicos: o fornecimento de energia, água, gás, a provisão de saneamento e esgoto, os transportes, a iluminação pública, a coleta do lixo, as telecomunicações etc. Tais setores também possuem forte componente de ordem social, pois constituem a infraestrutura necessária para a realização das demais atividades humanas e, particularmente, para a produção econômica. Seu caráter social pode ser visto por dois ângulos: o do crescimento econômico e o do bem-estar social.

---

2   Como tal sistema nessa época era ainda novo, a maior parte do movimento financeiro no sistema era de entrada de recursos, havendo, portanto, recursos a serem investidos.

Os setores ditos infraestruturais representam aproximadamente 10% do PIB de um país,[3] porém não se pode medir sua importância econômica apenas por sua participação no produto nacional. Como as economias utilizam intensivamente energia, água, telecomunicações, transportes etc., quanto melhores forem os serviços públicos de um país, maior a produtividade das demais atividades e da economia do país de modo geral, promovendo o crescimento. Por outro lado, o bom funcionamento dos serviços públicos garante melhores padrões de vida para a população de um país. A eficiente provisão desses serviços e sua adequação às necessidades dos usuários são uma importante condição para o desenvolvimento, no sentido amplo, de uma nação.

Dado o grande interesse público na infraestrutura, em função dos efeitos positivos que ela pode gerar, essas atividades foram objeto de atenção dos governos. Além disso, as características inicialmente mencionadas têm servido como justificativa teórica para alguma forma de intervenção estatal nessas atividades. Dentro da teoria econômica tradicional, as justificativas para a presença do Estado no fornecimento de bens podem decorrer da não existência de concorrência no fornecimento privado desses bens ou do não interesse do setor privado em sua produção.

Os monopólios são considerados ineficientes por acarretarem a venda de uma quantidade menor de produtos a um preço superior se comparados com o equilíbrio gerado por um mercado concorrencial. Nesse sentido, cabe ao governo evitar essa perda de eficiência. Os monopólios podem surgir naturalmente em função das chamadas economias de escala, mas podem existir também em razão da existência de barreiras à entrada. Tais barreiras podem ser legais ou definidas, em um dado período de tempo, por razões como o acesso à tecnologia ou a grande quantidade de capital necessário ao investimento.

Outra razão para a presença do Estado na alocação produtiva é o fato de determinados bens não serem ofertados pelo mercado nas condições desejadas pela sociedade. Como vimos anteriormente, existem determinados bens – os **bens públicos** – que têm por característica a não rivalidade (a utilização do bem por um agente não impede que outro utilize o mesmo bem) e a não excludência (não se pode evitar que um agente utilize o bem). Dadas essas características, como os agentes não revelam suas preferências em relação ao preço que se dispõem a pagar nem à quantidade que desejam consumir, o mercado encontra dificuldades para a provisão de tais bens, sendo necessária a intervenção estatal.

Há grande discussão sobre a presença dessas características nas atividades de infraestrutura e sobre até que ponto deve ir a presença do Estado nesses setores, isso tanto em função das características bastante diferenciadas que podem assumir os serviços de infraestrutura como pela dificuldade de precisão prática dos conceitos anteriormente definidos. A partir da experiência internacional, podem-se definir dois modelos básicos de fornecimento de serviços públicos: o "**modelo norte-americano**" e o "**modelo europeu**". No primeiro, tem-se a presença de empresas privadas regidas por alguma forma de regulamentação e sofrendo algum tipo de controle por parte do Estado; no segundo, os bens e serviços são fornecidos por empresas públicas (órgãos da administração governamental ou empresas com capital predominantemente estatal).

O modelo norte-americano não se restringe aos Estados Unidos. Foi utilizado em muitos países antes da Segunda Guerra Mundial, e depois parcialmente abandonado na maior parte dos países europeus e do chamado Terceiro Mundo. Em muitos lugares,

---

[3] Segundo estimativas do Banco Mundial, em países desenvolvidos os setores fornecedores de água, gás e eletricidade representam 1,87% do PIB, enquanto transporte, armazenagem e comunicações, 9,46%. Em economias de médio desenvolvimento, como o Brasil, essas porcentagens são: 2,24% e 6,78%.

> porém, ele permaneceu válido, pelo menos para algumas atividades. Nesse modelo, as empresas que operam e fornecem os serviços são constituídas por capitais majoritariamente particulares, as decisões e a administração são de responsabilidade privada, assim como o retorno dos investimentos. No entanto, tais empresas, em alguma medida, sempre foram regidas por algum marco regulatório. Historicamente, a operação dessas empresas se fez a partir de autorizações do poder público, basicamente do poder local. O modelo europeu, que também não se restringe aos países europeus, começa a ganhar importância no século XX, nos anos 1920, com a institucionalização de vários serviços públicos, ganhando força nas décadas seguintes e passando a ser o principal modelo nos anos do pós-Segunda Guerra Mundial, com a vigorosa estatização dos serviços de infraestrutura.

19.1.3 O Estado nos governos militares

Essencialmente, não houve alterações no papel do Estado nos governos militares dentro do processo de desenvolvimento brasileiro, apesar de, em certas vezes, alguns de seus membros adotarem um discurso mais pró-iniciativa militar. Na verdade, tomando os quatro espaços de atuação do governo federal, vê-se que eles foram dinamizados.

As reformas implementadas no início dos governos militares, como foi visto no Capítulo 15, em parte significaram a ampliação da capacidade do próprio Estado de se financiar. É interessante notar que, ao longo dos 30 anos que se seguiram à Revolução de 1930 e, antes do golpe de 1964, marcaram o crescimento da importância do Estado na economia, mas com crescentes problemas de financiamento. Esse se ampliou por meio de uma grande reforma tributária, das reformas monetárias e financeiras que permitiram o financiamento público interno, da reforma trabalhista, que acabou por instituir dois novos fundos parafiscais em complementação ao sistema de aposentadoria, o fundo de garantia e o PIS-Pasep.

Retomando os espaços elencados anteriormente, nota-se no período militar, com relação ao Estado financiador, a criação de mais um sistema captador de poupança e distribuidor de recursos, o BNH. Esse sistema e a dinamização das Caixas Econômicas vêm-se juntar ao Banco do Brasil, ao BNDE etc., inclusive o BNDE com nova capacidade financeira.

Quanto ao Estado produtor, este foi deveras ampliado no período com a implantação de novas empresas, especialmente na década de 1970, além da ampliação da atividade das já existentes e da formação das grandes *holdings*, centralizando o comando de alguns setores como energia e telefonia. O Estado condutor também teve seus instrumentos ampliados, especialmente no que tange à possibilidade de concessão de incentivos fiscais e creditícios amplamente utilizados no Milagre e no II PND. Finalmente, na área de regulamentação de mercados, uma nova intervenção na economia foi a ampliação do sistema de controle de custos e preços por meio do Controle Interministerial de Preços (CIP).

19.2 ALTERAÇÕES OCORRIDAS NAS ÚLTIMAS DÉCADAS

De modo geral, pode-se dizer que as reformas promovidas na gestão estatal nos últimos anos foram o desmonte de boa parte da institucionalidade construída desde os anos 1930. Tomando novamente os espaços de atuação anteriormente destacados, vê-se que os papéis de Estado condutor, regulamentador e, especialmente, produtor foram fortemente modificados.

Analisando o modo como o Estado atuava como condutor das atividades econômicas, as condições atualmente existentes de fazê-lo são bem menores, e, apesar de o Estado ainda deter alguns instrumentos no sentido de promover determinados setores ou atividades, percebe-se que estes são muito menos utilizados do que anteriormente. A regulamentação dos setores e do próprio mercado de trabalho também está sendo paulatinamente desmontada. Diversos corpos burocráticos que regulavam determinadas atividades (Instituto do Açúcar e do Álcool (IAA), Instituto Brasileiro do Café (IBC) etc.) foram desmontados; em tese, essa desregulamentação em curso deveria ser substituída por uma nova regulação, destacada no Capítulo 20. O próprio controle de preços deixou de ser uma atribuição do governo, que pretende regulá-los por meio da implantação de um ambiente concorrencial na economia nacional.

Outra desregulamentação em curso é a do mercado de trabalho, no qual, até em função do desemprego crescente que atingiu a economia brasileira nos últimos anos, muitos aspectos da CLT estão sendo questionados e modificados. Quanto ao Estado financiador, apesar das privatizações dos bancos estatais estaduais e de uma movimentação recente questionando a atuação dos bancos públicos, ainda não foi desmantelada a ação do Estado como captador e repassador de poupança, embora tenha havido mudanças nos procedimentos e, principalmente, nos destinos da poupança captada, tendo esta, inclusive, sido utilizada no processo de privatização. O fim do Estado produtor é a marca mais evidente, do ponto de vista histórico, da reversão do papel do Estado em curso atualmente.

As considerações anteriores mostram-se importantes dentro de uma perspectiva histórica do papel do Estado na economia brasileira. Tomando, porém, uma visão mais imediata e levando em consideração que, pelo menos em parte, essas reformas foram motivadas por crises econômicas de dimensões significativas, cuja raiz para muitos está no próprio Estado, seu descontrole fiscal e sua ineficiência, podem-se perceber duas grandes linhas de ação nas reformas do Estado em curso:[4]

i. tentativas de racionalização e controle financeiro e administrativo do setor público nacional;

ii. redefinição do papel do Estado na economia e privatização de empresas públicas.

Dentro do primeiro grupo de mudanças,[5] podem-se destacar as medidas que buscam ampliar o controle do governo sobre seus próprios gastos em nível de endividamento. Desse ponto de vista, já em 1979 a criação da Secretaria de Controle das Empresas Estatais (SEST) é um marco importante, pois esta buscava sintetizar as despesas das estatais, padronizar a gestão de recursos humanos e controlar seu endividamento, o que na época era a chave para o controle do endividamento externo brasileiro.

Por outro lado, procurou-se racionalizar o processo orçamentário brasileiro, unificando os orçamentos existentes, especialmente pelo progressivo desaparecimento do antigo orçamento monetário e pela necessidade de definição de uma lei de diretrizes orçamentárias. Outro grande problema enfrentado dentro dessa perspectiva foi a melhor definição de

---

[4] Existem também importantes mudanças do ponto de vista das receitas públicas e de sua divisão entre os diferentes níveis federativos que foram tratadas no Capítulo 8.

[5] Ver Cepal (2000).

Cap. 19 • Alterações na Presença do Estado no Desenvolvimento Brasileiro **379**

atribuições entre as autoridades monetárias e fiscais brasileiras, com a eliminação da Conta Movimento, o enxugamento do CMN, a transferência da administração da dívida pública do Banco Central para o Tesouro, as alterações no Tesouro Nacional, como a criação da STN (Secretaria do Tesouro Nacional), a implementação do Caixa Único e do Siafi (Sistema Integrado de Administração Financeira).

Nas reformas constitucionais, foram impostos limites aos endividamentos de estados e municípios e controle pelo Congresso desses endividamentos, assim como daquele relativo ao governo federal. Do mesmo modo, a Constituição também previa o limite de despesas com pessoal nas diferentes esferas governamentais. Esse conjunto de regras fiscais, assim como as mudanças no processo orçamentário, destinado às diferentes jurisdições administrativas, acabou sofrendo uma série de alterações e pode ser sintetizado na chamada **Lei de Responsabilidade Fiscal**. Cumpre ainda destacar nesse ponto a reforma administrativa, que acabou sendo aprovada. Essa tem como grande destaque a revisão das regras de estabilidade do servidor público.

Dentro do segundo grupo de mudanças, além da privatização, especialmente com o **Programa Nacional de Desestatização (PND)**, pode-se também lembrar a regulamentação da concessão de serviços públicos para a iniciativa privada e a quebra do monopólio estatal em certas atividades. No entanto, vamos analisar mais detidamente o processo de privatização.

19.2.1 Privatização

O processo de privatização no Brasil começou ainda no início dos anos 1980, mas só se mostrou mais dinâmico na década de 1990. Várias são as razões alegadas para privatizar as empresas estatais. De modo geral, podem-se levantar algumas dessas razões:

i. ineficiência das empresas públicas, destacada pela baixa qualidade dos serviços e/ou pela existência de déficit financeiro nas empresas estatais;

ii. diminuição da capacidade estatal em fazer os investimentos necessários à manutenção e da ampliação dos serviços e atualização tecnológica das empresas;

iii. necessidade de gerar receitas para abater a elevada dívida estatal;

iv. mudança no quadro tecnológico e financeiro internacional.

Com relação ao primeiro aspecto, algumas análises, em especial das condições gerais da infraestrutura, chamam a atenção para alguns elementos dos serviços ofertados por empresas estatais não apenas no Brasil, mas em termos mundiais:

i. baixo nível de eficiência operacional, traduzido pelo volume de perdas e pela falta de confiabilidade nos sistemas, resultando em baixa qualidade dos serviços prestados;

ii. fraca mobilização de recursos financeiros, expressa por inadequada capacidade de recuperação dos custos incorridos na prestação dos serviços;

iii. crescente deterioração física dos ativos, geralmente causada por inadequada manutenção, decorrente da indisponibilidade de recursos citados; e

iv. desbalanceamento entre oferta e demanda, agravado por um viés preferencial por novos investimentos em detrimento da manutenção e otimização dos ativos existentes (em geral, associada a interesses de natureza política, que privilegiam a realização de novas obras).[6]

Apesar do crescimento dos serviços fornecidos, há certa decepção com relação aos resultados obtidos, especialmente se se atentar para o fato de que esses serviços deveriam ser importantes no sentido de diminuir a pobreza e reduzir as desigualdades. Muitas análises demonstram que quem mais se aproveita dos serviços públicos são as classes mais ricas da sociedade.

Tais resultados são vistos como decorrência da própria característica monopolista das empresas, que, em razão da não existência de concorrentes, diminuem sua preocupação com a eficiência na utilização de recursos. Esse fato é fortemente agravado pela ingerência política na administração e pela falta de responsabilidade que o aparato institucional imputa aos administradores da empresa. Por outro lado, o elevado nível de centralização das decisões impede a correta adequação dos serviços com relação à demanda dos usuários, com as empresas fornecendo, muitas vezes, produtos que não atendem às necessidades dos consumidores e montando plantas industriais superdimensionadas com produção excedente que não pode ser transferida para outros mercados, enquanto em outras regiões há falta de determinados serviços.

Contudo, um importante aspecto que não pode ser esquecido é que essa ingerência política, pelo menos no caso brasileiro, foi fundamental, pois por meio dela as empresas estatais foram obrigadas, nas décadas de 1970 e 1980, a se endividar fortemente para atender a demandas macroeconômicas e, ainda nos 1970, mas também nos anos 1980, as tarifas efetuadas pelas empresas eram controladas e usadas como políticas de controle inflacionário. Desse modo, a capacidade de investimento de longo prazo de tais empresas ficou completamente destruída, além de a própria operação de curto prazo da empresa também ter ficado comprometida.

Esses elementos ganham importância à medida que os recursos governamentais escasseiam em termos relativos. Ao mesmo tempo que o governo assumiu responsabilidades na área da infraestrutura e insumos básicos, ele também passou a despender atenção, e principalmente recursos, em outras áreas, notadamente na área social. Ainda se acrescem a crise fiscal do governo brasileiro e o esforço necessário para fazer frente às dívidas interna e externa do governo. Os gastos governamentais com os sistemas previdenciários e de saúde crescem fortemente no pós-guerra e concorrem com as aplicações na área de infraestrutura.

Desse modo, chega-se à década de 1980 com um volume de recursos superior nas mãos do governo (se comparado com os recursos da década de 1950), mas com responsabilidades e comprometimentos ainda muito maiores. A concorrência entre as diferentes modos de aplicação dos recursos faz com que os investimentos "produtivos" sejam reduzidos em termos proporcionais, diminuindo, ainda mais, os retornos sociais e econômicos das empresas responsáveis pelos serviços públicos. A capacidade dos governos em retomar os investimentos é, nesse sentido, bastante baixa, fazendo-se necessária as novas fontes de recursos ou novas formas de geração desses serviços.

---

[6] Moreira e Carneiro (1994).

Por fim, recentemente passam a ser difundidos novas tecnologias, novos métodos de produção e mesmo novos produtos. Tais novidades promovem, em alguns casos, a oportunidade de modificar o modo de fornecimento de serviços públicos. As preocupações anteriores com a falta de concorrência em certas atividades, dada a existência de monopólios naturais, podem não mais ser verdade em razão do avanço tecnológico. Isso ocorre particularmente em setores nos quais se torna possível o desmembramento das diferentes atividades envolvidas no fornecimento de algum serviço. Esse desmembramento possibilita que parte das atividades deixe de ser atribuição necessariamente estatal. Ao mesmo tempo, o desenvolvimento de novos produtos pode gerar a concorrência não dentro de um ramo de atividade, mas entre ramos diferentes, por exemplo, a concorrência entre diferentes tipos de energias ou formas alternativas de transporte.

Uma mudança importante que não pode ser esquecida é a do sistema financeiro. Na década de 1970, ocorre a crise do sistema monetário internacional definido em Bretton Woods ainda durante a guerra. Alguns anos depois, há a crise das dívidas externas dos países em desenvolvimento. O sistema financeiro internacional reage a tais crises por meio de:

i. aumento da concorrência, perda de importância do setor bancário, crescimento dos investidores institucionais operando no mercado de capitais;

ii. liberalização e globalização financeira; e

iii. inovações financeiras, com intenso processo de securitização e mecanismo de proteção de riscos. Tais mudanças propiciam maior facilidade de financiamento e de proteção contra o risco para as empresas privadas que estejam dispostas a fazer investimentos de maior porte e prazo de maturação.

Posto isso, a privatização no Brasil pode ser dividida em quatro fases:[7]

i. ao longo dos anos 1980, a reprivatização, quando foram vendidas as empresas estatizadas, que estavam em situação de falência. Nessa fase, foram vendidas empresas em vários setores, e a principal foi a Aracruz Celulose. Ao total, venderam-se 39 empresas e arrecadaram-se US$ 735 milhões;

ii. entre 1991 e 1992. A implementação, em 1991, do PND inicia a segunda fase do processo de privatização brasileiro. Nessa fase, durante o governo Collor, foram vendidas 18 empresas, perfazendo um total arrecadado de US$ 5.371 milhões. Os principais setores vendidos foram as produtoras de bens siderúrgicos, petroquímicos e fertilizantes;

iii. entre 1993 e 1994, nova fase da privatização com alteração em parte de seus aspectos legais: ampliação do aceite das chamadas moedas podres – antigas dívidas do governo federal,[8] não limitação ao capital estrangeiro, venda de participações minoritárias. Os mesmos setores da fase anterior são o alvo da privatização desse período, que completa 15 empresas privatizadas, arrecadando US$ 6.503 milhões, praticamente encerrando a privatização das empresas produtoras de bens;

---

[7] Ver Cysne (2000).

[8] Debêntures da Siderbras, Obrigações do Fundo Nacional de Desenvolvimento, Títulos da Dívida Agrária, Créditos Vencidos Renegociados, Certificados de Privatização etc.

iv. de 1995 em diante, período que inclui boa parte das empresas ligadas à concessão de serviços públicos, além de também ocorrerem privatizações estaduais. Dentro do PND, foram privatizadas mais 33 empresas até novembro de 2000, além de sete concessionárias de serviços públicos.

Pela Tabela 19.1 e pela Figura 19.1, pode-se acompanhar o total de empresas e o volume arrecadado no processo de privatização brasileiro, assim como sua distribuição setorial. Pelo valor apresentado na Tabela 19.1, de um total de US$ 103 bilhões entre valor de venda e repasse de dívidas, constata-se que a privatização brasileira foi um dos maiores processos do gênero e realizado em um período bastante curto.

Tabela 19.1 Processo de privatização: um resumo

(US$ milhões)

Tipo	Período	Número de empresas	Valor arrecadado	Dívidas transferidas	Total	Moedas podres/total
Reprivatização	1981-1989	39	–	–	735	–
PND	1991	4	1.614	374	1.988	98,9
	1992	14	2.401	982	3.383	98,7
	1993	6	2.627	1.561	4.188	92,3
	1994	9	1.966	349	2.315	28,0
	1995	8	1.003	625	1.628	67,4
	1996	11	4.080	669	4.749	25,1
	1997	4	4.265	3.559	7.824	4,5
	1998	7	1.655	1.082	2.737	0,1
	1999	2	133	–	133	–
	2000	1	7.670	–	7.670	–
	2001	–	820	–	820	–
Telecomunicações			28.793	2.125	30.918	–
Estaduais	1996-2001		27.919	6.750	34.669	–
Total			84.946	18.076	103.022	–
Resultado geral das privatizações – consolidado 1990-2005 (US$ bilhões)						
Privatizações federais			**59,8**	**11,3**	**71,1**	–
PND	1990-2005	71*	30,8	9,2	40,0	–
Telecomunicações			29,0	2,1	31,1	–
Privatizações estaduais			**28,0**	**6,7**	**34,7**	–
Total			**87,8**	**18,0**	**105,8**	–

* No PND, dentre as quais: 31 empresas controladas, 26 participações minoritárias, 7 concessões e 7 arrendamentos.

Fonte: BNDES.

Figura 19.1 Participação setorial no PND (1990-2005).

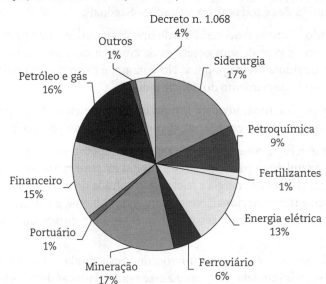

Dentro do PND, as principais empresas vendidas por setor foram:

i. **siderúrgica**: Usiminas, Cosinor, Aços Finos Piratini, CST, Acesita, CSN, Cosipa, Açominas;

ii. **química e petroquímica**: Petroflex, Copesul, Nitriflex, Polisul, PPH, CBE, Poliofinas, Deten, Oxiteno, PQU, Copene, Salgema, CPC, Polipropileno, Álcalis, Pronor, Nitrocarbono, Coperbo, Ciquini, Polialdem, Acrinor, Koppel, CQR, CBP, Polibrasil, EDN;

iii. **de fertilizantes**: Arafértil, Ultrafértil, Goiafértil, Fosfértil, Indag;

iv. **de elétrico**: Light, Escelsa, Gerasul;

v. **de concessões elétricas – hidrelétricas**: Cubatão, Emboque, Irapé, Campos Novos, Cana Brava, Ponte da Pedra, Porto Estrela, Queimado, Itabepi, Itumirim, Lajeado, Pirajú, Santa Clara, Barra Grande, Candonga, Ourinhos, Quebra Queixo, Corumbá IV;

vi. **de concessões elétricas – linhas de transmissão**: interligação Norte-Sul II, Norte-Sul, Sudeste-Nordeste, Itajubá 3, Taquaraçú-Assis-Sumaré;

vii. **ferroviária**: RFFSA malhas oeste, centro-leste, sudeste, Teresa Cristina, sul, nordeste, paulista;

viii. **portuária**: Tecon (Santos), Tecon 1 (Sepetiba), Cais de Paul, Cais de Capuaba, Terminal *roll-on roll-off* (CDRJ), Angra dos Reis (CDRJ) e Salvador (Codeba);

ix. **informática**: Datamec;

x. **financeira**: Meridional, Banespa;

xi. **outras**: Embraer, Mafersa, Celma, SNPB.

Para completar o quadro de empresas privatizadas, devem-se incluir as empresas do setor de telecomunicações e todas as privatizações estaduais.

Se, por um lado, diminui a necessidade de investimento de longo prazo que o governo deve fazer, do ponto de vista de seus objetivos de curto prazo não se pode dizer que a privatização tenha reduzido a dívida pública. No entanto, é certo que em parte seus recursos puderam auxiliar no financiamento do déficit público.[9]

Nesse ponto, porém, uma dúvida é levantada: qual a efetiva participação do BNDES nesse processo, e qual o valor efetivamente depositado junto ao governo?

Outro ponto que foi aproveitado nesse processo, especialmente quando os valores de venda cresceram e também a participação do capital externo mostrou-se mais intensa, ou seja, quando das concessões de energia e telefonia: a entrada de recursos e o auxílio no financiamento do déficit externo nacional. Nesse ponto, o problema é a necessidade de geração futura de recursos externos para fazer frente ao fluxo de recursos que devem sair como remessa de lucros.

Em termos de ganhos de eficiência microeconômica, ainda é cedo para fazer uma avaliação, mas existe grande inquietação quanto a esse ponto, dadas as dúvidas relacionadas com a regulamentação dos setores que foram privatizados, especialmente os de serviços públicos.

CONCEITOS-CHAVE

Bens públicos

Estado condutor

Estado financiador

Estado produtor

Estado regulamentador

Estatização

Garantia de juros

Lei de Responsabilidade Fiscal

Política de defesa do café

Privatização

Programa Nacional de Desestatização

Regulamentação × desregulamentação

Serviços públicos

QUESTÕES

Q1. Diferencie o sentido da atuação do Estado na República Velha e no período de industrialização do Brasil.

Q2. Compare as esferas de intervenção estatal ao longo do século com as reformas que estão ocorrendo hoje nesse âmbito.

Q3. Aponte algumas razões que justifiquem a privatização. Qual, em seu entender, teria sido a razão fundamental?

Q4. Relacione o processo de privatização com o comportamento da dívida e do déficit público recente.

---

[9] A respeito do impacto das privatizações sobre as contas públicas, ver Capítulo 23 (Governo Fernando Henrique Cardoso).

20

Estado Regulador: Regulação e Defesa da Concorrência

A regulação dos mercados foi um meio encontrado pelos governos para a prevenção e punição de práticas abusivas entre os concorrentes no mercado.

No último século, o desenvolvimento das grandes empresas transnacionais tornou mais evidente a necessidade de criar e, no decorrer do tempo, melhorar os instrumentos regulatórios. Houve grande aperfeiçoamento das leis antitruste em vários países do mundo inteiro. A primeira medida antitruste de maior repercussão ocorreu nos Estados Unidos com o **Sherman Act** em 1890, que tornava ilegal qualquer acordo entre empresas competidoras para fixar preços ou quantidades produzidas e também qualquer conduta que restringisse a concorrência. O Sherman Act foi seguido pelo **Clayton Act** em 1914, e a **Federal Trade Commission Act** em 1914, que determinou a criação da **Federal Trade Commission (FTC)**, agência governamental responsável por implementar e fiscalizar o cumprimento da lei antitruste. Essas leis, como também na legislação brasileira, não visam à proibição dos monopólios, mas à restrição do uso de poder de monopólio pelas empresas.

No Brasil, a **lei de defesa da concorrência** só passou a existir a partir da década de 1960, mas um maior avanço da legislação sobre esse assunto só foi dado com a Lei n. 8.884, de 1994, quando foram instituídos três órgãos, compondo o **Sistema Brasileiro de Defesa da Concorrência (SBDC)**; o **Conselho Administrativo de Defesa Econômica (Cade)**, a **Secretaria de Direito Econômico (SDE)** e a **Secretaria de Acompanhamento Econômico (Seae)**. A aprovação dessa lei foi uma resposta às mudanças estruturais da economia e à abertura comercial a partir de 1991. Esse sistema foi alterado pela Lei n. 12.529, de 2011, quando então o Cade passa a absorver a SDE e algumas competências da SEAE, assumindo toda a análise e o julgamento de fusões e aquisições, as ações de prevenção e de repressão às infrações contra a ordem econômica. O SBDC será detalhado na parte final do capítulo.

20.1 MUDANÇAS NO GRAU DE CONCENTRAÇÃO DA ECONOMIA BRASILEIRA

A abertura comercial no Brasil na década de 1990, a consolidação e expansão de novas multinacionais, o processo de fusão entre empresas nacionais, com participação ou não de empresas estrangeiras, as privatizações das empresas públicas, todas essas mudanças na estrutura e no grau de concentração da economia brasileira trouxeram a necessidade da consolidação de uma lei de defesa da concorrência, assim como o fortalecimento de um órgão de defesa da concorrência para evitar que essas modificações trouxessem prejuízos à livre concorrência.

As **fusões** no Brasil no período 1995-2000 apresentaram um crescimento de 86%, estabilizaram-se a partir daí, para voltar a ostentar um crescimento significativo em 2006, conforme Tabela 20.1.

A **concentração de mercado** pode ser vista, muitas vezes, como consequência de ganhos de eficiência em estruturas produtivas que permitam a algumas empresas custos de produção menores em comparação a outras empresas. A concentração também pode gerar ganhos de escala, o que confere às empresas em questão vantagem com relação aos outros concorrentes.

Economias de escala ocorrem quando os custos caem em função de, por exemplo, aumento no volume de produção, ou aumento da planta que possa gerar ganhos de eficiência na reorganização da produção. A adesão de novas tecnologias inviáveis na escala anterior também é um exemplo de economia de escala.

A concentração leva à necessidade de **regulação**, para que não haja abuso de poder de mercado por parte das empresas dominantes. O **poder de mercado** pode ser prejudicial ao permitir às empresas, como no caso dos monopólios, o estabelecimento de preços abusivos, a adoção de práticas desleais com os concorrentes e também por aumentar a possibilidade de cooperação entre as empresas no estabelecimento de preços, os cartéis de preços.

Tabela 20.1 Número de fusões e aquisições no Brasil – 1994-2006

	Total	Doméstico	Estrangeiro
1994	175	81	94
1995	212	82	130
1996	328	161	167
1997	372	168	204
1998	351	130	221
1999	309	101	208
2000	353	123	230
2001	340	146	194
2002	227	143	84

(continua)

(continuação)			
2003	230	116	114
2004	299	100	199
2005	363	150	213
2006	473	183	290

Fonte: KPMG. Disponível em: http://www.kpmg.com.br.

20.2 JUSTIFICATIVAS PARA A EXISTÊNCIA DE REGULAÇÃO

As justificativas em defesa da livre concorrência, em contraposição às estruturas monopolísticas, vêm da consideração de que os mercados nos quais existe competição entre os agentes econômicos são mais eficientes, por gerarem maior bem-estar econômico. A competição entre os agentes leva a preços de equilíbrio menores, a maior variedade dos produtos, à busca de linhas de produção mais eficientes tanto como à busca de novas tecnologias. Em uma estrutura competitiva de mercado, a alocação de recursos e a distribuição de renda são feitas por meio da interação dos mecanismos de oferta e demanda sem a intervenção de um poder privado ou público de monopólio, o que justamente traz maior bem-estar econômico por uma alocação mais eficiente dos recursos.

Portanto, quando se fala de defesa da concorrência, está-se buscando um aumento do bem-estar do consumidor por meio de uma economia mais eficiente.

Um mercado pode ser considerado mais ou menos competitivo dependendo de certas condições, como barreiras à entrada de novas empresas, facilidade e/ou mobilidade dos recursos empregados na produção, presença de mercados contestáveis etc.

Diz-se que um mercado é **contestável** quando há a possibilidade de entrada de novas empresas na indústria que possam competir com igualdade de condições com as empresas já existentes e essa entrada é lucrativa para as novas empresas. A possibilidade de entrada de novas empresas impede que as empresas já existentes usem do poder de mercado que possuem por atuarem em um mercado concentrado, uma vez que, ao elevarem seus preços acima dos níveis competitivos, estariam atraindo novas empresas para o mercado. No Brasil, muitos mercados passaram a ser contestáveis a partir da abertura comercial na década de 1990, em virtude da possibilidade da concorrência dos produtos importados.

Quanto às **barreiras à entrada**, estas podem ser impostas pelos próprios participantes da indústria, ou ser barreiras naturais, como a exigência de ativos muito específicos e/ou escassos para poder atuar na indústria.

Como já dito, os instrumentos de regulação de mercado ou de defesa da concorrência levam em consideração que o uso do poder de mercado obtido em uma situação de monopólio pode diminuir o bem-estar do consumidor. As empresas que possuem poder de mercado, por serem monopolistas ou ocuparem posição dominante, conseguem estabelecer preços acima dos preços competitivos.

Nas estruturas de monopólio, oligopólio e competição oligopolística, a decisão de quanto produzir influencia o preço de mercado. Em outras palavras, isso significa deparar-se com uma curva de demanda individual decrescente, ou seja, para vender uma unidade a mais do produto essas empresas precisam baixar seus preços e, assumindo que não possam discriminar preços, o preço deve diminuir para todos os outros consumidores. Ao contrário, em uma indústria em que haja muitas empresas pequenas com relação ao mercado, a decisão de produção da empresa não altera o nível de preços.

> **Monopólio**: quando há um só produtor do bem no mercado. O caso contrário, ou seja, em que há um só comprador, chama-se monopsônio.
> **Oligopólio**: quando poucos produtores dominam o mercado.
> **Concorrência oligopolística**: há competição entre as empresas que fazem parte do oligopólio.

Toda empresa maximiza lucro quando a receita marginal, receita auferida pela venda de uma unidade a mais do produto, iguala-se ao custo marginal, custo de produzir essa unidade a mais. Para entender melhor esse conceito, pense em um nível de produção em que a receita marginal é maior que o custo marginal, ou seja, se aumentar uma unidade do produto, a receita auferida por essa unidade adicional de produto é maior que seu custo. Então, essa não seria uma situação de equilíbrio, porque o produtor poderia aumentar sua produção e ganhar mais por isso. Ele só não terá mais estímulo para aumentar a produção se não ganhar mais nada com isso. E, caso o custo dessa unidade a mais do produto fosse maior que a receita dessa unidade adicional, o produtor passaria a ter prejuízo.

Em monopólio, ou no caso de oligopólios, a produção da empresa é muito grande com relação ao mercado, e sempre que o produtor quiser aumentar sua produção, irá aumentar a oferta desse produto no mercado, e o preço deverá cair. Observe que, em concorrência perfeita, como há muitas empresas pequenas com relação ao mercado, o aumento de produção de uma empresa não altera o preço de mercado, porque sua produção é muito pequena com relação ao mercado, e a oferta total do produto quase não se altera. Como o preço de mercado está relacionado com a oferta, o preço também não se altera.

No caso concorrencial, o preço do produto, ou seja, quanto ele cobra por ele,[1] é igual à própria receita adicional que ele recebe em função de sua venda.

Todavia, em situação de monopólio, cada vez que o produtor aumenta uma unidade de seu produto, a receita adicional, ou marginal, diminui. O preço de monopólio é maior que a receita marginal. Esse equilíbrio de preço maior que o custo marginal leva a uma distorção alocativa, produzindo-se menos que a quantidade demandada.

---

[1] Veja que não se está considerando os impostos, que poderiam modificar a relação entre o que o produtor cobra e quanto o consumidor paga. Todavia, não cabe aqui entrar nessa discussão.

Cap. 20 • Estado Regulador: Regulação e Defesa da Concorrência **389**

Entretanto, há casos em que só é possível operar por meio de uma estrutura monopolística: são os chamados monopólios naturais. **Monopólios naturais** são estruturas produtivas em que a escala mínima de produção eficiente corresponde à demanda de todo o mercado.

Apesar de a quantidade de equilíbrio de monopólio ser sempre menor que no caso competitivo, a existência de lucros econômicos em mercados concentrados pode ocorrer ou não. Se houver competição monopolista, a empresa não consegue manter lucro de monopólio, porque, na falta de barreiras à entrada, um aumento de preços acima dos níveis competitivos incentiva a entrada de novas empresas, o que aumenta a oferta e diminui o nível de preços novamente.

20.3 PRÁTICAS ANTICONCORRENCIAIS

Consta na Lei n. 8.884/1994, de defesa da concorrência, que caracteriza infração à ordem econômica acordar práticas de fixação de preços, quantidades, condições e outras práticas de venda com as concorrentes, ou seja, qualquer tipo de conduta concertada que vise diminuir a concorrência, como também o aumento sem justa causa dos preços de bens e serviços. Constituem também infração condutas desleais que visem dificultar a entrada de novos concorrentes, por exemplo, a utilização de preços predatórios (vendas abaixo do preço de custo), o impedimento ao acesso das concorrentes às fontes de insumo ou aos distribuidores por meio de exigência de exclusividade.

Entre as principais condutas anticoncorrenciais, podem-se citar:

i. **Formação de cartel**: práticas conjuntas entre concorrentes para a fixação de preços, quantidades produzidas, divisão do mercado consumidor, divisão territorial, adoção de postura preestabelecida em licitação pública etc. Os cartéis têm como consequência o aumento dos preços e a diminuição da oferta do produto, constituindo grave abuso de poder econômico.

ii. **Venda casada**: quando o vendedor impõe a compra de um segundo produto como condição para fornecer o produto desejado pelo comprador.

iii. *Dumping*: venda de um produto importado por um preço mais baixo do que no país de origem sem que isso reflita menores custos. Essa prática também é utilizada com o objetivo de eliminar a concorrência.

iv. **Política de preços predatórios**: a empresa mantém o preço do bem abaixo do custo de produção por um período, até que consiga eliminar o concorrente. Ela arca com um prejuízo temporário com o intuito de aumentar sua parcela de mercado e auferir maiores lucros futuros.

v. **Discriminação de preços**: quando o vendedor cobra preços diferentes do mesmo produto em mercados diferentes sem justa causa; por exemplo, quando quer aproveitar da falta de concorrência em um dos mercados.

vi. **Exigência de exclusividade**: quando o fornecedor ou o comprador impede que a outra parte comercialize produtos de outras marcas.

vii. **Preços de revenda**: quando o produtor fixa o preço de revenda para os distribuidores.

Algumas condutas podem facilitar as práticas anticoncorrenciais por criar ou aumentar o poder de mercado das empresas, mas não constituem, por si, violação da lei da concorrência. Essas condutas são geralmente objeto de análise das agências reguladoras. Se considerarem que há a possibilidade de perda de bem-estar do consumidor, essas agências devem impor certas restrições para a aprovação desses atos de concentração. Podem-se citar:

i. **Concentração vertical**: quando há a fusão ou incorporação de empresas em diferentes estágios da cadeia produtiva. Por exemplo, uma empresa fabricante de derivados de leite que compre uma fazenda produtora de leite.

ii. **Concentração horizontal**: é a fusão ou incorporação de empresas que fabricam o mesmo produto ou produtos substitutos, ou seja, é uma fusão entre concorrentes. Pode-se citar como exemplo a Ambev, resultado da fusão das cervejarias Brahma e Antarctica.

iii. **Conglomeração**: associação entre empresas que atuam em diferentes setores da economia, podendo ser setores com nenhuma complementaridade entre si.

20.4 LEIS ANTITRUSTE

O relatório da Conferência das Nações Unidas sobre Comércio e Desenvolvimento (UNCTAD) registrou em 1997 mais de 70 países com leis de defesa da concorrência. Essas leis têm como objetivo promover maior eficiência de mercado, eliminando práticas predatórias à livre concorrência, exercidas por meio do uso do poder de mercado pelas empresas.

No Brasil, na década de 1930, a política de defesa da concorrência estava voltada para o que se chamou de "economia popular", na qual estavam inseridos os controles de preços. Da década de 1940 em diante, a legislação passou a apresentar alguma preocupação com a defesa da concorrência com uma visão pró-mercado. A partir da Constituição de 1988 e com o processo de abertura comercial desde o início dos anos 1990 há mudanças mais significativas, que se concretizaram com a Lei n. 8.884, de 11 de junho de 1994, de defesa da concorrência.

O artigo 54 da Lei n. 8.884/1994, de defesa da concorrência, estabelece que todo ato que possa limitar ou prejudicar a livre concorrência ou ocupar posição dominante nos mercados relevantes deverá passar por aprovação das agências reguladoras. Consideram-se ato de concentração apreciável por essas agências as fusões, incorporações, formação de sociedades controladoras ou outras formas de associações que resultem em participação de mais de 20% do mercado relevante, ou no caso de uma das participantes ter tido um faturamento bruto acima de R$ 400.000.000 no último exercício.

20.5 DEFINIÇÃO DO MERCADO RELEVANTE

Uma medida muito usada para avaliar o poder de mercado é considerar a parcela do mercado que a empresa possui, ou seja, quanto do mercado pertence a ela. Todavia, para calcular essa medida, é preciso que o mercado relevante em consideração esteja bem definido.

Se o mercado relevante for definido erroneamente menor do que realmente é, o índice de concentração será maior que o verdadeiro. Se, ao contrário, a definição estiver englobando mais competidores que os que realmente participam do mercado relevante, o índice de concentração resultante será menor que o verdadeiro.

Do lado da demanda, são consideradas como parte do mesmo mercado as empresas que produzem bens substitutos. Se os consumidores passam a consumir mais do bem B devido a um aumento de preço do bem A, diz-se que os bens A e B são substitutos e pertencem ao mesmo mercado relevante.

> **Mercado relevante**: mercado que contém a concorrência do produto: devem-se incluir os produtos similares de outras marcas e seus substitutos.
> **Bens substitutos**: dois bens são ditos substitutos se o consumidor passa a consumir um devido ao aumento de preço do outro.

Uma dificuldade que se apresenta na definição de mercado relevante na utilização do conceito de bens substitutos é que a substituição entre bens depende da magnitude da variação dos preços relativos. Dois bens que não sejam considerados substitutos, a uma certa variação dos preços relativos, podem passar a sê-lo, para uma variação maior dos preços relativos.

Pelo lado da oferta, as empresas C e D são consideradas pertencentes ao mesmo mercado se, mesmo produzindo produtos completamente diferentes, C puder adaptar facilmente sua linha de produção para produzir o produto da D, caso haja lucro econômico em D. Então, C e D são concorrentes em potencial.

Definido o mercado relevante, deve-se utilizar algum instrumento para medir o grau de concentração do mercado. Os indicadores mais usados são o **Herfindahl-Hirschman Index (HHI)** e o **Concentration Rate (CR)**. Sendo $S^2 i$ o quadrado da parcela de mercado da i-ésima empresa, tem-se:

$$HHI = \sum_{i-1}^{N} S^2 i$$

Quando existe uma só empresa no mercado (monopólio), o HHI é igual a 1. Conforme o número de empresas participantes do mercado cresce, o índice diminui.

Outro índice também muito usado é o CR_4, que é a razão entre o total de vendas das quatro maiores empresas da indústria e o total de vendas da indústria. Analogamente, pode-se calcular o CR_2, o CR_8 etc.

20.6 AGÊNCIAS REGULADORAS DE DEFESA DA CONCORRÊNCIA

Os atos de concentração podem ter efeitos tanto positivos quanto negativos para o bem-estar econômico, devendo ser analisados caso a caso. Se se pensar que a concentração irá aumentar o poder de mercado das empresas, possibilitando aumento dos preços, ou que a diminuição da concorrência seja um desestímulo para o investimento em novas tecnologias, então a concentração do mercado terá efeito negativo sobre o bem-estar econômico. Por outro lado, a união ou associação das empresas pode trazer ganhos de escala, redução de custos de transação e outros custos, e até mesmo possibilitar o desenvolvimento de tecnologias que não eram possíveis na escala anterior. Os efeitos líquidos vão depender da estrutura do mercado em questão. Há mercados em que, devido à elevação da escala mínima de produção à entrada das multinacionais, a concentração das empresas passou a ser uma necessidade, para se manterem no mercado.

No Brasil, as agências reguladoras responsáveis pela defesa da concorrência começaram a ter maior destaque a partir de 1994; elas atuam tanto na regulação e no monitoramento das estruturas de mercado como na prevenção e repreensão de práticas infratoras da ordem econômica, como o abuso de poder auferido de posição dominante. Fazem parte do **Sistema Brasileiro de Defesa da Concorrência** as seguintes agências:

i. **Conselho Administrativo de Defesa Econômica (Cade)**: criado em 1962, passou a ser autarquia vinculada ao Ministério da Justiça, em 1994.

ii. **Secretaria de Acompanhamento Econômico (Seae)**: autarquia ligada ao Ministério da Fazenda, criada em 1995. O parecer da Seae tem como objetivo auxiliar nas decisões do Cade.

iii. **Secretaria de Direito Econômico (SDE)**: órgão pertencente ao Ministério da Justiça.

O Cade tinha apenas função repressiva até 1994, isto é, punir infrações à ordem econômica. A partir da Lei n. 8.884/1994, além do controle de condutas, passou a ter caráter também preventivo, ou seja, qualquer ato de concentração que possa apresentar danos à concorrência deve ser aprovado por ele.

As três categorias de processos nesses órgãos são:

i. averiguação preliminar;

ii. processo administrativo;

iii. ato de concentração.

No que se refere à repreensão de condutas desleais, como formação de cartéis, vendas casadas etc., a SDE inicia o que se chama de averiguação preliminar, para analisar as suspeitas de infração econômica, e tem um prazo de 60 dias para concluí-la.

Se os indícios forem suficientes, instaura-se um processo administrativo que deve ser encaminhado ao Cade com o parecer da SDE. Em seu parecer, a SDE pode determinar o compromisso de cessação da prática infratora, assim como cabe também a ela fiscalizar o cumprimento das decisões do Cade. Após a instauração do processo administrativo, a empresa representada tem um prazo de 15 dias para apresentar a defesa. O processo terá continuidade mesmo que ela não se manifeste. Nos processos administrativos, o parecer da Seae é facultativo.

Cap. 20 • Estado Regulador: Regulação e Defesa da Concorrência **393**

Quanto à formação das estruturas de mercado, toda fusão, aquisição ou outro tipo de concentração enquadrado no art. 54 da Lei n. 8.884 deve ser enviado primeiramente à SDE, que remeterá uma via para o Cade e para a Seae. Quem primeiro emite um parecer é a Seae, que deve enviá-lo à SDE em um prazo máximo de 30 dias. Após receber o parecer da Seae a SDE tem também um prazo de 30 dias para emitir seu parecer e enviá-lo ao Cade, juntamente com o parecer da Seae. O Cade tem um prazo de 60 dias para analisar e julgar o processo; esse prazo poderá ser estendido, caso sejam necessários maiores esclarecimentos sobre o caso. Se não for aprovado dentro dos limites de tempo estabelecidos, o processo é tido como aprovado.

O Cade poderá estabelecer condições para a aprovação dos atos de concentração, os chamados Compromissos de Desempenho, de modo a assegurar as condições estabelecidas na Lei. As decisões do Cade só poderão ser refutadas pelo Poder Judiciário.

A análise dos atos de concentração é formada por cinco etapas principais:[2] para análise dos atos de concentração define-se, primeiramente, o mercado relevante. A definição de um mercado relevante bem definido, como apresentado na Seção 20.5, será usada para determinar a parcela de mercado que pertence às empresas participantes. Será considerada como participação pequena no mercado a concentração que resultar uma parcela menor que 20% do mercado relevante.

Posteriormente, avalia-se a possibilidade de exercício de poder de mercado. Se a probabilidade de exercer poder de mercado for praticamente nula, o ato é aprovado. Caso contrário, segue para a próxima etapa. Para medir a probabilidade de poder de mercado, pode-se analisar a facilidade de importar o produto, a facilidade de entrada de novas empresas no mercado, a existência de barreiras à entrada etc.

Finalmente, faz-se uma avaliação das eficiências geradas pela concentração como economias de escala, diminuição dos custos de transação, possibilidade de exploração de novas tecnologias etc. Para que o ato de concentração seja aprovado, seus efeitos líquidos sobre o bem-estar econômico devem ser positivos.

20.7 AGÊNCIAS REGULADORAS DOS SERVIÇOS PÚBLICOS

A prestação de muitos serviços públicos, que antes era da competência de empresas estatais, passou para o setor privado. Entre eles, podem-se citar o setor de transportes, com a privatização de várias rodovias, o setor de energia elétrica, de telecomunicações etc., antes monopólios do Estado. As privatizações e as concessões nesses setores desencadearam a necessidade de criar órgãos especiais de regulação para eles, em virtude das especificidades de cada setor, com tendências a forte concentração desses mercados. A principal função desses órgãos é verificar o cumprimento dos contratos de concessão e as metas acordadas com as empresas entrantes.

Alguns órgãos de regulação para setores específicos:

i. **Agência Nacional de Energia Elétrica (Aneel)**: autarquia vinculada ao Ministério de Minas e Energia, que tem como função implementar a política nacional

---

2   Guia para Análise Econômica de Atos de Concentração (SEAE – Ministério da Fazenda).

de energia elétrica, assim como fiscalizar as atividades do setor e prevenir e repreender as infrações da ordem econômica, respeitando o que for de competência do Cade.

ii. **Agência Nacional de Telecomunicações (Anatel)**: autarquia vinculada ao Ministério das Comunicações, destinada a coordenar a reestruturação do sistema de telecomunicações.

iii. **Agência Nacional do Petróleo, Gás Natural e Biocombustíveis (ANP)**: autarquia vinculada ao Ministério de Minas e Energia, que fiscaliza e regula as atividades relacionadas com a indústria petrolífera.

iv. **Agência Nacional da Saúde (ANS)**: autarquia vinculada ao Ministério da Saúde, que controla e regula a relação entre prestadores e consumidores na área da saúde.

v. **Superintendência de Seguros Privados (Susep)**: órgão do Ministério da Fazenda responsável por fiscalizar o mercado de seguros e previdências privadas.

vi. **Agência Nacional da Aviação Civil (Anac)**: autarquia vinculada ao Ministério de Portos e Aeroportos, que tem como atribuições regular e fiscalizar as atividades de aviação civil e de infraestrutura aeronáutica e aeroportuária.

vii. **Agência Nacional de Vigilância Sanitária (Anvisa)**: autarquia vinculada ao Ministério da Saúde, que tem como área de atuação não um setor específico da economia, mas todos os setores relacionados a produtos e serviços que possam afetar a saúde da população brasileira.

viii. **Agência Nacional de Águas (ANA)**: autarquia vinculada ao Ministério do Meio Ambiente, responsável pelo gerenciamento dos recursos hídricos do país.

20.8 COMENTÁRIOS FINAIS

As mudanças na estrutura produtiva e nos padrões de comércio que vêm ocorrendo no Brasil na última década determinaram fortalecimento dos órgãos de regulação no país para a consolidação de uma cultura de defesa da concorrência. Para tal finalidade, foram vistos brevemente os papéis desempenhados pelo Cade e pela SDE, ambos ligados ao Ministério da Justiça, e pela Seae, pertencente ao Ministério da Fazenda.

As decisões dos órgãos de defesa da concorrência devem, ao mesmo tempo em que buscam defender a concorrência, com a finalidade do bem-estar do consumidor e de maior eficiência econômica, estar sempre atentas a não colocar excessos de impedimentos que poderiam inibir a atividade produtiva.

Foi visto que um processo de concentração, *a priori*, não pode ser considerado bom ou ruim para a sociedade em geral. Uma concentração pode trazer ganhos de eficiência que poderão ser revertidos para a sociedade, mas, por outro lado, correm-se os riscos referentes ao poder de mercado, ou seja, preços elevados, cartéis e outras formas de concorrências desleais. Portanto, cabe o bom senso de tomar um caminho intermediário entre esses dois extremos.

CONCEITOS-CHAVE

Agências reguladoras de defesa da concorrência

Agências reguladoras de serviços públicos

Agência Nacional da Aviação Civil (ANAC)

Agência Nacional de Telecomunicações (Anatel)

Agência Nacional de Energia Elétrica (Aneel)

Agência Nacional de Petróleo, Gás Natural e Biocombustíveis (ANP)

Agência Nacional de Saúde (ANS)

Agência Nacional de Vigilância Sanitária (Anvisa)

Barreiras à entrada

Bens substitutos

Conselho Administrativo de Defesa Econômica (Cade)

Cartel

Concentração de mercado

Concentração horizontal

Concentração vertical

Concentration Rate (CR)

Concorrência monopolística

Concorrência oligopolística

Conglomeração

Discriminação de preços

Dumping

Economias de escala

Herfindahl - Hirschman Index (HHI)

Leis antitruste

Mercado relevante

Mercados contestáveis

Monopólio

Oligopólio

Poder de mercado

Política de preços predatórios

Regulação

Secretaria de Direito Econômico (SDE)

Secretaria de Acompanhamento Econômico (SEAE)

Superintendência de Seguros Privados (Susep)

Vendas casadas

QUESTÕES

Q1. O que são mercados contestáveis?

Q2. Cite três condutas anticoncorrenciais e explique o que são.

Q3. Explique o que é concentração vertical e concentração horizontal.

Q4. Fale sobre os prós e contras de uma fusão entre duas empresas concorrentes.

APÊNDICE 20A

Maximização de lucros

Na situação de monopólio de uma empresa competitiva, a companhia maximiza lucro quando a receita marginal, receita auferida pela venda de uma unidade a mais do produto, iguala o custo marginal, custo decorrente da produção de uma unidade a mais do produto.

Enquanto a receita adquirida por uma unidade a mais do produto (receita marginal) for maior que o custo de produzir essa unidade adicional (custo marginal), o produtor continuará a aumentar a produção até que a receita marginal se iguale ao custo marginal. Nesse ponto, não há mais estímulo para aumentar a produção.

Em mercados competitivos, a receita marginal é o próprio preço do produto adicional vendido:

$$Rmg_c = P$$

em que Rmg_c é a receita marginal em mercados de livre concorrência e P é o preço do bem.

No caso de monopólio, a receita marginal do monopolista vai ser a receita de uma unidade a mais do produto vendido menos a variação de preço, que deve ser multiplicada pela quantidade vendida na situação anterior.

$$Rmg_m = Rmg_c + (P_2 - P_1)(Q_1)$$

Em que:

Rmg_m = a receita marginal de monopólio;

Rmg_c = a receita marginal no mercado concorrencial;

P_2 = o preço final devido ao aumento de uma unidade a mais produzida;

P_1 = o preço antes do aumento da produção;

Q_1 = a quantidade que corresponde a P_1.

Como P_2 é menor que P_1, o termo $(P_2 - P_1)$ é negativo e, portanto, a receita marginal do monopolista é menor que para a empresa competitiva.

Então, uma unidade a mais do produto causa estímulos diferentes para um produtor monopolista e um competitivo. A quantidade de equilíbrio no monopólio é menor que em situação de concorrência, em que o produtor não afeta o preço de mercado.

Esse equilíbrio de preço maior que o custo marginal leva a uma distorção alocativa, produzindo-se menos que a quantidade demandada.

PARTE V

A Economia Brasileira no Período Recente

Vimos na Parte IV as transformações que ocorreram na economia mundial desde as décadas finais do século XX, relacionadas com o processo de globalização e as reformas liberais, com ampla valorização do mercado e menor participação do Estado. O impacto dessas transformações fez-se sentir no Brasil praticamente a partir do Governo Sarney, mas consolidou-se desde o Governo Itamar Franco/Fernando Henrique Cardoso (FHC).[1]

Inicialmente, mostraremos a série de tentativas fracassadas de planos heterodoxos na Nova República: Planos Cruzado, Bresser, Verão, no Governo Sarney, e o Plano Collor.

Em seguida, destacaremos como o Plano Real, no Governo Itamar/Fernando Henrique, conseguiu reduzir a inflação e mantê-la sob controle durante longo período, apesar das várias crises internacionais, da crise cambial de 1998/1999 e da mudança do regime de política econômica a partir de então. Mesmo com a substituição do governo de FHC por Lula, assumindo um partido tradicionalmente de esquerda, não se sacrificou a estabilidade.

Como consequência, observou-se uma contínua melhoria do poder aquisitivo dos trabalhadores brasileiros. Associada aos programas assistencialistas, como Bolsa Escola, Bolsa

---

[1] Como já observamos anteriormente, transferimos o Capítulo 17 da edição anterior, que antes constava na Parte III, para esta parte V. Tem-se, assim, a sequência completa desde o Governo Sarney até o Governo Bolsonaro.

Alimentação, Auxílio Gás (depois consolidados e ampliados no Bolsa Família) e aumentos reais do salário-mínimo desde o Plano Real, tivemos uma melhoria gradativa dos indicadores sociais do país.

Mas, apesar do sucesso alcançado desde então, no que se refere à estabilização, outros problemas permaneceram. A crença de que com a estabilização o país iria retomar uma trajetória estável de crescimento econômico ainda não se verificou. Embora tenha ocorrido melhoria dos indicadores sociais, o comportamento do produto mostrou-se extremamente oscilante, com médias de 2,5% a.a. no Governo FHC, 4% a.a. no Governo Lula e caindo para 3% no primeiro mandato do Governo Dilma, e queda de 1% no segundo mandato do Governo Dilma/Temer, muito inferiores à média dos países emergentes no mesmo período (por volta de 4,5 %).

O sacrifício do crescimento devido à estratégia de estabilização provocou deterioração das contas externas na fase inicial da estabilização, ampliando a vulnerabilidade externa da economia brasileira no Governo FHC, revertendo-se no Governo Lula, quando passa a haver superávits recordes na história do país, mas depois se reduzindo novamente a partir do Governo Dilma. Houve melhoria fiscal iniciada no segundo mandato de FHC, mantida no Governo Lula, mas forte deterioração no Governo Dilma, levando a um aumento contínuo da dívida pública. As taxas de juros brasileiras permaneceram extremamente elevadas praticamente ao longo de todo esse período, a carga tributária elevou-se de forma contínua, o investimento permaneceu em níveis insatisfatórios, inviabilizando um crescimento econômico contínuo e estável, com taxas abaixo dos países emergentes e mesmo da economia mundial.

Assim, apesar da estabilização e da inclusão social no período, uma série de dúvidas permanece na economia brasileira. Esses pontos serão detalhados nesta parte, sendo o Capítulo 21 dedicado à atuação do Estado, do ponto de vista mais microeconômico, acerca da regulação e defesa da concorrência, e discutiremos, também, o desempenho da economia brasileira ao longo dos três últimos governos brasileiros: Governo FHC (Capítulo 22), Governo Lula (Capítulo 23), Governo Dilma Rousseff, primeiro mandato (Capítulo 24), Governo Dilma II/Temer (Capítulo 25) e Governo Jair Bolsonaro (Capítulo 26).

21

A Saga dos Planos Heterodoxos: A Economia Brasileira de 1985 a 1994

A condução da política econômica da Nova República elegeu o combate inflacionário como meta principal, o que se fez com uma série de planos econômicos. Entre os planos, destacam-se: Cruzado (1986), Bresser (1987), Verão (1989), Collor I (1990), Collor II (1991) e Real (1994). Esses planos tinham por base o diagnóstico da **inflação inercial** e utilizaram diferentes mecanismos para tentar romper a inércia: congelamento de preços, reformas monetárias, fixação da taxa de câmbio, entre outros. A cada plano incorporavam-se novas características, aperfeiçoando os planos anteriores, na tentativa de não incorrer nos mesmos erros.

Trata-se de uma fase marcada por grandes oscilações nas taxas de inflação (ver Figura 21.1) e no produto real (ver Tabela 21.1), acompanhando os períodos de sucesso e fracasso dos planos econômicos. Ao longo dos planos, os agentes foram aprendendo com a lógica do período – a cada insucesso, um novo plano viria. Assim, os agentes precaviam-se de novos congelamentos, provocando constante aceleração inflacionária, o que, inclusive, eliminava o caráter inercial da inflação. Todo esse processo se deu em um ambiente de democratização, que colocava novas pressões políticas e sociais, por exemplo, a elaboração da nova Constituição (1988), dificultando ainda mais a estabilização. Deve-se notar também que, com exceção do Plano Real, todos os demais planos se deram em um contexto em que o Brasil se encontrava praticamente excluído do fluxo de capitais internacionais, o que impunha outras restrições ao processo de estabilização.

Neste capítulo, apresentaremos o desempenho da economia brasileira no período 1985/1994 até antes do Plano Real. O capítulo discute os governos Sarney, o governo Collor e Itamar. Dentro de cada período, apresentam-se as principais medidas tomadas em termos de política econômica, com destaque para os planos heterodoxos de combate à inflação e seus resultados. O Plano Real será analisado no Capítulo 23. Deve-se destacar que, além do conjunto de planos econômicos, verifica-se na economia brasileira, a partir do final dos anos 1980, um amplo conjunto de reformas institucionais no que se refere à inserção externa da economia brasileira e ao papel do Estado.

Figura 21.1 Inflação mensal (%).

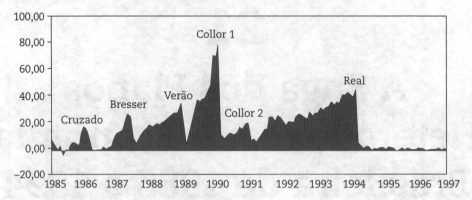

21.1 GOVERNO SARNEY: MARÇO DE 1985 A MARÇO DE 1990

Como vimos nos capítulos anteriores, verificou-se no Brasil significativo aumento da taxa de inflação a partir de 1973. Esse processo parece estar relacionado com os sucessivos choques externos e internos – choques do petróleo (1973 e 1979), choque das taxas de juros internacionais (início dos anos 1980), choques agrícolas (quebras de safra), alterações cambiais etc. – e a sua propagação devido aos mecanismos formais e informais de indexação existentes na economia.

Os primeiros anos da década de 1980 mostravam que a taxa de inflação na economia brasileira não estava relacionada com o nível de atividade econômica. No Brasil, a taxa de inflação permanecia elevada mesmo com a persistência do quadro recessivo durante o início da década. Assim, não se verificava a chamada curva de Phillips, com a inflação se manifestando quer na expansão, quer na recessão. Em qualquer ambiente, os agentes conseguiam repassar para seus preços os choques que afetavam suas rendas. Desencadeava-se, assim, uma luta permanente entre os diversos atores para preservar suas participações na renda que levava à perpetuação do processo inflacionário.

Nesse quadro, ganhava força ao final do regime militar o diagnóstico de que a inflação brasileira não estava relacionada com a atividade econômica. A recessão no período 1981/1983 havia contribuído para melhorar o balanço de pagamentos, reverter o déficit existente na balança comercial e transformá-lo em expressivos superávits, mas não havia tido efeito sobre a inflação.

Os amplos superávits comerciais decorreram de rápida queda das importações nos anos 1981/1983, da expansão das exportações no ano de 1984 em função da recuperação da economia mundial, da resposta do setor exportador aos incentivos e à desvalorização cambial do ano anterior e da maturação de uma série de projetos do II PND que abriram novas frentes de exportação. Com isso, a economia brasileira apresentou significativo crescimento nesse ano (5,3%), liderado pelas exportações.

Cap. 21 • A Saga dos Planos Heterodoxos: A Economia Brasileira de 1985 a 1994 **401**

A Nova República iniciou com o seguinte quadro: economia em crescimento, balanço de pagamentos em transações correntes equilibrado (o saldo comercial era suficiente para pagar a remessa de juros sem necessidade de novos aportes de capital) e inflação elevada em torno de 200% a.a. Com isso, era natural que se elegesse o combate à inflação como o principal objetivo do governo.

A nova fase inicia-se com um conturbado quadro político. O candidato da oposição, Tancredo Neves, venceu as eleições no Colégio Eleitoral graças à ampla aliança feita inclusive com dissidências do partido governamental (PDS), que não concordavam com o nome do candidato escolhido pela situação, e fundaram um novo partido (PFL), do qual saíra a indicação do nome do candidato a vice-presidente na chapa da oposição – José Sarney. Esse processo resultou na definição de um quadro de ministros marcado pela heterogeneidade, reflexo dos próprios interesses contraditórios que se aliaram no movimento eleitoral.

O cenário político fica ainda mais incerto quando o presidente indicado pelo Colégio Eleitoral – Tancredo Neves – adoece às vésperas da posse e assume em seu lugar o vice-presidente, José Sarney. Logo em seguida, o presidente falece e o vice é confirmado no cargo.

Esse governo pode ser considerado como de transição entre o regime militar e a democracia, tendo no cenário político: as eleições diretas para governador em 1986, as eleições para o Congresso Nacional de 1986, que também seria a Assembleia Constituinte, responsável pela elaboração da nova Constituição que definiria, inclusive, qual seria o mandato do então presidente (quatro ou cinco anos), e a organização das eleições diretas para o futuro presidente.

Ou seja, era um governo civil que nascera de maneira bastante conturbada e que teria uma complexa agenda política pela frente, em um contexto no qual as diversas pressões/interesses até então reprimidos tenderiam a aparecer. O quadro político foi uma importante condicionante de todas as decisões econômicas tomadas nesse governo.

O ano de 1985 foi marcado por uma série de indefinições e mudanças de rumo na política econômica. Uma das explicações é a própria heterogeneidade do ministério também na área econômica. O então Ministro da Fazenda, Francisco Dornelles, era adepto do gradualismo de cunho ortodoxo no combate à inflação, enquanto o Ministro do Planejamento, João Sayad, assessorado por economistas da chamada "corrente inercialista", defendia os "choques heterodoxos". Havia outras diferenças importantes, por exemplo, a análise sobre a natureza do déficit público, isto é, se este decorria do excesso de gastos operacionais sobre as receitas ou se vinha de um componente eminentemente financeiro. Cada concepção implicava medidas diferentes para combater o déficit.

Outra dificuldade para fins de estabilização era o crescimento do PIB, da ordem de 7,9%. Dada a recessão no início da década, a expansão de 1984 havia ocorrido sem dificuldades – ocupação de capacidade ociosa, utilização de desempregados etc. A continuidade do crescimento em 1985, pelos efeitos multiplicadores do aumento das exportações, em um contexto de ampla indexação (financeira, cambial, salarial), tendia a tornar a inflação ainda mais difícil de ser controlada.

O ministro Dornelles predominou na fase inicial, adotando uma série de medidas de austeridade fiscal e controle monetário-creditício, e utilizando o controle tarifário como modo de diminuir as pressões inflacionárias. Tais medidas tiveram impacto pequeno e de curta duração; note-se que o próprio controle tarifário contribuía para deteriorar a situação fiscal, ao elevar o déficit das empresas estatais. A partir de junho de 1985, já se observava uma aceleração inflacionária, para a qual contribuiu uma sucessão de choques vindos da agricultura, que culminou na queda do ministro Dornelles em agosto e sua substituição por Dilson Funaro.

O novo ministro também se mostrava contrário ao combate ortodoxo à inflação, e apoiava-se em economistas de linha pós-keynesiana. Com isso, duas correntes com novas explicações para o processo inflacionário brasileiro ganham destaque nesse momento: os **inercialistas** (ver Boxe 21.1), ligados à PUC-RJ, e os **pós-keynesianos** (ver Boxe 21.2), ligados à Unicamp.[1]

É da união dessas duas correntes no governo que surgiria o Plano Cruzado, uma tentativa de romper com a tendência inflacionária e também de alongar o horizonte de cálculo e trazer a "normalidade" para as regras de formação de preços.

No final do ano de 1985, várias medidas foram tomadas a fim de preparar a economia para um plano heterodoxo, destacando-se um pacote fiscal no final do ano, que visava ampliar a arrecadação, e a vinculação de alguns preços controlados pelo governo à ORTN, como modo de aumentar a sincronia dos reajustes. Como reflexo dos choques agrícolas e em decorrência do próprio crescimento econômico que se verificara em 1985 (7,9% de crescimento do PIB), a inflação continuava a se elevar, ultrapassando a barreira dos 15% a.m. no início de 1986 – 17% em janeiro e 22% em fevereiro. A intratabilidade do processo inflacionário alertava para a necessidade de algum tratamento de choque.

Boxe 21.1 – Os inercialistas[2]

A base teórica na qual se apoiam os inercialistas é o *estruturalismo*, que distingue os fatores estruturais e os mecanismos de propagação da inflação. Os inercialistas separam o processo inflacionário em "choque" e "tendência", com destaque para o segundo elemento. A ideia básica é que, a partir de dado momento, a inflação adquire certa autonomia, isto é, assume um comportamento inercial, em que a inflação do período passado determina a inflação atual, que determinará a inflação futura, e assim por diante. Essa inércia resulta dos *mecanismos de indexação* – correção monetária de preços, salários, câmbio e ativos financeiros –, que tendem a propagar a inflação passada para o futuro. Na ausência de choques, a inflação permaneceria no patamar vigente, ou seja, ter-se-ia a aderência do conceito a uma taxa de inflação estável.

Os choques que afetariam a estabilidade inflacionária decorreriam da tentativa de modificação da distribuição de renda por parte de certos segmentos da sociedade mediante mudanças em alguns preços relativos, por exemplo, desvalorização cambial, aumento no salário real médio, aumento na taxa real de juros, aumento nos

---

[1] Antes, no regime militar, predominaram as linhas associadas ao **monetarismo**, ligadas tanto à Universidade de São Paulo como à Fundação Getulio Vargas do Rio de Janeiro.

[2] A esse respeito, ver Paulani *et al.* (1987).

mark-ups das empresas, aumento de tarifas públicas, impostos etc. A inércia vem ou pelo comportamento defensivo dos agentes que tentam defender periodicamente seus picos de renda (Francisco Lopes), ou pelo fato de os agentes tentarem defender sua renda real média, usando como previsor da inflação futura a inflação passada; quando a inflação se acelera, os agentes tentam aumentar o pico de renda ou reduzir o intervalo de reajuste, com o qual se perpetua a inflação (Lara Resende e Persio Arida – Larida). A partir desses diagnósticos, têm-se as seguintes propostas de combate à inflação:

i. **choque heterodoxo (Lopes)**, que se divide em duas fases: um congelamento rigoroso de preços durante seis meses e uma fase de descompressão com variações de até 1,5% para restabelecer preços relativos, que duraria 18 meses;

ii. **moeda indexada (Larida)**, em que se busca a desindexação da economia por meio da indexação total, isto é, provoca-se um encurtamento dos períodos de reajuste de tal modo a tornar as rendas reais insensíveis à taxa de inflação doméstica e permitir uma sincronização perfeita dos reajustes. Isso seria obtido com a alteração da unidade de conta na economia, por exemplo, atrelando os preços ao dólar ou à ORTN (na época). Quando todos os preços tivessem sido convertidos nessa nova unidade de conta e tivéssemos uma distribuição de renda estável nesta unidade, bastaria a fixação do câmbio ou a introdução de um novo padrão monetário para atingir um final indolor do processo inflacionário. Percebe-se, nessa proposta, o objetivo de produzir os efeitos da hiperinflação sem passar por ela.

Conforme o debate foi avançando, as duas propostas foram complementando-se. O importante a destacar é que ambas atacam apenas o componente inercial e não eliminam os efeitos de choques, não se destinam a corrigir a distribuição de renda, mas pressupõem a neutralidade. Se a economia continuar sujeita a choques, não se garante a estabilidade.

Boxe 21.2 – Os pós-keynesianos: a visão da Unicamp[3]

A explicação do processo inflacionário no Brasil, segundo essa concepção, pode ser vista no trabalho de Tavares e Belluzzo (1984).

Toda a argumentação baseia-se no processo de formação de preços keynesiano. Distinguem-se duas categorias de bens:

i. **setor *flex-price*** (concorrencial, matérias-primas), no qual o preço é o resultado da interação da oferta e da demanda, sendo o produtor tomador de preços; e

ii. **setor *fix-price*** (oligopolizado, industrial), no qual o produtor é formador de preços mediante uma regra de *mark-ups* sobre custos, e a oferta e a demanda determinariam a quantidade via movimento dos estoques.

O setor *flex-price* é sujeito à ação da especulação com estoques que servem para limitar o intervalo de variação do preço: quando o preço corrente sobe muito, os especuladores entram vendendo e, quando cai, entram comprando. Assim, é possível trabalhar com a ideia de **preços normais** (que refletiria os custos de produção), que serão tanto maiores quanto mais rapidamente a oferta ajustar-se aos desequilíbrios iniciais.

---

[3] A esse respeito, ver Paulani *et al.* (1987).

No setor *fix-price*, a regra de formação de preços pode ser descrita por:

$$p = (1 + m)(wb + uc),$$

em que: p é o preço do bem, m é a margem normal de lucro (**mark-up**), b é o inverso da produtividade marginal do trabalho, w é o salário nominal, u é o custo de reposição (de uso) dos insumos consumidos e c é a quantidade de insumos necessários à produção de uma unidade do bem. Assim, a parcela wb representa a participação do custo da mão de obra no custo direto de uma unidade de produto, enquanto uc é a parcela correspondente à matéria-prima.

A margem de lucro oscila entre um valor mínimo, aquele aceitável para a valorização do capital (que permite a reposição das condições de produção), e um máximo, dado pela concorrência potencial. Além da estrutura do mercado, a margem de lucro reflete: a expectativa de comportamento da taxa de juros de longo prazo, a busca de fontes internas de financiamento, o risco e a incerteza do rendimento, os custos suplementares de depreciação e obsolescência e despesas gerais.

A cada início do processo produtivo, o setor *fix-price* planeja seus preços de oferta, firmando contratos de venda de seus produtos com base nas estimativas dos preços do setor *flex-price*.

Em uma economia aberta, com utilização de insumos importados, teríamos:

$$p = (1 + m)(wb + tdc),$$

em que: t é a taxa de câmbio e d o custo de reposição dos insumos cotados em dólar.

Se t for fixa, a ideia de custos normais continua válida. Se t for flexível, todas as mercadorias importadas tornam-se *flex-price*, o que não necessariamente significa instabilidade, se a taxa de câmbio seguir um comportamento tendencial previsível (mantendo a paridade do poder de compra).

O problema, segundo os autores, começa a aparecer com a crise do sistema monetário internacional e a internacionalização do processo de valorização financeira, fazendo com que a atividade especulativa no mercado de câmbio ganhasse vida própria, acompanhando os fluxos de capitais internacionais. Isso passou a gerar imprevisibilidade do câmbio e, por conseguinte, do custo dos insumos importados, mesmo que o preço internacional destes seja estável.

No Brasil, isso possui duplo aspecto. A crise cambial ao longo da década de 1980 instabilizou t, ou seja, a relação Cr$/US$, enquanto a aleatoriedade do dólar no que tange às demais moedas instabilizava o custo de reposição d. Com isso, gera-se incerteza quanto ao custo de uso dos insumos, levando as empresas dos setores oligopolizados a trabalharem com *mark-ups* ascendentes como forma de proteger a lucratividade. Um segundo elemento é a questão das taxas de juros flutuantes, em que cada choque de juros (ascendente) acarreta elevações do passivo das empresas que comprometem o ativo. Assim, a forma de defender o patrimônio é elevar o *mark-up* desejado. Tem-se um jogo de empurra pela manutenção dos valores que resulta na desvalorização contínua da moeda.

É o caso da economia brasileira, em que a crise da dívida externa e o processo de deterioração financeira do Estado levaram ao rompimento das regras de formação de preços, causando movimentos ascendentes do *mark-up*, que, via mecanismos de indexação, tendem a perpetuar-se. O fim do processo inflacionário pressupõe a diminuição da incerteza e a ampliação do horizonte de cálculo capitalista, permitindo a estes voltarem a trabalhar com a noção de preços normais e *mark-ups* estáveis. Para tal, necessita-se de uma renegociação da dívida externa e um ajuste patrimonial do Estado, ambos permitindo uma condução mais estável da política cambial e de juros.

21.1.1 Plano Cruzado

A aceleração inflacionária no final do ano anterior e início de 1986 levou ao lançamento do Plano Cruzado em 28 de fevereiro de 1986. O Plano Cruzado introduziu uma nova moeda, substituindo o cruzeiro pelo **cruzado**, e definiu regras de conversão de preços e salários de modo que se evitassem efeitos redistributivos, ou seja, buscou promover um "choque neutro" que mantivesse sob o Cruzado o mesmo padrão de distribuição de renda do cruzeiro.

As principais medidas foram as seguintes:

i. quanto ao salário, este deveria ser convertido pelo poder de compra dos últimos seis meses mais um abono de 8%, e para o salário-mínimo este abono seria de 16%. Esse abono era eminentemente político e visava transferir renda aos assalariados. Além disso, introduziu-se a escala móvel – o "**gatilho salarial**" –, que seria acionada toda vez que a inflação atingisse 20%. Como veremos, esse item acrescentava um elemento instabilizador no futuro e ampliava a indexação ao romper a única âncora nominal que restava na economia;

ii. quanto aos preços, estes foram congelados no nível de 28 de fevereiro de 1986, com exceção da energia elétrica, que obteve aumento de 20%. Não havia prazo para a descompressão, e não houve nenhuma compensação, o que fez com que vários setores fossem pegos com preços defasados, com destaque para as tarifas públicas. É importante destacar que, quanto maior a taxa de inflação, maior a dispersão de preços relativos, o que faz com que a cada instante do tempo existam produtos com preços defasados e outros com preços acima, de acordo com o prazo decorrido do último reajuste. Deslocou-se a base do índice de preços para 28/02, de modo que se evitasse que o cômputo da inflação passada contaminasse a inflação futura;

iii. a taxa de câmbio foi fixada no nível de 27 de fevereiro, e descartou-se a necessidade de uma maxidesvalorização compensatória ou defensiva, dadas a folga cambial e a tendência à desvalorização do dólar com relação às demais moedas;

iv. os aluguéis tiveram os valores médios recompostos por meio de fatores multiplicativos com base em relações média-pico;

v. para os ativos financeiros, foram estipuladas diferentes regras. Em primeiro lugar, deu-se a substituição das ORTNs pelas OTNs, que ficariam com o valor congelado durante 12 meses. Para os contratos pós-fixados, os juros acima da correção monetária transformaram-se em juros nominais, com proibição da indexação de contratos com prazos inferiores a um ano, exceção feita às cadernetas de poupança, que teriam correção monetária, mas o reajuste voltava a ser trimestral. Para os contratos prefixados, introduziu-se a **Tablita**, que era uma tabela de conversão com desvalorização diária de 0,45%, que correspondia à média diária de inflação entre dezembro de 1985 e fevereiro de 1986; o objetivo neste caso era retirar a inflação embutida e evitar a transferência de renda para os credores.

Não se estabeleceram metas para a política monetária e fiscal, que ficariam dependentes do "discernimento" dos responsáveis por sua condução. A oferta monetária deveria acomodar-se à maior demanda de moeda e a taxa de juros seria a variável de acompanhamento do grau de liquidez da economia, o que se mostrou extremamente difícil. Com a queda da inflação, a demanda de moeda (no conceito $M1$ – meios de pagamento) deveria se elevar substancialmente. Dada a dificuldade de se prever qual seria a demanda de moeda no novo contexto, optou-se por não se estabelecer metas quantitativas para a oferta de moeda, utilizando-se a taxa de juros como variável de controle, o que tornava endógena a quantidade de moeda. O fato é que se verificou, logo após o plano, uma monetização excessiva da economia, resultando em ampla redução das taxas de juros. Em março, por exemplo, o crescimento do estoque de $M1$ foi da ordem dos 80%, e nos três meses seguintes foi em média superior a 15%.

Quanto ao lado fiscal, supunha-se que a reforma fiscal de dezembro de 1985 zeraria o déficit operacional em 1986. O problema é que aquela reforma se baseava no aumento do Imposto de Renda sobre os ganhos de capital das operações financeiras, que foram reduzidos pelo próprio plano, não gerando o resultado esperado.

Durante o plano, foram tomadas, porém, algumas medidas importantes do ponto de vista institucional que facilitavam o acompanhamento e o controle das contas públicas. Destacam-se, nesse sentido, o início do processo de unificação orçamentária, a criação da **Secretaria do Tesouro Nacional** e o **fim da Conta Movimento**, fazendo com que o Banco do Brasil deixasse de ser autoridade monetária.

Com relação ao setor externo, não se recorreu a uma desvalorização da moeda tanto pelo fato de o país possuir um nível razoável de reservas como por projetar-se uma desvalorização do dólar em relação às demais moedas, o que, por si só, significaria uma desvalorização do Cruzado em relação à cesta de moedas. Além disso, acreditava-se que com a estabilização e o crescimento econômico o país passaria a receber um fluxo de investimentos externos. Assim, o desempenho do setor externo não seria um entrave para o plano.

O sucesso inicial do plano, com queda abrupta na taxa de inflação e o grande apoio popular, com a população sendo os fiscais do congelamento, rendeu generosos bônus políticos ao governo e transformou o congelamento de preços no principal elemento do plano.

O recurso ao congelamento de preços é extremamente complicado, pois, se ele for temporário, os agentes atuam de acordo com a expectativa de seu final; se for duradouro, elimina a possibilidade de correção dos desequilíbrios de preços relativos. Os dois casos mostram limites para sua eficácia. A taxa de inflação prévia ao plano ainda não justificava mecanismos de indexação instantânea dos preços, como no caso de hiperinflação. Assim, os preços no Brasil ainda eram reajustados em intervalos discretos. Nesse caso, quanto maior fosse a taxa de inflação, maior seria a dispersão de preços relativos. Desse modo, o congelamento pegou produtos cujo preço acabara de ser reajustado e produtos cujo preço estava defasado. Com o congelamento, essas distorções não seriam corrigidas.

A queda da taxa inflacionária levou vários segmentos do governo a acreditarem no sonho da inflação zero e que todas as pressões inflacionárias houvessem sido debeladas por um golpe de mágica, enquanto outros queriam aproveitar a inflação baixa para realizar os ajustes necessários, para evitar o aparecimento de novos choques, em especial, resolver a questão do déficit público. Deve-se destacar que, para vários mentores do plano, este não se resumia a medidas conjunturais de combate à inflação, mas possibilitaria amplas transformações estruturais na economia: retomada dos fluxos externos, alongamento dos prazos de financiamento, reestruturação da oferta etc.

Cap. 21 • A Saga dos Planos Heterodoxos: A Economia Brasileira de 1985 a 1994 **407**

Além da queda da inflação, destaca-se, no imediato pós-plano, um grande crescimento econômico. Quando o plano foi lançado, o país já vinha de dois anos de crescimento, sendo que em 1985 foi próximo dos 8%, gerando pressões sobre os salários reais e ampliando a utilização da capacidade instalada. Com o plano, introduziram-se novos elementos que estimulariam ainda mais a demanda interna – consumo e investimento – e o crescimento econômico. Esse fato tenderia a aumentar as dificuldades do plano de estabilização e a manutenção do congelamento.

O aumento da demanda pode ser explicado por vários fatores: aumento do salário real, expansão exagerada da oferta de moeda, que levou a taxas de juros reais baixas e até negativas, a ilusão monetária que levou à despoupança, por causa da queda das taxas de juros nominais, a diminuição do recolhimento do imposto de renda pessoa física na fonte (pacote fiscal de dezembro de 1985), o consumo reprimido durante a recessão, a existência de preços defasados com o congelamento, a expansão do crédito pelos bancos para compensar a perda da receita inflacionária, entre outros. A consequência dessa expansão da demanda foi a pressão sobre diversos mercados, principalmente sobre aqueles cujo preço estava defasado ou aqueles que possuíam alta elasticidade-renda e passaram a incorporar os agentes que foram beneficiados com o aumento de renda propiciado pelo plano (aumento do salário real). A decomposição da taxa de inflação, já nos meses subsequentes, mostrava alguns excessos de demanda, por exemplo, os setores de vestuário e de carros usados, que são de difícil controle e que cresciam à frente dos demais. Em outros casos, fazia-se sentir a escassez de produtos, como é o caso do leite, da carne e dos automóveis, que acabou resultando na cobrança de ágios e no aparecimento de filas de espera pelo produto. Para a escassez de alimentos, contribuiu o aumento de renda real dos trabalhadores.

O governo recorreu a vários instrumentos, para tentar resolver o problema de oferta sem abrir mão do congelamento, como isenções de impostos, subsídios, liberação da importação de produtos alimentícios etc. Houve, inclusive, ações policiais de confisco de cabeças de gado que, se não contribuíram para resolver os desequilíbrios, serviram como propaganda para o governo.

Com o tempo, os agentes foram encontrando mecanismos para escapar do controle, além do aparecimento do ágio, tais como alterações de produtos, mudança de embalagens, alteração nas especificações etc. Percebe-se que o congelamento foi tornando-se inócuo, e as tentativas de mantê-lo acabavam rebatendo no lado fiscal e nas contas externas do país.

Ainda com relação a esse aspecto, deve-se notar que as baixas taxas de juros reais, em virtude da expansão monetária, provocaram fuga dos ativos financeiros para a Bolsa de Valores, dólar paralelo e outros ativos reais, que apresentaram grande valorização no período, e estimularam uma fuga de capitais do país, deteriorando a situação externa.

As alternativas que se colocavam eram romper o congelamento ou desacelerar a economia. O "**Cruzadinho**", implantado em 24 de junho, era um tímido pacote fiscal que tentava desaquecer o consumo pela imposição de empréstimos compulsórios sobre a gasolina, os automóveis e as passagens aéreas internacionais, sendo que os recursos assim obtidos deveriam financiar o Plano de Metas do governo. A credibilidade dessas medidas foi afetada pelo fato de os aumentos de preços decorrentes terem sido expurgados do índice de inflação, para evitar o disparo do "gatilho".

A recusa em pôr fim ao congelamento e iniciar o alinhamento de preços estava claramente relacionada, além do receio da volta da espiral inflacionária, ao calendário político com as eleições da Assembleia Nacional Constituinte e governos estaduais em novembro de 1986.

Note-se que o Plano de Metas deveria levar a um aumento na taxa de investimento e refletia uma das intenções do governo de tentar corrigir os desequilíbrios pelo lado da oferta. Nesse sentido, deve-se destacar que algumas medidas financeiras tentaram desestimular (encarecer) o crédito ao consumidor e baratear o crédito às empresas. Houve também tentativas de estimular o financiamento de longo prazo, com destaque para a formação do mercado interbancário, que facilitaria aos bancos a obtenção de reservas quando tivessem problemas de liquidez.

Essas medidas não surtiram o efeito desejado de ajustar a economia pelo lado da oferta, uma vez que, para que esse ajuste fosse possível, seria necessário tempo, além de um clima de confiança pelos agentes econômicos que induzisse as decisões de investimento.

Até as eleições, a política econômica foi marcada pelo imobilismo. O clima de fim do Cruzado levou a um grande aumento do consumo, em razão da expectativa de descongelamento, mas a inflação oficial permanecia baixa, por não captar o efeito do ágio, do desabastecimento e da introdução de novos produtos.

A Figura 21.2 revela a significativa piora nas contas externas tanto pela queda do saldo da balança comercial, em função da expectativa de desvalorização cambial, como pela profunda redução dos investimentos diretos em 1986, pelo aumento da remessa de lucros e da evasão de capital. Este último elemento se refletia na grande ampliação do ágio do dólar no mercado paralelo.

Figura 21.2 Exportações e importações, em US$ milhões, 1986 e 1987.

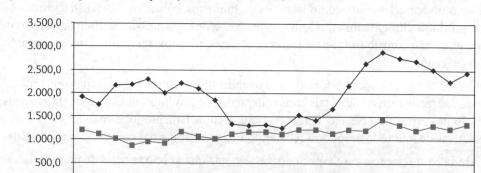

Em 21 de novembro de 1986, alguns dias após as eleições que deram vitória significativa ao partido do governo, lançou-se o **Cruzado II**, que visava controlar o déficit público pelo aumento da receita em 4% do PIB, com base no aumento de tarifas e dos impostos indiretos. Foi uma tentativa de alinhar alguns preços, principalmente dos bens de consumo da classe média. Apesar de significar um choque inflacionário, o governo queria expurgar esses aumentos do índice. Em virtude da pressões de vários setores, ocorreu a incorporação dos aumentos de impostos e tarifas, mas com diferentes ponderações. Instituiu-se que o "gatilho" ficaria limitado a 20% e o excedente iria para o gatilho seguinte.

Em janeiro de 1987, a inflação atingiu 16,8% e disparou o gatilho. Em fevereiro, romperam-se os controles de preços, corrigiu-se o valor da OTN e a indexação voltou pior do que antes, pois agora os salários passariam a ter reajustes praticamente mensais.

Juntamente com o novo pacote, foi colocada em marcha uma política monetária restritiva. A volta da inflação, em um contexto no qual os mecanismos formais de indexação financeira haviam sido eliminados, em conjunto com a política de restrição do crédito, provocou uma grande instabilidade financeira. Os aplicadores passaram a exigir uma remuneração compatível com a taxa real de juros desejada mais a expectativa inflacionária. Como havia muita incerteza sobre a inflação, isso acabou resultando em grande ampliação da taxa real de juros, pois a incerteza inflacionária era incorporada na taxa de juros nominal. Nota-se que, nesse quadro, a ausência de indexação acabava levando ao encarecimento dos recursos, as taxas de juros nominais elevadas levavam a expectativas de inflação ainda mais alta, e assim por diante.

A elevação da taxa real de juros e as restrições de crédito colocavam uma série de riscos no momento de vencimento dos créditos tomados durante o plano. A reintrodução da indexação poderia ampliar ainda mais as dificuldades (falências), devido à profunda dispersão de preços na economia. No início de 1987, o governo reintroduziu uma indexação parcial, atrelando um conjunto de ativos à remuneração do *overnight*. E, para salvar alguns setores endividados, recorreu a uma série de pacotes de ajuda que contribuíam para piorar ainda mais a situação fiscal.

A partir de então, tem-se o desaquecimento da economia com queda da demanda e profunda desestruturação das condições de oferta devido à longa permanência do congelamento. Tem-se um movimento de perda de reservas em razão dos saldos negativos no **balanço de pagamentos**, o que levou ao anúncio da **moratória** em fevereiro de 1987 para estancar a perda de reservas, e reiniciar as negociações da dívida externa. Em abril de 1987, a inflação superou os 20% mensais, o que levou à queda do ministro Funaro e à posse de Bresser Pereira.

Encerrava-se de forma desalentadora a tentativa do Cruzado. Seu fracasso pode ser atribuído tanto a problemas de concepção como de execução. A duração excessiva do congelamento,[4] os fatores que provocaram o crescimento descontrolado da demanda e o descaso pelas contas externas com certeza contribuíram para esse desfecho.

---

[4] Para a oposição, o congelamento, que na sua concepção original deveria durar seis meses, foi prolongado para beneficiar o partido do governo (PMDB) nas eleições para governadores e senadores em novembro 1986, dada a ainda popularidade do Plano Cruzado para a maioria das pessoas.

21.1.2 Plano Bresser

A experiência e o fracasso do Plano Cruzado deixaram algumas sequelas importantes. Em primeiro lugar, deve-se destacar a introdução de um novo elemento a influir no comportamento dos agentes econômicos – a "expectativa do congelamento". Sempre que a inflação se elevava, os agentes passavam a esperar um novo congelamento, tomando medidas preventivas que provocavam a aceleração inflacionária. Em segundo lugar, resultou em uma grande perda de apoio político do governo, que teve sua credibilidade fortemente reduzida.

O lançamento do Cruzado II uma semana após as eleições levou a significativa perda de apoio político ao governo e deterioração junto à opinião pública. No entanto, o Plano Cruzado trouxe alguns ensinamentos, como, por exemplo, a necessidade do controle da demanda após a estabilização, da neutralidade dos choques do ponto de vista distributivo, da manutenção das contas externas em equilíbrio, e a impossibilidade de se manter um congelamento de preços por tempo demasiado, entre outros. Esse conjunto de fatos iria influir na condução da política econômica nos últimos anos do governo Sarney, principalmente em sua fragilidade política.

Quando o Ministro Bresser assumiu, sinalizou rumo à ortodoxia com uma minidesvalorização de 7,5% do cruzado em primeiro de maio e com promessas de austeridade fiscal. Todavia, o ministro dizia-se simpatizante da heterodoxia, o que levou a várias especulações sobre novo congelamento. A experiência anterior colocava o aparecimento de um novo plano, inclusive, como uma demanda da sociedade quando a inflação se acelerava. Os agentes econômicos, precavendo-se dele, acabavam por induzir a adoção dos planos. Assim, em junho de 1987 era anunciado um novo plano de estabilização.

Ortodoxia: de acordo com o pensamento ortodoxo, a inflação é decorrente do processo de emissão monetária que eleva a demanda e força a alta de preços. Assim, para combater a inflação, deve-se estancar a emissão de moeda. A retração da expansão monetária deverá resultar em retração da demanda. Desse modo, o combate inflacionário é conseguido mediante uma política recessiva. A expansão monetária decorre, em geral, da necessidade de financiar o déficit público. Portanto, em geral, as políticas de controle monetário devem ser combinadas com políticas de redução do déficit público – aumento da arrecadação e redução de gastos.

Heterodoxia: para os heterodoxos, a inflação não decorre de excesso de demanda provocado pela emissão monetária. A emissão monetária é vista muito mais como uma decorrência da inflação do que como causa. Assim, a inflação poderia ser combatida sem o apelo ao controle da demanda, isto é, não haveria necessidade de uma política recessiva. O congelamento de preços e salários é um tipo de medida (política de rendas) característico dessa corrente.

O **Plano Bresser**, anunciado em 12 de junho de 1987, continha tanto elementos ortodoxos como heterodoxos. Não tinha por objetivo a inflação zero nem eliminar a indexação, apenas deter a aceleração inflacionária e evitar a hiperinflação, promovendo um choque deflacionário com a retirada do gatilho e a redução do déficit público. Para solucionar a crise momentânea, recorria-se ao congelamento e à desvalorização cambial, não se resolvendo os problemas de longo prazo. Ao contrário do que se supunha no Cruzado, o Plano Bresser era considerado um plano de emergência.

As principais medidas do plano foram:

i. congelamento de salários por três meses, no nível de 12 de junho de 1987, com o **resíduo inflacionário** sendo pago em seis parcelas a partir de setembro;

ii. congelamento de preços por três meses, sendo que vários preços, em especial os públicos, foram aumentados antes do plano;

iii. mudança da base do Índice de Preços ao Consumidor (IPC) para 15 de junho de 1987, sendo que os aumentos foram incorporados à inflação de junho, de modo a evitar que se sobrecarregasse a inflação de julho;

iv. desvalorização cambial de 9,5% em 12 de junho e não congelamento da taxa de câmbio, mantendo as minidesvalorizações diárias, mas em menor ritmo;

v. aluguéis congelados no nível de junho, sem nenhuma compensação;

vi. os contratos financeiros pós-fixados foram mantidos e para os prefixados introduziu-se uma **Tablita** com desvalorização de 15% a.m.;

vii. criação da **Unidade Referencial de Preços (URP)**, que corrigiria o salário dos três meses seguintes, a partir de uma taxa prefixada com base na média geométrica da inflação dos três meses anteriores, entrando em vigor a partir de setembro.

Diferentemente do Plano Cruzado, adotou-se uma política monetária e fiscal ativa, mantendo a taxa real de juros positiva, para inibir a especulação com estoques e o aumento do consumo. Pretendia-se, por um lado, reduzir o déficit público, e, por outro, comprometer-se no futuro com a independência do Banco Central, mas os objetivos não foram atingidos.

Embora tenha sido bem-sucedido na recuperação da balança comercial e na queda inicial da inflação, o Plano Bresser provocou queda significativa na produção industrial. Os desequilíbrios de preços relativos que geravam pressões de custos levaram ao recrudescimento da inflação. Quando se iniciou a descompressão, voltaram a aceleração inflacionária e várias pressões por reposições salariais, inclusive a recuperação das perdas com o resíduo do gatilho. Vários setores conseguiram as reposições, inicialmente os funcionários públicos e depois se espalharam para os demais segmentos. Isso praticamente acabou com o plano, que se assentava, em larga medida, na contenção salarial e na elevada taxa de juros. Os aumentos salariais em um contexto em que os mecanismos de indexação haviam sido preservados levaram à rápida aceleração inflacionária.

Deve-se destacar nesse período o fracasso na contenção do déficit público, que se elevou em 1987, apesar da ênfase colocada no Plano Bresser nessa questão. O descontrole fiscal nesse ano veio tanto pelo aumento dos gastos com funcionalismo como pelo aumento das transferências a estados e municípios e os subsídios às empresas estatais. Grande parte dessa situação decorreu do próprio contexto político em que o presidente tentava, no Congresso, a votação dos cinco anos para seu mandato. Essa prioridade acabava impedindo a adoção de medidas de austeridade fiscal. Em dezembro de 1987, Bresser pediu demissão e assumiu o ministro Mailson da Nóbrega.

21.1.3 Plano Verão

Ao longo de 1988, o Ministro Mailson adotou a chamada **política "feijão com arroz"**, referindo-se ao fato de que nenhuma mágica iria ser tentada, isto é, rejeitava-se a ideia de choques heterodoxos e visava-se estabilizar a inflação em 15% mensais, e concomitantemente, reduzir o déficit operacional do governo de 8% do PIB para 4%. Para tal fim, adotou-se o congelamento dos empréstimos ao setor público, a contenção salarial e a redução no prazo de recolhimento dos impostos. Em 03 de janeiro de 1988, suspendeu a moratória, que havia sido decretada em fevereiro de 1987.

Essa política conteve a inflação abaixo dos 20% mensais no primeiro semestre, mas, no segundo, a recomposição das tarifas públicas levou ao aumento da inflação. A **Constituição de 1988** (outubro) piorava as contas da União e aumentava o custo da mão de obra.

A principal dificuldade introduzida pela Constituição foi o aumento das transferências de impostos para estados e municípios, sem que fossem repassadas as obrigações, o que ampliaria o desequilíbrio do orçamento federal. Além disso, a nova Constituição introduziu várias vinculações de receitas, determinando-se percentuais mínimos da receita a serem gastos com a educação e a saúde, além de estabelecer valores mínimos para benefícios sociais e estendê-los a uma maior parcela da população, por exemplo, a aposentadoria rural. Esse conjunto de fatores tenderia a deteriorar a situação fiscal.

Para evitar a hiperinflação, o governo tentou um acordo com empresários e trabalhadores para a aplicação de um redutor (prefixação dos reajustes). A inflação ficou em 26,9% e 28,8% em novembro e dezembro, respectivamente, mas sinalizando uma taxa superior aos 30% para janeiro, o que levou à adoção do Plano Verão em 14 de janeiro de 1989.

O **Plano Verão**, a exemplo do Plano Bresser, continha tanto elementos ortodoxos como heterodoxos, visando evitar os erros do Plano Cruzado. Os elementos ortodoxos pretendiam conter a demanda, pela diminuição dos gastos públicos e pela elevação das taxas de juros, procurando evitar fuga dos ativos financeiros; os heterodoxos objetivavam promover a desindexação da economia sem a predeterminação de novas regras. Para este último fim, determinou-se o **congelamento dos preços**, sendo que vários preços administrados foram aumentados, e alterou-se a data de comparação dos índices de preços para 15 de janeiro, de modo a evitar que os aumentos anteriores contaminassem o novo índice. Fez-se uma reforma monetária com a introdução do **Cruzado Novo**, a partir do corte de três zeros no cruzado: NCz$ 1,00 = Cz$ 1.000,00.

Os salários foram convertidos pela média dos últimos 12 meses mais a aplicação da já referenciada antes por extenso **URP** de janeiro. Essa conversão impunha grande perda para os salários, uma vez que a URP era um índice de correção monetária prefixada para o reajuste de três meses, com base na média geométrica da inflação dos três meses anteriores. Assim, num contexto de aceleração inflacionária, o salário era sempre subindexado, e o congelamento impunha perda permanente a este.

Quanto aos ativos financeiros, aplicou-se uma **Tablita** de conversão para os contratos prefixados e para os pós-fixados, expurgando-se da correção monetária destes a aceleração inflacionária. Isso significava grande transferência de renda dos credores para os devedores, entre os quais o principal era o Estado.

Este último aspecto é uma constante da década de 1980: a subindexação dos contratos financeiros tem por objetivo reduzir o valor real da dívida pública; sempre que esta atingia

Cap. 21 • A Saga dos Planos Heterodoxos: A Economia Brasileira de 1985 a 1994 **413**

níveis não administráveis, o governo fazia algo desse tipo, para trazê-la para menores níveis. Tanto a questão dos salários como a dos ativos financeiros mostram a despreocupação com a neutralidade distributiva do plano.

O último aspecto do Plano Verão é a questão cambial. Promoveu-se, primeiramente, uma desvalorização de 18% do cruzado, para evitar pressões futuras; depois, rompeu-se com a regra das minidesvalorizações e adotou-se taxa de câmbio fixa, em que NCz$ 1,00 = US$ 1,00. Essas medidas visavam dar mais credibilidade ao plano.

O Plano Verão foi de curta duração. O governo não realizou nenhum ajuste fiscal, o que mantinha elevados e crescentes os déficits públicos. A fragilidade do governo e a ampla negociação com o Congresso para manter um mandato de cinco anos para o presidente impediam qualquer tentativa de medidas mais austeras. Essa dificuldade era ainda maior devido às eleições no final de 1989, com um grande número de congressistas se candidatando, o que levava à não aceitação de qualquer medida impopular naquele ano. O descontrole fiscal levava ao descontrole monetário.

Esses aspectos, juntamente com as incertezas do último ano do governo Sarney e um profundo imobilismo da política econômica, instigaram a inflação a acelerar-se rapidamente, fazendo com que se caminhasse a largos passos para a hiperinflação, sendo que a taxa mensal de inflação atingiu 80% no último mês do governo.

21.1.4 Uma síntese do governo Sarney

O governo Sarney caracterizou-se por profunda instabilidade econômica e por várias tentativas frustradas de estabilizar a economia. A Tabela 21.1 apresenta alguns indicadores do desempenho econômico no período. O primeiro aspecto a ser destacado é a maior taxa de crescimento médio do PIB com relação à primeira metade da década de 1980. Entre os anos 1985 e 1989, o PIB teve crescimento médio superior a 4% ao ano. Vale destacar que essa *performance* decorre basicamente dos anos 1985/1986, pois passou a apresentar a partir daí taxas decrescentes de crescimento, além de profunda volatilidade. O forte crescimento no biênio inicial decorreu essencialmente do comportamento da indústria, como mostrado na tabela.

Outro aspecto a ser destacado é o comportamento da inflação. Conforme os sucessivos planos foram fracassando, a taxa de inflação foi se acelerando. O governo Sarney iniciou com uma taxa anual da ordem de 200% ao ano, e terminou com uma taxa superior a 2.000%, sendo que no último mês do governo a taxa mensal superou os 80%. Nesse quadro, justifica-se o combate à inflação como meta principal e explica-se a elevada volatilidade do PIB e a retração nas taxas de investimento, com a tendência de queda da relação FBCF/PIB.

Esse quadro de instabilidade está fortemente relacionado com o processo de deterioração fiscal e a ausência de um fluxo de capitais voluntário para o país. Após um esforço de melhora dos indicadores fiscais no início da década, com o déficit operacional atingindo 2,8% do PIB em 1984, observa-se deterioração constante, principalmente em 1989, quando o déficit operacional supera os 7% do PIB. Essa piora decorre essencialmente da eliminação do superávit primário, que foi de 2,6% do PIB em 1985, para um déficit primário de 1,03% do PIB em 1989.

Quanto às contas externas, o processo de ajustamento perante a crise da dívida externa resultou no surgimento de superávits na balança comercial para o pagamento dos juros da dívida externa, e possibilitou o equilíbrio em transações correntes, dada a ausência de um fluxo voluntário de recursos para o país. Esse equilíbrio foi rompido no ano de 1986, em função dos problemas associados ao Plano Cruzado, que resultou em queda do saldo comercial e no surgimento de um déficit em transações correntes, levando à perda de reservas e culminando na moratória de fevereiro de 1987. Passado esse período, voltou-se a apresentar superávits comerciais crescentes, com destaque para o ano de 1988, que resultou em superávit de transações correntes, redução da dívida externa e acúmulo de reservas.

Tabela 21.1 Indicadores econômicos: Brasil – 1985-1989

Variável/Ano	1985	1986	1987	1988	1989	Média
PIB e desemprego						
PIB – % a.a.	7,85	7,49	3,53	–0,06	3,16	4,39
PIB industrial – % a.a.	8,27	11,66	0,99	–2,6	2,86	4,24
PIB agropecuário – % a.a.	9,58	–8,02	14,97	0,84	2,85	4,04
PIB serviços – % a.a.	6,94	8,10	3,14	2,33	3,54	4,81
FBCF/PIB – % do PIB [1]	0,19	0,19	0,18	0,17	0,17	0,18
Taxa de desemprego – IBGE [2]	5,90	3,99	4,08	4,18	3,64	4,36
Produção industrial – IBGE – % a.a.	11,81	6,78	– 3,72	–3,38	3,02	2,90
Inflação, câmbio e juros						
Taxa de inflação – % a.a. – IGP-DI	242,68	60,95	431,94	1117,86	2012,55	773,20
Taxa de inflação – % a.a. – IPCA-IBGE	242,23	79,66	363,41	980,21	1972,91	727,69
Taxa de câmbio % a.a. [3]	235,71	120,06	187,42	568,66	979,81	418,33
Indicadores fiscais						
NFSP – Nominal (% do PIB)	28,73	11,22	31,89	53,73	85,43	42,20
NFSP – Operacional (% do PIB)	4,42	3,58	5,63	4,87	7,09	5,12
NFSP – Primário (% do PIB)	–2,61	–1,59	0,99	–0,91	1,03	–0,62
Indicadores setor externo						
Exportações – US$ bilhões	25,64	22,35	26,22	33,79	34,38	28,48
Importações – US$ bilhões	13,15	14,05	15,05	14,60	18,27	15,02
Saldo comercial – US$ bilhões	12,49	8,30	11,17	19,19	16,12	13,45
Transações correntes – US$ bilhões	–0,25	–5,32	–1,44	4,18	1,03	–0,36
Transações correntes – % do PIB	–0,12	–2,07	–0,51	1,37	0,25	–0,22
Dívida externa bruta[4]	105,17	111,20	121,19	113,51	115,51	113,32
Reservas internacionais – Liquidez [4]	11,61	6,76	7,46	9,14	9,68	

(1) Preços constantes – FBCF deflacionado pelo deflator da FBCF e PIB pelo deflator do PIB.
(2) Média do ano – metodologia antiga.
(3) Taxa de câmbio média de compra – dezembro 1985/dezembro 1989.
(4) US$ bilhões – final de período.

Cap. 21 • A Saga dos Planos Heterodoxos: A Economia Brasileira de 1985 a 1994 **415**

Assim, pode-se concluir que ao final do governo Sarney a economia encontrava-se em um quadro hiperinflacionário, com uma profunda deterioração fiscal, um endividamento público elevado e em condições inadequadas (elevado custo financeiro e prazos extremamente curtos), ausência de política monetária e fiscal que eram prisioneiras da rolagem da dívida interna, e uma série de problemas institucionais e estruturais herdados do antigo modelo de desenvolvimento.

21.2 GOVERNO COLLOR

21.2.1 Plano Collor

Em 1989, Fernando Collor de Mello, ex-governador de Alagoas, foi eleito Presidente da República, na primeira eleição direta do país desde o golpe militar em 1964. Collor venceu no segundo turno o candidato do Partido dos Trabalhadores, Luiz Inácio Lula da Silva. O discurso do novo presidente, eleito por um pequeno partido, o Partido da Reconstrução Nacional (PRN), pautava-se na necessidade de modernização da economia brasileira, que passaria por um conjunto de reformas relacionadas com o modo de inserção externa e o papel do Estado.

Mas o governo Collor também tinha como preocupação básica o combate à inflação, que era tido como precondição para o crescimento econômico. A experiência proporcionada pelos diversos planos heterodoxos do governo Sarney e o aprendizado com seus insucessos levaram ao aparecimento de novos diagnósticos sobre a natureza da inflação brasileira e sobre as causas de fracasso das tentativas de estabilização até então implementadas. Além do diagnóstico tradicional de descontrole monetário e fiscal, uma tese começou a ganhar força crescente: o insucesso dos choques anti-inflacionários do governo Sarney devia-se à elevada e crescente liquidez dos haveres financeiros não monetários.

A possibilidade de alterar rapidamente os portfólios provocava a reações contra as políticas, o que acabava por inviabilizá-las, isto é, a possibilidade de rápida monetização das aplicações financeiras levava a um aumento abrupto da demanda de bens de consumo, ativos reais e de risco, com as consequentes pressões inflacionárias. Outra consequência dessa situação era a ineficácia da política cambial, uma vez que a posição líquida dos exportadores permitia o retardamento no fechamento dos negócios, que, associado ao aumento na demanda por ativos dolarizados, forçava a desvalorização cambial.

A "fuga" dos ativos financeiros, decorrente da queda na taxa de juros nominais, pode ser explicada por vários motivos:

i.   ilusão monetária, em que a queda do retorno nominal e a dificuldade de cálculo das taxas reais de juros elevam a demanda de consumo;

ii. a expectativa e o risco de volta da inflação fazem com que as taxas de juros correntes sejam vistas com desconfiança, o que leva à antecipação do consumo;

iii. com inflação alta, tem-se alta variância dos preços relativos, fazendo com que a correção monetária funcione como um *hedge* a esta variância etc.

O medo da "fuga" dos ativos financeiros imobilizava as políticas monetária e cambial, o que impedia romper com a indexação: espiral preço-câmbio-salário.

Para evitar a especulação, o governo deveria manter a taxa de juros alta e estável. A necessidade de fixar as taxas de juros levava a uma política monetária passiva, impedindo o controle dos agregados monetários. Como praticamente inexistia demanda por crédito e as operações de empréstimos do sistema financeiro reduziram-se bruscamente, a utilização das reservas compulsórias era inócua para afetar as variáveis monetárias. O único instrumento com que contava o governo eram as operações de mercado aberto, a colocação de títulos públicos, que, devido à incerteza reinante, levava o Banco Central a formar taxas diárias no *overnight*, com base na expectativa de inflação corrente, o que tornava a indexação sem limites.

Essa indexação diária dos ativos financeiros tinha impactos sobre preços e câmbio que também passavam para a indexação plena (o que alguns autores denominavam "**financeirização**" dos preços). Assim, com a existência da chamada **moeda indexada**, cuja oferta cresce com a inflação, e as altas taxas de juros necessárias para sua rolagem, inviabilizavam-se as políticas monetária, fiscal e cambial, sendo que os planos de estabilização, até então, não haviam conseguido romper com os mecanismos de indexação, ao não conseguir alterar a lógica de funcionamento da "moeda indexada".

Nesse quadro, e com esse diagnóstico, inicia-se o governo Collor, com a adoção imediata de um plano que visava romper com a indexação da economia. Sob o comando da Ministra da Economia Zélia Cardoso de Mello, e com Ibrahim Eris na presidência do Banco Central, foram adotadas as seguintes medidas:

i. **Reforma monetária**: centrou-se, basicamente, na drástica redução da liquidez da economia, pelo bloqueio de cerca de metade dos depósitos à vista, 80% das aplicações de *overnight* e fundos de curto prazo e cerca de um terço dos depósitos de poupança. Bloqueou-se em torno de 70% do $M4$ da economia. Visava-se com isso evitar as pressões de consumo e retomar a capacidade do Banco Central de fazer política monetária ativa, em vez de ficar à mercê do mercado financeiro e da necessidade de rolar a dívida pública – atender às necessidades da moeda indexada.

ii. **Reforma administrativa e fiscal**: que tinha por objetivo promover um ajuste fiscal da ordem de 10% do PIB, eliminando um déficit projetado de 8% do PIB, e gerar um superávit de 2%. Esse ajuste se faria por meio da redução do custo de rolagem da dívida pública, suspensão dos subsídios, incentivos fiscais e isenções, ampliação da base tributária pela incorporação dos ganhos da agricultura, do setor exportador e dos ganhos de capital nas bolsas, tributação das grandes fortunas, IOF extraordinário sobre o estoque de ativos financeiros, e fim do anonimato fiscal, mediante a proibição dos cheques e das ações ao portador. Ainda no que diz respeito à reforma administrativa, promover-se-ia o programa de privatizações, a melhora dos instrumentos de fiscalização e de arrecadação com vista a diminuir a sonegação e as fraudes (tributárias, previdenciárias etc.), maior controle sobre os bancos estaduais e várias outras medidas que deveriam aumentar a eficiência da administração do setor público e reduzir os gastos.

iii. **Congelamento de preços e desindexação dos salários**: com relação à inflação passada, definindo uma nova regra de prefixação de preços e salários, que entraria em vigor a partir de 1º de maio de 1990.

Cap. 21 • A Saga dos Planos Heterodoxos: A Economia Brasileira de 1985 a 1994 **417**

iv. **Mudança do regime cambial**: para um sistema de taxas flutuantes, definidas livremente no mercado.

v. **Mudança na política comercial**: dando início ao processo de liberalização do comércio exterior (a chamada **abertura comercial**), com redução qualitativa das tarifas de importação de uma média de 40% para menos de 20% em quatro anos.

Mantiveram-se os mecanismos de indexação dos ativos financeiros e dos contratos.

O **confisco da liquidez** parece ter sido a grande âncora do plano. Buscou-se retomar a capacidade de fazer política monetária ativa congelando o estoque de moeda. O impacto imediato foi uma grande desestruturação do sistema produtivo, com corte nas encomendas, semiparalisia na produção, demissões, férias coletivas, redução nas jornadas de trabalho, redução nos salários, deflação, atraso nos pagamentos de dívidas, expansão no volume e no prazo dos créditos comerciais, desenvolvimento de meios de pagamento alternativos.

Enfim, o choque sobre os estoques monetários gerou profunda desestruturação em termos de condições de emprego e de produção, provocando retração do PIB da ordem de 8% no segundo trimestre de 1990, fechando o ano com uma queda de mais de 4%, com destaque para a queda de mais de 8% do produto industrial (ver Tabela 21.2, ao fim deste capítulo).

A questão que ficava em aberto era se a partir desse choque seriam criadas as condições necessárias para a desindexação e para o ajuste econômico.

Quanto ao controle da liquidez, vemos que houve grande preocupação com o estoque e não com o fluxo. Antes do plano, o objetivo de controlar as taxas de juros levou à introdução do mecanismo da "**zeragem automática**", que garantia a adequação da oferta monetária à taxa de juros pretendida. De acordo com o mecanismo da "**zeragem automática**", o Bacen comprometia-se a recomprar os títulos públicos que as instituições financeiras não tivessem conseguido vender a seus clientes.

Caso se pretendesse fazer uma política monetária ativa, deveriam ser retiradas do mercado monetário todas as imperfeições, de modo que a taxa de juros passasse a refletir o grau de liquidez da economia, funcionando como uma variável de ajuste, o que implicaria fim da zeragem. Não se observou nenhuma alteração no mercado monetário nem a instituição de regras para a expansão monetária, isto é, não se implementaram mecanismos para viabilizar o controle dos fluxos.

Além disso, devido às várias pressões e do medo de uma grande recessão, iniciou-se logo após o plano a devolução da liquidez pelas chamadas "torneirinhas" do Banco Central, o que levou a grande expansão da liquidez nos meses subsequentes, mas de maneira direcionada e desproporcional entre os setores da economia. Em menos de dois meses, os meios de pagamento cresceram mais de 60%. Apenas uma pequena parcela da sociedade ficou com os cruzados bloqueados durante os 18 meses estabelecidos.

A partir de maio, iniciou-se um processo de relaxamento do controle de preços e salários, o que, juntamente com a monetização, levou à aceleração inflacionária, principalmente no segundo semestre.

Quanto ao ajuste fiscal, como destacado, o objetivo era reverter o déficit operacional que se situara em 7% do PIB em 1989 para um superávit de 2% do PIB em 1990. Houve grande sucesso nesse sentido, com o governo conseguindo obter um superávit operacional de 1,2% do PIB, sendo que a maior parcela do ajuste (5% do PIB) decorreu da reversão do déficit primário em um vultoso superávit, e o restante em função da retração dos gastos financeiros. Nota-se, porém, que esse resultado decorreu em grande parte do aumento da carga tributária no ano, com destaque para o imposto extraordinário (IOF sobre ativos financeiros).

Com relação à reforma administrativa, o governo não conseguiu implementar as propostas de demissão de funcionários públicos, o que necessitaria de uma alteração constitucional com a aprovação de dois terços do congresso, o que era quase impossível de se conseguir, pela falta de apoio e pelas próprias características de como se deu a eleição de Collor – sem uma base partidária que o sustentasse.

Outro ponto importante desse período foi o início do **programa de privatização**, considerado um elemento central no processo de ajuste fiscal e patrimonial do setor público. Esse ponto também foi bastante controverso, e a definição das regras do **Programa Nacional de Desestatização**, a cargo do BNDES, foi alvo de muitas críticas, principalmente no que se refere aos ativos que seriam aceitos como pagamento.

No que se refere ao setor externo, as políticas adotadas foram: início do processo de abertura comercial, com redução das tarifas, eliminação dos incentivos às exportações (servia também para diminuir os gastos públicos) e adoção do sistema de câmbio flutuante. Deve-se destacar que as reformas faziam parte da própria estratégia de estabilização, a abertura como um modo de ampliar a concorrência e a privatização para ajudar no ajuste fiscal. No segundo semestre do ano, com a aceleração inflacionária, a taxa de câmbio real sofreu forte valorização. Isso, combinado com os menores incentivos às exportações e a maior facilidade às importações, além da Guerra do Golfo, que elevou substancialmente o preço do barril do petróleo, levou a uma forte deterioração do saldo da balança comercial. Nesse quadro, na ausência de um fluxo de capitais que possibilitasse a manutenção de um déficit em transações correntes, o Banco Central foi forçado a intervir no mercado cambial, levando a uma grande desvalorização do cruzeiro nos últimos meses do ano, que contribuiu para alimentar ainda mais o processo inflacionário. Esse foi um dos principais fatores a determinar o fracasso do Plano Collor I.

Os maus resultados obtidos, com a persistência da aceleração inflacionária no início de 1991, associados a uma dificuldade crescente de financiamento do governo (colocação de títulos públicos), levaram a uma nova tentativa heterodoxa de estabilização: o **Plano Collor II**. Esse plano, lançado ainda sob o comando de Zélia Cardoso de Mello, era principalmente uma reforma financeira que visava eliminar o *overnight* e outras formas de indexação, e um congelamento de preços e salários.

O *overnight* foi substituído pelo **Fundo de Aplicação Financeira (FAF)**, que tinha sua composição regulada pelo governo. A maior parte seria direcionada para títulos públicos federais e estaduais garantidos pelo Bacen (43%), outra parte seria aplicada em Títulos de Desenvolvimento Econômico (13%) e apenas o restante seria livre. Com isso, estruturava-se um mercado cativo para a colocação de títulos públicos. A introdução dos títulos estaduais no pacote deu-se a partir das pressões dos governadores pela renegociação das dívidas estaduais. A remuneração desses fundos seria dada pela **Taxa Referencial (TR)**, que fora criada, e refletiria a média das remunerações futuras dos títulos federais e privados (Certificados de

Cap. 21 • A Saga dos Planos Heterodoxos: A Economia Brasileira de 1985 a 1994 **419**

Depósitos). Com isso, esperava-se que a remuneração refletisse as expectativas futuras de queda na inflação – procurava-se eliminar a **memória inflacionária**.

Paralelamente, tentou-se maior austeridade fiscal, por meio do controle do fluxo de caixa no Ministério da Fazenda, com o bloqueio do orçamento de uma série de ministérios, dos recursos para investimento e do controle dos gastos das estatais. Apesar da queda da inflação entre os meses de fevereiro e maio, as resistências políticas à equipe econômica, acompanhadas de uma série de escândalos, levaram à substituição da Ministra Zélia em maio.

O novo Ministro da Fazenda, Marcílio Marques Moreira, era um ex-embaixador brasileiro em Washington e executivo de um grande banco. Suas posições contrárias a qualquer tipo de tratamento de choque contra a inflação eram totalmente aprovadas pelo setor privado e pela comunidade financeira internacional. O novo ministro adotou o que alguns chamaram de "**Plano Nada**", uma volta à ortodoxia e uma tentativa de combate gradualista à inflação, por meio de maior controle do fluxo de caixa do governo e dos meios de pagamento, maior preocupação com a negociação da dívida externa e maior reaproximação do país com o sistema financeiro internacional, o descongelamento dos preços e a preparação para o desbloqueio dos ativos que estavam no Bacen.

No ano de 1991, a política econômica ficou restrita ao controle do fluxo de caixa, obtendo significativas reduções de despesas, principalmente nos gastos com funcionários (subcorreção dos salários) e com investimento, e a política de juros. Apesar da retração da carga tributária no ano, com o final dos ganhos extraordinários de receita, manteve-se o superávit primário, reduziu-se o déficit operacional. No fim do ano, enviou-se ao Congresso uma proposta de reforma fiscal, na qual se aprovou somente a indexação dos impostos, e lançou-se um programa anti-inflacionário baseado em forte restrição do crédito, recuperação das finanças públicas e manutenção da taxa de câmbio real.

O impacto foi uma recessão em 1992 sem que se conseguisse a redução da inflação. O desempenho fiscal foi comprometido pela baixa arrecadação (muitos processos visando à recuperação de impostos pagos em excesso em 1990), pelas elevadas taxas de juros e pelo quadro político desfavorável, em decorrência do processo de *impeachment* do presidente.

Apesar de a situação interna não ser favorável, a elevação da taxa de juros, com uma política cambial definida de manutenção da taxa de câmbio real, combinadas com a abertura financeira e com um cenário de excesso de liquidez internacional, promovem grande entrada de capital externo no país, e elevação de reservas (ver Figura 21.3), conferindo certo alívio do ponto de vista externo.

Essa volta do fluxo de recursos externos estava claramente associada ao amplo diferencial de juros: em uma semana de aplicação no Brasil se ganhava o correspondente a um ano no exterior. Paralelamente, ocorreram no período profundas modificações no ambiente externo: o ajustamento do Sistema Financeiro Internacional frente à dívida dos países em desenvolvimento, os diversos acordos de reestruturação dessas dívidas, as várias inovações financeiras, com destaque para o processo de securitização, a desregulamentação e abertura financeira, que culminou na chamada globalização financeira, o ajuste fiscal dos países desenvolvidos, entre outros aspectos que resultaram em ampla liquidez internacional.

A entrada de recursos externos pressionava a expansão monetária; para se impedir a valorização da taxa de câmbio real, deveria recorrer-se à esterilização por meio das operações de mercado aberto, lançando-se títulos públicos, sendo que o diferencial de juros entre a remuneração das reservas internacionais e o custo financeiro dos títulos internamente pressionava ainda mais a situação fiscal, que, apesar disso, teve desempenho favorável.

Figura 21.3   Exportações e importações, em US$ milhões, 1979 a 2000.

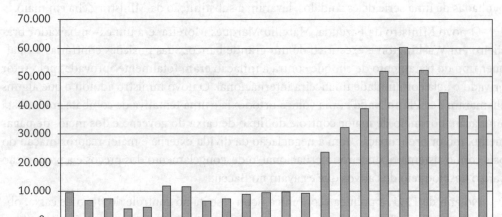

O período Collor de Mello, embora marcado pela crise política do *impeachment* e profunda instabilidade econômica, com o fracasso das tentativas de estabilização e crescimento econômico negativo, trouxe à baila a discussão sobre o papel do Estado, com destaque para o início do processo de privatização, e a forma de inserção externa da economia brasileira, destacando-se a mudança na estratégia de comércio exterior, com a maior liberalização das importações (abertura comercial) e a maior abertura ao capital estrangeiro, que contribuiu para a volta do fluxo de recursos externos ao país.[5]

21.3   GOVERNO ITAMAR FRANCO

Com o *impeachment* de Collor, assumiu a presidência o vice-presidente Itamar Franco, que se intitulava um governo de transição, demorando a dar qualquer rumo à política econômica. Uma série de ministros passou pelo comando da economia: Gustavo Krause, Paulo Haddad, Eliseu Resende, mas pouco fizeram, pelo próprio espaço de tempo que tiveram. Nenhum deles recorreu a qualquer tipo de congelamento, confisco ou coisas do tipo.

O último plano de estabilização implantado no país, o chamado **Plano Real**, começou a ser gerado e foi implantado ainda no período de Itamar Franco, na gestão de Fernando Henrique Cardoso, que assumiu, em maio de 1993, o Ministério da Fazenda, vindo do Ministério de Relações Exteriores.

---

[5]   Voltaremos a esses temas adiante.

O Plano Real foi um dos planos mais engenhosos de combate à inflação do Brasil, conseguindo reduzi-la de maneira duradoura no país. Este, como o Plano Cruzado, também partiu do diagnóstico de que a inflação brasileira possuía forte caráter inercial.

Como discutido anteriormente, o debate entre os chamados inercialistas tinha resultado em dois tipos de propostas para o combate à inflação: "o choque heterodoxo" (Francisco Lopes), que se baseava no congelamento de preços, e a "reforma monetária" (Larida), que correspondia à simulação dos efeitos de uma hiperinflação com o convívio de duas moedas, uma boa e uma ruim, com a primeira substituindo a última ao longo do tempo.

No Plano Cruzado, foi adotado o primeiro tipo, que, como vimos, não deu certo, pelo tempo excessivo de congelamento, pela explosão de demanda pós-plano e pelos impactos sobre o setor externo. O Plano Real pode ser visto como a adoção da proposta de reforma monetária (Larida). A ausência de choques e congelamentos no período 1991/1993, a manutenção da taxa de câmbio real relativamente estável e as elevadas taxas de juros poderiam ter trazido de volta o caráter predominantemente inercial da inflação, fazendo com que esse diagnóstico voltasse a fazer sentido.

O conhecimento dos planos anteriores e das razões de insucesso aumentava a chance do novo plano ao evitar que se incorresse nos mesmos erros. Em primeiro lugar, o plano não seria adotado de surpresa, mas, sim, gradualmente. Em segundo lugar, não iria recorrer a congelamentos, mas a uma "substituição natural" de moeda. Em terceiro lugar, haveria uma preocupação com a correção dos desequilíbrios existentes na economia. E, finalmente, deve-se destacar que o contexto em que o plano foi adotado era muito diferente: o país havia reingressado no fluxo voluntário de recursos externos, tendo acumulado um volume significativo de reservas; a economia estava mais exposta à concorrência devido ao processo de abertura comercial, limitando a capacidade dos agentes de repassarem para preços os choques. Enfim, a inserção internacional do país era completamente distinta da vigente nos planos anteriores.

O Plano Real dividiu o ataque ao processo inflacionário em três fases:

i. ajuste fiscal;

ii. indexação completa da economia – Unidade Real de Valor (URV);

iii. reforma monetária – transformação da URV em reais (R$).

O ajuste fiscal visava equacionar o desequilíbrio orçamentário para os próximos anos e impedir que daí decorressem pressões inflacionárias. Esse ajuste baseava-se em três elementos principais: corte de despesas, aumento dos impostos e diminuição nas transferências do governo federal. O primeiro ponto referia-se à implementação do **Plano de Ação Imediata (PAI)**, lançado em meados de 1993, que determinava um corte de gastos da ordem de US$ 7 bilhões concentrado nas despesas de investimento e pessoal.

O aumento de arrecadação se daria, principalmente, pela cobrança do **Imposto Provisório sobre Movimentação Financeira (IPMF)**. Era um imposto novo, de caráter temporário, sobre movimentações financeiras (conhecido por alguns como o "**imposto do cheque**") com uma alíquota de 0,25% sobre o valor de toda operação. Esse tipo de imposto apresenta uma série de vantagens para a União: a facilidade de recolhimento, a ampla base tributária (inclusive, as atividades informais) e o fato de não ser compartilhado com as outras esferas de governo. O problema é que se constitui em um imposto em cascata (incide sobre todas as etapas do processo produtivo), desestimula a intermediação financeira e amplia as taxas de juros. Apesar de ser lançado em 1993, por decisão judicial, ele só pôde começar a ser cobrado em 1994.

O terceiro elemento do ajuste fiscal foi a aprovação do **Fundo Social de Emergência (FSE)**. O FSE seria alimentado por 15% da arrecadação de todos os impostos, sendo que, sob esses recursos, a União não teria que cumprir as vinculações de despesas determinadas na Constituição de 1988. Assim, o **FSE** ampliava os recursos livres à disposição do governo federal.

Note-se que essas medidas eram de caráter temporário, serviriam para dar um fôlego fiscal durante a vigência destas, mas não se constituíam em solução definitiva. Nesse prazo, o governo deveria fazer os ajustes necessários, como deveria promover a transferência de obrigações (saúde, educação, habitação etc.) para estados e municípios que haviam sido favorecidos pela transferência de recursos na Constituição, avançar a reforma tributária, administrativa, previdenciária, entre outras questões.

Deve-se destacar que, desde 1990, o país vinha apresentando significativos superávits primários e déficits operacionais relativamente baixos, sendo que em alguns anos houve superávit. Nesse quadro, verificava-se, inclusive, a redução da razão dívida pública/PIB. A preocupação com a situação fiscal decorria do diagnóstico de que o ajuste fiscal realizado era muito frágil e se ancorava no controle dos pagamentos na "boca do caixa", promovendo-se retração no valor real das despesas pelo atraso nos pagamentos. Ou seja, imaginava-se que no Brasil valia um efeito Tanzi ao contrário, isto é, ao invés de a inflação penalizar o desempenho fiscal por causa da menor indexação da receita com relação à despesa, ocorreria o contrário, sendo a receita mais indexada que a despesa e, dessa forma, a inflação favoreceria o ajuste fiscal.[6]

As medidas adotadas resultaram em forte elevação do superávit primário em 1994, que superou os 5% do PIB, e em um superávit operacional próximo a 2% do PIB, para o qual contribuiu o aumento de mais de dois pontos percentuais da carga tributária com relação ao PIB.

A segunda fase começou no final de fevereiro de 1994. Essa correspondia a um novo sistema de indexação, que visava simular os efeitos de uma hiperinflação – encurtamento de prazos de reajustes (indexação diária), "substituição parcial da moeda" –, sem passar por seus efeitos, e corrigir os desequilíbrios de preços relativos. Para tal, o governo implementou um novo indexador, a **URV**, cujo valor em cruzeiros reais seria corrigido diariamente pela taxa de inflação medida pelos principais índices (IGP-M, IPC-FIPE e IPCA-Especial), que passaria a funcionar como unidade de conta no sistema. O valor da URV, nessa fase, manteria uma paridade fixa de um para um com o dólar, ou seja, seu valor seria a própria taxa de câmbio.

Uma série de preços e rendimentos foi convertida instantaneamente em **URV** – preços oficiais, contratos, salários, impostos etc. –, e os demais preços foram sendo convertidos

---

[6] A esse respeito, ver BACHA, Edmar L. O fisco e a inflação. *Revista de Economia Política*, v. 14, n. 1, jan.-mar./1994.

Cap. 21 • A Saga dos Planos Heterodoxos: A Economia Brasileira de 1985 a 1994

voluntariamente pelos agentes. Assim, instituiu-se um sistema bimonetário em que a URV funcionava como unidade de conta, expressando o preço das mercadorias, mas as transações eram liquidadas em cruzeiro real, que mantinha a função de meio de troca. Ou seja, no momento da transação convertia-se o preço da mercadoria expresso em URV em CR$ pela cotação do dia da URV. Com isso, a inflação persistia na moeda em circulação (CR$), mas não na unidade de conta, cujo valor era corrigido pela própria inflação da moeda ruim.[7]

As correções dos valores das mercadorias em URV (para cima e para baixo) refletiam o processo de disputa dos agentes pela participação na renda, ou seja, o processo de ajustamento dos preços relativos, que correspondia justamente ao objetivo dessa fase, para evitar choques posteriores.

Quando praticamente todos os preços estavam expressos em URV, o governo introduziu a nova moeda, o Real (R$), em 1º de julho de 1994, cujo valor era igual ao da URV (e por conseguinte ao US$) do dia: CR$ 2.750,00. Assim, todos os preços em CR$ eram convertidos em R$, dividindo-se pelo valor da URV do "dia D". Note-se que, diferentemente dos planos anteriores, não se recorreu a qualquer tipo de congelamento, transformação de valores pela média etc. Quando da conversão, houve aceleração inflacionária, provocada pela tentativa de alguns agentes de elevar seus preços, seja por temerem algum congelamento, seja para tentarem tirar vantagem e ampliar a participação na renda. Essa pressão inflacionária logo refluiu, pois não houve condições de sustentar os preços mais elevados.

Dado o próprio diagnóstico do plano sobre o caráter inercial da inflação, seu sucesso estava vinculado à importância do componente tendencial da inflação e à ausência de choques no momento posterior à conversão, ou, ainda, à capacidade de impedir que os choques se transformassem em processo inflacionário. Isto é, dever-se-ia quebrar a possibilidade de os agentes repassarem choques de custos para preços, fazendo com que os efeitos dos choques fossem dissipados no tempo. Para isso, o governo anunciou, junto com o plano, metas de expansão monetária bastante restritivas, limitou as operações de crédito e impôs depósito compulsório de 100% sobre as captações adicionais do sistema financeiro (a chamada "**âncora monetária**" do Plano Real).

Mesmo com a posterior revisão dessas metas, sinalizava-se que a política econômica pós-plano tentaria controlar a demanda e desestimular processos especulativos, mantendo as taxas de juros elevadas. Com o controle da demanda e da expansão monetária, limitar-se-ia a capacidade dos agentes de repassar custos para preços.

Mas o fator mais relevante para a estabilização foi a valorização da taxa de câmbio, em um contexto no qual o grau de abertura para o exterior tinha aumentado significativamente, e o país possuía um volume significativo de reservas. Quando o plano foi lançado, as reservas internacionais eram da ordem de US$ 40 bilhões. Com a manutenção da taxa real de juros elevada e como permanecia o excesso de liquidez internacional, o fluxo de capitais externos se manteve. Em vez de continuar a acumular reservas, o que pressionaria a expansão monetária, o Bacen deixou o câmbio flutuar, o que provocou profunda valorização da taxa de câmbio.

---

[7] Como existe defasagem no cálculo da inflação, caso a inflação tivesse se acelerado, haveria um resíduo inflacionário mesmo nesta unidade de conta.

Com a economia aberta e um volume significativo de reservas, a possibilidade de importações estava colocada. Como essa se tornava atrativa em decorrência da valorização cambial, travavam-se os preços internos, rompendo a possibilidade de propagação dos choques (repasse aos preços, tentativa de elevações). Essa foi a chamada "**âncora cambial**" do Plano Real.

É interessante observar que, mesmo antes do plano de estabilização, já se faziam sentir mudanças no comportamento dos agentes econômicos. O processo de abertura econômica iniciado no governo Collor, em um quadro de recessão econômica, como foram os anos de 1990/1992, teve fortes impactos sobre a lógica de formação de preços na economia, tanto no que diz respeito à capacidade dos empresários de repassarem os aumentos de custos para preços como ao poder dos sindicatos em suas pretensões salariais. Essa ameaça levou a novas formas de organizações explicitadas nas câmaras setoriais, cujo auge foi o **Acordo Automobilístico de 1993**, em que empresários, sindicatos e governo acordaram reduções no preço dos automóveis mediante a diminuição dos impostos (por parte do governo – IPI e ICMS), redução das margens de lucro das empresas e contenção nos reajustes salariais por parte dos trabalhadores. Com isso, visava-se estimular a produção de automóveis e garantir o emprego.

Na verdade, a estratégia de estabilização brasileira não diferiu significativamente da adotada em outros países da América Latina. Antes do Brasil, já havia ocorrido a experiência de outros países, como a Argentina e o México. A hiperinflação atingiu vários países latino-americanos nas décadas de 1980 e 1990. Diferentemente do Brasil, que, apesar das elevadas taxas de inflação, conseguiu preservar sua moeda, principalmente pela existência de ativos financeiros com elevada liquidez e indexados – a moeda indexada –, grande parte desses países passou por um processo de **dolarização** – substituição da moeda nacional pela moeda estrangeira, no caso o dólar. Os preços internos eram cotados na moeda estrangeira, e os agentes tentavam livrar-se da moeda nacional, e utilizavam a moeda de fora como reserva de valor.

A estratégia geral utilizada para estabilizar algumas economias latino-americanas foi fazer uma reforma monetária em que a nova moeda tinha uma taxa de câmbio fixa com o dólar (âncora cambial) e em alguns casos era complementada com algum tipo de *currency board*, em que a emissão da moeda estava vinculada ao comportamento das reservas internacionais – só se emitia moeda nacional quando entrava moeda estrangeira, e a saída de moeda estrangeira levava à destruição da moeda nacional. No Brasil, não se recorreu ao *currency board* nem se fixou a taxa de câmbio, que pôde flutuar, mas, assim como nos demais países, o principal instrumento para forçar a estabilização foi a âncora cambial.

O impacto imediato do Plano Real foi a rápida queda da taxa de inflação. Note-se que, apesar da redução, esta foi mais lenta do que foi no Plano Cruzado, por exemplo. A inflação não caiu imediatamente para zero nem houve deflação, em decorrência do não recurso ao congelamento. Observa-se uma taxa de inflação elevada em julho, mas já em agosto a taxa de inflação se situa em torno de 3%, com tendência de queda, perante um patamar superior aos 40% mensais que se verificou ao longo de todo o primeiro semestre. As taxas de inflação mensais passaram a oscilar conforme as condições de demanda e as ocorrências de choque, mas sempre com tendência de baixa.

Cap. 21 • A Saga dos Planos Heterodoxos: A Economia Brasileira de 1985 a 1994 **425**

Outra consequência imediata do plano foi um grande crescimento da demanda e da atividade econômica, mesmo com a adoção de uma política monetária restritiva, mantendo as taxas reais de juros elevadas. Essas medidas, contudo, não impediram que ocorresse, como nos demais planos, grande expansão da demanda, como resultado da queda da inflação.

Vários fatores explicam o aumento da demanda. Em primeiro lugar, o aumento do poder aquisitivo das classes de baixa renda, decorrente do fato de deixarem de pagar o chamado "imposto inflacionário", pois, mesmo com a indexação dos salários à URV, esses eram corrigidos até o momento do recebimento, e, ao longo do período de gasto, a população de baixa renda tinha menos acesso às aplicações financeiras, com o que o poder de compra ia reduzindo-se, já que os preços eram corrigidos diariamente. Assim, esse ganho de renda real traduziu-se em pressão sobre a demanda.

Em segundo lugar, a queda da inflação e sua estabilidade permitiram recompor os mecanismos de crédito na economia. Ao diminuir a incerteza quanto à inflação futura, os concedentes podiam prever uma taxa nominal de juros compensatória com razoável grau de certeza, e oferecer recursos com uma taxa nominal de juros fixa aos consumidores, isto é, prestações fixas.

Além disso, a perda da receita inflacionária pelo sistema financeiro forçou a busca de outras receitas, levando ao crescimento das operações de crédito. Do lado do consumidor, esse se sente atraído para tomar empréstimos (apesar das taxas de juros elevadas) por vários motivos: demanda reprimida nos anos anteriores, previsibilidade da renda futura e da participação da prestação na renda e mesmo ilusão monetária (queda da taxa nominal de juros e não da real), que levava, inclusive, a um processo de "despoupança". As empresas também ampliaram os investimentos pela maior certeza com relação ao futuro, pelo próprio crescimento da demanda e pela maior disponibilidade de crédito. Assim, tanto o aumento do consumo como do investimento pressionaram a demanda.

O aumento da demanda provocou a expansão da atividade econômica. Isso pôde ser observado pelo aumento significativo da produção industrial nos meses posteriores ao plano, com destaque para os setores de bens de consumo duráveis e bens de capital. O aumento da demanda nesses setores decorreu, em grande parte, da expansão do crédito, o que também revelou a insensibilidade dos agentes com relação à taxa de juros real, sendo a certeza sobre o valor da prestação e a disponibilidade de crédito mais importantes do que o próprio custo do financiamento.

Nesse quadro, com redução da inflação, aumento do poder de compra, crescimento econômico e aumento do emprego, os índices de aprovação do governo foram aumentando significativamente. Isso resultou na vitória na eleição presidencial, no primeiro turno, do candidato do governo, o ex-ministro da Fazenda, Fernando Henrique Cardoso, que havia saído do Ministério para concorrer à eleição. No momento da reforma monetária, o ministro era o ex-embaixador Rubens Ricupero, que depois foi substituído por Ciro Gomes.

Apesar do sucesso do Plano, a estratégia de estabilização resultou em alguns desequilíbrios, com destaque para a situação externa, em função do amplo aumento das importações, que levou ao surgimento de déficits comerciais e a um profundo aumento do déficit em transações correntes. Desse modo, a preservação da estabilização baseada na valorização cambial seria bastante dependente do fluxo de capitais e da possibilidade do país em ampliar o seu endividamento externo, como ocorreu em outros países que adotaram a mesma estratégia. Esse é um dos principais problemas gerados pela lógica do plano e que pautará grande parte da política econômica no governo seguinte.

21.4 GOVERNOS COLLOR E ITAMAR – SÍNTESE

Assim como no governo Sarney, a principal preocupação desse período foi a busca da estabilização. O período inicia-se com um quadro de hiperinflação, e com o Plano Collor baseado no congelamento dos ativos financeiros e fecha com o Plano Real, com a tão desejada estabilização, que foi o grande aspecto positivo desse período.

Em termos de atividade econômica, observa-se um desempenho sofrível do PIB com uma taxa média de crescimento da ordem de 1,2% ao ano, sendo que no período Collor (1990/1992) a média foi negativa de –1,2% anuais, e no período Itamar Franco (1993/1994) a média foi bastante positiva, de 5% ao ano. A indústria foi o setor que apresentou o pior desempenho, com uma queda do PIB industrial da ordem de 12% nos três primeiros anos e, apesar da forte recuperação nos anos seguintes, apresentou crescimento médio inferior a 1% a.a. Esse desempenho da indústria está relacionado tanto com a instabilidade econômica e as políticas de estabilização como ao impacto da abertura comercial e ao ajuste imposto ao setor. Essa fragilidade do desempenho industrial reflete-se no fraco desempenho do investimento e nos baixos índices de Formação Bruta de Capital Fixo com relação ao PIB, conforme revela a Tabela 21.2.

Um ponto bastante favorável ao longo desses anos foi o desempenho fiscal, com superávits primários significativos, que resultaram em superávit operacional e redução da Dívida Líquida do Setor Público com relação ao PIB. O outro aspecto a ser destacado é o aprofundamento do processo de reformas econômicas no período, com destaque para a maior abertura comercial, a liberalização financeira e a volta do fluxo de recursos externos para o país e a modificação do papel do Estado. Esse conjunto de reformas foi de extrema importância para o sucesso do Plano de Estabilização, consolidado no governo seguinte, de Fernando Henrique Cardoso.

21.5 UM RESUMO DOS PLANOS DE ESTABILIZAÇÃO

Os governos Sarney e Collor/Itamar caracterizaram-se pela sucessão de Planos de Estabilização para tentar conter a inflação. Os planos partiram, em geral, da ideia do caráter inercial da inflação e da importância dos mecanismos de indexação para o processo inflacionário. Os planos utilizaram-se de ampla variedade de instrumentos para tentar romper com o processo inflacionário: congelamento de preços, congelamento de ativos, reformas monetárias, entre outros.

Com exceção do Plano Real, todos os demais conseguiram conter a inflação durante um período que logo depois voltava de forma bastante intensa. Além da diferença entre as medidas, um aspecto fundamental que diferencia o Plano Real dos demais é o contexto de sua implantação. Enquanto os demais se deram em um ambiente de falta de fluxo de recursos externos para o país, o Plano Real foi implementado em um contexto de ampla liquidez internacional e volta dos recursos externos para o país.

Cap. 21 • A Saga dos Planos Heterodoxos: A Economia Brasileira de 1985 a 1994 **427**

Tabela 21.2 Indicadores econômicos – 1990-1994

Variável/ Ano	1990	1991	1992	1993	1994	Média
PIB e desemprego						
PIB – % a.a.	–4,35	1,03	–0,47	4,67	5,33	1,24
PIB industrial – % a.a.	–8,18	0,26	–4,01	8,06	8,05	0,84
PIB agropecuário – % a.a.	–3,72	1,37	5,44	0,99	7,44	2,30
PIB serviços – % a.a.	–0,76	0,33	0,76	3,16	4,02	1,50
PIB FBKF – % a.a.	–10,90	8,96	–8,57	14,28	13,03	3,36
PIB consumo – % a.a.	–	–0,10	–0,65	4,54	7,44	2,81
PIB cons. governo – % a.a.	–	2,33	2,84	2,31	0,33	1,95
FBCF/PIB – % do PIB [1]	0,15	0,16	0,14	0,15	0,16	0,15
Produção industrial – IBGE – % a.a.	–17,22	–1,85	7,70	8,51	17,70	2,97
Inflação, câmbio e juros						
IGP-DI % a.a.	1216,97	496,71	1167,17	2851,34	908,01	1328,04
IPCA-IBGE – % a.a.	1620,97	472,70	1119,10	2477,15	916,46	1321,27
Taxa de câmbio % a.a. [2]	2308,87	497,87	1011,40	1860,03	1882,36	1512,11
Indicadores fiscais						
NFSP – Nominal (% do PIB)	30,15	26,75	45,75	64,83	26,97	38,89
NFSP – Operacional (% do PIB)	–1,32	0,19	1,74	0,80	–1,57	–0,03
NFSP – Primário (% do PIB)	–4,69	–2,71	–1,58	–2,18	–5,64	–3,36
Carga Tributária Bruta (% do PIB)	29,60	24,43	24,96	25,30	27,90	26,44
Indicadores do setor externo						
Exportações – US$ bilhões	31,41	31,62	35,79	38,56	43,55	36,19
Importações – US$ bilhões	20,66	21,04	20,55	25,26	33,08	24,12
Saldo comercial – US$ bilhões	10,75	10,58	15,24	13,30	10,47	12,07
Transações correntes – US$ bilhões	–3,78	–1,41	6,11	–0,68	–1,81	–0,31
Transações correntes – % do PIB	–0,81	–0,35	1,58	–0,16	–0,33	–0,01
Conta capital – US$ bilhões	0,00	0,00	0,04	0,08	0,17	0,06
Dívida externa bruta [3]	123,44	123,91	135,95	145,73	148,30	135,46
Reservas internacionais – Liquidez [3]	9,97	9,41	23,75	32,21	38,81	22,83

(1) Preços constantes – FBCF deflacionado pelo deflator da FBCF e PIB pelo deflator do PIB.
(2) Taxa de câmbio média de compra – dezembro 1990/dezembro 1994.
(3) US$ bilhões – final de período.

CONCEITOS-CHAVE

Abertura comercial
Ajuste fiscal
Âncora cambial
Âncora monetária
Choques heterodoxos
Confisco de liquidez
Congelamento de preços
Constituição de 1988
Contribuição Provisória sobre Movimentação Financeira (CPMF)
Cruzadinho
Cruzado II
Cruzado Novo
Estruturalismo
Gatilho salarial
Heterodoxia
Hiperinflação
Ilusão monetária
Inercialistas
Inflação inercial
Imposto Provisório sobre Movimentação Financeira (IPMF)
Mark-up
Mecanismo de indexação

Medidas ortodoxas
Moeda indexada
Monetarismo
Ortodoxia
Plano Bresser
Plano Collor I
Plano Collor II
Plano Cruzado
Plano de Ação Imediata (PAI)
Plano Larida
Plano Verão
Plano Real
Política "feijão com arroz"
Pós-keynesianos
Preços normais
Programa Nacional de Desestatização
Setor *flex-price* × setor *fix-price*
Tablita
Taxa Referencial (TR)
Unidade Referencial de Preços (URP)
Unidade Referencial de Valor (URV)
Zeragem automática

QUESTÕES

Q1. Fale, sucintamente, sobre as principais medidas adotadas pelo governo no Plano Cruzado. Por que o plano fracassou?

Q2. Diz-se que os planos de estabilização econômica das décadas de 1980 e 1990 continham medidas ortodoxas e heterodoxas no combate à inflação. Fale sobre as características das correntes ortodoxas e heterodoxas.

Q3. Quais as principais medidas adotadas no governo Collor? Por que se adotou o confisco de ativos financeiros?

Q4. Explique a ideia de inflação inercial. Pode-se dizer que a inflação após o Plano Cruzado continuava a assumir um caráter inercial?

Q5. Como o desempenho do setor externo afetou o Plano Cruzado e o Plano Collor?

Q6. Por que a estabilização econômica tende a ser seguida por uma expansão da demanda?

Cap. 21 • A Saga dos Planos Heterodoxos: A Economia Brasileira de 1985 a 1994 **429**

Q7. Explique a lógica do Plano Real e como este foi implantado.

Q8. Quais as razões do sucesso do Plano Real?

Q9. Compare o Plano Cruzado e o Plano Real em termos de medidas, modos de implantação e contexto.

TEMAS PARA DEBATE

T1. Discuta as seguintes relações: ausência de fluxo de capitais externos e estabilização; fragilidade política e estabilização; estabilização e crescimento; estabilização e distribuição de renda.

T2. Discuta a relação e a importância das reformas econômicas para a estabilização da economia.

22

Governo Fernando Henrique Cardoso

O sucesso do Plano Real no combate à inflação, o contexto favorável de crescimento da demanda e o aumento do poder aquisitivo da maior parcela da população, no final de 1994, possibilitaram a eleição de Fernando Henrique Cardoso (FHC), ex-Ministro da Fazenda, para Presidente da República, ainda no primeiro turno. O primeiro mandato de FHC, de 1995 a 1998, caracterizou-se pela consolidação do Plano Real, na busca da estabilização e um amplo conjunto de reformas econômicas, embora acompanhado de profundos desequilíbrios externo e fiscal. O seu segundo mandato, de 1999 a 2002, caracterizou-se pela busca do ajustamento fiscal e externo e por significativas mudanças na condução da política macroeconômica.

Ao longo de seus dois mandatos, houve melhora significativa na condução da política macroeconômica do país, importantes mudanças institucionais e avanços profundos na política social.

O governo FHC contribuiu de maneira significativa para a consolidação da estabilização do país, apesar de um cenário externo bastante instável. Seus dois mandatos foram muito diferentes no que diz respeito ao arcabouço da política macroeconômica. Vários desequilíbrios foram se agravando ao longo dos anos, mas uma série de conquistas foi alcançada: o aprofundamento da reforma do Estado, maior transparência da gestão pública, aprofundamento da descentralização na provisão dos serviços públicos, privatização dos serviços de utilidade pública e constituição do arcabouço regulatório, consolidação e fortalecimento do sistema financeiro e sua adaptação ao quadro de baixa inflação, consolidação da abertura econômica e financeira, entre outros fatores. O resultado mais positivo foi a consolidação do compromisso dos diferentes atores econômicos com a estabilidade monetária.

Apesar disso, seja por condicionantes internacionais, seja por desequilíbrios originados internamente, o país manteve baixas taxas de investimento, e seu governo foi marcado por

432 Economia Brasileira Contemporânea • Gremaud / Vasconcellos / Toneto Jr. / Sakurai

profunda instabilidade, para a qual contribuíram um cenário externo bastante conturbado e sucessivas crises internacionais.

É esse processo que será apresentado neste capítulo. Serão discutidos os dois mandatos de FHC e sua *performance* com relação à estabilização e ao desempenho da economia. Além disso, serão apresentadas algumas das reformas realizadas ao longo do período.

22.1 O PRIMEIRO MANDATO DE FERNANDO HENRIQUE CARDOSO (1995-1998)

Como destacamos no Capítulo 17, quando FHC assumiu o Ministério da Fazenda em 1993 no governo Itamar a equipe econômica começou a preparar o Plano Real, que foi o plano mais ambicioso e bem elaborado entre as diversas tentativas de combate à inflação no país. O Plano Real beneficiou-se de um contexto bastante diferente dos demais planos, com o que pôde basear-se na chamada **âncora cambial**, possibilitada por um amplo fluxo de recursos para o país e um elevado nível de reservas internacionais para conter a inflação.

O segundo semestre de 1994 foi caracterizado pela rápida queda da inflação e por forte crescimento econômico. Este último decorria do aumento do poder aquisitivo, principalmente da população de baixa renda, da recuperação do crédito e do efeito multiplicador associado ao aumento do consumo e do investimento. Apesar do quadro bastante favorável, alguns desequilíbrios foram gerados ao longo do processo, com destaque para o setor externo e o desequilíbrio fiscal.

Com relação ao desequilíbrio externo, vimos que a estratégia de estabilização do Plano Real foi a apreciação (valorização) cambial. A preservação de taxas de juros elevadas, juntamente com a estabilização, estimulou ainda mais o fluxo de recursos externos para o país. Após a reforma monetária, o Banco Central adotou como política cambial um sistema assimétrico em que a taxa de câmbio era fixa para cima, mas flexível para baixo. Isto é, o Banco Central impediria a desvalorização da moeda, mas não sua valorização. Com o amplo fluxo de recursos para o país, isso provocou forte apreciação da moeda nacional.

Todos os países que utilizam a taxa de câmbio para a estabilização sofrem valorização cambial, devido à inflação residual não repassada ao câmbio no momento seguinte. Essa acaba por se constituir em uma necessidade para que a estabilização se efetive, ao quebrar a possibilidade de os agentes continuarem com o mesmo comportamento anterior. A possibilidade de importação, com a folga cambial e manutenção da taxa de câmbio, força os preços internos a acomodarem-se aos internacionais.

Essa estratégia de estabilização é bastante eficiente para os chamados **bens *tradeables***, ou seja, aqueles que são transacionados no mercado internacional (exportáveis e importáveis), principalmente os produtos industriais. Todavia, no caso dos chamados **bens *non-tradeables*** (bens não comercializados no mercado externo), esta é totalmente ineficaz. O principal exemplo desse segmento é o setor de serviços: aluguel, mensalidades escolares, alimentação fora de casa, médicos etc., "mercadorias" que não se pode importar. Assim, esses preços tendem a continuar subindo, pois o crescimento econômico associado à estabilização tende a pressionar os salários reais, e, como estes setores não sofrem a

Cap. 22 • Governo Fernando Henrique Cardoso **433**

concorrência internacional, podem repassar o aumento de custos para preços, enquanto a demanda se encontra aquecida.

Isso pode ser visto claramente na Tabela 22.1, que mostra a taxa de variação de preços de alguns itens de agosto de 1994 a janeiro de 1997. O primeiro ponto que chama a atenção é que o Índice de Preços ao Consumidor (IPC) é significativamente maior do que o Índice de Preços por Atacado (IPA). A principal diferença entre os dois índices decorre do fato de o item serviços ter grande importância no IPC e não aparecer no IPA. Tomando-se alguns exemplos, percebe-se claramente que a variação de preços dos serviços ficou muito acima da dos produtos industriais. Selecionamos dois itens dentro de cada grupo. Quando se considera o item alimentação, por exemplo, percebe-se que, enquanto o preço dos alimentos aumentou 20% em dois anos e meio, comer fora de casa ficou quase 50% mais caro. Os serviços de oficina também tiveram um aumento de preços que corresponde ao dobro da variação do preço das peças utilizadas. As discrepâncias entre serviços e produtos industriais tornam-se significativamente maiores quando se consideram os grupos habitação (por exemplo, aluguel × roupas de cama, mesa e banho), educação e saúde.

Tabela 22.1   Variação de preços acumulada – agosto/1994 a janeiro/1997 – itens selecionados

Item	%	Item	%
Índice de Preços por Atacado – OG	22,88	Equipamentos eletrônicos	11,25
Índice de Preços ao Consumidor – Brasil	55,04	Serviços de residência	66,58
Gêneros alimentícios	20,93	Roupas	29,01
Alimentação fora do domicílio	48,14	Serviços de vestuário	92,94
Aluguel	198,12	Medicamentos	39,36
Roupas de cama, mesa e banho	18,12	Médico, dentista e outros	92,46
Material escolar	36,41	Peças e acessórios – veículos	14,01
Educação – cursos formais	132,13	Serviços de oficina	28,94

Nota-se, porém, que no Brasil a valorização da taxa de câmbio real não se deu apenas em função da inflação residual. Como destacado, a política cambial adotada serviu para aprofundar a ancoragem dos preços. Ao contrário da Argentina, que fixou uma taxa de câmbio nominal de 1 peso = 1 US$, no Brasil não se fixou a paridade e permitiu-se que o R$ se valorizasse em termos nominais com relação ao US$, em um momento em que continuavam as entradas de recursos. Assim, nos primeiros meses do plano verificou-se uma queda na taxa de câmbio nominal, que passou de R$ 0,931/US$ em julho de 1994 para R$ 0,842/US$ em novembro de 1994 (ver Figura 22.1).

Nesse contexto, com valorização cambial, abertura comercial e volume significativo de reservas, criou-se uma camisa de força para os preços internos, podendo-se dizer que o Brasil adotou nesse período uma espécie de **superâncora cambial**.

Figura 22.1   Taxa de câmbio nominal e deflacionada.

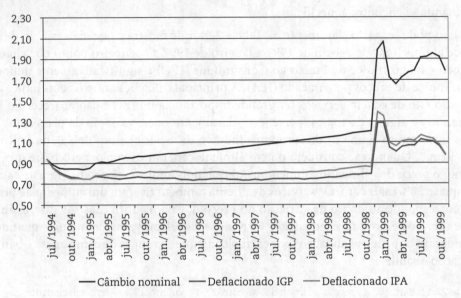

A apreciação cambial, combinada com a demanda aquecida, levou ao aparecimento de déficits na balança comercial, tanto pelo aumento significativo das importações como pelo fraco desempenho das exportações (ver Tabela 22.2 e Figura 22.2). Os superávits comerciais do país eram utilizados para compensar os déficits na balança de serviços, o que mantinha o saldo em transações correntes relativamente equilibrado. Com a deterioração da balança comercial, voltaram os déficits em transações correntes. Isso pode não ser um problema no curto prazo, enquanto o país possuir reservas suficientes ou houver entrada de recursos externos para financiá-lo. O problema é que se vai acumulando uma dívida externa que no futuro pressionará a remessa de juros, e que em algum momento deverá ser paga. O país deve, ao longo do tempo, ir promovendo condições, aumentando a competitividade, por exemplo, para gerar recursos para pagamentos futuros.

Tabela 22.2   Balanço de pagamentos Brasil: itens selecionados – 1994-1998

(US$ milhões)

Discriminação	1994	1995	1996	1997	1998
Balança comercial	10.466	–3.466	–5.599	–6.753	–6.575
Exportações	43.545	46.506	47.747	52.994	51.140
Importações	33.079	49.972	53.346	59.747	57.714
Balança de serviços e rendas	–14.692	–18.541	–20.350	–25.522	–28.299
Serviços	–5.657	–7.483	–8.681	–10.646	–10.111
Rendas	–9.035	–11.058	–11.668	–14.876	–18.189
Saldo em transações correntes	–1.811	–18.384	–23.502	–30.452	–33.416
Conta capital e financeira	8.692	29.095	33.968	25.800	29.702

(continua)

(continuação)

Discriminação	1994	1995	1996	1997	1998
Investimentos diretos	1.460	3.309	11.261	17.877	26.002
Investimentos em carteira	50.642	9.217	21.619	12.616	18.125
Derivativos	−27,4	17,5	−38,3	−252,6	−459,8
Outros investimentos	−43.557	16.200	673	−4.833	−14.285
Resultado do BP	7.215	12.919	8.666	−7.907	−7.970
Reservas internacionais	38.806	51.840	60.110	52.173	44.556

Fonte: Banco Central.

Figura 22.2 Exportações e importações: acumulado em 12 meses (US$ milhões).

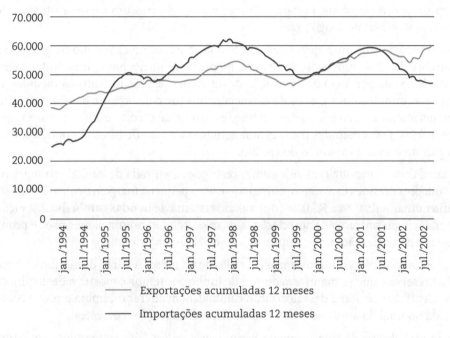

Duas questões devem ser observadas no caso brasileiro em 1994 e 1995. A primeira refere-se à pauta de importações (Tabela 22.3). Apesar de todos os componentes terem crescido em 1994 e 1995, os dois itens que apresentaram maiores aumentos foram automóveis (208%) e bens de consumo (185%). Isso mostra a importância das importações para atender ao crescimento do consumo e manter os preços internos estáveis, e significa que uma parcela relevante da entrada de recursos direcionou-se para o financiamento da aquisição de itens que não ampliariam a capacidade futura de pagamento do país.

A segunda refere-se à natureza do capital ingressante no país. Observava-se, nos primeiros anos do plano, forte predomínio dos chamados investimentos de portfólio – ações, fundos de aplicação financeira, fundos de privatização etc., que se caracterizam pela possibilidade de refluir rapidamente em resposta às incertezas, queda na taxa de juros interna, aumento na taxa de juros internacional, necessidade de compensar perdas em outros mercados etc.

Tabela 22.3 Importações por itens selecionados (1992-2000)

Itens	1992	1993	1994	1995	1996	1997	1998	1999	2000
Total	20.554	25.256	33.079	49.972	53.345	59.840	57.733	49.265	55.783
Bens de consumo	2.450	3.020	4.658	8.631	9.010	9.241	8.826	6.283	6.377
Matérias-primas	7.628	9.469	11.662	16.738	17.916	18.978	19.310	16.960	18.722
Petróleo	4.141	4.398	4.069	4.712	6.142	6.021	4.314	4.817	7.645
Bens de capital	6.335	8.369	1.269	19.891	20.277	25.600	25.283	21.205	23.039
Material de transporte	1.283	2.103	3.396	5.935	4.499	6.389	6.793	4.651	4.926

Fonte: Boletim do Banco Central do Brasil, março 2000.

Assim, manter um déficit em transações correntes, financiado com recursos voláteis e que em parte direcionavam-se para o financiamento do consumo, é uma situação de alto risco e insustentável no longo prazo.

A preocupação com a apreciação cambial já apareceu antes mesmo do governo FHC. Em outubro de 1994, após a vitória eleitoral no primeiro turno, houve uma tentativa de controle da demanda por meio da imposição de restrições de crédito. Entre as medidas, destacaram-se: diminuição nos prazos de financiamento (de consórcios e bancários), proibição de financiamentos às empresas de *factoring* e cartões de crédito e aumento dos depósitos compulsórios. Essas medidas provocaram aumento da taxa de juros em outubro, mas não conseguiram conter a expansão do crédito.

Além disso, introduziram-se algumas restrições à entrada do capital estrangeiro, para evitar maiores pressões cambiais, e estipulou-se uma pequena margem dentro da qual o dólar poderia flutuar – R$ 0,84 a R$ 0,86 (o chamado **sistema de bandas cambiais**). Estancava-se, dessa maneira, o processo de apreciação da taxa de câmbio nominal, mas não se promoveu qualquer desvalorização para compensar a valorização anterior.

Com as restrições, diminuíram as entradas de recursos. A partir de outubro, a queda do nível de reservas, que se mantivera estável de junho a setembro, mostra a determinação do Banco Central em evitar a desvalorização cambial. Sem alterar o câmbio e com a economia aquecida no final do ano, mantinha-se o déficit em transações correntes.

Como já observado anteriormente, vários países na América Latina adotaram estratégias de estabilização baseadas na âncora cambial, e todos tiveram deterioração de suas contas externas, principalmente em decorrência da apreciação cambial – México e Argentina, por exemplo. Assim, a situação brasileira novamente não era inédita, com a experiência desses países mostrando os limites da estratégia.

Deve-se notar que a situação argentina foi significativamente aliviada pela implantação do Plano Real. Como o Brasil se constitui em um dos principais parceiros comerciais da Argentina, a valorização do Real (R$) correspondia a uma desvalorização efetiva da moeda argentina; assim, a emergência dos déficits comerciais no Brasil significava melhora nas contas externas do país vizinho.

O México foi o primeiro país latino-americano a sentir os limites existentes. Como o país apresentava profundos desequilíbrios macroeconômicos, aos quais se somou um quadro político conturbado em 1994, os investidores estrangeiros passaram a apostar na desvalorização da moeda mexicana no final de 1994, provocando o ataque contra ela. O governo foi obrigado a deixar a moeda desvalorizar-se, e recorrer a um pacote de ajuda internacional no FMI e a uma série de medidas, para atender à fuga de recursos.

A **crise mexicana** ("**efeito tequila**") foi o primeiro grande teste à estratégia implementada no Plano Real. Tornou-se claro, no início de 1995, que não se poderia deteriorar ainda mais as contas externas. Isto é, a política econômica não poderia perder o controle sobre a inflação, mas teria também que cuidar da situação externa, para impedir uma crise cambial. Pode-se dizer que, nesse momento, encerrava-se a primeira fase da condução do Plano Real, e inaugurava-se a segunda fase.

A dificuldade que se colocava é que a simples correção da taxa de câmbio, apesar dos efeitos benéficos sobre as contas externas, poderia levar à volta do processo inflacionário naquele momento, uma vez que a economia se encontrava aquecida e a memória inflacionária e o perigo da indexação ainda estavam muito presentes.

A opção do governo em março de 1995, para fazer frente à perda de reservas que o país vinha sofrendo (ver Figura 22.3), foi ampliar o controle da demanda interna, principalmente com restrições ao crédito e elevação das taxas de juros. Esta última serviria também para manter a atratividade do país para o capital estrangeiro (sobre o qual se eliminaram as restrições que haviam sido impostas em outubro de 1994). Além disso, promoveu-se tímida desvalorização de 6% da taxa de câmbio, e alterou-se a política cambial, com o alargamento das bandas de flutuações, projetando-se uma desvalorização nominal da taxa de câmbio na faixa dos 7% ao ano. Também se buscaram alguns incentivos para estimular os exportadores, principalmente por meio de **Adiantamento dos Contratos de Câmbio (ACC)**, que permitia aos exportadores se beneficiarem das elevadas taxas de juros internas. Mais ainda, elevaram-se as tarifas de uma série de produtos, destacando-se automóveis, para os quais, inclusive, se introduziu o regime de quotas, o que representou retrocesso no processo de abertura comercial.

Figura 22.3 Reservas internacionais, em US$ milhões.

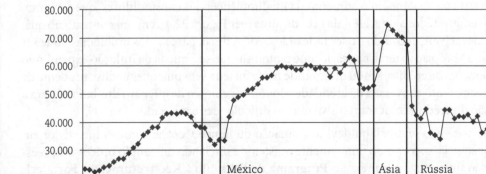

A alteração da política cambial, com a adoção do sistema de minibandas e uma desvalorização projetada em torno de 7% ao ano, impedia novas apreciações da taxa de câmbio, mas não compensava de imediato a apreciação verificada nos meses anteriores; ou seja, mantinha-se o câmbio sobrevalorizado. Essa política sinalizava a opção do governo por uma estratégia gradualista de correção cambial. Assumindo que a inflação ficasse abaixo desse patamar, a defasagem cambial seria eliminada após algum tempo, bastando que os investidores estrangeiros financiassem o tempo necessário. Enquanto isso, se ocorressem as reformas econômicas e se houvesse ganhos significativos de produtividade, a taxa de câmbio real seria corrigida sem ter que recorrer a uma significativa desvalorização nominal.[1] A política monetária (taxa de juros) seria utilizada para a manutenção da taxa de câmbio, mantendo o país atrativo ao capital estrangeiro.

Deve-se destacar o sucesso do governo em abortar o ataque especulativo e manter a taxa de câmbio, quando da crise mexicana em 1995. O Banco Central perdeu em torno de US$ 12 bilhões de reservas, mas a elevação da taxa de juros fez com que rapidamente voltassem os recursos, com as reservas já superando os US$ 50 bilhões no final do ano.

Nessa nova fase, o principal instrumento passou a ser a política monetária, por meio, principalmente, da administração da taxa de juros, com múltiplos objetivos: conter a demanda e controlar a inflação, impedir que os déficits comerciais se tornassem muito elevados, agora em um quadro de leve desvalorização do câmbio nominal, e, principalmente, manter o país atraente ao capital estrangeiro, para continuar financiando os déficits em transações correntes e poder manter a política cambial.

Como efeito da política adotada e com a reversão das expectativas dos agentes, verificou-se grande retração na atividade econômica, a partir do segundo trimestre de 1995. Como grande parte da expansão anterior tinha-se dado com base no crédito, e a retração deu-se antes que os investimentos anteriores tivessem maturado, verificou-se grande aumento na taxa de inadimplência da economia, o que acabou provocando o princípio de uma crise financeira, com a quebra de dois grandes bancos privados.[2] Além da inadimplência das empresas, verificou-se também o aumento da inadimplência dos consumidores, que tomaram recursos emprestados a uma elevada taxa de juros (ver Figura 22.4), em um contexto no qual os salários estavam deixando de ser indexados. Além disso, parcela dos problemas pode ser atribuída ao próprio sistema bancário, que tentou ajustar-se à queda da inflação expandindo suas operações de crédito, sendo que grande parte foi feita sem qualquer análise prudente de risco. Assim, tanto a reversão da atividade econômica como o despreparo dos bancos para a concessão do crédito colocaram o sistema em dificuldades em meados de 1995.

Essa crise não se espalhou devido à atuação do Banco Central como emprestador em última instância, socorrendo rapidamente o sistema e iniciando um amplo processo de reestruturação financeira, por meio do **Programa de Estímulo à Reestruturação e Fortalecimento do Sistema Financeiro Nacional (Proer)**, com fusões, transferências acionárias e

---

[1] Ver, a respeito, o trabalho de Gustavo Franco (1995), em que o autor discute o que seria o novo modelo econômico brasileiro e justifica a manutenção da política cambial.

[2] Ver, por exemplo, o trabalho de Cinquetti (2000), em que o autor aborda a emergência da crise financeira como decorrência da reversão dos investimentos em 1995.

abertura para os bancos estrangeiros, aumentando a solidez do sistema.[3] Além disso, foram reforçados os mecanismos de regulação prudencial, com a implantação do Acordo de Basileia e índices elevados de capitalização dos bancos, mudanças nos mecanismos de fiscalização e possibilidades de intervenção do Banco Central, medidas de responsabilização de gestores e empresas de auditoria, entre outras ações. Também foi instituído um mecanismo de seguro – depósito para minimizar as potenciais corridas bancárias.

Paralelamente, lançou-se um programa semelhante para a reestruturação dos bancos estaduais – o **Programa de Incentivo à Redução do Setor Público Estadual na Atividade Bancária (Proes)** –, que correspondia a empréstimos da União para cobrir os rombos desses bancos, mas vinculados ao comprometimento dos estados em privatizá-los ou transformá-los em agências de desenvolvimento.

Esses programas de reestruturação do sistema financeiro levantaram algumas críticas sobre o montante de recursos que iria ser gasto e o impacto futuro que geraria sobre as contas públicas,[4] mas viabilizaram a reestruturação do sistema financeiro no país e o aumento da sua solidez e gerando ganhos de eficiência.

Essa é a base da reforma financeira iniciada no governo FHC, que levou a uma menor participação dos bancos públicos, favorecendo o fortalecimento das instituições financeiras nacionais e maior concentração do setor, com o que se manteve o setor financeiro prioritariamente sob controle nacional e menos exposto ao exterior. Embora essas reformas não tenham resultado em ampliação significativa do crédito, possibilitaram o fortalecimento e a preservação de um sistema sólido, com capacidade de expansão futura, o que acabou ocorrendo no governo seguinte (Lula).

Outro ponto importante decorre da mudança da política cambial. No período imediato pós-Real, como o governo deixou o câmbio flutuar, a entrada de recursos externos provocou a apreciação da taxa de câmbio. No novo regime, quando os recursos voltaram, para impedir outra apreciação, os novos recursos converteram-se em reservas. Para evitar o impacto monetário expansionista, recorreu-se à esterilização, com o consequente aumento da dívida pública.

Essa dependência da política de esterilização decorreu da incapacidade de fazer um ajuste fiscal adequado, que pudesse compensar o impacto expansionista da entrada de recursos. Tal política penalizava ainda mais o lado fiscal, pela diferença entre a taxa de remuneração das reservas e a taxa de juros paga nos títulos públicos.[5] Mas deve-se destacar que esse é o ônus que se paga para minimizar a exposição do país a crises externas.

---

[3] Uma breve discussão da crise financeira e do processo de reestruturação do sistema financeiro brasileiro – fusões, aquisições, transferências, entrada de bancos estrangeiros – e alterações na regulação foram abordadas no Apêndice C do Capítulo 9 deste livro. A esse respeito, ver também Puga (1999).

[4] Os desequilíbrios do sistema financeiro, quando se sabe que o governo assumirá o rombo, é considerado como déficit quase fiscal, pois não aparece de imediato na necessidade de recursos do governo, mas em algum momento futuro irá onerá-lo. Apenas o Proer, por exemplo, envolveu cifras superiores a R$ 20 bilhões. Isso não reflete o custo total do ajuste do sistema financeiro privado, pois ocorreram outros tipos de intervenção por meio dos bancos federais. No caso brasileiro, os desequilíbrios patrimoniais dos bancos juntam-se aos desequilíbrios do FGTS, da Previdência e de outros fundos públicos. Esses desequilíbrios potenciais acabam comprometendo a avaliação que se faz da situação fiscal do país.

[5] Ver, por exemplo, as estimativas de Gonçalves (1996) sobre o custo da acumulação de reservas no período 1992/1994. O mesmo cálculo pode ser feito a partir de 1995.

A trava colocada pela taxa de câmbio e o desequilíbrio externo crescente definiam um patamar mínimo bastante elevado para a taxa de juros interna, sendo a trajetória seguida por esta totalmente determinada pelo contexto externo. Conforme o país voltou a acumular reservas após a crise mexicana, a taxa de juros entrou em trajetória decrescente.

Note-se, porém, que, a partir de meados de 1996, praticamente se estancaram as reduções da taxa de juros. Essa se estabilizou em um patamar bastante elevado, em torno de 20% ao ano em termos nominais, mas, com a baixa taxa da inflação, o que resultava em elevada taxa real de juros. O diferencial entre a taxa de juros interna e a externa refletia o risco embutido de uma mudança cambial ou as expectativas dos agentes de uma desvalorização cambial.

Sempre que ocorria alguma perturbação que colocasse em risco o financiamento dos déficits em transações correntes, tinha que se alterar a taxa de juros. Conforme mostra a Figura 22.4, o governo teve que, por mais duas vezes, dobrar a taxa de juros no período – na **crise asiática** no final de 1997 e na **crise russa** em meados de 1998.

Figura 22.4 Taxa de juros (Over/Selic), % a.a.

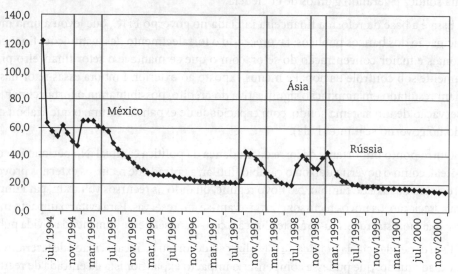

Essa dinâmica da taxa de juros, combinada com o volume de dívida pública, determinou elevados gastos com juros e pressões crescentes do lado fiscal. Em termos reais, a taxa Selic deflacionada pelo IPCA situou-se acima dos 20% ao ano em média ao longo do primeiro mandato, o que, além de contribuir para um fraco desempenho econômico, deteriorava a situação fiscal. Esse quadro aumentou as dúvidas sobre a capacidade de pagamento do governo, sendo a desconfiança ampliada pela sucessão de pacotes fiscais não cumpridos, o que deteriorava as condições de financiamento.

Com relação à questão fiscal, o fraco desempenho no período não decorreu somente dos elevados encargos financeiros, mas da significativa piora do saldo primário do governo. No primeiro mandato do governo FHC (1995/1998), houve piora do déficit operacional da ordem de 4,7% do PIB se comparado à média do período 1991/1994, passando de 0,4% do PIB de déficit em média para a faixa dos 5,1% do PIB. Dessa mudança, o principal motivo parece repousar na redução do superávit primário, que passou de uma média de 2,9% do PIB no período 1991/1994 para um déficit médio de 0,2% do PIB no período 1995/1998, ou seja, uma reversão da ordem de 3,1% do PIB.

Essa deterioração do superávit primário deu-se apesar da contínua elevação da carga tributária no período, refletindo um aumento muito grande das despesas não financeiras. De acordo com Giambiagi (2002), os principais fatores a explicar essa piora foram os gastos previdenciários e assistenciais decorrentes de um forte aumento no número de beneficiários, mas, principalmente, pelo aumento dos valores reais dos benefícios. Outro autor, Velloso (2002), destaca a forte vinculação de receitas a despesas e a inflexibilidade dos componentes de gastos, elevada participação de transferências de renda às pessoas, como determinantes das dificuldades fiscais. Assim, apesar da tentativa de se realizar um ajuste fiscal prévio ao plano, este se mostrou insuficiente, ocorrendo profunda deterioração fiscal no primeiro mandato do presidente FHC.

A combinação de baixos superávits primários e elevados encargos financeiros, sendo que estes últimos se elevaram de 3,3% do PIB no período 1991/1994 para 4,9% do PIB no período seguinte, resultou em elevados déficits operacionais e em forte crescimento da dívida pública. Outros fatores contribuíram para a elevação da dívida no período, na forma de ajustes patrimoniais, destacando-se os chamados **esqueletos**, que se referem a passivos gerados anteriormente, mas que não eram reconhecidos pelo governo e foram assumidos nesse período, e também os chamados **passivos contingentes**, referentes a garantias explícitas ou implícitas fornecidas pelo governo, e que se manifestaram nessa época.

A crise financeira de 1995 e o processo de reestruturação do sistema financeiro privado provocaram aumento da dívida pública. O saneamento dos bancos públicos e a federalização das dívidas estaduais não tiveram impacto na Dívida Líquida do Setor Público Consolidado, pois o aumento da dívida federal é compensado por redução das dívidas estaduais com o público.

Por outro lado, deve-se destacar que o governo nesse período obteve elevadas receitas com **privatizações** de diversos setores de utilidade pública, que contribuíam para reduzir a dívida. Destacam-se o setor de energia elétrica, em especial a distribuição e a geração, o setor de telecomunicações, o setor de transportes ferroviários e diversas empresas do chamado setor produtivo estatal nas áreas de mineração (por exemplo, a Companhia Vale do Rio Doce – CVRD), petroquímica, entre outros. Esse processo gerou grande fluxo de recursos para o Estado, além da transferência de dívida, e colaborou para atrair o ingresso do capital estrangeiro e sustentar a política cambial. Todo esse processo está vinculado a um conjunto de leis e reformas aprovadas nesse período. Devem-se destacar, por exemplo, a **Lei de Concessões** (1995), a quebra de monopólio público em diversos setores (exploração de petróleo, alguns ramos de transporte etc.) e a equiparação entre o capital nacional e estrangeiro.

As privatizações e as concessões nos setores de serviços públicos trouxeram a necessidade de constituir órgãos especiais de regulação (as **agências reguladoras**) para esses serviços, devido às especificidades de cada setor, com tendências à forte concentração desses mercados. Foram, então, criadas a Agência Nacional de Energia Elétrica (Aneel), Agência Nacional de Telecomunicações (Anatel), Agência Nacional do Petróleo, Gás Natural e Biocombustíveis (ANP), Agência Nacional da Saúde (ANS), Superintendência de Seguros

Privados (Susep) e outras. Como foi visto no Capítulo 19, a principal função desses órgãos é verificar o cumprimento dos contratos de concessão e as metas acordadas com as empresas entrantes. Esse é o processo de transformação do Estado provedor para o Estado Regulador.

Além das agências reguladoras de setores específicos, houve crescimento do papel desempenhado pelas agências reguladoras responsáveis pela defesa da concorrência, originando o **Sistema Brasileiro de Defesa da Concorrência**, composto do Conselho Administrativo de Defesa Econômica (Cade), Secretaria de Acompanhamento Econômico (Seae) e Secretaria de Direito Econômico (SDE), que atuam tanto na regulação e no monitoramento das estruturas de mercado como na prevenção e repreensão de práticas infratoras anticoncorrenciais.[6]

Apesar desse amplo processo de reforma do Estado e da receita obtida, a deterioração fiscal fez com que a dívida pública, que era da ordem de 30% do PIB em 1994, atingisse 44%, em 1998. Como destacado, esse processo se fez em função de significativa ampliação das despesas primárias e das despesas financeiras, e ocorreu apesar do forte aumento da carga tributária.

Outro indicador relevante é a dinâmica do produto e do desemprego. A partir da crise mexicana, houve ruptura no crescimento econômico que se verificara no imediato pós-Real. A partir de então, observou-se uma trajetória do tipo *stop and go*, em que os condicionantes externos (fluxo de capitais) definiam a condução da política monetária e o ritmo da economia.

Conforme é mostrado na Tabela 22.4, no primeiro mandato de FHC, a taxa média de crescimento do PIB foi da ordem de 2,6% a.a., com tendência de queda ao longo do período. O baixo crescimento e as suas oscilações decorreram, também, da significativa redução da taxa de investimento que refletia as incertezas relacionadas com a economia e as elevadas taxas de juros necessárias para preservar a política cambial. O desemprego, que atingiu valor relativamente baixo em 1995 (4,6% da força de trabalho), apresentou trajetória de crescimento a partir da crise mexicana. Após a crise asiática, a taxa de desemprego atingiu patamar recorde, oscilando em torno de 8% em 1998.[7]

Tabela 22.4 Indicadores econômicos: Brasil – 1993-1999

Variável	1993	1994	1995	1996	1997	1998	1999
Taxa de crescimento do PIB – % a.a.	4,9	5,9	4,2	2,7	3,3	0,2	0,8
Taxa de desemprego aberto (IBGE)	5,3	5,1	4,6	5,4	5,7	7,6	7,6
FBCF/PIB (%)	19,28	20,75	18,32	16,87	17,37	16,97	15,66
INPC-IBGE	2.489,0	929,0	22,0	9,1	4,3	2,5	8,4

(continua)

---

[6] Como já observado, o Sistema Brasileiro de Defesa da Concorrência foi reformulado em 2011, quando, então, o Cade absorveu algumas das competências da SDE e da Seae.

[7] Se considerarmos a taxa de desemprego medida pelo Seade, esse patamar fica em aproximadamente 20%. Ver os motivos da diferença entre a taxa do IBGE e do Seade na Parte I do livro.

(continuação)

Variável	1993	1994	1995	1996	1997	1998	1999
NFSP – Operacional (% PIB)	–0,3	–1,3	4,9	3,8	4,3	7,5	3,2
NFSP – Primário (% PIB)	–2,7	–5,1	–0,4	0,1	1,0	0,0	–3,1
Dívida interna líquida/PIB (dez.)	21,8	23,0	25,5	29,4	30,2	37,1	39,0
Dívida externa líquida/PIB (dez.)	16,8	8,6	5,7	3,9	4,3	6,6	10,4
Dívida total/PIB (dez.)	38,6	31,6	31,2	33,3	34,5	43,7	49,4

Fonte: Banco Central.

Na **crise asiática**, a resposta do governo em aumentar a taxa de juros e lançar um pacote fiscal ainda foi eficaz. No momento da crise, houve redução no nível de reservas da ordem de US$ 20 bilhões que rapidamente se recompôs, voltando a um patamar superior ao anterior.[8]

Entre as sequelas do ajustamento, há o salto na taxa de desemprego e a retração do produto. Além disso, o não cumprimento do pacote fiscal e a grande elevação da dívida pública fizeram com que o mercado passasse a rejeitar os títulos prefixados, ampliando a opção pelo *over,* mostrando a desconfiança com relação à sustentabilidade da política.

Deve-se destacar que, já nesse momento, o número de analistas que defendiam a correção cambial era crescente. Todos os indicadores macroeconômicos mostram a deterioração das condições em 1998: taxa de desemprego, crescimento do PIB, déficit público, déficit em transações correntes, dívida pública/PIB, entre outros.

Não demorou e veio a **crise russa**. Houve perda de reservas da ordem de US$ 30 bilhões entre agosto e setembro de 1998 que, apesar da elevação da taxa de juros e do anúncio de um pacote fiscal, não mais se recuperou, o que refletia a descrença na possibilidade de manter a taxa de câmbio. Um indicador desse quadro foi a queda verificada no preço dos títulos da dívida externa brasileira (elevação dos *spreads* dos *C-Bonds*) logo após a crise russa.

Outra sinalização foi a negociação de um **pacote de ajuda com o FMI** no valor de US$ 42 bilhões. Esse acordo possuía cláusula sobre o volume mínimo de reservas que o país poderia atingir, ou seja, limitava-se o poder do Banco Central em defender a taxa de câmbio, ampliando-se, portanto, as chances de sucesso de um ataque especulativo.[9]

Um ponto interessante no movimento de capitais no segundo semestre de 1998 é que, diferentemente das crises anteriores, em que a maior parte da saída de recursos se deu por residentes, nesse momento todos os agentes estavam retirando seus recursos: bancos e investidores institucionais estrangeiros juntaram-se aos residentes. Apenas os investimentos diretos se mantiveram.[10]

---

[8] Um fato importante para tal foi o programa de privatização, em especial do Sistema Telebras. Deve-se notar que a privatização nesses anos serviu para evitar um estouro ainda maior do lado fiscal e estimular o fluxo de capitais externos.

[9] Ver Averbug e Giambiagi (2000).

[10] Sobre o ataque especulativo no Brasil, o comportamento de cada um dos atores e a importância do efeito contágio da Rússia, ver Goldfajn (2000). Sobre o efeito contágio, ver também FMI (1999).

Uma vez que a crise estava colocada, era questão de circunstância o momento em que ela ocorreria. A primeira ressalva para que ela ocorresse juntamente com a russa era o calendário eleitoral. Apesar de essa já se justificar em agosto e setembro, em outubro de 1998 ocorreriam as eleições presidenciais, e o presidente ainda tinha a estabilização como a grande conquista de seu primeiro mandato; assim, esta não poderia ser colocada em risco. Para empurrar a crise, o governo teve que assumir o ônus de uma mudança latente na taxa de câmbio.

Assim, o segundo semestre de 1998 é uma "preparação para se jogar a toalha", com o setor privado livrando-se do risco cambial, e transferindo-o para o governo. A exposição da iniciativa privada ao câmbio pode ser considerada o segundo fator a retardar a crise.

Desse modo, o primeiro mandato do presidente FHC terminava em meio a um processo de crise cambial, em função de profundos desequilíbrios gerados nesse período com a deterioração das contas externas e da situação fiscal. Com isso, a própria estabilização, principal conquista desse mandato, podia-se considerar ameaçada. Ainda, com relação ao produto, verificou-se que, apesar da estabilização, este manteve sua trajetória de baixo crescimento desde os anos 1980, mantendo-se na faixa dos 2,5% a.a., com elevada volatilidade em função dos condicionantes externos e das baixas taxas de investimento da economia.

Portanto, os dilemas que restavam para o mandato seguinte eram: fazer as correções dos desequilíbrios herdados do primeiro mandato, mantendo-se a estabilização e recolocando o país em uma trajetória de crescimento.

22.2 O SEGUNDO MANDATO DE FERNANDO HENRIQUE CARDOSO

Apesar da estabilização, uma série de desequilíbrios foi se formando na economia ao longo do primeiro mandato de FHC, destacando-se o déficit fiscal e o déficit externo. A manutenção do câmbio sobrevalorizado no período significou a ampliação do endividamento externo, um aumento significativo da dívida pública e o retardamento do crescimento. No primeiro momento, essa opção se justificava pelo trauma inflacionário, mas o que dizer quando da crise asiática ou da crise russa? A grande perda de reservas verificada principalmente nesta última, o quadro recessivo, a elevada taxa de desemprego, a deterioração do saldo em conta-corrente, a elevação da razão dívida pública/PIB, enfim, todos os fatores já poderiam justificar a mudança cambial em meados de 1998, ou até antes.

Alguns autores[11] alegam que, mesmo nesse quadro, era possível a manutenção da política cambial, e que o país, no final de 1998, já começara a recuperar-se da crise russa. Estancara-se a perda de reservas, e já se entrava em uma trajetória declinante da taxa de juros. Eram outros os determinantes da crise cambial brasileira: a queda nos termos de troca, a não aprovação de medidas importantes para o ajuste fiscal pelo Congresso Nacional no segundo semestre de 1998 e a "**moratória mineira**" ou "**efeito pão de queijo**", decretada por Itamar Franco em janeiro de 1999, quando Minas Gerais não aceitava os termos de refinanciamento definido alguns anos antes com a vinculação de parcela da receita dos Estados ao pagamento das dívidas.

Parece, entretanto, que a mudança cambial já estava definida a partir da crise russa, e a espera de seis meses decorreu do calendário eleitoral e do processo de transferência do risco

---

[11] Ver, por exemplo, Averbug e Giambiagi (2000).

cambial para o setor público. O próprio acordo com o FMI, no segundo semestre de 1998, já pode ter sido um sinalizador da disposição à mudança.

Uma característica do endividamento externo brasileiro na década de 1990 é o predomínio das captações privadas. A Figura 22.5 mostra que até 1997 o aumento da dívida externa brasileira se deu exclusivamente pelo endividamento do setor privado, cuja participação saltou de 40% na dívida total em 1994 para 62% em 1997.[12] Em 1998, já se percebe reversão na tendência de ampliação da participação do setor privado.

Figura 22.5 Dívida externa total, setor público e setor privado, US$ milhões – 1994-2002.

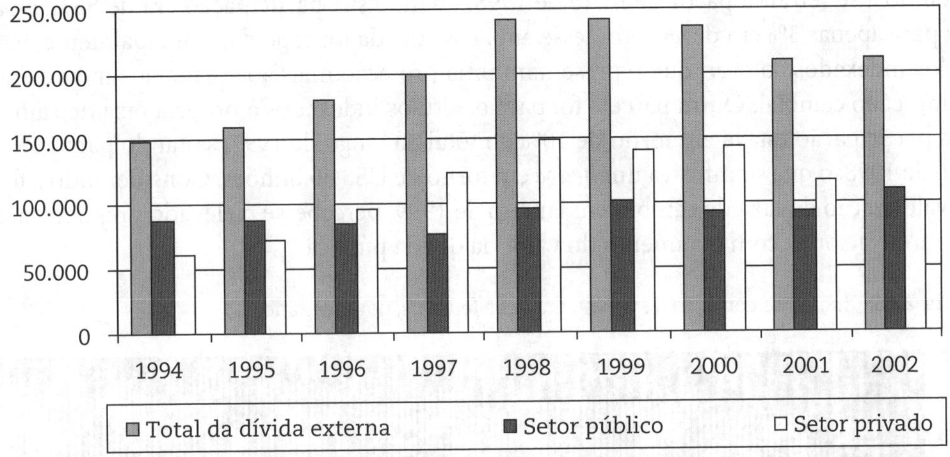

Fonte: Banco Central do Brasil.

Com o grande endividamento externo do setor privado, o risco que se coloca em uma desvalorização cambial é a deterioração patrimonial dele, com perigo de crises econômicas (queda do consumo e investimento-efeito riqueza), crise financeira (falências, quebras bancárias etc.), entre outros efeitos. Entretanto, no Brasil, a mudança cambial não provocou esse processo disruptivo. Por quê?

A resposta decorre da possibilidade de *hedge* oferecida aos agentes, que permitiram que estes se livrassem do risco cambial. As instituições financeiras, que respondiam por algo em torno de 1/3 da dívida externa do setor privado, possuíam baixa exposição ao risco câmbio com ativos externos, que de certa forma compensavam o passivo externo. No entanto, mesmo esse setor, junto com os demais agentes, buscou modos de "hedgear" suas posições: mercado futuro, moeda estrangeira e outros ativos atrelados à moeda estrangeira. A questão era: quem ofereceria *hedge* em um momento no qual todos avaliavam ser insustentável a política cambial? Novamente, a resposta foi o setor público, como já havia sido feito em outros momentos da história do país.[13]

---

[12] Esse processo mostra-se com mais clareza ainda se tomarmos o início da década. Nesse período, a dívida externa total do setor público foi reduzindo-se, enquanto o setor privado ia ocupando o espaço.

[13] Por exemplo, na passagem da década de 1970 para a de 1980.

A primeira maneira de atender à demanda dos agentes por proteção cambial foi a venda de moeda estrangeira. Como vimos, a perda de reservas entre agosto e setembro de 1998 situou-se acima dos US$ 30 bilhões. Esse é um custo, em geral, não considerado, mas que, se se tomar o valor pelo qual o governo vendeu os dólares nesse período e o valor a que chegou a taxa de câmbio no início de 1999, percebe-se o enorme custo de oportunidade dessa operação, e os ganhos que o governo proporcionou àqueles que adquiriram as reservas.[14]

A segunda maneira utilizada foi a alteração na composição da dívida pública por tipo de indexador. O que se observa na Figura 22.6 é a forte retração nos títulos prefixados. Esses começaram a reduzir-se no final de 1997, tendo uma recuperação depois da crise asiática, voltando a se retrair a partir de maio de 1998, quando sua participação era de 55%, e passou para apenas 3% em dezembro desse ano. Essa queda foi captada, principalmente, pelos títulos indexados ao *over*, que representam uma proteção mais adequada aos movimentos no mercado cambial. Outra parcela foi para os títulos indexados à própria taxa de câmbio, cuja participação estava em torno de 10% do total ao longo de 1997, saltando para 21% no final de 1998, o que significava um *hedge* em torno de US$ 60 bilhões. Considerando a forte desvalorização da taxa de câmbio em janeiro de 1999, percebe-se o elevado prejuízo para o Tesouro Nacional, com o aumento do valor da dívida pública.

Figura 22.6 Índice de correção de títulos públicos federais, por indexador.

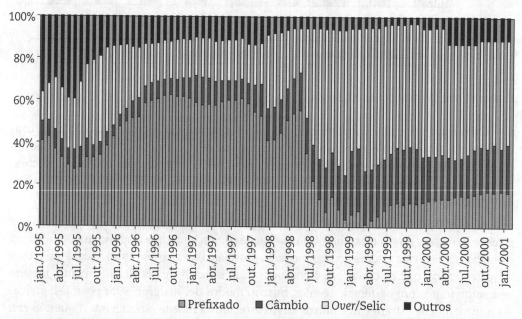

Além desses mecanismos, o governo ainda atuou no mercado futuro, vendendo dólares para atender à demanda do setor privado, incorrendo em significativos prejuízos nessas operações.

---

[14] Comparando-se a taxa de câmbio de agosto de 1998 com a de janeiro de 1999, a venda de reservas acarretou uma perda da ordem de R$ 21 bilhões de reais.

Com base nessas informações, pode-se concluir que, no momento da mudança cambial, apenas uma pequena parcela da dívida externa do setor privado não estava protegida. Assim, as perdas decorrentes da desvalorização cambial concentraram-se no setor público e em alguns poucos agentes do setor privado.

No final de dezembro de 1998 e início de janeiro de 1999, a fuga de capitais voltou a se acelerar, e as perdas de reservas superavam US$ 1 bilhão/dia. Como o acordo com o FMI impunha um limite mínimo de reservas, já se faziam as contas para quando se daria a mudança cambial.

Ainda nas primeiras semanas de 1999, ocorreram alguns problemas políticos, com os governadores de oposição recém-empossados sinalizando o desejo de rediscutir as respectivas dívidas e os pagamentos à União (por exemplo, a já citada "moratória mineira" do governador de Minas Gerais, Itamar Franco).

Sinalizavam-se, portanto, maiores dificuldades do lado fiscal. Nesse ambiente, criou-se a cena política adequada para promover a mudança cambial em janeiro de 1999, atribuindo-se a tomada de decisão pelo governo federal a fatores externos e não a erros de política econômica.

A mudança deu-se com a saída do então presidente do Banco Central, Gustavo Franco, que era o maior defensor da manutenção do câmbio valorizado, e a entrada de Francisco Lopes. A primeira alteração correspondeu a uma desvalorização da taxa de câmbio, mas ainda se mantendo o sistema de banda. Quando o governo fez a desvalorização, os recursos continuaram saindo, pois o mercado queria uma desvalorização maior.

As incertezas que se geraram e o anúncio de alguns escândalos, que colocavam em suspeita o então presidente do Banco Central, levaram a sua substituição por Armínio Fraga. O novo presidente do Banco Central abandonou o sistema de bandas e adotou o **sistema de câmbio flutuante**. O impacto imediato foi uma desvalorização do câmbio nominal da ordem de 70% nos primeiros meses, chegando a superar os R$ 2,00 em fevereiro/1999.

A experiência observada em todos os países que passaram por problemas cambiais mostrou algumas das seguintes consequências: aceleração inflacionária, crise financeira, profunda recessão, enfim, crises econômicas. Entretanto, no Brasil, não se verificou uma crise profunda. O desempenho da economia brasileira em 1999 pode ser considerado bastante satisfatório, tendo em vista a magnitude da mudança cambial ocorrida.

O grande receio em abandonar o sistema de câmbio fixo era de que a desvalorização nominal trouxesse de volta o problema inflacionário e, com isso, a inflação resultante anulasse os ganhos da desvalorização, isto é, tivesse pequeno impacto sobre a taxa de câmbio real. Esse foi praticamente o caso do México em 1995. A mudança cambial na Ásia, em 1997, não seguiu essa trajetória. A inflação, após a desvalorização nominal, ficou relativamente sob controle, resultando em ampla desvalorização da taxa de câmbio real.

Tanto no México como na Ásia, a mudança cambial foi seguida de ampla contração econômica, em virtude do efeito riqueza gerado. No caso dos países asiáticos, deve-se destacar que a crise cambial foi acompanhada de uma crise financeira, inclusive a fragilidade de seus sistemas financeiros sendo colocada como o determinante da crise cambial. Assim, houve grande contração do crédito após a crise cambial, resultando na retração econômica.

A questão que se colocava, no caso brasileiro, era se a inflação após a desvalorização iria seguir a trajetória mexicana ou a asiática. As projeções feitas sobre a inflação para 1999 no início do ano eram as mais díspares possíveis. Como vimos, quando se adotou o sistema de taxa de câmbio flutuante, esta entrou em uma trajetória ascendente.

Para evitar que a pressão cambial se transformasse em processo inflacionário, adotou-se uma política monetária bastante restritiva, com o **Comitê de Política Monetária (Copom)**, criado no início da gestão de Armínio Fraga no Banco Central, estipulando uma meta para a taxa de juros (Selic) da ordem de 45% ao ano em março. Essa elevada taxa de juros deveria servir para conter a saída de recursos e diminuir o processo especulativo em torno da taxa de câmbio, estabilizando seu valor. Introduziu-se nesse momento também um "**viés de baixa**" na taxa de juros que o Banco Central poderia utilizar para reduzir a taxa, independentemente da reunião do Copom, caso a situação se tranquilizasse.[15]

Ao contrário da situação inicial do Plano Real, em que a "âncora cambial" provocou uma queda abrupta na inflação dos bens transacionáveis (*tradeables*), enquanto a demanda aquecida fez com que os preços dos não transacionáveis (*non tradeables*) continuassem subindo, a situação agora deveria levar a um aumento nos preços dos transacionáveis, enquanto a demanda desaquecida controlaria os preços dos não transacionáveis. Ou seja, a recomposição da taxa de câmbio real dependeria de um comportamento dos preços inverso ao verificado no início do plano: os transacionáveis teriam aumentos, enquanto os não transacionáveis segurariam a taxa de inflação.

Verificou-se que a inflação teve elevação significativa em fevereiro, mês posterior à mudança cambial, mas bem abaixo da taxa de variação cambial. A partir de março, já se observa queda na taxa de inflação, e em maio os índices já apresentavam variação semelhante a dezembro, sendo que vários índices mostraram deflação nesse mês, sinalizando que os ajustes à desvalorização já haviam sido feitos.

Outro ponto que deve ser destacado é que os índices confirmaram a pressão maior sobre o preço dos bens transacionáveis. Entre os índices de preços, o que apresentou a maior variação foi o Índice de Preços por Atacado (IPA), que é composto, basicamente, por essa categoria de bens (ver Tabela 22.5).

Tabela 22.5 Índices de preços – variações percentuais

Período	IGP-DI	IPA-DI	IPC-BRASIL	INPC	IPCA	IPC-FIPE
1999	19,98	28,90	9,12	8,43	8,94	8,64
2000	9,81	12,06	6,21	5,27	5,97	4,38
2001	10,40	11,87	7,94	9,44	7,67	7,13
2002	26,41	35,41	12,18	14,74	12,53	9,92

Fonte: Boletim do Banco Central, dez. 2006.

---

[15] Além do estabelecimento do "viés" de taxa de juros, foi estabelecida um pouco mais tarde (julho de 1999) uma nova âncora nominal, as chamadas **metas inflacionárias** (*inflation target*), que consiste em fixar bandas para a inflação futura (ver Boxe 22.1).

Cap. 22 • Governo Fernando Henrique Cardoso

Com a manutenção das taxas de juros elevadas e o relativo controle inflacionário, estancou-se o processo de desvalorização da taxa de câmbio a partir de março, que começou a valorizar-se desde então, caindo para um valor em torno de R$ 1,70 em abril e maio, para depois sofrer nova desvalorização e situar-se na faixa entre R$ 1,80 e R$ 1,90 a partir de julho/1999, em torno do que oscilou até o final de 2000, sem grandes mudanças (ver Figura 22.1).[16]

Com a adoção do sistema de câmbio flutuante e a perda da âncora cambial como referencial de preços, o Banco Central passou a adotar, a partir de julho de 1999, o sistema de **Metas de Inflação** como regra para a política monetária. De acordo com ele, a função básica do Banco Central e da política monetária é o cumprimento da meta estipulada pelo Conselho Monetário Nacional (CMN), e o instrumento utilizado para tal é essencialmente a taxa de juros, que, por meio de seus impactos sobre a demanda, influencia a inflação. Assim, quando a taxa de inflação se situa acima da meta, o Copom eleva a taxa de juros; quando está abaixo, o Copom reduz a taxa de juros.

Essa relação entre a taxa de juros e a inflação é a chamada **Regra de Taylor da Política Monetária**. Esse sistema tem sido adotado em vários países, como pode ser visto no Boxe 22.1, e é considerado um dos regimes mais eficientes para a política monetária. Deve-se destacar que a taxa de inflação em determinado momento está sujeita a vários componentes: inércia ou carregamento de inflação dos períodos anteriores, choques de oferta (inflação de custos) e pressões de demanda.[17] A taxa de juros influi, basicamente, sobre este último componente da inflação.

A adoção do regime de metas de inflação parece ter contribuído de maneira significativa para manter a confiança dos indivíduos de que o governo encontrava-se comprometido com a estabilização, e para impedir que o choque cambial se transformasse em pressões inflacionárias insuportáveis. Deve-se destacar que o baixo crescimento econômico em 1999 contribuiu para tal.

No regime de metas inflacionárias, o compromisso do Banco Central passa a ser com o nível da inflação, e deixa de ser a defesa de uma dada taxa de câmbio, ou um dado crescimento econômico. Assim, a credibilidade desse regime depende em grande parte do grau de autonomia do Banco Central, e, também, dos demais componentes da política econômica – regime fiscal e cambial.

Boxe 22.1 – Metas inflacionárias

A discussão de metas inflacionárias ganhou destaque ao longo dos anos 1990, passando a ser crescentemente incorporada às políticas econômicas de vários países.

---

[16] Note-se que a taxa de câmbio nesse patamar significa desvalorização nominal entre 50 e 60% com relação a dezembro de 1998.

[17] A esse respeito, ver a discussão sobre a curva de Phillips no Apêndice B do Capítulo 11. A ideia básica na Regra de Taylor é que quando a inflação está elevada (ou crescendo) deve-se diminuir a demanda para controlá-la. Com o aumento da taxa de juros a demanda se retrai, o desemprego se eleva (note-se que a comparação relevante é a taxa de desemprego com relação à taxa natural), fazendo com que o produto se reduza (novamente, a comparação relevante é com o chamado produto potencial, ou o chamado "hiato do produto"), e, com isso, diminuam as pressões inflacionárias.

No Brasil, o regime de metas inflacionárias foi adotado em julho de 1999 por meio da Resolução n. 2.615 do CMN.

A análise das metas inflacionárias pode ser considerada dentro das alternativas disponíveis para as autoridades para a condução da política monetária. Entre as possibilidades, podemos ter:

i. **Âncora monetária**: na qual as autoridades monetárias definem o crescimento do agregado monetário. Com relação a esse procedimento, a dificuldade de as autoridades atingirem essas metas (lembrar que o processo de oferta de moeda depende da interação de outros agentes), o fato de a demanda de moeda não ser estática, assim como as relações entre agregados monetários e inflação, de tal forma que o uso de âncoras monetárias pode ser de pouca utilidade.

ii. **Âncora cambial**: este procedimento foi amplamente utilizado por diversos países que buscavam a estabilização, por exemplo, o Brasil, a Argentina e o México. A utilização desse instrumento, com políticas fiscais e monetárias inconsistentes com a ancoragem, pode resultar em crises do balanço de pagamentos e, em alguns casos, em crises financeiras (amplia-se a vulnerabilidade dos países a ataques especulativos).

iii. **Produto nominal**: ao se usar o produto nominal como referência para a política monetária, o produto real e o nível de preços entram com o mesmo peso na função objetivo da autoridade monetária. Este apresenta alguns inconvenientes referentes ao acompanhamento do produto real, cujas medidas possuem grande defasagem e as estimativas são bastante incertas.

O conjunto de dificuldades associado às várias alternativas de controle monetário fez com que a ideia de metas inflacionárias fosse ganhando destaque. Conforme destacado em Giambiagi e Carvalho (2001), a questão é saber se se deve perseguir metas não anunciadas ou anunciadas de inflação. Isto é, se o governo deve apenas perseguir determinadas metas ou se comprometer com tais metas. Se, por um lado, a primeira alternativa aumenta a flexibilidade, por outro, não se garante a continuidade da estratégia. A definição depende claramente da situação de cada país. Entre os países que adotam metas anunciadas de inflação, podem-se destacar (com os respectivos anos de adoção do sistema): Nova Zelândia (1990), Chile e Canadá (1991), Israel e Reino Unido (1992), Austrália e Suécia (1993), Espanha (1994), Hungria e República Tcheca (1998), Brasil e Polônia (1999).

O sistema de metas inflacionárias corresponde à definição explícita da taxa de inflação objetivo pelas autoridades monetárias e à atribuição de responsabilidade às autoridades para atingir a meta. Nota-se que esse sistema "permite que a política monetária se concentre na busca prioritária de certo nível de inflação, e possibilita uma avaliação clara do desempenho da política monetária, por meio da comparação entre a meta e a inflação observada" (Giambiagi e Carvalho, 2001).

No desenho dos sistemas, deve-se definir: qual indicador de preços será utilizado, como se definirá a meta, se será um ponto ou um intervalo, e neste último caso qual o nível de tolerância, o horizonte das metas, o período para a convergência para uma situação estacionária, a definição de exceções para o não cumprimento das metas, critérios de transparência e controle.

No caso brasileiro, estabeleceu-se o Índice de Preços ao Consumidor Amplo (IPCA) do IBGE como indicador a ser utilizado para a política monetária. Vários países que adotam IPCs como indicador realizam expurgos do índice, por meio de conceitos do tipo **"núcleo da inflação"** (***"core inflation"***). O objetivo é eliminar, por exemplo, fatores sazonais de flutuação do índice.

No momento da adoção do sistema, estipularam as metas de inflação para os três anos seguintes – 1999, 2000 e 2001 – em 8%, 6% e 4%, respectivamente, com um intervalo de tolerância de mais ou menos dois pontos percentuais em cada ano. Posteriormente, o governo definiu a meta de 3,5% para 2002, reafirmando o compromisso de uma trajetória declinante de inflação. Em termos de horizonte, ficou estabelecido que em todo mês de junho de cada ano t, mantidas as metas para os anos t e (t + 1), o governo anunciaria a meta para o ano (t + 2).

Caso se verifique a impossibilidade de cumprir a meta estabelecida, o presidente do Banco Central deve publicar uma carta aberta explicando os fatos pelos quais a convergência da taxa de inflação com a meta não foi alcançada, e as principais medidas a serem adotadas para que a convergência se efetue, bem como o tempo estimado (necessário) para tal.

Completando o arcabouço da política macroeconômica no segundo mandato de FHC, tem-se a mudança do desempenho fiscal, como terceiro elemento central da política macroeconômica. Com relação às finanças públicas, deve-se destacar a profunda reversão do saldo primário do governo, que passou a apresentar, a partir de 1999, superávits primários expressivos, conforme acordado com o FMI.

No novo contexto macroeconômico, a existência de superávits primários seria necessária para permitir a absorção de choques na economia, liberar a taxa de juros para ser usada para fins de política monetária (controle da inflação) e permitir a estabilização/redução da dívida pública ao longo do tempo, diminuindo o risco do país, a volatilidade cambial e a taxa de juros de longo prazo.

Assim, a política macroeconômica passou a basear-se no seguinte **tripé de consistência macroeconômica**:

   i. metas de inflação;

   ii. taxa de câmbio flutuante;

   iii. metas de superávit primário.

Um dos principais impactos da desvalorização cambial foi o grande aumento da dívida pública, pois parcela significativa dos títulos públicos estava atrelada ao dólar. Isso, acoplado à manutenção de uma taxa de juros elevada após a desvalorização, aumentou significativamente os gastos com juros no início do ano. Esses gastos começaram a se reduzir em meados do primeiro semestre, à medida que o Banco Central pôde ir reduzindo a taxa de juros. Após jogar os juros a 45% no início do ano, essa taxa entrou em rápida trajetória de queda, em razão dos avanços nas contas externas e do sucesso em conter a aceleração inflacionária.

Com a desvalorização cambial, retirou-se grande parte da incerteza cambial embutida na taxa de juros. Com isso, a taxa pôde cair para os menores patamares desde a implantação

452 Economia Brasileira Contemporânea • Gremaud / Vasconcellos / Toneto Jr. / Sakurai

do Plano Real. Embora os gastos com juros continuassem elevados em 1999 (6,3% do PIB), esses foram inferiores aos do ano anterior.

Além dessa pequena redução nos gastos com juros, observa-se elevação do resultado primário, que decorreu, principalmente, de aumento significativo da arrecadação, em virtude da aprovação, pelo Congresso, da **Contribuição Provisória sobre Movimentação Financeira (CPMF)**, que substituiu o IPMF com alíquota maior (0,38%), do aumento do Cofins de 2 para 3% e sua extensão para as instituições financeiras, e cobrança da contribuição previdenciária dos inativos e pensionistas do setor público.

Do lado das despesas, essas continuaram crescendo, acompanhando a própria receita, dada a vinculação de gastos às receitas, imposta pela Constituição de 1988. Daí a importância da desvinculação de parte da receita, por meio do Fundo Social de Emergência (FSE), instituído em 1993, posteriormente denominado **Fundo de Estabilização Fiscal (FEF)**, e, finalmente, **Desvinculação de Receitas da União (DRU)**, possibilitando a geração dos superávits.[18]

O bom desempenho fiscal deu-se em todas as instâncias de governo, destacando-se os estados e municípios com forte elevação da arrecadação de ICMS, uma vez que a desvalorização cambial propiciou aumento significativo nas tarifas de energia e telecomunicações (contratos atrelados ao IGP) e dos combustíveis, que representavam 30% do ICMS. Nesse quadro, a carga tributária, que se aproximara dos 30% do PIB no primeiro mandato de FHC, foi se elevando até chegar aos 35% no final do segundo mandato (Tabela 22.6).

Tabela 22.6 Carga tributária/PIB – 1998-2002

Ano	1998	1999	2000	2001	2002
Carga tributária/PIB	29,33	31,64	32,84	33,68	35,84

Com isso, o governo conseguiu um superávit primário de 3% do PIB em 1999. Conforme revela a Figura 22.7, o déficit operacional reduziu-se de 7,5% do PIB em 1998 para 3,2% em 1999, mostrando a evolução das contas públicas. Ao longo do segundo mandato, o superávit primário foi se elevando e o déficit operacional se reduzindo.

Note-se que, apesar de o ajuste estar fortemente concentrado na elevação das receitas em impostos de baixa qualidade, podem-se destacar algumas mudanças estruturais com relação ao controle e comportamento das despesas. As principais mudanças podem ser consideradas:

i. a aprovação da **Lei de Responsabilidade Fiscal (LRF)**, em 2000, com a imposição de limites de gastos com pessoal para os três níveis de governo, critérios de transparência e controle das contas públicas, limites ao endividamento e penalizações aos gestores públicos que não cumprirem a lei;

---

[18] Em 1993, criou-se o chamado **Fundo Social de Emergência (FSE)**, com o objetivo de desvincular recursos; depois, o nome mudou para **Fundo de Estabilização Fiscal (FEF)**, mais tarde para **Desvinculação de Receitas da União (DRU)**. Em essência, referem-se à mesma coisa.

Figura 22.7 Necessidade de financiamento do setor público – 1985-2002.

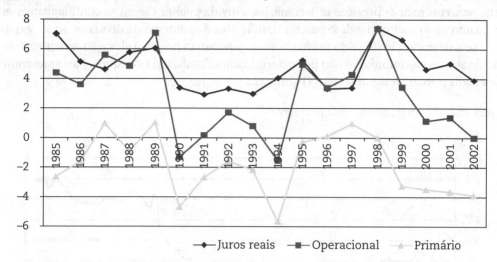

Fonte: Ipeadata.

i. a **Reforma Previdenciária de 1998, que institui o fator previdenciário,**[19] altera a regra de cálculo dos benefícios e substitui o preceito do tempo de serviço pelo tempo de contribuição; e

ii. a renegociação das dívidas estaduais e a reorganização do sistema de bancos estaduais, com a liquidação, privatização ou transformação desses bancos em agências de fomento, o que garantiu que o aumento das receitas dos estados (ICMS) fosse transformado em superávit primário para o pagamento da dívida, além de que o fim dos bancos estaduais eliminou um dos principais fatores geradores de passivos no país.

Vale destacar que, apesar desses fatores, o gasto público primário, com destaque para os gastos correntes, manteve crescimento elevado ao longo de todo o período, refletindo a dificuldade de cortar gastos no país. O componente de gasto mais afetado com as metas de superávits e com a LRF foi o investimento, reflexo da baixa poupança pública.

Apesar desse desempenho fiscal, centrado no aumento das receitas, a dívida pública, após uma estabilização nos anos 1999 e 2000, voltou a crescer a partir de 2001, o que está fortemente relacionado com a composição dessa dívida, com forte presença de títulos indexados ao câmbio, e outra parcela com títulos atrelados à Selic.

---

[19] O **fator previdenciário**, implementado em novembro de 1999, visa adequar o benefício ao tempo médio de recebimento do benefício (expectativa de sobrevida), à idade e ao tempo de contribuição. Sua fórmula é:

$$f = [(Tc \times a) / Es)] \times \{1 + [(Id + Tc \times a) / 100]\}$$

em que: f = fator previdenciário; Tc = tempo de contribuição até o momento da aposentadoria; a = alíquota de contribuição igual a 0,3; Es = expectativa de sobrevida no momento da aposentadoria; e Id = idade no momento da aposentadoria. Percebe-se que, quanto maior o tempo de contribuição e a idade, maior o benefício; e quanto maior a expectativa de vida, menor o fator, e portanto, o benefício.

Assim, seja em função de uma desvalorização cambial, seja em função da elevação da Selic para controlar as pressões inflacionárias, a dívida pública elevou-se continuadamente. Enquanto no primeiro mandato parcela significativa do aumento da dívida possa ser explicada pela deterioração do saldo primário, no segundo mandato essa elevação se deu em função de ajustes patrimoniais e não por determinantes fiscais, uma vez que o país apresentou superávits primários significativos (Figura 22.8).

Figura 22.8 Dívida líquida do setor público/PIB.

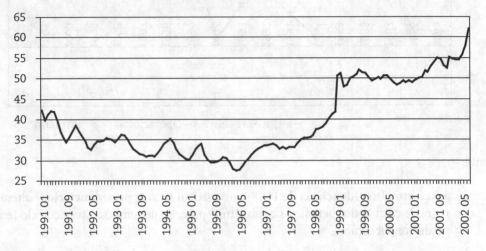

Fonte: Ipeadata.

Outro aspecto a ser analisado é o desempenho do setor externo. O motivo pelo qual se clamava pela desvalorização cambial era a melhora das contas externas: a reversão do déficit da balança comercial e a diminuição do déficit em transações correntes, fazendo com que o país precisasse captar menos recursos no exterior, o que possibilitaria a redução das taxas de juros e a retomada do crescimento.

Verifica-se, já a partir de 1999, melhora das contas externas: (i) o déficit em transações correntes teve redução da ordem de 27%, passando de US$ 33 bilhões para US$ 25 bilhões; (ii) a balança comercial apresentou uma queda no déficit da ordem de US$ 5,4 bilhões, resultado de ampla queda nas importações (em torno de US$ 8 bilhões) e uma menor queda do valor das exportações no ano (US$ 3 bilhões); (iii) redução do déficit do balanço de serviços não fatores, com destaque para a queda das despesas com viagens e transporte, embora a renda líquida enviada ao exterior, basicamente a renda de capitais, tenha se elevado ao longo do ano, fruto do aumento do endividamento no ano anterior.

Tabela 22.7 Balanço de pagamentos: Brasil – 1998-2002 (US$ milhões)

Discriminação	1998	1999	2000	2001	2002
Balança comercial	−6.575	−1.199	−698	2.650	13.121
Exportações	51.140	48.011	55.086	58.223	60.362
Importações	57.714	49.210	55.783	55.572	47.240

(continua)

Cap. 22 • Governo Fernando Henrique Cardoso **455**

(continuação)

Discriminação	1998	1999	2000	2001	2002
Balança de serviços e rendas	–28.299	–25.825	–25.048	–27.503	–23.148
Serviços	–10.111	–6.977	–7.162	–7.759	–4.957
Rendas	–18.189	–18.848	–17.886	–19.743	–18.191
Saldo em transações correntes	–33.416	–25.335	–24.225	–23.215	–7.637
Conta capital e financeira	29.702	17.319	19.326	27.052	8.004
Investimentos diretos	26.002	26.888	30.498	24.715	14.108
Investimentos em carteira	18.125	3.802	6.955	77	–5.119
Derivativos	–459,8	–88,1	–197,4	–471,0	–356,2
Outros investimentos	–14.285	–13.620	–18.202	2.767	–1.062
Resultado do BP	–7.970	–7.822	–2.262	3.307	302
Reservas Internacionais	44.556	36.342	33.011	35.866	37.823

Fonte: Banco Central.

A rápida queda nas importações reflete tanto a mudança cambial como a contenção de demanda. Deve-se destacar que esse desempenho das importações se deu mesmo com o aumento no valor das importações de petróleo, em virtude dos aumentos do preço do barril, e uma pequena redução nas importações de bens de capital; ou seja, grande parte da queda concentrou-se nos bens de consumo, inclusive automóveis, e bens intermediários.

Tabela 22.8 Exportação e importação: por itens selecionados – 1998-2002

(US$ milhões)

Bens exportados	1998	1999	2000	2001	2002
Total – Exportações	**51.140**	**48.011**	**55.086**	**58.223**	**60.362**
Produtos básicos	**12.977**	**11.828**	**12.562**	**15.342**	**16.952**
Café cru em grão	2.332	2.230	1.559	1.208	1.195
Soja, mesmo triturada	2.178	1.593	2.188	2.726	3.032
Minérios	3.375	2.862	3.048	2.932	3.049
Carnes	1.163	1.434	1.472	2.377	2.580
Óleos brutos de petróleo	nd	nd	159	721	1.691
Outros	3.927	3.708	4.137	5.380	5.404
Produtos semimanufaturados	**8.120**	**7.982**	**8.499**	**8.243**	**8.965**
Açúcar de cana em bruto	1.096	1.162	761	1.401	1.111
Produtos de ferro ou aço	1.255	1.096	1.360	1.082	1.410
Pastas químicas de madeira	1.049	1.243	1.601	1.246	1.160
Alumínio em bruto	0	0	0	676	813
Outros	3.849	3.617	3.830	3.838	4.472

(continua)

(continuação)

Produtos manufaturados	29.387	27.330	32.528	32.901	33.000
Aviões	1.159	1.772	3.054	2.839	2.335
Calçados, suas partes e componentes	1.387	1.342	1.617	1.684	1.516
Automóveis de passageiros	1.619	1.139	1.768	1.951	2.005
Partes e peças para veículos automóveis e tratores	1.429	1.229	1.206	1.172	1.159
Motores para veículos automóveis e suas partes	1.119	1.043	1.064	1.112	1.341
Outros	22.674	20.806	23.819	24.144	24.644
Operações especiais*	**656**	**872**	**1.497**	**1.736**	**1.446**
Total – Importações	**57.763**	**49.295**	**55.839**	**55.581**	**47.235**
Petróleo	1.964	2.124	3.190	3.193	3.304
Bens de capital	12.475	10.097	9.679	10.876	8.667
Bens de consumo duráveis	3.843	1.887	1.885	2.000	1.245
Bens de consumo não duráveis	6.201	4.577	4.135	3.779	3.449
Bens intermediários	30.874	27.825	32.427	31.883	27.666

nd: dado não disponível.
* Inclui transações especiais, consumo de bordo e reexportação.

Fonte: Boletim do Banco Central do Brasil, diversos.

O fraco desempenho das exportações pode ser atribuído a um conjunto de fatores: redução dos preços das principais *commodities* exportáveis em função da fraca demanda mundial, queda da atividade econômica na América Latina e incertezas dos exportadores. No que se refere a este último tópico, deve-se notar que o forte período de valorização da taxa de câmbio causou a destruição dos canais de comercialização; isso, por si só, levaria à demora para a recuperação das exportações. Com as incertezas com relação à taxa de câmbio, esse processo tende a ser ainda mais lento, pois contribui para uma demora maior na tomada de decisões.

Outros dois itens que contribuíram para a melhora do saldo em transações correntes foram as viagens (turismo) e os transportes. A retração das despesas com viagens mostra a sensibilidade do turismo internacional com relação à taxa de câmbio. A queda nas viagens já contribui para a redução dos gastos com transportes, que ainda diminuem em razão do menor volume de importações e exportações. A queda no déficit desses dois itens contribuiu em aproximadamente US$ 3 bilhões com a melhora do saldo em transações correntes em 1999, ou seja, quase um terço do incremento (Tabela 22.9).

Tabela 22.9 Setor externo, serviços e renda de capital – 1992-2002

(US$ milhões)

Ano	Serviços		Renda de capital	
	Viagens internacionais	Transportes	Lucros e dividendos	Juros líquidos
1992	–319	–1.359	–574	–7.253
1993	–799	–2.090	–1.831	–8.280
1994	–1.181	–2.441	–2.483	–6.338
1995	–2.419	–3.200	–2.590	–8.158
1996	–3.598	–2.717	–2.830	–8.778
1997	–4.377	–3.162	–5.443	–9.483
1998	–4.146	–3.261	–6.855	–11.437
1999	–1.457	–3.071	–4.115	–14.876
2000	–2.084	–2.896	–3.316	–14.649
2001	–1.468	–2.956	–4.961	–14.877
2002	–398	–1.959	–5.162	–13.130

Fonte: Boletim do Banco Central do Brasil, diversos.

Nos anos seguintes, continuou-se a verificar melhoras no saldo comercial refletindo o crescimento das exportações e menor avanço das importações. Em 2001, o país já voltava a apresentar superávit comercial da ordem de US$ 2,6 bilhões. No último ano de FHC, o saldo comercial elevou-se para US$ 13 bilhões, em decorrência de forte queda das importações, resultado do baixo crescimento econômico e da forte desvalorização cambial naquele ano, levando à queda significativa do déficit em transações correntes. Vale destacar que esse resultado em 2002 decorreu de uma estiagem no fluxo de capitais para o país.

Com relação à atividade econômica, o segundo mandato de FHC também apresentou baixas taxas de crescimento econômico, com uma média de 2,1% a.a. no período. Para o ano de 1999, as expectativas de crescimento não eram favoráveis, pelas seguintes razões: as incertezas associadas à mudança cambial e o efeito riqueza que esta poderia gerar deveriam levar à queda do consumo e do investimento; a elevação da taxa de juros em 1998 (crise russa) e nos meses subsequentes à desvalorização também teria impactos contracionistas sobre a demanda, e o ajuste fiscal contracionista baseado no aumento de arrecadação também contribuiria nesse sentido.

Enfim, dever-se-ia esperar para 1999 uma forte contração da atividade econômica. O surpreendente foi que essa não se verificou, e o PIB apresentou ainda um pequeno crescimento de 0,79% nesse ano. Alguns pontos podem explicar esse comportamento. O primeiro refere-se ao fraco desempenho da economia brasileira em 1998. O segundo refere-se ao fato de o governo ter concedido proteção ao setor privado, com o que não se verificou um efeito riqueza significativo. Em terceiro lugar, verificou-se o início da substituição de importações em alguns segmentos, pela maior competitividade que a mudança cambial propiciou aos produtores domésticos. E, finalmente, deve-se destacar a possibilidade introduzida para uma queda mais rápida da taxa de juros.

Esse quadro permitiria prever que o país, sem a trava cambial, poderia ter encontrado o caminho do crescimento possibilitado pelo tripé de consistência macroeconômica: metas de inflação, câmbio flutuante e superávit primário. Sem a valorização cambial, podiam ser esperadas melhoras no saldo comercial, como se verificou. A redução da taxa de juros, possibilitada por melhor desempenho fiscal e sem risco cambial, induziria a retomada do investimento e o crescimento do emprego e da renda levariam à retomada do consumo. Vale notar a significativa redução da taxa de juros real no segundo mandato. Em média, a taxa Selic deflacionada pelo IPCA situou-se em 10% a.a., ou seja, metade da verificada no primeiro mandato, mas, ainda assim, um patamar extremamente elevado e uma das maiores taxas do mundo.

O ano de 2000 caminhou nesse sentido e o país apresentou a maior taxa de crescimento econômico do período (4,36% no ano), destacando-se o crescimento do PIB industrial (5,4%), que vinha apresentando desempenho bastante fraco. A agropecuária, em termos setoriais, foi a que apresentou o melhor desempenho na média, durante o II FHC, favorecida com algumas políticas específicas, por exemplo, o **Moderfrota**, um programa de financiamento voltado para a renovação da frota agrícola, além de se beneficiar da taxa de câmbio e do crescimento econômico mundial a partir de 2001/2002.

Em 2000, o crescimento foi impulsionado por todos os componentes de demanda: as exportações apresentaram elevado crescimento impulsionado pela taxa de câmbio, os investimentos cresceram de forma significativa, impulsionados pela queda das taxas de juros, e o consumo acompanhou o crescimento econômico. Assim, poder-se-ia esperar que a partir daí o país retomaria o crescimento econômico.

Entretanto, no ano seguinte, 2001, verificou-se profunda queda na taxa de crescimento, passando para 1,3% no ano. Dois fatos principais explicam essa piora no desempenho econômico: choque externo, com profundas pressões cambiais em função da crise Argentina e do ataque ao World Trade Center, em 11 de setembro, a crise da Nasdaq em 2000/2001 e a crise energética, com o racionamento de energia no país.

Tabela 22.10 PIB – Taxa de crescimento

Período	1998	1999	2000	2001	2002
PIB	0,13	0,79	4,36	1,31	1,93
PIB – Agropecuária	1,27	8,33	2,15	5,76	5,54
PIB – Indústria	0,00	2000,00	4,36	2,15	4,81
PIB – Serviços	0,91	2,01	3,80	1,75	1,61
Consumo final	−0,05	0,27	3,24	0,63	0,05
Formação bruta de capital	−0,62	−7,58	9,98	−1,14	−4,27
Importações	−0,28	−15,45	11,63	1,21	−12,30
Exportações	3,71	9,25	10,59	11,24	7,90

Fonte: IBGE.

A crise Argentina fez com que ocorresse significativa saída de capital do Brasil, ocasionando forte desvalorização cambial. Apesar do efeito negativo da queda da atividade na Argentina, que foi se materializar principalmente em 2002, as exportações continuaram apresentando ritmo acelerado de crescimento, devido à desvalorização cambial, e ao crescimento mundial, principalmente em 2002.

Entretanto, com as pressões inflacionárias decorrentes da desvalorização cambial, o Banco Central interrompeu o processo de queda da taxa de juros, passando a elevá-la. Essa decisão foi um dos fatores a explicar a retração do investimento nesse ano.

O outro choque refere-se à **crise energética**, que, quer por problemas climáticos, quer por falta de investimentos na expansão da capacidade produtiva e de transmissão de energia, acabou levando à retração do consumo e, principalmente, do investimento. O choque energético também significava pressões de custos e inflacionárias.

Com esse quadro, abortou-se a promessa de crescimento. As pressões cambiais, a elevação da taxa de juros e o baixo crescimento acabaram fazendo com que a dívida pública se elevasse em 2001, apesar do superávit primário gerado por uma elevada carga tributária com impostos de baixa qualidade.

O baixo crescimento econômico levou à elevação do desemprego, e foi nesse quadro que o país caminhou para o último ano de mandato do presidente FHC e para a disputa eleitoral: pressões inflacionárias, baixa taxa de crescimento econômico, taxa de desemprego em elevação e dívida pública crescendo.

Este último ponto assumiu crucial importância em 2002. A constatação da fragilidade do ajuste fiscal realizado nos últimos anos, em um contexto de forte questionamento do tipo de modelo econômico que sacrificava o crescimento econômico e o emprego, durante o processo eleitoral liderado por um partido que, historicamente, questionava o ajuste fiscal, o cumprimento dos contratos e as elevadas taxas de juros, fez com que o risco-país, em especial dos títulos públicos, sofresse fortes elevações (Figura 22.9). Esse quadro, dada a fragilidade do mercado financeiro brasileiro, totalmente concentrado em títulos públicos, provocou tanto a fuga de capitais com fortes pressões cambiais, como a deterioração do perfil da dívida pública, que passou a apresentar menores prazos e maior vinculação à taxa de câmbio e à taxa *over*.

Figura 22.9 Taxa de câmbio e risco-país (C-bond).

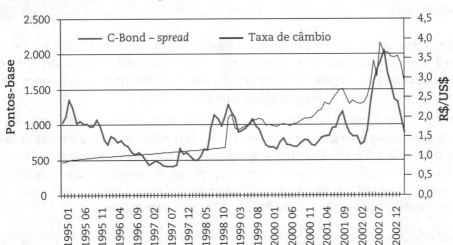

Fonte: Banco Central do Brasil.

As pressões cambiais geravam pressões inflacionárias, que eram acompanhadas por elevações nas taxas de juros e maior elevação da dívida pública, dado o perfil da dívida. Isso, por sua vez, elevava o risco-país, geravam-se maiores pressões cambiais e inflacionárias. Configurou-se uma situação em que a elevação da taxa de juros para combater a inflação estimulava o seu oposto, ou seja, novas pressões inflacionárias. Essa situação foi chamada na literatura como **dominância fiscal**.[20]

Nesse contexto de profunda instabilidade, o investimento se retraiu ainda mais e o crescimento econômico se manteve extremamente baixo. Talvez o único efeito positivo do último ano do presidente FHC tenha sido a forte elevação do superávit comercial, em função da forte desvalorização real da taxa de câmbio provocada pela desvalorização do câmbio nominal e da significativa melhora do saldo em transações correntes (Figura 22.10).

Figura 22.10 Balança comercial 1990/2002 (US$ milhões).

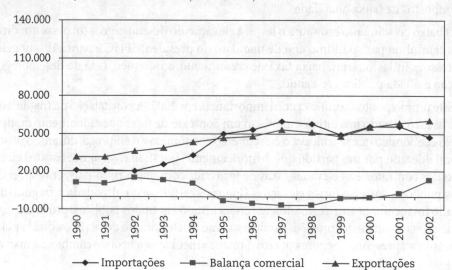

Fonte: Ipeadata.

Em termos de inflação, verificamos, na Tabela 22.5, que, após a elevação em 1999, esta voltou a se reduzir em 2000. Como destacamos, a não explosão da inflação em 1999 reflete o acerto da condução da política monetária. Nesses dois primeiros anos, o Banco Central cumpriu as metas estabelecidas pelo CMN para aqueles anos.

Vale notar que o ano de 2000, além da redução das taxas de inflação, foi o de maior crescimento econômico no segundo mandato de FHC. Já nos dois anos seguintes, as metas não foram cumpridas e a inflação acelerou, apesar das elevações da taxa de juros e da retração do crescimento econômico, o que decorreu da presença de choques externos significativos na economia. Enquanto as metas para o IPCA eram de 4,0% e 3,5% para os anos de 2001 e 2002, os valores efetivos foram de 7,67% e 12,53%, respectivamente.

---

[20] A esse respeito ver BLANCHARD, O. *Fiscal dominance and inflation targeting*: lessons from Brazil. *NBER working paper 10389,* Cambridge, 2004.

Assim, apesar da recuperação do setor externo e de não dispor mais da trava cambial do primeiro mandato, o país não conseguiu apresentar um bom desempenho em termos de crescimento econômico no segundo mandato de FHC. Mesmo com um elevado superávit primário, a dívida pública continuou crescendo, e o perfil desta foi piorando ao longo do segundo mandato, sendo esse, inclusive, o determinante de sua expansão em função dos ajustes patrimoniais. Apesar de se ter uma política monetária comprometida com a estabilidade de preços, o mandato de FHC encerrou-se com a inflação em profunda aceleração, mesmo adotando o tripé considerado o mais adequado em termos de política econômica – metas de inflação, superávit primário e taxa de câmbio flutuante.

O fraco desempenho do segundo mandato de FHC e as crises recorrentes levaram à queda da popularidade do presidente, contribuindo para a vitória do partido de oposição, o Partido dos Trabalhadores (PT). Foi nesse ambiente de profunda instabilidade econômica que se deu a eleição e a transição do governo FHC para o governo Lula.

22.3 UMA SÍNTESE DO GOVERNO FERNANDO HENRIQUE CARDOSO

FHC foi presidente do país por dois mandatos, entre os anos 1995 e 2002. Antes de concorrer à presidência, FHC havia sido Ministro da Fazenda no governo Itamar Franco, cargo no qual organizou o plano de estabilização, denominado Plano Real, responsável pela queda da inflação no país, após várias tentativas fracassadas desde o início dos anos 1980. Como destacado, a estratégia de estabilização foi baseada, principalmente, na âncora cambial, isto é, a apreciação da moeda nacional em um contexto de abertura comercial e elevado volume de fluxos voluntários de recursos.

Apesar da estabilização, alguns desequilíbrios surgiram e foram se agravando ao longo do primeiro mandato de FHC. Destaca-se o desajuste fiscal em função da forte elevação das despesas primárias do governo, que resultou em forte elevação da dívida pública. Para esse processo, também colaboraram o reconhecimento de uma série de "esqueletos" e o surgimento de vários passivos contingentes e a necessidade de manter uma taxa real de juros muito elevada para preservar a taxa de câmbio e a estabilização. O outro desequilíbrio refere-se às contas externas, em função da emergência do déficit comercial, com a valorização cambial e a necessidade crescente de captação de recursos externos. Com isso, apesar de conseguir derrubar as taxas de inflação, foram produzidos profundos desequilíbrios que impediram a retomada do crescimento econômico.

No segundo mandato, houve uma mudança completa do regime macroeconômico. Passamos de um regime de câmbio quase fixo para o câmbio flutuante, a política monetária passou a pautar-se pelo regime de metas inflacionárias e passamos de uma situação de ausência de metas fiscais para metas de superávit primário. Com esse tripé, dever-se-iam promover o ajuste das contas externas, o ajuste fiscal e a estabilização da dívida pública e manter a estabilidade de preços. Além disso, com a melhora das contas externas e a possibilidade de redução das taxas reais de juros, dever-se-ia esperar a retomada do crescimento econômico.

Apesar de um melhor arcabouço da política macroeconômica, não se conseguiu obter melhora nas taxas de crescimento, a inflação se manteve baixa, mas acima das taxas verificadas no primeiro mandato e terminando o período em aceleração; a dívida pública continuou a elevar-se, apesar dos superávits primários. Apenas no desempenho das contas externas verificou-se melhora, quando se comparam os dois mandatos.

A Tabela 22.11 apresenta a síntese de alguns indicadores que permitem avaliar o desempenho médio dos dois mandatos de FHC e a comparação entre eles. Nela, podem-se constatar os comentários feitos anteriormente: (i) a inflação, quando medida pelo IPCA, foi bastante semelhante nos dois períodos, quando se toma o IGP, o segundo período apresentou maior taxa, em função da relação desse índice com a taxa de câmbio; (ii) o crescimento econômico médio foi da ordem de 2,3% ao ano, sendo que no segundo mandato foi ligeiramente inferior ao primeiro, destacando-se a *performance* menos favorável da indústria. Em termos de componentes da demanda, deve-se destacar o crescimento negativo da Formação Bruta de Capital Fixo ao longo do segundo mandato, o que explica a retração da participação dessa variável no PIB e a falta de sustentabilidade do crescimento; (iii) a forte melhora dos indicadores fiscais em termos de necessidade de financiamento não impediu a elevação contínua da Dívida Líquida do Setor Público, sendo que a melhora dos saldos se deu pela elevação da carga tributária; (iv) os indicadores externos melhoraram com a desvalorização cambial.

Tabela 22.11 FHC 1 *versus* FHC 2

Variável × Ano	Média 1995-1998	Média 1999-2002	Média 1995-2002
PIB e desemprego			
Taxa de crescimento anual PIB – % a.a.	2,49	2,13	2,31
Taxa de crescimento anual PIB industrial – % a.a.	1,86	1,10	1,48
Taxa de crescimento anual PIB agropecuário – % a.a.	3,23	5,47	4,35
Taxa de crescimento anual PIB serviços – % a.a.	2,26	2,47	2,37
Taxa de crescimento anual PIB FBKF – % a.a.	5,21	–3,92	0,65
Taxa de crescimento anual PIB consumo – % a.a.	3,61	1,69	2,65
Taxa de crescimento anual PIB cons. governo – % a.a.	1,00	2,26	1,63
FBCF/PIB – % do PIB	0,17	0,17	0,17
FBCF/PIB – % do PIB [1]	0,16	0,15	0,16
Taxa de desemprego – IBGE [2] Dezembro – Metodologia antiga	5,47	6,32	5,89
Taxa de desemprego – IBGE [2] Média do ano – Metodologia antiga	6,31	7,70	7,01
Taxa de crescimento produção industrial – IBGE – % a.a. (mês 12)	–2,34	4,49	1,07
Inflação, câmbio e juros			
Taxa de inflação – % a.a. – IGP-DI	8,30	16,83	12,56
Taxa de inflação – % a.a. – IPCA-IBGE	9,71	8,78	9,25
Taxa de câmbio R$/US$ – final de período [3]	1,08	2,40	1,74
Taxa de câmbio R$/US$ [4]	1,04	2,23	1,63
Taxa de câmbio % a.a. [4]	17,06	27,50	22,28
Taxa de juros *over*-Selic (% a.a.) [5]	34,12	20,07	27,10

(continua)

(continuação)

Variável × Ano	Média 1995-1998	Média 1999-2002	Média 1995-2002
Indicadores fiscais			
NFSP – Nominal (% do PIB)	6,80	7,21	7,00
NFSP – Operacional (% do PIB)	5,03	1,50	3,26
NFSP – Primário (% do PIB)	0,20	–3,32	–1,56
Carga tributária bruta (% do PIB)	28,75	31,41	30,08
Dívida Líquida do Setor Público (mês 12) (% do PIB)	33,80	50,73	42,26
Indicadores do setor externo			
Exportações – US$ bilhões	49,59	55,46	52,53
Importações – US$ bilhões	55,22	52,00	53,61
Saldo comercial – US$ bilhões	–5,63	3,47	–1,08
Transações correntes – US$ bilhões	–26,44	–20,10	–23,27
Transações correntes – % do PIB	–3,16	–3,45	–3,30
Conta capital – US$ bilhões	0,38	0,25	0,32
Dívida externa bruta – US$ bilhões – final de período	195,21	232,85	214,03
Reservas internacionais – Conceito liquidez – Final de período	52,17	35,76	43,97

(1) Preços constantes – FBCF deflacionado pelo deflator da FBCF e PIB pelo deflator do PIB.
(2) A metodologia de cálculo foi alterada em 2012, assim não se pode comparar os dados da série antiga com os da nova.
(3) Os valores correspondem ao último dia do ano e à moeda em vigor no momento.
(4) Taxa de câmbio média de compra – dezembro/dezembro.
(5) Taxa de juros média do ano (% a.a.).

O maior mérito do governo FHC foi a reversão do quadro de elevadas taxas inflacionárias e o rompimento com a cultura inflacionária e os amplos mecanismos de indexação da economia. Apesar disso, o país não conseguiu voltar a apresentar taxas de crescimento compatíveis com a sua situação de país em desenvolvimento. Essa incapacidade decorreu dos profundos desequilíbrios que foram gerados, tanto do ponto de vista fiscal como das contas externas, que contribuíram para manter elevadas taxas de juros, profundas incertezas e baixas taxas de investimento na economia.

Parcela da *performance* negativa ao longo desse período pode ser atribuída às sucessivas crises internacionais ocorridas ao longo desses anos: crise mexicana (1995); asiática (1997), russa (1998), argentina (2001), ataques terroristas (2001), estouro das empresas de alta tecnologia (em 1999/2001), entre outras. Com isso, a volatilidade no cenário internacional contribuiu para dificultar a melhor *performance* da economia brasileira. Mas esses problemas foram agravados também pelas questões internas relacionadas com os problemas fiscais, baixas taxas de investimentos e custo-Brasil, das quais a crise energética foi o exemplo mais visível.

Entre outros pontos positivos, o governo FHC realizou avanços em diversas áreas que iriam possibilitar melhor desempenho futuro da economia brasileira. Devem-se destacar o processo de reforma do Estado e o amplo processo de privatização, a maior transparência da gestão pública, a reforma e fortalecimento do sistema financeiro, a adequação de diversas regulações na provisão de serviços públicos, a aprovação de regras fiscais, a introdução de programas relevantes de transferência de renda (Bolsa Escola, Vale Gás e Bolsa Alimentação) e melhoras nos indicadores sociais e na distribuição e renda, entre outras medidas.

Assim, mesmo que o desempenho econômico não tenha sido dos mais favoráveis, esse período introduziu a cultura da estabilização econômica, de melhores práticas de gestão pública, avanços nas políticas sociais e realizou reformas importantes para a adequação das instituições.

As mudanças processadas no Governo FHC refletiram a maior preocupação do país com o desenvolvimento social e a melhor distribuição de renda, principalmente a partir da Constituição de 1988. Esse processo iria se acentuar ainda mais no governo seguinte.

CONCEITOS-CHAVE

Âncora cambial

Âncora monetária

Apreciação (valorização) cambial

Bens *tradeables* × bens *non-tradeables*

Câmbio flutuante

Consenso de Washington

Comitê de Política Monetária (Copom)

Core inflation (núcleo da inflação)

Crescimento econômico

Crise cambial

Currency board

Déficit público

Dívida externa

Dívida pública

Dominância fiscal

Efeito pão de queijo

Efeito tequila

Fator previdenciário

Fordismo

Fundo Social de Emergência (FSE)

Globalização

Imposto inflacionário

Imposto Provisório sobre Movimentação Financeira (IPMF)

Lei de Responsabilidade Fiscal (LRF)

Metas inflacionárias (*Inflation target*)

Núcleo da inflação (*Core inflation*)

Plano de Ação Imediata (PAI)

Plano Real

Proer

Proes

Real (R$)

Regra de Taylor

Risco-país

Superâncora cambial

Superávit Primário

Tripé de consistência macroeconômica

Unidade Referencial de Valor (URV)

QUESTÕES

Q1. Explique as três fases de implantação do Plano Real.

Q2. Após a queda da inflação, muitas vezes ocorre explosão do consumo, mesmo com taxas de juros reais elevadas. Como você explicaria esse comportamento do consumidor?

Q3. Faça uma breve comparação entre o Plano Cruzado e o Real, inclusive quanto à conjuntura econômica na época em que foram lançados.

Q4. Por que ocorreu a deterioração das contas externas após o Plano Real?

Q5. Como o governo atuou diante das ameaças de crise cambial?

Q6. Por que ocorreu a mudança cambial em janeiro de 1999? Quais suas consequências?

Q7. Explique o funcionamento do regime de metas inflacionárias.

Q8. Explique as principais mudanças na política econômica no segundo mandato de FHC.

Q9. Como se deu a emergência dos superávits primários a partir de 1999? Explique as principais mudanças na área fiscal.

Q10. Explique a crise eleitoral de 2002. Explique a ideia de dominância fiscal.

Q11. Mostre o que o PT fez para adquirir a "credibilidade" durante 2002.

TEMAS PARA DEBATE

T1. Discuta problemas e vantagens associados ao endividamento externo de um país.

T2. Discuta a autonomia para um país conduzir a política econômica em um mundo globalizado.

T3. Discuta a adequação do regime de metas inflacionárias para a economia brasileira.

T4. Discuta a importância e os problemas associados à preservação de elevadas metas de superávit primário.

T5. Quais as restrições à elevação da taxa de investimento na economia brasileira?

T6. Discuta os principais entraves ao crescimento econômico no país.

23

Governo Lula

Assim como Fernando Henrique Cardoso (FHC), Luiz Inácio Lula da Silva ficou na Presidência da República por dois mandatos, no período 2003-2010. Diferentemente de FHC, Lula terminou sua gestão com índices recordes de aprovação, com o que conseguiu fazer a sua sucessora, Dilma Rousseff, candidata do Partido dos Trabalhadores.

O primeiro mandato de Lula pode ser caracterizado pela consolidação da estabilização, com melhoras na situação fiscal e, especialmente, na situação externa, mas ainda com taxas de crescimento relativamente baixas. O segundo mandato caracteriza-se por maiores taxas de crescimento econômico, exceto em 2009, em função da grave crise econômica mundial. Essas mudanças refletem as diferenças de focos das políticas, estabilização no primeiro mandato e crescimento econômico no segundo. A melhora no crescimento econômico ocorreu mantendo-se o controle inflacionário e com significativos avanços nos indicadores sociais, especialmente os relativos a emprego e renda: distribuição de renda, níveis de pobreza e de rendimento, taxa de desemprego, formalização do mercado de trabalho, entre outros.

Apesar da anunciada e confirmada aposta feita por Lula no mercado interno, parte importante dessa *performance* deve ser atribuída ao contexto internacional favorável e às elevadas taxas de crescimento econômico mundial no período 2003/2007. A crise econômica iniciada em 2008 pode ser considerada um divisor de águas no período e deixou claro que muitas questões necessárias para se regressar ao crescimento sustentável não foram atacadas no período de ambiente favorável.

É importante destacar que, do ponto de vista da política macroeconômica, foi mantido ao longo do período o tripé introduzido no segundo mandato de FHC: metas de inflação, câmbio flutuante e superávit primário. A ênfase dada em cada objetivo se alterou ao longo do tempo, conforme o contexto econômico e as próprias divergências internas de opiniões entre os principais responsáveis pela condução da política econômica.

Essa continuidade

Essa continuidade começou a se romper com a crise econômica internacional, em que um maior ativismo da política econômica foi colocado como resposta à crise, recorrendo-se a uma ampla variedade de instrumentos para tentar manter o dinamismo econômico. Mas também foram realizadas mudanças com relação a diversos componentes das políticas públicas, com destaque para as políticas sociais, a política industrial, a regulação de determinados setores e o comportamento do sistema financeiro. Como veremos, essas políticas contribuíram para sanar algumas falhas existentes no sistema econômico, para melhorar a distribuição de renda e retomar o crescimento econômico, mas não foram eliminadas as incertezas e inseguranças para os investidores.

Este capítulo busca oferecer uma análise do desempenho econômico brasileiro ao longo do governo Lula, a condução da política econômica e as principais mudanças introduzidas. O capítulo está dividido no primeiro e segundo mandato, sendo que na análise do primeiro mandato destaca-se a consolidação da estabilização, com a melhora dos indicadores fiscais e externos e a introdução de algumas reformas que possibilitaram ganhos de eficiência na economia. No segundo mandato, destacam-se o esforço pela retomada do crescimento, a ruptura causada pela crise internacional e o maior ativismo da política econômica.

23.1 O PRIMEIRO MANDATO DE LULA

Como destacado no Capítulo 22, o governo FHC terminou com um quadro de profunda instabilidade econômica: pressões cambiais e aceleração inflacionária. Apesar da melhora fiscal do último mandato, com superávits primários crescentes, a dívida pública atingiu patamares recordes, na faixa de 60% do PIB. Esse volume de endividamento gerou situação de inoperância do sistema de metas inflacionárias em conjunto com câmbio flutuante. As elevações da taxa de juros para combater as pressões inflacionárias ampliavam a incerteza em relação à sustentabilidade da dívida pública. A dívida pública possuía um perfil (prazos, modalidades e indexadores) que ampliava o impacto de desvalorizações cambiais e acelerações inflacionárias e de juros sobre ela própria, requerendo para a sua estabilização o aprofundamento do superávit primário. As incertezas sobre a capacidade do governo, nesse cenário de estabilizar a dívida pública, provocavam a diminuição do ingresso de capitais (ou acentuando a sua fuga), o que pressionava a taxa de câmbio e gerava novas pressões inflacionárias.

Essa situação, combinada com as incertezas com relação a um novo governo, fez com que, ao longo do último ano do governo FHC, a inflação voltasse a se elevar, assim como a dívida pública, enquanto o crescimento econômico se reduziu e o desemprego aumentou.

Assim, uma série de demandas desafiavam o novo governo: estabilizar a economia, aprofundar o ajuste fiscal e reverter a tendência de crescimento da dívida pública e a situação de dominância fiscal, garantir a preservação dos superávits comerciais e buscar o crescimento econômico.

Grande parte da instabilidade ocorrida no país em 2002 decorreu do conjunto de fragilidades existentes na economia brasileira e dos desafios que se colocariam para o novo governo, combinados com desconfianças relacionadas com a eventual postura que assumiria o partido vitorioso nas eleições, o Partido dos Trabalhadores (PT). Historicamente, as políticas defendidas pelos seus membros eram: redução do superávit primário, redução das despesas com juros – seja com queda acelerada dos juros, seja com renegociação da dívida

–, repulsa ao acordo com o FMI, críticas ao regime de metas de inflação, questionamento da privatização e do papel das agências reguladoras, moratória da dívida externa, entre outros aspectos que questionavam o compromisso do novo governo com a estabilidade e geravam incertezas quanto à preservação dos contratos. Essas dúvidas colaboraram para a "**crise eleitoral**" e a instabilidade de 2002.

Assim, a primeira tarefa para o Partido dos Trabalhadores, tendo em vista a ampla possibilidade de vitória, que se materializou em 2002, era conquistar a credibilidade já durante a campanha, para viabilizar a eleição e garantir a governabilidade do país. Ao longo do ano de 2002, observou-se mudança significativa do discurso do partido, abandonando-se as frases em que se apontava para uma "ruptura drástica" e procurando consolidar a ideia de uma "transição lúcida".

Nesse sentido, teve papel central a indicação de Antonio Palocci como coordenador do programa de governo de Lula. A sua experiência administrativa como prefeito de Ribeirão Preto fora marcada por uma forte aproximação com o setor privado, liderando, inclusive, uma das primeiras experiências de privatização no setor de saneamento básico no país, em sua primeira gestão como prefeito.

Além do pragmatismo de Palocci, uma questão favorável a ele nesse momento era o fato de ainda não ser uma pessoa expressiva no PT com relação a assuntos econômicos, não recaindo sobre ele opiniões que colocassem em dúvida a preservação do ajustamento e a defesa da estabilidade. Durante a campanha eleitoral, Palocci foi transmitindo junto aos principais segmentos da economia brasileira a ideia da manutenção da estabilidade, da defesa dos contratos, da preservação do ajuste fiscal e da garantia de pagamento das dívidas; enfim, a ausência de mudanças significativas em relação ao governo anterior. Essa mudança do PT pode ser vista no documento "**Carta ao Povo Brasileiro**", lançado em junho de 2002.

Ainda na posse do novo governo, reforçava-se a ideia de uma "transição lúcida", em que se anunciava que mudanças teriam que ser realizadas, porém de forma gradual e responsável. Assumia-se que era necessário, inicialmente, recuperar a credibilidade e garantir a estabilidade econômica do país e aos poucos realizar mudanças em direção, não mais ao socialismo ou modelos de desenvolvimento de forte radicalidade política, mas agora a um estilo de desenvolvimento mais inclusivo e solidário, com eliminação da pobreza e da desigualdade e crescimento baseado no mercado interno.

Uma das grandes apostas naquele momento em termos de políticas de inclusão era o "**Programa Fome Zero**", programa assistencialista que acabou depois sendo substituído por políticas mais focalizadas como o "**Bolsa Família**", que foi uma junção e ampliação do Bolsa Escola, Vale Gás e Bolsa Alimentação, implementados no governo anterior.

Porém, estava claro para o novo governo que o combate à inflação era um elemento central na estratégia visando a um desenvolvimento mais inclusivo. Assim, gerar expectativas de que a estabilização inflacionária fosse algo duradouro foi o foco inicial e principal da primeira gestão Lula.

23.1.1   O choque de credibilidade

Após a vitória eleitoral, a indicação de Palocci como Ministro da Fazenda sinalizou o compromisso do novo governo com a nova postura anunciada ao longo da campanha. A busca de credibilidade da política econômica junto aos mercados passou a ser o alvo inicial do governo. Para tal, alguns fatos relevantes foram: o compromisso do novo governo em respeitar o acordo com o FMI, além da própria renovação desse acordo; a garantia da autonomia operacional na condução da política monetária, que ganha ênfase com a elevação do *status* do presidente do Banco Central à condição de Ministro, e a preservação da diretoria do Banco Central, alterando-se apenas o seu presidente, passando de Armínio Fraga para Henrique Meirelles, um nome fortemente ligado ao sistema financeiro e ex-deputado federal pelo maior partido adversário (PSDB); a escolha de uma equipe econômica fortemente comprometida com a defesa da estabilidade e do ajuste fiscal.

Enfim, a nomeação de Palocci e a definição da equipe econômica, tanto no Ministério da Fazenda como no Banco Central, eram claras sinalizações de que as antigas ideias do PT para a política econômica não teriam espaço nesse governo, e se daria a continuidade do governo anterior.

O primeiro desafio do novo governo seria reverter a profunda instabilidade de 2002, com elevação contínua do risco-país, as pressões cambiais e inflacionárias daí decorrentes. Como destacamos, a situação vivida pelo país era a chamada dominância fiscal, em que elevações de taxa de juros para reduzir as pressões inflacionárias ampliavam as dúvidas em relação à sustentabilidade fiscal, ampliando o risco-país, pressionando o câmbio, gerando novas pressões inflacionárias, e assim por adiante.

A situação básica era a seguinte: para aquele nível de taxa de juros, crescimento econômico e montante de dívida, o superávit primário prometido pelo governo era insuficiente para estabilizar a dívida. Assim, a reversão da situação passaria por uma sinalização do novo governo de que este geraria um superávit primário superior aos do governo FHC, em nível suficiente para estabilizar e reverter a tendência de crescimento da dívida pública. Além disso, o governo Lula deveria sinalizar o seu compromisso com a estabilidade de preços e com o regime de metas inflacionárias, rompendo o seu discurso contra elevações da taxa de juros e de redução do superávit primário, e comprometer-se com menores taxas de inflação no futuro, evitando-se o estouro das expectativas inflacionárias.

Nesse sentido, algumas decisões importantes depois da posse foram:

i. a manutenção do sistema de metas inflacionárias e a revisão pelo Conselho Monetário Nacional (CMN) destas metas de inflação. Claramente, a inflação havia saído do controle e as metas anteriormente estabelecidas, além de não terem sido cumpridas nos últimos dois anos, não eram factíveis naquele ano. Foram fixadas novas metas para 2003 (8,5%) e 2004 (5,5%) e o retorno a patamares anteriores nos anos seguintes. Para tal, manteve-se o processo de elevações da taxa de juros, iniciado no final da gestão FHC, nas primeiras reuniões do Copom, inclusive com a introdução do chamado **viés de alta** na primeira reunião, sinalizando a disposição do governo em atingir a estabilização; e

ii. elevação da meta de superávit primário para 2003, e também para os quatro anos de governo, constando tal meta na Lei de Diretrizes Orçamentárias (LDO).

Ainda no contexto desse choque de credibilidade, pode-se incluir a introdução de uma agenda de reformas microeconômicas e o envio ao Congresso de duas reformas importantes: a tributária e a previdenciária. Essas duas reformas, na prática, não se concretizaram, porém se compunha naquele momento um conjunto de medidas que mostrava certa disposição do governo em atacar questões fiscais importantes, dentro da estratégia de ganhar credibilidade junto aos mercados. Mesmo a aprovação da reforma previdenciária, que toca em importantes questões ligadas à previdência dos servidores públicos, teve seu impacto bastante reduzido, na medida em que parte da legislação infraconstitucional não foi levada adiante. A geração de superávits primários acabou sendo efetivada sem essas reformas.

Apesar de o pacote de reformas microeconômicas também ter sido anunciado dentro da mesma estratégia, algumas dessas microrreformas, com alguma demora, acabaram sendo levadas adiante. Nesse contexto, no sentido de diminuir o risco dos credores no sistema de intermediação financeira, tiveram papel importante a **Lei de Falências** e a instituição da **alienação fiduciária para créditos habitacionais**. Como a manutenção da política macroeconômica implicava uma política monetária restritiva e juros elevados, essas alterações permitiriam diminuir os prêmios de risco, ampliar o sistema de crédito e baixar as taxas de juros praticadas pelo sistema financeiro privado.

Vale destacar que a reversão do quadro de instabilidade se deu mesmo antes do anúncio das medidas fiscais e das elevações de juros. A simples garantia da preservação da política econômica do último mandato de FHC, sinalizada antes mesmo da posse, com a aprovação da renovação do acordo com o FMI, fez com que já no final de 2002 se iniciasse um processo de redução do risco-país e da taxa de câmbio que continua ao longo de 2003.

A elevação da taxa de juros e do superávit primário, combinada com as consequentes valorizações cambiais e a contenção da demanda, explicam a reversão da tendência de aceleração inflacionária de 2002 em 2003, já no início do ano.

Assim, a conquista da estabilização foi a principal preocupação do governo em seu primeiro ano de mandato, e continuou nos anos seguintes, com o comportamento da taxa de câmbio e da inflação determinando o comportamento da política monetária, de acordo com o regime de metas inflacionárias, e influenciando diretamente no comportamento do crescimento econômico.

Conforme revela a Figura 23.1, com a forte elevação das taxas de juros no início de 2003, houve a sua redução à medida que a inflação diminuía, elevando-se no segundo semestre de 2004 em função de novas pressões inflacionárias, e caindo a partir do segundo semestre de 2005.

Figura 23.1 Evolução da meta Selic anunciada pelo Copom.

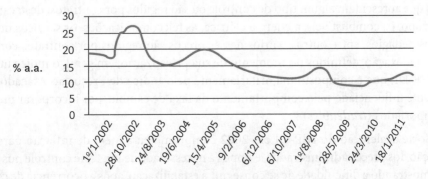

Data das reuniões

Ao final do primeiro mandato do governo Lula, a taxa Selic atingiu seu menor patamar desde o lançamento do Plano Real. Em termos reais, a taxa de juros situou-se na faixa dos 11% ao ano no primeiro mandato, patamar semelhante ao do segundo mandato de FHC, mas mantendo ainda a taxa de juros real brasileira como uma das maiores do mundo.

A valorização cambial e a preservação da política monetária voltada para a estabilização garantiram a queda das taxas de inflação ao longo do governo Lula.

As metas estabelecidas pelo CMN para o período foram: 8,5%, 5,5%, 4,5% e 4,5%, respectivamente, para 2003, 2004, 2005 e 2006. Essas metas foram cumpridas ao longo de todo o mandato, dentro da margem de tolerância, com uma tendência contínua de queda. A Tabela 23.1 apresenta os valores do IPCA para todo o governo Lula, destacando-se que no último ano do primeiro mandato (2006) seu valor ficou abaixo do centro da meta, assim como em 2007 e 2009.

Tabela 23.1 Índices de preço no governo Lula – 2003-2010

	2003	2004	2005	2006	2007	2008	2009	2010
Meta de inflação (% a.a.)	4,00	5,50	4,50	4,50	4,50	4,50	4,50	4,50
IPCA (% a.a.)	9,30	7,60	5,69	3,14	4,46	5,90	4,31	5,91
IPCA – Preços livres (% a.a.)	7,54	6,35	4,25	2,55	5,73	7,05	4,15	6,26
IPCA – Preços monitorados (% a.a.)	12,55	9,77	8,64	4,20	1,65	3,27	4,73	2,86
IGP-DI (% a.a.)	7,66	12,13	1,23	3,80	7,89	9,10	–1,43	11,3
IPA-DI (% a.a.)	6,27	14,68	–0,96	4,29	9,44	9,80	–4,08	13,85
Taxa de câmbio média (R$/US$)*	3,08	2,93	2,43	2,18	1,95	1,83	2,00	1,76
Taxa de câmbio final de período (R$/US$)*	2,92	2,72	2,28	2,15	1,79	2,39	1,75	1,69
* Taxa de câmbio comercial – compra.								

Fonte: Ipeadata, Banco Central do Brasil.

Um ponto a ser destacado na Tabela 23.1 é o comportamento desmembrado do IPCA em preços livres e preços administrados. Os **preços administrados** referem-se a um conjunto de bens que apresentam algum tipo de controle ou são regidos por contratos, destacando-se, nesse grupo, os combustíveis, a energia elétrica, as telecomunicações, os serviços de transporte, os pedágios, entre outros. Vários desses preços são regidos por contratos com cláusulas de indexação, definidos no momento de sua privatização; em geral, o índice utilizado era o IGP-DI, que é composto majoritariamente pelo Índice de Preços ao Atacado (IPA), fortemente influenciado pelo comportamento da taxa de câmbio, por incorporar preços de bens importados (*tradeables*).

A forte aceleração do IGP-DI em 2002 comprometeu a meta de inflação para 2003, em função dos preços administrados, e impôs a necessidade de um forte controle nos **preços livres**, mostrando a dificuldade de se conseguir a estabilização, após a ocorrência de choques de custo, na presença de amplo conjunto de preços indexados.

O esforço em termos monetários (taxa de juros) para reduzir a inflação foi grande, bem como seus custos, especialmente em termos de crescimento econômico. Conforme foi se consolidando a estabilização e verificando-se a valorização cambial, o IGP foi se reduzindo, situando-se em 1,2% no ano em 2005, fazendo com que em 2006 se verificasse maior aproximação entre a variação dos preços monitorados e livres. Esse processo decorreu também do ganho de credibilidade do governo, que se mostrou determinado em fazer cumprir as metas de inflação ao longo do período.

23.1.2 A questão fiscal

Com relação à situação fiscal, também se observa significativa melhora. Como destacamos, a primeira medida do governo foi a elevação da meta de superávit primário. Nos três primeiros anos do 1º mandato, verificou-se aumento contínuo do superávit, que se reduziu apenas no último ano, mas sempre cumprindo a meta. Conforme é mostrado na Tabela 23.2, o aumento do superávit primário, combinado com a valorização cambial, contribuiu para que a Dívida Líquida do Setor Público com relação ao PIB começasse a se reduzir a partir de 2003, com grande queda inicial, em função de ajustes patrimoniais (valorização do câmbio), mantendo a tendência de queda nos anos seguintes. Essa queda inicial foi importante para retomar a credibilidade do país, com a perspectiva de que a relação dívida/PIB não seria explosiva no futuro.

Tabela 23.2 Finanças públicas: final de período – 2003-2010

	2003	2004	2005	2006	2007	2008	2009	2010
NFSP – nominal (% PIB)	5,24	2,90	3,58	3,63	2,80	2,04	3,34	2,55
NFSP – primário (% PIB)	−3,27	−3,72	−3,79	−3,20	− 3,31	− 3,31	− 2,03	− 2,77
Dívida Líquida do Setor Público (% PIB)	53,72	49,29	46,69	45,05	43,22	43,05	41,53	39,15

Fonte: Conjuntura Estatística, dezembro de 2012.

Na Tabela 23.3, observa-se que a melhora dos indicadores fiscais foi obtida com elevação da carga tributária, que passou da faixa dos 32,35% do PIB em 2002 para 34,12% em 2006. O gasto público manteve a trajetória de crescimento, com destaque para as despesas primárias do governo federal, que passaram de 29,14% do PIB em 2002 para 30,88% em 2006. Assim, o aumento do superávit primário decorreu de um maior aumento da receita com relação às despesas primárias, mas ambas cresceram mais que o produto.

Tabela 23.3 Carga tributária e despesa (% do PIB)

Ano	Carga tributária do setor público consolidado	Despesa primária do setor público consolidado
2002	32,35	29,14
2003	31,90	28,56
2004	32,82	29,01

(continua)

(continuação)

Ano	Carga tributária do setor público consolidado	Despesa primária do setor público consolidado
2005	33,83	29,90
2006	34,12	30,88
2007	34,71	31,34
2008	35,16	31,62
2009	35,02	32,97
2010	34,22	34,69

Fonte: Ipeadata, Bacen e IBPT (carga tributária).

Considerando apenas o governo federal (Tabela 23.4), as despesas primárias cresceram em torno de 10% ao ano, ao longo da primeira década deste século. A melhora fiscal do Tesouro Nacional tem se concentrado no aumento da receita, que se manteve relativamente estável entre 2002 e 2004, mas cresceu a partir de meados daquele ano. No período, verificaram-se aumentos "legislados" de imposto que contiveram a queda da carga em 2003 e seu aumento em 2004, como a elevação da Contribuição Social sobre o Lucro Líquido (CSLL), no setor de serviços, e as mudanças no regime tributário da Cofins e do PIS.

Porém, a partir de 2005, o aumento da arrecadação com relação ao PIB ocorre sem que haja alterações legais nos impostos. Isso pode significar, além do esforço e das melhoras na máquina arrecadatória, uma elasticidade positiva da arrecadação na retomada do crescimento e na melhora do mercado de trabalho.

O aumento de receita a partir de 2004 deu-se tanto no Tesouro Nacional como nas receitas previdenciárias. Como parcela das receitas do Tesouro é compartilhada com estados e municípios, ocorreu aumento dessas transferências com relação ao PIB. Mas o componente que se destaca é o aumento das despesas primárias totais do governo federal, que saltaram de 29,14% do PIB em 2002 para 30,88% em 2006 e 34,69% em 2010, ou seja, um aumento de 2,7 pontos percentuais com relação ao PIB (ver Tabela 23.4). A elevação das despesas previdenciárias responde por mais da metade desse aumento, e o restante se distribui entre gastos correntes, investimentos e assistenciais. Estes se ampliaram já no primeiro orçamento apresentado pelo governo (2004), mas não representavam 0,5% do PIB em termos de despesa, e continuaram se ampliando, constituindo na maior alteração no quadro das despesas efetuadas por Lula. Deve-se destacar a relativa estabilidade das despesas com pessoal e encargos com relação ao PIB, como pode ser observado na Tabela 23.4.

Os benefícios previdenciários saltaram de 5,9% do PIB em 2002 para 6,9% do PIB em 2006 e permaneceram nesse patamar até o final do governo Lula. Vários fatores explicam o aumento das despesas previdenciárias: o aumento do número de beneficiários em decorrência do envelhecimento populacional, do auxílio-doença, invalidez, entre outros, mas, principalmente, a valorização do salário-mínimo, que vem tendo aumentos significativamente maiores que a inflação desde 1995.

Tabela 23.4 Governo federal: receitas e despesas – % do PIB

Ano	Receita total	Receita Tesouro	Receita da Previdência Social	Transferências de estados e municípios	Receita líquida total	Despesa primária total	Pessoal e encargos sociais	Benefícios previdenciários	Custeio e capital	Benef. Assists. (LOAS e RMV)
1997	16,93	12,22	4,71	2,66	14,27	14,01	4,27	5,01	4,72	–
1998	18,74	14,01	4,73	2,91	15,83	15,04	4,56	5,45	5,03	–
1999	19,66	15,04	4,61	3,28	16,38	14,49	4,47	5,50	4,44	–
2000	19,93	15,17	4,72	3,42	16,51	14,73	4,57	5,58	4,51	–
2001	20,77	15,94	4,80	3,53	17,23	15,57	4,80	5,78	4,90	–
2002	21,66	16,82	4,81	3,80	17,86	15,72	4,81	5,96	4,87	–
2003	20,98	16,17	4,75	3,54	17,44	15,14	4,46	6,30	4,27	0,26
2004	21,61	16,72	4,83	3,48	18,13	15,59	4,31	6,48	4,69	0,39
2005	22,74	17,63	5,05	3,91	18,84	16,38	4,30	6,80	5,18	0,43
2006	22,94	17,66	5,21	3,92	19,02	16,96	4,45	6,99	5,42	0,49
2007	23,25	17,93	5,28	3,97	19,29	17,12	4,37	6,96	5,69	0,53
2008	23,85	18,18	5,39	4,39	19,25	16,42	4,31	6,58	5,41	0,53
2009	22,82	17,13	5,62	3,94	18,88	17,66	4,68	6,94	5,91	0,58
2010	24,4	18,71	5,62	3,73	20,67	18,58	4,42	6,76	7,29	0,59

Fonte: STN.

Pode-se observar, na Tabela 23.5, que, exceto nos anos de 1999 e 2002, em todos os demais anos a variação do salário-mínimo foi maior que o índice de preços, afetando as despesas previdenciárias, já que a maior parte dos benefícios é vinculada ao salário-mínimo. Vale destacar que, ao final do governo Lula, instituiu-se uma regra em que a variação do salário-mínimo combina a inflação do ano anterior com a do PIB de dois anos anteriores, garantindo o crescimento real dele.

Tabela 23.5 Salário-mínimo e IPCA: variações anuais – 1996-2010

Ano	Variação SM	IPCA	SM/IPCA
1996	12,00%	9,56%	125,52%
1997	7,14%	5,22%	136,84%
1998	8,33%	1,66%	501,81%
1999	4,62%	8,94%	51,68%
2000	11,03%	5,97%	184,76%
2001	19,21%	7,67%	250,46%
2002	11,11%	12,53%	88,67%
2003	20,00%	9,30%	215,05%
2004	8,33%	7,60%	109,61%
2005	15,38%	5,69%	270,30%
2006	16,67%	3,14%	530,89%

(continua)

(continuação)

Ano	Variação SM	IPCA	SM/IPCA
2007	8,57%	4,46%	192,15%
2008	9,21%	5,90%	156,10%
2009	12,05%	4,31%	279,58%
2010	9,68%	5,91%	163,79%

Fonte: Ipeadata.

Outro componente importante no gasto do governo é o pagamento de juros associados à dívida pública. Seu montante é elevado, apesar de cadente ao longo do tempo. No primeiro ano da gestão Lula, os juros reais representavam quase 5% do PIB em função do tamanho da dívida, de sua composição e das elevadas taxas de juros praticadas. À medida que a dívida foi se reduzindo e as taxas reais de juros diminuindo, o montante de juros pagos foi se reduzindo.

Acompanhando esse processo, verificou-se a melhora do perfil da dívida pública, com significativa redução dos títulos atrelados ao dólar e à Selic, em especial ao longo de 2006, e um aumento da participação dos prefixados e dos títulos indexados pelos índices de preços. A parcela de prefixados continuou se ampliando no segundo mandato, a participação da Selic oscilou conforme o risco e as expectativas de alterações nas taxas de juros, mas destaca-se a considerável redução da parcela atrelada ao dólar, que se tornou negativa em função do forte acúmulo de reservas internacionais pelo governo; ou seja, esse tornou-se credor em dólar.

Essa mudança de perfil da dívida diminui o risco de fortes ajustes patrimoniais em função da elevação da Selic ou da desvalorização da moeda, como ocorrido em 2002. Apesar da melhora desses indexadores, ainda se preservam as características de elevados custos e prazos reduzidos, não obstante os avanços ocorridos.

Figura 23.2 Composição da dívida pública federal por indexador.

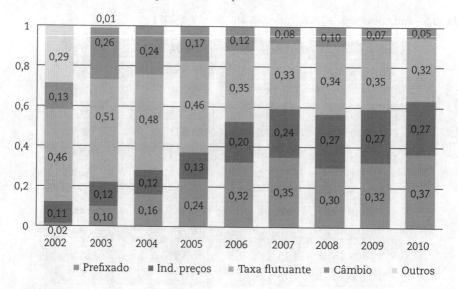

Fonte: Secretaria do Tesouro Nacional.

Entretanto, deve-se destacar que a melhora das contas públicas não reverteu a situação de poupança pública negativa e de gastos com investimento bastante reduzidos, apesar do aumento desse componente nos últimos anos. A acentuada queda da poupança e dos investimentos públicos desde os anos 1970 estão entre os principais determinantes das baixas taxas médias de crescimento das últimas décadas e do significativo aumento do chamado custo-Brasil, em função dos reduzidos investimentos em infraestrutura.

23.1.3 A questão externa: a redução do passivo externo líquido e a valorização cambial

Apesar da valorização cambial, verificou-se ao longo do primeiro mandato um desempenho bastante favorável das contas externas do país, com o crescimento contínuo das exportações. Isso contribuiu para diminuir o impacto recessivo das políticas adotadas e para estimular o crescimento no momento posterior.

As exportações sofreram forte elevação ao longo de todo o primeiro mandato, aproximando-se da casa dos US$ 100 bilhões em 2004 e continuando a se elevar, atingindo US$ 137 bilhões em 2006. O crescimento acumulado ao longo desse período foi superior a 130%. O bom desempenho das exportações decorreu de um conjunto de fatores: forte elevação do preço das *commodities*, crescimento econômico mundial, impacto positivo da desvalorização real do câmbio ocorrido em 2002, além de medidas voltadas para desoneração tributária do setor exportador.

Já as importações cresceram a partir de 2004, já refletindo o impacto da valorização real da taxa de câmbio. No período como um todo, as importações passaram de um valor de US$ 47 bilhões em 2002 para aproximadamente US$ 92 bilhões em 2006, ou seja, praticamente dobraram no período.

Mesmo com a elevação das importações, manteve-se a tendência de superávit comercial e em transações correntes significativo, o que começou a ocorrer a partir de 2003, atingindo o valor de US$ 46 bilhões em 2006.

Tabela 23.6 Balanço de pagamentos Brasil: itens selecionados – 2003-2010 (US$ milhões)

Discriminação/Ano	2003	2005	2007	2008	2009	2010
Balança comercial	24.793,92	44.702,88	40.031,63	24.835,75	25.289,81	20.146,86
Exportações	73.084,14	118.308,39	160.649,07	197.942,44	152.994,74	201.915,29
Importações	48.290,14	73.605,51	120.617,45	173.106,69	127.704,94	181.768,43
Balança de serviços e rendas	–23.483,23	–34.275,99	–42.509,89	–57.251,64	–52.929,58	–70.321,51
Serviços	–4.931,11	–8.308,60	–13.218,72	–16.689,88	–19.245,37	–30.835,10
Rendas	–18.552,12	–25.967,39	–29.291,17	–40.561,76	–33.684,21	–39.486,41
Saldo em transações correntes	4.177,29	13.984,66	1.550,73	–28.192,02	–24.302,26	–47.273,10
Conta capital e financeira	5.110,94	–9.464,05	89.085,60	29.351,65	71.300,60	99.911,78
Investimento diretos	9.894,22	12.549,59	27.218,24	24.601,09	36.032,81	36.918,92

(continua)

(continuação)

Discriminação/Ano	2003	2005	2007	2008	2009	2010
Investimentos em carteira	5.307,52	4.884,54	48.309,36	1.133,12	50.283,05	63.010,94
Derivativos	−151,00	−39,95	−710,26	−312,35	156,23	−112,15
Outros investimentos	−10.438,00	−27.520,98	13.131,40	2.874,67	−16.300,01	−1.024,48
Resultado do BP	8.495,65	4.319,46	87.484,25	2.969,07	46.650,99	49.100,50
Reservas internacionais	49.296,20	53.799,29	180.333,61	206.806,05	239.574,60	288.574,60

Fonte: Banco Central do Brasil e Ipeadata.

Esse desempenho está fortemente relacionado com o crescimento da economia mundial (o maior desde a Segunda Guerra Mundial) e seu impacto sobre o preço das *commodities* e o fraco desempenho da economia brasileira em termos de crescimento do produto. Os elevados superávits comerciais ampliavam o superávit em transações correntes e levavam à redução do passivo externo do país.

Analisando-se os principais indicadores sobre a situação externa do país – transações correntes/PIB, dívida externa/exportações –, percebe-se melhora significativa em todos eles, colaborando para a redução do risco-país e a valorização cambial (Figura 23.3).

Figura 23.3 Transações correntes (% PIB) e participação da dívida externa líquida nas exportações.

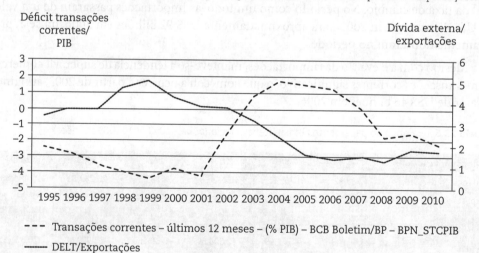

--- Transações correntes – últimos 12 meses – (% PIB) – BCB Boletim/BP – BPN_STCPIB
—— DELT/Exportações

A Figura 23.4 apresenta a evolução do índice de preços de algumas *commodities*. Pode-se observar o forte crescimento ao longo do primeiro mandato do governo Lula, permanecendo até o ano de 2008, quando eclode a crise econômica mundial. O Brasil detém ampla participação no comércio de diversas *commodities*: minério de ferro, açúcar, soja, carnes etc. Estas possuem elevado peso na pauta de exportações brasileiras, fazendo com que o comportamento dos preços desse grupo de produtos tenda a ter forte impacto sobre a *performance* da balança comercial do país e sobre a evolução da taxa de câmbio.

Mesmo com o aumento de algumas *commodities* que o Brasil importa, os termos de troca se mostraram positivos durante o governo Lula, elevando-se continuamente, em especial a partir de 2005.

Figura 23.4 Evolução no preço das *commodities* (jan./2002 = 100).

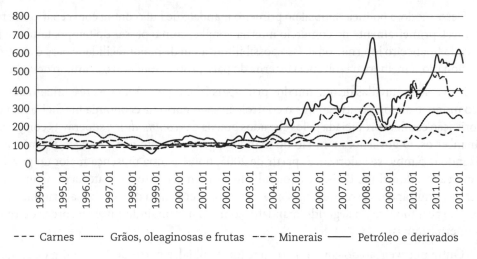

--- Carnes ········ Grãos, oleaginosas e frutas --- Minerais ——— Petróleo e derivados

Fonte: Ipeadata.

Um elemento importante no balanço de pagamento é a conta **Capital e Financeira**. No primeiro governo Lula, essa conta mostrou-se errática, apresentando melhores condições nos últimos dois anos da primeira gestão. O balanço de pagamento apresentou superávit global em todos os anos, significando acúmulo de reservas, mas este foi mais significativo no último ano da primeira gestão Lula. A situação positiva em termos de influxo de capital continuou até a crise de 2008.

Em 2003, apesar de uma recuperação dos recursos de curto prazo (portfólio), houve significativa redução dos Investimentos Diretos Estrangeiros (IED) e outros investimentos, sendo que o Brasil contou com aporte de recursos do FMI, contratados no governo FHC, que ajudou a fechar o balanço de pagamentos com saldo positivo. No ano seguinte, o influxo na conta **Capital e Financeira** foi negativo, mas amplamente compensado pela balança de transações correntes, possibilitando, inclusive, a partir de 2004, os pagamentos das operações de regularização feitas com o FMI nos três anos anteriores. A conta financeira em 2005 ainda é negativa, mas totalmente influenciada pelo término do pagamento das operações de regularização com o FMI, ou seja, com o fim do acordo com o fundo. Foram pagos em 2005 mais de US$ 23 bilhões ao FMI.

Levando-se em consideração apenas os fluxos voluntários de recursos na conta financeira, esses, que haviam sido negativos entre 2002 e 2004, já são positivos em 2005 e se mantêm positivos em 2006 (US$ 13,8 bilhões em 2005 e US$ 15,1 bilhões em 2006, apesar da queda dos IED neste último ano). Assim, no ano de 2006, além do superávit em transações correntes, observa-se também superávit na conta de **Capital e Financeira**, levando a um superávit global acima de US$ 30 bilhões, acumulados em reservas. Esse processo manteve-se nos anos seguintes, com o ano de 2007, apresentando o maior saldo do BP e o maior acúmulo de reservas. A partir de 2008, verifica-se a tendência de retração do superávit comercial e a emergência de significativos déficits em transações correntes. O fluxo de capital continua bastante positivo, exceto em 2008, com a eclosão da crise, refletindo nos últimos anos o excesso de liquidez internacional.

Desse modo, a política cambial no primeiro mandato de Lula contou com cenário externo favorável, primeiramente no comércio internacional e, com o passar do tempo, também no mercado financeiro internacional. Isso possibilitou, além de maior facilidade para o controle inflacionário, a melhora da solvência externa do país, proporcionando o acúmulo de reservas.

Não restam dúvidas de que um dos principais canais pelos quais o crescimento econômico mundial afetou positivamente o controle inflacionário na economia brasileira foi pela valorização cambial propiciada pelos elevados preços das *commodities*, superávits comerciais e financeiros. O governo, no início do mandato, praticamente não interveio no mercado, deixando o câmbio se valorizar. A partir de 2005, nota-se uma presença maior do governo no mercado, adquirindo divisas e adotando de modo mais claro a estratégia de acúmulo de reservas, o que apenas arrefeceu, mas não reverteu, a tendência de valorização cambial. Esse processo acentuou-se no segundo mandato, com o país atingindo níveis recordes de reservas internacionais.

Outra intervenção do governo no mercado cambial, a partir de 2005, a fim de conter a valorização cambial, foi a introdução dos *swaps* **reversos**. Esse mecanismo financeiro é um derivativo de câmbio, que equivale a uma aquisição de cambio (dólar) no futuro, atrelado à venda de contratos de juros no presente. Nesse caso, os bancos assumem uma posição passiva em câmbio, mas ativa em títulos públicos (atrelados à Selic); por outro lado, o Banco Central torna-se devedor em títulos que pagam juros, mas comprador em dólares. Do mesmo modo que a operação no mercado à vista (compra de dólares), essa operação é custosa aos cofres públicos, dados os juros pagos nos títulos públicos.

Apesar disso, o dólar continuou a se valorizar no período. Porém, a constante valorização da taxa de câmbio trouxe uma série de questionamentos, especialmente no que tange à perda de competitividade de certos produtos brasileiros no mercado internacional, bem como no mercado doméstico, diante das importações de produtos estrangeiros, problema que foi se agravando ao longo do segundo mandato, como veremos.

23.1.4 O crescimento econômico limitado

Ao longo do primeiro mandato de Lula, conseguiu-se superar a crise cambial e manter a estabilidade inflacionária, com melhoras significativas dos indicadores fiscais – aumento do superávit primário e queda da dívida do setor público – e externos – dívida externa/exportações, saldo em transações correntes/PIB, reservas internacionais. Todos esses fatores se relacionam, pois a melhora dos indicadores macroeconômicos possibilitou a queda contínua do risco-país e a valorização cambial, o que contribuiu, juntamente com as elevadas taxas de juros, para a queda dos índices inflacionários. O ponto fundamental foi preservar o tripé macroeconômico implantado no último mandato de FHC e melhorar os indicadores de estabilidade fiscal e externos, para os quais houve grande contribuição do crescimento econômico mundial, em torno de 5% ao ano.

Apesar do avanço nos indicadores macroeconômicos, o crescimento econômico brasileiro manteve um desempenho relativamente fraco no primeiro mandato do governo Lula. A taxa média de crescimento situou-se ligeiramente acima da taxa média do governo FHC, mas com desempenho inferior às taxas de crescimento mundial e da média dos países emergentes, durante o primeiro mandato.

Em termos anuais, verifica-se um crescimento praticamente nulo em 2003, o que é compatível com o esforço de estabilização realizado. A partir de 2004, observa-se uma significativa elevação do crescimento econômico, atingindo a maior taxa do primeiro mandato, 5,7%, e redução nos dois anos seguintes para a faixa dos 3,5% a.a. O bom desempenho de 2004 deu-se pelo forte crescimento das exportações e seu efeito interno e pela elevação do consumo impulsionado pelo crédito.

Apesar do aumento da formação bruta de capital, o baixo investimento nos períodos anteriores fez com que a retomada do crescimento de 2004 logo esbarrasse em limites da capacidade produtiva, gerando pressões inflacionárias e fazendo com que o Banco Central se utilizasse da política monetária para reverter esse processo. No ano seguinte, apesar de as exportações continuarem crescendo, o fraco desempenho do investimento e, em menor grau, do consumo, segurou o crescimento do PIB. Em 2006, a despeito de um maior crescimento do consumo e do investimento, o menor dinamismo das exportações e um aumento significativo das importações limitaram a expansão do produto.

Tabela 23.7   Crescimento econômico: taxas de crescimento – % a.a.

	2003	2004	2005	2006	2007	2008	2009	2010	2011	2012
PIB Brasil	1,15	5,71	3,16	3,96	6,09	5,17	–0,33	7,53	2,73	0,87
PIB indústria	1,28	7,89	2,08	2,21	5,27	4,07	–5,60	10,43	1,58	–0,82
PIB agropecuária	5,81	2,32	0,30	4,80	4,84	6,32	–3,11	6,33	3,90	–2,34
PIB serviços	0,76	5,00	3,68	4,24	6,14	4,93	2,12	5,49	2,73	1,65
Construção civil	–3,28	6,58	1,78	4,68	4,88	7,92	–0,74	11,65	3,62	1,41
Consumo das famílias	–0,78	3,82	4,47	5,20	6,07	5,67	4,44	6,94	4,09	3,07
Consumo da administração pública	1,15	4,09	2,30	2,58	5,13	3,17	3,11	4,23	1,93	3,20
Formação bruta de capital fixo	–4,59	9,12	3,63	9,77	13,85	13,57	–6,72	21,33	4,72	–4,01
Exportações	10,40	15,29	9,33	5,04	6,20	0,55	–9,12	11,52	4,49	0,47
Importações	–1,62	13,3	8,47	18,45	19,88	15,36	–7,60	35,84	9,75	0,23

Fonte: Ipeadata.

A expansão do consumo das famílias no governo Lula, apesar do fraco crescimento do produto, pode ser explicada por três motivos: expansão das transferências às pessoas por meio dos programas assistenciais, melhoras no mercado de trabalho, expansão do crédito para pessoa física devido à estabilidade da economia e uma série de medidas voltadas para o melhor desempenho do sistema de crédito, principalmente em termos de acesso às pessoas de menor renda. Entre as medidas adotadas, vale destacar aquelas voltadas à bancarização da população de baixa renda, com a introdução do **Banco Popular**, políticas voltadas para o microcrédito e incentivo às cooperativas de crédito e medidas com vista à redução de risco, destacando-se o **crédito consignado**, que possibilita o desconto do pagamento da dívida diretamente da folha de pagamento (salário/aposentadoria).

Uma reforma importante para o funcionamento do sistema financeiro foi a aprovação da nova **Lei de Falências**, que amplia o direito dos credores, reduzindo o risco do financiamento empresarial.

Esse conjunto de medidas levou a uma grande ampliação do crédito no país, embora ainda em patamares reduzidos quando comparados com outros países. Observa-se na Figura 23.5 que os empréstimos do Sistema Financeiro Nacional saltaram de um patamar inferior a 25% do PIB em 2002 para um valor próximo a 35% do PIB em 2006 (destacando-se os créditos com recursos livres, ou seja, aqueles que não são objeto de direcionamento por parte das exigências do governo), e mais de 45% do PIB em 2010.

Figura 23.5 Empréstimos do SFN – % PIB.

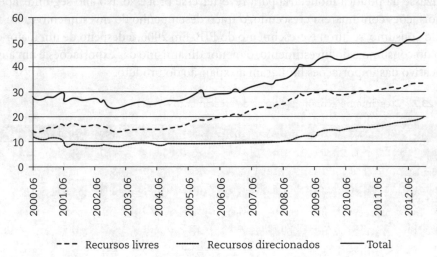

Fonte: Ipeadata.

Segundo vários críticos do regime de metas de inflação, inclusive dentro do próprio governo Lula, o fraco desempenho do país em termos de crescimento econômico pode ser atribuído ao foco excessivo da política monetária na estabilização e ao elevado patamar da taxa de juros. Sempre que o país retoma o crescimento, esbarra em pressões inflacionárias que levam à elevação da taxa de juros e reversão do crescimento. Esse grupo de economistas considera que maior flexibilidade da inflação poderia resultar em maiores taxas de crescimento. Dentro do próprio governo, havia várias vozes descontentes com a atuação do Ministério da Fazenda na gestão Palocci e de Henrique Meirelles no Banco Central. Diga-se de passagem, essas críticas que acham que a política econômica está sendo muito focada apenas na estabilização existiam desde o governo FHC, inclusive entre economistas do próprio governo.

A saída do ministro Palocci em 2005 e sua substituição por Guido Mantega, do chamado **grupo desenvolvimentista**, deflagrou vários temores sobre a preservação do desempenho fiscal e da política monetária. Mas, apesar de algumas resistências, o novo ministro, com influência da ministra da Casa Civil e ex-ministra de Minas e Energia, Dilma Rousseff, preservou o teor central da política macroeconômica.

O chamado **conflito entre crescimento e estabilização** não existe no longo prazo. Como já discutimos anteriormente, o crescimento de longo prazo da economia depende da expansão do produto potencial, que está relacionado com a acumulação de capital (taxa de investimento) e o aumento da produtividade. Assim, a questão é saber as razões da baixa expansão do produto potencial, isto é, identificar os fatores que impedem a retomada do investimento, mantendo-o em baixos patamares com relação ao PIB, e o que tem limitado o crescimento da produtividade.

A elevada taxa de juros vigente no país, com certeza, é uma das dificuldades, mas, se compararmos o primeiro mandato de FHC com o primeiro mandato de Lula, percebe-se que a taxa real de juros foi reduzida à metade, mas, ainda assim, preserva-se o baixo investimento. Outro ponto que poderia ser destacado é a volatilidade do crescimento e da taxa de juros. A incerteza dos empresários no que tange à sustentabilidade dos momentos de expansão econômica faz com que eles simplesmente ajustem suas decisões de produção, em face das alterações na demanda, sem alterar a capacidade produtiva, isto é, sem realizar os investimentos para a expansão da capacidade instalada. Com isso, o crescimento da demanda acaba esbarrando em limites de capacidade, gerando as pressões inflacionárias.

Mas, além desses aspectos referentes à questão da estabilização, alguns fatores estruturais concorrem para explicar a baixa taxa de investimento: elevada carga tributária, baixa poupança pública e forte redução do investimento público em setores prioritários, além da incerteza regulatória, entre outros problemas. A elevação da carga tributária, que aumentou mais de 12 pontos percentuais com relação ao PIB entre 1994 e 2006, reduziu de forma significativa a capacidade de poupança e investimento do setor privado.

Os gastos correntes do governo sofreram forte elevação no período em todos os seus componentes: despesas financeiras, gastos com a previdência e assistência social, despesas com pessoal, entre outros. O crescimento dos gastos correntes decorre de vários fatores: elevada taxa de juros, problemas do sistema previdenciário associados ao envelhecimento populacional, a informalidade do mercado de trabalho, problemas administrativos no controle de concessão e verificação de benefícios, vinculação dos benefícios ao salário-mínimo, sistema de vinculações de receita (introduzidas pela Constituição de 1988), o que impede a redução dos gastos, por exemplo, para a educação e a saúde, entre outros aspectos. Com isso, apesar do aumento da carga tributária ao longo do tempo, a poupança pública permaneceu baixa, assim como o investimento público.

O reduzido investimento público tem levado a um conjunto de pontos de estrangulamento nos setores de infraestrutura, como geração e transmissão de energia, problemas portuários, inadequação das rodovias, déficit de saneamento básico, problemas de transporte urbano, entre outros. Em vários desses setores, o setor privado acaba não ocupando o espaço deixado pelo setor público pela presença de indefinições regulatórias. A ausência ou baixa qualidade da infraestrutura acaba limitando os investimentos do setor privado, além de ampliar o custo produtivo no Brasil. A retomada dos investimentos em infraestrutura constitui-se, hoje, um dos principais requisitos para a retomada do crescimento no país, possibilitando o aumento dos investimentos privados e os ganhos de produtividade.

Analisando-se o primeiro mandato do governo Lula, pode-se concluir que o país consolidou seu processo de estabilização. O teste associado à mudança de governo, passagem do governo FHC para um partido de esquerda, foi vencido com sucesso. Além disso, várias melhoras foram obtidas com relação ao desempenho fiscal e externo. Os elevados superávits primários possibilitaram a reversão do processo de crescimento do endividamento público, que entrou em trajetória de queda, os superávits comerciais crescentes possibilitaram superávits em transações correntes e redução do endividamento externo. Esses dois aspectos resultaram em queda contínua do risco-país.

Enfim, pode-se dizer que esse governo conseguiu romper os temores relacionados com a estabilização e possibilitou a melhora dos indicadores de solvência do governo e do país. Mas, apesar desse desempenho favorável, manteve a trajetória de baixo crescimento econômico do país. A taxa média de crescimento permaneceu baixa, bastante aquém do padrão histórico brasileiro e do crescimento mundial e de outras economias emergentes. Assim, a questão central para o país é como retomar o crescimento, como ampliar o investimento e recolocar o país em um processo de expansão contínua do produto.

Reformas mais profundas nas questões tributária, previdenciária e administrativa, que poderiam facilitar a retomada do crescimento e o aumento do investimento, não foram realizadas, seja em função das preferências desse governo por maior presença do Estado, seja por dificuldades políticas. As dificuldades associadas ao regime político brasileiro, as dificuldades de se conseguir a maioria no Congresso e a ampla necessidade de coalizões contribuíram para o surgimento de uma série de dificuldades que se materializaram na chamada "**Crise do Mensalão**", que também esteve associado a problemas de financiamento de campanha, característica do sistema eleitoral no Brasil. Os problemas políticos inerentes ao regime político brasileiro constituem-se em um fator adicional de incerteza que limita o aumento do investimento no país.

23.2 O SEGUNDO MANDATO DE LULA

Como vimos, a preocupação central do primeiro mandato de Lula foi a preservação da estabilização e a melhora dos indicadores macroeconômicos, considerados essenciais para a retomada do crescimento. Após a consolidação da estabilização e a significativa melhoria dos indicadores externos e fiscais, caberia ao governo conseguir alcançar e sustentar maiores taxas de crescimento econômico.

No início do segundo mandato de Lula, as condições econômicas eram bastante promissoras: a inflação estava sob controle, os indicadores externos eram favoráveis, sinalizando estabilidade cambial, os indicadores fiscais apresentavam melhora significativa, facilitando a atuação do governo, e a economia mundial ainda apresentava elevadas taxas de crescimento. Com isso, o governo pôde elencar a retomada do crescimento como seu principal objetivo.

23.2.1 A busca pelo crescimento econômico

A prioridade na retomada do crescimento sustentável pode ser vista pelo lançamento do **Programa de Aceleração do Crescimento (PAC)**, em 2007, e pela redefinição da política industrial.

O PAC é um conjunto de ações e metas para investimentos em infraestrutura, seja pelo setor público ou privado. Essas metas deveriam ser alcançadas tanto pela melhora do gasto público e aperfeiçoamento da gestão como por estímulos fiscais e financeiros ao setor privado. O programa previa, em quatro anos, um total de investimentos em infraestrutura de cerca de R$ 500 bilhões, nas áreas de transporte, energia, saneamento, habitação e recursos hídricos. Os investimentos seriam originados em parte do orçamento do governo central, mas a maior parte proveniente das estatais federais (principalmente Petrobras) e do setor privado.

O conjunto de investimento estava organizado em três eixos de setores, da seguinte maneira:

i. logística (construção de rodovias, ferrovias, portos, aeroportos e hidrovias);

ii. energia (geração e transmissão de energia elétrica; produção, exploração e transporte de petróleo; gás natural e combustíveis renováveis);

iii. infraestrutura social e urbana (saneamento, habitação, transporte urbano, universalização do programa Luz para Todos e infraestrutura hídrica).

A consecução desses objetivos estava relacionada com as possibilidades de ampliação do crédito, que dependeria, entre outros fatores, da retração da taxa de juros, da ampliação do emprego e da renda. Papel central caberia ao BNDES e à CEF, que deveriam ter possibilidades de se capitalizar e ampliar as fontes de captação, para dar conta das metas estabelecidas no PAC.

Além do PAC, o governo lançou a nova política industrial denominada **Programa de Desenvolvimento Produtivo (PDP)**. As principais metas da política eram:

i. ampliação da Taxa de Investimento/PIB;

ii. ampliação do investimento privado em P&D/PIB;

iii. ampliação da participação das exportações nas exportações mundiais;

iv. dinamização das micro e pequenas empresas.

Além dos macro-objetivos, o PDP previa vários projetos em termos setoriais, que foram divididos em projetos mobilizadores para áreas estratégicas; programas voltados para consolidar e expandir a liderança; programas para o fortalecimento da competitividade. Os principais instrumentos seriam os financiamentos do BNDES e as **desonerações fiscais**, principalmente da folha salarial e do custo da energia.

O lançamento desses programas sinalizava que a preocupação central do novo mandato passaria a ser o crescimento econômico e que esse dependeria essencialmente da recuperação do investimento, tanto em infraestrutura como em setores econômicos que pudessem proporcionar inovações e ganhos de produtividade. O alcance desses objetivos deveria se dar preservando-se a estabilidade econômica.

Apesar dos objetivos ambiciosos, a implementação das políticas mostrou-se de extrema complexidade e várias dificuldades foram surgindo. Dentre essas, podemos destacar as várias barreiras impostas pelas agências ambientais, as dificuldades para compatibilizar as metas fiscais de superávit com a ampliação dos investimentos públicos, como dotar os

486 Economia Brasileira Contemporânea • Gremaud / Vasconcellos / Toneto Jr. / Sakurai

bancos públicos dos recursos necessários, criar as condições adequadas para Estados e municípios conseguirem alavancar os recursos (elaborar projetos, adequar-se aos limites da Lei de Responsabilidade Fiscal, entre outros), atrair o setor privado, realizar as concessões ou os contratos de Parceria-Público-Privada (PPP).

Para o setor privado, a atratividade dos investimentos em infraestrutura depende, além da existência de condições adequadas de financiamento, da existência de um **marco regulatório** e de instituições que ampliem a confiança na possibilidade de recuperar os investimentos realizados com taxas de retorno adequadas. Devido principalmente à postura dos ministros Guido Mantega e Dilma Rousseff, não houve empenho do governo Lula para oferecer maior garantia regulatória, autonomia às agências reguladoras e incentivos para o setor privado realizar investimentos em áreas essenciais, nas quais o setor público não mostrava condições de efetivá-los.

Assim, o aperfeiçoamento dos marcos regulatórios, a melhoria do sistema judiciário, a agilidade na aprovação de projetos nas diferentes instâncias (inclusive, o meio ambiente), a desoneração tributária, entre outros aspectos, eram de fundamental importância para que esses programas conseguissem ser implantados, e contribuíssem para superar os gargalos de infraestrutura do país. As dificuldades operacionais mostraram-se bastante elevadas e os programas avançaram relativamente pouco, mas, ainda assim, verificaram-se ampliações nas taxas de investimento.

Com a continuidade da expansão significativa das operações de crédito e a redução das taxas de juros, tanto o consumo como o investimento passaram a apresentar elevadas taxas de crescimento, impulsionando o aumento do PIB. O crescimento médio do PIB nos dois primeiros anos do segundo mandato de Lula superou os 5,6% a.a., número significativamente superior às últimas décadas da economia brasileira, e, após 26 anos, voltando a superar o crescimento da economia mundial, e aproximando-se da média das economias emergentes, fazendo com que o país voltasse a assumir um papel de destaque na economia mundial.

Tabela 23.8 Crescimento econômico comparado: Brasil × mundo

Período	Mundo	Brasil	Brasil/Mundo
1961/2010	3,57	4,51	126%
Anos 1960	5,64	5,90	105%
Anos 1970	3,95	8,47	215%
Anos 1980	3,14	2,99	95%
Anos 1990	2,74	1,70	62%
1995/1998	3,07	2,05	67%
1999/2002	2,78	2,13	77%
2003/2006	3,56	3,49	98%
2007/2010	2,03	4,24	209%

Fonte: Banco Mundial.

Em termos setoriais, destaca-se o crescimento da agricultura e do setor de serviços. Apesar de a indústria ter apresentado menor crescimento, deve-se destacar o significativo avanço na produção industrial dos setores de bens de capital, eletrônicos, automóveis e informática e equipamentos de escritório. Percebe-se a importância assumida pela expansão do crédito para esses setores e da retomada do investimento. Os setores industriais mais expostos à concorrência internacional passaram a ter um desempenho relativamente inferior, em função do amplo processo de valorização cambial e do amplo crescimento das importações. Destaca-se a forte retomada da construção civil e do mercado imobiliário após anos de estagnação. Essa boa *performance* da construção civil reflete a retomada do investimento que liderou o crescimento nos anos 2006/2008.

Até a eclosão da crise econômica mundial, no segundo semestre de 2008, o país vinha alcançando seu objetivo de retomada do crescimento, baseado na expansão do investimento e do consumo com relativa estabilidade econômica. O crescimento propiciava a recuperação do emprego, a melhora das condições de ocupação com queda da taxa de desemprego e o aumento da formalização, aumentando a renda e incorporando novos agentes ao mercado de bens e ao mercado de crédito, reforçando ainda mais o mercado consumidor e o processo expansionista. A questão-chave voltava a ser a sustentabilidade do crescimento e o risco inflacionário. Apesar de a liderança do crescimento estar centrada no investimento, a taxa de investimento do país ainda se encontrava em um nível bastante baixo, inferior a 20% do PIB. Existe ampla discussão sobre qual o investimento necessário para sustentar um crescimento contínuo mais elevado, sendo que a taxa de investimento vigente dificilmente sustentaria um crescimento superior a 4% a.a.[1]

Paralelamente, observou-se, ao longo de 2007, um processo contínuo de elevação das taxas inflacionárias. Apesar de cumprir a meta inflacionária, com o IPCA situando-se pouco acima dos 4,5% a.a. em 2007, esse valor foi quase um ponto superior à inflação de 2006, fechando o ano em aceleração, e continuando a se elevar ao longo de 2008. Com isso, enquanto a economia mundial discutia o risco de forte desaceleração, no Brasil avaliava-se o superaquecimento da economia e a necessidade de controlar a inflação.

As finanças públicas mantiveram a trajetória de melhora no início do segundo mandato. A preservação dos superávits primários e a redução da taxa real de juros, acompanhada de maiores taxas de crescimento econômico, possibilitaram a queda contínua na razão Dívida Líquida do Setor Público/PIB. Ao final de 2008, essa relação já estava abaixo dos 40%, o que representou um fator fundamental para a redução do risco-país, fazendo com que o Brasil alcançasse o chamado "**Grau de Investimento**" (*Investment Grade*), conforme classificação das agências classificadoras de risco. Porém, deve-se destacar que os gastos públicos continuaram a crescer de forma acelerada, em especial as despesas primárias, e que grande parte do desempenho favorável decorreu do aumento da receita.

Com relação ao setor externo, também se observou desempenho favorável, embora inferior ao primeiro mandato. As exportações mantiveram seu crescimento, em função do

---

[1] Existem diferenças entre as estimativas, mas a maior parte considera que para sustentar um crescimento anual entre 5 e 6% a.a. requer-se taxas de investimento da ordem de 25% do PIB, patamar bastante superior ao vigente na economia brasileira.

dinamismo econômico mundial, mas as importações passaram a apresentar maiores taxas de crescimento, em decorrência da expansão do consumo e investimento interno, bem como da valorização cambial. Os saldos da balança comercial começaram a se retrair, fazendo com que voltassem a aparecer os déficits em transações correntes, em torno de 1,5% do PIB. Em função da elevada taxa de juros e do próprio crescimento econômico, com maiores oportunidades de investimento, manteve-se um fluxo de capitais positivo para o país, resultando em superávits do balanço de pagamentos.

O Banco Central seguiu na política de acúmulo de reservas para evitar maiores apreciações cambiais, levando o estoque de reservas internacionais para níveis recordes. Como já destacado anteriormente, essa política possui o inconveniente dos custos fiscais que gera, uma vez que a remuneração das reservas se dá com uma taxa de juros bastante inferior à taxa de remuneração dos títulos públicos, lançados internamente para esterilizar a expansão monetária do acúmulo de reservas. Note-se, porém, que essas reservas fornecem um seguro para o país, colaborando para menor volatilidade do câmbio e da atividade econômica decorrentes de choques externos. Assim, torna-se difícil avaliar o real custo da política de acumulação de reservas.

Apesar das intervenções no mercado de câmbio, a taxa de câmbio continuou apreciada ao longo de todo governo Lula, com tendência declinante, exceto no curto espaço de tempo de maior intensidade da crise financeira mundial, entre o final de 2008 e o início de 2009. Existem várias explicações para a valorização cambial: a baixa taxa de poupança doméstica, os elevados diferenciais de taxa de juros, o desempenho favorável do preço das *commodities* e dos termos de troca do país, a melhora do ambiente econômico que possibilitou alcançar o Grau de Investimento, entre outras.

A persistente valorização cambial gerou impactos significativos na estrutura produtiva brasileira e na inserção externa do país. O bom desempenho das *commodities* no período recente e os termos de troca favoráveis contribuíram para significativa valorização cambial. A exploração do **pré-sal** reforçou esse processo. O sucesso na exportação de *commodities* intensivas em recursos naturais fez com que a pauta de exportação brasileira ficasse cada vez mais concentrada nesses produtos. E, além disso, a valorização cambial decorrente desse processo ampliou a participação de produtos importados em diversos segmentos da indústria. Esse fenômeno é conhecido como a "**maldição dos recursos naturais**", em que países com ampla disponibilidade de recursos naturais acabam não se desenvolvendo, e vivem da venda de seus recursos naturais, ou, ainda, a chamada "**doença holandesa**", em que o sucesso nas exportações de *commodities* provoca a valorização cambial e o desaparecimento de setores industriais mais intensivos em conhecimento e tecnologia.[2]

---

[2] O nome **doença holandesa** deve-se ao que ocorreu na Holanda nos anos 1970, com a descoberta de gás e petróleo no Mar do Norte. A grande entrada de dólares provocada pelas exportações desses produtos valorizou a moeda holandesa e provocou grande aumento das importações e perda de competitividade do setor industrial do país, que teve sua participação reduzida.

Tabela 23.9   Exportação e importação de produtos industriais, por intensidade tecnológica

Exportação	2003		2006		2010	
	Valor	Part. %	Valor	Part. %	Valor	Part. %
Total	73.084,14	100,00	137.469,70	100,00	201.915,29	100,00
Produtos industriais *	58.504,36	80,05	107.319,90	78,07	128.350,14	63,57
Indústria de alta e média-alta tecnologia (I + II)	21.829,37	29,87	41.767,70	30,38	45.614,56	22,59
Indústria de alta tecnologia (I)	5.134,90	7,03	9.364,25	6,81	9.315,80	4,61
Indústria média-alta tecnologia (II)	16.694,47	22,84	32.403,45	23,57	36.298,76	17,98
Indústria média-baixa tecnologia (III)	13.394,28	18,33	27.252,46	19,82	29.417,39	14,57
Indústria de baixa tecnologia (IV)	23.280,71	31,85	38.299,74	27,86	53.318,18	26,41
Produtos não industriais	14.579,78	19,95	30.149,80	21,93	73.565,15	36,43

Importação	2003		2006		2010	
	Valor	Part. %	Valor	Part. %	Valor	Part. %
Total	48.325,65	100,00	91.349,48	100,00	181.648,68	100,00
Produtos industriais *	40.536,64	83,88	75.068,81	82,18	159.102,73	87,59
Indústria de alta e média-alta tecnologia (I + II)	30.417,80	62,94	54.514,44	59,68	111.095,25	61,16
Indústria de alta tecnologia (I)	10.431,30	21,59	21.203,36	23,21	35.813,18	19,72
Indústria média-alta tecnologia (II)	19.986,50	43,36	33.311,09	36,47	75.282,07	41,44
Indústria média-baixa tecnologia (III)	6.799,83	14,07	14.338,77	15,70	34.129,21	18,79
Indústria de baixa tecnologia (IV)	3.319,00	6,87	6.215,60	6,80	13.878,27	7,64
Produtos não industriais	7.789,01	16,12	16.280,68	17,82	22.545,94	12,41

* Classificação extraída de: OECD, Directorate for Science, Technology and Industry, STAN Indicators, 2003.

Fonte: Secex/MDIC.

A pauta de exportações brasileira está cada vez mais concentrada em produtos básicos. Utilizando a classificação da **Organização para a Cooperação do Desenvolvimento Econômico (OCDE)**, pode-se observar uma retração da participação dos produtos industriais na pauta de exportação (83% em 1996 e 68% em 2009), sendo que os setores de alta e média-alta tecnologia respondem por menos de um terço das exportações industriais.

Ao se observar as importações, verifica-se um processo contrário, com uma tendência de aumento na participação dos produtos industriais com forte concentração, em torno de 75% nos setores de alta e média-alta tecnologia.

Os dois primeiros anos do segundo mandato do governo Lula foram extremamente favoráveis, com taxas de crescimento econômico em elevação, inflação sob controle, apesar de sua aceleração em função do próprio crescimento, melhora dos indicadores fiscais e acúmulo contínuo de reservas internacionais. Os pontos de risco permaneciam com relação às baixas taxas de investimento e à capacidade de sustentabilidade do crescimento sem o recrudescimento da inflação, além de outras questões relativas ao estilo desse crescimento econômico baseado em um forte ativismo estatal, e sem superar diversos gargalos relacionados com a infraestrutura e ao baixo nível de competitividade da indústria nacional, que tem tido perda crescente de participação tanto no produto como em termos de inserção externa. Grande parte do desempenho favorável estava atrelada ao desempenho da economia mundial, ao rápido ritmo de crescimento e, em especial, ao comportamento dos preços das *commodities* nas quais o país foi se especializando, ainda mais ao longo desses anos. Assim, a crise internacional rompeu o círculo virtuoso que se estava instaurando e colocou em destaque algumas das fragilidades mencionadas.

23.2.2   A grande crise internacional

Em meio ao crescente quadro favorável para a economia brasileira, sobreveio a crise econômica internacional, com profunda reversão das taxas de crescimento mundial.

O fenômeno surge nos Estados Unidos como uma crise de inadimplência no mercado financeiro imobiliário, transforma-se em uma crise financeira com várias quebras bancárias e se espalha pela economia real, por meio da redução da demanda (queda das vendas), retração da produção e aumento do desemprego. Dos Estados Unidos, a crise rapidamente se espalhou para o resto do mundo por dois canais principais: retração do comércio internacional e restrição da oferta de crédito.

Para o melhor entendimento dessa crise, deve-se destacar que o amplo crescimento econômico mundial verificado nos anos anteriores, tanto em países emergentes (China, Índia etc.) como no mundo desenvolvido, foi liderado pela expansão norte-americana, centrada no crescimento do consumo das famílias e dos investimentos imobiliários. Esse processo decorreu de um forte rebaixamento das taxas de juros, de uma profunda desregulamentação e liberalização e várias inovações financeiras, tendo ganhado destaque as chamadas **hipotecas subprime.** Esse fenômeno possibilitou a incorporação de uma ampla quantidade de famílias, com a maioria daquelas de maior risco, ao mercado financeiro, os chamados **créditos *No Income, No Job and No Assets* (Ninja).**

A possibilidade de aglutinação de vários títulos, hipotecas e a securitização dos recebíveis geravam novos títulos derivados dos instrumentos originais, e forneciam a impressão de que os riscos eram eliminados pela junção das diversas hipotecas. Com isso, as instituições financeiras tinham interesse em buscar o maior número possível de tomadores, para poder gerar novos títulos e vendê-los em mercados secundários. O interesse por esses títulos decorria essencialmente das baixas taxas de juros vigentes.

Além da ampla liquidez e da baixa taxa de juros, o crescimento econômico antes da crise ainda era alimentado pelos déficits públicos, associados à baixa arrecadação e aos gastos crescentes com sistemas de saúde, guerras etc. Assim, seja pelos estímulos fiscais, seja pelo amplo crescimento do consumo das famílias e do investimento, a economia norte-americana cresceu em ritmo bastante acelerado no período 2002/2007, refletindo-se no crescimento econômico mundial.

O excesso de demanda na economia americana gerou desequilíbrios crescentes na sua balança comercial, pois a elevada demanda do país era atendida, principalmente, por produtos feitos a baixo custo nas economias emergentes, com destaque para a China, cujo excesso de poupança financiava os desequilíbrios americanos.[3] Desse modo, impulsionada pela demanda dos Estados Unidos, a produção crescia em várias economias emergentes. Além disso, os amplos processos de urbanização e as elevadas taxas de investimento, com destaque novamente para a China, ampliavam o crescimento econômico desses países e pressionavam ainda mais o comércio mundial.

O comportamento do preço das *commodities* ao longo desses anos ilustra bem esse processo. Os países exportadores de *commodities*, como o Brasil, beneficiaram-se pelos termos de troca favoráveis, que possibilitaram ampla transferência de renda e um grande dinamismo econômico. Países exportadores de petróleo, por exemplo, apresentaram taxas de crescimento extremamente elevadas no período.

O *boom* da economia norte-americana, que liderou o crescimento da economia mundial, centrou-se em grande expansão do crédito, estimulada por taxas de juros extremamente baixas, incorporando atores com riscos elevados e provocando ampla valorização dos ativos, que inflavam ainda mais a **bolha especulativa**, ampliando as possibilidades de empréstimo, pelo maior valor das garantias, e, consequentemente, estimulando a demanda.

Os primeiros sinais de esgotamento desse processo começam a aparecer em meados de 2006, com o aumento das taxas de inadimplência e estagnação, com tendência de queda do preço dos imóveis. A reação natural do mercado a essa situação foi a elevação do custo dos empréstimos e maior seletividade na concessão de novos créditos ao longo de 2007 e 2008, resultando em ampliação da inadimplência e reforço na queda nos valores dos imóveis. Estava estabelecido o ambiente para a crise financeira e econômica, ou seja, para o estouro da bolha.

A quebra desse mercado provocou significativa queda na demanda nos países desenvolvidos, com destaque para os Estados Unidos, tanto pelo **efeito riqueza** (queda do preço de imóveis) como pela contração do crédito (ampliação dos riscos, elevados prejuízos e descapitalização das instituições financeiras). Esse processo repercute na produção, no emprego e na renda, ampliando a magnitude da retração.

Instaura-se a crise de confiança, em que os agentes passam a optar pela liquidez, retraindo a concessão de crédito e a demanda por títulos, cujos preços continuam a cair, afetando de modo importante os agentes (instituições financeiras especialmente) que carregavam esses títulos; as famílias, que tentam ampliar a sua poupança tanto para diminuir seus passivos como para se protegerem para o futuro; as empresas, que retraem seus investimentos. Ou seja, inicia-se um **círculo vicioso**.

Em situações como essa, os governos tentam recuperar a confiança, atuando como emprestadores em última instância e buscando manter a normalidade do funcionamento do mercado.

---

[3] Não só a China, mas várias economias emergentes, incluindo o Brasil, financiaram o desequilíbrio norte-americano, o que se materializava no acúmulo de reservas internacionais desses países.

Um ponto marcante na emergência da crise foi em **setembro de 2008**, quando o governo americano não socorreu o **Lehmann Brothers**, uma importante instituição financeira, levando a sua falência. Nesse momento, houve uma quebra de confiança e a crise efetivamente se instaura, e amplia o contágio pelas demais economias do planeta. Com a repercussão da quebra do Lehmann Brothers e o risco de um **efeito cascata**, os governos passaram a atuar organizando pacotes de ajuda para a recuperação (salvação) dos respectivos sistemas financeiros. As medidas foram as mais diversas: amplas reduções das taxas de juros, onde era possível, aproximando-as de zero, disponibilização de empréstimos aos bancos em dificuldades, capitalização de instituições financeiras, aquisição de ativos podres, além de medidas fiscais de ampliação dos gastos públicos com assistência, seguro-desemprego, investimentos, entre outras.

Esse tipo de política foi generalizado tanto entre países desenvolvidos como nas economias emergentes. As medidas parecem ter contribuído para evitar que a crise assumisse maior magnitude, mas não impediram a falência de um grande número de instituições financeiras ao redor do mundo, as fusões/incorporações de várias outras e uma profunda reversão do comportamento da atividade econômica.

A Tabela 23.10 evidencia a forte retração do crescimento mundial entre 2007 e 2009, tanto nos países desenvolvidos como nos países em desenvolvimento. Dentro do grupo dos países emergentes, o comportamento foi bastante heterogêneo. Alguns países, como a China e a Índia, mantiveram crescimento elevado, em razão de serem grandes países, com amplo mercado interno, e com economia bastante diversificada, tanto em termos de geração de produto como de inserção no mercado internacional. Outros países, como Rússia e Angola, tiveram retrações significativas do PIB. O maior impacto deu-se em países com forte inserção externa, profundamente dependentes das exportações de *commodities* (gás e petróleo, no caso da Rússia e Angola) e com mercados financeiros pouco desenvolvidos e dependentes da atuação dos bancos estrangeiros.

Ao longo de 2009, alguns sinais de recuperação da economia mundial foram surgindo, por exemplo, a recuperação do preço de várias *commodities*. Esse fenômeno decorreu essencialmente da preservação do crescimento em grandes países como China e Índia e do seu amplo processo de urbanização, que gera uma demanda significativa pelas *commodities* agrícolas e minerais. Também ocorreu a recuperação de algumas atividades financeiras, como as de várias bolsas de valores. Entretanto, até 2010, os preços de imóveis nos Estados Unidos se mantiveram deprimidos, a geração de emprego ainda era muito lenta, as taxas de desemprego elevadas e a oferta de crédito às famílias e empresas não se recuperava.

Tabela 23.10 Crescimento do PIB na crise: países selecionados*

Países/Ano	Média 2003-2007	2008	2009	2010	2011
Mundo	3,64	1,33	−2,22	4,36	2,73
Países de alta renda	2,69	0,06	−3,73	3,28	1,53
Estados Unidos	2,73	−0,36	−3,53	3,02	1,70
Zona do euro	2,16	0,38	−4,44	2,10	1,51

(continua)

(continuação)

Países/Ano	Média 2003-2007	2008	2009	2010	2011
Alemanha	1,69	1,08	–5,13	4,16	3,03
Países de baixa e média renda	7,40	5,74	2,75	7,76	6,34
Brasil	**5,50**	**5,00**	**–0,20**	**7,60**	**3,40**
China	11,66	9,60	9,20	10,40	9,30
Índia	8,83	3,89	8,48	10,55	6,33
Rússia	7,51	5,25	–7,82	4,34	4,34
Angola	15,22	13,82	2,41	3,41	3,92

* Crescimento anual do PIB a preços de mercado, em dólares de 2000.

Fonte: Banco Mundial.

Outra preocupação que emergiu em meio à crise foi o profundo desequilíbrio fiscal gerado para diversas nações, com a significativa ampliação das dívidas públicas. Em meados de 2009, houve grande crise de confiança com relação à capacidade de pagamento de vários governos, como a Grécia, a Irlanda, a Itália, Portugal, Espanha (os chamados PIIGS), entre outros. A desconfiança quanto aos títulos desses países decorria das baixas taxas de crescimento econômico, dos déficits e dívidas elevados e do receio sobre a capacidade de esses governos gerarem no futuro os superávits necessários para pagar suas dívidas.

Esse foi um segundo momento importante da crise, que volta a afetar a confiança nos mercados financeiros, fazendo com que a crise econômica persistisse. No caso europeu, a falta de instrumentos para os países da área do euro, como as taxas de câmbio, dificulta ainda mais a saída da crise. As amplas diferenças em termos de políticas fiscais, a diferença na situação dos países relativa à capacidade de intervenção dos governos, a regulação bancária e a saúde dos sistemas financeiros, entre outros aspectos, colocam em risco o futuro do euro. Quem se responsabilizará pelos ajustes necessários: os contribuintes? De quais países? Os credores dos sistemas financeiros e dos governos em dificuldades? Enfim, uma série de questões estão em aberto e deverão permanecer ao longo dos próximos anos.

Apesar de existirem muitas dúvidas sobre a duração e como se dará a saída da crise, há quase um consenso sobre a ampliação da instabilidade e o menor crescimento econômico futuro com relação ao período anterior à crise. As razões são: maior demanda por uma regulação mais ampla dos sistemas financeiros e menor alavancagem dos bancos; a necessidade de se corrigirem os desequilíbrios macroeconômicos nas economias desenvolvidas, em especial nos Estados Unidos, que deverão reduzir seu déficit público e seu déficit externo; realinhamento cambial das diversas moedas, o que implica mudanças de comportamento de várias economias em desenvolvimento, com destaque para a China, que teria que valorizar a sua moeda e depender mais de um dinamismo do mercado interno do que das exportações para preservar o crescimento; as dificuldades de retomada do crescimento na Zona do Euro, que deverá permanecer por vários anos com elevadas taxas de desemprego, entre outros aspectos. Percebe-se, portanto, que uma série de questões deverão ser rediscutidas nos próximos anos, no que concerne à chamada governança global.

23.2.3 Como o Brasil enfrentou a crise

Pelos dados apresentados, o Brasil teve desempenho melhor que a média dos países durante o auge da crise econômica, mas esta também afetou a economia brasileira. A crise chegou forte no Brasil no último trimestre de 2008, e se estendeu até o primeiro trimestre de 2009, com profunda reversão nas taxas de crescimento do PIB e do investimento. Alguns setores industriais tiveram quedas de produção superiores a 20%, quando se comparam os meses do último trimestre de 2008 e o primeiro de 2009 com iguais meses do ano anterior.

Como destacado, o **contágio** deu-se por dois canais: (i) **comercial**, pela queda do preço das *commodities* e pela diminuição na demanda e na quantidade exportada; e (ii) **financeiro**, pela retração do fluxo de capitais e pela saída de recursos do país.

No segundo semestre de 2007, surgem os primeiros sinais de retração nos fluxos de capitais, mas foram sobrepujados pelo bom desempenho nos meses iniciais de 2008. O diferencial de juros a favor das aplicações no Brasil era elevado, e a percepção de risco quanto ao país ainda era baixa, com os *ratings* das dívidas brasileiras melhorando. No último trimestre de 2008, contudo, os fluxos financeiros se reverteram de modo bastante significativo, com exceção dos investimentos diretos (IED). Os investimentos em portfólios, comandados pela saída do mercado acionário (a queda de preço de *commodities* afeta as cotações de empresas como Petrobras e Vale), e os títulos de renda fixa passam a ter fortes dificuldades de renovação. Por outro lado, o próprio financiamento do comércio exterior, como os ACC, enfrenta dificuldades.

Ocorreu uma reversão na taxa de câmbio, que passou a se desvalorizar, fazendo com que o governo entrasse no mercado, inicialmente de modo tímido, com leilões de venda com cláusula de recompra, e com a substituição dos *swaps* reversos por *swaps* normais (com o Banco Central ficando na posição vendida em moeda estrangeira). Posteriormente, o governo entrou mais incisivamente, concedendo empréstimos com base nas suas reservas, sobretudo para operações comerciais e vendas diretas no mercado à vista, o que não impediu uma desvalorização de mais de 25% da moeda nacional.

A redução inicial da liquidez, principalmente para empresas e bancos mais alavancados e que possuíam maior dependência de financiamento externo, gerou deterioração das expectativas e uma crise de confiança, que levaram à retração do crédito e reversão das decisões de investimento, provocando a queda da atividade econômica no Brasil. Algumas empresas importantes (e exportadoras) acabaram sendo surpreendidas pela desvalorização cambial, pois tinham se posicionado em complexas operações de derivativos do lado vendido do mercado cambial, e incorreram em fortes prejuízos.

Entretanto, diferentemente de momentos anteriores, apesar do forte impacto, o país estava mais preparado para enfrentar a crise, e parecia estar em uma melhor situação do que a maioria dos países, o que permitiria uma reação mais rápida do governo para lidar com a situação.

Nesse sentido, alguns aspectos devem ser mencionados com relação à economia brasileira:

i. o sistema financeiro era mais robusto, com maiores índices de capitalização e menor alavancagem. Apesar do forte crescimento do crédito no Brasil, ainda representa uma pequena magnitude do PIB. Como os bancos brasileiros possuem ampla carteira de títulos públicos, os índices de capitalização são maiores, a inadimplência é menor e o sistema havia passado por amplo processo de reestruturação e fortalecimento após a estabilização econômica, por meio do Proer no governo FHC;

ii. menor presença de bancos estrangeiros e menor dependência de *funding* externo para as instituições financeiras;

iii. forte presença do setor público no sistema financeiro tanto com bancos comerciais como com bancos de desenvolvimento. Esses agiram contraciclicamente diante da retração dos bancos privados, nacionais e estrangeiros;

iv. taxas de juros extremamente elevadas e instrumentos apertados de política monetária (como depósitos compulsórios), o que dava amplo espaço para a redução destas reservas;

v. posição externa favorável, com nível de reservas elevado e posição líquida diferente das crises anteriores, de modo que o efeito de desvalorização cambial sobre as finanças públicas brasileiras não era semelhante ao passado.

Esse conjunto de fatores mostra que o risco de crise financeira e cambial era relativamente baixo, e que o Banco Central possuía amplo espaço de manobra, seja pela gestão das reservas bancárias, seja pela utilização da taxa de juros e também das reservas internacionais.

Todos os instrumentos foram utilizados: redução de reservas bancárias e da taxa de juros; empréstimos a bancos que tiveram dificuldades, financiamento para fusões, incorporações e aquisições de carteiras de ativos; financiamento a empresas e ao comércio exterior utilizando-se das reservas internacionais. A oferta de crédito continuou expandindo-se, com forte atuação dos bancos públicos, com destaque para o BNDES, que ampliou seus empréstimos, e para a Caixa Econômica Federal, que em meio à crise lançou um programa de financiamento habitacional, **Minha Casa**, **Minha Vida**, que visava financiar a construção de 1 milhão de novas moradias até 2010.

Outro fator importante para que o país pudesse reagir à crise era a situação fiscal. O país vinha apresentando superávits primários bastante elevados desde 1999, e a partir de 2003 a relação dívida pública/PIB vinha se reduzindo. Assim, no momento da crise, o governo pôde utilizar mais intensamente a política fiscal para estimular a economia. Pode-se destacar a redução de vários impostos, como a queda do IPI de automóveis, eletrodomésticos, materiais de construção, entre outros, o que contribuiu, juntamente com a forte expansão do crédito pelos bancos públicos, para sustentar e, inclusive, ampliar a demanda nesses setores, que possuem forte impacto dinamizador na economia.

Soma-se a ampliação dos gastos públicos tanto com políticas assistenciais como com investimento, e maior contratação de funcionários, entre outras ações. Vários indicadores mostram o caráter anticíclico da política fiscal em 2009, destacando-se a redução do superávit e o aumento do endividamento.

Tanto em função da política econômica, fiscal e monetária, como da recuperação do mercado de *commodities,* com a preservação do crescimento em importantes economias emergentes, a economia brasileira já retomava a trajetória de crescimento no segundo trimestre de 2009, impedindo que tivéssemos queda significativa do produto no ano.

Percebe-se, portanto, a importância da presença de um sólido sistema financeiro e de bons indicadores macroeconômicos, tanto fiscais como externos (elevado volume de reservas internacionais), para que o país pudesse reagir à crise e adotar uma efetiva política anticíclica. Em meados de 2009, o consumo das famílias já estava se ampliando, e o investimento, após uma forte queda, voltava a se elevar, retomando o crescimento econômico.

É nesse quadro que o país ingressou em 2010, último ano do governo Lula: forte crescimento econômico, taxas de desemprego em queda, atingindo os menores patamares da década. Excetuando 2009 em função da crise econômica mundial, o crescimento econômico no segundo mandato de Lula ficou acima dos 5% a.a., sendo o melhor desempenho da economia brasileira desde os anos 1970. Em 2010, após a pequena retração do PIB em 2009, o crescimento atingiu os 7,5%.

Como assinalado, parte significativa da expansão foi possível pelas condições favoráveis de termos de troca das *commodities* exportadas pelo país, embora tenha ocorrido piora do saldo em transações correntes, e necessidade de recurso à poupança externa para financiar a expansão do investimento.

Apesar da forte valorização cambial no último ano do mandato, voltaram a aparecer pressões inflacionárias, em função da forte expansão econômica, fazendo com que o IPCA se aproximasse dos 6% a.a. Sinalizava-se novamente as restrições ao crescimento decorrentes das reduzidas perspectivas de crescimento do produto potencial do país, em função de gargalos estruturais e limitações do lado da oferta.

Enfim, pode-se dizer que Lula terminou seu governo apresentando elevadas taxas de crescimento, mas sem que estas tenham se baseado em grande ampliação do produto potencial. A aceleração da inflação no final de 2010 sinalizava as restrições associadas ao crescimento com baixas taxas de investimento e com a presença de significativos gargalos estruturais. No segundo mandato, o avanço das reformas para consolidar um quadro favorável ao investimento foi bastante restrito, o que restringiu a continuidade dos ganhos de produtividade. As maiores possibilidades de crescimento ao longo do governo Lula deram-se por um conjunto de elementos favoráveis: ambiente externo favorável até 2008, termos de troca favoráveis, elevado desemprego inicial e possibilidade de crescimento com a redução do desemprego, amplo processo de formalização da economia, que resultou em ganhos de produtividade, expansão do crédito, ampliação da oferta de trabalho, entre outros. Em conjunto com esse quadro, que culminou na expansão econômica, verificaram-se significativas melhoras nos indicadores sociais, com destaque para a redução da pobreza, a ampla melhora na distribuição de renda e a forte ascensão de uma classe média que se transformou em um dos grandes impulsos do mercado consumidor. A questão é saber se esse quadro se constitui um novo modelo de desenvolvimento ou se foi uma possibilidade que se colocou transitoriamente, cujo dinamismo e possibilidade de continuidade já não teria se esgotado.

23.3   EM BUSCA DE UM NOVO MODELO DE DESENVOLVIMENTO

Com crescimento econômico, inflação sob controle, taxa de câmbio valorizada ampliando o poder aquisitivo da população, crédito em expansão, taxa de desemprego em queda, rendimento em elevação, massa salarial se ampliando, entre outros aspectos econômicos favoráveis, o governo Lula parece ter cumprido seu principal objetivo de retomada do crescimento, mesmo com a crise econômica mundial. O bom desempenho econômico elevou a popularidade de Lula a níveis recordes, o que possibilitou a eleição da candidata apoiada pelo presidente a sua sucessão.

A consolidação da estabilidade macroeconômica parece ter sido fundamental para que o Brasil passasse a crescer com base em seu mercado interno. O país aproveitou a fase de crescimento mundial para a redução de suas vulnerabilidades – externa e fiscal – e possibilitar o uso mais agressivo da política econômica para a retomada do crescimento econômico.

Um ponto extremamente importante ao longo desses últimos anos foi a significativa redução na concentração de renda do país, a diminuição da pobreza e a ampliação das possibilidades de consumo de uma camada significativa da população brasileira. Em termos históricos, principalmente ao longo da industrialização, o país obteve elevadas taxas de crescimento econômico, mas ampliando a concentração de renda. Entretanto, sobretudo a partir de 2000, verifica-se uma queda da ordem de seis pontos percentuais no coeficiente de Gini, que passou da faixa de 0,60 para 0,54 (Figura 23.6). Essa melhora deu-se principalmente pela relativa recuperação dos salários na renda e pela queda na desigualdade da renda do trabalho.

Figura 23.6 Coeficiente de Gini de 1995 a 2009.

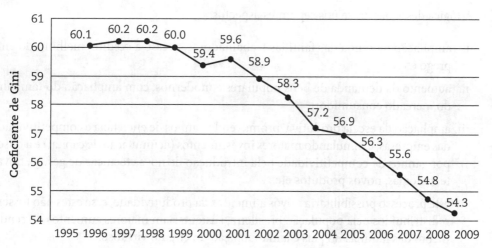

Os fatores determinantes para a melhoria do grau de distribuição de renda foram:

i. o fim das elevadas taxas de inflação e seus efeitos deletérios sobre a renda dos mais pobres;

ii. a melhora dos indicadores educacionais, com a significativa ampliação do acesso à educação básica e também à educação superior. Apesar de ainda haver uma série de problemas relacionados com a qualidade do ensino, a disseminação do seu acesso é fundamental;

iii. o aumento dos benefícios previdenciários, em função da política de valorização do salário-mínimo desde 1994;

iv. as transferências de renda do governo (políticas assistenciais), com destaque inicialmente para o Bolsa Escola, Vale Gás e Bolsa Alimentação do Governo FHC, mas consolidadas e largamente ampliadas por meio do Bolsa Família;[4]

v. a ampliação das oportunidades regionais de trabalho, com o crescimento das possibilidades de renda e emprego em regiões diferentes das tradicionais regiões metropolitanas do Sudeste. Vem ocorrendo uma redução das desigualdades de renda, por exemplo, entre pessoas com as mesmas características que trabalham na capital ou no interior, no Nordeste ou no Sudeste.

A importância atribuída à educação para a queda da desigualdade mostra que essa melhoria é um processo que se iniciou há mais tempo, e não se resume ao governo Lula. Pode-se agora estar colhendo os frutos das opções realizadas anteriormente de privilegiar as políticas sociais com maior foco na população de baixa renda, processo que se iniciou com a redemocratização do país e com a Constituição de 1988.

Mas esse processo só ganha a dimensão atual em função da retomada de maiores taxas de crescimento econômico. A liderança do crescimento no consumo das famílias e a retomada do investimento, tendo por base essa melhor distribuição de renda, levaram muitos a considerarem a existência de um novo modelo econômico centrado no consumo de massa ("**Modelo Baseado no Consumo de Massa**").

A lógica desse baseia-se nos seguintes aspectos:

i. ampliação da renda das famílias trabalhadoras, acesso a crédito, melhora do emprego etc.;

ii. aumento da demanda de bens populares e modernos, com ampliação do tamanho do mercado consumidor;

iii. ampliação da escala produtiva, promovendo ganhos de eficiência e competitividade das empresas, estimulando maiores investimentos (acumulação de capital) e a busca por ganhos de competitividade pela introdução de novas técnicas de gestão, novas tecnologias, novos produtos etc.;

iv. este processo possibilitaria novos aumentos da produtividade, e, se estes não fossem redistribuídos pela população brasileira, sustentariam maiores aumentos do rendimento das famílias no país e a manutenção do círculo virtuoso.

Para viabilizar esse processo, além de políticas de distribuição de renda e ampliação do mercado consumidor, a consolidação do setor industrial seria de extrema importância. Nesse momento, assumiriam importância a política industrial e a atuação do BNDES, que promoveria o processo de fusões empresariais e consolidação de grandes grupos nacionais. Podem-se verificar, por exemplo, os vários casos de fusões nos setores de frigoríficos, papel e celulose, petroquímica, usinas de açúcar e álcool, entre outros. Formaram-se grandes grupos nacionais, com ampla escala produtiva com capacidade de investir em inovação,

---

[4] Para uma análise dos determinantes da queda da desigualdade de renda no Brasil nos últimos anos, ver Barros, R.P. *et al.* (2009).

realizar investimentos no exterior; enfim, enfrentar em melhores condições de igualdade a competição no cenário internacional.

Uma questão de extrema importância para ser discutida é a transparência desse processo e como são selecionados os grandes grupos nacionais. A possibilidade de arbitrariedade pode gerar um clima de desconfiança e um ambiente totalmente desfavorável para o investimento, principalmente entre os não escolhidos.

Vale destacar, porém, que vários problemas persistem para que esse modelo possa se consolidar de fato. O primeiro deles é a baixa taxa de investimento, em função dos baixos níveis de poupança. Esta decorre do baixo nível da poupança pública, em virtude de elevados gastos correntes, o que limita os gastos de investimento do governo. Dado que a taxa de investimento não avançou no governo Lula, e, como veremos no capítulo seguinte, até declinou no governo Dilma, persistem vários problemas na infraestrutura brasileira, que limitam a competitividade das empresas nacionais e reduzem a possibilidade de ganhos de produtividade. Os problemas são os mais diversos: rodovias, portos, aeroportos, energia, saneamento básico, entre outros.

A poupança privada e o investimento privado acabam sendo limitados também em função da elevada carga tributária do governo. O investimento privado ainda é limitado em vários setores por problemas associados à regulação e à confiança nos contratos (a chamada **insegurança regulatória**, decorrente da postura estatizante de parte dos economistas do governo petista).

Fica claro que a contenção do gasto corrente é fundamental para se pensar nas possibilidades de ampliação do investimento, seja público, seja privado, assim como na consolidação de um ambiente institucional adequado. Os próximos anos irão requerer amplo conjunto de investimentos para viabilizar, por exemplo, a exploração do petróleo no pré-sal, entre outros desafios. A superação desses entraves irá requerer maior participação de investimentos privados, seja na forma de PPPs, seja com as concessões. Também nesse caso a atratividade dos investimentos dependerá da transparência, da estabilidade das regras, da confiança no setor público, da autonomia das agências reguladores e das garantias contratuais e de seu cumprimento.

Outro entrave histórico a esse processo sempre disse respeito à forma pela qual os ganhos de produtividade, supondo que tenham sido alcançados, são distribuídos pela população. É certo que a inflação foi a forma histórica de distribuir esses ganhos de forma concentrada, assim como privilégios concedidos a setores produtivos que permitiam a estes reterem os ganhos de produtividade no próprio setor. Nesse sentido, parece que a melhor forma de se conseguir que os ganhos de produtividade se dispersem pela sociedade e possibilitem a manutenção de incrementos mais equânimes de renda é que tais ganhos sejam repassados aos preços dos produtos em que são obtidos, de modo a socializar não as perdas, como é histórico no país, mas os ganhos. Para tanto, a preservação de um ambiente concorrencial, com a presença de diversas empresas e também a abertura comercial, é de extrema importância.

Outro aspecto importante no atual cenário nacional é a questão da valorização cambial e seu impacto na estrutura produtiva brasileira. A consolidação do modelo de desenvolvimento que estamos mencionando tende a depender da presença de setores industriais dinâmicos, em especial em setores portadores de maior intensidade tecnológica e de novas tecnologias, como modo de se consolidar a introdução de novos produtos, novas tecnologias, empregar uma mão de obra mais qualificada e possibilitar ganhos contínuos de produtividade.

Ou seja, apesar das melhoras verificadas nos últimos anos, a consolidação do crescimento no Brasil requer que sejam viabilizadas a ampliação das taxas de investimento, a consolidação de políticas que ampliem o capital humano no país, estimulem os ganhos de produtividade pela incorporação de novas tecnologias e repartam de forma equitativa tais ganhos.

23.4 CONSIDERAÇÕES FINAIS

Como vimos ao longo do capítulo, podemos distinguir os anos do presidente Lula no comando do país em diferentes fases. A primeira, ao longo dos anos iniciais do primeiro mandato, como o esforço para a consolidação da estabilização. Esse se deu como uma resposta ao quadro de instabilidade econômica em que ocorreu a sucessão do governo FHC para Lula. A estabilidade foi conquistada em função da conquista da credibilidade do novo governo pela manutenção do tripé macroeconômico – metas de inflação, superávit primário e taxa de câmbio flutuante –, pelo maior esforço fiscal do governo e pelos compromissos assumidos de manutenção de regras e contratos. Além disso, o bom desempenho da economia mundial possibilitou amplos superávits externos e amplo processo de valorização cambial, que contribuíram para a estabilização econômica. Deve-se destacar também que, ao longo do primeiro mandato, foram realizadas diversas reformas, com destaque para aquelas que possibilitaram melhor funcionamento do mercado financeiro, com a consequente expansão do crédito, e a maior focalização da política social, que contribuiu para a melhor distribuição de renda. Mas, apesar do quadro externo favorável, da consolidação da estabilização e das reformas, não se verificou a retomada de uma trajetória sustentável de crescimento econômico.

No segundo mandato, todo o esforço foi concentrado na ampliação das taxas de crescimento, principalmente após a crise econômica internacional. Grande esforço foi colocado em políticas públicas para a ampliação do investimento em infraestrutura e retomada de investimentos privados, em especial em setores industriais, focando-se na concentração e consolidação de grandes grupos econômicos. Verifica-se um ativismo maior do Estado, mas maior instabilidade do quadro institucional.

Apesar de uma ampliação da taxa de crescimento no segundo mandato, este foi interrompido pela crise internacional. Mas foi se consolidando um modelo de desenvolvimento no país, fortemente ancorado no **Modelo de Consumo de Massa**, que passava por melhor distribuição de renda, fortalecimento do mercado de trabalho, expansão do crédito, políticas redistributivas do Estado (elevada transferência de renda), maior papel do Estado na economia, que se consubstanciava em ampliação da carga tributária, e maior intervencionismo no direcionamento dos investimentos.

Apesar de um aparente sucesso, a sustentabilidade desse modelo era cada vez mais questionada, seja pelas baixas taxas de investimento, que permaneceram abaixo dos 20% do PIB, seja pela perda de dinamismo dos ganhos de produtividade, cujas razões podem estar relacionadas com as próprias características do modelo, fortemente dependente do Estado.

Como veremos no Capítulo 24, esses problemas se fizeram sentir de maneira mais clara ao longo do governo seguinte, de Dilma Rousseff, no qual as taxas de crescimento voltaram aos patamares das décadas anteriores ao governo Lula. O aparente sucesso na retomada do crescimento mostrou-se transitório, e o país permanece na busca para retomar uma trajetória de desenvolvimento sustentável, que depende essencialmente de maiores taxas de investimento e maiores ganhos de produtividade.

Tabela 23.11 Lula 1 *versus* Lula 2

Variável × Ano	Média 2003-2006	Média 2007-2010	Média 2003-2010
PIB e desemprego			
Taxa de crescimento anual PIB – % a.a.	3,49	4,48	4,06
Taxa de crescimento anual – PIB industrial – % a.a.	3,36	3,28	2,84
Taxa de crescimento anual – PIB agropecuário – % a.a.	3,31	3,83	3,45
Taxa de crescimento anual – PIB serviços – % a.a.	3,42	4,58	4,05
Taxa de crescimento anual – PIB FBKF – % a.a.	4,48	10,36	7,50
Taxa de crescimento anual – consumo das famílias – % a.a.	3,18	5,67	4,48
Taxa de crescimento anual – PIB cons. governo – % a.a.	2,53	3,64	3,22
FBCF/PIB – % PIB [1]	16,46	18,77	17,87
Taxa de desocupação – Regiões metropolitanas – Dezembro [2]	9,33	6,96	7,96
Taxa de desocupação – Regiões metropolitanas – Média do ano [2]	10,93	8,42	9,47
Inflação, câmbio e juros			
Taxa de inflação – % a.a. – IGP-DI	5,90	3,96	4,92
Taxa de inflação – % a.a. – IPCA-IBGE	6,41	5,14	5,77
Taxa de câmbio R$/US$ – final de período [3]	2,50	1,88	2,19
Taxa de câmbio R$/US$ [4]	2,65	1,88	2,27
Taxa de juros *over* – Selic (% a.a.) [5]	18,58	11,13	4,29
Indicadores fiscais			
NFSP – Nominal (% do PIB)	1,08	2,61	1,84
NFSP – Operacional (% do PIB)	1,08	0,41	0,79
NFSP – Primário (% do PIB)	−3,58	−2,98	−3,28
Carga tributária bruta (% do PIB)	33,17	34,96	33,94
Dívida líquida do setor público (mês 12) (% do PIB)	50,16	41,8	46,58
Indicadores do setor externo			
Exportação – US$ bilhões	106,42	178,38	142,40
Importações – US$ bilhões	69,02	150,77	109,89
Saldo comercial – US$ bilhões	37,40	27,61	32,50
Transações correntes – US$ bilhões	10,87	−24,62	−6,87
Transações correntes – % do PIB	1,34	−1,35	−0,01
Conta capital – US$ bilhões	0,60	1,01	0,81
Reservas Internacionais – Conceito liquidez – Final de período	60,47	228,69	144,58

(1) Preços constantes – FBCF deflacionado pelo deflator da FBCF e PIB pelo deflator do PIB.

(2) A metodologia de cálculo foi alterada em 2002, assim não se pode comparar os dados da série antiga com os da nova.

(3) Os valores correspondem ao último dia do ano e à moeda em vigor no momento.

(4) Taxa de câmbio média de compra – dezembro/dezembro.

(5) Taxa de Juros média do ano (% a.a.).

CONCEITOS-CHAVE

Carta ao Povo Brasileiro de 2002
Créditos Ninja
Crise do Banco Lehmann Brothers em 2008
Hipotecas *subprime*

Modelo Baseado no Consumo de Massa
Plano de Ação Imediata (PAI)
Programa de Aceleração do Crescimento (PAC)

QUESTÕES

Q1. Pode-se dizer que ao longo do governo Lula caracterizou-se um novo modelo de desenvolvimento que combinou crescimento econômico e distribuição de renda, que se poderia denominar Modelo Baseado no Consumo de Massa? Quais as principais características desse modelo?

Q2. Qual a importância da credibilidade no início do governo Lula para alcançar a estabilidade econômica?

Q3. Quais as principais medidas tomadas no governo Lula para garantir a estabilidade?

Q4. Explique como o desempenho internacional afetou a economia ao longo do governo Lula. Primeiro, explique o ciclo favorável das *commodities* e seu impacto no desempenho do setor externo. Em seguida, caracterize a crise internacional de 2008 e como esta afetou a economia brasileira.

Q5. Destaque as principais reformas introduzidas no sistema financeiro ao longo do governo Lula, e como elas influenciaram a forte expansão do crédito.

Q6. Como foi a reação da política econômica frente à crise de 2008 e quais seus resultados?

Q7. Quais as vantagens e eventuais problemas da valorização cambial durante o governo Lula?

TEMAS PARA DEBATE

T1. Quais as restrições à elevação da taxa de investimento na economia brasileira?

T2. No que consiste o Modelo Baseado no Consumo de Massa?

T3. Sobre a crise financeira internacional de 2008: quais suas origens, consequências e como o Brasil reagiu a ela?

24
Governo Dilma Rousseff – 1º Mandato

24.1 INTRODUÇÃO

A economista Dilma Rousseff assumiu a Presidência da República no início de 2011 em um ambiente de elevado crescimento econômico, combinado com aceleração inflacionária. Após profunda queda da taxa de crescimento econômico em 2009, provocada pela crise financeira internacional, a adoção de políticas anticíclicas de estímulo fiscal e monetário adotadas naquele ano conseguiu induzir a um amplo crescimento em 2010, que ficou em cerca de 7,5%.

Essa possibilidade decorreu da forte melhora dos indicadores macroeconômicos ao longo do governo Lula em termos de indicadores fiscais e externos, com destaque para a significativa redução do endividamento do setor público e o forte acúmulo de reservas internacionais. A priorização da estabilização ao longo deste governo, mantendo e aprimorando o tripé meta de inflação – superávit primário – câmbio flutuante do governo Fernando Henrique Cardoso (FHC), e o foco em políticas públicas que priorizavam a melhoria da distribuição de renda, além de um cenário externo bastante favorável até 2008, possibilitaram a retomada do crescimento.

Esse quadro de "consolidação da estabilização" com a retomada do crescimento e melhora da distribuição de renda parecia consolidar um novo modelo de desenvolvimento ancorado no consumo de massa, como mostramos no Capítulo 23.

Nesse sentido, o principal desafio do novo governo era construir a base de um crescimento sustentável: manter as taxas de crescimento econômico na faixa dos 4% a.a., aprofundar os ganhos sociais com a redução da miséria e continuidade da melhoria na distribuição de renda. Para conseguir essa série de objetivos, a economia deveria retomar ganhos significativos de produtividade e ampliar a capacidade produtiva por meio da elevação das taxas de investimento.

O foco do governo no crescimento contribuiu para um aumento das taxas médias de inflação ao longo do governo Dilma, uma vez que a política centrou-se no objetivo de estimular a demanda tanto pela política fiscal como pela monetária e cambial. Houve grande preocupação em recuperar a competitividade da indústria nacional, que se fez tanto por meio de políticas creditícias, controles de preços, compras governamentais, desonerações tributárias, intervenções cambiais, entre outros, revelando **forte ativismo estatal**.

Entretanto, o resultado ficou bastante aquém do esperado, com a taxa de crescimento médio recuando para pouco mais de 2% a.a., e a inflação se acelerou, situando-se quase permanentemente no limite superior das metas estabelecidas pelo Copom. Vale destacar que, apesar da piora do ambiente macroeconômico, ocorreram avanços nos indicadores sociais, embora com menos intensidade que no governo Lula.

Neste capítulo, será feita uma breve descrição dos indicadores econômicos durante o primeiro mandato do governo Dilma, da condução da política macroeconômica, das principais políticas adotadas e das principais dificuldades para se alcançar taxas de crescimento mais elevadas de maneira sustentável.

24.2 A POLÍTICA MACROECONÔMICA NO PRIMEIRO MANDATO DE DILMA ROUSSEF

Como destacado anteriormente, a política macroeconômica já havia se alterado no final de 2008. Apesar da manutenção formal do tripé da política macroeconômica – metas de inflação, câmbio flutuante e superávit primário –, a intensidade com que se perseguiram esses objetivos foi fortemente abalada, como reação à crise econômica internacional, a qual levou à forte reversão do crescimento econômico brasileiro ao final de 2008 e no primeiro trimestre de 2009.

A flexibilização da política monetária e fiscal era uma resposta natural àquele ambiente, e propiciou forte retomada da atividade econômica já a partir do segundo trimestre de 2009, mas com maior destaque para 2010. O resultado foi uma forte queda do desemprego, mas com significativas pressões inflacionárias. O sucesso alcançado pela recuperação econômica levou o governo à tentativa de manter todos os bônus herdados do governo anterior: baixo desemprego, elevado crescimento e ainda conter a inflação.

Para combater a aceleração inflacionária em 2010, o Banco Central valeu-se do aumento da taxa de juros (Selic), mas também recorreu às chamadas **medidas macroprudenciais** com maiores restrições à expansão do crédito, que visavam reduzir a dependência de elevações da taxa de juros para o controle da demanda agregada. No caso da política cambial, foram impostas restrições ao movimento de capitais, para tentar impedir que o quadro de ampla liquidez internacional provocasse maior deterioração das condições de competitividade da produção nacional. As metas de superávit primário foram reduzidas, devido à crise externa. Assim, em especial nos últimos anos do governo Lula, após a crise de 2008, verificou-se forte expansão dos gastos públicos e dos incentivos fiscais.

Enfim, apesar da manutenção do tripé macroeconômico, esse foi bastante flexibilizado, e passou a se valer de novos instrumentos de política econômica. Na verdade, como mostramos no Capítulo 23, a partir da queda do ministro Palocci, em 2006, substituído por Guido

Mantega, e com o apoio da ministra da Casa Civil, Dilma Rousseff, já estava sinalizada uma nova condução da política macroeconômica, menos preocupada com a estabilidade e com um maior ativismo estatal.

Nesse quadro, inicia-se o governo Dilma, mantendo-se no Ministério da Fazenda o ministro Guido Mantega e substituindo o presidente do Banco Central, Henrique Meirelles, pelo então Diretor de Normas e Organização do Sistema Financeiro, Alexandre Antonio Tombini.

As medidas de política econômica adotadas no primeiro semestre de 2011 mantiveram o que vinha sendo feito em 2010: (i) elevações da Selic de 10,75% a.a. em janeiro de 2011 até atingir 12,5% a.a. em julho; (ii) fortalecimento das medidas macroprudenciais, para controle da expansão do crédito; e (iii) meta de superávit primário de 3% do PIB para 2011, que depois foi ampliada ao longo do ano.

O principal objetivo era o controle inflacionário, uma vez que o crescimento econômico e o baixo desemprego pareciam garantidos pelo elevado crescimento que vinha desde 2010. Como pode ser visto na Figura 24.1, após atingir 4,5% a.a. no acumulado em 12 meses em agosto de 2010, a taxa de inflação foi aumentando de forma contínua, até atingir 7,3% no acumulado em 12 meses em setembro de 2011.

Figura 24.1 IPCA acumulado em 12 meses – 2009-2014.

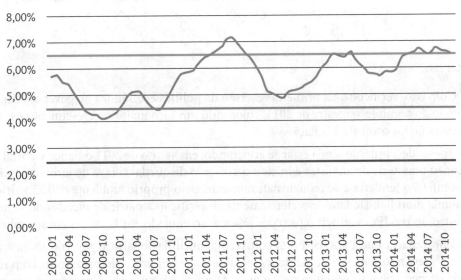

Fonte: Ipeadata.

Ressalte-se que, já nos primeiros meses do governo Dilma, observou-se **deterioração do cenário externo**, especialmente na Zona do Euro, com a piora fiscal e ampliação do risco-soberano de diversos países, com destaque para os chamados PIIGS (Portugal, Itália, Irlanda, Grécia e Espanha). Esse cenário de ampliação da incerteza e risco de ampliação da crise financeira levou à maior retração da atividade econômica nos países da região, com forte elevação das taxas de desemprego.

A combinação das políticas internas mais restritivas e a deterioração das condições externas começaram a provocar a perda de ritmo da atividade econômica brasileira, que sinalizava um crescimento da ordem de 4% a.a. para 2011 no início do ano, mas foi se reduzindo ao longo do ano, até se estancar no segundo semestre, como mostrado na Figura 24.2.

Figura 24.2 PIB – Trimestre do ano anterior – 2008/2014.

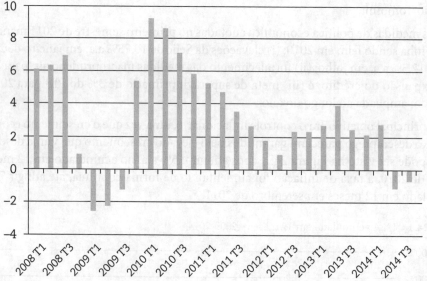

Fonte: IBGE.

Com isso, verificou-se a primeira reversão da política econômica no governo Dilma já no início do segundo semestre de 2011, colocando um foco maior no crescimento e menor preocupação no combate à inflação.

Apesar de a inflação ainda estar se acelerando, em agosto de 2011 o Banco Central surpreendeu uma série de analistas e iniciou o processo de queda da taxa de juros, assumindo que a inflação tenderia a se reduzir naturalmente, pelo próprio ambiente deflacionário da economia mundial. De fato, isso efetivamente se verificou a partir de meados do segundo semestre, após o IPCA atingir o pico de 7,3% a.a. acumulado em 12 meses em setembro.

Vale destacar que, para colaborar com o combate inflacionário, o governo anunciou no início do segundo semestre aumento da meta de superávit primário para o ano, com redução da despesa, objetivando diminuir o ônus da política monetária. Conforme veremos na Seção 24.2.3, *Finanças Públicas*, atingiu-se a meta completamente, sem recorrer a descontos dos investimentos do PAC ou outros mecanismos contábeis menos convencionais.

A trajetória de queda da Selic iniciada em agosto de 2011, quando esta se encontrava em 12,5%, só foi interrompida em outubro do ano seguinte, ocasião em que atingiu seu mais baixo patamar, de 7,25% a.a., no qual permaneceu até abril de 2013, quando volta a se elevar em função de a inflação estar superando o teto da meta (ver Figura 24.3).

Para que a redução da taxa de juros fosse viabilizada, foi necessária a **mudança na remuneração das cadernetas de poupança**, pois, caso contrário, a Selic ficaria abaixo dela. Antes, a remuneração era dada pela Taxa Referencial mais 0,5% a.m. Esse mecanismo continua válido quando a Selic estiver acima de 8,5%; quando inferior a esse patamar, a remuneração das cadernetas de poupança será de 70% da taxa Selic em termos mensais.

A ampla queda verificada na taxa de juros tinha por objetivo a retomada do crescimento econômico e a percepção de que a fragilidade da economia mundial impediria o processo de aceleração inflacionária, o que ocorreu até meados de 2012. Entretanto, a inflação volta a se acelerar, enquanto o Banco Central ainda perseguia a redução da taxa de juros, revelando maior tolerância com a inflação nesse governo.

Figura 24.3 Evolução da taxa de juros Selic: reuniões do Copom – 2001-2014.

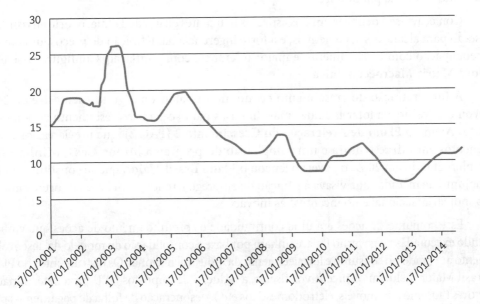

Fonte: Banco Central.

Vale destacar que a redução da taxa de juros também era possibilitada pelo quadro de reduzidas taxas de juros internacionais e pelos amplos programas de expansão de liquidez internacionais, inicialmente nos Estados Unidos e posteriormente na Europa, como forma de socorrer os sistemas financeiros e impedir um quadro deflacionário, após a crise financeira deflagrada a partir de 2008. Assim, como as taxas reais de juros no mundo encontravam-se próximas de zero, e dado o excesso de liquidez, mesmo com a redução das taxas internas de juros, ainda havia um diferencial significativo que levou a um amplo fluxo de capitais para o país no período, contribuindo para manter a taxa de câmbio valorizada.

Face a esse quadro, o governo tentou impedir a valorização cambial, seja impondo diversas restrições à entrada de capitais, seja com intervenções cambiais e a compra contínua de reservas. Entretanto, apesar desse esforço, a taxa de câmbio valorizada contribuiu para a contínua perda de competitividade da indústria, fazendo com que esse setor apresentasse o pior desempenho em termos de crescimento econômico.

Além da redução da taxa básica de juros, o governo atuou fortemente para a redução das taxas de juros ao tomador final de empréstimos e para a ampliação do crédito. Para tal, o governo utilizou-se de intervenções diretas dos bancos públicos, que passaram a impor um novo padrão de concorrência no sistema, definindo arbitrariamente taxas de juros mais baixas em suas diversas operações. Esse processo levou tanto à redução das taxas médias de juros na economia, que era o objetivo declarado da presidente, como à **ampliação do crédito, fortemente concentrada nos bancos públicos**. Ocorreu grande aumento da participação desse segmento no crédito total, tanto por meio do Banco do Brasil e da Caixa Econômica Federal, como do Banco Nacional de Desenvolvimento Econômico e Social (BNDES), para o que se recorreu a diversos mecanismos com vista a ampliar seu *funding*, por meio do aumento da dívida pública bruta.

Começava-se a delinear um dos aspectos marcantes da gestão Dilma: o forte ativismo do Estado para alcançar seus objetivos, e a forte ingerência na definição de preços, uma maior preocupação com o crescimento e maior tolerância com a inflação. Configurava-se uma **Nova Matriz Macroeconômica**.

A forte retração do crescimento econômico a partir do segundo semestre de 2011 levou o governo a adotar medidas mais intensas para acelerar o crescimento ao longo de 2012. Além do **Plano de Aceleração do Crescimento 2 (PAC 2)**, que previa vários investimentos em infraestrutura e uma ampliação do programa **Minha Casa, Minha Vida**, implementado em 2009, o governo lançou o **Plano Brasil Maior**, que se constituía em um conjunto de medidas que visava à geração de emprego e renda, com base no fortalecimento da indústria nacional e no incentivo às inovações.

Esse conjunto de ações era uma continuidade e aprofundamento de ações que vinham sendo executadas no governo Lula, e tinham por base a consolidação do modelo de desenvolvimento ancorado no consumo e fortalecimento da indústria nacional. Os instrumentos do Plano Brasil Maior incluíam os incentivos fiscais, a redução de impostos (IPI) para determinados setores (automóveis, móveis, eletrodomésticos etc.), desoneração da folha de pagamentos para redução de custos e ampliação da competitividade do produto nacional, incentivos creditícios, com destaque para o **Plano de Sustentação do Investimento (PSI)**, que visava garantir crédito para investimento em setores prioritários com condições semelhantes às do mercado internacional (operado pelo BNDES e com taxas de juros nominais de 4,5% a.a.).

A demora dos resultados fez com que os incentivos fossem sendo estendidos a novos setores e prorrogados ao longo do tempo. Ainda em 2012, o governo iniciou uma atuação mais direta para estimular a demanda e a tentativa de fortalecer a indústria nacional em particular, por meio de medidas que visavam impedir a valorização cambial, como a desoneração da folha de pagamentos para ganhar competitividade, a redução de impostos, o crédito subsidiado, as compras diretas, a possibilidade de diferenciais de preços entre produtos nacionais e importados nas compras governamentais, as exigências de percentuais mínimos de componentes nacionais em compras do Estado (por exemplo, nas plataformas de petróleo e na indústria naval), entre outras.

Desse modo, o grau de ativismo das políticas ia se colocando conforme o comportamento dos indicadores econômicos. A proliferação de políticas, sem que houvesse o tempo necessário para a maturação das anteriores, e as constantes modificações de regras, prazos, setores priorizados, entre outros, favoreceram um ambiente de incertezas e de pressões políticas, que limitou o impacto das políticas, e não levou aos resultados almejados.

24.2.1 Interferências no sistema de preços

Outros exemplos do ativismo estatal e seu objetivo de melhorar o nível de atividade e manter a inflação baixa podem ser dados em suas atuações em termos de controle e interferências no sistema de preços.

Em setembro de 2012, com a **Medida Provisória MP n. 579**, o governo estabeleceu as bases legais para ampla revisão dos contratos de geração e transmissão de energia elétrica, prorrogando as concessões, renovando os contratos que estivessem para vencer até 2015, com o objetivo de reduzir as tarifas praticadas. Pelas regras, as empresas que renovassem as concessões receberiam uma tarifa que cobriria a operação e manutenção dos ativos. Assim, os ativos ainda não amortizados foram indenizados, possibilitando a capitalização das empresas do sistema, e diversas taxas e contribuições foram retiradas para viabilizar a maior queda das tarifas. Buscou-se reduzir a conta de luz, em média, em 20%.

Embora alguns setores industriais intensivos em energia tenham sido beneficiados, nem tudo saiu como planejado. As geradoras estaduais, como a Cesp, Cemig e Copel, não concordaram com as condições propostas. Por outro lado, as distribuidoras, que tiveram uma série de contratos vencidos em 2012, ficaram descobertas para atender aos clientes. Pelas regras do setor, as distribuidoras são obrigadas a contratar 100% da energia necessária para abastecer os clientes. Quando o volume contratado é menor que o consumido, elas têm que comprar energia no mercado *spot*, de curto prazo.

Um problema adicional foi que sobreveio um período de grande estiagem, fazendo com que os níveis dos reservatórios baixassem, prejudicando a produção de energia pelas hidroelétricas, obrigando todas as usinas termoelétricas a entrar em operação. Como o custo de produção de energia pelas termoelétricas, baseado na utilização de gás, carvão e óleo combustível, é muito maior do que das hidroelétricas, o resultado dessa equação foi a explosão dos preços no mercado *spot*, que chegaram a mais de R$ 800,00 o megawatt/hora, quando em uma situação normal costumava ficar abaixo de R$ 100,00 megawatt/hora.

Esse aumento de preços não foi repassado ao consumidor, como seria esperado, e a maior parcela da conta recaiu sobre as concessionárias, em grande parte sobre aquelas que aderiram às regras da MP n. 579. Assim, o setor elétrico ficou descapitalizado, reduzindo sua capacidade de investimento. As hidroelétricas também foram prejudicadas, pois, pela legislação do setor, quando não cumprem a produção programada, são obrigadas a comprar energia das termoelétricas, e repassar para as distribuidoras.

No caso dos combustíveis, para evitar os reajustes, o governo retirou a Contribuição de Intervenção no Domínio Econômico (Cide) e limitou os reajustes de preços da Petrobras. Esse quadro gerou uma série de consequências negativas, tais como a redução do lucro da Petrobras e de sua capacidade de investimento, em um momento no qual seu papel foi ampliado, em função do modelo definido para a exploração do pré-sal. Além disso, o controle de preço da gasolina restringiu o preço do etanol, em um contexto no qual as usinas se encontravam extremamente alavancadas em função das decisões de investimento anteriores, levando a amplas dificuldades financeiras para o setor, com o fechamento de usinas e restringindo a sua expansão e renovação dos canaviais. O governo, também nesse caso, utilizou-se ativamente do BNDES com linhas especiais de financiamento para socorrer o setor, mas que não alcançaram os resultados esperados.

Esse modelo foi recorrente ao longo dos últimos anos, em que determinadas intervenções sacrificavam a rentabilidade de setores específicos, que eram posteriormente socorridos pelo governo com crédito subsidiado, o que redundou na ampliação dos gastos públicos e da dívida pública bruta (que chegou aos 60% do PIB), com desoneração de impostos e outras medidas pontuais.

Desse modo, o forte ativismo estatal ocasionou uma série de incertezas, reduzindo a previsibilidade econômica e a segurança institucional e política, afetando os investimentos e os ganhos de produtividade.

24.2.2 Redução do desemprego e pressão inflacionária

Os resultados mais favoráveis para o governo concentraram-se no mercado de trabalho. A taxa de desemprego reduziu-se de forma contínua desde 2009, caindo da faixa dos 9% para algo em torno de 5% em 2014, o que pode ser considerado uma situação de quase pleno emprego (Figura 24.4).

Figura 24.4 Evolução da taxa de desemprego no Brasil: regiões metropolitanas – 2008-2014.

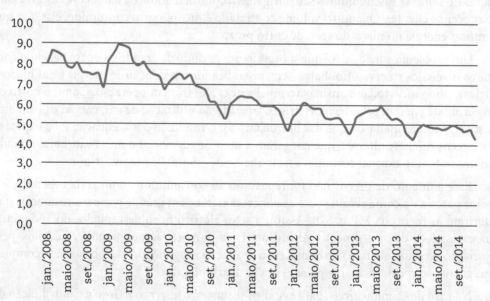

Fonte: IBGE-PME.

Paralelamente à queda da taxa de desemprego, ocorreu o aumento contínuo do rendimento real médio das pessoas ocupadas, que cresceu acima dos 3% a.a., em média, ao longo do governo Dilma (Figura 24.5). Com esse comportamento da renda, a demanda continuou aquecida, mantendo as pressões inflacionárias.

Figura 24.5 Evolução do rendimento real médio das pessoas ocupadas R$/mês – Regiões Metropolitanas – IBGE-PME.

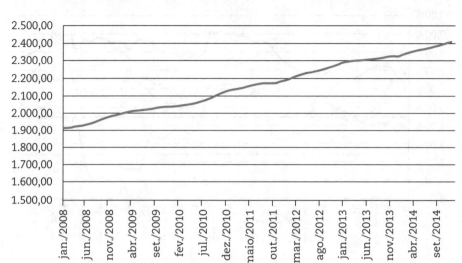

Fonte: IBGE (Ipeadata).

O impacto na inflação pode ser visto no comportamento do IPCA. Como se observa na Figura 24.6, o IPCA ficou, ao longo de todo o período do governo Dilma, acima do centro da meta, bastante próximo ao limite superior.

Em função dos fortes estímulos de demanda e das baixas taxas de desemprego, que reduzem a capacidade de reação da oferta, acentuam-se as pressões inflacionárias, em especial nos segmentos de **preços livres**, que ficaram durante vários meses acima do limite superior da meta. Destaca-se a evolução de preços do setor serviços, cuja característica de não transacionável (*non tradeable*) não se encontra limitada pela possibilidade de importação. Ou seja, são menos sensíveis à valorização cambial. Por essa razão, ao longo de todo o governo Dilma, verifica-se que a inflação do setor serviços, que é fortemente influenciada pelo comportamento dos salários, situou-se bastante acima do limite superior da meta.

A inflação só não foi ainda maior devido à forte intervenção estatal e controle de diversos preços. Pode-se verificar que os chamados **preços monitorados (administrados)** – energia elétrica, combustíveis, transporte público, telecomunicações etc. – tiveram inflação bastante abaixo dos demais, sendo nos últimos anos menor que o limite inferior da meta.

Outro fator que contribuiu para manter a inflação ainda dentro do limite da meta foi a **taxa de câmbio valorizada**, que reduzia a inflação dos chamados bens transacionáveis (*tradeables*).

Ou seja, em um ambiente de demanda fortemente aquecida e sem capacidade de resposta da produção, o controle da inflação foi feito com forte recurso a controles do governo, que geraram diversas distorções econômicas e o represamento de vários preços, sacrificando importantes setores econômicos, que foram posteriormente socorridos com verbas públicas, crédito subsidiado ou desonerações fiscais, que ampliavam o desequilíbrio fiscal.

Figura 24.6 Evolução do IPCA acumulado em 12 meses, por grupos – 2009-2014.

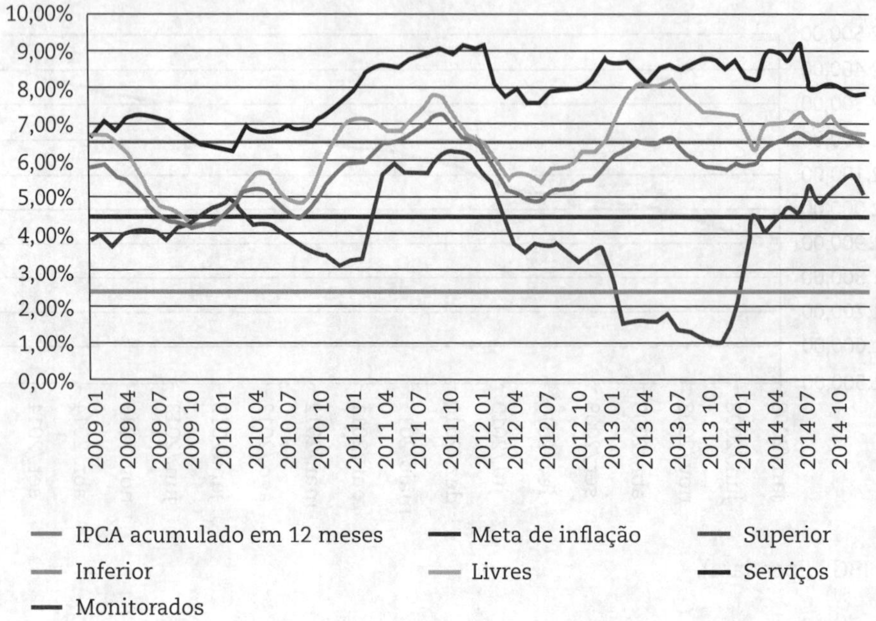

Legenda:
— IPCA acumulado em 12 meses — Meta de inflação — Superior
— Inferior — Livres — Serviços
— Monitorados

Fonte: Ipeadata.

Os instrumentos tradicionais de política monetária – elevações da taxa de juros – e fiscal – maior controle de gastos e busca de maiores superávits primários – não foram utilizados da forma esperada. O governo tratou a questão do baixo crescimento econômico como um problema de falta de demanda, e não como restrições de capacidade produtiva, impostas pela própria situação de pleno emprego, resultando no quadro de estagflação.

24.2.3 Finanças públicas

O forte ativismo estatal também provocou a **deterioração das contas públicas**, com profunda redução dos superávits primários e reversão da tendência contínua de queda da dívida pública que se verificava desde 2003, com exceção do período de resposta à crise internacional de 2008. Mesmo com o aumento da carga tributária, que se situou ao longo do período acima de 32% do PIB, verifica-se, desde 2011, retração no superávit primário do setor público consolidado. Além da queda do valor, o cumprimento das metas anuais definidas pelo governo para o superávit primário passou a depender de forma crescente de **artifícios contábeis**, em que se recorre a antecipações de receitas, criação de receitas extraordinárias, exclusão e adiamentos de determinadas despesas e dívidas, entre outros mecanismos que dificultam a real avaliação das contas públicas. O superávit primário alcançou quase 3% em 2011, reduzindo-se de forma contínua, tornando-se deficitário em 2014 (–0,56% do PIB), conforme mostrado na Tabela 24.1.

Tabela 24.1 NFSP acumulado em 12 meses (% PIB) – 2011-2014

	2011	2012	2013	2014
NFSP-Nominal	–2,47	–2,26	–2,96	–5,95
Juros da dívida pública	–5,41	–4,44	–4,67	–6,51
NFSP-Primário	2,94	2,18	1,71	–0,56

Fonte: Banco Central do Brasil.

A Tabela 24.2 revela que a dívida pública líquida apresentou queda ao longo do governo Dilma, com elevação apenas no último ano. A dívida bruta, por sua vez, tem se ampliado em função da capitalização de instituições financeiras, como o BNDES, para aumentar a sua capacidade de empréstimos. Note-se, porém, que o diferencial de juros entre o cobrado pelo banco e o pago nos títulos da dívida pública deteriorou ainda mais as contas públicas, em função dos subsídios envolvidos na operação.

Tabela 24.2 Dívida pública (% PIB)

Ano	Dívida líquida do setor público	Dívida bruta do setor público
2011	34,5	51,3
2012	32,2	53,7
2013	30.5	51,5
2014	32,6	56,3

Fonte: Banco Central do Brasil.

24.2.4 O comportamento do produto e do emprego

A taxa média de crescimento do produto no primeiro mandato do governo Dilma retraiu para a faixa dos 2% a.a., ou seja, menos da metade da verificada no segundo mandato do governo Lula, e também menos que os níveis verificados no governo FHC (média de 2,3% anuais).

Embora parcela desse comportamento possa ser atribuída à crise econômica internacional, deve-se destacar que o desempenho brasileiro voltou a ficar muito abaixo do crescimento mundial, revelando que as principais dificuldades são de ordem interna (Tabela 24.3).

Tabela 24.3 Evolução do PIB: Brasil × mundo

	Mundo	Brasil
Anos 1980	3,2	3,0
Anos 1990	3,2	1,8
1995/1998	3,8	2,6
1999/2002	3,5	2,1
Anos 2003/2006	4,9	2,6

(continua)

(continuação)

	Mundo	Brasil
Anos 2007/2010	3,2	4,6
2011	3,9	4,0
2012	3,5	1,9
2013	3,1	3,0
2014	3,4	0,5
2011/2014	3,5	2,4

O fraco desempenho do produto revela, em última instância, os limites ou o esgotamento do modelo ancorado no forte crescimento do consumo, seja das famílias, seja do governo. As baixas taxas de crescimento econômico refletem o baixo nível de expansão da capacidade produtiva, em uma situação de pleno emprego. Nesse contexto, **ampliações da demanda não acompanhadas por expansão do produto repercutem em maiores taxas de inflação e/ou deterioração das contas externas**. Com isso, os elevados estímulos públicos concedidos não levaram ao crescimento econômico almejado e contribuíram para ampliar a instabilidade da economia.

A possibilidade de crescimento econômico baseado em ampla geração de emprego, redução das taxas de desemprego e ocupação da capacidade ociosa em resposta à ampliação da demanda, como ocorrida ao longo do governo Lula, já não se verificava mais. O aperto do mercado do trabalho com baixas taxas de desemprego e elevados rendimentos podem ser observados na tendência contínua de redução na geração de emprego ao longo do governo Dilma, conforme revela a Figura 24.7.

Figura 24.7 Geração de emprego formal acumulada em 12 meses: Brasil – 2009-2014.

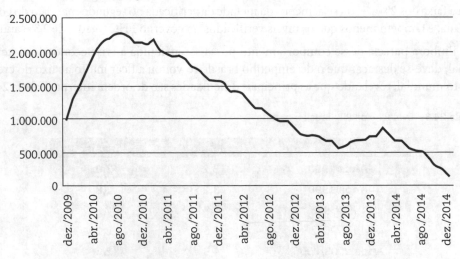

Fonte: CAGED-Ministério do Trabalho.

Nesse contexto, o crescimento econômico passa a depender da expansão da capacidade produtiva e não da demanda. Esgotado o crescimento pelo aumento da demanda, o crescimento do produto potencial depende: (i) da ampliação da População Economicamente Ativa (PEA), (ii) do aumento do estoque de capital (físico e humano) e (iii) dos ganhos de produtividade.

Nas últimas décadas, o país beneficiou-se do chamado **Bônus Demográfico**, no qual a expansão da PEA superou o crescimento demográfico, jogando um contingente crescente de pessoas no mercado de trabalho. Com isso, o PIB tenderia a crescer naturalmente, acima do aumento populacional, mesmo se mantendo outros fatores constantes. Ainda que incorporando novos trabalhadores com o mesmo nível de produtividade dos anteriores, a simples elevação da participação da PEA na população total faria com que o PIB *per capita* se elevasse.

Entretanto, o bônus demográfico já vinha se esgotando, e a tendência naquele momento é de um grande aumento da parcela da população idosa, com impactos negativos sobre a oferta de trabalho e sobre as taxas de poupança, restringindo ainda mais a capacidade de crescimento. Ou seja, perderam-se décadas favoráveis ao crescimento econômico com uma economia instável, em crise e com baixos ganhos de produtividade.

Quanto à acumulação de capital, esta corresponde à taxa de investimento em máquinas e equipamentos, infraestrutura, construção civil, logística, entre outros. O montante de investimento depende, por sua vez, da taxa de poupança, composta pela poupança doméstica e pela poupança externa. Além disso, o investimento e a poupança estão vinculados ao grau de confiança na economia do país, tanto em seu ambiente institucional como na estabilidade econômica. Os investidores precisam ter confiança para prever o retorno de seus investimentos e ter segurança de que poderão se apropriar de seus ganhos futuros. Assim, em um ambiente de instabilidade econômica, incerteza jurídica, instabilidade das regras e das instituições, tanto a poupança como o investimento tendem a se retrair.

No caso brasileiro, conforme pode ser observado na Tabela 24.4, tanto a taxa de poupança doméstica (média de 12,9%) como a taxa de investimento (média de 21,4%) foram reduzidas no governo Dilma.

Tabela 24.4 Taxas de investimento e poupança (% PIB)

	2011	2012	2013	2014	Média
Taxa de investimento (FBCF/PIB)	21,8	21,4	21,7	20,6	21,4
Poupança doméstica/PIB	16,1	15,3	15,1	10,1	12,9

Fonte: IBGE e Banco Central.

A poupança é influenciada, além das variáveis mencionadas, pelo elevado consumo do governo, que resulta em poupança pública negativa, e pelos fortes incentivos ao consumo familiar no Brasil, em função do desenho dos sistemas de transferência de renda (pagamento de juros da dívida, políticas assistenciais e sistema previdenciário) e do incentivo a esse componente como instrumento de política para incentivar a economia.

A taxa de investimento retraiu-se de forma significativa durante as chamadas décadas perdidas, e não se recuperou de maneira significativa, mesmo com a estabilização da economia a partir do governo FHC, e tem oscilado principalmente entre 15% e 20% do PIB ao longo das últimas décadas. Deve-se destacar que no período de maior crescimento econômico do país, ao longo da década de 1970, a taxa de investimento situava-se na ordem de 25% do PIB. Os diversos países que mantiveram maiores taxas de crescimento econômico durante longos períodos – China, Coreia, Japão, entre outros – apresentaram taxas de investimento bastante acima dos 25% do PIB.

Assim, a baixa taxa de expansão do produto potencial no Brasil nas últimas décadas decorre, entre outros fatores, das suas baixas taxas de investimento. Há certo consenso de que a elevação das taxas de crescimento econômico e sua preservação de modo sustentável na faixa dos 4,5 a 5% a.a. irá requerer taxas de investimento em torno de 25% do PIB.

A maior restrição ao aumento da taxa de investimento parece ser a taxa de poupança doméstica, que vem oscilando ao longo de várias décadas em torno de 15% do PIB. Com isso, expansões da taxa de investimento sempre são acompanhadas de recurso à poupança externa, ou seja, déficits em transações correntes, que acabam inviabilizando a própria manutenção dos maiores níveis de investimento.

Observa-se, na Tabela 24.5, que, em termos de componentes da demanda agregada, o investimento (Formação Bruta de Capital Fixo) foi o que apresentou a menor expansão nos últimos anos, apesar dos diversos estímulos concedidos. O consumo, por sua vez, tanto das famílias como da administração pública, apresentou crescimento superior ao PIB. Sem a expansão da capacidade produtiva e do produto, grande parte desse aumento direcionou-se para o aumento das importações.

Em termos setoriais, observa-se que o pior desempenho foi o da indústria, mesmo com o foco das políticas voltado para o aumento da competitividade da indústria nacional. Entre 2011 e 2014, o crescimento industrial foi de apenas 1% a.a. Esse fraco desempenho decorre das baixas taxas de investimento, da baixa competitividade da indústria em função de elevados custos associados à escassez de mão de obra e ao crescimento dos salários, da baixa produtividade dos trabalhadores, do elevado custo de insumos, das deficiências de infraestrutura, da valorização da taxa de câmbio, entre outros fatores.

Tabela 24.5 Crescimento econômico: taxas de crescimento – % a.a.

	2011	2012	2013	2014	Média 2011-2014
PIB Brasil	3,97	1,92	3,00	0,50	2,35
PIB indústria	4,11	−0,72	2,17	−1,51	1,01
PIB agropecuária	5,64	−3,08	8,36	2,79	3,43
PIB serviços	3,46	2,90	2,75	0,99	2,52
Consumo das famílias	4,82	3,50	3,47	2,25	3,51
Consumo da administração pública	2,20	2,28	1,51	0,81	1,70
Formação bruta de capital fixo	6,83	0,78	5,83	−4,22	2,30
Exportações	5,83	5,02	4,52	3,88	4,81
Importações	5,20	4,68	4,52	4,00	4,60

Fonte: Ipeadata.

O outro aspecto a ser destacado é a baixa evolução dos ganhos de produtividade. Após apresentar ganhos significativos durante determinados períodos ao longo da década de 1990 – em resposta à abertura comercial, estabilização e privatização – e na década passada, com a consolidação da estabilização no governo Lula e um conjunto de reformas voltadas à melhora do mercado de crédito, à maior formalização da economia e à aprovação de medidas que visavam fortalecer o arcabouço institucional para o investimento (por exemplo, lei de falência, PPPs, entre outros), o país perdeu o ritmo a partir da crise de 2008.

Grande parte da perda de dinamismo dos ganhos de produtividade decorre das maiores incertezas associadas ao forte ativismo estatal, que trouxe maior clima de insegurança para os investimentos e aumento significativo no protecionismo. Assim, a retomada do crescimento econômico requer o desenho de políticas que estimulem maior ganho de produtividade, sendo a principal delas a estabilidade das regras e a retirada de diversas intervenções na economia.

Os ganhos de produtividade também tendem a crescer com o aumento do capital humano e o maior investimento em pesquisa e desenvolvimento. No que tange ao capital humano, o conjunto de políticas de transferência de renda e de universalização da educação tem contribuído para forte elevação do número médio de anos de estudo para as diferentes faixas etárias. Destaca-se o expressivo crescimento de jovens com acesso ao ensino médio e o significativo aumento de vagas e matrículas no ensino superior tanto em função da expansão das universidades públicas como, principalmente, em decorrência dos programas Programa Universidade para Todos (Prouni) e Fundo de Financiamento Estudantil (FIES), este último instaurado no governo FHC. No governo Dilma, destaca-se o **Programa Nacional de Acesso ao Ensino Técnico e Emprego (Pronatec)**, que promoveu significativo número de vagas no ensino técnico.

Assim, a perda de dinamismo do ganho de produtividade está associada às baixas taxas de investimento e determinadas políticas que geraram incentivos inadequados na economia e distorceram a alocação de recursos. Por sua vez, o fortalecimento dos programas de qualificação e o maior acesso a níveis educacionais mais elevados tendem a contribuir para que se alcancem maiores ganhos de produtividade no futuro.

24.2.5 Comércio exterior

Outra preocupação do governo Dilma era a retomada da competitividade da indústria nacional e o estímulo ao aumento das exportações industriais. Como visto no Capítulo 23, ao longo do primeiro mandato do governo Lula ocorreu uma forte expansão das exportações e do superávit comercial, o que proporcionou superávits em transações correntes e significativa melhora nos indicadores externos. Esse processo esteve muito relacionado com o crescimento econômico mundial, em especial das economias emergentes, com forte elevação do preço das *commodities* e melhora dos termos de troca do país.

O bom desempenho das exportações persistiu até o final de 2008, quando eclodiu a crise internacional, e houve retração do comércio internacional e do preço das *commodities*, principalmente ao longo de 2009. Como se pode observar na Tabela 24.6, o saldo comercial foi reduzindo durante o segundo mandato, também em função do forte crescimento das importações decorrente do maior crescimento econômico do país, a forte expansão do consumo e a valorização da taxa de câmbio.

Tabela 24.6 Balanço de pagamentos do Brasil – 2015-2018 (US$ bilhões)

Ano	Exportações (FOB)	Importações (FOB)	Balança comercial	Serviços e rendas	Transações correntes	Conta Capital e Financeira	Reservas internacionais	Investimentos diretos no país
2015	189,9	–172,5	17,4	–35,2	–54,8	56,2	356,5	61,6
2016	184,3	–139,7	44,5	–38,4	–24,5	15,8	364,9	71,2
2017	218,0	–160,7	57,3	–41,0	–22,0	16,7	374,7	64,1
2018	239,5	–196,1	43,4	–58,8	–51,5	51,9	356,9	74,3

Nota: adotamos os sinais do BPM5, de compreensão mais direta que os sinais do BPM6.

Fonte: FMI.

Um aspecto marcante ao longo da década passada foi o crescimento contínuo do peso das *commodities* em nossa pauta exportadora – soja, minério de ferro, açúcar, carnes, entre outras – e a maior concentração das importações em produtos industriais. Ou seja, verificou-se, ao longo dos anos, forte queda na intensidade tecnológica das exportações brasileiras e aumento no caso das importações. Esse fenômeno é comum em países com elevada dotação de recursos naturais, porém também ressalta a nossa maior dependência do preço das *commodities* para o desempenho exportador e a perda crescente de competitividade do setor industrial.

Esse processo persistiu ao longo do governo Dilma. Após a retração das exportações totais em 2009, essas começaram a se expandir em 2010, voltando ao patamar verificado em 2008 e apresentando um elevado crescimento em 2011, novamente em decorrência do crescimento das economias emergentes e da forte elevação do preço das *commodities* naquele ano. Nos dois anos seguintes, as exportações perderam dinamismo pelo pior cenário internacional e retração do preço dos produtos de exportação brasileiros.

As importações, após significativa queda em 2009, com a estagnação econômica do país naquele ano, vêm se ampliando de forma acentuada desde então, levando praticamente à eliminação dos superávits comerciais conquistados na década passada, apresentando, inclusive, um déficit em 2014. Esse processo decorreu dos fortes estímulos concedidos à demanda interna combinado com a valorização cambial.

Além da redução do saldo comercial, como observado anteriormente, deve-se destacar a mudança de composição das exportações. Enquanto as importações se concentram principalmente em produtos manufaturados, as exportações estão cada vez mais concentradas nos produtos básicos, cuja participação se aproxima dos 50% da pauta exportadora (Tabela 24.7). Esta "**reprimarização da pauta de exportações**" está associada à forte expansão das economias emergentes e ao grande aumento da demanda de produtos básicos, em especial a China, que se tornou a principal compradora do Brasil, e a intensidade de recursos naturais da economia brasileira, com destaque para a possibilidade de expansão da agropecuária e as riquezas minerais. Vale destacar ainda que diversos produtos classificados como semimanufaturados também são *commodities* – laminados de ferro, aço, açúcar refinado, café solúvel, suco de laranja, entre outros.

A retração da participação da indústria nas exportações está relacionada, além do forte sucesso das *commodities* em si, com o fraco desempenho dos principais compradores de produtos industriais brasileiros nos últimos anos, com destaque para a Argentina e, principalmente, a perda de competitividade da produção industrial brasileira com os elevados custos dos insumos, a baixa produtividade, o aumento dos custos salariais, os problemas de infraestrutura e a valorização cambial. Deve-se destacar que a baixa inserção internacional da indústria brasileira também reflete, em parte, as opções da política de relações internacionais do período recente.

Tabela 24.7 Composição das exportações brasileiras – 2002/2014

Ano	Básicos	Semimanufaturados	Manufaturados	Operações especiais
2002	28,06	14,83	54,61	2,39
2006	29,23	14,17	54,44	2,16
2008	36,89	13,68	46,82	2,61
2010	44,58	13,97	39,40	2,05
2011	47,83	14,07	36,05	2,05
2012	46,77	13,62	37,39	2,22
2013	46,67	12,60	38,44	2,29
2014	48,7	12,9	36,3	2,1

Fonte: MDIC/Secex, Funcex.

A deterioração do saldo comercial brasileiro levou a uma grande ampliação do déficit em transações correntes, que tem se situado acima de 3% do PIB desde 2013 (Tabela 24.6). Mesmo com o elevado volume de reservas internacionais mantidas pelo país, esse montante de déficit não tende a se sustentar a longo prazo, o que já pode ser visto pelo fato de o montante de investimentos estrangeiros ser inferior ao montante do déficit. A correção do desequilíbrio externo passa pela ampliação da poupança doméstica ou maior redução do investimento, limitando a necessidade de recurso à poupança externa.

24.3 PRIMEIRO MANDATO DO GOVERNO DILMA: CONCLUSÕES

O desempenho econômico brasileiro ao longo do primeiro mandato da presidente Dilma Rousseff ficou bastante aquém do esperado e do verificado no governo Lula. O crescimento médio do PIB foi de apenas 2,35% a.a., e a taxa de inflação situou-se sistematicamente acima do centro da meta, próxima ao limite superior.

Esse quadro decorreu tanto de fatores externos, como a frágil recuperação da economia mundial frente à crise de 2008, com diversas incertezas e movimentos de idas e vindas da atividade econômica mundial, como de fatores internos, decorrentes, principalmente, das opções de política econômica desse governo.

O governo anterior obteve amplo sucesso na recuperação da crise econômica utilizando-se de estímulos fiscais, monetários e creditícios, conseguindo alcançar a maior taxa de crescimento do século em 2010, embora acompanhado de aceleração inflacionária. Essa gestão iniciou-se com a preocupação do controle da inflação, mas, conforme a situação externa e o resultado das políticas adotadas provocaram a queda do crescimento econômico, passou a adotar nova estratégia de política econômica, buscando alcançar o crescimento a qualquer custo, com base em políticas de estímulo à demanda. A chamada Nova Matriz Econômica baseava-se em maior intervenção no mercado cambial, política monetária mais tolerante com a inflação e maior ativismo governamental.

Com relação a este último aspecto, destacam-se os diversos tipos de incentivos concedidos pelo governo na forma de desonerações tributárias, subsídios creditícios, diferenciação em compras públicas, exigências de componentes nacionais nas compras governamentais, elevação dos gastos públicos com compras diretas, transferências e investimentos, entre outros mecanismos. Além disso, verificou-se forte intervenção em determinados preços – com destaque para a energia elétrica e os combustíveis – e em contratos associados a serviços públicos. Esse conjunto de ações consubstanciado em diversos programas, como o Plano Brasil Maior, o Programa de Aceleração do Crescimento 2, o Minha Casa, Minha Vida, Programa de Sustentação do Investimento, entre outros, resultou em uma deterioração das contas públicas, com redução do superávit primário, minimizado por manipulações contábeis, e elevação da dívida pública bruta (ainda que mantido o nível da dívida líquida).

O forte estímulo assegurou um processo contínuo de redução do desemprego, atingindo praticamente o pleno emprego, o que acarretou significativas pressões salariais. Esse quadro intensificou as pressões inflacionárias, em especial no setor serviços, que eram em parte compensadas pelo controle dos preços administrados e pela valorização cambial, que continha a inflação dos produtos transacionáveis (*tradeables*). Nesse processo, a indústria foi perdendo competitividade, e reduzindo sua participação no produto e no emprego, a favor do setor de serviços. Dada a menor produtividade deste último setor, explica-se em parte a preservação das baixas taxas de desemprego e o baixo crescimento econômico.

Este é o quadro predominante nos últimos anos do primeiro mandato do governo Dilma: inflação no limite superior da meta, economia estagnada, profunda deterioração das contas externas em função da demanda aquecida e da valorização cambial. Configura-se o quadro da chamada **estagflação**.

Essa situação revela que se alcançou o limite da estratégia de crescimento baseada no incentivo ao consumo com forte expansão do emprego e dos rendimentos, ampliando a massa salarial, e do crédito. O chamado modelo do consumo de massas esbarrou no limite na capacidade produtiva, que não se expandiu como se esperava. A sua continuidade dependeria de significativos ganhos de produtividade, em função das economias de escala, e da ampliação dos investimentos. Assim, a baixa taxa de investimento e a estagnação da produtividade fizeram com que as políticas com foco no consumo não levassem a maiores expansões do produto, mas apenas a maior inflação e deterioração das contas externas e públicas.

A retomada do crescimento passa pela elevação da taxa de investimento na economia, que dependerá da elevação das taxas de poupança pública e privada, da redução do quadro de incertezas, com a estabilidade das regras e política macroeconômica consistente, e do avanço do quadro de reformas que possibilitem melhores condições de competitividade. Ao longo desse governo, ocorreram avanços importantes nas privatizações de aeroportos, rodovias e outros serviços públicos. Porém, a grande demanda de investimentos em infraestrutura requer a atração dos investimentos privados e, portanto, um quadro institucional estável e atrativo, que possibilite níveis de remuneração dos investimentos de acordo com os riscos envolvidos. A melhora da qualidade e da quantidade de infraestrutura – rodovias, aeroportos, portos, hidrovias, ferrovias, saneamento básico, energia elétrica etc. – é de fundamental importância para viabilizar novos investimentos nos setores produtivos e para propiciar reduções de custos e aumentos na produtividade.

Apesar da deterioração dos fundamentos macroeconômicos, deve-se destacar que ocorreram significativos avanços sociais no primeiro mandato do governo Dilma, com destaque para a manutenção do nível de emprego, aumento do rendimento médio da população, e consequente redução na desigualdade de renda, o maior acesso à moradia popular, o aumento na escolaridade e o maior acesso à educação em seus diferentes níveis, com destaque para o ensino técnico e superior, entre outros. Mesmo que o crescimento econômico tenha sido reduzido, a maior expansão da renda contribuiu para sustentar a demanda. O aumento da renda deu-se com muito mais intensidade nas classes de renda inferior, o que proporcionou o aumento do acesso de um número crescente de pessoas ao mercado consumidor e a melhores condições de vida.

A continuidade dos avanços sociais e do processo de inclusão dependerá da retomada do crescimento. Assim, o grande desafio que se coloca é como ampliar as taxas de investimento e os ganhos de produtividade, preservando e aprofundando as conquistas sociais. A taxa de poupança deverá se elevar, em especial no setor público, o que irá requerer escolhas entre os diferentes gastos, por exemplo, fortalecer os programas educacionais e de transferência, reduzindo os subsídios creditícios, ou, ainda, elevações da carga tributária para fazer frente às amplas demandas.

A estabilidade institucional e macroeconômica deverá ser perseguida para estimular o investimento privado e a atração de poupança externa. O investimento em infraestrutura deverá ser fortemente ampliado, para o qual as concessões e parcerias são fundamentais. A questão-chave é a retomada do crescimento, para que possa se reforçar a opção por políticas públicas que garantam as conquistas sociais obtidas nos últimos anos.

Tabela 24.8 Indicadores econômicos – taxas de crescimento médias 2011-2014

PIB e desemprego	2011-2014
Agropecuária	3,43
Indústria	1,01
Comércio	2,17
Serviços	2,52
PIB	2,35
Consumo das famílias	3,51
Consumo do governo	1,70
Formação bruta de capital fixo	2,30
FBCF (% do PIB)	21,37

(continua)

(continuação)

Inflação, câmbio e juros	2011-2014
IPCA – 12 meses	6,17
Taxa Selic – Copom	10,00
IGP-DI 12 Meses	5,61
Taxa de câmbio (dez.)	2,22
Taxa de câmbio (média anual)	2,03

Indicadores fiscais	2011-2014
NFSP sem desvalorização cambial (% PIB) Resultado nominal	3,41
NFSP sem desvalorização cambial (% PIB) Resultado primário	–1,57
Dívida líquida do setor público (% PIB) Setor público consolidado	32,44
CTB (% do PIB)*	32,51
* Até 2021	

Indicadores do setor externo	2011-2014
Reservas internacionais – US$ milhões	361.880
Transações correntes – US$ milhões	–93.783
Balança comercial – US$ milhões	9.516
Exportação de bens – US$ milhões	240.717
Importação de bens – US$ milhões	231.201
PIB mensal – US$ milhões	2.500.334
Transações correntes – % do PIB	–3,76%
Conta capital e financeira	–95.109

CONCEITOS-CHAVE

Bônus demográfico
Nova matriz macroeconômica
Plano Brasil Maior
Plano de Sustentação do Investimento (PSI)

Programa Minha Casa, Minha Vida
Programa Nacional de Acesso
  ao Ensino Técnico e Emprego
  (Pronatec)

QUESTÕES

Q1. Caracterize a chamada Nova Matriz Macroeconômica.

Q2. Por que as políticas de expansão da demanda surtiram efeito ao longo do governo Lula e não induziram ao crescimento econômico durante o do governo Dilma?

Q3. Discuta a política industrial do governo Dilma e seus impactos.

Q4. Analise o desempenho fiscal ao longo do governo Dilma.

Q5. Quais as razões da contínua redução do saldo da balança comercial no governo Dilma?

Q6. Qual o papel do baixo crescimento da economia mundial sobre o baixo crescimento econômico do governo Dilma?

TEMAS PARA DEBATE

T1. Discuta: o modelo de crescimento econômico dos governos Lula-Dilma chegou ao limite pelo esgotamento dos fatores externos e por não se fortalecer a poupança doméstica, capaz de alavancar os investimentos e a sustentabilidade do crescimento econômico.

T2. Discuta o comportamento do setor industrial no governo Dilma.

25

Os Governos Dilma (2º Mandato) – Temer

25.1 INTRODUÇÃO

O período de 2015 a 2018 foi marcado por fortes instabilidades políticas e econômicas. Em primeiro lugar, deve-se destacar que tivemos dois presidentes da república no período, em função do processo de *impeachment* da presidente Dilma Rousseff em maio de 2016 e da chegada ao poder do vice-presidente Michel Temer a partir de então.[1] A instabilidade política do período contribuiu para ampliar a instabilidade econômica marcada por profunda recessão nos dois primeiros anos (2015 e 2016) e lenta recuperação nos dois anos seguintes.

Em termos de crescimento econômico, houve, ao longo desses quatro anos, uma retração do PIB da ordem de 3,72%, o que corresponde a uma média anual de −0,93% a.a., decorrente de uma queda acumulada de 6,8% nos dois primeiros anos e uma lenta recuperação em 2017 e 2018, com crescimento médio de 1,5% a.a. acumulando 3,1% no período. Vale destacar que a recessão já se iniciara no segundo trimestre de 2014, no último ano do primeiro mandato da presidente Dilma, e se estendeu até o último trimestre de 2016, ou seja, foi uma das recessões mais longas e intensas da história do país, com duração de 11 trimestres e uma retração acumulada do PIB de 8,2%.

Existe um amplo debate sobre os determinantes da reversão do crescimento em 2014 e o aprofundamento da retração em 2015. Em grande parte, podem ser atribuídos ao insucesso da política econômica adotada no primeiro mandato de Dilma Rousseff, com a Nova Matriz Econômica (vista no Capítulo 24). Essa política levou à deterioração das contas públicas,

---

[1] Parte dos analistas econômicos, em especial os de corrente mais heterodoxa, considera que ocorreu na realidade um golpe contra um governo legalmente eleito.

inflação reprimida e significativas distorções na alocação de recursos. O sucesso desse modelo dependeria da resposta do setor produtivo (da Oferta Agregada) aos estímulos dados ao consumo (Demanda Agregada), Mas isso não ocorreu. O modelo começa a apresentar problemas na medida em que não houve a resposta esperada do setor produtivo, que, com as altas taxas de crescimento em 2010 (7,5%) e 2011(4%), havia ali praticamente atingido o seu produto potencial (estimado à época em cerca de 4% pela maioria dos economistas). Nessas circunstâncias, maiores taxas de crescimento só poderiam ser obtidas com forte retomada dos investimentos, ampliando a capacidade produtiva, e aumentos da produtividade, e não com aumento do consumo das famílias e dos gastos do governo, como executado com a Nova Matriz Econômica.

Outro fator apontado para a reversão econômica ao longo de 2014 foi a acentuada instabilidade política e social iniciada com as manifestações populares de 2013 e aprofundadas com o início das operações da Lava Jato, em 2014, e teve forte impacto no meio empresarial e na capacidade e disposição de investimento das empresas. Além dos fatores internos, também pode-se verificar que a desaceleração já se iniciara ao final de 2012, fruto de significativa reversão no preço das *commodities*. Assim, parece não haver uma única causa para a reversão do crescimento econômico e o início da recessão em 2014.

O final do primeiro mandato da presidente Dilma foi marcado por uma disputa eleitoral bastante acirrada que resultou em uma das vitórias eleitorais mais apertadas na nova república brasileira. Segundo economistas ligados ao Partido dos Trabalhadores (PT), a polarização, que já se instalava na sociedade brasileira agudizada pela crise econômica e pelo ambiente propiciado pela operação Lava Jato, teria sido reforçada pela resistência do candidato derrotado, Aécio Neves (PSDB-MG), em reconhecer o resultado das eleições ocorridas em 2014.

Nesse ambiente de crise econômica, social e política, inicia-se o segundo mandato da presidente Dilma e seu vice, Michel Temer. Em termos econômicos, tem-se o PIB em queda, a perda de dinamismo no mercado de trabalho, a inflação reprimida com tendência de aceleração (em especial, nos preços livres), o surgimento do déficit primário em 2014 pela primeira vez desde 1998, o crescimento da dívida pública e a deterioração das contas externas. Em suma, havia um quadro de profunda fragilidade econômica.

Em termos políticos, conforme já mencionado, havia um país polarizado, além do crescimento da incerteza sendo reforçada pela forma como avançava a operação Lava Jato. Em termos sociais, um clima de insatisfação com a reversão, para uma parcela significativa da sociedade, da tendência de ganhos auferidos nos anos anteriores, mas cuja manutenção se mostrava difícil sem o crescimento econômico e o bom desempenho da economia internacional. Uma grande insatisfação partia das classes médias, que tiveram os menores ganhos ao longo dos anos anteriores, e das classes mais abastadas, para quem a configuração participativa e redistributiva dos últimos governos perdera a funcionalidade, e o clima de instabilidade tendia a gerar perdas importantes nos seus ganhos. De certa maneira, o quadro político desse período guardava semelhanças com o dos anos 1960, que resultou na ditadura militar a partir de 1964, que perdurou por 21 anos!

Neste capítulo, abordaremos o desempenho da economia ao longo deste período. A presidente Dilma governou do início de 2015 até maio de 2016, quando foi aprovado o início de seu processo de *impeachment* e seu afastamento temporário, com seu afastamento definitivo acontecendo em agosto de 2016. Nesse período, tentou-se uma retomada do tripé macroeconômico com a busca por um ajuste fiscal acelerado e uma significativa elevação da taxa de juros, que contribuíram para o aprofundamento da recessão em um ambiente de forte instabilidade política e boicote do Congresso. Esse quadro aprofundou a crise econômica e política, que resultou no movimento de *impeachment* da presidente.[2]

A partir de maio de 2016 até o final de 2018, tivemos o governo de Michel Temer, do PMDB, partido que novamente chegava à presidência, mas sem ganhar diretamente uma eleição. Como veremos, Temer buscou implantar uma pauta reformista de cunho liberal, como o Teto de Gastos, Reforma Trabalhista, Lei das Estatais, que levaram a certa recuperação da economia. A visão do governo e as reformas que foram tentadas constam do documento "Uma Ponte para o Futuro".

A persistência, apesar da nova agenda, das dificuldades econômicas, dada a recuperação bastante lenta do período, junto com a manutenção da instabilidade política ao longo de todo o período, o reforço da polarização e a disseminação de uma visão crítica à política em geral, pode ter sido a razão principal da eleição do capitão reformado Jair Bolsonaro.

25.2 A POLÍTICA MACROECONÔMICA NO SEGUNDO MANDATO DO GOVERNO DILMA

O novo mandato da presidente Dilma inicia-se com significativas mudanças no comando da economia, com destaque para a indicação de Joaquim Levy, ex-secretário do Tesouro na gestão Palocci, para o Ministério da Fazenda, em substituição a Guido Mantega. Essa mudança sinalizou a preocupação com a situação fiscal e o foco da política econômica na busca do ajuste fiscal. Essa sinalização foi vista como uma ruptura e chamada "estelionato eleitoral" em função da mudança com relação ao que havia sido proposto pela candidata ao longo de sua campanha, que defendia as políticas de expansão de gastos, benefícios fiscais e subsídios, e manutenção de todos os benefícios sociais, além de criticar propostas de ajuste fiscal levantadas ao longo da campanha. Esse descompasso entre a campanha e a política proposta na nova gestão reflete a polarização política da campanha e a concentração do apoio à candidata Dilma na população de menor renda (ver Singer, 2018).

25.2.1 O desequilíbrio fiscal e a tentativa de ajuste

A nova gestão inicia-se com forte preocupação em reduzir o desequilíbrio fiscal, foco no combate à inflação por meio da política monetária e não pelas intervenções e reverter parcela dos diversos mecanismos de intervencionismo na economia adotados no primeiro mandato. O ministro Joaquim Levy, juntamente com Nelson Barbosa, ministro do Planejamento, assumiu encaminhando como primeiras medidas do governo a descompressão

---

[2] Deve-se destacar que, para além de problemas políticos e das alegações jurídicas, o quadro econômico foi uma motivação importante para que parte dos congressistas apoiassem o *impeachment*.

dos preços administrados controlados pelo governo nos últimos anos (energia elétrica, combustíveis e outros); proposta de reoneração de vários tributos; elevado contingenciamento do orçamento; mudanças em critérios de acesso a diversos benefícios – seguro-desemprego, seguro defeso, abono salarial; elevação da Taxa de Juros de Longo Prazo (TJLP) para reduzir os subsídios implícitos em diversas operações de crédito, entre outras medidas. O contingenciamento e o forte controle de gastos fizeram com que as despesas discricionárias tivessem uma queda em torno de 0,7% do PIB em 2015,[3] refletindo a intensidade do ajuste fiscal tentado.

Destaca-se a forte retração do investimento público que tinha se tornado, principalmente no segundo mandato de Lula, um dos principais fatores da expansão econômica. No primeiro mandato da presidente Dilma o investimento público já se retraíra pela opção por estimular maior investimento privado fosse por meio de parcerias e concessões, fosse pelos fortes estímulos concedidos pelo crédito direcionado.[4]

Ressalta-se que o ajuste fiscal foi constantemente rejeitado pelo Congresso, em um ambiente no qual a presidente já não conseguia maioria na votação das chamadas "pautas-bomba": reajustes excessivos de salários, imoderadas desonerações tributárias e correções de benefícios sociais, entre outros. Com isso, o déficit primário (ver Tabela 25.1) que ressurgiu no país em 2014, fechando o ano próximo de 0,6% do PIB, foi se elevando em 2015 e 2016, passando a superar os 2% do PIB, e começando a apresentar ligeira tendência de queda já após a posse de Temer, que comentaremos mais adiante neste capítulo.

Tabela 25.1 NFSP acumulado em 12 meses (% PIB) – 2011-2014

	2015	**2016**	**2017**	**2018**
NFSP-Nominal	–10,2	–9,0	–7,8	–7,0
Juros da dívida pública	–8,3	–6,5	–6,1	–5,8
NFSP-Primário	–1,9	–2,5	–1,7	–1,6

Fonte: Banco Central.

Vale destacar que a forte deterioração fiscal entre 2014 e 2016 reflete não apenas as dificuldades de se realizar o ajustamento dos gastos, como também as consequências do quadro recessivo sobre as finanças públicas. Mesmo com a queda das despesas primárias, com destaque para o investimento, houve significativa queda da arrecadação, da ordem de

---

[3] De acordo com Barbosa (2018). Disponível em: https://blogdoibre.fgv.br/posts/uma-breve-historia-do-gasto-primario-sob-dilma-e-temer. Acesso em: 14 maio 2024.

[4] Vale destacar que o investimento público sempre foi uma das variáveis mais utilizadas em momentos de contingenciamento pela maior facilidade de corte. Contudo, deve-se destacar que já existe uma tendência de várias décadas de retração do investimento público, com pequenas exceções em determinados períodos, o que contribui para explicar o baixo desempenho econômico do país e as baixas taxas de investimento, inclusive do setor privado, em função da complementariedade existente entre investimento público e privado. A respeito do comportamento do investimento público e sua tendência, ver Orair (2018).

3% no ano. Na verdade, a opção de Levy por um forte ajuste fiscal em 2015, com a retração da despesa primária e especialmente do investimento público, contribuiu para aprofundar a recessão naquele ano.[5] Por outro lado, o ajuste foi insuficiente para reverter o quadro de incertezas das finanças públicas e gerar um cenário favorável para a retomada do investimento e do crescimento. A crença era de que os ganhos de credibilidade com o ajuste fiscal possibilitariam forte redução das taxas de juros de longo prazo, maior segurança e, com isso, a retomada dos investimentos e do crescimento, a chamada "austeridade expansionista". Um ponto a ser destacado é a instabilidade política ao longo dos anos da gestão Dilma no segundo mandato. Para economistas ligados ao PT, o clima de polarização da eleição de 2014 pode ter-se iniciado pelos questionamentos do candidato derrotado, Aécio Neves, que colocou em questão a lisura do processo eleitoral. A queda de popularidade da presidente era amplificada pelas políticas de ajustamento e pelo questionamento, de parcela do eleitorado que a tinha apoiado, de um suposto "estelionato eleitoral".

O aprofundamento da operação Lava Jato e seu *modus operandi* reforçaram a rejeição da população aos sistemas políticos e promoveram um clima de aversão ao partido político da presidente que reforçava a polarização. As dificuldades de relacionamento da Câmara com a presidente foram acentuadas quando esta apoiou uma candidatura própria do PT para a presidência da Casa, que foi derrotada pelo então deputado Eduardo Cunha (PMDB-RJ), que, por sua vez, se valeu de sua posição para gerar entraves ao Poder executivo e fortalecer a instabilidade política. Ademais, o próprio relacionamento da presidente com o seu vice, Michel Temer, já estava em crise, conforme manifestado em carta divulgada por ele, ainda em 2015, de que não participava de nenhuma decisão do governo.

Acompanhando a deterioração do saldo primário, e com o forte incremento das despesas financeiras em função das elevações da taxa de juros e da maior percepção de risco, verificou-se um grande aumento da dívida pública tanto no conceito de dívida líquida como na dívida bruta.

Conforme revela a Tabela 25.2, a dívida bruta saltou de um patamar de 56% do PIB ao final de 2014 para a faixa dos 70% ao final de 2016. Grande parte do aumento da dívida bruta decorrera do forte incremento das operações dos bancos oficiais, capitalizados pelo Tesouro Nacional, que faziam operações de natureza tipicamente fiscal. Mecanismos como esse contribuíram para reduzir a credibilidade nas estatísticas fiscais que constavam da chamada "**contabilidade criativa**", que estavam na base do documento que justificou o pedido de *impeachment* da presidente Dilma Rousseff.[6]

---

[5] A esse respeito ver, por exemplo, Carvalho (2018), "A Valsa Brasileira: do Boom ao Caos Econômico" e Barbosa (2018), *op. cit.*

[6] O pedido que foi aceito pelo presidente da Câmara elaborado pelos juristas Hélio Bicudo e Janaína Paschoal baseava-se na utilização das "**pedaladas fiscais**", que se referia a realizar despesas sem recursos disponíveis, valendo-se das antecipações de pagamento por meio dos bancos públicos.

Tabela 25.2 Dívida bruta e dívida líquida do setor público consolidado – dez. 2014/dez. 2018

Mês	Dívida líquida do setor público (% PIB) Setor público consolidado	Dívida bruta do governo geral (% PIB) Metodologia a partir de 2008
Dez./2014	32,59	56,28
Dez./2015	35,64	65,50
Dez./2016	46,14	69,84
Dez./2017	51,37	73,72
Dez./2018	52,77	75,27

Fonte: Banco Central do Brasil.

A tentativa de uma rápida consolidação fiscal veio se somar ao ambiente já recessivo em que o país se encontrava. Simultaneamente, o Banco Central acelerou a elevação da taxa de juros. Após atingir um valor mínimo de 7,25% em 2012, a taxa Selic começou a se elevar gradualmente a partir de 2013, atingindo 11,75% em dezembro de 2014 e aumentando até alcançar 14,25% em julho de 2015, sendo mantida nesse patamar até o segundo semestre de 2016.

25.2.2 Produto e emprego no segundo mandato de Dilma

Além do esgotamento da capacidade produtiva, e consequente fracasso da Nova Matriz Econômica, como colocado anteriormente, pode-se argumentar que a política ortodoxa adotada em 2015, tanto fiscal como monetária, colaborou para a profunda contração do PIB, que se reduziu 3,5% nesse ano. Deve-se destacar que a rápida consolidação fiscal buscada nesse ano teve papel de destaque no aprofundamento da crise econômica.

Observa-se, na Tabela 25.3, a retração em praticamente todos os componentes da demanda agregada, mas verifica-se queda muito maior da Formação Bruta de Capital Fixo (FBCF), de 13,9% e 12,1% em 2015 e 2016, respectivamente. A FBCF também é fortemente afetada pela elevação da taxa de juros, pela retração do crédito (em especial, de bancos públicos), e pela contenção das despesas discricionárias. Em termos setoriais, observa-se que a indústria foi a mais afetada, com quedas de 5,8% e 4,6% em 2015 e 2016, respectivamente, com destaque para os piores desempenhos da Indústria de Transformação (quedas de 8,5% e 4,8%, respectivamente) e da Construção Civil (reduções de 9 e 10%). Este último setor é, em particular, muito afetado pela taxa de juros, pela disponibilidade de crédito e pelo investimento público.

Tabela 25.3 PIB e componentes

	PIB	Consumo do governo	FBKF	Agropecuária	Ind. Extrat.	Ind. Transf.	Constr. civil	Indústria total	Serviços
2015	−3,6	−1,4	−14,0	3,3	5,7	−8,5	−9,0	−5,8	−2,7
2016	−3,3	0,2	−12,1	−5,2	−1,2	−4,8	−10,0	−4,6	−2,2
2017	1,3	−0,7	−2,6	14,1	4,9	2,3	−9,2	−0,5	0,8
2018	1,8	0,8	5,2	1,3	0,4	1,4	−3,0	0,7	2,1

Fonte: IBGE.

Como contrapartida da recessão, verificou-se forte elevação nas taxas de desemprego. De acordo com a nova metodologia de apuração, que tem como base a Pesquisa Nacional por Amostra de Domicílios Contínua (PNADC) (que passou a ser divulgada a partir de 2012), a taxa de desemprego saltou de 6,6% em dezembro de 2014 para mais de 12% ao final de 2016, ou seja, quase dobrou em um intervalo de dois anos, chegando a atingir 14% em 2017 (Figura 25.1).

Figura 25.1 Taxa de desemprego (desocupação no governo Dilma/Temer) – jan. 2011/dez. 2018.

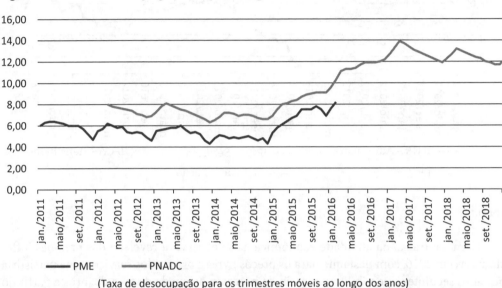

(Taxa de desocupação para os trimestres móveis ao longo dos anos)

Fonte: IBGE.

25.2.3 A aceleração inflacionária no segundo mandato de Dilma Roussef

O processo de elevação da taxa de juros era a resposta para a aceleração inflacionária. O IPCA já havia superado o limite superior da meta em 2014, quando fechou o ano com 6,41%. Pode-se observar que, naquele ano, os preços dos segmentos de preços livres e do setor de serviços já eram significativamente maiores em função das políticas expansionistas do governo – fosse a deterioração fiscal, fosse a baixa reação inicial da taxa de juros. A taxa de inflação era contida, principalmente, pelas intervenções e manipulações dos preços administrados. A mudança da política e a descompressão dos preços administrados em 2015 fez com que estes aumentassem em torno de 18% nesse ano, sendo o principal determinante da expressiva elevação do IPCA, que alcançou 10,67% no ano (ver Figura 25.2 e Tabela 25.4).

Figura 25.2 IPCA acumulado no governo Dilma/Temer em 23 meses – jan. 2011/dez. 2018.

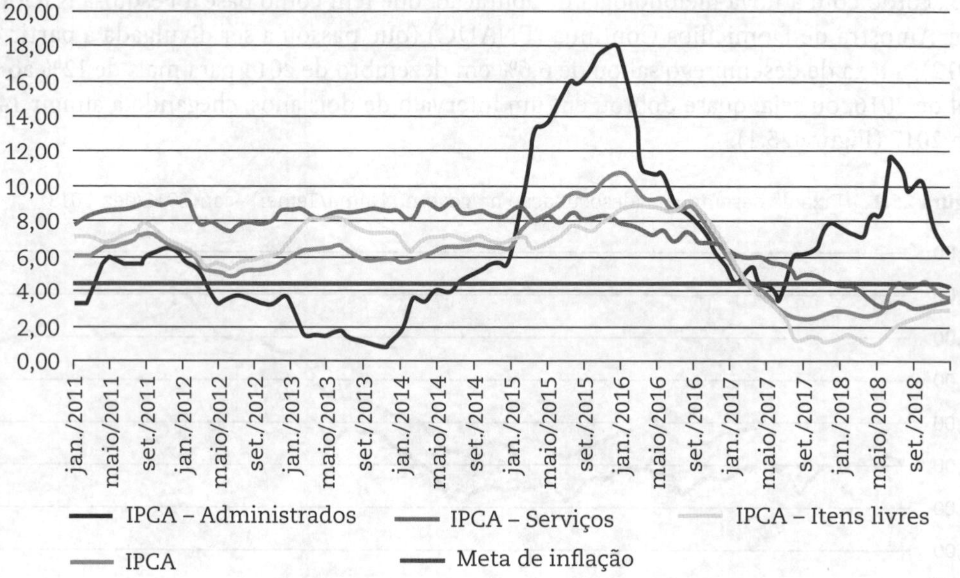

Fonte: IBGE.

Com a retração da atividade econômica, já se observava reversão das pressões inflacionárias em 2016, com destaque para os preços livres e preços dos serviços, que persistiria nos anos seguintes e possibilitou o início do processo de queda da taxa de juros a partir do segundo semestre de 2016. Naquele ano, já não se observa a forte pressão dos preços administrados que haviam sido ajustados no ano anterior, e, desde 2017, a inflação já passou a se situar abaixo do centro da meta.

Tabela 25.4 IPCA-IBGE – 2015-2018

	IPCA – Administrados	IPCA – Serviços	IPCA – Itens livres	IPCA
2015	18,07	8,09	8,51	10,67
2016	5,50	6,48	6,54	6,29
2017	7,99	4,53	1,35	2,95
2018	6,18	3,35	2,91	3,75

Fonte: IBGE.

Com a tendência de queda da inflação, os elevados níveis de desemprego e a forte retração econômica verificada em 2015 e 2016, o Copom começou a reduzir a taxa Selic a partir de outubro de 2016, já no governo Temer.

Figura 25.3 Taxa de juros Selic no governo Dilma/Temer – 2015-2018.

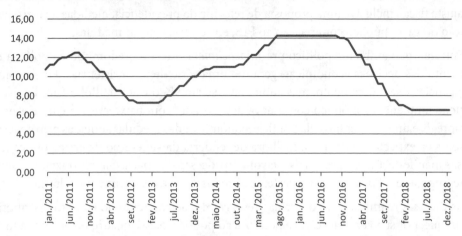

Fonte: Banco Central do Brasil.

Soma-se aos problemas internos o contexto internacional, com retração do preço de *commodities,* com destaque para o petróleo a partir de 2012, forte desvalorização cambial, e aos impactos sobre a decisão de investir decorrentes da instabilidade política e das consequências da operação Lava Jato. Deve-se lembrar que, em 2014, a balança comercial apresentou saldo negativo, e, como visto no Capítulo 24, a Tabela 25.5 mostra que ela continuou negativa em 2015, porém voltando a apresentar superávit a partir de 2015, embora com grande queda das exportações e maior ainda das importações.

Tabela 25.5 Balanço de pagamentos do Brasil – 2015/2018 (US$ bilhões)

Ano	Exportações (FOB)	Importações (FOB)	Balança comercial	Serviços e rendas	Transações correntes	Conta Capital e Financeira	Reservas internacionais	Investimentos diretos no país
2015	189,9	–172,5	17,4	–35,2	–54,8	56,2	356,5	61,6
2016	184,3	–139,7	44,5	–38,4	–24,5	15,8	364,9	71,2
2017	218,0	–160,7	57,3	–41,0	–22,0	16,7	374,7	64,1
2018	239,5	–196,1	43,4	–58,8	–51,5	51,9	356,9	74,3

Nota: adotamos a metodologia do BPM5 quanto aos sinais, de compreensão mais direta que os sinais do BPM6.

Fonte: FMI.

O final do governo Dilma foi marcado por um reforço da instabilidade política e econômica. O fraco desempenho da economia em 2015 gerou várias críticas ao governo e o consequente questionamento às políticas adotadas, e as dificuldades políticas limitavam a possibilidade de se implementar os ajustes propostos pelo ministro Levy. Nesse quadro, em dezembro de 2015, houve a substituição do Ministro da Fazenda, assumindo o cargo Nelson Barbosa. Essa mudança era interpretada como uma opção por um maior gradualismo e realismo fiscal. Mas, ainda assim, foram enviadas diversas medidas no início do ano, buscando o ajuste fiscal, inclusive uma proposta de reforma da previdência, medidas de restrição a evolução do gasto público com relação ao PIB, entre várias outras medidas.

Entretanto, o ambiente político pré-*impeachment* trazia o predomínio da política em detrimento das decisões econômicas, gerando uma série de inconsistências. Por exemplo, contingenciava-se o orçamento, mas aumentava-se em 9% o valor da Bolsa Família. Nesse cenário, o ambiente econômico continuava deteriorado, com baixo crescimento e elevado desemprego, e uma inoperância da política econômica e das medidas adotadas pelo governo. Formou-se a expectativa de que a melhora dependeria da superação da crise política, e as diversas manifestações empresariais a favor do processo de *impeachment*[7] traziam a crença de que, superado tal processo, as incertezas se reduziriam e o crescimento voltaria.

As diversas manifestações ocorridas revelavam o acirramento do conflito distributivo no país, que, por sua vez, reforçaria a polarização política. Nesse quadro de profunda instabilidade, é aprovada a abertura do processo de *impeachment*, em maio de 2016, pela Câmara dos deputados, com o afastamento temporário da presidente, que foi concluído em agosto de 2016, com o afastamento permanente. Encerrava-se uma fase de quase 14 anos em que o país esteve sob liderança do PT, em uma situação econômica e política bastante conturbada, mas com significativos ganhos sociais e nas condições de vida.

25.3 OS ANOS DO VICE-PRESIDENTE MICHEL TEMER COMO PRESIDENTE

Conforme destacado anteriormente, Michel Temer assumiu como presidente interino em maio de 2016, quando o Congresso aprovou o início do processo de *impeachment* da presidente Dilma, e como presidente efetivo em agosto do mesmo ano, quando o Senado analisou e votou favoravelmente à decisão da Câmara.

Um ponto importante a ser destacado, que pode ter dado condições para que o processo de *impeachment* prosperasse, foi o rompimento do vice com a presidente, ainda em 2015. Além disso, ao final de 2015, a Fundação Ulysses Guimarães, ligada ao PMDB, partido do vice-presidente, lançou um documento denominado "Uma Ponte para o Futuro". Esse documento, com características de um Plano de Governo, possuía um breve diagnóstico sobre a situação política e econômica do país e continha uma série de propostas de cunho liberal para levar à retomada do desenvolvimento. Alguns pontos desse documento podem ser destacados, como (i) a ênfase na necessidade de se reverter a polarização que havia se instaurado no país; (ii) o foco no equilíbrio fiscal e na necessidade de conter a expansão dos gastos; (iii) a necessidade de reformas estruturais centradas na redução do papel do Estado tanto na alocação de recursos – com medidas como reduzir o papel dos bancos públicos, das empresas estatais (Lei das Estatais) e de regras de direcionamento do investimento – como no campo do bem-estar social, na previdência, na definição de novas regras para o funcionamento do mercado de trabalho (Reforma Trabalhista) nos novos formatos para a assistência social,

---

[7] Como a campanha do Pato Amarelo da FIESP ("Não vamos pagar o pato"), por exemplo.

na reformulação no marco de exploração de petróleo e gás, entre outros. Tratou-se de um amplo processo de flexibilização e desregulamentação da economia.

O governo Temer assume com ampla reformulação dos ministérios, destacando-se a área econômica comandada por Henrique Meirelles, como Ministro da Fazenda, e Ilan Goldfajn, como Presidente do Banco Central. Assim, o afastamento da presidente e a indicação de uma equipe alinhada com um programa de reformas de cunho liberal trariam confiabilidade para levar adiante as reformas necessárias para solucionar a questão fiscal e garantir o ajuste necessário para a retomada do crescimento.

Quando Michel Temer assumiu a presidência, o país ainda se encontrava em forte recessão, mas com uma expectativa de que a mudança do comando político e econômico geraria um quadro favorável para o ajuste fiscal, a volta da confiança e a retomada do crescimento. Como a taxa de desemprego estava bastante elevada e a taxa de inflação em queda, poder-se-ia esperar uma rápida recuperação da economia, beneficiando-se, inclusive, da possibilidade de ocupação da capacidade ociosa e de um quadro de maior estabilidade política.

25.3.1 Produto e emprego no governo Temer

Ao longo dos 32 meses do governo Temer, foi possível aprovar um conjunto de reformas, porém o choque de credibilidade que colocaria o país no caminho do crescimento não se verificou em sua totalidade. O novo governo teve o mérito de retirar o país da recessão, que se deu de forma lenta, apresentando um crescimento do PIB de 1,3% em 2017 e 1,8% em 2018 (Tabela 25.3). Em parte, o crescimento relativamente baixo deveu-se ao quadro de insegurança institucional e instabilidade política que continuava no país em função da continuidade das atividades da operação Lava Jato e do crescimento da rejeição à política por parcela da população.

Se tomarmos o mercado de trabalho, este não se recuperou. A geração de emprego foi lenta ao longo desses anos e a taxa de desemprego, que alcançou 12% em meados de 2016, chegou a 13,9% no primeiro trimestre de 2017 e manteve-se acima dos 12% até o final de 2018 (Figura 25.1).

25.3.2 A redução da taxa de inflação

Por outro lado, houve forte desaceleração da taxa de inflação. Conforme mostrado anteriormente, tanto na Figura 25.2 como na Tabela 25.4, após atingir o pico de 10,67% em 2015, em função da recomposição dos preços administrados, a inflação entrou em trajetória de queda nos anos seguintes, situando-se abaixo do centro da meta nos anos 2017 e 2018. Ela reduziu-se para 6,29% em 2016, 2,95% em 2017 e 3,75% em 2018. Deve-se destacar que, no biênio 2017/2018, a redução da inflação foi muito concentrada nos preços livres e nos preços do setor de serviços, cujo desempenho é muito vinculado ao comportamento do mercado de trabalho e do dinamismo da economia. A taxa de inflação reduziu-se mesmo com a elevação dos preços do segmento de preços administrados nesses anos.

Com a significativa queda da inflação, a política monetária pôde ser flexibilizada, sendo possível definir uma trajetória de queda da taxa de juros Selic a partir de agosto de 2016.

Conforme mostrado na Figura 25.3, partindo de um patamar de 14,25% a.a., em agosto de 2016 a taxa começou a ser reduzida até atingir 6,5% a.a. em março de 2018, mantendo-se nesse patamar até o final do governo Temer. Este havia sido o menor patamar histórico da Selic, fato muito comemorado pelo governo.

25.3.3   As reformas no governo Temer

Grande parte do diagnóstico formulado pela equipe econômica de Temer era a necessidade de um ajuste fiscal de longo prazo e um conjunto de reformas que modernizasse a economia tanto pela desburocratização e maior flexibilização econômica como pela maior transparência e ganhos de eficácia na gestão pública. Em termos macroeconômicos, defendia-se a preservação do tripé macroeconômico, e o ajuste fiscal de longo prazo seria a garantia para a estabilidade com crescimento e para se poder implantar políticas sociais para reduzir a desigualdade.[8]

Uma das críticas recorrentes da equipe econômica ao governo Dilma e à chamada Nova Matriz Econômica era o grande crescimento das concessões de crédito dos bancos oficiais e o elevado subsídio. Nesse sentido, foi instituída a **Taxa de Longo Prazo (TLP)** para vigorar nos empréstimos do BNDES, a partir de 2018, em substituição à antiga TJLP. A grande diferença é que a TLP passaria a refletir o custo de captação do Tesouro Nacional por meio das NTNs de cinco anos. A TLP é formada por dois componentes: o IPCA mais uma parcela chamada TLP-Pré, que corresponde à média da taxa de juros real durante três meses da NTN de cinco anos. Com isso, deixaria de haver o subsídio nas operações do BNDES. Determinou-se também um maior foco do BNDES nas operações com as pequenas e microempresas, em substituição à lógica de financiar as chamadas "campeãs nacionais", e a orientação de reduzir as operações do banco, que deveria iniciar o processo de devolução dos recursos repassados pelo Tesouro Nacional nos anos anteriores para ampliar seu *funding*. Além de reduzir o montante de gastos com os subsídios, essas medidas visavam reduzir a influência do governo na alocação de recursos na economia e estimular o desenvolvimento do mercado de capitais e mecanismos privados de financiamento de longo prazo.

Outro ponto importante para dar maior flexibilidade fiscal foi a ampliação da **Desvinculação de Receitas da União (DRU)** que passou de 20 para 30% das receitas e foi estendida para estados e municípios, com duração até 2023. A desvinculação de receita torna-se relevante na busca por ajuste fiscal em função da grande vinculação de despesas às receitas no caso brasileiro, por exemplo, os gastos com educação e saúde, entre outros. Muitos analistas atribuem à rigidez orçamentária do país uma das maiores dificuldades para se fazer o ajuste fiscal. Ao se desvincular, permite-se que o governo não precise gastar em determinada função só pelo fato de ter arrecadado.[9]

---

[8]   O que ficou conhecido como "Reponsabilidade Social com Responsabilidade Fiscal".

[9]   Vale destacar que várias vinculações orçamentárias no Brasil foram feitas no ambiente de redemocratização como modo de proteger determinadas funções do Estado, em especial de natureza social, que foram muito comprometidas durante o regime militar contribuindo para a maior concentração de renda e os pequenos avanços sociais do período. A vinculação das receitas a determinados gastos definidos na Constituição de 1988 que foram crescendo ao longo do tempo era, portanto, um mecanismo de proteção dos interesses sociais. Apesar da importância dessa proteção, deve-se buscar mecanismos mais eficientes para alcançar estes fins, reduzindo a rigidez orçamentária que dificulta a execução da política fiscal.

Foram adotadas alterações no relacionamento do governo com as empresas estatais e foram introduzidas mudanças em regulações setoriais e nos processos de privatizações e concessões. A chamada **Lei das Estatais** (Lei n. 13.303/2016) buscava maior profissionalização da gestão das empresas e uma maior proteção e autonomia com relação às ingerências políticas. Entre as modificações, destacam-se as exigências para a indicação de dirigentes, requerendo deles experiência de dez anos no setor de atuação, ter exercido cargos de direção no governo, estatais ou ser pesquisador acadêmico na área de atuação da empresa. Além disso, foram introduzidas algumas restrições, como a vedação da indicação de parlamentares, dirigentes partidários ou sindicais seja para cargos de direção ou como membros dos conselhos de administração das empresas. Buscou-se sinalizar a indicação de técnicos para os cargos de direção e reduzir a influência de uso político desses cargos.

A alegação para essas mudanças decorria dos casos de corrupção ou ingerência política em função da ausência de critérios técnicos para as indicações. Este é um tema que deve ser debatido e sobre o qual não existe um consenso, tanto na definição da função das empresas estatais e sua utilização em políticas públicas, como a alegação da isenção dos técnicos e da possibilidade de ingerência em suas decisões. Nesse sentido, deve-se definir regras que também impeçam a captura desses dirigentes por interesses setoriais, relacionamento com empresas privadas, entre outras possibilidades.[10]

No caso das modificações setoriais, podem-se destacar as reformulações no marco de exploração de petróleo e gás, conhecida como **Lei do Petróleo**. Nesse caso, foi eliminada a exigência de participação da Petrobras em 30% nos investimentos do pré-sal, assim como eliminou-se a exigência de conteúdo mínimo nacional no total de insumos. Além da flexibilização da exploração e produção e da retirada das exigências de conteúdo nacional, iniciou-se um processo de revisão dos planos de investimentos e a venda de ativos considerados não estratégicos, com o objetivo de reduzir seu endividamento. Por fim, passou-se a garantir a precificação dos produtos com base na paridade do preço internacional do petróleo.

Outro ponto de alteração foi a mudança de postura do governo com relação à participação do setor privado nos processos de privatizações de empresas públicas e o avanço das concessões e parcerias. Nos casos de venda de estatais, destaca-se a venda de distribuidoras deficitárias do Sistema Eletrobras. Já no caso das concessões, ênfase na busca por um ambiente mais atraente aos investidores privados sem maior preocupação com a imposição/negociação de limites para a taxa de retorno do capital investido. Isto é, o retorno seria definido pela concorrência, e caberia ao governo tornar mais atrativos os leilões e dar maiores garantias contratuais e regulatórias para incentivar a participação de um maior número de concorrentes, o que levaria à modicidade tarifária e taxas de retorno compatíveis com o mercado.

25.3.4 Finanças públicas no governo Temer

Na busca pelo ajuste fiscal, a principal reforma aprovada no Governo Temer foi a PEC 95, conhecida como a PEC do **Teto de Gastos**. A PEC 95, aprovada ao final de 2016,

---

[10] Conforme a chamada "porta giratória", técnicos indicados para determinadas funções no setor público podem ser cooptados pela possibilidade assumirem cargos de consultores ou dirigentes em empresas privadas posteriormente. Esse tipo de possibilidade, mesmo que não envolva políticos, deve ser analisado e limitado, para que os indicados, em sua gestão, atuem efetivamente no interesse das empresas e órgãos.

buscava estabelecer uma regra fiscal que limitasse o avanço das despesas públicas e possibilitasse uma trajetória de queda da dívida pública ao longo do tempo. Como destacado, a despesa primária do governo vinha crescendo de forma contínua ao longo das últimas décadas, inclusive acima do crescimento do PIB. Com isso, a despesa primária/PIB teve forte elevação, destacando-se o avanço dos gastos previdenciários e assistenciais e o montante de subsídios e renúncias fiscais.

A PEC 95 buscava limitar e ordenar a evolução do gasto público. A emenda estipulou que para os 20 anos subsequentes a expansão da despesa primária do governo seria limitada pela evolução do Índice de Preços ao Consumidor Amplo (IPCA). Com isso, com a evolução da despesa fica limitada à correção pela inflação, conforme o PIB aumentasse, em termos reais, a despesa primária iria se reduzir em relação ao PIB. Como a receita tende a acompanhar o PIB, a fixação do teto de gastos levaria, ao longo do tempo, à emergência dos superávits primários e à possibilidade de redução da dívida.

Percebe-se que o "teto de gastos" impõe limites à evolução das despesas públicas, por vezes, de maneira excessivamente restritiva. Definiu-se que os gastos com educação e saúde seguiriam o IPCA, ou seja, seriam preservados em termos reais a partir daquele momento, mas não acompanhariam a vinculação com relação às receitas, como definido anteriormente. Como existe uma série de despesas com tendência de crescimento, vinculadas a fatores como a variação do salário-mínimo, a dinâmica populacional ou as condições do mercado de trabalho, (por exemplo, as despesas previdenciárias), a tendência é que a margem de manobra das despesas ficasse cada vez mais restrita. Com isso, determinados itens da despesa deveriam ser comprimidos ao longo do tempo, como os investimentos públicos, componente dos gastos públicos tipicamente mais fácil de ser reduzido.

As dificuldades com relação ao teto de gastos não se fizeram sentir de imediato, pois houve significativo aumento das despesas previamente à aprovação do teto, como o reajuste de salário para determinadas categorias de servidores, em especial aqueles ligados à segurança, em 2016. Além disso, como a inflação ainda estava elevada em 2016, a correção do limite de gastos para 2017 foi alta, em face de uma inflação em trajetória de queda. Assim, o teto funcionou nos dois primeiros anos, mas já sinalizava as dificuldades para ser mantido na ausência de outras reformas que reduzissem as despesas públicas. De fato, foi o que se verificou com os constantes "estouros" do teto de gastos, em especial a partir de 2020.

Outra preocupação do governo Temer era aumentar a flexibilidade da economia, em especial no que tange ao mercado de trabalho, como forma de estimular o emprego. Buscava-se reduzir o custo trabalhista na crença de que as empresas ampliassem o emprego. Assim, em 2017, por iniciativa do Poder Executivo, foi aprovada no Congresso Nacional a Lei n. 13.476/2017, a **Reforma Trabalhista**, contendo uma ampla modernização da legislação trabalhista como parte das medidas da chamada "Ponte para o Futuro". O governo argumentava, com o apoio das associações empresariais, que a legislação trabalhista brasileira era um dos obstáculos para o desenvolvimento econômico, uma vez que ela tornava excessivamente onerosa a atividade empresarial ao encarecer o custo do trabalho. Assim, a reforma viria para modernizar as relações, eliminando institutos legais que estariam ultrapassados e, com isso, geraria empregos e estimularia o crescimento.

Os críticos da referida reforma alegavam que ela promoveria a precarização das relações de trabalho, ao eliminar o amparo da legislação em um ambiente no qual as trabalhadoras e os trabalhadores não dispunham da mesma capacidade de organização e influência que os empregadores. Lembravam também que mais da metade das relações de emprego do Brasil estava na informalidade, o que tenderia a se agravar sem o amparo da legislação trabalhista.

Em síntese, a reforma alterou regras para férias, duração da jornada de trabalho, negociação de banco de horas, necessidade do sindicato da categoria fiscalizando as rescisões (determinando, também, o fim da contribuição sindical), flexibilização do *home office* ou "teletrabalho", dentre outras. Destaca-se a formalização do "trabalho intermitente", no qual o empregado não recebe salários pelas horas à disposição do empregador, mas tão somente por aquelas em que efetivamente foi acionado. Além disso, em outra medida, a reforma estabeleceu o princípio segundo o qual o que for acordado diretamente entre empregados e empregadores sobrepõe-se à legislação, ou seja, torna possível o afastamento de direitos em nome de uma ideia de paridade de condições entre ambos os lados em uma negociação. Com a reforma, a Justiça do Trabalho passou a não poder mais anular acordos que diminuíssem o exercício de direitos. Outra medida importante foi de cunho processual: antes da reforma, as trabalhadoras e os trabalhadores poderiam ingressar na Justiça do Trabalho sem custos. Após reforma, caso percam sua demanda, passaram a ter que arcar com os honorários de sucumbência, ou seja, honorários devidos ao advogado da parte vencedora em uma ação (no caso, as empresas).

A expectativa com as reformas era a geração de empregos e a retomada no mercado de trabalho. A crítica aponta que esse impacto esperado não foi grande. Segundo os líderes sindicais e a opinião de economistas de partidos de oposição, a reforma resultou no agravamento da precarização dos postos de trabalho.

No último ano do governo Temer, conforme pode ser visto nas Tabelas 25.2 e 25.3, no início deste capítulo, embora tenha sido observado um impulso positivo sobre o consumo em função da liberação de parcela do FGTS, o crescimento apresentado foi relativamente baixo (1,8%), embora maior do que no ano anterior. A inflação manteve-se sob controle, grande parte em função da própria fragilidade da economia e da ausência de estímulos para uma retomada mais rápida da atividade econômica.

O ano de 2018 foi marcado por profunda instabilidade política, causado pela Operação Lava Jato, e envolvimento de militares na política, que se aprofundaria no governo posterior.[11] O clima de antipolítica foi se transformando em um antipetismo que não foi canalizado para candidatos do espectro mais de centro. Em vários momentos, esse acirramento foi se agravando, por exemplo, na greve dos caminhoneiros, em maio de 2018, que acabou solapando qualquer possibilidade de reação da economia naquele ano e fortaleceu movimentos mais radicais à direita. Com isso, assistiu-se, ao longo do ano, ao crescimento da campanha de um candidato de extrema-direita: Jair Bolsonaro, deputado federal com diversos mandatos desde 1991, conhecido por suas posturas radicais.

---

[11] Como evidenciado por uma mensagem de rede social do então comandante do Exército, general Eduardo Villas Boas, ameaçando o STF.

Do outro lado do espectro, mantinha-se elevado percentual de eleitores fiéis ao Partido dos Trabalhadores e ao seu então candidato Luiz Inácio Lula da Silva, posteriormente preso e, consequentemente, impedido de concorrer nas eleições. Com isso, o candidato escolhido pelo referido partido foi o ex-Ministro da Educação e ex-prefeito de São Paulo, Fernando Haddad, que disputou o segundo turno com Jair Bolsonaro.

25.4 CONSIDERAÇÕES FINAIS

O período 2015-2018 foi marcado como uma das piores crises econômicas da história do país. Os dois primeiros anos deram sequência à recessão iniciada em 2014, ainda no governo Dilma. Embora no curto período do governo Temer tenham sido implementadas algumas reformas de cunho liberal, destacando-se o Teto de Gastos, a Lei das Estatais, Lei do Petróleo e a Reforma Trabalhista, a retomada do crescimento ficou aquém das expectativas dos próprios defensores dessa agenda.

A crise iniciada em 2014 pode ter várias explicações: o fracasso da Nova Matriz Econômica; a reversão do cenário internacional a partir de 2012 com a retração nas taxas internacionais de crescimento e deterioração dos termos de troca para o Brasil com a queda do preço das *commodities*; a instabilidade política e a incerteza jurídica e empresarial reforçada pela Lava Jato, entre outros. Cada analista reforça um aspecto, mas a crise foi a sobreposição de vários desses fatores.

O segundo governo Dilma-Temer começou com forte preocupação com a estabilização, com a recuperação da situação fiscal e com o desmonte de várias das políticas de intervenção estatal implementadas na gestão anterior. A busca da consolidação fiscal e o agravamento da instabilidade política ao longo de 2015 contribuíram para a maior profundidade da recessão e o choque de preços administrados para a aceleração da inflação em 2015.

O ano de 2016 caracteriza-se pela dominância da política sobre as decisões econômicas ao longo da montagem e conclusão do processo de *impeachment* da presidente. A inflação começou a desacelerar em função da crise econômica que se manteve forte, por conta da instabilidade política. O *impeachment* e a ascensão do vice Michel Temer eram vistos como o choque de credibilidade necessário para a retomada da normalidade e do crescimento. Temer assumiu com um discurso reformista pró-mercado, conforme apresentado na "Ponte para o Futuro" do seu partido (PMDB). Algumas mudanças foram implementadas, porém a retomada do crescimento mostrou-se aquém do esperado, a instabilidade política manteve-se, o acirramento dos conflitos sociais e da polarização política contribuíram para a eleição do candidato de direita, Jair Bolsonaro.

Assim, tivemos nesse mandato, Dilma2-Temer, um dos momentos mais conturbados da história do país, tanto do ponto de vista político, como do econômico.

Cap. 25 • Os Governos Dilma (2º Mandato) – Temer 541

Tabela 25.6 Indicadores econômicos: médias – 2015-2016, 2017-2018, 2015-2018

PIB e desemprego	2015-2016	2017-2018	2015-2018
PIB	–0,95	1,55	–0,93
Indústria	–5,16	0,11	–2,53
Comércio	–6,96	2,47	–2,25
Serviços	–2,48	1,43	–0,53
Agropecuária	–3,41	7,73	3,39
Consumo das famílias	–3,53	2,17	–0,68
Consumo do governo	–0,61	0,06	–0,28
Formação bruta de capital fixo (FBKF)	–13,04	1,34	–5,85
Fixo – FBCF (% PIB)	16,19	14,86	15,53

Inflação, câmbio e juros	2015-2016	2017-2018	2015-2018
IPCA – 12 meses	8,48	3,35	5,92
Taxa Selic – Copom	14,00	6,75	10,38
IGP – DI 12 meses	8,92	3,34	6,13
Taxa de câmbio (Dez)	3,61	3,59	3,60
Taxa de câmbio (média anual)	3,41	3,42	3,42

Indicadores fiscais	2015-2016	2017-2018	2015-2018
NFSP sem desvalorização cambial (% PIB) Resultado nominal	9,60	7,37	8,48
NFSP sem desvalorização cambial (% PIB) Resultado primário	2,17	1,62	1,89
Dívida líquida do setor público (% PIB) Setor público consolidado	40,89	52,07	46,48
Carga tributária bruta (% do PIB)*	32,09	32,42	32,25

* Até 2021.

Indicadores do setor externo	2015-2016	2017-2018	2015-2018
Reservas internacionais – US$ milhões	360.740	374.344	367.542
Transações correntes – US$ milhões	–46.969	–40.066	–43.517
Balança comercial – US$ milhões	30.994	50.349	40.672
Exportação de bens – US$ milhões	187.091	228.760	207.925
Importação de bens – US$ milhões	156.096	178.411	167.254
PIB – US$ milhões	1.798.150	1.989.700	1.893.925
Transações correntes – % do PIB	–2,61%	–2,04%	–2,33%
Conta capital e financeira	–43.443	–37.686	–40.564

CONCEITOS-CHAVE

Contabilidade criativa
Crise política
Desoneração da folha de
  pagamentos

Impeachment
Preços administrados
Recessão
Teto de gastos

QUESTÕES

Q1. Explique as diferentes visões sobre a desaceleração econômica de 2014: esgotamento do modelo da Nova Matriz Econômica, retração do preço das *commodities*, instabilidade e polarização política.

Q2. Explique a mudança da política fiscal no início do segundo mandato da presidente Dilma. Por que alguns chamaram esse quadro de estelionato eleitoral?

Q3. Como a instabilidade política e a atuação do Congresso (pautas-bombas) influenciaram o processo de ajustamento econômico tentado no primeiro ano do segundo mandato da presidente Dilma?

Q4. Explique as alegações para o processo de *impeachment* contra a presidente Dilma.

Q5. Explique as principais propostas econômicas do documento "Uma Ponte para o Futuro".

Q6. Quais as principais reformas econômicas conduzidas no período de governo do presidente Temer?

TEMAS PARA DEBATE

T1. Discuta o ambiente político a partir dos movimentos de 2013 e como este pode ter contribuído para a instabilidade política e a crise econômica a partir de 2014. É possível estabelecer comparações entre esse período e o início dos anos 1960, em que conflitos distributivos acirram o ambiente político e promovem crises econômicas?

T2. Discuta as diferentes visões sobre a política fiscal, com lados opostos enfatizando a falta de sustentabilidade fiscal como determinante da crise econômicas e outros considerando a austeridade fiscal como a causa da crise.

T3. Discuta a importância das políticas de transferência de renda no atual contexto das relações de trabalho, a tendência ao envelhecimento populacional, e o aumento da concentração de renda.

T4. Discuta as razões pelas quais a promessa de retomada do crescimento com a superação da crise política associada ao *impeachment* não se verificou.

26

Governo Bolsonaro

26.1 INTRODUÇÃO

Jair Messias Bolsonaro assumiu a Presidência da República, em 2019, após vencer o segundo turno das eleições presidenciais de 2018 contra o candidato do Partido dos Trabalhadores (PT), Fernando Haddad. A disputa eleitoral deu-se em um quadro de elevada polarização política, em que cada um dos dois candidatos representou, na prática, os extremos dessa polarização, com a consequente queda da competitividade dos demais candidatos, ligados a partidos de centro, em especial o Partido da Social Democracia Brasileira (PSDB).

O presidente Jair Bolsonaro fora deputado federal de 1991 a 2018, durante sete mandatos consecutivos. Visto como um parlamentar de baixa expressão no Congresso, identificado por sua ideologia de direita, por seu discurso antiprivatizações, suas posições em defesa da ditadura e de torturadores, por políticas favoráveis ao armamentismo, e pela crítica às políticas associadas às pautas ambientais.

Vale destacar que o crescimento da extrema-direita não foi um fenômeno restrito ao Brasil, expandindo-se ao redor do mundo. Dois anos antes, Donald Trump havia sido eleito presidente dos Estados Unidos com discurso semelhante contra as minorias e contra o fluxo migratório para o país. Nos Estados Unidos, reforçava-se o discurso nacionalista e contra a importação dos produtos estrangeiros, que restringiam o emprego dos trabalhadores nativos. O mesmo se verificava em outros países ao redor do mundo, por exemplo, na Turquia, com o presidente Recep Erdogan e na Hungria, com o primeiro-ministro Viktor Orbán, entre outros. Alguns analistas políticos atribuem esse crescimento do conservadorismo aos "perdedores da globalização", que passam a ir contra as minorias e aos imigrantes, apontados como responsáveis pela deterioração da qualidade de vida em seus países, pelas perdas de emprego e outras mazelas que foram, eventualmente, exploradas pelos líderes de extrema-direita.

Em um contexto de instabilidade econômica, política, social e mesmo cultural, Jair Bolsonaro aproximou-se ainda mais da extrema-direita ao redor do mundo para dar maior densidade à sua campanha. Sua plataforma era composta, entre outros, por uma retomada do conservadorismo, apoiada na sua aproximação das pautas dos movimentos religiosos mais à direita, e o desinteresse com o meio ambiente fez com que também se aproximasse de parte dos produtores rurais.

Do lado econômico, Bolsonaro propunha o aprofundamento de medidas liberais, na mesma linha do governo Temer, envolvendo a venda de empresas e ativos estatais, maior participação do setor privado nos investimentos em infraestrutura, corte de despesas públicas, por meio das desvinculações e desindexações, que gerariam superávits fiscais; uma agenda de desregulação com a flexibilização dos mercados (inclusive, o mercado de trabalho) e facilitação dos negócios com redução das exigências burocráticas, entre outros fatores. Para essa tarefa, foi nomeado o economista Paulo Guedes para comandar o Ministério da Economia, que, no governo de Jair Bolsonaro, passou a incorporar diversos outros ministérios, tais como o do Planejamento, Desenvolvimento, Trabalho e Previdência.

O desempenho econômico ao longo dos quatro anos sofreu fortes oscilações, sendo que, na média, a economia cresceu aproximadamente 1,5% a.a. Esse fraco desempenho é explicado, em boa parte, pelo impacto negativo da pandemia de Covid-19, em 2020, que teve grande influência no desempenho da economia como um todo, associado à desastrosa gestão da crise sanitária, com a negação da eficácia das vacinas e o estímulo a tratamentos sem comprovação científica, o que fez com que o Brasil fosse um dos países com piores indicadores em termos de mortalidade pela doença. Outro ponto que pode ser destacado é a política ambiental, com elevada leniência com desmatamentos ilegais, que levou a índices recordes de emissão de CO_2 e áreas de queimadas, além de ocupação ilegal de determinadas regiões da Amazônia, que favoreceu a proliferação do garimpo ilegal e o genocídio de povos originários, como se viu depois com a situação dos povos Ianomâmis. A postura permissiva com o desmatamento contribuiu para o isolamento do Brasil na esfera internacional.

Neste capítulo, faremos uma análise dos indicadores econômicos dos quatro anos do governo Bolsonaro, caracterizado pelo discurso liberal na economia e ultraconservador nos costumes, marcado pela pandemia e sua gestão e pelas idiossincrasias quanto à gestão das pautas sociais, ambientais e internacionais, entre outras, que afetaram a economia e a sociedade brasileira.

26.2 O DESEMPENHO ECONÔMICO DO GOVERNO BOLSONARO PRÉ-PANDEMIA DE COVID-19

O governo Bolsonaro inicia-se como uma promessa ou esperança de retomada do crescimento econômico, após o histórico recente até então ter registrado diversas tentativas frustradas de retomada do crescimento da economia brasileira. Nesse ambiente de fraco desempenho econômico, combinado com o fortalecimento da polarização política, ocorreu a eleição de Jair Bolsonaro.

Cap. 26 • Governo Bolsonaro **545**

O discurso básico era novamente o de que o fim da corrupção e as mudanças no perfil de atuação do Estado promoveriam a retomada do crescimento econômico. A proposta de um amplo liberalismo econômico atendia aos anseios dos críticos ao intervencionismo estatal, verificado, em especial, no primeiro mandato da presidente Dilma Rousseff, e, em alguns aspectos, dava continuidade ao projeto iniciado na gestão Temer, que não tivera tempo de ser completado, o que permitiu ao novo presidente obter apoio junto a parcela das lideranças econômicas. Para aumentar a credibilidade do governo e seu compromisso com o fim da corrupção, foi nomeado para o Ministério da Justiça o juiz Sérgio Moro, responsável pela condução da operação Lava Jato e pela prisão do ex-presidente Luiz Inácio Lula da Silva, que foi impedido de concorrer na eleição presidencial de 2018.

A presença do Teto de Gastos impunha ao governo a contenção dos gastos públicos e a necessidade de aprovação de reformas que possibilitassem a contenção das despesas no médio e no longo prazo. Ao mesmo tempo, deveriam flexibilizar-se as regras para os investimentos, para possibilitar, em conjunto com a redução da taxa de juros, a retomada do crescimento com base em uma atuação mais forte do setor privado.

26.2.1 Produto e emprego no governo Bolsonaro

Apesar das elevadas expectativas do mercado, o desempenho econômico no início do seu governo ficou aquém do esperado. Como é mostrado na Tabela 26.1, o crescimento do PIB em 2019 foi de apenas 1,2%, inferior ao verificado em 2018 (1,8%), mesmo com medidas excepcionais de liberação dos recursos do FGTS e do PIS/Pasep para ampliar a renda e o consumo das famílias.

Tabela 26.1 Taxa de crescimento do PIB e de seus componentes – 2019-2022

Período	PIB	Construção	Indústria	Serviços	Agropecuária	Consumo das famílias	Consumo do governo	Formação bruta de capital fixo	Exportação	Importação	Poupança bruta (%do PIB)	Formação bruta de capital (%do PIB)
2019	1,22	1,92	−0,67	1,51	0,42	2,60	−0,49	4,03	−2,56	1,33	12,24	15,52
2020	−3,28	−2,09	−2,97	−3,74	4,17	−4,56	−3,69	−1,75	−2,29	−9,48	14,78	16,12
2021	4,99	10,01	4,78	5,22	0,28	3,69	3,46	16,49	5,87	12,03	17,39	19,43
2022	2,90	6,89	1,62	4,16	−1,74	4,28	1,53	0,89	5,54	0,81	15,93	18,14

Fonte: IBGE.

Com esse baixo crescimento, a taxa de desemprego manteve-se ao longo de 2019 em torno dos 12% da força de trabalho, como revela a Figura 26.1. A manutenção da lenta recuperação que se observava desde 2017 no governo Temer impossibilitava melhora mais robusta do mercado de trabalho.

Figura 26.1 Taxa de desemprego – 2019-2022.

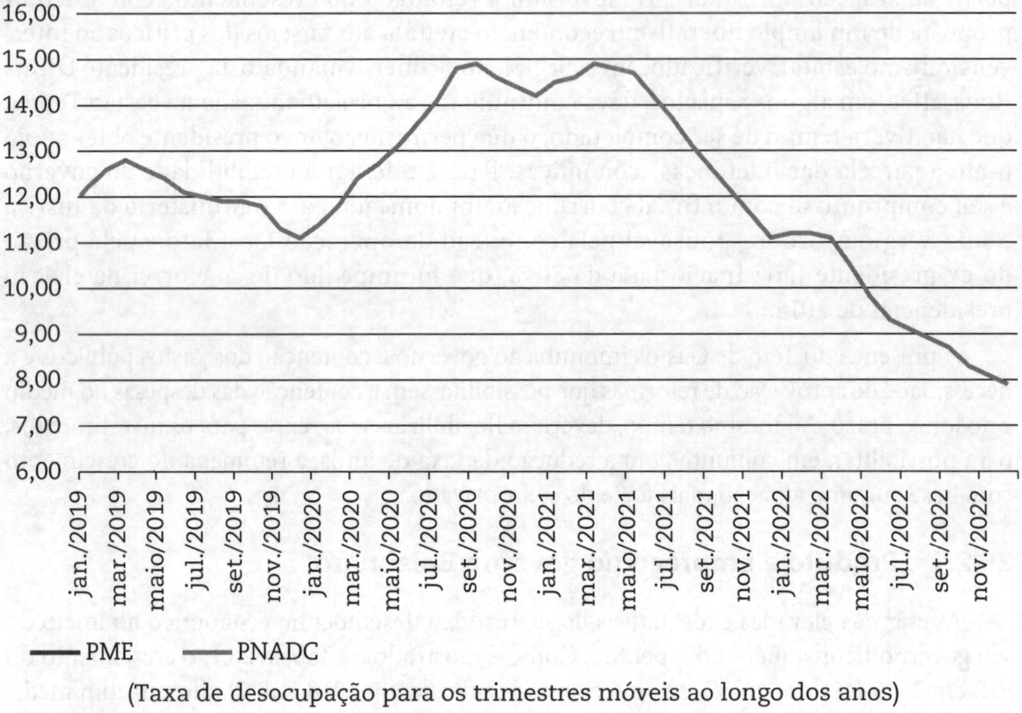

(Taxa de desocupação para os trimestres móveis ao longo dos anos)

Fonte: IBGE.

26.2.2 Comportamento dos preços

Com o desemprego mantido em patamares elevados, as pressões inflacionárias eram bastante reduzidas. Observa-se, na Figura 26.2, que, ao longo de 2019 permaneceu a tendência de queda do IPCA que se verificava desde o início de 2016, com pequenas oscilações ao longo do tempo. Decompondo-se o índice de preços, percebe-se que o IPCA do setor de serviços e o de preços livres, que refletem, principalmente, as condições da demanda, permaneceram com tendência de queda até meados de 2020, o que é compatível com as taxas de desemprego que persistiram elevadas, nos primeiros anos do governo de Jair Bolsonaro, e a tendência de queda no rendimento médio do trabalhador. Maiores oscilações vieram dos preços administrados, mas que mantiveram a tendência de queda nos dois primeiros anos.

Figura 26.2 IPCA – acumulado em 12 meses – 2019-2022.

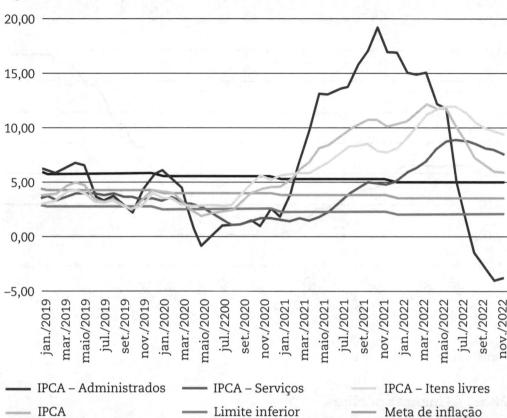

Fonte: IBGE e Banco Central do Brasil.

Apesar de a inflação estar sob controle e a taxa de desemprego permanecer elevada, a taxa de juros foi mantida no patamar de 6,50% desde março de 2018 e ao longo de todo o primeiro semestre de 2019, só iniciando um processo de queda a partir de julho (Figura 26.3), e terminando o ano com 4,50%. Ainda assim, esse processo se mostrou insuficiente para estimular a economia, que se mantinha em ritmo de estagnação ao longo do ano, sendo compensada pela já mencionada liberação de recursos dos fundos fiscais (FGTS e PIS/Pasep).

Figura 26.3 Taxa de juros Selic – jan. 2019/dez. 2022.

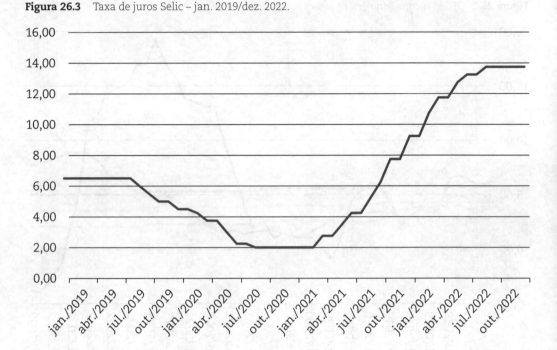

Fonte: Banco Central do Brasil.

26.2.3 Finanças públicas

Do ponto de vista fiscal, conforme é revelado na Tabela 26.2, verificou-se uma ligeira queda do déficit primário ao longo de 2019 (−0,8%) refletindo a política de contenção de gastos e adequação ao Teto de Gastos. Contudo, esse resultado também refletia tanto a contenção de diversas políticas públicas como o pouco empenho do governo em áreas como Educação e Saúde, entre outros. De qualquer modo, vinha se observando melhora do desempenho fiscal, com a redução do déficit primário e a continuidade do processo de devolução ao Tesouro Nacional dos recursos recebidos pelo BNDES para ampliar a capacidade de crédito, o que contribuiu para pequena queda da dívida bruta até fevereiro de 2020, quando a pandemia de Covid-19 alcança o país, como pode ser visto na Tabela 26.3.

Tabela 26.2 NFSP acumulado em 12 meses (% PIB) – 2019-2022

	2019	2020	2021	2022
NFSP-Nominal	−6,96	−5,81	−13,34	−4,31
Juros da dívida pública	−7,80	−15,05	−12,61	−3,03
NFSP-Primário	−0,84	−9,24	0,73	1,28

Fonte: Banco Central do Brasil.

Tabela 26.3 Dívida pública – dez. 2018-dez. 2022

Mês	Dívida líquida do setor público consolidado (% PIB)	Dívida bruta do governo geral (% PIB)
Dez./2018	52,77	75,27
Dez./2019	54,70	74,44
Dez./2020	61,37	86,94
Dez./2021	55,82	78,29
Dez./2022	57,52	73,45

Fonte: Banco Central do Brasil.

26.2.4 Setor externo

Com relação ao setor externo, observou-se, ao longo de 2019, uma retração do saldo comercial em função da queda das exportações, conforme revela a Tabela 26.3. Contudo, a situação externa do país mantinha-se confortável, com o elevado volume de reservas internacionais acumulado nos governos anteriores e com o fim do período de queda dos preços das *commodities* (ver Tabela 26.3).

Figura 26.4 Balanço de pagamentos – 2019-2022 – Acumulado em 12 meses (US$ milhões).

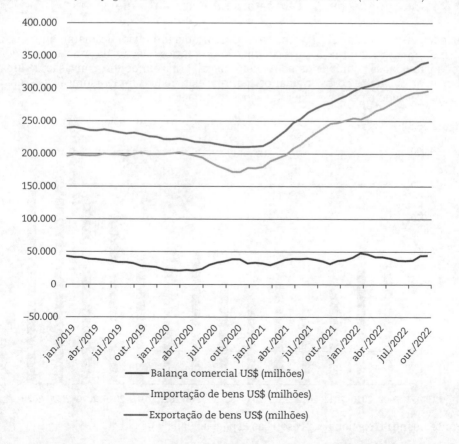

Tabela 26.4 Indicadores externos

(US$ milhões)

Ano	Exportações (FOB)	Importações (FOB)	Balança comercial	Serviços e rendas	Transações correntes	Conta Capital e Financeira	Reservas internacionais	Investimentos diretos no país
2019	225,8	–199,3	26,5	–94,6	–68,0	67,7	356,9	69,2
2020	210,7	–178,3	32,4	–60,7	–28,2	20,4	355,6	38,3
2021	284,0	–247,6	36,4	–82,8	–46,4	50,4	367,2	46,4
2022	340,3	–292,2	44,2	–92,4	–48,3	47,0	324,7	74,6

Nota: adotamos a metodologia do BPM5 quanto aos sinais, de compreensão mais direta que os sinais do BPM6.

Fonte: FMI.

Vale destacar também que o país começaria a ter algumas dificuldades no que tange ao mercado externo em função da gestão das políticas governamentais relacionadas com as relações internacionais e o meio ambiente. O governo optou por se alinhar a governos contrários às políticas de defesa dos direitos humanos e do meio ambiente, e pelo isolamento diplomático. Com isso, houve perda de espaço do país nos organismos internacionais. Além disso, perdeu-se, também, a oportunidade de o Brasil assumir a liderança nos debates sobre a transição para a chamada Economia Verde.

> **Boxe 26.1 – A questão do desmatamento na Amazônia**
>
> As políticas adotadas pelo governo federal levaram a um maior desmatamento – conforme revela a Figura 26.5 – e à ampliação de práticas ilegais na Amazônia, envolvendo atividades como venda de madeira ilegal, grilagem de terra, invasão de áreas demarcadas para os povos originários, garimpo e atividades mineradoras ilegais, entre outras, gerando repercussões e retaliações internacionais.
>
> **Figura 26.5** Taxas de desmatamento da Amazônia Legal – km^2.
>
>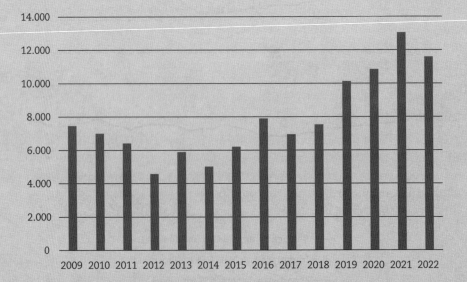
>
> **Fonte:** Instituto Nacional de Pesquisas Espaciais (INPE).

> A ampliação do desflorestamento foi um ponto recorrente ao longo do governo, colocando em risco as exportações agropecuárias em função de retaliações da comunidade internacional. Um exemplo a ser destacado foi o congelamento do Fundo Amazônia em decorrência da indisposição do governo em negociar com os países apoiadores, no caso, Noruega e Alemanha.

De modo geral, no início de seu governo, Bolsonaro manteve a lenta recuperação da economia brasileira observada no governo Temer. Mesmo com a baixa taxa de juros e o conjunto de reformas herdadas da gestão anterior, como o Teto de Gastos e a Reforma Trabalhista, acrescidas da Reforma da Previdência e da Liberdade Econômica na gestão Guedes-Bolsonaro, não proporcionaram a confiança necessária para melhorar as expectativas e levar ao aumento dos investimentos privados. A taxa de desemprego permanecia elevada, e o ritmo de geração de emprego era lento.

Foi nesse ambiente que chegou ao Brasil, a partir de fevereiro de 2020, a crise sanitária mundial – a **pandemia de Covid-19**. Este choque viria aprofundar uma situação econômica que já se mostrava delicada.

26.3 A CRISE DA PANDEMIA EM 2020 E 2021

26.3.1 O início da pandemia

A pandemia iniciou-se na China, na passagem de 2019 para 2020, e rapidamente se espalhou por todos os países. Destacava-se o elevado poder de contágio do novo coronavírus e sua letalidade, dando origem à pandemia de Covid-19. A ausência de vacinas ou de tratamentos eficazes contra a doença levava à recomendação de medidas restritivas à circulação de pessoas, fato que iria afetar profundamente a saúde das pessoas, mas também a vida econômica, política e cultural em todo o mundo.

Do ponto de vista econômico, tratava-se simultaneamente de um **choque de oferta** e **choque de demanda**. A capacidade produtiva sofreria retração pela necessidade de isolamento e fechamento de determinados estabelecimentos e a circulação de mercadorias no comércio seria fortemente afetada, levando, em consequência, a uma queda na oferta agregada. Paralelamente, a demanda também diminuiria, inicialmente pelo próprio efeito direto do isolamento e, mais tarde, pelo efeito decorrente da própria queda da renda e do consumo das famílias.

Nesse momento, além das medidas restritivas, caberia aos governos (federal, estadual e municipal), em cooperação, iniciar diversas políticas na área de saúde e assistência social, estabelecendo a estrutura necessária para o atendimento de pessoas contagiadas em estado grave, como a distribuição de materiais e produtos necessários para a higienização e prevenção, como máscaras, luvas, desinfetantes e álcool em gel, entre outros. Além disso, também caberia aos governos adotarem políticas para a preservação da renda e minimização dos efeitos negativos da pandemia sobre a atividade econômica, como transferência de renda, concessão de crédito de capital de giro para preservação das empresas, refinanciamento de dívidas e políticas de apoio a reconversões produtivas, entre outras ações.

Como já comentado no Capítulo 1, o governo federal brasileiro, descrendo da gravidade do cenário, teve resistência em adotar de imediato as medidas necessárias de restrição à circulação e coordenar com os governos estaduais e municipais, tanto as medidas de saúde pública como a mitigação de seus impactos econômicos. Como não houve a coordenação de política pelo governo federal, diversos governos estaduais e municipais começaram a determinar as medidas de isolamento a partir do mês de março de 2020, como foi o caso, por exemplo, de João Dória, governador de São Paulo, que impôs medidas restritivas e foi o primeiro a investir na busca de vacinas.

Com essa postura do governo federal, o contágio avançou rapidamente no Brasil, bem como o número de mortes. Como revela a Figura 26.6, ao longo dos meses de março e abril de 2020, o número de casos já se elevava expressivamente e, em meados do ano, o país já superava a quantidade de 1.000 mortes diárias. O número de mortes diárias registrou diferentes picos de acordo com o surgimento de novas variantes e a intensidade das políticas de prevenção. No início de 2021, quando já havia vacinas disponíveis, mas com atraso na distribuição e aplicação no país, as mortes superaram o número de 3.000 por dia. Ao longo de toda a pandemia, o número de mortes no Brasil pela pandemia de Covid-19 aproximou-se de 700.000.

Figura 26.6 Número de mortes diárias.

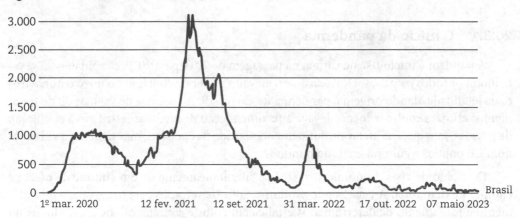

Fonte: https://ourworldindata.org/coronavirus

Considerando o número de habitantes, verificamos que no Brasil tivemos mais de 3.000 mortes por milhão de habitantes, enquanto na média mundial esse número foi inferior a 1.000. A Tabela 26.5, que complementa a Tabela B1.1 do Capítulo 1, apresenta alguns dados sobre a participação de diferentes países na população mundial e no número de mortes relacionadas com a pandemia. Observa-se que o Brasil, com uma participação de 2,7% na população mundial, respondeu por 10,2% do total de mortes. Se mensurarmos o desempenho de um país como a razão entre a proporção de mortes diante do total de mortes do mundo considerando a participação da população no total da população mundial, o desempenho do Brasil só é (ligeiramente) melhor do que o dos Estados Unidos.

Tabela 26.5 Participação do número de mortes provocadas pela pandemia de Covid-19 na população de diferentes países

País	Número de mortes total	População total	% morte mundial	% população mundial	Indicador de desempenho
Estados Unidos	1.109.145	338.289.856	16,2%	4,2%	3,81
Brasil	698.947	215.313.504	10,2%	2,7%	3,77
Índia	530.771	1.417.173.120	7,7%	17,8%	0,44
Rússia	396.100	144.713.312	5,8%	1,8%	3,18
México	333.058	127.504.120	4,9%	1,6%	3,04
Reino Unido	207.670	67.508.936	3,0%	0,8%	3,58
Itália	188.218	59.037.472	2,7%	0,7%	3,71
Alemanha	168.499	83.369.840	2,5%	1,0%	2,35
França	161.253	67.813.000	2,4%	0,9%	2,76
Indonésia	160.914	275.501.344	2,3%	3,5%	0,68
Irã	144.845	88.550.568	2,1%	1,1%	1,90
Colômbia	142.615	51.874.028	2,1%	0,7%	3,20
Argentina	130.463	45.510.324	1,9%	0,6%	3,33
China	119.865	1.425.887.360	1,7%	17,9%	0,10
Espanha	119.244	47.558.632	1,7%	0,6%	2,91
África do Sul	102.595	59.893.884	1,5%	0,8%	1,99
Turquia	101.419	85.341.248	1,5%	1,1%	1,38
Japão	72.320	123.951.696	1,1%	1,6%	0,68
Filipinas	66.108	115.559.008	1,0%	1,4%	0,66
Vietnã	43.186	98.186.856	0,6%	1,2%	0,51

Fonte: https://ourworldindata.org/coronavirus

Grande parte dos países adotou de imediato um conjunto importante de medidas conforme as destacadas anteriormente. Entretanto, no Brasil, a condução das políticas de combate à pandemia pode ser vista como, no mínimo, questionável. As ações tomadas inicialmente pelo governo envolveram o uso de medicamentos e tratamentos ineficazes (como a cloroquina, usada para o tratamento de malária, transformando o exército em um importante produtor do medicamento ineficaz) e dificuldades à aquisição de vacinas, e, depois, às campanhas de imunização, entre outros pontos.

O governo brasileiro inicialmente adotou um discurso negacionista, minimizando o problema. Contudo, conforme a crise econômica se acentuava, a pressão da sociedade crescia, e, pela ação dos outros poderes (Judiciário, e, especialmente neste caso, o Legislativo), o governo começou a adotar algumas medidas. Além da ampliação dos repasses para a saúde e para estados e municípios, houve importantes ações do governo federal envolvendo transferência de renda às famílias, políticas para a preservação do emprego e das empresas, ampliação da liquidez ao sistema financeiro e redução da taxa de juros, entre outros.

No caso das transferências às famílias, foi instituído o **Auxílio Emergencial**, que correspondia a um benefício financeiro concedido pelo governo federal com o objetivo de oferecer proteção emergencial aos mais vulneráveis no enfrentamento à crise causada pela pandemia. O governo pretendia fazer um pagamento de R$ 200,00 mensais para as famílias, mas, após pressão da sociedade e decisão tomada pelo Congresso Nacional, estipulou-se um repasse de R$ 600,00 mensais. De setembro a dezembro de 2020, o valor foi reduzido à metade e, posteriormente, o programa foi suspenso de janeiro a março de 2021. Em abril de 2021, os pagamentos foram retomados até outubro com um valor médio de R$ 250,00 mensais (R$ 150 para solteiros, R$ 250 para famílias e R$ 375 para mães solteiras). Em novembro de 2021, foi instituído o **Auxílio Brasil**, de caráter permanente e em substituição ao Bolsa Família, com um valor mensal de R$ 400,00, que foi elevado para R$ 600,00 em outubro de 2022 (às vésperas da eleição presidencial).

O objetivo do Auxílio Emergencial era mitigar os impactos econômicos da pandemia de Covid-19 sobre as famílias de baixa renda e para aqueles trabalhadores mais afetados pela crise sanitária. Em 2020, o programa beneficiou 68 milhões de brasileiros e contribuiu de maneira significativa para o enfrentamento das dificuldades e para reduzir os indicadores de pobreza e extrema pobreza no país, além de reduzir os indicadores de desigualdade de renda.

Assim, essa política, embora tardia, foi de extrema importância para minimizar o impacto da pandemia nas famílias de menor renda. Vale destacar, contudo, algumas ressalvas: em primeiro lugar, a instituição de um programa dessa expressiva dimensão deu-se em virtude de importante atuação do Poder Legislativo; em segundo lugar, o Auxílio Brasil, que substituiu o Bolsa Família, além de seu caráter eleitoral, significou uma perda de qualidade das políticas de transferência de renda pela perda de foco nos mais necessitados e pela redução de condicionalidades importantes, como a exigência de atestados de vacinação e de frequência escolar, que vinha sendo adotada desde o Bolsa Escola do Governo FHC, e mantida no Bolsa Família.

Para além da transferência de renda às famílias, outras políticas foram adotadas na busca da preservação do emprego. Uma das modalidades foi o **Benefício Emergencial de Preservação do Emprego e da Renda (BEM)**, em que o governo federal arcou com perdas salariais decorrentes de redução ou suspensão de contratos de trabalho formal. A contrapartida paga pelo governo federal visava minimizar a perda de renda dos trabalhadores diante da suspensão temporária do contrato ou da redução proporcional da jornada e do salário. O valor era calculado com base no que os trabalhadores receberiam de seguro-desemprego caso fossem demitidos. Em 2020, foram fechados milhões de acordos entre trabalhadores e empresas, o que proporcionou a manutenção do emprego de cerca de 10 milhões de trabalhadores. Além desta, outra medida de destaque foi o **Programa Emergencial de Suporte a Empregos (PESE)**, instituído em maio de 2020, que concedeu até o final de outubro do mesmo ano empréstimos a juros baixos, em diferentes modalidades e tipos de programas, para empresas manterem os empregos e salários de trabalhadores.[1]

---

[1] Alguns programas tiveram duração limitada e foram interrompidos no final de 2020 e retomados em 2022. Os principais programas foram o **Programa Nacional de Apoio às Microempresas e Empresas de Pequeno Porte (Pronampe)**, criado em maio de 2020 e tornado permanente em junho de 2021; o **Programa Emergencial de Acesso ao Crédito com Garantia**

Além dessas medidas voltadas para a atividade econômica, o governo federal também realizou transferências fiscais aos estados e municípios da ordem de R$ 60 bilhões em 2020 para compensá-los pela perda de arrecadação decorrente da crise econômica provocada pela pandemia de Covid-19. Deve-se destacar que vários estados e municípios adotaram outras medidas para reforçar a tentativa de proteger a renda e o emprego, seja com políticas de transferência complementares, seja com isenções de pagamento de tarifas de transporte público, água e esgoto, eletricidade, IPTU, entre outros tipos.

26.4 O DESEMPENHO ECONÔMICO PÓS-PANDEMIA

De modo geral, este conjunto de medidas adotado pelo governo e pelo Congresso Nacional contribuiu para minimizar o impacto da pandemia de Covid-19 sobre a atividade econômica, o emprego e a renda da população, mas, ainda assim, houve forte retração econômica no ano de 2020. Como mostrado na Tabela 26.1, os resultados de 2020 evidenciam uma retração do PIB de 3,3%, número que foi significativamente menor do que o esperado no início da pandemia em função das medidas adotadas. Em termos setoriais, verificou-se crescimento significativo da agropecuária, de 4,2%, e uma retração da indústria, de 3,0%, e do setor de serviços, de 3,7%. Em particular, o pior desempenho do setor de serviços era esperado como resultado das restrições à mobilidade das pessoas, sendo que apenas alguns ramos tiveram desempenho favorável, como o de serviços de informática. A mesma tabela mostra que, do ponto de vista dos componentes da demanda agregada, destaca-se a forte retração do consumo das famílias, de 4,6% no ano.

O mercado de trabalho também exibiu significativa deterioração ao longo da pandemia. A taxa de desemprego, que vinha se reduzindo lentamente desde a saída da recessão em 2016, encontrava-se em torno de 11% da força de trabalho no início da pandemia e elevou-se para próximo de 15% em meados de 2020 (ver Figura 26.1). O desemprego oscilou em torno desse nível, conforme os ciclos da pandemia, de aumentos e reduções de casos e mortes com as novas variantes, e só entrou em uma trajetória consistente de queda a partir de meados de 2021, com o avanço da vacinação e a possibilidade de recuperação econômica.

As medidas para enfrentar a pandemia e o impacto da recessão sobre a arrecadação resultaram em uma significativa deterioração das contas públicas. Observa-se, na Figura 26.4 e na Tabela 26.2, que o déficit primário, que se situava em torno de 1% do PIB em 2019, saltou para 9% do PIB em 2020, e a dívida bruta, que tinha fechado 2019 na faixa de 74% do PIB, elevou-se para 89% em 2020. Vale destacar que, para minimizar o impacto nas contas públicas, foi aprovado, em maio de 2020, o congelamento do salário dos servidores públicos, a suspensão da contratação de novos servidores e a suspensão de programas de progressão na carreira, entre outros, por um período de 18 meses, até dezembro de 2021.[2]

Com a retração da atividade econômica, verificou-se forte queda da taxa de inflação no início de 2020, que se aproximou de 2% no acumulado em 12 meses ao final do primeiro semestre (ver Figura 26.2). A partir de então, a inflação voltou a se acelerar em função dos

---

de Recebíveis (PEAC); o **Programa de Capital de Giro para Preservação de Empresas (CGPE)**; e o **Programa de Estímulo ao Crédito (PEC)**.

[2] Foram excetuados dessas restrições os servidores da saúde, segurança pública e Forças Armadas.

gargalos nas cadeias produtivas e dos efeitos dos programas de auxílio, que fizeram a taxa anual de 2020 fechar em torno de 4,5% a.a. Com isso, e como modo de tentar estimular a economia, a taxa Selic pôde ser reduzida ao seu menor patamar histórico, atingindo 2% em agosto de 2020 (conforme mostrado na Figura 26.3). A taxa só voltaria a elevar-se em fevereiro de 2021 em função do retorno de pressões inflacionárias, atingindo 9,25% ao final de 2021.

O ano de 2021 iniciou-se com um forte aumento do número de casos e mortes pela pandemia de Covid-19 com o surgimento de uma nova variante da pandemia. Como observamos anteriormente, nesse momento, o país atingiu os níveis recordes de mortalidade pela doença, chegando a atingir patamares superiores a 3.000 mortes diárias. Por outro lado, paralelamente, houve avanço importante na vacinação, o que possibilitou melhoras significativas no controle da crise sanitária e, com isso, aumento do desempenho econômico.

26.4.1 A retomada da economia pós-pandemia e o final do governo Bolsonaro

Retomando à Tabela 26.1, verificou-se a retomada das atividades a partir do segundo semestre de 2021, o que possibilitou um crescimento do PIB de 5% naquele ano, com destaque para a indústria e serviços, que cresceram, respectivamente, 4,8 e 5,2% no ano, como mostrado na Tabela 26.1. A agricultura, que tinha colaborado para minimizar o impacto negativo da pandemia de Covid-19 sobre o PIB em 2020, teve desempenho pior tanto em 2021 (0,3%) como em 2022 (–1,7%) em razão, entre outros, da estiagem em vários estados produtores. Grande parte do crescimento refere-se à recuperação das perdas ocorridas ao longo do ápice da pandemia nos setores da indústria e de serviços, sendo que o crescimento industrial não se sustentou no ano de 2022 (cresceu apenas 1,6%).

Com a retomada do crescimento econômico, o desemprego, que estava próximo dos 15% até maio de 2021, começou a se reduzir, atingindo a faixa dos 11% no final do ano (Figura 26.1). Com o crescimento do emprego, o rendimento real médio começou a exibir ligeira melhora a partir de meados do segundo semestre. A combinação dessa melhora com a volta de parcela das políticas de transferência de renda contribuiu para minimizar o quadro de crise social, em que se verificava um crescimento contínuo da fome e da pobreza, para o qual contribuía o quadro de aceleração inflacionária, em especial dos alimentos.

Em 2021, verificou-se forte aumento da taxa de inflação por causa de diversos fatores: interrupção de canais globais de produção e crises de abastecimento de diversos produtos em função da pandemia, aumento do preço de *commodities,* forte retomada do consumo, propiciado pelas políticas de auxílio e retomada da economia e da circulação de pessoas, e pressões cambiais, entre outros aspectos. Deve-se destacar que o aumento da inflação se deu em praticamente todos os países, refletindo a desestruturação produtiva ocorrida no mundo, mas alguns fatores decorreram das incertezas específicas ao Brasil, por exemplo, a maior volatilidade da taxa de câmbio. Conforme mostra a Figura 26.2, a inflação saltou de 4,5%, em 2020, para 10,1%, em 2021. É interessante também observar o comportamento dos preços administrados, que tiveram forte elevação em 2021 e forte queda em 2022, decorrente, em parte, das intervenções de preços promovidas pelo Ministério da Economia.

26.5 O IMPACTO ECONÔMICO DA INVASÃO DA UCRÂNIA PELA RÚSSIA

Em fevereiro de 2022, mais um choque ocorreria na economia internacional com a invasão da Ucrânia pelas tropas russas, iniciando a Invasão da Ucrânia (chamada oficialmente pelo governo russo de "Operação militar especial"). Logo de início, diversos países, em especial os desenvolvidos, adotaram retaliações econômicas, comerciais e políticas contra a Rússia. Com isso, se imaginava que a guerra pudesse terminar logo, o que não ocorreu. O conflito estendeu-se por todo o ano de 2022 e continuou em 2023.

Nesse quadro, um dos problemas era a tendência de ocorrência de novas pressões inflacionárias decorrentes do preço do petróleo, dos fertilizantes e de diversas *commodities,* tendo em vista a importância da Rússia e da Ucrânia nesses mercados, além das dificuldades impostas pela guerra ao acesso a alguns mercados. A forte elevação dos preços das *commodities* a partir de 2021, com a retomada do consumo pós-pandemia e as diversas dificuldades de abastecimento, acentuou-se com a Guerra da Ucrânia.

Esse quadro de preços foi favorável para as exportações brasileiras, contribuindo para forte elevação do saldo comercial do país. Conforme mostrado na Figura 26.5, após um pequeno recuo do comércio internacional com a crise da pandemia de Covid-19 e a respectiva recessão, verificou-se acentuada expansão das exportações e das importações a partir de meados de 2021. O saldo comercial brasileiro recuperou-se e atingiu aproximadamente US$ 45 bilhões em 2022.

Um fato interessante ocorreu com relação à taxa de câmbio no governo de Jair Bolsonaro. Tradicionalmente, no Brasil, a taxa de câmbio possuía uma relação inversa com os preços de *commodities,* isto é, quando o preço de *commodities* aumentava, a taxa de câmbio tendia a cair (se apreciar), ocorrendo o inverso quando se tinha uma retração do índice de *commodities*. A partir de 2020, essa relação parece ter sido quebrada e, apesar da forte elevação do preço das *commodities*, a taxa de câmbio brasileira continuou se depreciando. A taxa de câmbio (R$/US$), que se encontrava em R$ 3,88 ao final de 2018, saltou para R$ 4,11 ao final de 2019; R$ 5,14 ao final de 2020; R$ 5,65 em 2021 e R$ 5,24 em 2022. O Real foi uma das moedas que mais se desvalorizou no período, apesar do desempenho bastante favorável do preço dos produtos de exportação do país.

Esse quadro pode ser decorrente da elevada instabilidade política (eleições presenciais) e econômica observada durante o período. Se o quadro favorável de preços de *commodities*, por um lado, colaborava para o desempenho externo, por outro, contribuía para manter as pressões inflacionárias, em especial vinda do preço dos alimentos. O IPCA mantinha-se elevado, mas com tendência de reversão, em resposta à manutenção das elevações da taxa Selic pela autoridade monetária até o patamar de 13,75% em agosto de 2022 (ver Figura 26.3).

Nesse quadro, a atividade econômica tinha baixa expectativa de crescimento para 2022, passado o efeito de recuperação pós-Covid-19. Vale destacar, por exemplo, que a indústria e a construção civil encontravam-se em níveis inferiores aos verificados antes da recessão de 2015/2016. A agricultura ainda sofria os efeitos climáticos e preservava baixo desempenho. O setor de serviços, por sua vez, mantinha a recuperação com a volta da normalidade da circulação de pessoas, com o avanço da vacinação e com a (lenta) recuperação do mercado de trabalho.

Possivelmente tendo em conta os objetivos eleitorais (busca da reeleição), o governo adotou uma série de medidas ao longo de 2022 para estimular a economia e controlar a inflação, sendo que parte delas exerceu forte impacto fiscal. O governo iria recorrer ao chamado contexto constitucional de emergência (**Auxílio Emergencial**) para não cumprir o Teto Fiscal, regra que na prática só foi cumprida no primeiro ano do governo Bolsonaro. As estimativas apontam que, ao longo de seu mandato, o estouro acumulado de gastos com relação ao Teto (aprovado em 2016) aproximou-se dos R$ 800 bilhões.

Como modo de tentar conter a inflação, o governo aprovou, em março de 2022, a desoneração dos impostos federais sobre os combustíveis, o que deveria ter um efeito imediato no preço final – tal desoneração deveria vigorar até dezembro de 2022. Para ampliar o efeito deflacionário da desoneração, o governo federal sancionou, em junho de 2022, um Decreto-lei que desonerava do ICMS os combustíveis, energia elétrica e transporte coletivo. Essa medida ocasionou perdas fiscais tanto para os governos estaduais como para os municipais, que recebem como transferência parcela da arrecadação do ICMS de seus respectivos governos estaduais.

Como modo de incentivar a atividade econômica e a geração de renda, diversas ações foram adotadas nas vésperas das eleições: autorizou em março de 2022 saques de até R$ 1.000,00 do FGTS; em julho, a ampliação do valor do Auxílio Brasil para R$ 600,00 por mês, a criação do auxílio taxista e do auxílio caminhoneiro, a ampliação do Vale Gás, e créditos tributários para biocombustíveis, entre outras. O conjunto de medidas adicionais adotadas pelo governo no ambiente eleitoral teve impacto no orçamento, da ordem de R$ 270 bilhões.

Essas medidas contribuíram para que o desempenho da economia em 2022 fosse melhor do que o esperado inicialmente. Retomando mais uma vez a Tabela 26.1, nota-se que o PIB registrou crescimento de 2,9% em 2022, com destaque novamente para o setor de serviços, que cresceu 4,2% no ano, acompanhando o aumento do consumo das famílias; a indústria, por sua vez, registrou crescimento de 1,6%. O lado negativo foi registrado na agropecuária, com uma queda de 1,7% em função de eventos climáticos. Com isso, conforme revela a Figura 26.1, houve melhora do mercado de trabalho, com a taxa de desemprego reduzindo-se da faixa dos 11% no final de 2021 para a faixa dos 8% em 2022. Acompanhando essa melhora, com redução do desemprego e da inflação, o rendimento real médio elevou-se ao longo de 2022. Em relação à taxa de inflação, o IPCA de 2022 ficou em 5,8% devido à intervenção do governo no preço dos combustíveis e da energia elétrica, que fez com que o IPCA de Preços Administrados apresentasse uma deflação de 3,8% ao longo de 2022, mantendo-se as elevadas pressões inflacionárias nos outros grupos (ver Figura 26.2).

Com o maior crescimento econômico, que impactou positivamente a arrecadação, o congelamento de determinados gastos, como salário dos funcionários públicos, e a presença de diversas receitas extraordinárias, como o elevado lucro da Petrobras, registrou-se um superávit primário em 2022 (ver Figura 26.4 e Tabela 26.2), que contribuiu para a redução da dívida bruta do governo.

Especificamente com relação às eleições presidenciais de 2022, ocorreu a eleição do candidato Luiz Inácio Lula da Silva no segundo turno, em uma disputa bastante acirrada e definida por uma pequena diferença de votos. A votação do candidato do Partido dos Trabalhadores concentrou-se, majoritariamente, entre os eleitores de baixa renda, principalmente do

Nordeste do país, que foram fortemente afetados pela pandemia, pelas incertezas das políticas sociais, pela inflação dos alimentos e outros aspectos que afetavam a sua qualidade de vida.

26.6 REFORMAS INSTITUCIONAIS E ECONÔMICAS SOB O GOVERNO DE JAIR BOLSONARO

Com relação à agenda de reformas, medidas importantes foram aprovadas durante o governo Bolsonaro. A principal delas foi a **Reforma da Previdência**, gestada no governo Temer, aprovada no final de 2019, que teve como principal mudança a introdução, para os novos ingressantes no sistema, da idade mínima de aposentadoria, de 62 anos para as mulheres e 65 anos para os homens, com um mínimo de 15 e 20 anos de contribuição, respectivamente. Além disso, foram introduzidas mudanças no cálculo do benefício, sendo a média do valor de contribuição ponderado pelos anos de contribuição, começando com 60% do valor para quem obteve o benefício com o tempo mínimo de contribuição e aumentando dois pontos percentuais para cada ano adicional de contribuição. As estimativas de redução de despesas com a reforma chegaram à ordem de R$ 800 bilhões em 20 anos.

Outra reforma instituída também no primeiro ano do governo foi a **Lei de Liberdade Econômica**, que visava facilitar a abertura de novos negócios com a redução de obrigações e a dispensa de alvarás de funcionamento para negócios de baixo risco. Com isso, pretendeu-se facilitar a abertura de empresas, reduzindo o prazo e os custos, um dos itens constantemente destacados nos relatórios sobre as dificuldades de fazer negócios no país, estimulando o empreendedorismo. Essa lei está de acordo com os objetivos de desburocratizar e estruturar um ambiente favorável ao setor privado. Além disso, as mudanças envolviam maior facilidade para o registro de ponto e emissão de carteira de trabalho. Esta agenda de microrreformas para ampliar a eficiência perdurou ao longo de todo o governo, com mudanças nas leis de garantias, mercado de câmbio e regras para cartórios, entre outros, que visavam facilitar o ambiente de negócios no Brasil.

Uma reforma de destaque foi a **Independência do Banco Central**. Nesse caso, foram estipulados mandatos não coincidentes de quatro anos para os membros da diretoria. Os diretores não podem ser demitidos pelo Presidente da República, e o mandato do presidente do Banco Central é não coincidente com o do presidente do país, buscando-se, assim, blindar a autoridade monetária de ingerências políticas. No caso brasileiro, a diretoria do Banco Central tem autonomia para a busca do cumprimento das metas de inflação estipuladas pelo Conselho Monetário Nacional, e deve responder pelo sucesso ou não nesta tarefa.

Dentro das medidas de desburocratização das transações econômicas, destaca-se a adoção, em novembro de 2020, do **Pagamento Instantâneo Brasileiro (PIX)**, que permite transferir dinheiro de uma conta para outra em poucos segundos, 24 horas por dia. É uma alternativa aos boletos bancários, DOC e TED.

Diversas privatizações foram realizadas. Em 2019, o Superior Tribunal Federal (STF) decidiu que as concessões e privatizações de subsidiárias de empresas estatais poderiam ser decididas pela administração da própria empresa, sem a necessidade de submissão ao Congresso Nacional. Com isso, foi facilitada a privatização da BR-Distribuidora, da TAG – Transportadora Associada de Gás, e da refinaria Landulpho Alves (localizada na Bahia e vendida para um grupo dos Emirados Árabes), além de algumas subsidiárias elétricas. Dentre as principais empresas estatais, tem-se o início da privatização da Eletrobras, em 2022.[3]

Ainda relacionado com a participação do Estado na economia, deve-se destacar a aprovação da Lei n. 14.026, de 2020, o chamado **Novo Marco Legal do Saneamento Básico**. Essa lei retomou as metas de universalização definidas no Plano Nacional de Saneamento Básico (Plansab), no governo Dilma em 2013, e estipulou que a universalização dos serviços – 99% da população urbana com acesso à rede de água e 90% com acesso à coleta e tratamento de esgoto – deveria se dar até 2033, onde fosse viável, e até 2039 em localidades que fosse inviável o alcance em 2033. Como principal instrumento para tal, o Novo Marco focou na maior participação privada, colocando restrições à renovação dos chamados contratos de programas, que definia o relacionamento entre os municípios e as companhias estaduais.

A priorização do setor privado e as dificuldades impostas às companhias estaduais, que passaram a ter a prestação de serviços em diversas cidades consideradas irregulares, levaram a uma grande movimentação no setor em direção a concessões ao setor privado. Vale destacar que, logo após o Novo Marco, foram privatizadas a Casal (Alagoas) a Cedae (Rio de Janeiro), entre outras.

Como já se destacou anteriormente, foram tomadas diversas medidas ao longo do governo Bolsonaro envolvendo a desburocratização, a desregulamentação de diversos mercados, a flexibilização de várias regras, a redução das fiscalizações e da imposição de multas, e a facilitação para os contribuintes nas negociações com a Receita Federal (como a eliminação do voto de qualidade nas decisões do Conselho Administrativo de Recursos Fiscais – CARF), entre outras medidas, para facilitar o ambiente de negócios.

26.7 CONSIDERAÇÕES FINAIS

Os quatro anos da gestão de Jair Bolsonaro foram marcados por significativa instabilidade e polarização política. Houve grande recrudescimento nas pautas conservadoras, retrocessos em diversos avanços que haviam sido obtidos em direitos humanos e individuais, deterioração das políticas educacionais, ambientais e de ciência e tecnologia, entre outros aspectos.

O governo foi marcado por uma série de choques negativos que afetaram expressivamente o desempenho econômico e trouxeram diversas perdas ao país. Em 2020, iniciou-se a crise sanitária da pandemia de Covid-19. Em 2021 e em 2022, houve seca em vários estados produtores agrícolas e, finalmente, em 2022, teve início a Invasão da Ucrânia. Esses choques sucessivos geraram impactos bastante negativos sobre a atividade econômica e sobre a inflação. O crescimento econômico médio do governo Bolsonaro foi inferior a 1,5% a.a., ou seja, a economia manteve-se estagnada com crescimento praticamente nulo do PIB *per capita*. A inflação acelerou-se a partir do final de 2020, decorrente de choques de oferta e pressões da taxa de câmbio, e ficou acima da meta em dois dos quatro anos do governo. A taxa de desemprego, por sua vez, manteve-se acima dos 10% da força de trabalho

---

[3] Cujo modelo de privatização foi questionado pela desproporcionalidade entre a participação que se manteve do governo e sua representação no conselho, e pelo excesso de exigências no processo.

em três dos quatro anos do mandato, com queda apenas no último ano. Desse modo, nota-se que os indicadores econômicos foram bastante frágeis e decorreram, principalmente, da sucessão de choques, mas, eventualmente, das políticas adotadas pelo governo.

Foram implementadas diversas medidas ao longo do período buscando a maior flexibilização da economia – Liberdade Econômica, Reforma da Previdência, Novo Marco do Saneamento Básico, e desregulamentação de diversas atividades, entre outras. Foram realizadas algumas privatizações, e aprovou-se a autonomia do Banco Central.

Para além das questões econômicas, dos constantes ataques às instituições democráticas, principalmente ao STF, o governo foi marcado pela instabilidade política e econômica, pelo isolamento das nações democráticas, pela incerteza institucional e pelo conflito entre as esferas de governo.

Tabela 26.6 Indicadores econômicos: taxas de crescimento médias – 2019-2022

PIB e desemprego	2019-2022
PIB	1,46
Indústria	0,69
Comércio	1,49
Serviços	1,79
Agropecuária	0,78
Consumo das famílias	1,50
Consumo do governo	0,20
Formação bruta de capital fixo (FBKF)	4,92
FBCF (% do PIB)	17,30

Inflação, câmbio e juros	2019-2022
IPCA – 12 meses	6,17
Taxa Selic – Copom	7,38
IGP – DI 12 meses	13,38
Taxa de câmbio (dez.)	5,04
Taxa de câmbio (média anual)	4,91

Indicadores fiscais	2019-2022
NFSP sem desvalorização cambial (% PIB) Resultado nominal	7,04
NFSP sem desvalorização cambial (% PIB) Resultado primário	2,02
Dívida líquida do setor público (% PIB) Setor público consolidado	57,35
Carga tributária bruta (% do PIB)*	32,75
* Até 2021	

(continua)

(continuação)

Indicadores do setor externo	2019-2022
Reservas internacionais – US$ milhões	349.853
Transações correntes – US$ milhões	–49.564
Balança comercial – US$ milhões	34.917
Exportação de bens – US$ milhões	265.293
Importação de bens – US$ milhões	230.376
PIB mensal – US$ milhões	1.725.549
Transações correntes – % do PIB	–2,82%
Conta capital e financeira	–46.809

CONCEITOS-CHAVE

Autonomia federativa

Auxílio emergencial

Covid-19

Crise sanitária

Independência do Banco Central

Invasão da Ucrânia

Lei da Liberdade Econômica

Liberalismo econômico

Novo Marco regulatório do saneamento básico

Pagamento Instantâneo Brasileiro (PIX)

Reforma da previdência

QUESTÕES

Q1. Explique as principais reformas econômicas, com destaque para a previdência e a mudança ministerial, adotadas no primeiro ano do governo Bolsonaro.

Q2. Quais seriam algumas explicações para a eventual incapacidade das reformas liberais e do ajuste fiscal induzir ao crescimento econômico como visto pela relativa estagnação econômica em 2019?

Q3. Explique como a crise sanitária da pandemia de Covid-19 impactou a economia, tanto como um choque de demanda como um choque de oferta.

Q4. Quais as principais medidas econômicas adotadas para enfrentar a crise?

Q5. O quanto o desempenho econômico pode ter sido afetado pelos erros de condução da política de saúde e do negacionismo perante a pandemia de Covid-19 e seus efeitos? Mostre como a sociedade brasileira foi afetada pela gestão da saúde durante o governo Bolsonaro.

Q6. Quais os resultados econômicos da crise sanitária? Explique a retomada econômica em 2021 e sua reversão em 2022.

TEMAS PARA DEBATE

T1. Discuta a gestão da crise sanitária no Brasil e seu desempenho se comparada a outros países do mundo.

T2. Discuta em que medida o uso da máquina pública nas eleições de 2022 é um motivo para se debater o instituto da reeleição e do tamanho do mandato presidencial.

T3. Pode-se relacionar a tensão promovida pelo Executivo contra os outros poderes e a incapacidade de negociação política como determinantes da perda de poder do Executivo e aumento do poder do Legislativo, em especial nas questões orçamentárias?

Referências

ABREU, M. P. (org.). *A ordem do progresso*: cem anos de política econômica republicana – 1889-1989. Rio de Janeiro: Campus, 1990.

AGÉNOR, P. R.; MONTIEL, P. *Development macroeconomics*. 2. ed. Princeton: Princeton University Press, 1999.

ARIDA, P. O déficit público: um modelo simples. *Revista de Economia Política*, v. 5, n. 4, out./dez. 1985.

ARIDA, P.; REZENDE, A. L. Recessão e taxa de juros: o Brasil nos primórdios da década de 80. *Revista de Economia Política*, v. 5, n. 1, jan./mar. 1985.

AVERBUG, A.; GIAMBIAGI, F. A crise brasileira de 1998/99: origens e consequências. *Texto para discussão BNDES*, Rio de Janeiro: BNDES, 2000.

BACEN/DEPEP. Juros e *spread* bancário no Brasil, 1999. (mimeo.)

BACHA, E. L. Latin America's reentry into private financial markets: domestic and international policy issues. *Texto para discussão PUC-RJ*, n. 299, 1993.

BACHA, E. L. O fisco e a inflação: uma interpretação do caso brasileiro. *Revista de Economia Política*, v. 14, n. 1, 1994.

BAER, M. *A internacionalização financeira do Brasil*. Petrópolis: Vozes, 1986.

BAER, M. *O rumo perdido*: a crise fiscal e financeira do Estado brasileiro. Rio de Janeiro: Paz e Terra, 1993.

BAER, W. *A economia brasileira*. São Paulo: Nobel, 1995.

BALASSA, B. *Teoria da integração econômica*. Lisboa: Clássica, 1964.

BANCO MUNDIAL. *Relatório sobre o desenvolvimento mundial*. Vários números.

BARBOSA FILHO, N. H. Revisionismo histórico e ideologia: as diferentes fases da política econômica dos governos do PT. *Brazilian Keynesian Review*, v. 4, n. 1, p. 102-15, 2018.

BARROS, J. R. M.; LOYOLA, G.; BOGDANSKI J. *Reestruturação do setor financeiro*. Disponível em: http://www.fazenda.gov.br. Acesso em: 05 jan. 2024.

BATISTA JR., P. N. (org.). *A luta pela sobrevivência da moeda nacional*. São Paulo: Paz e Terra, 1992.

BAUMANN, R. O Brasil nos anos 1990: uma economia em transição. *In*: BAUMANN, R. (org.) *Brasil*: uma década em transição. Rio de Janeiro: Campus, 2000.

BELLUZZO, L. G. M.; COUTINHO, R. (orgs.). *Desenvolvimento capitalista no Brasil*: ensaios sobre a crise. São Paulo: Brasiliense, 1983. v. 2.

BERGSMAN, J.; MALAN, P. The structure of protection Brazil. *In*: BALASSA, B. *The structure of protection in developing countries*. Baltimore: Hopkins Press, 1971.

BLANCHARD, O. Fiscal dominance and inflation targeting: lessons from Brazil. *NBER working paper 10389*, Cambridge, 2004.

BOUCINHAS & CAMPOS. *Mercosur*: facts and figures, 2000.

BRASIL. *II Plano de Desenvolvimento, 1975-1979*. Rio de Janeiro: IBGE, 1974.

CACCIAMALI, M. C. As economias informal e submersas: conceitos e distribuição de renda. *In*: CAMARGO, J. M. (org.). *Distribuição de renda no Brasil*. Rio de Janeiro: Paz e Terra, 1991.

CALVO, G. A.; LEIDERMAN, L.; REINHART, C. M. Capital inflows to Latin America: the 1970s and 1990s. *IMF Working Papers*, FMI, n. 92/85, 1992.

CARLTON, D.; PERLOFF, J. W. *Modern industrial organization*. Pearson, 1989.

CARNEIRO, D. D. Crise e esperança: 1974-1980. *In*: ABREU, M. P. (org.). *A ordem do progresso*: cem anos de política econômica republicana – 1889-1989. Rio de Janeiro: Campus, 1990.

CARNEIRO, D. D.; MODIANO, E. Ajuste externo e desequilíbrio interno: 1980-1984. *In*: ABREU, M. P. (org.). *A ordem do progresso*: cem anos de política econômica republicana – 1889-1989. Rio de Janeiro: Campus, 1990.

CARVALHO, C. E. Liquidez e choques antinflacionários. *In*: BELLUZZO, L. G.; BATISTA JR., P. N. (org.). *A luta pela sobrevivência da moeda nacional*. São Paulo: Paz e Terra, 1992.

CARVALHO, L. *Valsa brasileira do boom ao caos econômico*. São Paulo: Todavia, 2018.

CASTRO, A. B.; SOUZA, F. E. P. *A economia brasileira em marcha forçada*. Rio de Janeiro: Paz e Terra, 1985.

CAVALCANTI, C. B. *Transferência de recursos ao exterior e substituição de dívida externa por dívida interna*. Rio de Janeiro: BNDES, 1988. (12º Prêmio BNDES de Economia.)

CINQUETTI, C. The real plan: stabilization and destabilization. *World Development*, v. 28, n. 1, 2000.

CONJUNTURA ECONÔMICA. (Vários números.)

CONSELHO ADMINISTRATIVO DE DEFESA ECONÔMICA – CADE. *Guia para Análise Econômica de Atos de Concentração*. Disponível em: www.fazenda.gov.br/seae. Acesso em: 05 fev. 2024.

CRUZ, P. D. *Dívida externa e política econômica*: a experiência brasileira nos anos setenta. São Paulo: Brasiliense, 1984.

CYSNE, R. Aspectos macro e microeconômicos das reformas. *In*: BAUMANN, R. (org.) *Brasil*: uma década em transição. Rio de Janeiro: Campus, 2000.

DEDECCA, C. O desemprego e seu diagnóstico no Brasil. *Revista de Economia Política*, v. 18, n. 1, jan./mar. 1998.

DELFIM NETTO, A. *O problema do café no Brasil*. São Paulo: IPE-USP, 1966.

DIAZ-ALEJANDRO, C. Goodbye financial repression, hello financial crash. *Journal of Development Economics*, v. 19, n. 1, 1985.

DORNBUSH, R.; FISCHER, S. *Macroeconomia*. Rio de Janeiro: Pearson-Makon Books, 1982.

EICHENGREEN, B.; ROSE, A.; WYPLOSZ, C. Exchange market mayhem: the antecedents and aftermath of speculative attacks. *Economic Policy*, 1995.

FLOOD, R.; MARION, N. Perspectives on the recent currency crisis literature. *International Journal of Finance and Economics*, n. 4, 1999.

FLORÊNCIO, S. A.; ARAÚJO, E. H. *Mercosul hoje*. São Paulo: Alfa Ômega, 1998.

FMI, World Economic Outlook. (Vários números.)

FORTUNA, E. *Mercado financeiro*. Rio de Janeiro: Qualitymark, 1995.

FRANCO, G. H. B. *O plano real e outros ensaios*. Rio de Janeiro: Francisco Alves, 1995.

FREITAS, C. Liberdade cambial no Brasil. *In*: BAUMANN, R. (org.). *O Brasil e a economia global*. Rio de Janeiro: Campus/Sobeet, 1996.

FURTADO, C. *Formação econômica do Brasil*. 21. ed. São Paulo: Nacional, 1986.

GARCIA, M. G. P.; BARCINSKI, A. Capital flows to Brazil in the nineties: macroeconomic aspects and the effectiveness of capital controls. *The Quarterly Review of Economics and Finance*, v. 38, n. 3, 1998.

GIAMBIAGI, F. E. Do déficit de metas às metas de déficit: a política fiscal do período 1995-2002. *Pesquisa e Planejamento Econômico*, v. 32, n. 1, abr. 2002.

GIAMBIAGI, F. E.; CARVALHO, J. C. As metas de inflação: sugestões para um regime permanente. *Textos para Discussão, BNDES*, Rio de Janeiro, n. 86, 2001.

GIAMBIAGI, F. E.; CARVALHO, J. C.; VILLELA, A.; BARROS DE CASTRO, L.; HERMANN, J. (org.). *Economia brasileira contemporânea*. Rio de Janeiro: Elsevier, 2005.

GOLDFAJN, I. The swings in capital flows and the Brazilian crisis. *Texto para discussão PUC-RJ*, n. 422, 2000.

GOLDSTEIN, M. *et al. International capital markets part I*: exchange rate management and international capital flows. Washington: FMI, 1993.

GONÇALVES, R. *O abre-alas*. Rio de Janeiro: Relume-Dumará, 1994.

GONÇALVES, R. Globalização financeira, liberalização cambial e vulnerabilidade externa da economia brasileira. *In*: BAUMANN, R. (org.). *O Brasil e a economia global*. Rio de Janeiro: Campus/Sobeet, 1996.

GREMAUD, A. P. *O Brasil e o fluxo internacional de capitais*. 1992. Dissertação (Mestrado) – IPE/FEA – USP. Universidade de São Paulo, São Paulo, 1992.

GREMAUD, A. P.; PIRES, J. Metas e bases e o I Plano Nacional de Desenvolvimento – I PND (1970-1974). *In*: KON, A. *Planejamento no Brasil II*. São Paulo: Perspectiva, 1999a.

GREMAUD, A. P. ; PIRES, J. O II Plano Nacional de Desenvolvimento – II PND (1975-1979). *In*: KON, A. *Planejamento no Brasil II*. São Paulo: Perspectiva, 1999*b*.

GREMAUD, A. P.; TONETO JR., R. Depois de Bretton Woods, onde estamos? *Informações FIPE*, jun. 1994.

GREMAUD, A. P.; TONETO JR., R. Sistema previdenciário: aspectos teóricos e os problemas brasileiros. *In*: DOWBOR, L.; KILSZTAJN, S. (org.). *Economia social no Brasil*. São Paulo: Senac, 2001.

GREMAUD, A. P.; TONETO JR., R.; SAES, F. A. M. *Formação econômica do Brasil*. São Paulo: Atlas, 1997.

HADDAD, C. *O crescimento do produto real no Brasil, 1900-1947*. Rio de Janeiro: FGV, 1978.

IBGE. *Anuário estatístico do Brasil*. Rio de Janeiro: IBGE. (Vários números.)

IBGE. *Brasil*: 500 anos de povoamento. Rio de Janeiro: IBGE, 2000.

IBGE. *Estatísticas históricas do Brasil*. Rio de Janeiro: IBGE 1990.

IBGE. *Síntese dos indicadores sociais – 1998*. Rio de Janeiro: IBGE, 1999.

IPEA. *O Brasil na virada do milênio*. Brasília: IPEA, 1997.

IPEA/PNUD. *Relatório sobre o desenvolvimento humano no Brasil*. (Vários números.)

KAMINSKY, G. L.; REINHART, C. M. The twin crises: the causes of banking and balance-of-payments problems. *American Economic Review*, v. 89, n. 3, 1999.

KON, Anita. *Planejamento no Brasil II*. São Paulo: Perspectiva, 1999.

KRUGMAN, P. A model of balance-of-payments crises. *Journal of Money, Credit, and Banking*, n. 11, 1979.

LAFER, B. M. *O planejamento no Brasil*. São Paulo: Perspectiva, 1970.

LAGO, L. A. C. A retomada do crescimento e as distorções do "milagre: 1967-1973". *In*: ABREU, M. P. (org.). *A ordem do progresso*: cem anos de política econômica republicana – 1889-1989. Rio de Janeiro: Campus, 1990.

LOPES, F. *O choque heterodoxo*: combate à inflação e reforma monetária. Rio de Janeiro: Campus, 1986.

LOPES, L. M.; BRAGA, M. B.; VASCONCELLOS, M. A. S.; TONETO JR., R. (orgs.). *Manual de macroeconomia*: teoria e aplicações de política econômica. 4. ed. São Paulo: Atlas, 2018.

LOZARDO, E. (org.). *Déficit público brasileiro*: política econômica e ajuste estrutural. Rio de Janeiro: Paz e Terra, 1987.

MANKIW, N. G. *Macroeconomia*. Rio de Janeiro: LTC, 1995.

MARTINE, G.; CARVALHO, J. A. M. Cenários demográficos para o século XXI e algumas implicações sociais. *Planejamento e políticas públicas*. Rio de Janeiro, IPEA, 1989.

MARTINS, L. *O estado capitalista e burocracia no Brasil pós-64*. Rio de Janeiro: Paz e Terra, 1985.

MARTONE, C. L. *et al. Mercado financeiro e ajustamento macroeconômico brasileiro*: 1978-1985. São Paulo: IPE/USP, 1986.

MENDES, A. L. *Concentração e desintermediação financeira no Brasil – 1964/1986. 1988*. Dissertação (Mestrado) – Universidade de Brasília, Brasília, 1988.

MENDONÇA DE BARROS, J. R.; LOYOLA, G. J. L.; BOGDANSKI, J. *Reestruturação do sistema financeiro*. Brasília: Ministério da Fazenda/SPE, 1998.

MESSEMBERG, R. Endividamento interno do setor público, déficit e financiamento inflacionário. *Texto para discussão interna IPE-USP*, n. 4, 1989.

MILONE, P. C. *População e desenvolvimento*: uma análise econômica. São Paulo: Loyola, 1991.

MINSKY, H. P. *Stabilizing an unstable economy*. New Haven: Yale University Press, 1986.

MODIANO, E. A ópera dos três cruzados: 1985-1989. *In:* ABREU, M. P. (org.). *A ordem do progresso*: cem anos de política econômica republicana – 1889-1989. Rio de Janeiro: Campus, 1990.

MOLLO, M. L. A relação entre moeda e valor em Marx. *In: Anais do XVII Encontro da Anpec*, Fortaleza, 1989.

MOLLO, M. L. Estado e economia: o papel monetário do estado. *Estudos Econômicos*, v. 20, n. 1, jan./abr. 1990.

MONTORO FILHO, A. F. *Moeda e sistema financeiro no Brasil*. Rio de Janeiro: IPEA/INPES, 1982.

MOREIRA, M. M.; CORREA, P. G. Abertura comercial e indústria: o que se pode esperar e o que se vem obtendo. *Texto para discussão BNDES/Depec*, n. 49, 1997.

MOREIRA, T.; CARNEIRO, M. C. F. A parceria público-privada na infraestrutura econômica. *Revista do BNDES*, v. 1, n. 2, dez. 1994.

MUNHOZ, D. G. Os déficits e o reordenamento das finanças públicas. *In:* LOZARDO, E. (org.). *Déficit público brasileiro*: política econômica e ajuste estrutural. São Paulo: Paz e Terra, 1987.

MUNHOZ, D. G. Os déficits do setor público brasileiro: uma avaliação. *Texto para discussão*, Brasília: Departamento de Economia/UnB, n. 123, 1984.

NASSUNO, M. Pressão externa e abertura comercial no Brasil. *Revista de Economia Política*, v. 18, n. 1, jan./mar. 1998.

OLIVEIRA, F. Crítica à razão dualista. *Novos Estudos Cebrap*, n. 2, 1972.

OLIVEIRA, F.; MAZZUCHELLI, F. Padrões de acumulação, oligopólios e estado no Brasil: 1950-1976. *In:* MARTINS, C. E. (org.). *Estado e capitalismo no Brasil*. São Paulo: Hucitec, 1977.

OLIVEIRA, J. S. (org.). *O traço da desigualdade no Brasil.* Rio de Janeiro: IBGE, 1993.

ONU/PNUD. *Relatório sobre desenvolvimento humano.* (Vários números.)

ORAIR, R. O. Investimento público e ciclos econômicos. *In: Repositório do Conhecimento,* IPEA, 2018.

PARENTE, P. Déficit público. *Texto para discussão IESP/Fundap,* n. 15, set. 1988.

PAULANI, L. *et al. O heterodoxo e o pós-moderno*: o cruzado em conflito. São Paulo: Paz e Terra, 1987.

PAULANI, L. *et al*; BRAGA, M. B. *A nova contabilidade social.* 5. ed. São Paulo: Saraiva, 2020.

PELAEZ, C. M. *Ensaios sobre café e desenvolvimento econômico.* Rio de Janeiro: MIC/IBC, 1973.

PELLEGRINI, J. A. *O financiamento ao consumo como instrumento de política econômica no Brasil. 1990.* Dissertação (Mestrado) – IPE/FEA. Universidade de São Paulo, São Paulo, 1990.

PEREIRA, J. E. C. Financiamento externo e crescimento econômico no Brasil: 1966/73. *Relatório de Pesquisa,* Rio de Janeiro: IPEA/INPES, n. 27, 1974.

PEREIRA, L. C. B. *Estado e subdesenvolvimento industrializado*: esboço de uma economia política periférica. São Paulo: Brasiliense, 1977.

PEREIRA, L. C. B. Mudanças no padrão de financiamento do investimento no Brasil. *Revista de Economia Política,* v. 7, n. 4, out./dez. 1987.

PEREIRA, L. C. B.; DALLACQUA, F. M. A composição financeira do déficit público. *In:* LOZARDO, E. (org.). *Déficit público brasileiro*: política econômica e ajuste estrutural. São Paulo: Paz e Terra, 1987.

PINHEIRO, A. C.; CABRAL, C. Mercado de crédito no Brasil: o papel do judiciário e de outras instituições. *Ensaios BNDES,* Rio de Janeiro, n. 9, 1998.

PINHO, D. B.; VASCONCELLOS, M. A. S.; TONETO JR., R. (org.). *Manual de economia:* Equipe de Professores da USP. 7. ed. São Paulo: Saraiva, 2017.

PUGA, F. Sistema financeiro brasileiro: reestruturação recente, comparação internacional e vulnerabilidade à crise cambial. *Texto para discussão BNDES,* n. 68, 1999.

RAMALHO, V. *Caráter financeiro do déficit público*: apreciação de um diagnóstico. Rio de Janeiro: FGV/IBRE/CEMEI, out. 1986.

RANGEL, I. *A inflação brasileira.* 5. ed. São Paulo: Bienal, 1986.

RELATÓRIO Anual do CADE, 1997.

REVISTA DE DIREITO ECONÔMICO, n. 28, ago./dez. 1998.

REZENDE, A. L. A política brasileira de estabilização, 1963-1968. *Pesquisa e Planejamento Econômico,* v. 12, n. 3, 1982.

REZENDE, A. L.; FRAGA NETO, A. Déficit, dívida e ajustamento: uma nota sobre o caso brasileiro. *Revista de Economia Política,* v. 5, n. 4, out./dez. 1985.

ROCHA, S. Pobreza e desigualdade no Brasil: o esgotamento dos efeitos distributivos do Plano Real. *Texto para discussão IPEA,* n. 721, 2000.

Referências **571**

SAMUELSON, P.; NORDHAUS, W. *Economia*. Lisboa: McGraw-Hill, 1993.

SANTOS, J. L. F.; LEVY, M. S. F.; SZMRECSÁNYI, T. (org.). *Dinâmica da população*: teoria, métodos e técnicas de análise. São Paulo: T. A. Queiroz, 1980.

SCHUMPETER, J. *Teoria do desenvolvimento econômico*. São Paulo: Abril Cultural, 1982.

SEPLAN. *Plano diretor do mercado de capitais*. Brasília, 1991.

SILVA, A. M. *Ajuste e desequilíbrios*: exercício prospectivo sobre a economia brasileira (80-84). São Paulo: FIPE/USP, 1984.

SILVA, A. M. Evolução recente da economia brasileira. *Texto para discussão IPE-USP*, n. 31, 1979.

SILVA, A. M. Inflação e mercado de capitais: a experiência brasileira. *Seminário de Economia Brasileira, Documento 1,* São Paulo: FIPE/Departamento de Economia FEA-USP, 1978.

SILVA, A. M. *Intermediação financeira no Brasil.* (mimeo, s. d.)

SILVA, A. M. Reflexões sobre a crise: qual a saída de curto prazo? Anexo: Em defesa da desvalorização. *In: FMI × Brasil*: a armadilha da recessão. São Paulo: Fórum Gazeta Mercantil, 1983.

SILVA, S. *Expansão cafeeira e origens da indústria no Brasil*. São Paulo: Alfa Omega, 1976.

SIMONSEN, M. H.; CAMPOS, R. *A nova economia brasileira*. 2. ed. Rio de Janeiro: José Olympio, 1976.

SOARES, P. T. P. L. *Crise dos anos 1960*: um estudo dos diagnósticos de Rangel, Simonsen, Singer e Tavares. 1981. Dissertação (Mestrado) – IPE/ISP, São Paulo, 1981.

SODERSTEN, B. *Economia internacional*. Rio de Janeiro: Interciência, 1979.

STIGLITZ, J. E. Governo, mercado financeiro e desenvolvimento econômico. *Revista Brasileira de Economia*, v. 44, n. 3, 1990.

SUPLICY, E. M. A persistência da desigualdade, o endividamento crescente e o caminho da equidade. *Estudos Avançados*, v. 14, n. 40, set./dez. 2000.

SUZIGAN, W. *A indústria brasileira*. São Paulo: Brasiliense, 1986.

TAKAHASHI, T. Alternative future of the global financial markets. *XV World Congress of International Political Association*. Buenos Aires, 1991.

TAVARES, M. A. R.; CARVALHEIRO, N. *O setor bancário brasileiro*. São Paulo: FIPE, 1985.

TAVARES, M. C. A retomada da hegemonia norte-americana. *Revista de Economia Política*, v. 5, n. 2, abr./jun. 1985.

TAVARES, M. C. *Da substituição de importações ao capitalismo financeiro*: ensaios sobre economia brasileira. Rio de Janeiro: Zahar, 1975.

TAVARES, M. C. O sistema financeiro brasileiro e o ciclo de expansão recente. *In*: BELLUZZO, L. G. M.; COUTINHO, R. (orgs.). *Desenvolvimento capitalista no Brasil*. São Paulo: Brasiliense, 1983. v. 2.

TAVARES, M. C.; BELLUZZO, L. G. M. Uma reflexão sobre a natureza de inflação contemporânea. *Texto para discussão IEI/UFRJ*, n. 65, 1984.

TAVARES, M. C.; BELLUZZO, L. G. M.; DAVID, M. D. (org.). *A economia política da crise*: problemas e impasses da política econômica brasileira. Rio de Janeiro: Vozes, 1982.

TEIXEIRA, N. G. *El sistema financeiro de Brasil y su internalización*. Buenos Aires: IPAL/CET, 1983.

THORP, R. *Progresso, pobreza e exclusão*: uma história econômica da América Latina no século XX. Washington: BID, 2000.

TONETO JR., R. *Estado, bancos e acumulação financeira no Brasil: 1964-1984*. 1992. Dissertação (Mestrado) – Universidade de São Paulo, São Paulo, 1992.

TONETO JR., R. Plano FHC: utopia ou real(idade). *Pensando o Brasil*, n. 7, 1994.

TONETO JR., R. *O padrão de financiamento pós-64*: dinâmica e crise. São Paulo: FEA/USP, 1993. (mimeo.)

TONETO JR., R. As transformações no sistema financeiro internacional e o endividamento externo brasileiro nas décadas de 70 e 90. *Revista de Economia*, ano 21, n. 19, 1995.

TONETO JR., R.; BRAGA, M. B. Conflito, inércia e aceleração inflacionária no Brasil. *Estudos Econômicos*, v. 25, número especial, 1995/96.

TONETO JR., R.; GREMAUD, A. P. *Sistema previdenciário*: aspectos teóricos e problemas brasileiros. *Texto de discussão PUC-SP*, n. 15, 1999.

TORRES, J. C. B. Referências teóricas para a análise da questão da estatização. *In*: MARTINS, C. E. (org.). *Estado e capitalismo no Brasil*. São Paulo: Hucitec, 1977.

VASCONCELLOS, M. A. S.; BRAGA, M. B. *Economia micro e macro. 7.* ed. São Paulo: Atlas, 2023.

VERMULM, R. *Os planos de desenvolvimento no Brasil*. 1985. Dissertação (Mestrado) – Universidade de Brasília, Brasília, 1985.

VINER, A. *Inside Japan's financial markets*. [s.l.]: Economists, 1987.

WEFFORT, F. *O populismo na política brasileira*. Rio de Janeiro: Paz e Terra, 1978.

WELLS, J. Euro-dólares, dívida externa e o milagre brasileiro. *Estudos Cebrap*, n. 6, out./ dez. 1973.

WERNECK, R. L. F. Poupança estatal, dívida externa e crise financeira do setor público. *In*: LOZARDO, E. (org.). *Déficit público brasileiro*: política econômica e ajuste estrutural. São Paulo: Paz e Terra, 1987.

WILLIANSON, J. *Economia aberta e economia mundial*. Rio de Janeiro: Campus, 1989.

WILLIANSON, J.; MAHAR, M. A survey of financial liberalization. *Essays in International Finance*, Princeton University, n. 211, 1998.

ZINI JR., A. A. *Uma avaliação do setor financeiro no Brasil*. 1988. Dissertação (Mestrado) – Unicamp, Campinas, 1988.

ZYSMAN, J. *Government market and growth*: financial systems and politics of industrial change. Ithaca: Cornell University Press, 1983.

Glossário

Âncora cambial: valorização da taxa de câmbio e abertura comercial, com o objetivo de aumentar as importações, que, ao concorrerem com os produtos nacionais, permitem estabilizar os preços internos.

Âncora monetária: política monetária contracionista (por exemplo, juros elevados, crédito restrito), utilizada com o objetivo de controlar a inflação.

Armadilha da liquidez: se a economia estiver em desemprego, e com um nível de taxa de juros muito baixo, toda eventual expansão monetária será retida, para fins especulativos, não sendo aplicada na atividade produtiva. Trata-se de uma situação, apontada por Keynes, na qual a política monetária seria totalmente ineficaz para promover aumento da renda e do emprego.

Auxílio emergencial: benefício financeiro concedido pelo governo federal com o objetivo de oferecer proteção emergencial aos mais vulneráveis no enfrentamento da crise causada pela pandemia de Covid-19.

Balança comercial: o item do balanço de pagamentos em que são lançadas as exportações e importações de mercadorias, em termos FOB (*free on board*).

Balanço de pagamentos: registro contábil de todas as transações de um país com o resto do mundo. Envolve transações com mercadorias, com serviços e com capitais (monetários e físicos).

Balanço de transações correntes: parte do balanço de pagamentos relativa à soma da balança comercial, balanço de serviços e transferências unilaterais. Também chamado de saldo em conta-corrente do balanço de pagamentos.

Base monetária: total de moeda em poder do setor privado, somado às reservas dos bancos comerciais. Também chamada de moeda de alta potência (*high-power money*) ou passivo monetário das autoridades monetárias.

Bens públicos: referem-se ao conjunto de bens gerais fornecidos pelo setor público, que apresentam duas características: são **não rivais (disputáveis)**, onde o custo marginal (adicional) de produzir uma nova unidade é zero, e **não exclusivos**, quando não existe a possibilidade de excluir determinados indivíduos de seu consumo.

Coeteris paribus: expressão latina que significa *tudo o mais constante*.

Contabilidade criativa: mecanismos fiscais no segundo mandato de Dilma Rousseff, no qual grande parte do aumento da dívida bruta decorreu do forte incremento das operações dos bancos oficiais, capitalizados pelo Tesouro Nacional, que faziam operações de natureza tipicamente fiscal. Popularmente chamado de "Pedaladas Fiscais", que se referia a realizar despesas sem recursos disponíveis, valendo-se das antecipações de pagamento por meio dos bancos públicos.

Consistência dinâmica da política monetária: refere-se à situação em que a política monetária é realizada de acordo com regras e metas, não cedendo à tentação de adaptar-se à conjuntura econômica de curto prazo. Assim, se o objetivo é reduzir de forma permanente a inflação, esse comportamento é consistente na medida em que aumenta a credibilidade de política monetária, o que reduz as expectativas de inflação, auxiliando a política de estabilização.

Conta capital e financeira: item do Balanço de Pagamentos que inclui as entradas e saídas de capitais, na forma de Investimentos Diretos, Empréstimos e Financiamentos. Antes denominada **Balanço** ou **Movimento de Capitais**.

Conta de serviços e rendas: item do balanço de pagamentos em que são lançadas as transações com serviços, como fretes, seguros, viagens internacionais e rendas (juros, lucros, *royalties*, assistência técnica etc.).

Contabilidade social: registro contábil da atividade econômica de um país, em dado período (normalmente um ano). Preocupa-se com a definição e os métodos de quantificação dos principais agregados macroeconômicos, como Produto Nacional, Consumo Global, Investimentos, Exportações etc.

Controles de preços e salários (ou **política de rendas**): situam-se em categoria própria de política econômica. A característica especial é que, nesses controles, os agentes econômicos ficam proibidos de levar a cabo o que fariam, em resposta a influências econômicas normais do mercado (tabelamentos e congelamentos, fixação da política salarial).

Covid-19: do inglês *coronavírus desease 2019*, provocada pelo vírus SARS-Cov-2.

Crescimento econômico: crescimento contínuo da renda *per capita* ao longo do tempo.

Curto prazo: período no qual existe pelo menos um fator ou insumo de produção fixo (normalmente o estoque de capital e a tecnologia).

Curva de Laffer: a partir de certo nível da alíquota do imposto, a elevação da alíquota resulta em uma queda da arrecadação global, por conta do desestímulo sobre os negócios e da provável **evasão fiscal**, provocada tanto por sonegação, como pela **elisão fiscal** (redução da carga tributária, mediante expedientes tributários legais).

Curva de Phillips: curva que revela uma relação inversa entre taxas de inflação e taxas de desemprego (versão original). Em sua **versão aceleracionista**, enfatiza também o papel das expectativas.

Curva de Lorenz: gráfico analítico utilizado em Economia para descrever e analisar a distribuição de renda, ordenada de um ponto de vista de bem-estar, em uma sociedade.

Curva *IS*: curva que representa o conjunto de pontos de equilíbrio da taxa de juros e do nível de renda no mercado de bens e serviços.

Curva LM: curva que representa o conjunto de pontos de equilíbrio da taxa de juros e do nível de renda no mercado monetário.

Déficit de Caixa ou **Execução Financeira do Tesouro Nacional**: parcela do déficit público financiada pelas autoridades.

Déficit Nominal (ou **Necessidades Financeiras do Setor Público – conceito nominal**): conceito mais abrangente de déficit, incluindo juros e correções monetária e cambial da dívida passada.

Déficit Operacional (ou **Necessidades de Financiamento do Setor Público – conceito operacional**): inclui os juros reais da dívida pública, não considerando a correção monetária e cambial.

Déficit Primário ou **Fiscal**: gastos da administração direta menos o total da arrecadação tributária do período corrente. Não inclui juros e correção da dívida passada.

Deflação: ocorre quando retiramos o efeito da inflação das séries monetárias ou nominais. É calculada com base na divisão da série monetária por um índice de preços (chamado de deflator).

Demanda de moeda para transações: parcela da demanda de moeda que o público retém com o objetivo de satisfazer a suas transações normais do dia a dia. Depende do nível de renda: maior o nível de renda, maior a necessidade de moeda para transações.

Demanda de moeda por especulação: parcela da demanda de moeda que o público retém, com o objetivo de auferir algum ganho futuro na compra de ativos (títulos, imóveis etc.). Depende do nível das taxas de juros de mercado: quanto maior a taxa de juros, mais as pessoas aplicarão em ativos, e menor a retenção de moeda para especulação.

Demanda de moeda por precaução: parcela da demanda de moeda que as pessoas retêm para fazer frente a imprevistos, como pagamentos inesperados ou recebimentos atrasados. Depende do nível de renda: maior a empresa, ou mais ricos os indivíduos, maior a necessidade de guardar moeda por precaução.

Demanda total de moeda: soma da demanda por transações, da demanda por precaução e da demanda especulativa de moeda.

Depreciação: consumo do estoque de capital físico, em determinado período.

Desemprego disfarçado: ocorre quando a produtividade marginal da mão de obra é nula. Se diminuir a mão de obra empregada, o produto não cai. Por exemplo, em uma agricultura de subsistência, a retirada de um trabalhador da roça não afeta o produto agrícola.

Desemprego estrutural ou **tecnológico**: o desenvolvimento tecnológico do capitalismo, por ser capital intensivo, marginaliza a mão de obra. Também chamado de desemprego marxista.

Desemprego friccional (ou **taxa natural de desemprego**): dá-se em virtude da mobilidade transitória da mão de obra, entre regiões e setores da atividade. Por exemplo, o trabalhador que veio recentemente do interior e está procurando emprego na capital.

Desemprego involuntário: ocorre quando os sindicatos fixam salários acima do salário de equilíbrio, o que faz com que uma parcela de trabalhadores, querendo trabalhar, não encontre vagas disponíveis. Também é um tipo de desemprego keynesiano.

Desemprego keynesiano: ou conjuntural, ocorre quando a demanda agregada é insuficiente para absorver a produção de pleno emprego.

Desenvolvimento econômico: estuda estratégias de desenvolvimento que levem à elevação do padrão de vida (bem-estar) da coletividade.

Desoneração da folha de pagamentos: estabelecida no governo Dilma Rousseff a partir de agosto de 2011, que dá possibilidade a 17 setores que mais empregam trabalhadores, de substituir a contribuição previdenciária patronal sobre a folha de pagamentos, por um imposto sobre a receita bruta das empresas, durante quatro anos.

Despesa nacional: total dos gastos dos vários agentes econômicos, em termos agregados. Compõe-se das Despesas de Consumo, Despesas de Investimento, Despesas Correntes do Governo e Despesas Líquidas do Setor Externo (Exportações menos Importações).

Desvalorização nominal do câmbio: aumento da taxa cambial (reais por dólar, por exemplo).

Desvalorização real do câmbio: ocorre quando a desvalorização nominal supera a taxa de inflação interna. Pode ser medida pela relação entre a variação da taxa de câmbio sobre a variação da relação inflação interna – inflação externa. Também costuma ser medida pela *relação câmbio – salários* (que é a variação da taxa de câmbio sobre a variação da taxa de salários).

Dumping: prática na qual uma empresa ou país vende abaixo dos custos de produção, com o objetivo de ganhar mercado.

Dumping social: termo que se aplica a países cujos custos de mão de obra são muito baixos (como na China Continental), o que lhes dá vantagens no comércio internacional.

Economia a dois setores sem formação de capital: em uma economia simplificada, supõe-se que os únicos agentes são as empresas (que produzem bens e serviços) e as famílias (que auferem rendimentos pela prestação de serviços).

Economia de mercado: sistema econômico em que as questões econômicas fundamentais são resolvidas pelo mercado. Caracteriza-se também pela propriedade privada dos recursos produtivos. Pode ser uma economia de mercado pura (sistema de concorrência pura) ou com a interferência do governo (sistema de economia mista).

Economia informal: caracteriza-se como desobediência civil de atividades normais de mercado. Basicamente, não registro de trabalhadores em Carteira, sonegação fiscal, ambulantes sem registro etc. Quando são incluídas as atividades ilegais (contrabando, jogo do bicho, tráfico de drogas), o conceito amplia-se para *economia marginal* ou *subterrânea*.

Economia internacional: estuda as relações de troca entre países, o que inclui transações de bens e serviços e de capitais físicos e financeiros. Trata da política cambial (controle da taxa de câmbio), da política comercial (barreiras ou estímulos a exportações e importações) e das relações financeiras internacionais.

Economia (Teoria) da informação: trabalha-se com a probabilidade de que alguns agentes detêm mais informações que outros, conferindo-lhes uma posição diferenciada no mercado, o que pode impossibilitar a busca por uma posição de equilíbrio como nos modelos microeconômicos tradicionais.

Efeito deslocamento (ou *crowding out*): crítica dos monetaristas aos fiscalistas, segundo a qual a interferência do governo, via política fiscal (por exemplo, aumento dos gastos públicos), retira recursos do setor privado, diminuindo a participação dos investimentos desse setor.

Efeito Olivera-Tanzi: aumento do déficit fiscal produzido pela desvalorização real da arrecadação. Geralmente, ocorre em situações de inflação alta, deteriorando a situação fiscal, e levando o governo a aumentar suas necessidades de financiamento.

EMBI (*Emerging Markets Bonds Index*): indicador criado pela consultoria J. P. Morgan que reflete o risco-país de países emergentes.

Equação (Paridade) de Fisher é a relação entre a taxa de juros real (r), a taxa de juros nominal (i) e a taxa de inflação p, dada por $(1 + i) = (1 + r)(1 + \text{p})$.

Equivalência ricardiana: uma política fiscal é sustentável ou consistente se, mesmo que o governo tenha um déficit fiscal no período atual, em períodos futuros venha a gerar um superávit proporcionalmente equivalente.

Estabilizador automático (*built-in*): ocorre quando os impostos são progressivos e a tributação é uma função do nível de renda nacional. Tem característica anticíclica, ou seja, de amortecedor dos ciclos econômicos: quando a renda aumenta, os impostos aumentam mais que proporcionalmente; quando a renda cai, os impostos caem menos que proporcionalmente. Assim, a renda disponível varia bem menos que a renda nacional total.

Estagflação: situação que ocorre quando há paralelamente taxas significativas de inflação, associadas com recessão econômica.

Estruturalismo: corrente econômica surgida na América Latina, que supõe que a inflação em países subdesenvolvidos está associada a tensões de custos, causadas por deficiências estruturais e por conflitos distributivos. Também chamada de corrente cepalina, por ter sido originada na Comissão Econômica para a América Latina (Cepal), organismo da ONU sediado no Chile.

Ex ante: refere-se a valores programados, planejados, previstos. A Teoria Econômica lida fundamentalmente com valores *ex ante*.

Ex post: refere-se a valores *a posteriori*, efetivos, realizados. A Contabilidade Social trata apenas de valores *ex post*.

Excedente Operacional Bruto: nas contas nacionais, a diferença entre o PIB a custo de fatores e o total de salários, ou seja, é o total de juros, aluguéis e lucros.

Financiamento oficial compensatório: item do balanço de pagamentos que mostra como o saldo foi financiado ou alocado. É composto dos itens Haveres e Obrigações no Exterior, Operações de Regularização com o FMI e Atrasados Comerciais. Também chamado de Movimento de Capitais Oficiais.

Fiscalismo: corrente econômica que considera os instrumentos de política fiscal mais eficazes no combate ao desemprego e à inflação do que os instrumentos de política monetária. Os fiscalistas são também chamados de neokeynesianos ou ativistas.

Funções da moeda: são as seguintes: meio ou instrumento de troca, unidade de medida (ou unidade de conta), reserva de valor.

Funções do Banco Central: banco emissor, banco dos bancos, banco do governo, banco depositário das reservas internacionais.

Globalização financeira: processo iniciado principalmente a partir dos anos 1980, com o crescimento do fluxo financeiro internacional baseado no mercado de capitais, por meio de inovações, como a securitização de dívidas, e do desenvolvimento dos mecanismos de diminuição de risco (derivativos, *hedge*, opções etc.). Representou uma queda do poder do sistema bancário internacional e crescimento dos chamados investidores institucionais, como os fundos de pensões.

Globalização produtiva: representada pela produção e distribuição de valores dentro de redes em escala mundial, com o acirramento da concorrência entre grupos multinacionais. O crescimento tecnológico acelerado gerou maior eficiência produtiva e maiores condições de competitividade.

Grau de verticalização: quando uma empresa passa também a produzir componentes que antes comprava no mercado. Quanto maior o grau de verticalização da economia, menor a necessidade de moeda, já que as transações são fechadas apenas contabilmente.

Hiato recessivo: insuficiência da demanda agregada, com relação à oferta agregada de pleno emprego. Tem-se uma situação de desemprego de recursos. Mostra de quanto a demanda agregada deve ser aumentada para que possa atingir o equilíbrio de pleno emprego.

Hiato inflacionário: excesso de demanda agregada, com relação à oferta agregada de pleno emprego. Tem-se aqui uma inflação de demanda. Mostra de quanto a demanda deve diminuir, para restabelecer o equilíbrio de pleno emprego.

Hiato do produto: diferença entre a renda de equilíbrio (quando a oferta agregada é igual à demanda agregada) e a renda de pleno emprego.

Hipótese de ciclo de vida do consumo: modelo que relaciona o comportamento de consumo e poupança de um agente com a etapa do ciclo de vida na qual este se encontra. Assim, na primeira etapa (juventude), as necessidades de consumo deverão superar a renda, o que levará à despoupança. Já na segunda etapa (maturidade), ocorreria poupança; por último, na última etapa (velhice), o agente também despoupará, pois sua renda voltará a ser inferior a suas necessidades de consumo.

Ilusão monetária: segundo Keynes, dado um aumento de preços e salários, os trabalhadores não "sentem" o aumento de preços, percebem melhor seus salários e pensam que estão em situação melhor do que realmente estão. Isso faz com que aumentem a oferta de mão de obra. Os trabalhadores percebem mais o salário nominal que o salário real.

Imposto *ad valorem*: imposto indireto, com alíquota (percentual) fixada e com valor (em R$) variando de acordo com o preço da mercadoria.

Imposto indireto: incide sobre o preço das mercadorias (por exemplo, o ICMS, IPI). Pode ser *específico* e *ad valorem*.

Impostos "pigouvianos" (ou impostos de Pigou): impostos aplicados à produção ou ao consumo de algum bem ou serviço, que têm por objetivo reduzir seu impacto social negativo. Assim, a autoridade pode cobrar um imposto de uma fábrica que polui a atmosfera, reduzindo sua produção, e, portanto, a poluição. Nome devido ao economista inglês Alfred C. Pigou.

Imposto progressivo: quanto maior o nível de renda, maior a proporção paga do imposto com relação à renda.

Imposto regressivo: quanto maior o nível de renda, menor a proporção paga do imposto relativamente à renda.

Independência do Banco Central: iniciada a partir de fevereiro de 2021 (governo Bolsonaro), diz respeito à autonomia política do Banco Central, que protege a autoridade monetária de interferências do poder político sobre a determinação da taxa de juros.

Índice da carga tributária bruta: porcentagem do total da arrecadação tributária sobre o PIB a preços de mercado.

Índice da carga tributária líquida: porcentagem do total da arrecadação tributária, excluídas as transferências e subsídios ao setor privado, em relação ao PIB a preços de mercado.

Índice de preços: número que reflete o crescimento dos preços de um conjunto de bens, servindo para medir a taxa de inflação e deflacionar séries monetárias ou nominais.

Inflação: pode ser definida como um aumento contínuo e generalizado no nível geral de preços.

Inflação de custos: ocorre quando o nível de demanda agregada permanece o mesmo, mas os custos de produção aumentam, diminuindo a oferta agregada. Também chamada de *inflação de oferta*.

Inflação de demanda: diz respeito ao excesso de demanda agregada, com relação à produção disponível (oferta agregada) de bens e serviços.

Inflação inercial: inflação decorrente dos reajustes de preços e salários provocada pelo mecanismo de indexação ou de correção monetária.

Informação assimétrica: em uma relação contratual, uma das partes detém informação não disponível para a outra. Isso pode implicar custos adicionais nas transações (exigência de garantias), elevando os custos de transação (ver **Seleção adversa** e **Risco moral**).

Injeções ao fluxo circular de renda: todo recurso adicional ao fluxo de renda, que não tenha saído do próprio fluxo, no período. São os investimentos, gastos do governo e exportações.

Instrumentos de política monetária: emissões, redescontos, reservas compulsórias (obrigatórias), *open market* e regulamentação do mercado.

Investimento: gasto em bens que representam aumento da capacidade produtiva da economia, isto é, a capacidade de gerar rendas futuras. Seus componentes são o investimento em bens de capital (ou formação bruta de capital fixo) e a variação de estoques. Também chamado de taxa de acumulação de capital.

Investimento líquido: investimento bruto menos a depreciação.

Lei da Liberdade Econômica: decretada em setembro de 2019 (governo Bolsonaro), visa reduzir a burocracia nas atividades econômicas e facilitar a geração de emprego. Exemplo: maior facilidade para o registro de ponto e emissão de carteira de trabalho.

Lei de Say: a oferta cria sua própria procura. Ou seja, tudo o que é produzido é automaticamente comprado, o que garante o equilíbrio entre a oferta e a procura agregada. É devida ao francês Jean Baptiste Say, um dos pilares da Teoria Clássica.

Macroeconomia: estuda a determinação e o comportamento dos grandes agregados, como PIB, consumo nacional, exportação, nível geral dos preços etc., com o objetivo de delinear uma política econômica.

Matriz insumo-produto ou de relações intersetoriais: sistema de contabilidade social formulado por Leontief, que mostra todas as transações agregadas de bens intermediários e de bens finais da economia, em determinado período.

Mecanismo de transmissão da política monetária: meio pelo qual a política monetária afeta o comportamento dos agentes econômicos (setor real). Geralmente, esse mecanismo está relacionado com a taxa de juros e o mercado de crédito.

Meios de pagamento: estoque de moeda disponível para uso do setor privado não bancário, a qualquer momento (ou seja, de liquidez imediata). É composto pela moeda em poder do público (moeda manual) e pelos depósitos à vista nos bancos comerciais (moeda escritural). Também chamado de *Haveres Monetários*.

Esse é o conceito mais utilizado e é chamado de $M1$, que é o total de moeda que não rende juros e é de liquidez imediata. Dependendo do objetivo, são utilizados os conceitos de:

$M2 = M1$ + depósitos especiais remunerados + depósitos de poupança + títulos emitidos por instituições depositárias

$M3 = M2$ + quotas de fundos de renda fixa + operações compromissadas registradas no Selic

$M4 = M3$ + títulos públicos de alta liquidez

$M2$, $M3$ e $M4$ incluem ativos que rendem juros e são de alta liquidez, diferentemente de $M1$.

Metas de política macroeconômica: alto nível de emprego, estabilidade de preços, distribuição de renda socialmente justa, e crescimento econômico.

Modelo de consumo de massa: políticas de estímulos à demanda agregada costumam ser seguidos por elevações posteriores da oferta agregada da economia.

Modelo intertemporal de consumo: modelo que vincula o consumo e a poupança à taxa de juros. Assim, um aumento dessa variável aumenta o custo de oportunidade do consumo presente, o que faz aumentar a poupança, e, portanto, o consumo futuro.

Moeda: objeto de aceitação geral, utilizado na troca de bens e serviços. Sua aceitação é garantida por lei (ou seja, a moeda tem "curso forçado", e sua única garantia é a legal).

Moeda escritural: total de depósitos à vista nos bancos comerciais. Também chamada de moeda bancária.

Moeda manual: total de moeda em poder do público (empresas privadas e pessoas físicas).

Monetarismo: corrente que considera que a atividade econômica é mais sensível à política monetária que à política fiscal. Os monetaristas pregam a não intervenção no mercado, e são também chamados de ortodoxos, liberais, neoclássicos, neoliberais.

Monetização: ocorre quando há elevação dos meios de pagamento (que não rendem juros) sobre o total de ativos financeiros que rendem juros. Pode também ser medida pelo saldo dos meios de pagamentos com relação ao PIB. Depende da taxa de inflação: quanto mais elevadas as taxas de inflação, menor a monetização da economia.

Monopólio: estrutura de mercado com uma única empresa, com um produto sem substitutos próximos e com barreiras à entrada de novas firmas.

Movimento de capitais: parte do balanço de pagamentos referente às transações com capitais internacionais, físicos ou monetários. Compõe-se dos seguintes itens: investimentos diretos, reinvestimentos, empréstimos e financiamentos autônomos, e amortizações.

Multiplicador da base monetária: variação dos meios de pagamento, dada uma mudança no saldo da base monetária. A variação dos meios de pagamento é um múltiplo da variação da base monetária. É também chamado simplesmente de multiplicador monetário.

Multiplicador keynesiano de gastos: variação da renda nacional, dada uma variação autônoma em algum dos componentes da demanda agregada (consumo, investimento, gastos do governo, tributação, exportações ou importações). A renda nacional varia em um múltiplo da variação de algum elemento autônomo da demanda agregada.

Nova matriz macroeconômica: implantada no primeiro mandato do governo Dilma Rousseff. Ver **Modelo de consumo de massa**.

Novo Marco Regulatório do Saneamento Básico: determinada no governo Bolsonaro, a Lei nº 14.026, de 2020, retomou as metas de universalização definidas no Plano Nacional de Saneamento Básico (Plansab) no governo Dilma em 2013, e estipulou a universalização dos serviços de água e esgoto. O Novo Marco focou na maior participação privada, colocando restrições à renovação dos chamados contratos de programas, que definia o relacionamento entre os municípios e as companhias estaduais.

Núcleo de inflação: índice de preços, em que são expurgadas, do índice geral, as variações transitórias, sazonais ou acidentais, que não provocam pressões persistentes sobre os preços, que são normalmente associadas a choques de oferta. Como são depurados esses choques, supõe-se que a inflação residual esteja relacionada com a inflação de demanda. Trata-se de um indicador importante para a política monetária, dado que o Banco Central deve atuar sobre a taxa de juros apenas se houver alteração do núcleo, que indica mais claramente se está ou não existindo pressão persistente da demanda agregada sobre a capacidade produtiva da economia.

Open-market ou **mercado aberto**: mercado de compra e venda de títulos públicos.

Outras receitas correntes do governo: receitas não tributárias, como aluguéis de prédios públicos, taxas, multas etc.

Paradoxo da parcimônia (ou **da poupança**): como a poupança agregada é um vazamento de renda, se ela não for reinjetada no fluxo de renda, provocará queda da renda nacional. Mostra que o que é bom para o indivíduo não é necessariamente bom para o conjunto da coletividade.

Paridade da taxa de juros: a diferença ou *spread* entre a taxa de juros doméstica e a taxa de juros internacional deve igualar a variação esperada da taxa de câmbio nominal.

Pass-through: efeito de variações cambiais sobre a taxa de inflação.

Passivo/ativo externo líquido (ou **poupança externa**): saldo das transações correntes (TC), com sinal trocado. Se o saldo da TC é negativo, indica que o país aumentou seu endividamento externo, em termos financeiros (tem um passivo externo líquido), mas há poupança externa positiva, pois absorveu bens e serviços em termos reais do exterior. Se o saldo da TC é positivo, indica um ativo externo líquido, ou uma poupança externa negativa.

PIBppp: conceito do PIB, considerando a paridade do poder de compra (*purchasing power parity*), onde se supõe que o dólar tenha o mesmo poder de compra em todos os países. Na medição do PIB de cada país, em vez dos preços na moeda do país, consideram-se os preços das mercadorias e serviços nos Estados Unidos, em dólares, e as quantidades produzidas de cada país. Com essa metodologia, a ONU procura aferir mais adequadamente o grau de desenvolvimento econômico de cada país, independentemente da política cambial adotada.

PIX: Pagamento Instantâneo Brasileiro, instaurado a partir de novembro de 2020, que permite transferir dinheiro de uma conta para outra em poucos segundos, 24 horas por dia. É uma alternativa aos boletos bancários, DOC e TED.

Pleno emprego de recursos: ocorre quando todos os recursos produtivos da economia estão totalmente utilizados, ou seja, não existe capacidade ociosa nem trabalhadores desempregados, com preços estabilizados.

Política cambial: refere-se à política do governo acerca da taxa de câmbio.

Política comercial: diz respeito aos instrumentos de estímulo às exportações e/ou estímulo/desestímulo às importações.

Política de rendas (ou **controle de preços e salários**): os agentes econômicos ficam impedidos de levar a cabo o que fariam em resposta a influências normais de mercado, por exemplo, congelamentos de preços, fixação da política salarial. Esses controles afetam diretamente a formação de preços e as rendas de salários, juros, aluguéis e lucros.

Política fiscal: refere-se aos instrumentos de que o governo dispõe para a arrecadação de tributos (política tributária) e controle de suas despesas (política de gastos).

Política macroeconômica: envolve a atuação do governo sobre a capacidade produtiva (produção agregada) e despesas planejadas (demanda agregada), com o objetivo de permitir à economia operar a pleno emprego, baixas taxas de inflação e distribuição justa de renda.

Política monetária: refere-se à atuação do governo sobre a quantidade de moeda, crédito e taxa de juros.

Poupança: parcela da renda nacional não consumida no período, isto é, da renda gerada, parte não é gasta em bens de consumo.

Poupança externa: o mesmo que passivo/ativo externo líquido.

Princípio da capacidade de pagamento: princípio tributário pelo qual cada indivíduo deve pagar proporcionalmente à sua condição econômica.

Princípio da demanda efetiva: como a oferta agregada é constante no curto prazo, as alterações do nível de emprego e de renda dependem apenas da demanda agregada, ou seja, o principal papel para a estabilização da economia cabe à demanda e não à oferta agregada.

Princípio do acelerador: mostra que o nível de investimentos é influenciado pela taxa de crescimento do produto e não pelo nível do produto. Por exemplo, a encomenda de novos vagões está mais relacionada com as flutuações do tráfego ferroviário do que o nível do tráfego.

Produto Interno Bruto (PIB): renda decorrente da produção dentro dos limites territoriais do país.

Produto Nacional (PN) é o valor de todos os bens e serviços finais produzidos em determinado período.

Produto Nacional Bruto (PNB): renda que pertence efetivamente aos nacionais. É o PIB mais a renda líquida dos fatores externos (dada pela diferença entre a renda recebida e a renda enviada, na forma de juros, lucros, *royalties* e assistência técnica).

Produto nacional líquido: produto nacional bruto menos a depreciação.

Produto (renda) nominal: produto medido a preços correntes do período. O mesmo que produto (renda) monetário.

Produto (renda) real: produto medido a preços constantes de determinado ano (chamado ano-base), ou seja, é o produto deflacionado, após retirado o efeito da inflação.

Propensão marginal a consumir: variação do consumo agregado, dada uma variação da renda nacional.

Propensão marginal a poupar: variação da poupança agregada, dada uma variação da renda nacional.

Propensão média a consumir: relação entre o nível de consumo agregado e a renda nacional.

Propensão média a poupar: relação entre o nível de poupança agregada e a renda nacional.

Quase-moeda: ativos financeiros de alta liquidez e que rendem juros, como títulos públicos, cadernetas de poupança, depósitos a prazo. Também chamados de *Haveres não Monetários*.

Redesconto de liquidez (ou **comum**): empréstimo do Banco Central aos bancos comerciais, normalmente para cobrir problemas de liquidez.

Redesconto especial: montante de recursos que o Banco Central coloca à disposição dos bancos comerciais, com o objetivo de incentivar setores específicos da economia.

Remuneração dos fatores: constitui-se da renda dos proprietários dos fatores de produção: salários, juros, aluguéis e lucros.

Renda disponível do setor privado: renda efetivamente disponível para o setor privado gastar ou poupar. É igual à renda disponível total mais as transferências e subsídios do governo ao setor privado (pensões), e menos os impostos diretos e indiretos pagos pelas famílias e outras receitas correntes do governo.

Renda disponível do setor público: renda disponível para o governo utilizar para seus gastos ou poupar. É dada pela diferença entre o total de receitas correntes do governo e as transferências e subsídios ao setor privado.

Renda enviada ao exterior (RE): parte do que foi produzido internamente não pertence aos nacionais, principalmente capital (físico e financeiro) e a tecnologia. A remuneração desses fatores vai para fora, na forma de remessa de lucros, *royalties*, juros, assistência técnica.

Renda líquida de fatores externos: remuneração dos ativos, de acordo com o país de origem. É a diferença entre a renda recebida do exterior e a renda enviada ao exterior, na forma de lucros, juros, *royalties* e assistência técnica. Também chamada de serviços de fatores.

Renda nacional é a soma dos rendimentos pagos aos fatores de produção (salários, juros, aluguéis e lucros), em dado período.

Renda recebida do exterior (RR): renda recebida em virtude da produção de empresas nacionais no exterior.

Reservas compulsórias (ou **obrigatórias**): parcela dos depósitos à vista que os bancos comerciais são obrigados legalmente a reter no Banco Central. Também chamadas depósitos ou encaixes compulsórios.

Reservas totais dos bancos comerciais: soma do caixa (encaixes), reservas obrigatórias e reservas voluntárias dos bancos comerciais junto ao Banco Central.

Reservas voluntárias (ou **livres**): conta dos bancos comerciais com o Banco Central, para atender a seu movimento de caixa e compensação de cheques. Também chamadas depósitos ou encaixes voluntários.

Risco moral (*moral hazard*): dada a assimetria de informações, uma vez formalizado um contrato, uma das partes passa a tomar ações indesejáveis, que não são observadas pela outra parte, ações essas que comprometem o cumprimento do contrato.

Risco-país: relacionado com a probabilidade de não pagamento dos passivos adquiridos por um país no exterior (ou seja, *default* ou calote).

Seleção adversa: existindo assimetria de informações, quando pode estar sendo um erro de decisão. Por exemplo, ocorre quando em um empréstimo o credor seleciona maus pagadores, por falta de informação adequada.

Selic: Sistema Especial de Liquidação e Custódia. Taxa de juros básica estabelecida pelo Comitê de Política Monetária (Copom) do Banco Central do Brasil.

Senhoriagem (*Seigniorage*): ganho implícito auferido pelo emissor de moeda, pelo fato de que o valor impresso da moeda (papel-moeda ou moeda metálica) é muito superior a seu custo de produção.

Serviços de fatores: itens do balanço de serviços que representam remuneração a fatores de produção externos, ou seja, é a própria renda líquida de fatores externos, que corresponde à soma de lucros, juros, *royalties* e assistência pagos e recebidos do exterior.

Serviços de não fatores: itens do balanço de serviços que se referem a pagamentos a empresas estrangeiras, na forma de fretes, seguros, transporte, viagens etc.

Sistema de Contas Nacionais: sistema de contabilidade social elaborado por Richard Stone, que considera apenas as transações com bens e serviços finais. Utiliza o método contábil das partidas dobradas e consiste em quatro contas básicas (PIB, Renda Nacional Disponível, Capital e Transações com o Resto do Mundo) e uma conta complementar (Conta Corrente das Administrações Públicas).

Sistema de metas de inflação: estratégia de política monetária em que se adotam como âncora nominal as taxas de inflação esperadas, para orientar expectativas de mercado. No Brasil, as metas de inflação para os dois próximos anos são fixadas pelo Conselho Monetário Nacional. O Banco Central, por meio do Copom, em reuniões a cada 45 dias, controla a taxa de juros básica (Selic), de acordo com as expectativas de mercado, e anuncia a tendência (viés) da taxa de juros até a próxima reunião.

Steady State of Growth (Crescimento em Estado Estável): taxa de crescimento econômico, com equilíbrio entre oferta e demanda agregada, com pleno emprego de mão de obra e do estoque de capital.

Substituição de importações: estratégia de crescimento econômico baseada no estabelecimento de barreiras às importações de produtos que a indústria nacional tem condições de produzir.

Take-off (arranco ou decolagem): segundo Rostow, etapa do desenvolvimento econômico na qual o país consolida o processo de industrialização, com o surgimento de novos segmentos, principalmente no setor de bens de consumo duráveis.

Taxa de câmbio: preço da moeda (ou divisa) estrangeira (reais por dólar, reais por marco etc.).

Taxa de câmbio fixa: ocorre quando o Banco Central mantém a taxa fixada por certo período, independentemente da oferta e da demanda de divisas.

Taxa de câmbio flutuante (ou **flexível**): taxa de câmbio que varia, conforme varia a oferta e a demanda de divisas. É a taxa de equilíbrio do mercado de divisas.

Taxa de câmbio real: mede a competitividade dos produtos nacionais no comércio exterior, e é dada pela relação entre preços externos e preços domésticos, ambos medidos na moeda nacional (reais).

Taxa de reservas bancárias: relação entre as reservas totais dos bancos comerciais e os depósitos à vista.

Taxa de retenção do público: relação entre o total da moeda em poder do público e os depósitos à vista. Também pode ser medida pela razão entre a moeda com o público e o total dos meios de pagamento.

Taxa efetiva de crescimento: taxa de crescimento do produto, em que a oferta agregada iguala a demanda agregada, não necessariamente com pleno emprego do estoque de capital.

Taxa garantida de crescimento: taxa de crescimento do investimento, em que a oferta agregada iguala a demanda agregada, supondo o estoque de capital plenamente utilizado.

Teorema do orçamento equilibrado: se o governo efetuar gastos no mesmo montante dos impostos recolhidos (isto é, se o orçamento estiver equilibrado), o nível de renda nacional aumentará no mesmo montante do aumento nos gastos e nos impostos. Também chamado de teorema do multiplicador unitário, ou, ainda, teorema de Haavelmo.

Teoria da renda permanente: modelo que relaciona o consumo e a poupança com a renda futura esperada, que também pode ser chamada de renda permanente. Nesse sentido, não havendo restrições ao crédito, o agente econômico reagiria mais às variações dessa renda futura, e não tanto às mudanças de renda corrente.

Teoria real do ciclo econômico: teoria que explica as flutuações econômicas a partir dos chamados choques de oferta.

Teoria quantitativa da moeda: dada pela expressão $MV = Py$, em que M é a quantidade de moeda, V a velocidade-renda da moeda, P o nível geral de preços e y a renda nacional real (sendo Py a renda nominal). Ela mostra que, multiplicando o estoque de moeda pela velocidade com que a moeda cria renda, tem-se o total da renda nacional nominal.

Teto de Gastos: a chamada PEC 95, aprovada ao final de 2016, estabeleceu uma regra fiscal que limitasse o avanço das despesas públicas e possibilitasse uma trajetória de queda da dívida pública ao longo do tempo. Estipulou que, para os 20 anos subsequentes, a expansão da despesa primária do governo seria limitada pela evolução do Índice de Preços ao Consumidor Amplo (IPCA). Dessa forma, com a evolução da despesa limitada à correção pela inflação, conforme o PIB aumentasse, em termos reais, a despesa primária iria se reduzir com relação ao PIB. Como a receita tende a acompanhar o PIB, a fixação do teto de gastos levaria, ao longo do tempo, à emergência dos superávits primários e à possibilidade de redução da dívida.

Transferência líquida de recursos externos (ou **hiato de recursos**): diferença entre as exportações de bens e serviços não fatores e as importações de bens e serviços não fatores. Significa quanto o país transferiu ao exterior em termos reais, não financeiros.

Transferências unilaterais correntes: item do balanço de pagamentos em que são lançados os donativos recebidos e enviados a outros países, seja em mercadorias, seja em donativos financeiros. Também chamadas de donativos.

Vazamentos do fluxo circular de renda: referem-se a toda renda que não permanece no fluxo ("vazam"). Constitui-se de poupança, tributação e importações.

Velocidade-renda da moeda: número de giros que a moeda realiza, em certo período, criando renda nacional. É dada pela relação entre a renda nominal (PIB nominal) e o saldo dos meios de pagamento.

Índice alfabético

A

Abertura comercial, 237, 361, 362, 363, 417
Abordagem histórica da economia brasileira, 255
Absorção interna, 34
Ação contra a mudança global do clima, 78
Aceleração inflacionária, 99, 531
Acordo
    automobilístico de 1993, 424
    de Basileia, 195
Adiantamento dos Contratos de Câmbio (ACC), 437
Agência(s)
    de *rating*, 201
    Nacional
        da Aviação Civil (Anac), 394
        da Saúde (ANS), 394
        de Águas (ANA), 394
        de Energia Elétrica (Aneel), 393
        de Telecomunicações (Anatel), 394
        de Vigilância Sanitária (Anvisa), 394
        do Petróleo, Gás Natural e Biocombustíveis (ANP), 394
    reguladoras, 441
        de defesa da concorrência, 391
        dos serviços públicos, 393
Agenda 2030, 77
Agregado(s)
    macroeconômicos, 29
    monetário, 187, 190
Agricultura na industrialização de um país, 297
Ajustamento, 327, 333
    voluntário, 333
Ajuste na estrutura de oferta de longo prazo, 327
Alienação fiduciária para créditos habitacionais, 471
Alíquota de impostos, 166
Ampliação do crédito, 508
Âncora
    cambial, 424, 448, 450
    monetária, 423, 450
Apreciação cambial, 222, 434

Aquisição
  de bens de produção, 35
  do Governo Federal (AGF), 322
Arbitragem, 222
Área de livre comércio asiática, 352
Arrecadação tributária, 162
Artifícios contábeis, 512
Aspectos
  demográficos, 9
  externos da economia brasileira ao longo do século XX, 265
  sociais do crescimento econômico brasileiro, 267
Assistência, 128
Associação Latino-Americana
  de Integração (Aladi), 367
  de Livre Comércio (Alalc), 366
Ataques especulativos, 231
Atitude(s)
  caçadoras de renda, 297
  gradualista, 310
Ativismo estatal, 504, 512
Ativo de reservas, 216, 217
Atuação do estado, 371
Aumento(s)
  da demanda, 407
  da oferta de moeda, 250
  da participação do estado, 295
  do grau de concentração de renda, 296
  dos gastos públicos, 249
Austeridade expansionista, 529
Auxílio
  Brasil, 554
  emergencial, 554, 558

B

Bacen, 186, 241, 312, 314
Balança
  Comercial (FOB), 214

  de rendas, 215
  de serviços, 215
  de transações correntes, 213
Balanço de pagamentos, 212, 326, 356, 409
Banco(s)
  Central do Brasil (Bacen), 186, 241, 312, 314
    independência do, 559
  comerciais, 151, 314
  de desenvolvimento estatais, 314
  de investimento, 152, 314
  do Brasil, 372
  do Tesouro Nacional, 192
  Internacional para Reconstrução e Desenvolvimento (BIRD), 348
  Mundial, 348
  Nacional da Habitação (BNH), 313
  popular, 482
  universais, 152
Bancor, 347
Bancos, 187
Barreiras à entrada, 387
Base monetária, 188, 190
Benefício Emergencial de Preservação do Emprego e da Renda (BEM), 554
Bens
  de capital, 35, 292
  de consumo
    duráveis, 123, 292
    leves, 123
    não duráveis, 292
  e serviços, 40
  finais, 31, 32
  intermediários, 31, 35, 292
  non-tradeables, 432
  públicos, 33, 37, 160, 376
  substitutos, 391
  tradeables, 432
Bolha especulativa, 491
Bolsa
  de Valores, 150, 314
  família, 469
Bônus demográfico, 25, 515

C

Cálculo
- por dentro, 166
- por fora, 166

Capacidade produtiva, 116

Capital ingressante no país, 435

Carga tributária
- bruta, 171
- líquida, 171

Carta ao Povo Brasileiro, 469

Cartões de crédito, 187

Cesta internacional de bens e serviços, 51

Choque(s)
- de credibilidade, 469
- de demanda, 551
- de oferta, 101, 246, 252, 551
- do petróleo, 327
- heterodoxo, 401, 403, 421
- ortodoxo, 332

Ciclo(s)
- da economia brasileira, 271
- de preços, 275
- do produto, 236

Cidades e comunidades sustentáveis, 78

Ciranda financeira, 330, 331

Círculo vicioso, 491

Clayton Act, 385

Coeficiente de vulnerabilidade, 220, 318

Comércio
- exterior, 517
- intraindustrial, 236, 351

Comissão
- de comércio, 368
- parlamentar conjunta, 368

Comitê de Política Monetária do Banco Central (Copom), 200, 448

Competitividade, 340

Comportamento dos preços, 546

Composição etária, 10

Compra, 180

Comunidade Econômica Europeia, 352

Conceito
- de desenvolvimento, 55
- de renda, 34

Concentração
- de mercado, 386
- horizontal, 390
- vertical, 390

Concentration Rate (CR), 391

Concepção estruturalista ou cepalina, 101

Concorrência oligopolística, 388

Condutas anticoncorrenciais, 389

Confisco
- cambial, 295
- da liquidez, 417

Conflito
- distributivo, 340
- entre crescimento e estabilização, 483

Congelamento de preços, 406, 412, 416

Conglomeração, 390

Conselho
- Administrativo de Defesa Econômica (Cade), 385, 392
- de Desenvolvimento Industrial (CDI), 317
- do Mercado Comum, 367
- Interministerial de Preços (CIP), 315
- Monetário Nacional (CMN), 200, 312

Consenso de Washington, 342

Constituição de 1988, 412

Construção civil, 316

Consumo, 240
- agregado, 123, 124
- do governo, 39, 123
- e nível de renda, 125
- e produção responsáveis, 78
- e riqueza, 126

e sistema financeiro, 131
e taxa de juros, 129
pessoal, 33, 123
público, 33
Conta(s)
capital, 216
de bens e serviços, 47
de capital e financeira, 479
de produção, renda e capital, 47
de renda
primária, 215
secundária, 215
de transações do resto do mundo com a economia nacional, 47
Econômicas Integradas (CEIs), 47
financeira, 216
movimento, 313
própria, 92
Contabilidade
criativa, 529
nacional, 29
social, 47
Contribuição Provisória sobre Movimentação Financeira (CPMF), 164, 452
Controle
de câmbio, 294
de preços, 315
Coorte, 20
Core inflation, 451
Correção monetária, 205, 310
Corrente
estruturalista, 234
fiscalista, 100
inercialista, 401
monetarista, 100
Corretoras, 314
Corridas bancárias, 194
Crédito(s)

ao consumidor, 132
consignado, 482
No Income, No Job and No Assets (Ninja), 490
Crescimento
a longo prazo da economia, 243
das exportações, 316
de longo prazo, 145
econômico, 31, 55
limitado, 480
forçado, 325
populacional, 9, 12
vegetativo, 14
Criação de moeda por parte dos bancos, 208
Crise(s)
argentina, 458
asiática, 440, 443
bancária e cambial, 356
cambiais e financeiras, 352
cíclica endógena, 308
da dívida, 325
externa, 333
da economia
cafeeira em 1930, 281
mundial, 286
da pandemia em 2020 e 2021, 551
do mensalão, 484
do populismo, 307
dos anos 1960, 305
eleitoral, 469
energética, 459
gêmeas, 342
internacional, 490
mexicana, 437
russa, 440, 443
Crítica estruturalista, 233
Crowding out, 159, 241, 250
Cruzadinho, 407
Cruzado Novo, 412

Cupom cambial, 229

Currency board, 224

Curva
de Lafer, 334
de Lorenz, 68
de Phillips, 243, 250, 251, 252, 400
aumentada pelas expectativas, 252
de rendimento, 202
IS, 157

Custo
de oportunidade de reter moeda, 184
de transações, 103, 180

D

Decisão de investir, 140

Declaração anual, 167

Decomposição da taxa de inflação, 407

Decreto-lei n. 157, 314

Defesa
da concorrência, 385, 389
da indústria nascente, 237

Déficit público, 40, 171

Definição de produto, 30

Deflação, 99

Deflacionamento, 43

Deflator implícito do produto (DI), 43

Demanda
agregada, 128, 129, 331
derivada, 307
por bens duráveis, 316
por crédito, 132
por importações, 295
por moeda, 182, 183, 184, 185
para transações, 183
primária, 308

Demografia, 11

Denominador comum do valor, 180

Depositário das reservas internacionais, 195

Depósitos à vista, 187

Depreciação, 35, 37, 222, 223
cambial, 222, 223

Derivativos, 216, 354

Desalentados, 91

Desalento, 90

Descentralização espacial dos projetos de investimento, 329

Desempenho econômico
pós-pandemia, 555
pré-pandemia de Covid-19, 544

Desempregado, 87

Desemprego, 81, 82
cíclico ou conjuntural, 87, 89
e inflação, 250
estrutural, 88, 89, 350
friccional, 88, 89

Desenvolvimento, 9, 55, 74, 75
econômico, 9, 55
equitativo, 75
participativo, 75
sustentado, 75

Desequilíbrio
congênito, 335
fiscal, 527

Desindexação dos salários, 416

Desindustrialização, 7

Deslocamento
da demanda, 286, 288
do centro dinâmico, 285

Desmatamento na Amazônia, 550

Desmonetização, 190

Desocupação, 82

Despesas
correntes, 161
de capital, 161
discricionárias, 161
financeiras, 161
obrigatórias, 161
primárias, 161

Despoupança, 407, 425

Desregulamentação, 378

  das relações trabalhistas, 341

Desvalorização

  cambial, 222, 223, 279

    em uma economia agroexportadora, 278

  do real, 52

  real do câmbio, 293

Desvinculação de Receitas da União (DRU), 452, 536

Deterioração

  das contas públicas, 512

  do cenário externo, 505

  dos termos de troca, 234, 276

Determinação

  da renda, 135

  da taxa de juros, 196

Determinantes

  da taxa de câmbio, 228

  do produto, 115

Dicotomia de ajustamento ou financiamento, 327

Diferenças no cálculo da taxa de desemprego, 86

Dimensão da pobreza, 73

Dinâmica da dívida pública com relação ao PIB, 176

Direitos Especiais de Saque (DES), 348

Dirty floating, 224, 225

Discriminação de preços, 389

Dispêndio, 33

Distribuição

  de renda, 55

    no Brasil, 64

  regional da renda, 64

  setorial da renda, 64

Distribuidoras, 314

Dívida

  bruta do setor público, 176

  líquida do setor público, 176

  pública, 171

Divisão pessoal da renda, 65

Doações internacionais, 215

Doença holandesa, 488

Dolarização, 424

Dominância fiscal, 460

Dumping, 389

E

Economia

  agroexportadora, 271

  brasileira, 327, 397

    em marcha forçada, 327

  de escala, 160, 236, 386

  externas, 160

  informal, 93

  internacional, 211

  submersa ou subterrânea, 93

Educação de qualidade, 77

Efeito

  carona, 129

  cascata, 492

  contágio, 355, 356

  deslocamento, 159, 241, 250

  manada, 357

  multiplicador keynesiano, 250

  Olivera-Tanzi, 336

  riqueza, 491

  substituição, 130

  tequila, 437

"Efeito pão de queijo", 444

Eficiência

  econômica, 163

  marginal do capital, 141

Elasticidade-renda da demanda, 244, 276

Eletricidade, 74

Elevação das tarifas aduaneiras, 294

Empregado, 92

Empregador, 93

Emprego, 513

Empresa(s)

Brasileira de Pesquisa Agropecuária (Embrapa), 322

estatais, 37

multinacionais, 340

vendidas por setor, 383

Emprestador em última instância, 194

Empréstimo(s)

compensatórios, 348

de assistência à liquidez, 193

do Governo Federal (EGF), 322

intercompanhias, 216

Endividamento

externo brasileiro, 319

público, 171

Energia limpa e acessível, 78

Enfoque

de curto prazo, 239

de longo prazo, 239

Equação de trocas, 182

Equidade, 74

Equilíbrio

do mercado monetário, 240

econômico, 128

setorial, 246

Erradicação da pobreza, 77

Erros e omissões, 217

Esperança de vida da população ao nascer, 15

Estabilidade da dívida, 174

Estado

condutor, 373

de carência, 71

do bem-estar, 339

financiador, 374

no processo de industrialização, 373

nos governos militares, 377

produtor, 374

regulador, 385

regulamentador, 373

Estado-empresário, 329

Estagflação, 7, 69, 520

Estatização da dívida externa, 320, 329

Estelionato eleitoral, 529

Estímulo ao desenvolvimento, 163

Estrutura

da taxa de juros e sistema financeiro, 201

etária, 21

Estruturalismo, 234

Etapas do crescimento econômico brasileiro, 257, 261

Excedente operacional bruto, 65

Exigência de exclusividade, 389

Êxodo rural, 25, 26

Expansão monetária, 241

Expectativa(s)

adaptativas ou adaptadas, 253

de renda futura, 132

racionais, 253

sobre as condições futuras da economia, 142

Exploração do pré-sal, 488

Exportações, 34, 40, 214, 273

e importações

Cost, Insurance and Freight (CIF), 214

Free on Board (FOB), 214

Externalidade, 160, 237

negativa, 160

positiva, 160, 237

F

Fase agroexportadora, 371

Fator(es)

de produção, 30, 31, 40, 83

trabalho, 83

estruturais do desenvolvimento, 243

previdenciário, 453

Federal
  Reserve Bank (FED), 318
  Trade Commission (FTC), 385
  Trade Commission Act, 385
Feminilização do envelhecimento, 22
Fenômeno do *spread* negativo, 331
Fim da conta movimento, 406
Finanças públicas, 512, 537, 548
Financeiras, 314
"Financeirização" dos preços, 416
Financiamento, 148, 149, 327
  direto, 149
  e investimento, 148
  indireto, 149
Flutuação suja, 224, 225
FMI, 348
Fontes de crescimento, 316
  econômico de longo prazo, 118
Força(s)
  de atração, 13
  de expulsão, 13
  de trabalho, 83, 84, 91
    desocupada, 84
    ocupada, 84
    potencial, 83, 91
Fordismo, 340
Forma contracíclica, 164
Formação
  bruta de capital fixo, 143
  de cartel, 389
Fórmula de cálculo, 105
Fornecimento de alimentos e matérias-primas, 297
Foro Consultivo Econômico e Social, 368
Fronteira(s)
  agrícolas, 26
  de Possibilidades de Produção (FPP), 116, 144
"Fuga" dos ativos financeiros, 415
Função(ões)
  alocativa, 160

consumo keynesiana, 135
de produção, 116
distributiva, 161
do Bacen, 192
do governo, 160
e tipos de moeda, 179
estabilizadora, 161
Fundo
  de Aplicação Financeira (FAF), 418
  de Estabilização Fiscal (FEF), 452
  de Participação
    dos Estados (FPE), 168
    dos Municípios (FPM), 168
  Social de Emergência (FSE), 422
Fusões, 386

G

Ganhos
  de eficiência e de escala, 237
  de produtividade do trabalho, 88
Garantia de juros, 372
Gastos públicos, 38, 161
Gatilho salarial, 405
Gatt, 349, 352
Geração de divisas, 298
Geração de superávits externos, 334
Globalização, 339, 345, 350, 352, 353, 356
  financeira, 352, 356
  produtiva, 350
Governo(s)
  Bolsonaro, 543
  Collor, 415, 426
  Dilma
    primeiro mandato, 503, 519
    segundo mandato, 525
Fernando Henrique Cardoso, 431, 432, 444, 461
    primeiro mandato, 432
    segundo mandato, 444

Itamar, 420, 426

Lula, 467, 468, 484, 500

   primeiro mandato, 468

   segundo mandato, 484

militares, 308

Sarney, 400, 413

Temer, 534

Grau

de abertura da economia, 220

de concentração da economia brasileira, 386

de desenvolvimento do sistema financeiro, 131

de investimento (*investment grade*), 487

de utilização da capacidade instalada, 117

Grupo

desenvolvimentista, 482

mercado comum, 368

Guerra fiscal, 167

H

Habitação, 74

Herfindahl-Hirschman Index (HHI), 391

Heterodoxia, 331, 410

delfiniana, 331

Hiato

de divisas, 295, 329

do produto, 81, 82

potencial de divisas, 327

High powered money, 188

Hiperinflação, 99

Hipotecas subprime, 490

Histórico das alterações da moeda nacional, 185

Homogeneidade dos fatores, 235

I

ICMS, 164, 167

"Idade de ouro" do capitalismo, 339

Igualdade de gênero, 77

II Plano Nacional de Desenvolvimento, 325

Imigração e contribuição para o crescimento populacional, 262

Implementação do PSI, 294

Importações, 34, 40, 214, 435

Imposto(s), 38

de Renda (IR), 164

   sobre Pessoas Físicas (IRPF), 164, 167

   sobre Pessoas Jurídicas (IRPJ), 164, 167

diretos, 38, 162

do cheque, 421

do tipo valor adicionado, 164

específicos, 164

indiretos, 38, 162

inflacionário, 425

líquidos de subsídios, sobre produtos, 64

pago na fonte, 167

Provisório sobre Movimentação Financeira (IPMF), 421

sobre a Propriedade de Veículos Automotores (IPVA), 164

sobre Importação, 164

sobre o Comércio Exterior, 164

sobre Operações Financeiras (IOF), 164

sobre Serviços (ISS), 164

sobre Transmissão

   Causa Mortis (ITCMD), 164

   Inter Vivos (ITBI), 164

Inativo, 87

Incidência do imposto, 163

Independência do Banco Central, 559

Indexação, 204, 205, 310

dos valores à inflação, 310

Indicadores sociais, 58

Índice(s)

Big Mac, 229

de Desenvolvimento Humano (IDH), 61

de envelhecimento, 23

de Gini, 66, 67, 68

de Laspeyres, 104

de Preços, 43
  ao Consumidor (IPC), 104, 433
    Amplo (IPCA), 450
  por Atacado (IPA), 433
de quantidade (ou de *quantum*), 103
de vulnerabilidade, 220
Global de Pobreza Multidimensional (MPI), 73
Indústria
  nascente, 297
  sem competitividade, 295
Industrialização, 4, 244, 265
  fechada, 291
  induzida por exportações, 282
  por etapas, 291
  por substituição de importações, 290, 293
Inercialistas, 402
Inflação, 97, 185
  consequências da, 102
  corretiva, 309, 311
  de custos, 101, 315
  de demanda, 100, 101, 315
  de oferta, 101
  inercial, 102, 253, 399
  moderada, 99
  rastejante, 99
Informação assimétrica, 201
Início da industrialização brasileira, 281
Inovação em infraestrutura, 78
Insegurança regulatória, 499
Instabilidade política, 306
Instituição(ões)
  da Correção Monetária e das Obrigações Reajustáveis do Tesouro Nacional (ORTN), 312
  do sistema de Bretton Woods, 348
Instrumentos
  de controle monetário, 192
  de dívida, 149
  de participação, 149

Integração
  econômica, 365
    total, 366
  vertical transnacional, 350
Interferências no sistema de preços, 509
Intermediário das trocas, 180
Internacionalização, 353
Intervenções intramargem, 226
Invasão da Ucrânia pela Rússia, 557
Inverso da taxa de reservas, 208
Investidores institucionais, 152, 354
Investimento(s), 33, 35, 139, 240
  Bruto (IB), 37
  das empresas estatais, 316
  de portfólio, 435
  diretos, 216
  e Bolsa de Valores, 150
  e financiamento, 148
  e poupança, 144
  em carteira, 216
  Líquido (IL), 37
  público, 171, 316
    em infraestrutura, 316
IPI, 164, 167
IPTU, 164
Irradiação do setor exportador, 281
ITR, 164, 168

J

Juros, 129, 215
  pagos por empréstimos e financiamentos, 215

K

Keynes, John Maynard, 118, 346
Krugman, Paul, 236
Kubitschek, Juscelino, 299
Kuznets, Simon, 29

L

Lado da demanda, 236

Lastro, 182

Lehmann Brothers, 492

Lei(s)

Antitruste, 390

da Usura, 296, 310

das Estatais, 537

de Concessões, 441

de defesa da concorrência, 385

de Falências, 471, 482

de Liberdade Econômica, 559

de Okum, 82

de Responsabilidade Fiscal (LRF), 379, 452

do Inquilinato, 310

do Mercado de Capitais, 313

do Petróleo, 537

do Preço Único, 51, 229

n. 4.131, 314, 319

n. 4.320, 313

n. 4.595, 312

n. 4.728, 313

n. 8.884/1994, 389

psicológica fundamental, 125

Leontieff, Wassily, 235

Liberação de mão de obra, 297

Liberalização do comércio externo, 237

Limites

físicos, 245

monetário-financeiros, 245

Linder, Staffan B., 236

Linha

de indigência, 71

de pobreza, 71

Liquidez, 181, 202

Livre comércio, 244

Lucros e dividendos, 215

M

Maldição dos recursos naturais, 488

Maleabilidade, 163

Malthus, Thomas, 9

Manutenção da renda, 286, 287

Matriz

de Leontief, 29

de relações intersetoriais, 29

insumo-produto, 29, 47

Maxidesvalorização, 332

Maximização de lucros, 395

Mecanismos

de indexação, 102

de propagação, 101

de proteção à indústria nacional, 293

formais de indexação, 102

informais de indexação, 102

Medida(s)

de combate à inflação do PAEG, 309

de inflação no Brasil, 103

de produto, 42

macroprudenciais, 504

provisória MP n. 579, 509

Meio(s)

de pagamentos, 187

ampliados, 190

restritos, 190

de troca, 180, 181

Memória inflacionária, 419

Mercado

aberto, 195

cambial, 221

comum, 366

consumidor, 298

contestável, 387

de bens finais, 34

de capitais, 149

de derivativos, 354

de fatores de produção, 34

de trabalho, 81, 378

financeiro, 149

monetário, 149

primário, 150

relevante, 390, 391

secundário, 150

Mercosul, 352, 365

antecedentes e evolução histórica do, 366

Metas de inflação, 449

Método das partidas dobradas, 212

Metropolização, 27

Migrações, 13, 25

externas, 13

internas, 13, 25

Milagre econômico, 315

Minha Casa, Minha Vida, 495, 508

Modelo(s)

baseado no consumo de massa, 498

de consumo de massa, 500

de curto prazo, 144, 147

de desenvolvimento voltado para fora, 272

de Heckscher-Ohlin, 235

de longo prazo, 144

de oferta agregada de curto prazo positivamente inclinada, 243

de primeira geração, 357

de segunda geração, 358

do ciclo de vida de Albert Ando e Franco
Modigliani, 127

do consumo de massas, 520

europeu, 376

keynesiano, 118, 155, 243

de determinação da renda e o multiplicador, 155

norte-americano, 376

Moderfrota, 458

Modernização agrícola, 321

Moeda, 179, 180, 181, 182, 223, 403, 416

conversível, 223

fiduciária, 182

inconversível, 223

indexada, 403, 416

metálica, 181, 182

Moeda-mercadoria, 181, 182

Moeda-papel, 181, 182

Monetização, 190

Monopólio(s), 388

naturais, 160, 389

públicos, 160

Moral hazard, 203

Moratória, 409, 444

mineira, 444

Mortalidade infantil, 73

Motivo(s)

especulação, 184

para demandar moeda, 184

portfólio, 184

precaução, 183

transacional, 182

Movimento migratório, 26

Mudança

do regime cambial, 417

na política comercial, 417

na remuneração das cadernetas de
poupança, 506

Multiplicador

keynesiano, 147, 156

monetário, 188, 208

N

Nafta, 352

Necessidade

de Financiamento do Setor Público (NFSP), 172

conceito primário (NFSPcp), 172

conceito nominal (NFSPcn), 172

conceito operacional (NFSFco), 172

de reformas institucionais, 308

NICs (*Newly Industrialized Countries* – países recentemente industrializados), 351

Nível

de consumo, 132

de ocupação, 86

Nova

matriz macroeconômica, 508

teoria do comércio internacional, 236

Novo marco legal do saneamento básico, 560

Núcleo da inflação, 451

Números-índices, 109

Nutrição, 73

O

Objetivos de Desenvolvimento Sustentável (ODS), 74, 77

Oferta

agregada, 136

de moeda, 186, 193

Oligopólio, 388

OMC, 349, 352

Ondas de investimento, 246

Operações

ativas, 193, 216

de *open market*, 195

passivas, 193

pós-fixadas, 205

prefixadas, 205

Orçamento monetário, 313

Organização

Mundial do Comércio (OMC), 349, 352

para a Cooperação do Desenvolvimento Econômico (OCDE), 489

Ortodoxia, 410

Oscilações

de preço na economia cafeeira, 275

e transformações no crescimento brasileiro, 259

Ótica

da renda, 33

do dispêndio, 33

do produto, 33

Outras Receitas Governamentais (ORG), 39

Overnight, 418

Oxford Poverty and Human Development Initiative (OPHI), 73

P

Padrão de consumo, 106

Padrão-ouro, 346, 347

Pagamento Instantâneo Brasileiro (PIX), 559

Países

agroexportadores, 273

centrais, 273

Pandemia de Covid-19, 17, 551

Papel-moeda, 181, 182

Paradoxo

de Leontieff, 235

de Triffin, 349

Parcerias e meios de implementação, 78

Paridade do Poder de Compra (PIBppc), 51, 229

Participação, 75

Passivos contingentes, 441

PEC 95, 538

Perpetuidade, 184

Pesquisa de Orçamento Familiar (POF), 104

PIB, 3, 4, 51, 82

potencial, 82

PIBpm, 33

Pirâmides populacionais, 22

Plano(s)

Brasil Maior, 508

Bresser, 410, 411

Collor, 415, 418

Collor II, 418

Cruzado, 405, 410, 411, 421

de Ação

Econômica do Governo (PAEG), 308

Imediata (PAI), 421

de Aceleração do Crescimento 2 (PAC 2), 508

de Estabilização, 426

de Metas, 299, 408

de Sustentação do Investimento (PSI), 508

Marshall, 348

Nada, 419

Real, 364, 420, 421

Verão, 412, 413

Pleno emprego, 87, 89, 90

PNAD contínua, 87

Pobreza, 71, 73

multidimensional MPI, 73

Poder de mercado, 386

Política(s)

cambial, 295

de defesa

da economia agroexportadora, 277

do café, 372

de estoques reguladores, 279

de Garantias de Preços Mínimos (PGPM), 322

de preços

mínimos, 279, 280

predatórios, 389

de reserva de mercado, 300

de valorização do café, 279

econômica, 159, 239

restritiva, 307

"feijão com arroz", 412

fiscal, 159, 171, 240, 242, 249

contracionista, 171

expansionista, 171, 242, 249

macroeconômica do governo Dilma

no primeiro mandato, 504

no segundo mandato, 527

monetária, 179, 199, 242, 250

ativa, 199

expansionista, 242, 250

passiva, 199

protecionista, 237

Pontos

de estrangulamento, 101, 301

de germinação, 301

População

aberta, 14

economicamente ativa, 9

em idade de trabalhar, 83

fechada, 14

fora da força de trabalho, 83

na força de trabalho, 9, 83

Populismo, 290

Posição na ocupação, 91

Pós-keynesianos, 402, 403

Poupança, 36, 124, 137, 152, 515

agregada, 41, 124

do governo em conta-corrente, 171

externa, 41

financeira, 190

pessoal, 39

precaucionária, 132

pública, 40

Práticas anticoncorrenciais, 389

Prazo, 202

do financiamento, 132

Precariedade do emprego, 94

Precarização, 93

Preço(s)

administrados, 472

de demanda do investimento, 141

de oferta do investimento, 140

de revenda, 389

de uma mercadoria, 182

livres, 472, 511

monitorados, 511

normais, 403

relativos, 102

Pressão inflacionária, 510

Previdência, 128

Princípio

da preferência pela liquidez, 197, 198

das vantagens comparativas, 232

Privatização, 379, 381

no Brasil, 381

Privatizações, 341, 441

Pró-Álcool, 323

Problema

da dupla contagem, 31

interno do ajuste externo, 336

Processo

de reciclagem dos petrodólares, 329

de securitização, 354

de substituição de importações, 245, 285, 361

inflacionário, 102

Produção, 30, 31

Produtividade marginal de um fator, 119

Produto, 30, 31, 33, 513

e emprego

no governo Bolsonaro, 545

no governo Temer, 535

no segundo mandato de Dilma, 530

Interno Bruto a Custos de Fatores (PIBcf), 38

Interno Bruto a Preços de Mercado (PIBpm), 32

Nacional Bruto a Custos de Fatores (PNBcf), 41

nominal, 43, 450

per capita, 56

potencial, 81, 82

real, 43

Programa

de Aceleração do Crescimento (PAC), 484

de Desenvolvimento Produtivo (PDP), 485

de Estímulo à Reestruturação e Fortalecimento do Sistema Financeiro Nacional (Proer), 438

de Incentivo à Redução do Setor Público Estadual na Atividade Bancária (Proes), 439

de privatização, 418

Emergencial de Suporte a Empregos (PESE), 554

Fome Zero, 469

Nacional

de Acesso ao Ensino Técnico e Emprego (Pronatec), 517

de Desestatização (PND), 379, 418

Proposta Keynes, 346

Protecionismo, 237, 351

Provisão dos serviços públicos, 375

Purchasing power parity (PIBppp), 51

Q

Quase moeda, 189

Queda

da inflação, 407

da taxa inflacionária, 406

Questão

externa, 477

fiscal, 473

R

Razão

de dependência, 25

dívida externa/exportações, 220

Receita Federal, 167

Recessão, 44

Redução

da taxa

de inflação, 535

de juros, 506, 507

das desigualdades, 78

do desemprego, 510

do passivo externo líquido, 477

Redundância tarifária, 362

Referencial para análise do comportamento do produto e do desenvolvimento econômico, 239

Reforma(s)

administrativa e fiscal, 416

da política externa, 314

da previdência, 559

do mercado de capitais, 313

institucionais do PAEG, 310

institucionais e econômicas sob o governo de Jair Bolsonaro, 559

liberais, 339, 342

monetária, 312, 416, 421

monetária-financeira no PAEG, 312

no governo Temer, 536

previdenciária de 1998, 453

trabalhista, 538

tributária, 311

Regime(s)

cambiais, 223, 224

de Capitalização (RC), 129

de taxas de câmbio

fixas, 224

flutuantes, 224

Regra de Taylor, 199, 449

Regulação, 194, 385, 386, 387

justificativas para a existência de, 387

prudencial, 194

Relação(ões)

comerciais

brasileiras, 361

do Brasil com o exterior, 361

dívida/PIB, 174

reservas/importações, 220

Remuneração

do investimento

direto, 215

em carteira e derivativos, 215

dos empregados, 64

mista bruta, 64

Renda, 33, 39, 41, 42, 127, 132

enviada ao exterior, 41

futura, 132

líquida

do governo, 39

do setor público, 39

enviada ao exterior, 41

Nacional (RN), 42

permanente, 127

de Milton Friedman, 127

Pessoal (RP), 42

Disponível (RPD), 42

recebida do exterior, 41

total, 39

transitória, 127

Rendimentos do fator trabalho, 215

Repressão financeira, 131

Reprimarização da pauta de exportações, 518

República Velha, 372, 373

Reserva(s)

compulsórias, 188, 193

de valor, 180, 181

internacionais, 182, 192

voluntárias, 188

Resíduo

de Solow, 120

inflacionário, 411

Resolução n. 63, 314, 319

Resto do Mundo, 40

Restrição

à liquidez, 131

de crédito, 131

Retomada da economia pós-pandemia, 556

Retorno(s)

constantes à escala, 119

esperado do investimento, 140

Revolução de 1930, 290

Ricardo, David, 232

Riqueza, 126

Risco, 187, 201, 203

de *default*, 201

de iliquidez, 187

de não pagamento, 201

moral, 203

Rodada

de Doha, 352

Uruguai, 352

Rubricas, 216

S

Saldo da balança comercial, 214

Saneamento, 74

Saúde e bem-estar, 77

Secretaria

de Acompanhamento Econômico (SEAE), 385, 392

de Direito Econômico (SDE), 385, 392

do Tesouro Nacional, 406

Especial das Empresas Estatais (SEST), 332

Segunda Guerra Mundial, 345

Seleção adversa, 203

Sem viés, 200

Serviços, 123, 215, 375

financeiros, 215

públicos, 375

Setembro negro, 334

Setor(es)

"a jusante", 323

"a montante", 323

externo, 211, 549

fix-price, 403

flex-price, 403

industrial, 292

Sherman Act, 385

Sistema(s)

Brasileiro de Defesa da Concorrência (SBDC), 385, 392, 442

cambial, 223

de bandas cambiais, 225, 436

de Bretton Woods, 340, 345, 347, 348

de câmbio

fixo, 225

flutuante, 447

de contabilidade nacional, 47

de contas nacionais, 47

de crédito, 149

de metas de inflação, 199

de minidesvalorizações cambiais, 314

de Repartição Simples (SRS), 129

Financeiro, 36, 131, 313, 356, 381

da Habitação (SFH), 313

internacional, 381

para o Balanço de Pagamentos, 356

monetário internacional, 346

Nacional de Crédito Rural (SNCR), 314, 321

previdenciários, 128

tributário

neutro, 163

progressivo, 163

regressivo, 163

Situações monopólicas, 237

Sobre-endividamento, 318

Socialização das perdas, 277, 279

Spreads, 201, 203

Stone, Richard, 29

Subsídio, 38

Substituição parcial da moeda, 422

Subtilizados, 90

Subutilização da força de trabalho, 90

Superâncora cambial, 433

Superintendência de Seguros Privados (Susep), 394

Superprodução, 277, 279, 281

Supply side economics, 333

Sustentabilidade, 75

Swaps reversos, 480

T

Tabela de Recursos e Usos de Bens e Serviços (TRU), 47

Tablita, 405, 411, 412

Tábua de mortalidade, 16

Taxa(s)

anual de crescimento da população, 2

ativas, 203

de câmbio, 221, 241, 511

fixa, 224, 242

flutuante, 224, 242

real, 222, 223, 228

valorizada, 511

de crescimento

do produto, 174

populacional, 12

de dependência, 127

de desconto, 129, 141

de desemprego, 84

de desocupação, 84

de fecundidade, 13

de investimento, 515

de juros, 129, 130, 132, 140, 142, 174, 184, 195, 197, 240

como o prêmio pela

"espera", 196

renúncia à liquidez, 196, 197

nominal, 185, 203, 204

pós-fixada, 205

prefixada, 206

real, 185, 204

de Longo Prazo (TLP), 536

de mortalidade, 12

infantil, 17

de natalidade, 13

de participação da força de trabalho, 86

de redesconto, 193

de reposição, 20

de reservas compulsórias, 193

de sacrifício, 253

múltiplas de câmbio, 294

natural de desemprego, 89, 90, 251

passivas, 203

Referencial (TR), 418

Tobin, 358

Tendência ao desequilíbrio externo, 295

Tentativa de ajuste, 527

Teoria(s)

cepalina (estruturalista), 244

clássica

das vantagens comparativas, 232, 233

do comércio internacional, 231, 232

do bolo, 69, 321

do ciclo de vida, 10

dos choques adversos, 282

dos fundos emprestáveis, 197

moderna do comércio internacional, 234

quantitativa da moeda, 182

Termos de troca, 215, 276

Teto de gastos, 537, 538

Tipos

de desemprego, 87

de inflação, 100

Trabalhador familiar auxiliar, 93

Trabalho

decente e crescimento econômico, 78

informal, 91

intermitente, 539

precário, 91

Trajetórias de crescimento do Brasil, 258

Transferências, 161

de capital, 297

do governo, 39

unilaterais correntes, 215

Transformação(ões)

da dívida externa em dívida interna, 336

econômicas mundiais, 339

Transição demográfica, 14, 15

Transportes e seguros, 215

Tratado de Montevidéu, 367

Tratamentos de choques, 310

Tripé de consistência macroeconômica, 451

U

União

aduaneira, 365

econômica, 366

Internacional de Compensação, 346

Unidade

de conta, 180, 181

Real de Valor (URV), 421, 422, 423

Referencial de Preços (URP), 411, 412

Urbanização, 25, 27

V

Valor

adicionado, 32

Bruto da Produção (VBP), 32

presente, 140

Valorização

cambial, 222, 223, 241, 472, 477

do real, 52

Vantagens comparativas, 232

Variação(ões)

da taxa

de câmbio nominal, 229

de juros, 130

de preços no período, 105

de reservas, 216, 217

nominais, 222

reais, 222

Variáveis tipo

estoque, 30

fluxo, 30

Velocidade de circulação da moeda, 183

Velocidade-renda da moeda, 183

Venda, 180, 389

casada, 389

Vernon, Raymond, 236

Versão aceleracionista da curva de Phillips, 253

Viagens, 215

Viés

de alta, 200, 470

de baixa, 200, 448

neutro, 200

Visão estagnacionista, 307

Volatilidade, 225, 260

Vulnerabilidade

das exportações, 266

de uma economia agroexportadora, 272

externa, 265, 267

W

White, Henry, 346

World Inequality Database (WID), 67

Y

Yield curve, 202

Z

Zeragem automática, 417

Zona de livre comércio, 365